Schätze der Menschheit

SCHÄTZE DER MENSCHHEIT

Kulturdenkmäler und Naturparadiese unter dem Schutz
der UNESCO Welterbekonvention

Texte von Thomas Veser, Jürgen Lotz, Reinhard Strüber,
Christine Baur, Sabine Kurz

Bechtermünz

Überarbeitete und ergänzte 7. Auflage 2000

Genehmigte Lizenzausgabe
für Weltbild Verlag GmbH, Augsburg 2000
© by VS Verlagshaus Stuttgart
im Bertelsmann Lexikon Verlag GmbH, München
und Frederking & Thaler Verlag
in der Verlagsgruppe Bertelsmann GmbH, München
Redaktion: Ursula Saling
Layout: Volker Schöbel
Bildbeschaffung: Silvia Zeitler; Silvestris Verlag, Kastl
Umschlaggestaltung: Studio Höpfner-Thoma, München
Umschlagmotive: Vorderseite: Alhambra, Granada (Tony Stone Bilderwelten,
München); Rückseite: Ait Benhaddou, Marocco (oben links, Tony Stone),
Taj Mahal, Indien (oben rechts, Tony Stone), Beijing, China (unten links,
The Image Bank, München), Siena, Italien (unten rechts, Tony Stone)
Satz: eder GmbH, Scharnhausen
Reproduktionen: eder GmbH, Scharnhausen
Druck und Bindung: MOHN Media • Mohndruck GmbH, Gütersloh

ISBN 3-8289-0757-1

Printed in Germany

INHALT

Das Kultur- und Naturerbe der Welt

1972 hat die UNESCO das »Internationale Übereinkommen zum Schutz des Kultur- und Naturerbes der Welt« verabschiedet; diese Konvention wurde mittlerweile von 158 Staaten unterzeichnet. Der Gedanke, daß der Schutz von Kultur- und Naturdenkmälern mit »außergewöhnlichem universellen Wert« nicht in der Hand einzelner Staaten liegt, sondern Aufgabe der gesamten Menschheit ist, steht hinter dem Konzept der UNESCO. Daher prüft ein zwischenstaatliches Komitee, welche Stätten neu in die »Liste des Welterbes« aufgenommen werden. Kriterien sind bei Kulturgütern die »Einzigartigkeit« und »Authentizität«, bei Naturgütern die »Integrität«. Jeder Mitgliedsstaat, der ein Objekt oder Ensemble vorschlägt, muß auch einen überzeugenden Erhaltungsplan vorlegen. Welterbestätten, die besonders gefährdet und akut bedroht sind – z.B. durch Katastrophen, Kriege oder städtebauliche Vorhaben –, können nach der Welterbekonvention in die »Liste des Welterbes in Gefahr« aufgenommen werden.

Bislang sind 630 Kultur- und Naturerbestätten aus 118 Staaten aller Kontinente auf der UNESCO-Liste des Welterbes verzeichnet. Davon sind 480 Kultur- und 128 Naturdenkmäler; 22 Denkmäler gehören beiden Kategorien an. Zum *Kulturerbe* gehören Baudenkmäler, Städteensembles, Kulturlandschaften, Industriedenkmäler und Kunstwerke: Die Tempel von Abu Simbel in Ägypten, die Felszeichnungen der Sahara, die Ruinen des griechischen Olympia, Venedig und seine Lagune und das Kloster Maulbronn sind nur einige wenige Beispiele. Das *Naturerbe* umfaßt neben geologischen Formationen, Fossilienfundstätten und Naturlandschaften auch Schutzreservate von Tieren und Pflanzen, die vom Aussterben bedroht sind. Beispiele für Naturdenkmäler sind der Grand Canyon Nationalpark (USA), die Galápagos-Inseln (Ecuador) oder die Fossiliengrube Messel (Deutschland).

Die Bundesrepublik Deutschland ist mit insgesamt 22 Denkmälern auf der UNESCO-Liste des Welterbes vertreten. Zuletzt aufgenommen wurden das klassische Weimar (1998), die Wartburg (1999) sowie die Berliner Museumsinsel (1999). Die Schweiz besitzt drei Welterbestätten, darunter die historische Altstadt von Bern und das Kloster St. Gallen. Österreich, das der Konvention erst 1992 beigetreten ist, hat fünf Kulturdenkmäler auf der Welterbeliste; in jüngster Zeit aufgenommen wurden die Semmeringbahn mit umgebender Landschaft (1998) und die Altstadt von Graz (1999).

Nicht nur die glanzvollen Bauten vergangener Epochen stehen auf der Liste der UNESCO, sondern auch Stätten, die an dunkelste Zeiten der Geschichte erinnern: So mahnt das Konzentrationslager Auschwitz an die Ungeheuerlichkeit des Völkermordes, und Hiroshima in Japan erinnert an die vordringliche Aufgabe der Vereinten Nationen: den Weltfrieden zu sichern.

Die Kultur- und Naturdenkmäler der Welt zu schützen und für nachfolgende Generationen zu erhalten ist die Hauptaufgabe des Welterbezentrums der UNESCO. Die gemeinsame Verantwortung der Menschheit für die einzigartigen Kulturleistungen wie auch die gefährdeten und bedrohten Naturparadiese ist heute wichtiger denn je.

AFRIKA

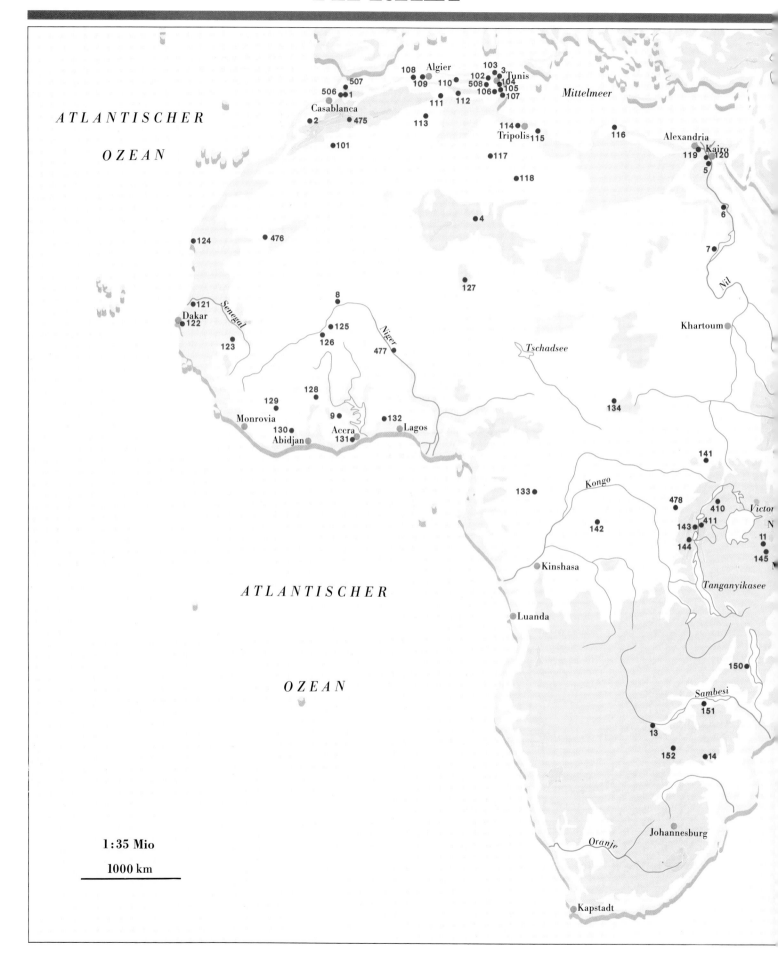

ATLANTISCHER

OZEAN

Mittelmeer

108 Algier 103 3 Tunis
109 110 102 104
507 508 105
506 1 106 107
Casablanca 111 112
2 475 113
101 114 115
Tripolis
116 Alexandria
119 Kairo 120
5
6
117
118 7
4 Nil
124 476
127
8 Khartoum
121 Senegal
Dakar 125 Niger
122 126
123 477 Tschadsee
128
129 134
Monrovia 9 132
130 Accra Lagos
Abidjan 131
141
Kongo
133 478
410 Victor
142 143 411 N
144 11
Kinshasa 145 N
Tanganyikasee
Luanda
150
Sambesi
151
13
152 14

1:35 Mio

1000 km

ATLANTISCHER

OZEAN

Johannesburg
Oranje

Kapstadt

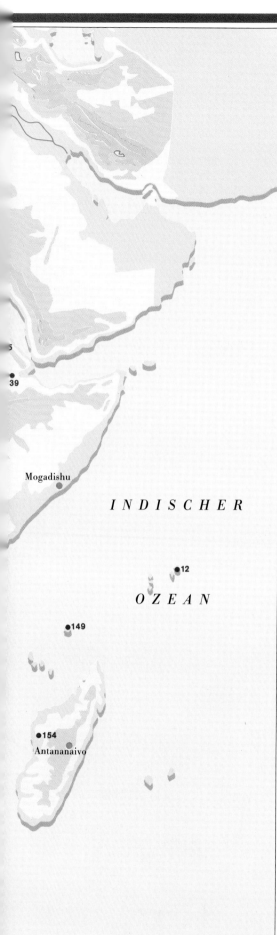

INDISCHER

OZEAN

Mogadishu

●12

●149

●154
Antananaivo

Mit Allahs Hilfe durch das Labyrinth

Unermüdlich hämmern die Metallschmiede auf dem Seffarine-Platz kupferne Schüsseln, Kannen und Tabletts. Wie die Bewohner, die sich nahe der fleißigen Handwerker gelassen unterhalten, bei diesem Lärm überhaupt noch ihr eigenes Wort verstehen, bleibt ein orientalisches Geheimnis. Im benachbarten Färberquartier am Flußufer wehen dem Besucher zur Abwechslung Düfte entgegen, die nur hartgesottene Zeitgenossen nicht die Flucht ergreifen lassen. Barfüßige Männer, über in den Boden eingelassene Bottiche gebeugt, gerben nach alter Art und Weise Tierfelle, wofür sie Rinderurin verwenden. In Wassermühlen am Fluß zerdrücken die Färber Pflanzensamen, um daraus ihre Naturfarben zu gewinnen. Je nach Tageszeit schimmern die Wasserlachen auf dem Boden gelb, rot, blau oder schwarz.

Henna und Zedernholz

Wenn sich der Besucher der Altstadt von Fes, vorbei an schwerbeladenen Lasteseln, noch weiter in die Dunkelheit der engen, gewundenen Gassen vorwagt, verirrt er sich entweder völlig im Labyrinth

---

---

der »Medina« oder stößt, Allahs gütige Hilfe vorausgesetzt, auf den Souk Attarine, den Markt der Gewürzhändler, wo ihm die vielgerühmten Wohlgerüche in die Nase steigen. Doch rasch wechseln die Eindrücke. Auf dem Souk Henné werden Töpferwaren und das Färbemittel Henna feilgeboten, auf dem Souk Nejjarine dringt aus den Werkstätten der Tischler Zedernduft, und in der Kissaria, einst das angesehenste Handelsquartier von Fes, werden die schönsten Seiden- und Brokatarbeiten angeboten.

»Allah macht jede Stadt zur Parabel«, lehrt der Koran, und wer sich auf ein sündig-luxuriöses Leben einläßt, dem droht Verdammnis. Die alte Königsresidenz, im Früh- und Spätmittelalter Marokkos haupt-

städtischer Mittelpunkt, hat diese Ermahnung beherzigt, denn kein Bewohner der Medina lebt außerhalb der Sichtweite mindestens eines Minaretts. Die wirtschaftliche und kulturelle Blüte, die die Stadt unter der Herrschaft der Almohaden (1147–1269) entwickelte, kam unter den Meriniden (1269–1465) zur vollen Entfaltung. Tausende von Geschäften und 800 Gebetshäuser sorgten für das leibliche bzw. geistige Wohl der 125 000 Einwohner. Und die Universität, an der im 14. Jahrhundert etwa 8 000 Studenten eingeschrieben waren, galt als einer der angesehensten Zentren arabischer Gelehrsamkeit.

Alleine die im 13. Jahrhundert umgebaute Hauptmoschee, die Kairouyine-Moschee, deren grün gekachelte Dächer sich über 16 Säulenhallen spannen, faßt 22 000 Gläubige. Über gepflasterte Höfe erreicht man zwei Pavillons und einen Brunnen, ein architektonisches Ensemble, das ein wenig an die Alhambra in Granada erinnert. Rechts davon erhebt sich das schlanke Minarett der »Zaouia«, jenes Heiligtum, das als Grabstätte von Moulay Idriss II. verehrt wird, dem Gründer der Stadt.

Herbergen für Koranschüler

Das Geistesleben der auf einer Hochebene liegenden Stadt wurde, von der Universität mit ihrer Bibliothek abgesehen, durch zahlreiche Koranschulen geprägt, darunter die üppig verzierte Bou Inania Medrassa, in der sich die Schüler ihrem bisweilen bis zu zehn Jahre dauernden Studium widmen konnten. Als der Sultan die gesalzene Rechnung für die Herberge im spanisch-maurischen Stil erhielt, hat er der Legende nach die Papiere kurzerhand in den Fluß geworfen, denn »Schönheit läßt sich nicht in schnöden Rechnungen ausdrücken«, soll er gesagt haben.

Direkt gegenüber fertigten Handwerker eine Wasseruhr aus 13 hölzernen Blöcken, als Gegengewicht diente die gleiche Anzahl kupferner Schüsseln. Der heute nicht mehr funktionierende Zeitmesser zeigte früher die Gebetsstunden an. Aus dem 14. Jahrhundert, als der Handelsort unter den Meriniden-Herrschern sein goldenes Zeitalter erlebte, stammt die Es-Sahrij-Stadtherberge. Durch eine optische Täuschung bedingt, entsteht beim Betrachten des Wasserbeckens der Eindruck, daß ein Ende des Teiches tiefer liege als das andere, ganz gleich, wo sich der Betrachter aufhält.

Ihre letzte Ruhestätte fanden die Meriniden-Sultane in den geheimnisumwitterten Mausoleen, von denen nur Ruinen übrig geblieben sind. Residiert König Hassan II. in Fes, ist ein Besuch der streng bewachten Grabstätten nicht möglich.

Die Altstadt Fes el-Bali erstreckt sich über beide Ufer des Flusses Oued Fes und bestand ursprünglich aus zwei getrennten Wohnvierteln, die erst im 11. Jahrhundert hinter einer Stadtmauer zusammengefaßt wurden. Im links liegenden Quartier siedelten sich um das Jahr 925 Flüchtlingsfamilien aus Tunesien an, das rund 100 Jahre ältere Stadtgebiet auf der östlichen Seite nannte man »andalusisches Viertel«, da sich dort Familien niederließen, die sich aus den maurischen Teilen Spaniens niedergelassen hatten. Die Moschee dos Andalous besitzt außer einem prächtigen Portal aus Zedernholz eine schön gearbeitete Kanzel.

Fes el-Jdid (neues Fes) nannte man das ausgedehnte Areal, auf dem im 13. Jahrhundert die königliche Residenz angelegt wurde. Im Gegensatz zur verwinkelten Altstadt Fes el-Bali betonen dort offene Plätze den majestätischen Charakter dieses Viertels mit Palast, Gärten und Judenviertel. Das neue Fes wurde zusammen mit der Medina schon während der französischen Besatzungszeit zum historischen Monument erklärt.

In dieser Zeit entstand als dritter Stadtteil das moderne Fes auf schachbrettartigem Grundriß. Als Rabat Hauptstadt wurde, verlor die alte Königsstadt schnell an Attraktivität. Während die wohlhabenden Einwohner der Medina den Rücken kehrten, zogen ärmere Familien in die Gebäude, die zunehmend dem Verfall preisgegeben waren. Mit Hilfe der UNESCO versucht Marokko schon seit einigen Jahren, nicht nur die wichtigsten öffentlichen Monumente zu retten, sondern auch die verfallenen Wohnhäuser zu restaurieren und für die Einwohner der Stadt wieder attraktiver zu machen.

Die Wassermühlen der Färber liegen am Fluß. Aus Pflanzensamen werden Naturfarben gewonnen.

Brunnen am Fonduk En Nejjarin im maurischen Stil.

Die Konstruktion der Kairouyine-Moschee, einer der größten Nordafrikas, wird durch 270 Säulen gestützt. Die dazugehörende Bibliothek besitzt Schätze von unvorstellbarem Wert. Auf dem Bild: ein Innenhof.

Prächtige Ruinen in der »Perle des Südens«

Neugierig schiebt sich die Menge von einer Attraktion zur nächsten über den weiten Platz. Aus Schildkrötenpanzern bestehen die gitarrenähnlichen Musikinstrumente, denen Berber mit kunstvoll geflochtenen Turbanen seltsam zirpende Töne entlocken. Zur herzbewegenden Begleitmelodie der Zungenpfeifen tanzt ein schöner Jüngling, einen Kranz aus farbigen Bändern auf dem Kopf, im Gürtel einen Silberdolch. Mit kleinen Schritten geht er nach vorne, läßt die Hüften kreisen, bevor er den Oberkörper zurückwirft, den Boden mit beiden Händen berührt und lächelnd wieder emporschnellt. Nur einen Steinwurf weit von ihm entfernt vollführen mit Kaurimuscheln geschmückte Schwarze zum Klang von Kastagnetten und Trommeln einen stampfenden Tanz, der seine Ursprünge an der Goldküste hat. Während Schlangenbändiger neben starr aufgerichteten Kobras Flöte spielen, Doktor Eisenbarts mit schaurigen Folterinstrumenten ihre Künste als Zahnreißer anpreisen und abgerichtete Affen und Tauben auf die Späße der Gaukler aufmerksam machen, versucht ein Heer wild gestikulierender Händler, mit den Zuschauern ins Geschäft zu kommen.

Verkehrsverbindungen
Internationaler Airport Rabat Salé. Linienflüge von Europa auch nach Marrakesch.

Beste Reisezeit
April bis November.

Tips
Im Juni Festival der Volkskunst. Ausflüge in das Tal der Ourika. Wintersport in Oukaïkamedem. Taroudant und die Dörfer Asni und Imlil. Maultieraufstieg zum Toubkal. Kurort Ouirgane.

Erst die Rufe der Muezzins zum Abendgebet bringen den ununterbrochen fließenden Strom von Bauern und Hirten allmählich zum Stillstand. In den Moscheen der Königsstadt Marrakesch danken sie Allah, der ihnen in seiner grenzenlosen Gnade täglich jene leichte Beute aus Europa zutreibt, die zum Kauf zu überreden für einen ausgefuchsten marokkanischen Straßenhändler wahrlich ein Kinderspiel ist.

Orientalische Traditionen

Obgleich Marrakeschs Herz in der Altstadt, der »Platz der Enthaupteten«, touristisch heute so hemmungslos vermarktet wird, daß er eher den Namen »Platz der Täuschungen« verdient, blieben in der »Perle des Südens« die orientalischen Traditionen lebendiger als in jeder anderen Stadt des Königreichs Marokko. Nirgends erblickt das Auge ein bunteres Völkergemisch aus Nachfahren afrikanischer Sklaven, blondgelockten Berbersöhnen mit blauen Augen, frankoarabischen Mischlingen, Beduinen und jüdischen Rabbis als in der Oasenstadt Marrakesch in Sichtweite der schneebedeckten, bis zu 3800 Meter hohen Gipfel des Atlasgebirges.

Auf dem Lagerplatz kriegerischer Berber, deren Siedlungen mit der Zeit zu einer großen Ortschaft zusammenwuchsen, gründete die Herrscherdynastie der Almoraviden im 11. Jahrhundert ihre Königsstadt, die sie mit Palästen und prächtigen Moscheen schmückte. Sie hinterließen ein ausgedehntes Bewässerungssystem mit Kanälen und Wasserspeichern, so daß sich Marrakesch bald zu einem blühenden Obst- und Gemüsegarten entwickelte.

Die Moschee der Buchhändler

Die Herrscher aus dem Almohadengeschlecht zerstörten zunächst die Bauwerke ihrer Vorgänger und errichteten neben anderen Gebetshäusern zum Ruhme Allahs die legendäre El-Koutoubia-Moschee, eine neue Kasbah (Burg) sowie ein Krankenhaus. Als man sich in Europa noch durch eifriges Beten Rettung vor der Pest versprach, konnten die dortigen Doctores für ihre Therapie bereits eine Theorie der Infektionskrankheiten nutzen.

Marrakeschs berühmtes Gebetshaus im Herzen der auf fünfeckigem Grundriß angelegten Medina (Altstadt) ist die nach dem arabischen Wort für Buch benannte Freitagsmoschee, in deren Schatten Buchhändler lebten und öffentliche Schreiber ihre Dienste anboten. Jede Seite des 70 Meter hohen, aus sechs übereinanderliegenden, gewölbten Räumen bestehenden Minaretts der Hallenmoschee wurde unterschiedlich mit bemaltem Putz, Rankendekor und kufischen Inschriften versehen. Auf Befehl von Yakoub El Mansur, dem »Siegreichen«, entstand so ein Meisterwerk des Mudéjar-Stils, dessen Ähnlichkeit mit der Giralda von Sevilla und dem »Hassan-Turm« in Rabat unverkennbar ist. Marrakeschs ältestes Gebetshaus, die Ali-Ben-Youssef-Moschee, besitzt herrliche Decken und ein elegantes Minarett; sie wurde allerdings im vorigen Jahrhundert so gründlich renoviert, daß man eigentlich von einem Neubau sprechen muß.

Die Fürsten der Saadier-Dynastie fanden ihre letzte Ruhestätte in den im 16. Jahrhundert geschaffenen und erst 1917 freigelegten Mausoleen neben der El Mansour-Moschee. Die im Inneren mit prächtigen Mosaiken, Stuck und Zedernholzarbeiten verzierten und kristallin wirkenden Grabmäler beweisen, wie perfekt die Künstler, die sich beim Bau an der Alhambra in Granada orientierten, mit Lichteffekten umzugehen verstanden. Über eine von weißschimmernden Stirnbogen bekrönte und von schwarzem Holz eingerahmte Pforte betritt man die Medersa Ben Youssuf. Die von einer Viereck- in eine Achteckform übergehende Holzdecke der Koranschule ruht auf Säulen, die in zwei Reihen angeordnet wurden. In den benachbarten mittelalterlichen »Zaouias«, als religiöse Stiftungen Lehrhaus und »Sozialstation«, erhalten Marrakeschs Blinde ihre abendliche Mahlzeit.

Von den Königspalästen der Altstadt, die erst seit der französischen Eroberung wieder bewohnt wird, ist nicht viel erhalten geblieben. So erinnert nur ein schwacher Abglanz an jene Zeiten, als Marokko – »El Moghreb al Aqsa« – mächtigstes Land im äußersten Westen war und Gelehrte wie heilige Männer gleichermaßen anzog. Der Bahia-Palast im Norden des ehemaligen Judenviertels Mellah beeindruckt durch Holz- und Stuckverzierungen sowie eine reichgegliederte, buntbemalte Zederndecke.

Marrakesch, 1062 von Youssef ben Tachfin gegründet, gehört zu den vier Königsstädten des Landes.

Unser Foto zeigt den Zugang zu den Studierzimmern der Ben Youssef Medersa aus dem 12. Jahrhundert.

Der Bahia-Palast gehört zu den bedeutendsten Bauwerken der Stadt Marrakesch:
Holzgeschnitzte Tür im Inneren.

Die Saaditen-Gräber, zwei herrlich
geschmückte Mausoleen, wurden
erst 1917 wiederentdeckt.

Herrscherin der Welt

Mit dem Mut der Verzweiflung hielten die Einwohner Karthagos drei Jahre lang dem römischen Ansturm stand. Als sie sich im Jahre 146 vor der Zeitwende schließlich ergeben mußten, nahmen die römischen Legionen furchtbare Rache: Sie plünderten die Hauptstadt der hartnäckigen Punier und setzten sie in Brand. 17 Tage dauerte das Inferno, dann war von Roms gefährlichstem Rivalen nur noch ein rauchender Trümmerhaufen übriggeblieben. Damit die »Herrscherin der Welt«, wie Karthago zu Hannibals Zeiten genannt wurde, für das Imperium nie mehr zu einer Gefahr werden konnte, verfluchte der römische Feldherr Scipio Aemilianus die Stadt und ließ Äcker und Gärten symbolisch mit Salz vergiften. Karthago sollte vollständig und für alle Zeiten ausgelöscht werden – ein Schicksal, das sich so radikal in den römischen Jahrhunderten dann doch nicht erfüllte. Karthagos einstige Macht und Größe aber bezeugen nur noch historische Texte und archäologische Funde.

Karthagos Gründung verliert sich im Dunkel der Geschichte. Der Sage nach landete Dido, Prinzessin von Tyrus, an der

Verkehrsverbindungen
Internationaler Flughafen Tunis. Von Tunis aus die P 9 Richtung La Marsa, dann P 10 nach Carthage. Schiffsverbindungen.

Reisezeit
Zwischensaison und Wintermonate bieten verträgliche Temperaturen.

Tips
Internationales Festival von Tunis-Karthago im Juli/August. Ausflüge in die Städte Tunis, Sidi Bou Said, Seeort Maalga/La Marsa, Badeort Gammarth.

levantinischen Küste auf der Flucht vor ihrem habgierigen Bruder. Das war im 9. Jahrhundert vor der Zeitwende, und zwar an der Stelle des späteren Kothon, der Hafenanlage. Ihre Bitte um ein Stück Land wollte ihr Numidierkönig Hierbas erfüllen, allerdings durfte es nur so groß sein wie eine Ochsenhaut. Daraufhin schnitt die listige Dido, als Elissa erste Königin von Karthago, die Haut in dünne Streifen, mit denen sie das beanspruchte Gelände markierte. So berichtet Vergil in seiner Aeneis. »Byrsa« tauften die Phönizier den Burgberg ihrer »Neuen Stadt« (Quart Haddasht), ein Hinweis auf diese Legende, da das griechische Wort auf deutsch Ochsenhaut heißt.

Auf dieser Erhebung entstanden neben

Zitadellen der Tempel des Gottes Eschmun, der in der römischen Mythologie Aeskulap entspricht, und eine Stadtummauerung. Heute thront auf dem 60 Meter hohen Byrsahügel eine im byzantinisch-maurischen Stil erbaute Kathedrale, die 1890 dem französischen König Ludwig IX. geweiht wurde. Der Monarch, der später der Heilige Ludwig genannt wurde, war im Jahre 1270 nach einem glücklosen Kreuzzug hier an der Pest gestorben. Das wuchtige Gotteshaus diente bis 1965 dem Erzbischof des Bistums Afrika als Residenz. Gleich daneben befinden sich die Klostergebäude der »Weißen Väter«, die seit Beginn der Ausgrabungen Mitte des vorigen Jahrhunderts in einem Museum zahllose Fundstücke aus dem alten Karthago zusammengetragen haben. Unterhalb des Hügels erstrecken sich die renovierten Gebäude des punischen Wohnviertels.

Barbarische Opferriten

Nahe der Landungsstelle der ersten Siedler entstand der geheiligte Bezirk von Karthago, der »Tophet«. Die in neuerer Zeit originaltreu nachgebildete Anlage, dem Götterpaar Baal Hammon und Tanit geweiht, war sechs Jahrhunderte lang Schauplatz eines grausigen Kults, mit dem die Bewohner die Götter gnädig zu stimmen versuchten. Kinder der vornehmen Familien wurden zum Opfertod bestimmt. Sie wurden in die Molk-Statue gelegt, die auseinanderklappte und so die Körper einem lodernden Feuer übergab. Ein grausam-archaisches Ritual, das die Karthager von ihren ostphönizischen Vorfahren übernommen hatten. Vermutlich wurden ihre Menschenopfer zu bestimmten religiösen Feiertagen dargebracht, sicher aber in Zeiten allgemeiner Gefahr, bei Hungersnöten, Epidemien und Kriegen.

Die Asche der Opfer wurde in kleinen Tonurnen auf benachbarten Bestattungsplätzen, die mit Gedenkstelen gekennzeichnet waren, beigesetzt. War die Kapazität des Bezirks erschöpft, so schuf man durch Erdaufschüttungen neuen Platz. Ausgrabungen in den zwanziger und dreißiger Jahren bewiesen, daß die Bestattungsplätze in Schichten bis zu sechs Meter Tiefe angeordnet waren.

An Karthagos Handelshafen im Süden und den alten Kriegshafen, der mehr als 200 Galeeren aufnehmen konnte, erinnern heute nur noch Mauerfundamente in den versumpften Lagunen. Die von Zinnen und Wehrtürmen überragten Kaimauern erstreckten sich über 3,5 Kilometer, dahinter lagen Kasernen und Stallungen für die Kriegselefanten.

Nur kümmerliche Reste blieben vom Amphitheater, das 50 000 Menschen faßte.

Eine Marmorsäule erinnert an die von wilden Tieren zu Tode gehetzte heilige Perpetua und ihre Begleiter. Die 15 Gewölbeanlagen der römischen Zisternen im Dorf Maalga dienen heute als Ställe. Noch in Umrissen wahrzunehmen ist das Odeon, neben dem sich die Ruinen römischer Villen befinden. Mächtige Säulen aus weißem Marmor, roten und weißen Granitsteinen sowie ein sieben Tonnen schweres Marmorkapitell sind die letzten, imposanten Überreste der luxuriös ausgestatteten Antonius-Thermen im Archäologischen Park.

Das Ende der glücklichen Stadt

Vorbei an den Grundmauern römischer Wohnhäuser führt der Weg zu punischen Gräbern, die in den Fels geschlagen wurden, zum Standort einer antiken Schola und den Trümmern zweier Basiliken. Nicht weit davon erinnern Säulenstümpfe und Grundmauern an die neunschiffige Pamous el-Karta, Karthagos größte Basilika.

Bald nach der Eroberung hatte sich das wieder aufgebaute Karthago zur führenden Stadt der Provinz Africa proconsularis entwickelt. Kaiser aus dem Haus der Severer waren Karthago wohlgesonnen und gaben ihr den Beinamen »Felix«, die Glückliche. Als die Araber im 7. Jahrhundert die Stadt eroberten, wurde Karthago erneut dem Erdboden gleichgemacht, seine Trümmer dienten zum Bau von Tunis und anderer Städte an der Küste.

Nordafrika war in römischer Zeit die Kornkammer des Imperiums. Damals entstand diese Straße.

Ruinen von Karthago

Seit Beginn der Ausgrabungen Mitte des vorigen Jahrhunderts haben Archäologen zahlreiche Fundstücke aus dem römischen Karthago zusammengetragen.

Karthago wurde in seiner Geschichte mehrmals völlig zerstört und bald nach den Punischen Kriegen als römische Kolonie wieder aufgebaut.

Die städtischen Thermen wurden über einen Aquädukt aus den Bergen von Zaghouan mit Wasser versorgt.

Felsenmalereien in der Sahara

Von der stechenden Sonne der Sahara ausgedörrt, erstreckt sich im östlichen Algerien auf einer Fläche von fast 80 000 Quadratkilometern das unwirtliche Hochland des Tassili-n' Ajjer. Seit Jahrhunderten ziehen die Kamelkarawanen der Tuaregs über die schnurgeraden, endlosen Sandpisten des verödeten Plateaus, zwischen dessen bizarren Schieferfelsen Schlangen, Spinnen und Eidechsen eine mühsame Existenz fristen. Gerade in diesem menschenfeindlichen Milieu entstanden Nordafrikas berühmteste Felsenzeichnungen. Weil die südalgerischen Nomaden an den Kunstwerken ihrer Vorfahren nie Interesse gezeigt hatten, fiel ihre späte Entdeckung europäischen Wissenschaftlern zu. Als führender Erforscher der Sahara-Wandmalereien profilierte sich der Franzose Henri Lhote, der Anfang der fünfziger Jahre mehr als 10 000 Felsbilder sichtete und die Ergebnisse seiner Untersuchungen einer breiteren Öffentlichkeit zugänglich machte. Die Malereien und Ritzzeichnungen im Tassili-Gebiet, heute ein staatlicher Naturschutzpark inmitten der Wüste, zählen zu den am besten erhaltenen Kunstwerken prähistorischer Afrikaner.

Verkehrsverbindungen
Flug nach Algier. Weiterflug mit Air Algérie nach Djanet, tägliche Verbindungen. Fahrt mit Mietwagen: Informationen bei der staatlichen Fremdenverkehrsbehörde ONAT in Algier.

Reisezeit
Frühling und Herbst.

Übernachtung
Hotels mit Restaurant, Übernachtungen in »Zeribas« (Schilfhütten) bei Djanet.

Tips
Saharawanderungen mit Tuareg-Führern. Besuch der Städte Djanet und Tamanrasset sowie Ghardaïa und Timimoun auf dem Weg von oder nach Algier. Das Teffedest-Gebirge im nördlichen Hoggar ist berühmt für seine Felsformationen.

Die ältesten Zeugnisse dieser Kunstfertigkeit, die Lhote nach dem Grad der Perfektion in fünf Schaffensperioden eingeteilt hat, entstanden schätzungsweise vor 10 000 Jahren. Weil die Malereien, deren Erfassung bis heute andauert, in ausgeschliffenen Höhlungen, Felsüberhängen und Grotten angebracht worden waren, blieben sie im trockenen Klima der Sahara vor Sand, Wind und Niederschlägen geschützt.

Als Europa während der Eiszeit unter mächtigen Gletschern begraben lag, herrsch-te im Gebiet des Tassili-Gebirges ein feuchtheißes, mediterranes Klima. Daß dieser Teil Nordafrikas schnell besiedelt wurde, bestätigte der griechische Geschichtsschreiber Herodot, der in seinen Schriften pferdegezogene Streitwagen in der Sahara beschrieb. Limetten- und Olivenbäume, Eichen, Oleander und Myrrhen prägten die wasserreiche Landschaft, in der sich Elefanten, Nashörner, Flußpferde, Gazellen und Giraffen ihre Futterplätze suchten. Im Zuge einer Klimaveränderung am Ende der Eiszeit trockneten heiße Winde die üppige Landschaft allmählich aus. Weil die Vegetation und die tropische Fauna verarmte, zogen sich mit der Zeit auch die Menschen zurück.

Menagerie der wilden Tiere

Eine Vorstellung der damaligen Tierwelt vermittelt die Hinterlassenschaft der frühesten Tassili-Periode, der Jäger- oder Bubalus-Epoche, die etwa vom 9. bis zum 5. Jahrtausend dauerte. Neben jenen Tierarten, die heute nur noch in tropischen Breitengraden zu finden sind, wurden Jäger mit Pfeil und Bogen, Wurfkeil oder Wurfholz abgebildet. Viele mythologische Darstellungen, wie etwa der Fruchtbarkeitskult, überraschen durch ihre ungenierte Offenheit. Systematische Grabungen brachten Bestattungsstätten, Topfscherben, Steinwerkzeuge sowie Pfeil- und Speerspitzen ans Tageslicht.

Nachdem die prähistorischen Künstler zunächst mit primitiven Werkzeugen Gravuren angefertigt und ausgeschliffen hatten, entstanden großflächige Figuren bis zu fünf Metern Höhe. Aus zerstoßenem Schiefer mischten die Maler Erdfarben, wobei gelbe, braune, hellblaue und rötliche Töne dominierten. Als Bindemittel verwendeten sie Eiweiß. Aufgetragen wurden die Farben mit der Hand und mit Knochen, Pinseln oder Federn.

Übermäßig große Köpfe, manchmal mit Hörnern und federartigen Auswüchsen, kennzeichnen die Rundkopf-Epoche. Die dargestellten Menschen sind mit einem Lendenschurz bekleidet und pirschen sich mit Stock, Bogen, Speeren und Riesengabeln an die prähistorische Menagerie wilder Tiere heran – Gazellen, Mufflons und Elefanten.

Als die ersten Viehzüchter aus dem Gebiet des Oberen Nils einwanderten und dort den Getreideanbau einführten, ging die Rundkopf-Epoche in die Rinder-Epoche über: Die Tassili-Gemälde werden lebendiger. Jetzt zeichnen sich die Szenen durch einen zunehmend größeren Detailreichtum aus, die Figuren werden graziler, Gesichter der entfernt an kleine Teufel erinnernden Gestalten, Kleidung und Arbeitsgeräte sind besser zu erkennen. Naturalistisch gehaltene Alltagsszenen mit Frauen und Kindern, Tänze und kultische Handlungen treten in den Vordergrund, erstmals werden auch Haustiere abgebildet. Augen und Nüstern der Rinder werden durch tief eingeschnittene Mulden hervorgehoben, ihr Leib ist durch flächige und lockenförmige Gravierungen gemustert.

Die Darstellung der vier Schutzgöttinnen und eine Barke mit den charakteristischen Statthalterinsignien am Bug verdeutlichen den starken ägyptischen Einfluß auf die Tassili-Malerei in dieser Epoche. Besonders deutlich wird dies auf dem Bild der »Schwimmerin« mit langgezogenen Gliedmaßen und Brüsten, die einen Mann in Fötusstellung hinter sich herzieht. Manche Masken und Zeichnungen auf den menschlichen Körpern erinnern an Tätowierungen, wie sie bei einigen Völkern Zentralafrikas auch heute noch üblich sind. Lhote schloß daraus, daß die schwarzen Völker damals wesentlich stärker nach Norden verbreitet waren als angenommen. Die gängige Ansicht, daß die entscheidenden Impulse für die Tassili-Kunst aus Oberägypten stammten, war damit widerlegt.

Unaufhaltsamer Niedergang

Mit dem Auftauchen von Pferd und Kamel beginnt die letzte Epoche der Tassili-Malerei. Die Kunstwerke dieses Abschnitts bezeugen längst nicht mehr das gleiche Geschick und Können. In vielen Fällen gleichen sie simplen Kritzeleien, die auch von zeitgenössischen Tuareg-Kindern stammen könnten.

Wind und Wetter haben den Kunstwerken der Sahara zwar kaum zugesetzt, dafür machen sich die unauslöschlichen Spuren der modernen Zivilisation immer störender bemerkbar.

Erst in den fünfziger Jahren unseres Jahrhunderts wurden die Sahara-Wandmalereien entdeckt.

Die frühesten Felszeichnungen von Tassili-n' Ajjer entstanden schätzungsweise vor 10000 Jahren.

Als Europa unter Eiszeitgletschern begraben lag, herrschte in diesem lebensfeindlichen Gebiet mediterranes Klima.

Pyramiden von Giseh, Abusir, Sakkara und Daschur

Mit unbeschreiblichem Hochgefühl betrat Auguste Mariette im Jahre 1851 die Kammern der legendären Gräber der Apis-Stiere in der Totenstadt Sakkara. Ernüchtert mußte der französische Ägyptologe jedoch feststellen, daß die meisten der gigantischen Sarkophage schon vor seiner Entdeckung geöffnet und ihres Inhalts beraubt worden waren. Nur einer der soliden Granitsärge war verschont geblieben: Weil sich der schwere Deckel auch mit größter Kraftanstrengung nicht zur Seite schieben ließ, versuchte Mariette sein Glück mit einer kleinen Dynamitladung. Den Inhalt des steinernen Behältnisses, eine Stierstatue aus purem Gold, schaffte Mariette, Gründer der ägyptischen Altertumsverwaltung, in den Pariser Louvre. Die später entdeckte Mumie des gehörnten Tiers befindet sich heute im landwirtschaftlichen Museum in Kairo.

Die Gräber des geheiligten Apis-Stiers liegen nordwestlich der einstigen altägyptischen Reichshauptstadt Memphis auf einem ausgedörrten Plateau. Unter dem sandigen Boden der Hochebene von Sakkara vermuteten die alten Ägypter das düstere Reich des Totengottes Sokar.

Verkehrsverbindungen
Internationaler Flughafen Kairo.

Reisezeit
Mitte Oktober bis in den Juni.

Tips
Ton- und Lichtvorführungen. Besuch von Kairo und Alexandria. Historisches Freilichtmuseum auf der Pharaonen-Insel. Mittelmeer-Badeorte Ra's al-Barr und Gamash. Ismailija am Sueskanal.

Die Pyramide des Pharaos Djoser, die aus sechs unregelmäßigen Lagen besteht, war zunächst nur der Überbau der vom Architekten Imhotep entworfenen Grabkammer, die noch während Djosers Regierungszeit erweitert wurde. Verschiedene Höfe ergänzten den terrassenförmig angelegten, wuchtigen Bau, der als Vorläufertyp der klassischen Pyramide gilt. Weitere Pyramiden, die die Herrscher der 5. und 6. Dynastie aus Kalkstein errichten ließen, zerfielen beim Entfernen der Außenverkleidung, auf der sich reich verzierte Sterbetexte der Pharaonen befanden.

Als Ägypten um 2900 vor der Zeitwende zu einem Großreich vereinigt worden war, wählten die Pharaonen das im südlichen Nildelta gelegene Memphis als Hauptstadt. Die Epoche der Pyramidenbauten, die im Alten Reich einsetzte, fand ihren Höhepunkt schließlich in den großen Pyramiden von Giseh, heute ein Vorort Kairos. Das zwischen Giseh und Daschur liegende Religions- und Handelszentrum Memphis war fast ausschließlich aus vergänglichen Materialien wie Schilfrohr, Schlammziegeln und Holz erbaut worden. Außer der kunstvoll gemeißelten Statue Ramses' II., einer 80 Tonnen schweren Alabastersphinx, und den Ruinen des Ptah-Tempels im »Museumsbezirk« blieb von Memphis nichts mehr übrig.

Symbole unter Sand

Auf dem Gebiet der einst am dichtesten besiedelten und bedeutendsten Stadt des Reiches, die Gaston Maspero das »lebende Symbol Ägyptens« genannt hat, wachsen heute neben einem Dorf Dattelpalmen auf fruchtbarem Schwemmboden. Das gesamte Areal der benachbarten Nekropole ist durchzogen von sandigen Senken, wo vermutlich Schachteinstiege zu Gräbern noch zu entdecken sind. Das in griechisch-römischer Zeit überbaute und in jüngerer Zeit freigelegte Familiengrab von Meeruka ist eines der ältesten und am besten erhaltenen Monumente, dessen farbig ausgemalte Darstellungen Szenen aus dem damaligen Alltagsleben zeigen.

Gegenüber der Millionenstadt Kairo erheben sich die berühmtesten Pyramiden, die im Laufe des Jahrhunderts intensiv vermessen wurden und die Welt der Wissenschaft auch heute noch in verschiedene Lager spalten. Alleine für das größte Monument, die 146 Meter hohe Cheops-Pyramide, deren Seiten jeweils eine Fläche von 20 000 Quadratmetern aufweisen, verbauten die Arbeiter 2,3 Millionen Quader, die bis zu drei Tonnen schwer waren. Dieses einzige antike Weltwunder, das heute noch steht, erhielt eine Verkleidung aus weißen Kalksteinplatten, die solange eingepaßt und poliert wurden, bis kein Spalt mehr sichtbar war. Während die Cheops-Pyramide ihrer Verkleidung beraubt ist, weist die Pyramide von Cheops' Sohn Chefren an der Spitze noch Reste der ursprünglichen Verblendung auf.

Die Frage, wie die Arbeiter den Transport der Steinkolosse für die himmelwärts strebenden Wunderwerke mit den damaligen Hilfsmitteln bewältigten, übersteigt das Vorstellungsvermögen der Nachgeborenen und wird wohl ewig ein Geheimnis bleiben. Der griechische Geschichtsschreiber Herodot schätzte, daß 100 000 Mann zwei Jahrzehnte lang am Bau der Großen Pyramide arbeiteten. Beim Transport der riesigen Steinblöcke machte man sich bereits Hebelwirkung und schiefe Ebene zunutze, verwendete wohl auch Rollen. Der Einsatz des Flaschenzugs als technisches Hilfsmittel bleibt jedoch umstritten. Ungeklärt ist auch die Frage, ob die Pyramide als Bestattungsort eines Pharaos zu einer Art »Reliquienschrein« wurde, dem die Verehrung der Vorfahren galt, oder nicht auch durchaus »weltlich« der Himmelsbeobachtung diente.

Die Botschaft des Sonnengottes

Zu den faszinierendsten Monumenten Gisehs zählt die rechts des Totentempels verharrende Sphinx, die riesige Statue eines liegenden Löwen mit menschlichem Kopf. Das riesenhafte Fabelwesen hält zwischen seinen Pfoten eine Granittafel, auf der eine Erzählung des Pharaos Thutmosis IV. eingraviert wurde – gut tausend Jahre nach der Errichtung des Monuments. Demnach hatte Thutmosis' »Vater«, Sonnengott Ra-Harakhte, dem genau an dieser Stelle schlummernden Pharao befohlen, den Sand wegzuräumen, damit er im Schlaf nicht ersticke, und seinen Befehlen fortan zu gehorchen, wenn er König über Ober- und Unterägypten werden wolle.

Menschliche Eingriffe, Sickerwasser und Umweltverschmutzung haben den einzigartigen Monumenten inzwischen ebenso zugesetzt wie der nahe der Pyramide in einem Museum untergebrachten »Sonnenbarke«. Dieses älteste noch erhaltene Schiff aus libanesischem Zedernholz war 1954 in einer benachbarten Höhle entdeckt worden.

Die Sphinx, ein liegender Löwe mit Menschenkopf, wurde aus einem Felsen im Gelände herausgearbeitet.

Auf dem Gelände von Giseh stehen insgesamt
neun Pyramiden, darunter die bekannten
Cheops-, Chefren- und Mykerinos-Pyramiden.

Unser Bild zeigt die Chefren-Pyramide, leicht
zu erkennen an der verkleideten Spitze.

Das alte Theben und seine Nekropole

Wenn der Wind in der Morgendämmerung durch die Risse und Spalten der kolossalen Sitzfiguren strich, drang eine eigentümlich klagende Musik an die Ohren der Besucher, die Thebens Totenstadt betraten. Auf der Suche nach einer mythologischen Deutung fanden die römischen und griechischen Reisenden bald eine Erklärung: Nachdem Memnon in Troja den Heldentod gestorben war, tauchte er als singende Steinstatue in Homers »Hunderttorigem Theben« auf, um seine Mutter Aurora jeden Morgen mit klagendem Gesang zu begrüßen. Jene Tränen, die Aurora vergoß, fielen als Morgentau auf die Statuen, die man schließlich »Memnon-Kolosse« taufte. Als Kaiser Septimius Severus im Jahre 199 den Ort besuchte, ließ er die Sitzfiguren Amenophis' III., wie die Sandsteinstatuen korrekt hießen, gründlich renovieren. Und seither ist auch der Klagegesang der einst als Weltwunder bestaunten Figuren, die das Eingangstor eines längst verschwundenen Totentempels bewachten, verstummt. Nur noch Inschriften in demotischer, griechischer und lateinischer Schrift erinnern an die Besucher der Antike, die dem Gesang lauschten.

Verkehrsverbindungen
Internationale Flüge nach Luxor.

Reisezeit
Mitte Oktober bis in den Juni.

Übernachtung
»Winter Palace« und »Savoy« im Stil des 19. Jahrhunderts.

Tips
Frühmorgens und in der Abenddämmerung Ausflüge mit Heißluftballons. Ton- und Lichtvorführungen. Bootsfahrten auf dem Nil. Tempel von Esna, Edfu und Kom Ombo.

Die am Ostufer des Nils liegende Königsstadt Weset, von den Griechen später Theben genannt, beherrschte vier Jahrhunderte lang unangefochten Ägypten und war zeitweilig Zentrum des östlichen Mittelmeerraums. Seine Blütezeit erlebte Theben im Neuen Reich während der Regierungszeit der 18. Dynastie, deren Pharaonen ihren unermeßlichen Reichtum zur Verschönerung ihrer Residenz verschwendeten. Allein Thutmosis III. führte 17 Feldzüge und vergrößerte damit sein Reich, das zum Schluß fast ganz Kleinasien, Palästina, Syrien, Phönikien, Gebiete am Euphrat, Nubien, Sudan und Libyen mit einschloß. Dem unaufhaltsamen Aufstieg folgte um 663 vor der Zeitwende der tiefe Fall: Als die Heere des Assyrerkönigs Assurbanipal Theben gebrandschatzt hatten, blieben von der einst verschwenderischen Pracht nur die mächtigen Ruinen des Tempels von Karnak, dem »Thron der Welt«.

Götterbarken und heilige Gänse

Ägyptens größte Tempelanlage bestand aus Toren, Höfen und Sälen, zahllosen Säulen, Skulpturen und Obelisken. Das Amun, dem Herrn der Winde und Lüfte, geweihte Heiligtum wurde erstmals von Thutmosis I. erweitert. Jeder Pharao bemühte sich nach Kräften, die Leistungen seiner Vorgänger durch noch prächtigere Bauwerke zu übertreffen und damit seine Verbundenheit mit Amun zu symbolisieren. Durch zehn große Tempeltore – Pylonen genannt – betrat man die verschiedenen Bezirke, die ins Zentrum zum Allerheiligsten führten. Auf zwei von widderköpfigen Sphingen flankierten Straßen gelangt der Besucher durch den Vorderpylon zum noch erhaltenen Haupttempel, dessen Mauern 15 Meter dick sind. Dahinter liegt der große Hof, umgeben von einer Säulenhalle, die sich zu weiteren Tempeln hin öffnet. Nach dem zweiten Pylon betritt der Besucher die 5000 Quadratmeter Fläche umfassende große Hypostylenhalle mit Kapitellen, die in Form von Papyrusblüten und -knospen gestaltet wurden. Über weitere Tore führt die Tempelvisite zum Heiligtum der Barken, wo die Boote der Götter Amun, seiner Gattin Mut und ihres Sohnes, des Mondgottes Chons, vertäut lagen. Mut und Chons zu Ehren errichtete man außerdem Tempel, die früher von Gärten umgeben waren. An der Südseite erstreckt sich der »Heilige See«, wohlgeschützt durch gleichfalls in den Stand der Heiligkeit erhobene Gänse.

Als Echnaton (Amenophis IV.) den Thron bestieg, wurde der Amun-Kult für einige Zeit unterbrochen. Der neue Herrscher zog Aton vor und ließ die Reliefs und Schreine mit dem Amun-Bildnis zerstören. Aber schon sein Nachfolger Tutench-Amun ließ den alten Tempel wieder errichten. Als Diodorus im Jahre 57 v.Chr. die Königsstadt besuchte, war die Tradition der antiken Pracht noch immer spürbar. Gerne rühmten sich die Thebaner, daß die ältesten Philosophen und Astrologen aus ihrer Stadt hervorgegangen seien.

Thebens zweitwichtigstes Heiligtum ist der Luxortempel. Eine etwa drei Kilometer lange, von Sphingen gesäumte Allee, verband ihn mit Karnak. Die gleichfalls Amun geweihte Anlage, die später von Christen als Kirche benützt wurde, besitzt außer einer Fülle von Reliefs riesige Statuen von Ramses II., der wie kein zweiter Herrscher Theben mit Tempeln, Statuen und Denkmälern geschmückt hatte, sowie eine Säulenhalle mit Papyruskapitellen. Diese Säulen symbolisierten Palmbäume, die der altägyptischen Mythologie zufolge auf jener Insel wuchsen, aus der später die Welt entstand. Einer der beiden Granit-Obelisken des Luxortempels ziert heute die Pariser Place de la Con-corde. Hinter dem Eingang erhebt sich auf Tempelgelände die Moschee Abu el-Hagag, in der ein Lokalheiliger beigesetzt ist.

Erst in den dreißiger Jahren erweckten Archäologen die halbversunkenen Trümmer von Luxor – zu deutsch: die Paläste – aus dem Dornröschenschlaf. Selbst als Ruine vermittelt dieses Freilichtmuseum heute noch eine Vorstellung von Glanz und Größe Altägyptens.

Die Pharaonen des Neuen Reichs fanden ihre letzte Ruhestätte in der Totenstadt westlich des Nils. Dort entstanden im Laufe der Zeit Hunderte von reich dekorierten Gräbern, die man zum Schutz vor Räubern in den Hügeln versteckt angelegt hatte. Im Tal der Könige entdeckte im Jahre 1922 der britische Archäologe Howard Carter das wie durch ein Wunder fast unberührte Grab Tut-ench-Amuns, der im Alter von 18 Jahren gestorben war. Während sein Sarg im Grabmal blieb, werden die Beigaben – goldene Diademe, Masken, Juwelen, Statuen, Streitwagen und Waffen – im Ägyptischen Museum in Kairo ausgestellt. Die übrigen, von Plünderern schon vor langer Zeit leergeräumten Grabmäler besitzen Fresken, auf denen Szenen vom Leben nach dem Tod getreu den Vorlagen des Ägyptischen Totenbuches festgehalten wurden. Im Grab von Ramses II., dem Ramesseum, berichten Reliefs von den militärischen Leistungen des Pharaos.

Götter in der Sonnenbarke, Wandmalerei im Grab von Ramses VI.

Das Grab der Nennedjem. Die Ostwand schildert die Gefilde der Seligen: Der Grabherr und seine Gemahlin sind bei Aussaat, Ernte und am Opfertisch dargestellt.

Tempelanlage in Karnak.

21

Die nubischen Denkmäler zwischen Abu Simbel und Philae

Um die Pharaonenstatuen vor den Wassermassen des geplanten Stausees zu schützen, brüteten die Archäologen eine höchst skurrile Idee aus: Allen Ernstes schlugen sie vor, um die kolossalen Skulpturen herum einfach ein riesiges Glashaus zu konstruieren und Besucher in einem gläsernen Behälter zum »Sightseeing« in die Tiefen des gigantischen Nasser-Sees zu transportieren. Damit wären die um 1260 vor der Zeitwende geschaffenen Baudenkmäler zwar von der Erdoberfläche verschwunden gewesen, aber als Unterwasser-Monumente der Nachwelt erhalten geblieben. Denn im Gegensatz zu zahlreichen antiken Bauwerken, die durch Versetzung an eine höhergelegene Stelle vor den drohenden Fluten des Assuan-Staudammes bewahrt wurden, erschien eine Rettung des nubischen Felsentempels von Abu Simbel nahe der Grenze zum Sudan praktisch unmöglich: Abu Simbel, mit dem sich Ramses II. ein unvergängliches Denkmal seiner Machtfülle schaffen wollte, war direkt aus einem Felsmassiv herausgemeißelt worden.

Daß die ganze Anlage schließlich doch fein säuberlich in Einzelteile zerlegt und

---

Verkehrsverbindungen
Abu Simbel liegt südlich von Assuan am Nasser-Stausee. Internationale Flüge nach Kairo, Luxor und Assuan. Oder Regionalflüge von Kairo aus mit Egyptair.

Reisezeit
Mitte Oktober bis in den Juni.

Übernachtung
Nur wenige Hotels in Assuan.

Tips
Insel Elephantine. Adligengräber. Koptisches Simeonskloster. Grabmal des Aga Khan. Kitchener's Island (Tropischer Garten). Antike Stadt Nekhen. Schiffsreise auf dem Nil.

---

auf einem 58 Meter höher liegenden Gelände wieder zusammengesetzt wurde, geht auf eine in der Geschichte beispiellose Zusammenarbeit von 50 Nationen unter Leitung der UNESCO zurück. Um das Denkmal vor dem Untergang zu bewahren, kämpften Arbeiter vier Jahre unermüdlich gegen die Zeit und versetzten insgesamt 23 oberägyptische Tempel und Schreine, von denen einige weit entfernt vom alten Standort in der ursprünglichen Form wieder aufgebaut wurden. Damals prägten die Experten den Begriff der »Rettungsarchäologie«, deren wichtigstes Betätigungsfeld in Nubien lag. »Völker kön-

nen Wunder vollbringen, wenn sie für einen guten Zweck zusammenarbeiten«, würdigte der damalige ägyptische Staatspräsident Sadat die außergewöhnliche Leistung, als er am 15. Januar 1971 den Staudamm einweihte.

Tempel für die Lieblingsfrau

Der größere Tempel von Abu Simbel war dem Windgott, anderen Idolen und dem gottgleichen Herrscher Ramses II. geweiht. Er wurde so angelegt, daß die Strahlen der aufgehenden Sonne an zwei Tagen des Jahres tief in den Tempel eindringen konnten und so auf die Statuen im Inneren ein magisches Licht warfen. Vier Sitzfiguren mit den Gesichtszügen des Pharaos und seiner Gemahlin bewachten die 33 Meter hohe Fassade des Tempels, acht weitere Skulpturen, in Doppelreihen angeordnet und um eine entsprechende Anzahl viereckiger Säulen ergänzt, flankieren die zentrale Halle. Ein mumifizierter Osiris mit Krummstab und Geißel symbolisiert den König. Gemälde, auf denen religiöse Szenen und Schlachten dargestellt sind, zieren die Wände. So erkennt man den unbesiegbaren Ramses II., wie er vor Amun und Ra-Harakhte seine Feinde kühn am Haarschopf packt und mit einem Knüppel schlägt. Die außerordentlich detailreichen Kampfszenen im Nordteil der Halle weisen über 1100 Figuren auf. Hinter dem Innenhof befand sich das Heiligtum mit vier sitzenden Götterstatuen, die Ptah von Memphis, Amun (Theben), den vergöttlichten Pharao sowie den Sonnengott von Heliopolis, Ra-Harakthe, darstellen. Und im gleichfalls geretteten Nefertari-Tempel, im Südteil gelegen, überliefert eine Säuleninschrift: »Ramses, stark in der Wahrheit, Liebling des Amun, schuf diesen himmlischen Wohnsitz für seine geliebte königliche Gemahlin Nefertari«.

Nach der Tempelterrasse stößt der

Besucher beim Haupteingang auf jeweils drei Nischen, in denen ebenfalls Figuren untergebracht sind. Als die Anlage versetzt wurde, durften die Arbeiter nur Preßluftbohrer verwenden, da Sprengungen die Monumente beschädigt hätten. Sodann ebnete man auf dem neuen Standort das Gelände, verstärkte das Muttergestein mit einer massiven Betonkonstruktion, bevor der Hügel neu modelliert wurde.

Wesentlich komplizierter gestaltete sich die Rettung der Heiligtümer auf der Insel Philae, die bereits seit 1902 bis auf die Spitzen der Monumente unter den Fluten des ersten Assuan-Staudamms verschwunden war. Dort stand ein der Göttin Isis geweihter Tempel, der noch in griechisch-römischer Zeit viele Besucher magisch anzog. Selbst als Kaiser Theodosius per Edikt die Schließung aller »Heidentempel« angeordnet hatte, pilgerten einer Inschrift aus dem Jahre 453 zufolge Stämme aus der östlichen Wüste zu dieser Stätte. Das häufig »Perle Ägyptens« genannte Heiligtum war in spätrömischer Zeit der letzte Stützpunkt altägyptischer Traditionen.

Während Haupttempel und der Trajanskiosk in numerierte Teile zerlegt und auf einem höheren Gelände wieder zusammengebaut wurden, versetzte man drei weitere Schreine nach Kalabscha westlich des Staudammes. Um die Tempel zu demontieren, baute man zunächst einen provisorischen Schutzdamm. Dann reinigte man 47 000 Steinblöcke und sprengte aus der Nachbarinsel Agilka 450 Tonnen Granitgestein, um für die Monumente Platz zu schaffen. Anschließend rekonstruierten die Arbeiter mit ihren Bulldozern den neuen Standort nach dem Vorbild der versunkenen Insel, zu deren Ensemble auch das Hadrianstor aus übereinandergetürmten Steinblöcken gehört.

Die aus dem Felsen gehauene Fassade des Kleinen Tempels von Abu Simbel: Je zwei Ramses-Statuen flankieren die Göttin Hathor mit Federkrone, Sonnenscheibe und Kuhhörnern.

ABU SIMBEL

Die Statuen im Großen Tempel Ramses II. entstanden etwa um 1300 v. Chr.

Ramses-Kolossalstatuen im Bildausschnitt.

Moscheen, Mausoleen und Friedhöfe

Kaum eine Stadt Schwarzafrikas verleitete Europas Gelehrte im späten Mittelalter zu abenteuerlicheren Spekulationen als das legendäre Timbuktu, das erstmals in arabischen Chroniken beschrieben wurde. »Hafen der Wüste« nannte Ibn Khaldoun die merkwürdige Siedlung am Schnittpunkt von fünf Karawanenwegen, auf denen unschätzbare Reichtümer an den südlichen Rand der Sahara geschafft wurden. Während im katalanischen Atlas Karls V. die Stadt als »Tenbuch« eingezeichnet war, berichtete 1426 der italienische Geograph Beccari von »Tumbettu«, dessen sichtbarer Wohlstand sich an hochtürmigen Moscheen und goldverzierten Palästen ablesen lasse. Als erster Europäer erreichte Anfang des 19. Jahrhunderts der Schotte Laing die Stadt am oberen Nigerbogen. Seinen Bericht konnte er nicht mehr übermitteln, da er auf dem Rückweg von der eigenen Truppe ermordet wurde. Als Araber verkleidet, betrat der französische Reisende René Caillié 1828 die sagenumwobene Stadt, in der er zu seiner maßlosen Enttäuschung statt goldglänzender Paläste nur schmutzige, zerfallene Lehmhäuser und bittere Armut vorfand.

Verkehrsverbindungen
Internationaler Flughafen Bamako. Zur Weiterfahrt Kartenmaterial des Institut Géographique National (IGN) in Paris besorgen.

Reisezeit
November bis März.

Übernachtung
Außer Hotels Unterkunft in Campements.

Tips
Bei Individualreisen Meldepflicht. Mali verlangt offizielle Photoerlaubnis, erhältlich in Bamako bei SMERT. Ausflüge nach Korientze (Viehmarkt). Dorf Niafounke (prähistorische Stätten). Goudam, Diré.

Die genaueste Beschreibung von Timbuktu stammt aus der Feder des deutschen Reisenden Heinrich Barth, der Mitte des vorigen Jahrhunderts ein Jahr lang dort lebte. Seine Darstellungen über Menschen, Handel und Baustil haben bis heute kaum etwas von ihrer Gültigkeit verloren.

Timbuktus Ursprünge liegen weitgehend im dunkeln; wohl im 12. Jahrhundert als »Brunnen der Wächterin Buktu« – »Tin« bedeutet in der Tuareg-Sprache Brunnen – gegründet, diente der Ort zunächst als Rastplatz der zwischen Niger und Wüste wandernden Tuareg-Viehhirten.

Timbuktus Aufstieg begann nach der Unterwerfung des oberen Nigergebietes durch die Malinke, bisweilen auch Mandingo genannt. Islamisierte Berber des mit den Mauren verwandten Messoufa-Stammes, deren schwarze Sklaven und arabische Händler zogen in die nach ethnischen Gesichtspunkten in Wohnviertel eingeteilte Hauptstadt des Malireiches, die sich zügig zu einem bedeutsamen Handelszentrum entwickelte. Von der Schwesterstadt Djenné aus brachten die Kaufleute Goldstaub, Elfenbein, Leder, Colanüsse und Sklaven auf dem Niger zum Umschlagplatz Timbuktu, von wo aus Waren und Menschen durch den Sudan in Richtung Norden transportiert wurden. Im Gegenzug erhielt Timbuktu Salz, Seide, Damast und andere orientalische Luxusgüter.

»Sudanesischer Humanismus«

Im Jahre 1325 legte der Mekkapilger Kanhan Moussa auf dem Rückweg einen längeren Aufenthalt ein und verschönerte Timbuktu mit prächtigen Palästen und Gebetshäusern. Damals entstand neben dem Statthalterpalast Maduga die Djingerber Moschee auf rechteckigem Grundriß mit flachem Dach und massigen Lehmsäulen. Der ganz im Stil des Sudans gestaltete, gedrungene Turm verjüngt sich nach oben und wird von einem durch Wind und Wetter abgerundeten Lehmpfeiler gekrönt. An den Ecken des Gebäudes erbaute man mehrere kleine Lehmtürme in Zuckerhutform. Auf der im Hof angelegten Begräbnisstätte wurden vor allem arabische Verstorbene aus dem heutigen Algerien zur letzten Ruhe gebettet.

Dank der später gegründeten Universität – sie zählte angeblich 20 000 Studenten und bestand aus 180 Koranschulen (Medressen) – entwickelte sich Timbuktu zur berühmtesten Lehrstätte im islamisierten Teil Westafrikas. Die aus Fes und Kairo stammenden Doktoren begründeten den »sudanesischen Humanismus«, erwarben sich vor allem auf den Gebieten Rhetorik, Rechtsprechung, Koranexegese und Medizin einen soliden Ruf und schufen eine umfangreiche Bibliothek, in der sich auch Abschriften fundamentaler Werke nichtarabischer Gelehrter fanden.

Die Moschee der Salzhändler

Ein gedrungenes, pyramidenförmiges Minarett kennzeichnet die zweite Moschee, Sankore, im Nordosten der Stadt, deren architektonische Gestaltung dem andalusischen Dichter Es Saheli anvertraut wurde. Das wie die Djinger-ber im 16. Jahrhundert umfassend renovierte Gebetshaus im einstigen Viertel der Salzgroßhändler besitzt eine bemerkenswerte Fassade, deren dekorativ hervortretende Ecksäulen aus Lehmziegeln mit vorkragenden Kapitellen verziert wurden. Die Eingangstüren der Moschee, deren nordöstlicher Teil immer stärker von Sandmassen verschüttet wird, sind mit alten maurischen Motiven geschmückt.

Im 15. Jahrhundert erlebte der Transsahara-Handel einen ungeheuren Aufschwung: Die Goldgier portugiesischer und italienischer Kaufleute, die sich das Edelmetall von ihren maghrebinischen Kollegen besorgten, war ins Unermeßliche gewachsen. Mit der marokkanischen Invasion ging Timbuktus Glanzzeit zu Ende. Nach der Vertreibung der religiösen Elite nahm die Einwohnerzahl rapide ab: Als militärisches Etappenziel wurde Timbuktu 1780 von den Franzosen erobert.

Alte Bürgerhäuser

Timbuktus einstige Pracht läßt sich heute noch an den kaum veränderten Wohnhäusern des 15. und 16. Jahrhunderts ablesen; schmale Gesimse und Friese aus Sandstein oder Lehmziegeln untergliedern die Fassaden horizontal. Bei den älteren Bauwerken finden sich noch die traditionellen, fein ausgesägten maurischen Rundbogenfenster nach marokkanischem Muster. Verschnörkelte Ritzmuster, teils rot und grün eingefärbt, zieren die hölzernen Türrahmen der Wohnhäuser, die man durch die Sifa, ein großes und fensterloses Vestibül, betritt. Über den weiß oder himmelblau gestrichenen Wänden konstruierten die Handwerker Decken aus kurzen Ästen, da Holz in der Sahara natürlich stets knapp war. Die Böden aus gestampftem Lehm sind mit feinem, sauberem Sand bestreut.

Zum Freitagsgebet versammeln sich die Muslime vor den großen Moscheen des Landes.

Timbuktus Ursprünge liegen weitgehend im dunkeln. Die Lehmarchitektur, teilweise vom Wind abgeschliffene pyramidenförmige Bauwerke, hat sich seit Jahrhunderten erhalten. Die Form ist häufig von uralten Riten bestimmt.

Tradition und Willkür

Der gequälte Gesichtsausdruck des königlichen Sprechers nimmt die schlechten Nachrichten schon vorweg, als er im »Kente«, dem traditionellen Gewand der Aschanti, den Besuchern ebenso höflich wie unmißverständlich mitteilt: »Es gibt gute Tage und schlechte. Heute ist ein schlechter Tag, denn der König will niemanden mehr zur Audienz empfangen«. Warum seine Majestät, der »Ashantehene« Otumfuo Opoku Ware II. in seinem Palast in Ghanas zweitgrößter Stadt Kumasi die lange angekündigte Delegation nicht zu empfangen geruht, werden die enttäuschten Besucher nie in Erfahrung bringen. Jetzt bleibt nur noch die Hoffnung, den eigensinnigen Häuptlingsmonarchen und seinen stolzen Hofstaat eines Tages auf einem »Durbar«, wie die legendären Feste im Lande der geschichtsbewußten Aschanti heißen, wenigstens in gebührlichem Abstand zu Gesicht zu bekommen.

An Selbstbewußtsein gebricht es den Bewohnern des ehemaligen Aschanti-Reiches, das sich im 18. Jahrhundert mit dem zentralen Teil des heutigen Ghana deckte und bis in die Elfenbeinküste hineinreichte, gewiß nicht. Mit diplomatischem Geschick,

Verkehrsverbindungen
Internationaler Flughafen Accra. Regionalflüge nach Kumasi. Überwiegend asphaltierte Straße. Bus- und Zugverbindungen. »Mammy-Trucks« (Buschtaxis) verbinden Dörfer und kleine Städte um Kumasi. Information: Ghana Airways, Düsseldorf.

Beste Reisezeit
Juli bis September sowie Dezember bis März (Trockenzeiten).

Übernachtung
Hotels und Guest Houses verschiedener Kategorien.

Tips
Zentral-Markt und Zoo von Kumasi. Goldstadt Obuasi. Kakum Nature Park (Central Region). Volta-See. Besuch einer Weberei. Portugiesische Festungen an der Küste.

im Notfall auch mit ein bißchen Gewalt, unterwarfen die Aschanti-Könige einen Stamm nach dem anderen, förderten die Künste und schufen mit der Zeit eine hochentwickelte Form des staatlichen Zusammenlebens, in dem jeder Untertan seinen festen Platz zugewiesen bekam. Als Residenz wählte der Ashantehene das hügelumgebene Kumasi am Fluß Owabi, seiner prächtigen Häuser und Paläste wegen respektvoll »Goldene Stadt« genannt.

Der Legende nach hatte der Großprie-ster des Königs Osei Tutu an zwei verschiedenen Plätzen Zweige gepflanzt. Einer davon begann zu sprießen, und weil er in der Nähe eines Kum-Baumes stand, nannte man die Stadt Kumasi, die »Blühende«. Und mehr noch: Als Zeichen ihrer Gunst sandten die Götter vom Himmel herab jenen sagenumwobenen »Goldschemel« in König Oseis Stadt, der, aus massivem Gold verfertigt, Macht und Einigkeit des Aschanti-Volkes verkörperte. Sorgsam wurde er im Allerheiligsten des Königspalasts auf einem Stadthügel verwahrt und streng bewacht, durfte er doch keinem Feind je in die Hände fallen.

Kampf gegen die Kolonialherren

Die Weigerung der Briten, den Aschanti Pacht für ihre Handelsniederlassungen an der Küste zu zahlen, löste zu Beginn des 19. Jahrhunderts eine Kette militärischer Auseinandersetzungen aus. Erst mit der Niederlage 1896 und dem Scheitern des letzten Aufstands 1900 war die Macht des Königreichs gebrochen. An Kumasi, die einst blühende »Gartenstadt«, erinnerten nur Trümmer, der stolze König wurde auf die Seychellen verbannt. Nie aber gelang es den Kolonialherren, den »Goldschemel« zu erbeuten. Er tauchte erst wieder auf, als der Monarch 1924 zurückkehren durfte, und wird heute nur bei hohen Festtagen öffentlich gezeigt.

Reichverzierte Paläste

Leider ist von den großartigen Bauwerken der Aschanti, deren Stil später ganz Ghana prägen sollte, nach der Einäscherung Kumasis so gut wie nichts übriggeblieben. Ab und an stößt man in 13 Dörfern der Nachbarschaft noch auf die typischen raffiabastgedeckten Häuser, deren Wände aus Flechtwerk mit Lehm verkleidet und mit phantasievollen Bemalungen dekoriert wurden. Und so präsentiert sich der gegenwärtige Königspalast weitgehend als nüchterner Zweckbau des 20. Jahrhun-

derts. Nur noch alte Photographien im Militärmuseum erinnern an die Pavillons, die um eine Abfolge von Innenhöfen aus Mauern mit Holzschnitzarbeiten und Fensterläden mit getriebenen Gold- und Silberbelägen herum gruppiert waren. Auch die Stadthäuser mit ihren reichverzierten Fassaden und säulengestützten Loggien, auf denen die Gäste empfangen wurden, sind weitgehend aus dem modern geprägten Stadtbild verschwunden.

Wer die alten Aschanti-Künste kennenlernen will, begibt sich in das Kulturzentrum, das nicht zuletzt seiner reichhaltigen Bibliothek und seiner Handwerkerateliers wegen gerühmt wird. Das Primpeh II. Jubilee Museum, in dessen Garten als Symbol der Weisheit ein Edwene-Baum gepflanzt wurde, stellt im verkleinerten Maßstab ein traditionelles Häuptlingshaus dar. Dort ruht auch der »sanaa« genannte Schatzbeutel des ersten Aschanti-Königs. Welche Kostbarkeiten sich darin verbergen, weiß niemand, da das mysteriöse Behältnis seit dem 18. Jahrhundert nicht geöffnet wurde.

Modelldorf mit Kakaofarm

Das zweitwichtigste Heiligtum nach dem Goldschemel war die völlig zerstörte Begräbnisstätte der Könige, die auf dem Gelände des Kulturzentrums in Form des Breman Royal Mausoleum nachgebaut wurde. Weil dort die Sarkophage der acht Aschanti-Könige verwahrt werden, ist ein Besuch ausgeschlossen. Daneben entstand das »Anokyekrom«, ein alten Vorbildern nachempfundenes Aschanti-Dorf mit einer Kakaofarm.

Die Moschee in Larabanga – aus dem 17. Jahrhundert – ist typisch für die Bauweise der Aschanti.

Mit Ornamenten geschmückte Rundhütten in überlieferter Bauweise.

BAUWERKE DER ASCHANTI

Die Aschanti sind die größte und dominierende Volksgruppe in Ghana. Viele hängen den Naturreligionen an, ein großer Teil bekennt sich aber zu Christentum und Islam. Unser Bild zeigt ein Relief an der Außenwand des Schreins eines Geisterbeschwörers bei Kumasi.

Die Felsenkirchen

Durch die moslemischen Eroberungen vom Rest der christlichen Welt abgeschnitten, beschloß der berühmte Amharenherrscher Lalibela im 13. Jahrhundert die Gründung eines neuen Jerusalem in seinem eigenen Reich. Als Standort für Äthiopiens Heilige Stadt wählte der bedeutendste König aus der Zagwe-Dynastie die abgeschiedene Bergwelt des Amharenhochlands im Zentrum des Landes. Mehr als ein Menschenalter benötigten die genialen Steinmetze aus Jerusalem und Alexandria, um die einmaligen Felsenkirchen von Lalibela dem Vulkangestein der Hochebene abzutrotzen. Es heißt in der Legende, Gott höchstselbst habe fleißige Engel gesandt, die nachts die erschöpften Steinmetze ablösten. Als der ehrgeizige Monarch des südsemitischen Krieger- und Hirtenvolkes die Augen für immer schloß, standen im Herzen der Provinz Welo elf steinerne Gotteshäuser, die in ihrem Baustil weltweit ohnegleichen waren. Lalibelas Witwe aber soll angeordnet haben, noch eine zwölfte, heute nicht mehr erhaltene Kirche aus dem Felsgestein zu schlagen.

Als erster Europäer erblickte der portugiesische Mönch Francisco Alvarez die

Verkehrsverbindungen
Internationaler Flughafen Addis Abeba. Regionalflüge über Bahardar und Gondar nach Lalibela.

Reisezeit
Frühsommer und Spätherbst.

Übernachtung
Hotels vorher buchen. Reisen in Gruppen.

Tips
Route der historischen Städte Addis Abeba, Bahardar, Gondar. Trekking-Touren. Tississat-Wasserfälle am Tanasee. Historische Stadt Harer.

Wunderwerke aus Vulkangestein. Er verfaßte die ersten Beschreibungen der Felsenkirchen, zweifelte jedoch als skeptischer Mensch daran, daß ihm seine Zeitgenossen in Europa überhaupt Glauben schenken würden.

Wie die zum Teil trotz schwierigster Baubedingungen erstaunlich ausgedehnten Gotteshäuser dem vulkanischen Gestein abgewonnen wurde, läßt sich bis heute nicht endgültig klären; einer ursprünglichen Theorie zufolge schlugen die Arbeiter zunächst tiefe Spalten in ausgesuchte Felsen, um diese vom Berg zu isolieren, bevor die Steinmetze die eigentliche Arbeit aufnahmen. Denkbar wäre jedoch auch,

daß die Gotteshäuser wie eine Skulptur aus dem Gestein gemeißelt wurden, indem auf jedem Grabungsniveau die jeweiligen Feinarbeiten von oben nach unten ausgeführt wurden und daher auf aufwendiges Handwerksgerät verzichtet werden konnte.

Äthiopiens Jerusalem

Mit einfachen Werkzeugen ziselierten die Steinmetze aus dem verhältnismäßig weichen Gestein sorgfältig Kuppeln, Fenster, Veranden und Türen der Gotteshäuser. Das Kircheninnere höhlte man auf die gleiche Weise aus, dabei wurden Bogen und Säulen, die vom Boden zur Decke reichten, ausgespart. Den benachbarten Fluß taufte der Monarch nach biblischem Vorbild Jordan, später entdeckte Hinweise deuten darauf hin, daß er wohl auch eine palastähnliche Residenz und militärische Anlagen zur Sicherung der »Himmlischen Stadt« hatte errichten lassen. Im Laufe der Jahrhunderte setzten sich die Amharen als dominierende Volksgruppe Äthiopiens durch. Sie gaben dem Land eine feudalistische Gesellschaftsordnung, die erst mit dem Sturz des letzten äthiopischen Kaisers 1974 in die Brüche ging.

Verhüllte Wahrheiten

Die dem Felsgestein abgerungenen Kirchen werden erst vom Rand einer Schlucht aus sichtbar. Mit 33,7 Meter Länge, 23,7 Meter Breite und einer Höhe von über elf Metern ist die Kirche des Erlösers – Beit Medhane Alem – Lalibelas größtes Gotteshaus. Die der Heiligen Jungfrau geweihte Felsenkirche Beit Mariam besitzt untere Fenster, die in Form lateinischer, griechischer und verschlungener Kreuze sowie Hakenkreuzen gemeißelt wurden.

Die zentrale Säule im Inneren ließ der König mit Stoff verhüllen. Lalibela, bei seiner Geburt von einem Schwarm Bienen umgeben und damit nach Überzeugung seiner Untertanen für eine glanzvolle Regentschaft auserwählt, hatte geträumt, daß Christus das Gotteshaus betreten und durch die Berührung der Säule dort Vergangenheit und Zukunft der Menschheit eingeschrieben habe. Diese Inschriften mußten verdeckt werden, da Sterbliche seiner Ansicht nach nicht die Kraft gehabt hätten, die göttliche Wahrheit zu ertragen.

Nach Fertigstellung der Beit Mariam, die mit ungeheurem Kraftaufwand aus dem Felsen geschlagen wurde, entstand in der Nordmauer des Innenhofes die Kirche des Heiligen Kreuzes, auf äthiopisch Beit Maskal. Auf der gegenüberliegenden Seite erhebt sich die Kirche Beit Danaghel, die dem Martyrium der Gottesmutter geweiht wurde. Über irrgartengleiche Tunnelgänge

erreicht man die anderen Felsenkirchen, die mit dem zentralen Hof in Verbindung stehen. Dazu gehört auch die Kirche des heiligen Georg, den außer den Engländern auch die Äthiopier zur ihrem Schutzpatron erhoben haben. Das Gotteshaus Beit Giorgis, das in einer großen Grube steht und nur über einen Tunnel erreicht werden kann, weist den Grundriß eines gleicharmigen Kreuzes auf.

Unvergängliches Symbol

Äthiopiens Christen, durch hohe Berge jahrhundertelang von der Außenwelt isoliert, schufen sich mit den Felsenkirchen ein unvergängliches Symbol für die Einzigartigkeit ihres Glaubens, der im 4. Jahrhundert von ägyptischen Missionaren in jenen Teil des schwarzen Kontinents getragen geworden war. In der Überzeugung, daß die Herrscher vom biblischen König Salomo und der legendären Königin von Saba abstammten, sollte die heilige Pilgerstätte Roha, wie Lalibela einst hieß, die spätere Grundlage für die äthiopische Identität bilden.

Vorbau der Marienkirche. Durch irrgartengleiche Tunnelgänge erreichte man die anderen Kirchen.

Rosafarbene Fassade der Höhlenkirche Abba Libanos in Lalibela.

Mehr als ein Jahrhundert benötigten die Steinmetze, um die einmaligen Felsenkirchen aus dem Vulkangestein zu formen.

Der Kampf ums Überleben

So weit das Auge reicht, erstreckt sich die ausgestorben wirkende Landschaft mit ihrem verdorrten Kurzgras wüstengleich bis zum Horizont. Nur selten wirbelt ein Windzug Staub in die Luft, die vor Hitze flimmert. Durch das herannahende Fahrzeug aufgeschreckt, suchen Lerchen, Kronenkiebitze und Flughühner, die sich immerhin noch in dieser herben, lebensfeindlichen Einöde halten können, ihr Heil in der Flucht. In gebührender Entfernung zu den Eindringlingen verharren einsame Straußenvögel, deren Umrisse in der flimmernden Luft über der ausgetrockneten Savanne verschwimmen: Trockenzeit in der ostafrikanischen Serengeti, was in der Sprache der Massai-Hirten »endlose Ebenen« bedeutet.

Inzwischen sind die Temperaturen in diesem rund 14 700 Quadratkilometer großen Refugium für Afrikas wilde Tiere so stark angestiegen, daß der Besucher glitzernde Wasserflächen vor sich zu sehen glaubt. Keine Fata Morgana ist hingegen ein Rudel Wildhunde, die mit scharfem Auge die Umgebung nach Beutetieren absuchen. Fünf Tage können die gefürchteten Räuber mit ihrem schwarz, weiß und

---

Verkehrsverbindungen
Flug nach Nairobi oder Mombasa. Auf dem Landweg oder per Regionalflug nach Arusha/Tansania. Von dort aus Anfahrt bis zum Naabi-Gate (sechs Stunden), bis Seronera-Parkzentrum acht Stunden. Die Serengeti darf nur mit Fahrzeugen besucht werden.

Reisezeit
November bis März.

Übernachtung
Unbedingt Zimmervoranmeldung in Arusha.

Tips
Vorgeschichtliche Grabungsstätte Olduvai-Schlucht. Fesselluftballonfahrt während der Migrationsperiode. Naturkundliches Museum Bolongonja Gate. Ausflüge zur Ngorongoro Conservation Area, Nationalpark Lake Manyara. Mount Meru National Park. Bergtouren auf dem Kilimanjaro (von Moshi aus).

---

unterschiedlich hell-, dunkel- und rotbraun gefärbten Fell ohne Wasser auskommen.

Aber auch um die flinken Jäger, vom Menschen verfolgt und durch Krankheiten dezimiert, ist es heute nicht gut bestellt: Nach Schätzungen der Forscher leben in der ganzen Serengeti, die sich zwischen dem Viktoriasee und dem Ostafrikanischen Graben erstreckt, nur noch sieben Rudel Wildhunde, bisweilen auch Hyänenhunde genannt. Das Schicksal dieser bedrohten

Art versinnbildlicht, wie mühsam heute das Überleben der afrikanischen Tiere selbst in den von Menschenhand abgesteckten Refugien des schwarzen Kontinents geworden ist. Weil Wilderer und Siedler Bestand und Lebensraum der Wildtiere immer stärker bedrohten und den jahrtausendealten Wanderzyklus der riesigen Tierherden störten, wurden 1921 Teile der Serengeti zum Schutzgebiet erklärt.

»Serengeti darf nicht sterben«

Erst der Warnruf des deutschen Tierforschers Bernhard Grzimek, der an der Seite seines später in der Serengeti tödlich verunglückten Sohnes Michael für Afrikas Tierwelt kämpfte, brachte die Wende: »Serengeti darf nicht sterben«, lautete Ende der fünfziger Jahre der Titel eines vielbeachteten Kinofilms. Unterstützt durch das Interesse der Öffentlichkeit setzte Grzimek die Erweiterung des tansanischen Reservats nach Süden und Norden durch.

Zusammen mit der Ngorongoro Conservation Area bildet die Serengeti ein geschlossenes Ökosystem, zwischen 1000 und 2000 Meter Höhe gelegen und fast so groß wie Nordrhein-Westfalen.

Die Heimat der größten Steppentierherden der Welt wird seit Urzeiten vom Rhythmus der Regenfälle geprägt. Jedes Jahr im November nähern sich zu Beginn der Regenzeit fast 1,5 Millionen der bärtigen und buckelschultrigen Gnus von Norden her, den Regenwolken folgend, in Form einer riesigen Acht den südöstlichen Teilen des Parks. Mit dem Einsetzen des Regens überzieht sich dort die in der übrigen Zeit gelb-braun-beige gefärbte Savanne mit grünem Flaum. Für Büffel, Zebras, Antilopen, Gazellen und Warzenschweine, die hinter den Gnus herziehen, bedeutet dies Nahrung in Hülle und Fülle. An ihre Fersen heften sich jedoch auch Raubtiere, die als Regulatoren des Artenbestands wirken, und verschiedene Vogelarten, die manchmal mit den Herdentieren in Symbiose leben.

Kilometerlange Tierherden

Nachdem sie die über Hunderte von Kilometern führende Migration hinter sich gebracht haben, bringen die Gnu-Weibchen innerhalb von drei Wochen 90 Prozent der Kälber zur Welt. Setzt dort die Trockenzeit ein, dann strömen endlose Tierherden, die machmal über 40 Kilometer lang sind, zu den ständigen Wasserlöchern der westlichen Waldgebiete. Später setzt sich die Wanderung nach Norden in das Massai-Mara-Gebiet und über den sogenannten Westkorridor nach Nordwesten in Richtung Viktoriasee fort.

Zu den bekanntesten Erscheinungsbildern des ausgedehnten Schutzgebietes gehören die vor allem im Südosten der Serengeti anzutreffenden »Kopjes«, glattgeschliffene Granitblöcke, in deren schattigen Höhlen Löwenrudel auf ihre Chance warten. Aber auch kleinere Lebewesen, wie die possierlichen, mit den Elefanten verwandten Klippschliefer und pink, orange und kobaltblau gefärbte Siedleragamen halten sich an diesen wasserreichen Plätzen.

Im Zentrum des Nationalparks leben auf den akazienbestandenen Langgrassavannen vornehmlich Elefanten, die seltenen Spitzmaulnashörner, Warzenschweine und verschiedene Vogelarten, darunter Strauße, Sekretäre und Gabelracken. Langgrassavannen, baumbestandene Flußläufe und Kopjes prägen das abwechslungsreiche Seronera-Tal, dessen Wasserstellen von Flußpferden und Nilkrokodilen bevölkert werden. Während man auf den Bäumen mit ein bißchen Glück einen vor sich hin dösenden Leoparden sichten kann, setzen Geparden blitzschnell Gazellen nach. Wenn sich die Dämmerung über die Wildnis senkt, schlägt die Stunde der Nachtreiher, die in den seichten Stellen der Wasserläufe nach Beute fischen. Eine paradiesische Idylle, die leicht darüber hinwegtäuschen kann, welchen Gefahren Afrikas Tierwelt in Wirklichkeit ausgesetzt ist.

Im Zentrum des 14 700 Quadratkilometer großen Serengeti-Nationalparks leben auf den akazienbestandenen Langgrassavannen vor allem Elefanten.

Wenn man viel Glück hat, kann man
auf einem Baum einen vor sich
hindösenden Leoparden sehen.

Mit dem Einsetzen des Regens
überziehen sich auch
die »Kopjes« mit Grün.

Verbotene Früchte im Tropenlabyrinth

Wenn sich die gigantischen Palmwedel erst einmal zu voller Größe entfaltet haben, wirkt der tropische Wald von unten gesehen wie eine grüne Kathedrale, gekrönt von zahlreichen Kuppeln und Gewölben. Das mehrschichtig himmelwärts wuchernde Blätterdach ist an manchen Stellen so dicht, daß kaum noch Tageslicht auf den blätterübersäten Waldboden fällt. Zwar verschiebt der Passatwind hin und wieder geräuschvoll das natürliche Dach, auf dem kaleidoskopartig Lichtpunkte tanzen, aber kaum ein Luftzug bringt Kühlung in die ewig dämmrige und feuchtheiße Tiefe des Waldes. Manchmal bleiben die steifen Fächer, die von den unverzweigten Stämmen herunterfallen, wie braune Wände und hochgiebelige Zelte auf dem Boden stehen.

Spinnen von der Größe einer Hand weben zwischen den bis zu 15 Kilogramm schweren Blättern ihre kunstvollen Netze. Auf der Jagd nach Beute huschen smaragdgrüne Geckos und Eidechsen an den Baumstielen blitzschnell auf und ab. Von irgendwoher dringt das aufgeregte Kreischen von Papageien an das Ohr des Besuchers, den in diesem fremdartigen, nur

Verkehrsverbindungen
Linien- und Charterflüge. Flugverbindungen vom Flughafen bei Victoria (Mahé) nach Praslin und auf andere Inseln. Fährverbindungen. Auf Praslin einzige asphaltierte Straße von Grand' Anse nach Baie Sainte-Anne.

Übernachtung
Großes Angebot an Unterkünften verschiedenster Kategorien.

Reisezeit
Ganzjährig.

Tips
Beste Lichtverhältnisse zum Photographieren im Mai-Tal am frühen Morgen und kurz vor Sonnenuntergang. Ausflug auf die Vogel-Insel Bird Island. Wanderungen auf den Inseln. Wassersport, vor allem Tauchen (Tauchkurse) und Segeln. Flugverbindungen nach Madagaskar und Kenia.

19 Hektar großen Labyrinth mitten im Indischen Ozean leicht ein Gefühl der Beklemmung beschleichen kann.

Bis vor 40 Jahren war der urzeitlich anmutende Palmenwald in einem abgeschiedenen Hochtal der zweitgrößten Seychellen-Insel Praslin noch völlig unberührt; daß die »Vallée de mai« genannte Landschaft auf dem 30 Quadratkilometer großen Eiland unter Naturschutz gestellt wurde, ist in erster Linie der seltenen Sey-

chellenpalme, genauer: ihrem Pflanzensame, zu verdanken. Mit bis zu 20 Kilogramm Gewicht ist die legendenumrankte Coco de Mer, wie die Kokosnuß der Lodoico maldivica von den Wissenschaftlern genannt wird, der schwerste und größte Same auf der ganzen Welt. Anfänglich auf fünf Inseln des 28 Granitinseln und 60 Atolle umfassenden Archipels heimisch, findet man diese Baumart heute nur noch auf Praslin und der kleinen Nachbarinsel Curieuse, ihr Bestand liegt bei schätzungsweise 4000 Exemplaren.

Palmen auf dem Meeresgrund?

Erstmals gefunden wurden Exemplare der Coco de Mer während der Epoche der großen Entdeckungen. Portugiesische Seefahrer bargen aus dem Indischen Ozean stattliche Palmnüsse. Magellan berichtete von seiner Weltumsegelung (1519–21), daß die Riesennüsse möglicherweise von einem Baum stammen, der auf dem Meeresboden wächst. An die Seychellen, die damals noch der Erforschung harrten, dachte niemand.

Sein Landsmann Garcia de Orta gab sich da schon wissenschaftlicher und wies die Nuß einem Baum zu, der auf einer vermuteten und angeblich versunkenen Landverbindung zwischen den Malediven und dem indischen Subkontinent gewachsen sein soll. In der Folgezeit tauchte die Meeres-Kokosnuß unter dem Namen Coco de Mer regelmäßig in den Berichten des 16. und 17. Jahrhunderts auf. Die nach Europa gebrachten Exemplare der Riesennuß wurden vorzugsweise aufgeschnitten, auf Hochglanz poliert oder in Silber und Gold eingefaßt an den Fürstenhöfen als Trinkgefäße dargeboten. In der Annahme, die Riesennuß sei mit der auf den Malediven beheimateten Kokosnuß verwandt, taufte der deutsche Botaniker Georg Eberhard Rumph die Seychellennuß in seiner Flora der Molukken (1700) »Cocos maledivica«. Erst der Landvermesser Georges Barrée, der 1768 nach der französischen Besitznahme des Archipels Praslin kartographisch erfaßte, fand des Rätsels Lösung: Nachdem er am Strand eine Riesennuß entdeckt hatte und weit und breit keine fruchttragenden Bäume ausmachen konnte, trieb ihn die Neugier in die üppige Vegetation des Landesinneren, wo er in den Kronen der Fächerpalmen die mysteriöse Nuß erblickte.

Kampf um Sonnenlicht

Die langsamwüchsigen Fächerpalmen, die bis zu 800 Jahre alt werden können, säumen den kommentierten Rundweg, auf dem sich der Besucher das Vallée de mai

erschließen kann. Um einen Platz an der lebenspendenden Sonne konkurrierend, wachsen die Blätter der einzelnen Palmen manchmal bis zu 30 Meter in die Höhe. Hat die Palme ihr Ziel erreicht, dann verkleinert sie ihre neuen Blätter und beginnt mit der Fruchtbildung. Von der Befruchtung bis zur Reifung des Samens verstreichen in der Regel bis zu sieben Jahre. Auch die Keimung der abgefallenen Riesennüsse läuft verzögert ab. Grundlage ist auf jeden Fall ein ausreichend großes Keimblatt von acht bis zwölf Quadratmetern Fläche.

Neben diesen geschützten Riesennüssen, auf deren Entfernung empfindliche Geldbußen stehen, halten sich im Vallée de mai etwa drei Dutzend Exemplare des Black Parrot oder Wasa-Papagei, der sich von Beeren und kleinen Früchten ernährt. Um diese Papageien-Art vor dem Aussterben zu bewahren, hat die Parkverwaltung künstliche Brutstätten in hohlen Palmbaumstämmen geschaffen.

Harmonische Proportionen

Daß sich die schwergewichtigen Riesennüsse nicht über das Meer ausbreiten und die Nachbarinseln besiedeln können, hat einen ganz natürlichen Grund: Die überdimensionalen Kerne sind gar nicht schwimmfähig. Lediglich die dickschalige Verpackung des Samens aus Holz gelangt zuweilen an die Küste und wird von dort ins Meer geschwemmt. Die wohlproportionierten Formen der Coco de Mer, die in Form und Abmessung an das Hinterteil einer gutgebauten Schönheit erinnern, beflügeln auch heute noch die Phantasie (nicht nur) der Einheimischen, die der »verbotenen Frucht« eine potenzfördernde Wirkung zuschreiben. Offizielle Erfahrungsberichte über die Eigenschaft der Nuß als Aphrodisiakum sind bislang allerdings nicht bekannt geworden.

Bis vor 40 Jahren war der urzeitlich anmutende Palmenwald auf der Insel Praslin völlig unberührt.

VALLÉE DE MAI

Indischer
Ozean

Mai-Tal
● 12

Seychellen

Die Frucht der Seychellenpalme,
die Coco de Mer, ist mit nahezu
20 Kilo Gewicht der schwerste und
größte Same der Welt. Von der
Befruchtung bis zur Reifung verstreichen nahezu sieben Jahre.

Naturdenkmal im Süden Afrikas

Von heftigen Windböen geschüttelt, verliert das kleine Flugzeug merklich an Höhe, dann rückt die bescheidene Landefläche »Sprayview Airfield« ins Blickfeld. Bevor die unerschrockenen Flugpassagiere Afrikas größtes Naturschauspiel erblicken, können sie in vier Kilometer Entfernung bereits die gewaltige Gischtwolke der legendären Victoria-Wasserfälle auf der Hochebene nahe der Stadt Livingstone ausmachen. Würde der Fluglärm nicht alles übertönen, dann könnten die Besucher auch schon das dumpfe Brausen der über 100 Meter tief in eine enge Schlucht stürzenden Wassermassen des bedeutendsten Naturdenkmals im Süden Afrikas vernehmen. »Mosi-oa-Tunya«, auf deutsch »donnernde Gischt«, nennen die Einheimischen in der Lozi-Sprache das beeindruckende Naturspektakel, über das erstmals der schottische Forschungsreisende David Livingstone berichtet hat.

»Das ist der Stampfer der Götter«, soll ihm ein Häuptling spontan erklärt haben, als der risikofreudige Entdecker am 16. November 1855 bei einer seiner zahlreichen Expeditionen auf die gewaltigen Wasserfälle gestoßen war. Eine genauere

Verkehrsverbindungen
Internationale Flüge nach Lusaka. Gut ausgebautes Straßennetz. Regionalflüge zu den Victoria-Fällen.

Reisezeit
Mai bis August.

Übernachtung
Camping-Tours. »Victoria Falls Hotel« im viktorianischen Stil.

Tips
Individuelle Rundflüge vom Sprayview Airfield aus. Safaris und Trekking. Wildwasser-Rafting. Bootsfahrt. Wankie-Nationalpark (Elefanten) und Chobe-Nationalpark bei Kasane (Botswana).

Untersuchung der merkwürdigen Zickzackschluchten, durch die sich der Fluß Sambesi unterhalb der Fälle windet, hat ergeben, daß die Katarakte früher weit flußabwärts lagen und seit der Besiedelung des südlichen Afrikas um mindestens zehn Kilometer zurückgegangen sind.

Weil es an den Victoria-Fällen weder Geländer noch Schranken gibt, kann sich der mutige Besucher auf den Spuren Livingstones sehr nahe an das Naturschauspiel heranwagen. Das gesamte Gelände um den Sambesi, als »Fischfluß« größter Strom im südlichen Afrika, ist bis heute weitgehend unberührt geblieben. Mitten durch die donnernden Wasserfluten, die seit Jahrmillionen in eine nur 50 Meter breite Schlucht stürzen, verläuft die Staatsgrenze zwischen Sambia und Simbabwe, auf dessen Hoheitsgebiet zwei Drittel der Wasserfälle liegen.

Göttergischt am Teufelskatarakt

Über eine Länge von 1700 Metern verteilen sich die Wassermassen der Göttergischt auf fünf einzelne Wasserfälle, die zum Teil phantasievolle Namen tragen. Auf den östlichen Katarakt nahe des Mosi-oa-Tunya-Hotels folgen die Regenbogenfälle, dann die Hufeisenfälle, nach den Hauptfällen stößt man auf den Teufelskatarakt, in dessen Nähe dem wackeren Livingstone ein großes Denkmal gesetzt wurde.

Wenn sich die Gischtbildung in Grenzen hält, kann man auf der sambischen Seite durch einen kleinen tropischen Regenwald zur »Messerschneide«, einem schmalen Berggrat zwischen dem ersten und zweiten Katarakt, vordringen. Von dort bietet sich ein atemberaubender Ausblick auf den »Kochtopf« (Boiling pot), den »Gefahrenpunkt« (Danger point) und die 200 Meter lange Eisenbahn- und Straßenbrücke, die in einer Höhe von durchschnittlich 90 Meter über den Wasserspiegel führt. Diese kühne Konstruktion entstand im Jahre 1904 als Verbindungsstück der Bahnlinie vom südafrikanischen Kapstadt bis Lubumbashi in Zaïre.

Die landschaftlich ansprechendsten Teile der Victoria-Fälle, die den Sambesi stromabwärts als internationalen Wasserweg unbrauchbar machen, liegen auf simbabwischem Gebiet. Dort befinden sich die zum Teil grandiosen Sambesi-Schluchten, die der mächtige Strom im Laufe der Zeit seitlich aus dem Grabensystem herausmodelliert hat. Dem Victoria Falls National Park in Simbabwe entspricht auf sambischer Seite der Mosi-oa-Tunya-Nationalpark.

Rekord-Fälle

Ausgrabungen aus den pleistozänen Schottern des Sambesi, der in einem versandeten Delta schließlich in den Kanal von Mosambik einmündet, sowie geologische Querschnitte über die Entstehung der Fälle sind im Feldmuseum hinter dem Mosi-oa-Tunya-Intercontinental Hotel beim östlichen Katarakt untergebracht.

Fast sämtliche Zahlen aus dem Steckbrief der Victoria-Fälle, die auf einer von Flüssen, Sümpfen und Seen durchzogenen Hochebene im Tropengürtel des südlichen Zentralafrika liegen, sind rekordverdächtig: Die größte Fallhöhe, sie beträgt 107 Meter, erreicht der Fluß bei den Regenbogenfällen. Am Ende der Regenzeit donnern 340 Millionen Liter Wasser pro Minute in die Tiefe, im August verringert sich diese Menge dann auf weniger als ein Zehntel. Wenn Anfang November die Trockenzeit vorbei ist, strömen pro Minute immerhin noch 18 Millionen Liter in die Schlucht, die rechtwinklig zur bisherigen Richtung des Stromes verläuft.

David Livingstone entdeckte 1855 das bedeutendste Naturdenkmal im südlichen Afrika.

VICTORIA-FÄLLE

Während der Regenzeit stürzen auf einer Breite von 1700 Metern über 340 Millionen Liter Wasser pro Minute in die 120 Meter tiefe Schlucht. "Donnernde Gischt" nennen die Einheimischen in der Lozi-Sprache das beeindruckende Naturschauspiel.

Macht und Größe der schwarzen Rasse

Soviel stand für die illustre Gesellschaft stolzer Archäologen aus dem fernen Europa fest: Schwarze Afrikaner konnten als Erbauer der beeindruckenden Ruinen südlich der rhodesischen Hauptstadt Salisbury gewiß nicht in Betracht gezogen werden. Die bohrende Frage, wer denn dann die mysteriösen Steinkonstruktionen angelegt habe, ließ die nicht ganz vorurteilsfreien Forscher nicht mehr zur Ruhe kommen. Geradezu verzweifelt suchten sie auf dem ausgedehnten Grabungsfeld nach Schichten, die auf nichtafrikanische Baumeister hinwiesen, und räumten bei dieser Gelegenheit viel wertvolles Material unwiederbringlich ab.

Auch heute, gut ein Jahrhundert nach der Entdeckung von »Alt-Zimbabwe« durch europäische Forschungsreisende, konnte das Geheimnis um die in einem Flußtal liegenden Überreste nicht völlig gelüftet werden. Inzwischen steht fest, daß die große mittelalterliche Stadt mit ihren ehrfurchtsgebietenden Mauern nach den Pyramiden Afrikas größtes Steinmonument ist. Von der UNESCO in den Rang eines Weltkulturgutes erhoben, veranschaulicht Alt-Zimbabwe eindrucksvoll den hohen

Verkehrsverbindungen
Internationaler Flughafen Harare. Regionalflug nach Masvingo, Busse zur Grabungsstätte, die 28 km entfernt liegt. Allgemein gute Straßen- und Schienenwege.

Reisezeit
April bis Oktober.

Übernachtung
Hotels, Pensionen und Camping.

Tips
Siavonga am Karibasee und Kariba Heights. Matusadona National Park. Tashinga-Camp und Nationalpark Chizarira.

Stand, den afrikanische Kulturen im südlichen Teil des Kontinents erreicht haben.

Jene geschickten Steinmetze, die Zimbabwes alten Königssitz aus massiven Granitblöcken mörtellos zusammengefügt haben, entstammten den Shona, deren Gesamtzahl heute mehr als neun Millionen Menschen beträgt. Über die Länder Sambia, Simbabwe und Mosambik verteilt, spricht jede der Gruppen eine Vielzahl von Dialekten. Seit Ende der zwanziger Jahre bildet sich auch eine ebenfalls Shona genannte Hochsprache heraus. Nach diesen steinernen Residenzen, die zwischen dem 12. und dem 16. Jahrhundert im gesamten Ausbreitungsgebiet entstanden,

benannte man auch den modernen Staat Simbabwe, der mit der Abschaffung des Apartheidsystems erst 1980 aus einem Teil des ehemaligen Rhodesien geschaffen wurde.

Für die Shona, die während der Rassentrennung in Reservaten leben mußten, entwickelten sich diese Monumente zum Symbol für eine jahrhundertelang totgeschwiegene Vergangenheit: Zimbabwe ist eine Ableitung der Shona-Redewendung »dzimba dza mabwe«, die man auf deutsch in etwa mit »Häuser aus Stein« übersetzen kann.

Großes handwerkliches Geschick

Als der deutsche Afrikaforscher Carl Mauch 1871 erstmals vor den gewaltigen Mauerresten stand, war sein Erstaunen über den hohen handwerklichen Stand der Erbauer grenzenlos. Erste Versuche, das Gelände archäologisch zu vermessen und zu graben, wurden durch die Mitarbeiter der »Rhodesian Ancient Ruins Ltd.« behindert. Diese dubiose Gesellschaft, in Wirklichkeit eine Vereinigung von Schatzjägern, hatte das Recht erwirkt, mit behördlichem Segen historische Stätten zu plündern.

Alt-Zimbabwe besteht aus drei Gebäudekomplexen. Dazu gehört zunächst die Bergfestung, auch Akropolis genannt, dann die elliptische Umfriedung, die gemeinhin als Tempel bezeichnet wird und von einer riesigen Steinwand umgeben ist, sowie die benachbarten Ruinen zwischen diesen beiden Fundstätten.

Die vermutlich im 12. oder 13. Jahrhundert erbaute Akropolis wurde später mit zunehmendem Sicherheitsbedürfnis der Bewohner durch die elliptische Einfriedung geschützt. Gerade der nordöstliche Teil der Anlage fällt durch die hohe Qualität der Steinbauten auf. Die zum Teil über neun Meter hohe und 244 Meter lange Mauer, die an der Basis fast fünf Meter Breite aufweist, wurde am oberen Ende durch ein verschlungenes Zickzackmuster aus behauenen Steinen geschmückt. Ungeklärt blieben die Funktion der leicht gewölbten inneren Mauern, die wahrscheinlich nie überdacht waren, und die Rolle eines konisch geformten Turmes, an dem das Zickzackmuster gleichfalls aufgenommen wurde.

Über schmale Treppen, die in den Fels geschlagen worden sind, konnte die auf einem 27 Meter hohen Abhang liegende Akropolis erreicht werden. Auf einem vier Meter breiten Weg hatten die Steinmetze nahe der Festung in bestimmten Abständen Monolithen aufgestellt. Ob diesem Teil der Anlage eine astronomische Bedeutung zukam, konnte bis heute nicht geklärt werden.

Der Mittelpunkt des Karanga-Reiches

Warum die Erbauer gerade diesen Standort gewählt hatten, liegt auf der Hand: Alt-Zimbabwe befindet sich in einer niederschlagsreichen Region, deren Savannen reich mit Wild gesegnet waren. Außerdem ist diese Hochebene frei von Tsetse-Fliegen. Über die Gründe für die zunehmende Bedeutung Alt-Zimbabwes, das im 15. Jahrhundert offenbar religiöser Mittelpunkt und Handelszentrum des Karanga-Reiches war, läßt sich nur spekulieren. Vermutlich liegt des Rätsels Lösung darin, daß die Stadt allmählich den Handel mit Kupfer, Gold und Elfenbein bis nach Arabien unter ihre Kontrolle bringen konnte.

Die bei Grabungen entdeckten Keramik- und Kunstgegenstände sind eigenständige afrikanische Schöpfungen und ähneln sehr stark den Gerätschaften, die von den heutigen Bantu angefertigt werden.

Immer wieder Vorurteile

Der englische Archäologe Theodore Bent, der 1891 zusammen mit seiner Frau, Vermessern und einheimischen Arbeitern zwei Monate lange die Steinbauten erforschte, zeigte sich ebenfalls erstaunt über »Macht und Größe dieser alten Rasse, ihre geniale Konstruktionsbegabung und ihr strategisches Geschick«. Wie aus seinem Expeditionsbericht hervorgeht, hegte er anfangs »ernste Zweifel, ob es ratsam sei, auf diese Reise eine Frau mitzunehmen«. Daß seine Bedenken ebenfalls ein Vorurteil waren, gab er später offen zu. Denn lediglich seine Frau, der unter schwierigsten Bedingungen großartige Photographien gelangen, blieb vom Fieber verschont.

Rundling im Ruinenkomplex Zimbabwe, früher religiöses und wirtschaftliches Zentrum.

ALT-ZIMBABWE

Die bis zu fünf Meter breiten und neun Meter hohen Mauern zeugen von der Kultur des Shona-Volkes.

Region südlich von Zimbabwe.

Amerika

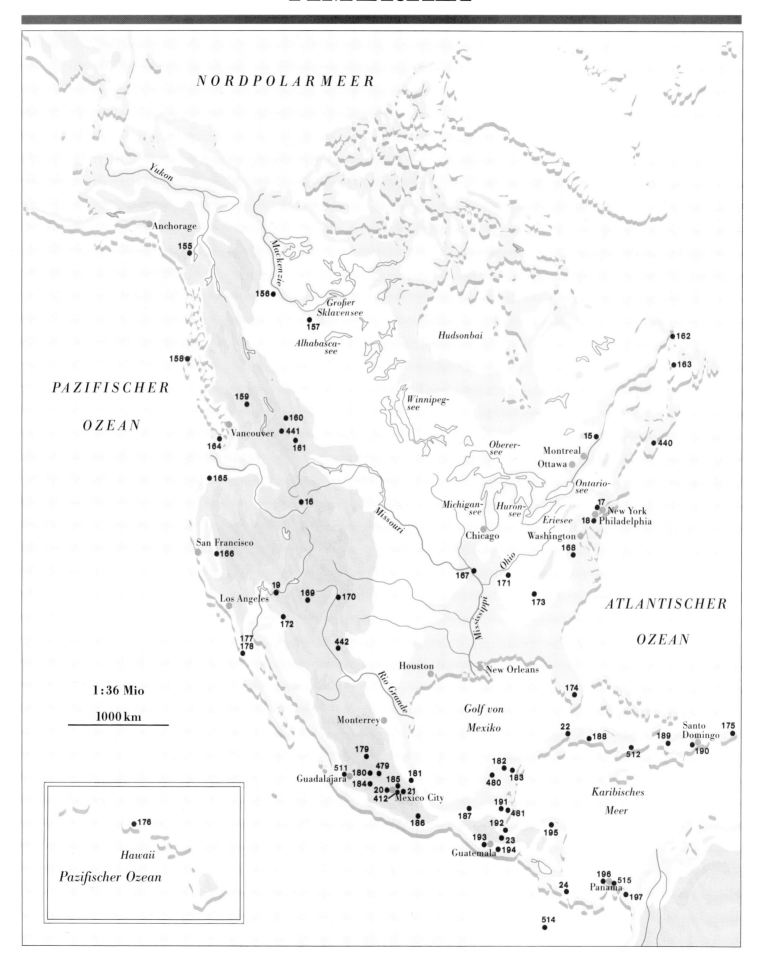

NORDPOLARMEER

Yukon

Anchorage

● 155

Mackenzie

● 156

Großer
Sklavensee

● 157

Athabasca-
see

Hudsonbai

● 162

● 163

PAZIFISCHER

● 158

Winnipeg-
see

OZEAN

● 159

● 160
● 441
● 161

Vancouver

● 15

● 440

Oberer-
see

Montreal
Ottawa

● 164

Ontario-
see

● 165

● 17
New York
● 18 Philadelphia

● 16

Missouri

Michigan-
see

Huron-
see

Eriesee

Washington

Chicago

● 168

San Francisco
● 166

● 167

Ohio

● 171

ATLANTISCHER

● 19

Los Angeles

● 169

● 170

● 173

OZEAN

● 172

Mississippi

177
178

● 442

1 : 36 Mio

1000 km

Houston

New Orleans

Rio Grande

● 174

Golf von
Mexiko

● 22

● 188

Santo
● 189   Domingo ● 175

Monterrey

● 512

● 190

● 179

● 182

Karibisches

511 ● 479
180 ●   ● 181
184 ● 185

● 183
480

Meer

Guadalajara

20 ●   ● 21
412   Mexico City

● 191
481

● 195

● 187

● 186

192

● 176

193 ●   23

Hawaii
Pazifischer Ozean

Guatemala   ● 194

● 196
● 515

● 24

Panama

● 197

● 514

38

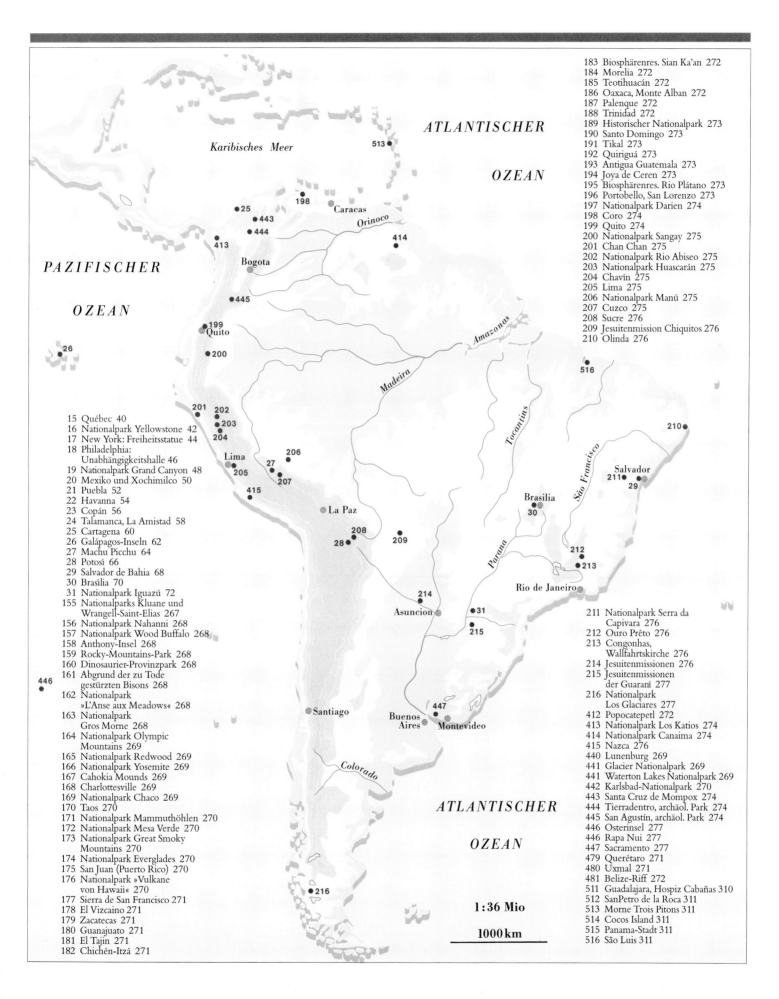

ATLANTISCHER

OZEAN

Karibisches Meer

PAZIFISCHER

OZEAN

Caracas

Orinoco

Bogota

Quito

Lima

La Paz

Asuncion

Santiago

Buenos
Aires

Montevideo

Brasilia

Salvador

Rio de Janeiro

Amazonas

Madeira

Tocantins

São Francisco

Parana

Colorado

ATLANTISCHER

OZEAN

1:36 Mio

1000 km

Der historische Bereich

Wenigstens einmal im Jahr verlieren auch die abgeklärtesten Québecois jene Gelassenheit, die man den Bewohnern der kanadischen Stadt am Mündungstrichter des Sankt-Lorenz-Stroms seit Jahrhunderten nachsagt. Wenn der Fluß unter dicken Eismassen verborgen liegt, stürzen sich die Menschen in den elf Tage dauernden Karneval und legen sich beim Genuß des teuflischen »Cariboo« – einer Mischung aus Whisky und süßem Rotwein – keine Zurückhaltung auf. Eine Parade gehört zu diesem ausgelassenen Karneval ebenso wie ein Wettbewerb zwischen den Schöpfern von Eisskulpturen. Ganz Unentwegte messen ihre Kräfte beim traditionellen Kanurennen, das sie an jenen Stellen veranstalten, wo der Sankt-Lorenz-Strom nicht zugefroren ist.

So gesehen präsentiert sich Québec, kulturelles Zentrum der Frankokanadier, als Stadt, deren Traditionen für den Besucher aus Europa nicht ungewohnt sind. »Je me souviens«, so die Losung auf der Wappentafel der gleichnamigen Provinz, bezieht sich auf die wechselvolle Geschichte einer sprachlich-kulturellen Minderheit jenseits des Großen Teiches, die ihre Beziehungen

Verkehrsverbindungen
Internationaler Flughafen Montréal. Autoroute 40 nach Québec.

Reisezeit
Ganzjährig, besonders im Herbst (Indian Summer).

Tips
Montmorency-Wasserfälle. Ile d'Orléans. Saguenay Fjord. Ausflugsboote von der Baie (Bucht) Sainte-Anne aus. Chapelle de Tadoussac, älteste Holzkirche Nordamerikas. Montréal. Le Rocher Percé (Gaspésie).

zur »Alten Welt«, zum französischen Mutterland, nie völlig aufgegeben hat und heute noch energisch auf ihre Eigenständigkeit pocht.

»Gibraltar Nordamerikas«

Europäer finden wohl in der Regel leicht Zugang zu diesem »Gibraltar Nordamerikas«, wie Charles Dickens die einzige, fast vollständig mit einer Mauer umgebene Altstadt nördlich von Mexiko einmal getauft hat. Um so erstaunter reagieren die autogewöhnten Besucher aus den Vereinigten Staaten. Sie erblicken in Québec vielleicht zum ersten Mal in ihrem Leben eine Stadt über dem Strom, deren Besichtigung man doch tatsächlich zu Fuß genießt:

Québec als Vorgeschmack europäischer Fußgängerzonen.

1535 stach der französische Seefahrer Jacques Cartier in See, um gemäß einem Auftrag Franz' I. »bei Neufundland jene Inseln zu entdecken, von denen behauptet wird, daß sich dort große Mengen Gold und andere kostbare Dinge befinden«. Am Nordufer des Sankt-Lorenz-Stroms gründeten die Nachfolger aus der Normandie und der Bretagne unter Leitung von Samuel de Champlain 1608 die Stadt Québec. Daß sie nicht schon bald in englische Hände fiel, verdanken die Einwohner zwei glücklichen Zufällen: 1690 näherte sich eine Armada von 34 Schiffen und 2000 Soldaten der schwerbefestigten Zitadelle. Auf die Forderung ihres Anführers Sir William Phipps, Québec zu übergeben, ließ Kommandant Frontenac das Feuer eröffnen. Auf diese Weise abgeschreckt, zog sich die Flotte gerade zum rechten Zeitpunkt zurück, denn den Franzosen war nach sechs Tagen die Munition ausgegangen. Der zweite englische Versuch scheiterte an einem gewaltigen Sturm, der 1711 die ganze, unter dem Kommando von Sir Hovendon stehende Flotte zerstörte.

Das Lächeln des Sonnenkönigs

An diesen Sieg erinnern Darstellungen auf dem Altar der Kirche Notre-Dame-des-Victoires auf der Place Royale, bis 1832 Geschäftszentrum des Vieux-Québec. Vor der Büste des huldvoll lächelnden Sonnenkönigs Louis Quatorze finden auf diesem Platz heute Theater- und Konzertaufführungen statt. Innerhalb des mauerumringten Zentrums, das aus Ober- und Unterstadt besteht, wirkt das alte Québec wie ein Stück Frankreich aus dem 18. Jahrhundert, das in die neue Welt versetzt

wurde. Alte Wohnhäuser säumen die Altstadtstraßen, etwa an der Rue du Parloir, an der Rue des Jardins oder entlang der Rue Sainte-Anne, auf den Schildern der kleinen Geschäfte findet man Namen wie Papineau, Lévesque und Lapointe oder wie sonst die Vorfahren aus Frankreich hießen. Die perfekt restaurierten Häuserfassaden, hinter denen in einigen Fällen eine exquisite Küche nach französischem Vorbild zelebriert wird, geben für eine Altstadtvisite in der Pferdekutsche gerade den richtigen Rahmen ab.

Abstieg über die Genickbruch-Treppe

Von der Dufferin-Terrasse aus führt der Weg zum ehemaligen Exerzier- und Paradeplatz Place d'Armes über die Rue du Trésor hinunter zur Rue Buade, so benannt nach dem Gebäude, in dem die Kolonisten früher ihre Abgaben ans königliche Schatzamt entrichten mußten. An dieser Stelle verkaufen heute Künstler Aquarelle, Radierungen und Seidensiebdrucke. In der Nähe ließ de Champlain 1633 Québecs Hauptkirche Basilique Notre-Dame-de-Québec als barockes Gotteshaus errichten. Daneben stehen das Séminaire de Québec und das erste Gebäude der katholischen Laval-Universität, an deren Gründer Bischof François de Laval-Montmorency ein pompöses Denkmal gegenüber der Hauptpost erinnert. Die Côte de Montagne windet sich durch jene Schlucht, die schon Québecs erste Siedler benützen mußten, um vom unteren Teil in die Oberstadt zu gelangen. Hinter dem Prescott-Tor beginnt die steile Escalier Casse-cou, die »Genickbruch-Treppe«, deren Benützung tatsächlich nicht ganz ungefährlich ist.

Der Name Québec geht auf das indianische Wort »kebec« zurück und bedeutet »Vereinigung der Wasser«. Über dem Hafen die imposante Silhouette mit dem Château Frontenac.

Altstadt mit Rathausturm. Die Provinzhauptstadt am St.-Lorenz-Strom ist neben Montreal geistiger und kultureller Mittelpunkt der Frankokanadier.

In der verwinkelten Altstadt ist das vieltürmige, mit falscher Patina überzuckerte Château Frontenac das alles überragende Wahrzeichen.

Besuchern erscheint Québec als das echteste Stück Europa in Nordamerika.

Sprudelnde Schlammsuppen aus dem Bauch der Erde

Überall zischen Dampffontänen aus dem schrundigen Boden, an einigen Stellen sprudelt das kochendheiße Wasser verborgener Quellen kraftvoll über die kraterübersäte Erdoberfläche. Bei seinem gefahrenvollen Weg über Sinterterrassen und Schwefelhügel, vorbei an Obsidianfelsen, versteinerten Bäumen und Wäldern mußte der Pelzjäger im Yellowstonegebiet befürchten, seine eigene Haut zu Markte zu tragen. Die geheimnisvolle Geisterlandschaft im Nordwesten des US-Bundesstates Wyoming war dem Jäger nicht geheuer: »Ständig hat man den Eindruck, daß der Boden zwischen den Schlammsprudeln jeden Moment einbricht und man irgendwo in der Hölle verschwinden wird«, erinnerte sich später ein Fallensteller, der zu Beginn des vorigen Jahrhunderts das in den Rocky Mountains gelegene Gebiet regelmäßig aufsuchte.

Ein Vulkanausbruch mit Folgen

Als die USA die wissenschaftliche Bedeutung der Region für das Studium der Hitzeströme im Erdinneren erkannt hatten, stellten sie das Yellowstonegebiet unter

Naturschutz. 1872 öffnete auf einer Fläche von 9000 Quadratkilometern der erste Nationalpark der Welt seine Pforten.

Die gesamte Landschaft, die vom gleichnamigen Fluß durchzogen wird, ist das Ergebnis einer gigantischen Vulkaneruption, die vor etwa 600 000 Jahren diesen Teil der heutigen USA erschütterte. Bimsstein, Asche und Felsbrocken wurden damals mit einer solchen Wucht in die Luft geschleudert, daß heute noch Schichten aus dem niedergegangenen Material in westlichen und zentralen Staaten nachgewiesen werden können. Nachdem die Lava abgekühlt war, erstreckte sich mitten in den Rocky Mountains ein 6800 Quadrat-

kilometer großes Plateau in 2500 Metern Höhe.

Heißes Gestein aus der Magma-Kammer

Der Nationalpark liegt über einem »Hot spot«, einer Stelle, an der geschmolzenes Gestein in einer Röhre tief aus dem unteren Erdmantel nach oben steigt. Verbunden sind diese Mantelströme mit einer riesigen Magma-Kammer, deren flüssiger Inhalt bei der urzeitlichen Riesenexplosion freigesetzt wurde. Dabei war gleichzeitig die Decke der Magma-Kammer eingebrochen. Der 2000 Quadratkilometer große Krater – Caldera genannt – wurde erst in den sechziger Jahren entdeckt, als Wissenschaftler das Areal vom Flugzeug aus vermessen konnten. In dieser Caldera liegt der größte Teil des Nationalparks.

Innerhalb und nahe des Kraters, unter dem das geschmolzene Gestein brodelt, befinden sich die rund 10 000 Geysire, Schlammsprudel, heißen Quellen und Fumarolen, die für das eindrucksvolle Schauspiel des Yellowstoneparks verantwortlich sind. Schnee- und Regenwasser sickern durch die porösen Lavaböden und werden durch die darunterliegende Lava zum Kochen gebracht. Der entstehende Dampf entweicht zischend durch Bodenspalten, den sogenannten Fumarolen. Wenn der Dampf die Erdoberfläche als säurehaltiges Wasser erreicht, dann sprudelt die lehmige Erde wie eine Schlammsuppe.

Grandiose Springquellen

Heiße Quellen und Geysire treten überall dort in Erscheinung, wo das Wasser über ein kompliziertes Labyrinth von Spalten und Ritzen einen Weg zur Oberfläche findet. Dabei übersteigen die Temperaturen des Wassers manchmal den Siedepunkt um das Dreifache. Die sich ausdehnenden Dampfblasen drücken das Wasser durch jede erreichbare Bodenöffnung. Ist der Spalt größer, so entsteht eine heiße Quelle, im Falle einer engen Öffnung schießt das Wasser in regelmäßigen Abständen als Geysir in die Höhe.

Die berühmteste Springquelle des Yellowstoneparks ist der Old Faithful, nach dem man die Uhr stellen könnte. Alle 65,5 Minuten jagt er exakt vier Minuten lang einen beeindruckenden Wasserstrahl empor. Eine besonders starke Dampfentwicklung läßt sich in den kühlen Frühlings- und Wintermonaten beobachten.

Zwar ist der Yellowstone in erster Linie ein geologisch bedeutsamer Park. Inzwischen haben jedoch auch die Biologen ihr Interesse an der dortigen Tierwelt entdeckt.

Neben Grizzlybären leben hier Berglöwen, Bisons, Weißkopfadler und Trompeterschwäne.

Ruhe vor dem nächsten Sturm?

Fischreiche Gewässer und ein reiches Wildvorkommen, vor allem Rotwild, Wapitihirsch, Elch, Dickhornschaf und Gabelbock, sicherten vor der Inbesitznahme der Weißen die Lebensgrundlage der Mandan-Indianer, die den Strom der gelblichen Farbe des Cañon-Gesteins wegen »Gelbfelsenfluß« tauften. Außer Fallenstellern zogen im letzten Jahrhundert zahlreiche Goldgräber an die Ufer des Yellowstone, wo sie große Vorkommen des Edelmetalls vermuteten.

Wann der Yellowstone wieder einmal seine glühende Gesteinsmasse in den Himmel jagen wird, weiß heute niemand zu sagen. Eines steht jedoch inzwischen fest: Der Vorrat an Magma würde gegebenenfalls ausreichen, um den ganzen Bundesstaat Wyoming 13 Stockwerke hoch für immer unter sich zu begraben.

Durch bizarre Berglandschaft tost der Tower Wasserfall in die Tiefe.

Genau alle 65,5 Minuten stößt der Old Faithful, der bekannteste Geysir, exakt vier Minuten lang eine heiße Fontäne und Dampfwolken aus.

Von unwirklichem Blau ist die Springquelle in inaktivem Zustand.

Signal der Hoffnung in der Neuen Welt

»Als sie schemenhaft im Nebel aufragte, wurde es still auf den Decks«, erinnerte sich Ende des vorigen Jahrhunderts ein italienischer Einwanderer bei der Ankunft seines Schiffes im Hafen von New York. Nach einer langen Fahrt über den Großen Teich waren die erschöpften Reisenden aus der Alten Welt endlich am Ziel ihrer Träume angelangt: Nur wenige hundert Meter vor ihnen erhob sich die gewaltige Freiheitsstatue, die den Immigranten Ehrfurcht einflößte und zugleich Hoffnungen auf ein besseres Leben in einem fernen und fremden Land weckte.

»Gib mir Deine müden, zusammengekauerten Massen, die sich danach sehnen, frei zu atmen«, schrieb die Poetin Emma Lazarus in ihrem Gedicht »The New Colossus« und sprach damit den meisten Einwanderen aus der Seele. Die 46 Meter hohe »Erleuchterin der Welt«, die in der erhobenen Rechten die Fackel der Freiheit trägt, wurde als Monument für das Ende der Unterdrückung und der Armut im Laufe der Jahrzehnte das ausdrucksvollste Symbol für das US-amerikanische Selbstverständnis: Sämtliche Schiffspassagiere erblicken zunächst die metallene Statue mit

---

Verkehrsverbindungen
Internationale Flughäfen John F. Kennedy, La Guardia und Newark (New Jersey). Bootsfahrten zu Liberty Island von Battery (Manhattan) aus.

Reisezeit
Ganzjährig. Im Sommer starker Touristenandrang.

Tips
Ausflug zu den Niagara-Fällen. Neuengland-Staaten. Boston, Salem, Newhaven und Washington D.C., Atlantic City.

---

dem siebenstrahligen Kranz, wenn sie sich über das Goldene Tor im Hafen von New York erwartungsvoll dem »Land der unbegrenzten Möglichkeiten« nähern.

Die Fackel des Fortschritts

Fasziniert von der großen Republik jenseits des Atlantiks hatte eine Gruppe französischer Demokraten während der Regierungszeit Napoleons III. beschlossen, ihrer Bewunderung durch ein Geschenk Ausdruck zu verleihen. Sie beauftragten den elsässischen Bildhauer Frédéric Auguste Bartholdi, eine Freiheitsstatue zu entwerfen. Ursprünglich hatte der Colmarer Künstler gehofft, daß die bestellte Statue später einmal als Leuchtturm für die nörd-

liche Suezkanal-Einfahrt dienen werde. Die weibliche Figur mit ihrer Fackel sollte vor aller Welt sinnfällig machen, daß das Licht des Fortschritts nun auch an der nordafrikanischen Küste strahlen wird.

Die Verantwortlichen änderten jedoch ihre Pläne und schickten die zerlegte und in 214 Kisten verpackte Riesenstatue schließlich in die Neue Welt. Als Präsident Grover Cleveland am 28. Oktober 1886 die »Statue of Liberty Enlightening The World« einweihte, erleuchtete ein großes Feuerwerk den Himmel, das Krachen der Salutkanonen wurde von heulenden Nebelhörnern untermalt.

Eisenrahmen mit Kupfermantel

Nachdem der Bildhauer seine Arbeit aufgenommen hatte, mußte er sich mit seinem Ingenieur Gustave Eiffel überlegen, wie sein Monument gegen Wind und Wetter geschützt werden konnte. Der Chefarchitekt des Eiffelturms entwarf eine bahnbrechende Eisenrahmenkonstruktion, die von einem zentralen Mast gestützt wurde. Um dieses flexible Skelett aus rostfreiem Stahl herum befestigte man einen 100 Tonnen schweren Kupfermantel in der Dicke eines Zehnpfennigstücks.

Bartholdis Vorlage für seine Statue war das von Delacroix geschaffene Gemälde »Die Freiheit führt das Volk an«. In einem ersten Schritt schuf er ein 1,20 Meter hohes Modell und fertigte anschließend drei weitere Statuen, deren Abmessungen immer größer wurden, bevor er die eigentliche Aufgabe in Angriff nahm.

Außer einer Strahlenkrone trägt die gewaltige Mutter des Exils in der linken Hand die amerikanische Unabhängigkeitserklärung mit dem Datum des 4. Juli 1776, zu ihren Füßen sind die gesprengten Ketten der Knechtschaft zu sehen. Als Standort für die Fackelträgerin, deren rechter Arm alleine 12,80 Meter lang ist, wählte man die Festungsinsel Bedloe's Island. Auf der später in Liberty Island umgetauften Hafeninsel entstand ein 47 Meter hoher Steinsockel, auf den die Statue gestellt wurde.

Diente die Freiheitsstatue zunächst vornehmlich dem Andenken an die Unabhängigkeit, entwickelte sich »Miss Liberty« während des Ersten Weltkriegs zum Symbol für den Kampf der alliierten Truppen um die Rettung der Demokratie.

Die Erinnerung an die Zeiten der

großen Einwanderung konnte jedoch in einem Land, in dem die Hälfte der Einwohner ausländische Wurzeln haben, nicht verblassen. Seit 1892 mußten sich die Neuankömmlinge in den Hallen der benachbarten Insel Ellis Island einer ersten Registratur unterziehen. Im ersten Jahrzehnt unseres Jahrhunderts strömten täglich bis zu 2000 Menschen in diese Gebäude, alleine im Jahre 1907 zählten die Behörden mehr als eine Million Menschen, die ihrer Heimat für immer den Rücken kehrten. Sowohl auf Ellis Island als auch im Sockel der Freiheitsstatue dokumentieren Ausstellungen die Geschichte der Einwanderung, angefangen von den Indianern, die von Asien aus zur Reise in den unerforschten Kontinent aufbrachen, über die westafrikanischen Sklaven bis hin zu den europäischen Massenimmigrationen, die das 20. Jahrhundert so nachhaltig geprägt haben.

Das Bildnis der Mutter

Heute kann man vom Sockelinneren aus zu Fuß den beschwerlichen Aufstieg über eine Wendeltreppe bis zum Kopf der symbolträchtigen Statue wagen. Aus der Nähe betrachtet, bietet Miss Liberty mit buschigen Augenbrauen, ernstem Blick und heruntergezogenen Mundwinkeln dann nicht unbedingt ein Bild der Anmut. Ihre Gesichtszüge erinnern an Frédéric Auguste Bartholdis herrische Mutter, die ihren Zeitgenossen durch antisemitische Äußerungen aufgefallen war.

Daß seine Freiheitsstatue als Kunstwerk keine Schönheit darstellte, hat schon der Bildhauer unbefangen zugegeben. Der Betrachter mußte in erster Linie durch die Dimension der Idee beeindruckt werden, »die Größe der Form sollte mit der Größe des Gedankens gefüllt werden«.

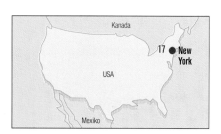

Begrüßung im Land der unbegrenzten Möglichkeiten: die Freiheitsstatue im Abendlicht.

Die kolossale Statue, in der erhobenen Rechten die Fackel der Freiheit: Aus dem Monument für das Ende der Unterdrückung und der Armut wurde das Symbol der Hoffnung auf ein besseres Leben in einer neuen Welt.

Unabhängigkeitshalle

Vielleicht hatte der Glockengießer einen allzu massiven Klöppel eingesetzt, möglicherweise war die Glocke in einer englischen Werkstatt im Jahre 1752 nicht ganz fachgerecht gegossen worden: Warum die berühmte »Liberty Bell«, höchstes Symbol der US-amerikanischen Unabhängigkeit, gleich beim ersten Einsatz kläglich versagte, wollte damals niemand an die große Glocke hängen. Fest steht nur, daß die 943 Kilogramm schwere Freiheitsglocke unter der Wucht des Klöppels gesprungen war und daraufhin unverzüglich neu gegossen wurde. Später brachte man sie erneut zum Glockengießer, weil der Klang als unschön empfunden wurde.

Ungewohnter Freiheitsklang

Die Serie der Mißklänge wollte damit kein Ende nehmen. Bewohner der Stadt Philadelphia, in der die Liberty Bell aufgestellt worden war, hegten von Anfang an schlimmste Befürchtungen: Ihrer »außergewöhnlichen Größe und ihres ungewohnten Klanges wegen könnte sie sich für jene als fatal erweisen, die mit Krankheit geschlagen sind«. 1835 wurde sie nochmals

Verkehrsverbindungen
Internationaler Flughafen. Amtrak-Zugverbindung. Von New York aus auf der Interstate 95 nach Philadelphia.

Reisezeit
Frühling und Herbst.

Tips
Amish-Siedlung Lancaster County. Stadtteil Germantown. Vorletztes September-Wochenende Steubenparade. Ausflüge ins Brandywine Valley, dort Longwood Gardens und im September Nachstellung historischer Schlacht. Pocono-Mountains.

bei einer Beerdigung verwendet und bekam dabei erneut einen Sprung, worauf sie endgültig außer Dienst gestellt wurde. Heute hängt sie stumm in einem merkwürdigen Glasgebäude, weit entfernt von ihrem ehemaligen Bestimmungsort, einem Glockenturm vor der Unabhängigkeitshalle von Philadelphia, von 1790 bis 1800 Hauptstadt der Vereinigten Staaten.

Ein Backsteinbau macht Geschichte

Philadelphias Independence Hall, jenseits der Chestnut Street und auf halbem Weg zwischen der fünften und der sechsten Straße, nimmt den zentralen Platz in der US-Geschichte ein. Im Versammlungsraum dieses Gebäudes beschlossen 1776 die Mitglieder des »Second Continental Congress«, daß »die Vereinigten Staaten freie und unabhängige Staaten sind und von Rechts wegen sein sollten«. Wenige Monate bevor die britische Armee 1781 im Revolutionskrieg endgültig besiegt wurde, traf sich in diesem Gebäude der Kongreß, um die Konföderationsartikel zu ratifizieren: die 13 ehemaligen Kolonien vereinigten sich zu einem losen Staatenbund und sechs Jahre später zu einem Bundesstaat, dessen rechtliche Grundlagen in einer Verfassung festgeschrieben wurden.

Die 1753 fertiggestellte Independence Hall präsentiert sich als bescheidener Backsteinbau, der auf dem Skizzenblock von Andrew Hamilton, Versammlungssprecher der damaligen Kolonie Pennsylvania, entstanden war. Zuvor waren die Mitglieder der Versammlung gezwungen, ihre Treffen in Privathäusern oder Gaststätten abzuhalten. Ursprünglich als würdiges Regierungsgebäude mit dem Namen »Pennsylvania State House« gedacht, wurde die im georgianischen Stil gestaltete Unabhängigkeitshalle Ende des vorigen Jahrhunderts innen und außen in der alten Form renoviert und dient seither als Gedenkstätte. So steht im Versammlungsraum außer George Washingtons »Rising-sun-«Sessel jenes Tintenfaß, in das die Unterzeichner der Verfassung ihre Federn getaucht hatten. Die Unabhängigkeitshalle steht im Zentrum des Independence National Historic Park, wie das bis auf wenige alte Gebäude völlig verschwundene Altstadtzentrum von Philadelphia genannt wird.

Die »Stadt der Brüderliebe«

Im Jahre 1682 von William Penn, Führer einer Quäkerkolonie, als »Stadt der Brüderliebe« auf quadratischem Grundriß gegründet, entwickelte sich Philadelphia zu einer Stätte der religiösen Freiheit, wo sich neben deutschen Einwanderern Schweden, Franzosen, Engländer und Holländer niederließen. Anfang des 18. Jahrhunderts erhielt die »Green Countrie Towne« die Stadtrechte. Eine der ältesten Universitäten entstand in Philadelphia, wo Benjamin Franklin die erste Bibliothek eröffnete, die erste Bank und die traditionsreichste Börse der USA ihre Dienste anboten, und eine der zahlreichen Gazetten war die »Philadelphische Zeitung«, Nordamerikas erstes deutschsprachiges Blatt. Mit 20 000

Einwohnern zur zweitgrößten englischen Stadt aufgerückt, legten die Intellektuellen Philadelphias die Grundlage für die blutige Trennung vom britischen Mutterland.

Hier schlug lange Zeit das Herz des jungen Staates, bis sich der wirtschaftliche Schwerpunkt nach New York und die politische Macht in das südlich liegende Washington D.C. verlagerten.

Pomp und Paraden

Obwohl die Stadt seit 1948 durch den Abriß alter Häuser, die früher auf dem Gelände des Unabhängigkeitsparks standen, ihr Gesicht gründlich verändert hat, ist Philadelphia bis heute der Inbegriff des revolutionären, nach Unabhängigkeit strebenden Nordamerika geblieben. Wenn die US-Bürger am 4. Juli ihren Independence Day zelebrieren, halten sie sich an die Vorgaben des Delegierten John Adams, der für diesen Tag »Pomp und Paraden mit Vorführungen, Spiel und Sport, Gewehren, Glocken, Freudenfeuern und Illuminationen von einem Ozean zum anderen, von heute bis in alle Ewigkeit« gewünscht hatte. Wenngleich die Liberty Bell bei dieser Gelegenheit keinen Ton mehr von sich gibt, klingen doch die Worte der idealistischen Gründerväter nach.

Als die Freiheitsglocke 1752 zum ersten Mal ertönen sollte, sprang sie unter der Wucht des Klöppels.

PHILADELPHIA

In der Independence Hall, der Unabhängigkeitshalle, beschlossen 1776 die Mitglieder des
Second Continental Congress, daß »die

Vereinigten Staaten freie und unabhängige
Staaten sind«. Sie nimmt damit einen zentralen
Platz in der US-Geschichte ein.

47

Das Jahrmillionenwerk entfesselter Urgewalten

Wie ein Spielzeug dreht sich das sperrige Floß aus leichtem Kunststoff inmitten des reißenden Flusses. Ständig schwappen rotbraune Wassermassen über die Ränder, durchnässen die verängstigten Passagiere bis auf die Haut. Sie halten sich krampfhaft an dicken Seilen fest. Vergeblich schreit der Steuermann gegen das anschwellende Tosen der Stromschnellen und Strudel an. Eine gewaltige Welle hebt das Gefährt jäh in die Höhe, im nächsten Moment schlägt es mit Getöse wieder auf den Fluß. Spätestens jetzt scheint es angebracht, sich jene Frage zu stellen, deren Antwort über Tod oder Leben entscheidet: Wie verläßt man ein umkippendes Floß auf dem Colorado River, ohne von der reißenden Strömung auf einen scharfkantigen Felsen zugetrieben zu werden oder gar zu ertrinken?

Noch einmal davongekommen

Wenige Sekunden später treibt das vollbesetzte Floß, dessen Passagiere sich soeben schon zum sechsten Mal an diesem Tag vor dem Untergang glaubten, ganz normal in ruhigeren Fahrwassern. Der

---

Verkehrsverbindungen
Internationale Flüge nach San Francisco und Los Angeles. Regionalflug nach Las Vegas, mit dem Bus oder Auto zum Grand Canyon.

Reisezeit
Ganzjährig, Hochsommertemperaturen bis zu 49 Grad.

Übernachtung
Zimmer ein Jahr im voraus buchen.

Tips
Rafting auf dem Colorado River von Moab (Utah) aus. Reittouren. Bei Wanderungen genügend Trinkwasser mitnehmen. Helikopterrundflüge.

Steuermann gibt sich wieder so selbstsicher wie zuvor: »Noch nie ist ein Passagier bei einer unserer Wildwasserfahrten auf dem Colorado ertrunken«, stellt er lapidar fest. Dafür sorgen schon die umfangreichen Sicherheitsmaßnahmen zu Beginn der Exkursion auf jenem Fluß, der im Laufe der Jahrmillionen die phantastische Landschaft des Grand Canyon modelliert hat.

Im Nordwesten Arizonas gelegen, besteht der Grand Canyon aus einer 1800 Meter tiefen Schlucht, die eine Breite von bis zu 30 Kilometern erreicht und sich über rund 350 Kilometer Länge durch das bewaldete Kaibabplateau zieht. Geologen

schätzen, daß sich das in fünf Klimazonen eingeteilte Gebiet in den vergangenen sechs bis zehn Millionen Jahren herausgebildet hat.

Wo blieben die Dinosaurier?

Zuvor erstreckte sich dort ein riesiges Flachland, das im Laufe der Zeit durch tektonische Kräfte bis zu 2500 Meter über den Meeresspiegel angehoben wurde. Durch dieses Gebiet, heute Colorado Plateau genannt, floß der gleichnamige Fluß, dessen Wasser, Steine, Sand und Schlamm sich durch die verschiedenen Erdschichten allmählich bis zum alten Urgestein in 1800 Metern Tiefe hinuntergruben. Durch Wind, Regen, Schnee und extreme Temperaturunterschiede verwitterten die Canyon-Wände und verbreiterten die Schlucht, die zunehmend tiefer wurde. Dieser Vorgang ist auch heute noch nicht abgeschlossen.

Die ältesten Schichten des Grand Canyon, die auf zwei Milliarden Jahre geschätzt werden, bestehen aus dunklem, feinkörnigem Schiefergestein, durchsetzt mit rosafarbenem Granit. Erste Spuren irdischen Lebens entdeckte man in der darüberliegenden Schicht, in der Versteinerungen von wirbellosen Tieren, Muscheln, Würmern und Trilobiten freigelegt wurden. Primitive Schalentiere, die im seichten Gewässer ausgedehnter Lagunen lebten, Fischskelette und Wasserlilien waren in einer Decke eingeschlossen, deren Alter auf 350 Millionen Jahre geschätzt wird. In den crème- und isabellfarbenen Formationen, die sich anschließen, lebten vor zirka 250 Millionen Jahren Schwämme, Korallen, Schnecken und Schalentiere in einem warmen Binnenmeer. Bei der Suche nach Spuren der neueren erdgeschichtlichen Vergangenheit tappt die Wissenschaft immer noch im dunkeln. So fanden sich weder Spuren von Dinosauriern noch von anderen, inzwischen verschwundenen Säugetieren. Möglicherweise ist die entsprechende Schicht durch die anhaltende Erosion bereits abgetragen worden.

Rotstrahlende Flußklippen

Je nach dem Stand der Sonne nehmen die pastellfarbigen Ablagerungsschichten der Schlucht crèmefarbene, braune, gelbe, grüne, umbra- und magentafarbene Tönungen an. Welche Wirkung die gewalti-

gen Kräfte der Natur in jahrmillionenlanger Arbeit am Gestein entfalteten, läßt sich am besten von den Uferbereichen des Colorado River aus nachvollziehen. Vorbei an riesenhaften, rotstrahlenden Klippen stößt man immer wieder auf sandige Buchten, von Tamarisken umrahmt. Während Sperber auf Beutesuche einsame Kreise ziehen, fischen Reiher in aller Ruhe im seichten Wasser, scheue Mufflons verschwinden unterdessen blitzartig in den Gängen des felsigen Labyrinths.

Kurz vor dem Zusammenfluß des Colorado River und des Green River vernimmt man in der Ferne das Rauschen der Stromschnellen. Jetzt wird der felsgesäumte Strom mit seinen wilden Strudeln immer enger, zwischen den »Needles« genannten Spitzklippen windet er sich durch ein felsgerahmtes Flußbett, das stellenweise nur einen Meter breit ist. Zwischen den Felsen, die in schwindelerregender Höhe aufragen, erstrecken sich terrassenartige Plateaus mit Einschnitten, Nebencanyons und den bizarrsten Gesteinsformationen, die sich ein Mensch nur vorstellen kann.

Rezept gegen Hochmut

An diesem urzeitlichen Ort, durch dessen Schluchten der Dichter Carl Sandburg »Gott mit seinem Bannerheer« schreiten sah, entwickelte später die Ärztin Mary E. Hart ein simples Rezept, das sie vorzugsweise Menschen verschrieb, die unter Anfällen von Hochmut litten: »Treten Sie an den Rand des Grand Canyon, schauen Sie hinab, immer tiefer in seine erschreckenden Abgründe. Dann erfahren Sie Ihre eigene völlige Bedeutungslosigkeit.«

Blick vom South Rim über bizarre Gesteinsformationen auf das blaue Band des Colorado River.

Je nach dem Stand der Sonne nehmen die pastellfarbigen Ablagerungsschichten eine andere Tönung an: cremefarben, braun, gelb, grün, umbra und magentafarben. Gewaltige Kräfte der Natur haben in Jahrmillionen diese grandiose Landschaft entstehen lassen.

Historisches Zentrum und Lagune

Gebannt starrt die Menschenmenge auf den Balkon des Nationalpalasts, dessen barocke Fassaden im gleißenden Licht der Scheinwerfer hervortreten. Punkt elf Uhr tritt »Señor Presidente« würdevoll vor das Volk und läutet wie jedes Jahr in der Nacht zum 16. September die Glocke, mit der Pater Hidalgo 1821 die Gläubigen zum Gottesdienst rief und damit das historische Signal zum Befreiungskampf gab. Nachdem das Staatsoberhaupt mit kräftiger Stimme den »Grito« und damit symbolisch erneut die mexikanische Unabhängigkeit proklamiert hat, antwortet die Versammlung mit dem frenetischen Ruf »Viva México, Viva la Independencia« und bricht in einen unbeschreiblichen Freudentaumel aus. Schauplatz dieser denkwürdigen Szene ist die freie Plaza de la Constitución, von den Einwohnern volkstümlich »Zócalo« genannt, ihrer gigantischen Abmessungen wegen für politische Massenveranstaltungen jeglicher Art schon immer ein bevorzugtes Gelände im Herzen der Altstadt von Mexiko-City.

»El Centro«, das Gegenprogramm zur modernen Skyline aus Wolkenkratzern und breiten Schnellstraßen, besteht aus

Verkehrsverbindungen
Internationaler Flughafen Mexiko-City.

Reisezeit
September bis Mai.

Tips
Ausflüge in die alte Stadt Tepotzotlán, in die Toltekenstadt Tula und zum geheiligten Teotihuacán. Augustinerkloster Acolman.

mehreren Plätzen und 100 Straßen, an denen eine Vielzahl von Palästen aus dem 18. Jahrhundert, barocke Kirchen und Märkte liegen. Es erstreckt sich auf jenem Gebiet, auf dem einst die Pyramiden und Paläste der Aztekenstadt Tenochtitlán standen. Als den Spaniern 1521 die alte Hauptstadt in die Hände fiel, übten die mit dem obersten Konquistador Cortéz verbündeten Indianer grausam Rache am besiegten Mexica-Stamm: Sie zerstörten Tenochtitlán bis auf die Grundmauern. Auf diesem Ruinenfeld entstand die Kapitale der Neuen Welt, die »höchst edle und treuergebene Stadt Mexiko« als persönliche Überseebesitzung des spanischen Königs Carlos Primero, den die Deutschen Karl V. nannten, und in dessen Reich die Sonne angeblich nie unterging.

Weil die »Ciudad de México« häufig von Hochwasser heimgesucht wurde, legte man den städtischen See trocken, dabei sank jedoch der Grundwasserspiegel. Die meisten Gebäude der Altstadt neigten sich im Laufe der Zeit immer bedrohlicher in den schwammigen Boden. Wie durch ein Wunder ist bis heute dennoch keiner der alten Paläste eingestürzt. Während zahlreiche Erdbeben, letztmals im Jahre 1985, große Teile der von Vulkanen umgebenen Hauptstadt in Trümmerfelder verwandelten, blieb das Zentrum so gut wie unversehrt.

Slumviertel neben Shoppingzentrum

An kaum einer anderen Stelle der Metropole prallen die Gegensätze unvermittelter aufeinander als dort. Die prächtigen Fassaden der städtischen Paläste sind heute meist mit einer dicken Schmutzschicht überzogen und dämmern ihrem Verfall entgegen. Unmittelbar neben diesem Viertel wachsen moderne Geschäftszentren in die Höhe: Das sündhaft teure Einkaufsparadies für westlich orientierte, gutbetuchte Zeitgenossen kontrastiert mit dem Elend heruntergekommener Slumviertel, deren Symbol der pulsierende Merced-Markt der Indios nahe der Ruinen des gleichnamigen Klosters geworden ist.

Als einst größtes Gotteshaus der Neuen Welt weist die fünfschiffige Kathedrale, deren massive Türme zwei glockenförmige Aufbauten tragen, die prächtigste Innenausstattung von allen Stadtkirchen auf. In ihrem dunklen, großartig gestalteten Inneren glänzen goldverzierte, überladene Altäre im »Churriguerresco«, jenem spätbarocken Stil, der für die mexikanische Kunst der Kolonialzeit prägend war. Außer dem Altar der Vergebung, der den offiziellen Feiern vorbehalten bleibt, schufen die Künstler den Altar der Könige.

Eine anmutige und reichverzierte Fassade mit ausgewogenen Formen schmückt die Sagrario-Kirche – ein Bauwerk, dessen Bestand durch ein fehlerhaft konstruiertes Fundament bedroht wird. Risse zeigen an, daß sich die Mauern mehr und mehr in den Boden absenken.

Monumentale Geschichtsfresken

Östlich erhebt sich der Nationalpalast, der offizielle Amtssitz des Präsidenten. Über Innenhöfe gelangt man zu den monumentalen Wandbildern des eigenwilligen Malers Diego Rivera, der in einer szenischen Abfolge die wechselhafte Geschichte von der Erschaffung der Welt bis zur – damals noch erwarteten – sozialistischen Weltrevolution in Freskenform geschildert hat. Mit weichen Farben verherrlichte Rivera, der die spanischen Eroberer abgrundtief haßte, die Leistungen der indianischen Vorfahren.

Vor der Escuela Nacional Preparatoria, Teil der alten Universität, bieten heute noch mit Schreibmaschinen ausgerüstete öffentliche Schreiber Analphabeten ihre Dienste an.

Einer der schönsten Paläste, die im 18. Jahrhundert aus dem rötlichen Tezontie-Vulkangestein der Umgebung geschaffen wurden, ist der Palacio de Iturbide, noch im vorigen Jahrhundert das einzige renommierte Hotel von Mexiko-City. Als wichtigstes städtisches Theater entstand das monumentale Bellas Artes, dessen Inneres im Art-déco-Stil à la mexicana schwelgt.

Mexiko-City platzt aus den Nähten

Teil des »Zócalo« ist der 1978 freigelegte Haupttempel der Azteken, der Templo Mayor. Von der historischen Stätte Xochimilco blieb nur die um 1000 vor der Zeitwende geschaffene Pyramide von Culcuilco übrig. Auf den Wasserflächen der schwimmenden Gärten messen beim sonntäglichen Stocherkahnfahren junge Männer ihre Kräfte.

Wie die mit mehr als 10 Millionen Menschen übervölkerte »Ciudad de México«, die nur die doppelte Ausdehnung Hamburgs aufweist und einen eigenen Bundesstaat bildet, den anhaltenden Einwohnerzustrom verkraften soll, weiß niemand.

Im Herzen der Altstadt von Mexiko-City liegt die gigantische Plaza de la Constitucion, volkstümlich Zócalo genannt, ein ideales Gelände für politische Massenveranstaltungen.

Im Nationalpalast von Mexiko-City
erinnert der Maler Diego Rivera
in monumentalen Wandbildern an die
Geschichte seines Landes.
Der Ausschnitt zeigt die Habgier und
Grausamkeit der spanischen Eroberer.

Der Palacio de Bellas Artes,
das Theater in Mexiko.

Historisches Zentrum

Um vor dem heißgeliebten Bischof ein schmackhaftes Zeugnis ihrer Zuneigung abzulegen, kreierte eine Nonne aus Puebla einst eine Speise, die den Namen der Stadt weit über ihre Grenzen hinweg berühmt machen sollte. Aus scharfem Chili, Gewürzen und Schokolade braute sie eine wunderliche Sauce, die, zum Truthahn gereicht, nach der frommen Legende den Bischof sogleich in den siebten Himmel versetzte. »Mole« nannte man später die eigenwillige Kombination, deren Zubereitung nicht lange auf das Bischofspalais der Provinzstadt beschränkt blieb und die seither als mexikanisches Nationalgericht gehandelt wird. Fällt heute der Name der ehemaligen Textil- und Porzellanhochburg, dann denken die meisten Mexikaner spontan an die Revolution, die der offiziellen Geschichtsschreibung zufolge in Puebla ihren Auftakt fand.

Planmäßige Stadtgründung

Am 18. November 1910 ergriffen die »Poblanos« die Waffen, um die verhaßte Regierung zu stürzen. An ihre Spitze setzte sich die couragierte Carmen Serdán, die

Verkehrsverbindungen
Internationaler Flughafen Mexiko-City, Autobahn bis Puebla.

Reisezeit
September bis Mai.

Tips
Ausflüge in die historische Stadt Tlaxcala, nach Cholula, Huejotzingo. Indianermärkte in Tepeaca. Wasserfälle Cascadas de Acatzitzimilpa. Bergtouren auf dem Popocatépetl.

mit beispiellosem Einsatz gegen den diktatorischen Staatschef Porfirio Díaz kämpfte. Ihr und jenen Frauen, die während des blutigen Aufstandes ihr Leben verloren, widmete man später im regionalen Revolutionsmuseum, der Casa Aquiles Serdán, einen eigenen Raum, dessen Wände noch heute die Spuren zahlloser Einschüsse tragen. Sie rufen dem Besucher in Erinnerung, daß die Bewegung schon nach kurzer Zeit zusammenbrach und die alten Strukturen unverändert blieben.

Pueblas Stadtgründung fällt auf das Jahr 1531, als arbeitslose Konquistadoren den Auftrag erhielten, entlang der Straße von Mexiko-Stadt nach Veracruz im fruchtbaren Cuetlaxcoapan-Tal einen befestigten Ort zur Kontrolle der Handelsströme zu erbauen. Indianische Hilfskräfte errichteten in kurzer Zeit Wohnhäuser mit Patios und

Treppenaufgängen auf dem planmäßigen Grundriß von Puebla de los Angeles, wie die Stadt anfangs hieß. Die koloniale Architektur – barocke Backsteinbauten, deren Fassaden mit blauen oder türkisfarben bemalten Blumenmusterkacheln verziert wurden – ist das Markenzeichen Pueblas, Abglanz einer spanischen Stadt des 17. Jahrhunderts. Als bestes Beispiel für diese charakteristische Bauweise dient heute noch die elegante Casa del Alfeñique.

Spaniens Glanz in der Neuen Welt

Als die Kathedrale nach über sechs Jahrzehnten Bauzeit 1588 geweiht wurde, hatte Puebla zwar nur Mexikos zweitgrößtes Gotteshaus, dafür ist die Kathedrale die höchste Kirche im ganzen Land. Im Inneren besitzt dieses majestätische Juwel der sakralen Baukunst ein im Stil der spanischen Renaissance verfertigtes Chorgestühl, das mit Onyx, Gold, Perlmutt und Elfenbein kunstvoll verziert wurde.

Bischof Juan de Palafax gründete in seiner Residenz die Biblioteca Palfaxina, die dank ihrer umfangreichen Bestände im 17. Jahrhundert eine der bedeutendsten Bibliotheken der Neuen Welt war. Die mit königlichen Privilegien überschüttete Stadt stand hoch im Kurs bei geistlichen Orden, deren klerikale Prachtentfaltung keine Grenzen kannte, wie man etwa im Convento de Santa Mónica ablesen kann.

Herausragendes Meisterwerk in der Kirche Santo Domingo, die zu einem 1535 fertiggestellten Klosterkomplex gehört, ist die Rosenkranzkapelle. Verschwenderisch vergoldete Holzornamente und Stuckreliefs überziehen Gewölbe, Wände und Säulen der barocken Capilla del Rosario. Die über den Türen des kleinen Raumes ange-

brachten Masken zeigen die Epochen der mexikanischen Evolution: Auf den Indianer folgt der Spanier und schließlich der Mestize. Zu Beginn des 18. Jahrhunderts schickte sich Puebla an, Mexiko-Stadt den Rang als Kulturmetropole Neuspaniens streitig zu machen.

Gleichzeitig blühte das handwerkliche Gewerbe auf: Manufakturbetriebe verfertigten Porzellan- und Schmiedearbeiten sowie Tonwaren und glasierte Kacheln, die den aus Arabien stammenden Azulejos de Talavera nachempfunden waren.

Nach einer langen Phase des Wohlstands lernte Puebla, dessen Einwohner auch heute noch stolz ihre spanische Abstammung geltend machen, im vorigen Jahrhundert harte Zeiten kennen. Obwohl die Franzosen bei der Schlacht von Puebla 1862 eine herbe Niederlage verkraften mußten, gelang ihnen kurz darauf die Einnahme von Mexiko-Stadt. Zwei Jahre später wurde der unglückliche Maximilian von Habsburg mit französischer Unterstützung Kaiser von Mexiko. Als sich der liberale Schwärmer die Kirche zum Todfeind gemacht hatte, verlor der Operettenkaiser jegliche Unterstützung und endete 1867 unter den Schüssen eines Vollstreckungskommandos.

Noch immer auf Distanz bedacht

Nach dem Zweiten Weltkrieg konnte sich Pueblas zum Teil noch häusliche Textilproduktion gegen die Konkurrenz der Großindustrie nicht mehr halten. Die ländliche Bevölkerung suchte ihr Heil in jenen städtischen Zentren, in denen sich das wirtschaftliche Wachstum der Nachkriegszeit abspielte.

In der Kolonialarchitektur Pueblas spiegelt sich das Vorbild des spanischen Mutterlandes. Mit königlichen Privilegien ausgezeichnet, zeigte Puebla seinen Wohlstand in reichverzierten Fassaden.

PUEBLA

Im 16. Jahrhundert, als Puebla gegründet wurde, entstanden auch die Kirche Santo Domingo und die erste Universität des Landes.

Typische, mit bunten Kacheln verzierte Fassade aus dem 18. Jahrhundert.

Altstadt und Festungsanlagen

Als einzige Frau im Range eines Generalgouverneurs nötigte die resolute Doña Isabel de Bobadilla der Männerwelt Havannas höchsten Respekt ab. Die Lebensgefährtin des legendären Konquistadors Hernán de Soto bestieg immer wieder den Turm der Hafenfestung Castillo de Real Fuerza, wo sie vergeblich auf die Rückkehr des Geliebten wartete, der von der spanischen Krone 1539 zu einer Expedition ins Mississippi-Gebiet und nach Oklahoma befohlen worden war, bei der er sein Leben verlor. Nachdem man ihr die Nachricht vom Tode des Eroberers überbracht hatte, starb die inzwischen erblindete Doña Isabel aus Kummer über den Verlust des Weggefährten. Noch heute erinnert die »Giraldilla« genannte und 1632 gegossene Bronzestatue auf der Turmspitze an Kubas berühmteste Frau. Das Castillo de Real Fuerza, ein zentrales Festungsgebäude mit vier mächtigen Bastionen und einem kleeblattförmigen Wassergraben, wurde als zweitältestes Bollwerk Südamerikas zusammen mit den übrigen Festungen und den spanischen Bürgerhäusern der Altstadt von Havanna inzwischen zum Kulturerbe der Menschheit erklärt.

Verkehrsverbindungen
Internationaler Flughafen Havanna.

Beste Reisezeit
Dezember bis Februar.

Übernachtung
Während der Sommerferien Juli/August Zimmerengpaß.

Tips
Tanz-Cabaret Tropicana. Lenin-Park. Aquarium. Friedhof Colón in Miramar. Casa Hemingway mit Museum im Vorort San Francisco de Paula. Alte Hauptstadt Santiago. Alte Kolonialstadt Guanabacoa. Naturpark Pinar del Rio. Strände Playas del Este, Santa Maria del Mar, Bocca Ciega und Juibacoa.

1515 gegründet, verlieh man dem Ort zunächst den Namen San Cristóbal de la Habana. Die an einem Naturhafen mit einer 200 Meter breiten Durchfahrt in einer Küstenlagune angelegte Stadt sollte schon bald die kubanische Hauptstadt Santiago überflügeln. Mitte des 16. Jahrhunderts häuften sich die Überfälle von Korsaren, die Habana brandschatzten. Von 1576 an durften einem Erlaß zufolge nur noch Steinbauten errichtet werden. Die ganze Stadt wurde systematisch auf gitterförmigem Grundriß neu geplant. Nachdem der britische Freibeuter Francis Drake Havanna erobert hatte, befahl der spanische

König Philipp II. die Verstärkung des Mauerringes, der in der Folgezeit lückenlos ausgebaut wurde. Als Mitte des 17. Jahrhunderts die Bauarbeiten am Hafen beendet waren, entwickelte sich Havanna zu Spaniens wichtigstem Umschlagplatz für den Handel zwischen Europa und Amerika.

Verfallende Pracht aus Korallen

Havannas schönster Altstadtplatz, die Plaza de Armas, ähnelt durch ihre zahlreichen Kapokbäume und Königspalmen einem kleinen Park. Ein verheerender Hurrikan hatte 1768 die gesamte Anlage zerstört. Daraufhin erbaute man an der Ostseite die Casa del Conde de Santovenia, deren reich gegliederte Fassade von einer Bogenarkade mit umlaufendem Balkon getragen wird. Vis-à-vis erhebt sich als architektonisches Pendant der spätbarocke Palacio de los Capitanos Generales, bis 1917 Sitz der kubanischen Regierung, später Rathaus. Heute tagt Havannas Stadtrat im 1828 erbauten »Templete«, einem kleinen dorischen Tempel, der im Inneren mit Gemäldeszenen aus der kubanischen Geschichte verziert ist.

Weil die Materialien – Ziegel aus dem andalusischen Málaga, baskische Metallgitter und Marmor aus den Steinbrüchen von Genua – per Schiff auf die Karibikinsel geschafft werden mußten und sich das ebenfalls benutzte Korallengestein nur schwer formen ließ, zogen sich die Bauarbeiten am Kapitänspalast in die Länge. Das heute als Museum benützte zweistöckige Gebäude betritt man über eine Arkadenvorhalle, über deren prächtigem Portal sich die Balkone und Fenster der Repräsentationsräume befinden. Dank seiner arkadengesäumten Patios ist das sehr sparsam geschmückte Bauwerk typisch für das Erscheinungsbild der Altstadt. Aus der gleichen Epoche stammt die Casa de Correos, die als früheres Postgebäude heute Universitätsinstitute beherbergt.

Spanische Vorbilder

Havannas zierliche Kathedrale auf der autofreien, kleinstädtischen Plaza de la Catedral, ursprünglich von Jesuiten begonnen, erhielt ihr heutiges Aussehen im 18. Jahrhundert. Die üppigen Wandmalereien sind inzwischen verschwunden, an Stelle der hölzernen, mit Gipsstukkatur versehenen Gewölbe weist das Gotteshaus schlichte Steingewölbe auf. Als Vorbild für das dahinter liegende ältere Seminario Concillar y San Ambrosio, das weiträumige Treppenaufgänge und kunstvoll gedrechselte Fenster- und Türgitter besitzt, diente die Universität im spanischen Valladolid. Ebenfalls im 17. Jahrhundert geschaffen

wurden die Häuserfronten der Paläste Lombillo und Peñalver sowie der in ein Museum für koloniale Kunst umgewandelten Bayona-Palast, hinter dessen Korallenkalkfassaden einer der schönsten Innenhöfe von Alt-Havanna versteckt liegt.

Die Stammkneipe Ernest Hemingways

Das mit Abstand beliebteste Café im Zentrum befindet sich im Aguas-Claras-Palast an der Westseite des Platzes. Von dort aus ist es nicht weit zur Calle Empedrado, in der Ernest Hemingway während seines Kuba-Aufenthaltes regelmäßig seine Stammkneipe Bodeguita del Medio anzusteuern pflegte. Über die Calle de Cuba erreicht man Havannas ältestes Gotteshaus, die Iglesia del Espiritu Santo, deren Kreuzgewölbe als einziges Relikt der kubanischen Spätgotik eingestuft wird. Spuren der Renaissance finden sich heute noch vor allem in Form der maurisch beeinflußten Holzdecken in Kirchen und weltlichen Gebäuden. Da als wichtigstes Baumaterial in der Regel nur spröder Korallenkalk zur Verfügung stand, kennzeichnen einfache Stilelemente die Barockbauten der Insel.

In der kommunistischen Ära

Noch immer vom Einsturz bedroht sind viele der zweistöckigen Häuser mit Bogengang, Torbau, Holzbalkon und flach ansteigendem Ziegeldach an der Plaza Vieja. Seit dem Sturz des Diktators Batista im Jahre 1959 betrieb Fidel Castro nach sozialistischer Manier ein ehrgeiziges Neubauprogramm, dessen Resultate vorwiegend am südlichen Stadtrand stehen. Der Großteil der enteigneten Altbauten zerfiel, erst seit einigen Jahren bemüht sich die Stadtverwaltung, das bedrohte Kulturerbe zu sanieren.

Der Kathedralenplatz mit der ältesten Kirche Havannas blieb über Jahrhunderte fast unverändert.

HAVANNA

Als Mitte des
17. Jahrhunderts
die Bauarbeiten am
Hafen beendet waren,
entwickelte sich
Havanna zum
wichtigsten Umschlag-
platz für den Handel
zwischen Amerika
und Europa.

Das Castillo de la Real Fuerza, ein zentrales
Festungsgebäude mit vier mächtigen
Bastionen, entstand im 16. Jahrhundert und
ist die älteste noch erhaltene Befestigungs-
anlage der Stadt sowie eine der ältesten
Lateinamerikas.

Maya-Ruinen

Hellauf begeistert von seiner Entdeckung, zog der amerikanische Forschungsreisende John Lloyd Stephens sein Portemonnaie aus der Tasche und kaufte kurzentschlossen die ganze Stadt. Für ganze 50 US-Dollar erwarb der Archäologe 1842 die alte Maya-Siedlung Copán am Eingang des gleichnamigen Departements in Honduras. Seine Absicht, durch den Kauf Copáns in aller Ruhe die wichtigsten Kunstschätze in seine Heimat zu schaffen, konnte Stephens glücklicherweise nicht verwirklichen. Als Alfred Maudslay Ende des vorigen Jahrhunderts das geistliche und weltliche Zentrum der Maya-Herrscher aufsuchte, entwarf er den ersten topographischen Plan mit einer Gebäude-Nomenklatur, die bis heute beibehalten wurde. Bald darauf legten Archäologen die große Hieroglyphentreppe und mehrere Gräber frei, Fundstücke wurden damals zwischen den USA und Honduras vertragsgemäß geteilt.

Nachdem der Fluß Copán umgeleitet und eingedämmt war, konnte seit 1935 auf dem gesamten Gelände systematisch gegraben werden.

Erste Zeugnisse der Besiedlung lassen

Verkehrsverbindungen
Internationale Flughäfen Tegucigalpa und San Pedro Sula.

Reisezeit
November bis April.

Übernachtung
Einfache, gutgeführte Hotels neben Hospedajes und Hotelitos.

Tips
Ausflüge nach Guatemala City und nach El Salvador. Kolonialstadt Santa Rosa de Copán. Indio-Märkte von Belén Gualcho und La Campa. Nationalpark Montañas de Celaque.

---

sich auf das 8. Jahrhundert vor unserer Zeit zurückdatieren. Das um 460 vor der Zeitwende gegründete Copán stieg nach Jahrhunderten der Bedeutungslosigkeit zwischen 700 und 800 zum Zentrum des südöstlichen Siedlungsgebiets auf. Mit den Maya-Königen »Achtzehn Kaninchen«, »Eichhörnchen« und »Aufgehende Stadt«, brach Copáns Blütezeit an.

Nach dem Tod des letzten Herrschers dämmerte das sowohl politisch als auch wirtschaftlich bedeutungslos gewordene Reich noch ein Jahrhundert dahin, einige Nachfahren hielten sich bis ins 17. Jahrhundert in der Nähe des ehemaligen Zeremonialzentrums.

Während ihrer 18 Regierungsepochen hatten die Maya-Herrscher entlang des Flusses Gebäude auf bis zu 20 Ebenen übereinander anlegen lassen, wobei die Architektur dem häufigen Wechsel des Flußbettes angeglichen wurde. Ein künstlich aufgeschütteter Hügel war durch die starke Wasserströmung so unterspült, daß die Archäologen einen »El Corte« genannten Schnitt vorfanden, in dem sie nach der Umleitung des Flusses mühelos die einzelnen Schichten erforschen konnten.

Symbole und Schriftzeichen

Die 600 mal 300 Meter große Hauptgruppe im zeremonialen Zentrum Copáns ist die sogenannte Akropolis, ein Komplex von verschachtelten Tempeln, Treppen und Terrassen, umgeben von fünf Plazas. Zwei der Tempel waren im Laufe der Zeit vom Fluß weggerissen worden. In unmittelbarer Nachbarschaft erhoben sich 16 weitere Gebäudegruppen. Auf dem Zeremonialplatz schufen Künstler der Maya-Epoche die größte Ansammlung von bis zu vier Meter hohen Stelen, die jemals an einem Ort angetroffen wurden. Während die Vorderseite menschlich-tierische Mischwesen mit den Attributen von Göttern und Helden zeigt, sind die Rückseiten mit in den Stein geschnittenen Schriftzeichen – Glyphen – versehen. Diese steinernen Texte erklären die Abkunft des Königs aus historischen oder mythischen Ursprüngen und dienten als Legitimation seiner Herrschaft.

Außerdem entstanden kleine, starre Darstellungen aufrecht stehender Menschen mit prunkvollem Kopfschmuck, die Symbole der Macht in ihren Händen halten. Die mit viel Sinn für Detailreichtum geschaffenen monolithischen Kunstwerke enthielten im Inneren als Opfergabe wertvolle Schmuckstücke, Keramik oder Tierknochen. Unter der Stele H entdeckte man eine Statue aus mexikanischem und panamesischem Gold.

Menschen im Schlangenrachen

Diese Stelen, die den Übergang vom Relief zu dreidimensionalen Skulpturen belegen, standen häufig in der Nähe von sogenannten Altären, deren Geheimnis bislang noch niemand lüften konnte. Einer der ältesten Altäre Copáns trägt als Steinschmuck doppelköpfige Schlangen, aus deren Rachen Menschenköpfe ragen. Nahe des alten Ballspielplatzes steht ein Tempel mit charakteristischen Maya-Gewölben, deren zerfallener Steinschmuck im Zuge der Rekonstruktion 1978 nicht mehr renoviert werden konnte. Männliche Götterfiguren zierten früher die Mitte der zehn

Meter breiten Treppe, deren Stufen von den starken Urwaldwurzeln gesprengt wurden. Schlangen und Vögel schmücken die Balustrade des Aufgangs, an dessen oberem Ende ein beweglicher Steinblock unerwünschte Besucher in die Flucht treiben sollte. Verschlungene, groteske Abbildungen dekorieren die Stufen zur Zuschauertribüne auf der Südseite der sogenannten Akropolis. Wegen seiner 140 Glyphen an den Eingängen taufte man den Tempel 11 später den Tempel der Inschriften.

Figuren auf Totenschädeln

Über die 16 Meter breite Jaguartreppe führt der Weg zur gigantischen Maske des Planeten Venus, dem auch der 1934 durch ein Erdbeben zerstörte und später rekonstruierte Tempel geweiht worden war. Dieses bedeutendste Bauwerk Copáns auf E-förmigem Grundriß zeigt plastische Figuren auf Totenschädeln und besticht durch die feinen Skulpturproportionen.

Abseits der Hauptgruppe erstreckte sich das Quartier der privilegierten Bewohner Copáns. Weil man dort zunächst Gräberstätten vermutete, taufte man den Geländeteil »Sepulturas«, ein archäologischer Irrtum, den bis heute niemand korrigiert hat.

Die bis zu vier Meter hohen Stelen zeigen auf der Vorderseite menschlich-tierische Mischwesen.

COPÁN

Aus der klassischen Mayazeit stammt dieser Ballspielplatz in der erst im 19. Jahrhundert wiederentdeckten Tempelanlage.

Das ausdrucksvolle Steinantlitz des »Alten von Copán« auf der obersten Plattform einer Pyramide.

Zwei Nationalparks mit der Welt größtem Artenreichtum

Von der europäischen Zivilisation übersättigt, beschlossen der Idealist Nils Olaf Wessberg und seine Frau Karen Mitte der fünfziger Jahre, sich im mittelamerikanischen Staat Costa Rica niederzulassen. Bei Nicoya erwarb das schwedische Ehepaar ein Farmgelände, auf dem sie mit einfachen Baumaterialien Gebäude errichteten. Ihre Entscheidung, fortan in Einklang mit der Natur zu leben, war unumstößlich. Daß der Schwede auch seine Mitmenschen engagiert davon abhalten wollte, nicht weiter gedankenlos Raubbau am natürlichen Lebensraum zu treiben, sollte ihm zum Verhängnis werden. Als er der Vernichtung von Regenwald Einhalt gebieten wollte, wurde er Opfer eines Mordanschlags. Seinem unermüdlichen Einsatz, den er mit dem Leben bezahlte, ist es zu verdanken, daß ein beachtlicher Teil des kleinen Landes als umfassender Biosphären-Park und Kulturerbe der ganzen Menschheit seit 1983 unter strengem Schutz steht.

Der Naturpark La Amistad in den Bezirken Bocas del Toro und Chiriqui umfaßt eine Gesamtfläche von 221 000 Hektar, das entspricht zwölf Prozent des Staatsgebietes von Costa Rica. Einen

Verkehrsverbindungen
Internationaler Flughafen San José Juan Santamaria. Regionalflüge nach Puerto Limón.

Reisezeit
Dezember bis April.

Übernachtung
Hotels, Lodges und »Cabinas«.

Tips
Auskünfte über Exkursionen bei der Parkverwaltung. Ausflüge per Pferd. Wassersport. Von San Isidoro und San Vito aus Tagesausflüge nach La Amistad. Bootsexkursionen in den Parque Nacional Tortuguero. Barra de Colorado.

Lebensraum mit solch beachtlichen Ausmaßen zu erhalten fällt jedoch auch heute nicht leicht, da die Interessen der Bevölkerungsgruppen zu stark auseinandergehen. Während die Indios unbeirrt Ansprüche auf Siedlungsgebiet innerhalb des Parks geltend machen, üben das dort vorhandene Öl und Mineralvorkommen auf Unternehmer einen unwiderstehlichen Reiz aus.

Ihres wissenschaftlichen Stellenwertes und der großen Artenvielfalt wegen fiel die Wahl der UNESCO auf La Amistad, zu deutsch Freundschaft, in einem Gebiet, das sich von der Karibik bis zu den Bergen und südöstlich in den Nachbarstaat Panamá hinein bis zum Pazifik erstreckt. Das Biosphärengebiet besteht aus acht verschiedenen Lebensräumen vom Meeresspiegel bis in eine Höhe von 3000 Metern. Über die Staatsgrenze mit Panamá hinaus soll das Schutzgebiet später zu einem Internationalen Park ausgeweitet werden.

Regenwald in Gefahr

Der überwiegende Teil des Naturparks, dessen Kartographierung und Erforschung noch längst nicht abgeschlossen ist, kann gegenwärtig nicht betreten werden. Und das ist auch besser so, denn Biologen schätzen, daß dort der weltweit größte Artenreichtum vorhanden ist. Mit schätzungsweise 500 000 Flora- und Faunaarten, darunter 50 000 Insekten-, über 200 Säugetier-, 850 Vogel- und 2000 Orchideenarten, weisen alle costaricanischen Schutzflächen gut fünf Prozent der global vorkommenden Tier- und Pflanzenarten auf. Ungefähr drei Dutzend Vogel- und Säugetierarten leben ausschließlich in La Amistad, wo sich übrigens auch der größte Regenwald des ganzen Landes befindet.

Dieser tropische Regenwald ist seit 1940 mit angsterregender Geschwindigkeit zerstört worden; um Weideland für Rinderherden zu schaffen, waren jährlich bis zu 50 000 Hektar Urwald geschlagen worden. Zwar wurden diese Flächen als Weideland schon nach einem Jahrzehnt unbrauchbar, doch versucht man diese Entwicklung bis zur Rodung neuen Geländes durch chemische Dünger hinauszuzögern. Um ihren Umsatz zu steigern, überschwemmten die costaricanischen Rinderzüchter, deren billige Produkte besonders von US-Fastfood-Ketten geschätzt werden, den Markt mit immer größeren Mengen Fleisch und ruinierten damit selbst den Weltmarktpreis. Wer in Costa Rica ein Stück Fleisch kaufen will, muß tief in die Tasche greifen, da fast die gesamte Produktion im Ausland abgesetzt wird.

Talamanca – Ort des Bluts

Von La Amistad einmal abgesehen, setzt sich das Biosphärenreservat aus zehn Parks und geschützten Räumen und acht weiteren Arealen, darunter die Wilson Botanical Gardens und das tierreiche Feuchtgebiet Tapantí Wildlife Refuge, zusammen. Um das Hiltoy Cerere, das aus regenwaldreichen Niederungen besteht, sind mehrere Indio-Reservate entstanden, die nur mit spezieller Genehmigung besucht werden dürfen. Da nur wenige Pfade durch den Urwald führen, kommt der Besucher ohne einen erfahrenen Führer nicht aus, zumal in dieser sattgrünen Vegetation Raubtiere leben und mit jähen Temperaturstürzen zu rechnen ist.

Nach der Eroberung des heutigen Costa Rica durch die spanischen Konquistadoren dienten die Urwaldgebiete den Indios als letzte Zuflucht. Der Name Talamanca, der sich von Talamalka – Ort des Bluts – ableitet, ist eine Anspielung auf ein Scharmützel, das sich ein Schildkrötenjäger einst mit den Einheimischen geliefert hat. Bis in die siebziger Jahre lebten in den Bergen der Region, die erst seit neuerer Zeit durch eine Schnellstraße mit dem Rest des Landes verbunden ist, die Abkömmlinge englischsprachiger Schwarzer, die früher auf den karibischen Inseln zu Hause waren und sich jetzt als Bauern und Fischer über Wasser halten. Südlich davon erstrecken sich die Sandstrände und das Korallenriff von Cahulta, das dank seines Fischreichtums und der zahlreichen Schildkröten, die an den Stränden ihre Eier ablegen, dem Park angegliedert ist.

Ungewisse Zukunft

Mit Unterstützung der World Heritage Convention lernen Dorfbewohner heute, wie sie selbst Verantwortung übernehmen und damit ihren Beitrag zum Schutz des Biosphärenreservats leisten können. Dutzende von costaricanischen Umweltschutzorganisationen und internationalen Experten wachen darüber, daß die Bestimmungen in den Parks eingehalten werden.

Die auf bemoosten Bäumen wachsende Guaria ist die Nationalblume Costa Ricas.

Auch in Costa Rica geht der
tropische Regenwald durch landwirtschaftliche Nutzung mit angsterregender Geschwindigkeit zurück.

Zu der großen Artenvielfalt
gehören Regenwaldfalter.

Hafen, Befestigungen und Baudenkmäler der Kolonialzeit

Wenn es um das Plündern spanischer Überseestädte ging, dann erwies sich Sir Francis Drake als Meister seines Fachs. Im Jahre 1586 näherte sich der Seeräuber in königlichen Diensten mit 20 Schiffen der kolumbianischen Hafenstadt Cartagena und schoß die Befestigung in Trümmer. Seine professionellen Freibeuter schlugen alles kurz und klein – einschließlich der Kathedrale, bevor sie mit prallvollen Taschen neuer Beute entgegensegelten. Durch Drakes dreisten Überfall klug geworden, erbauten die Einwohner der leidgeprüften Hafenstadt die Festungsanlage San Felipe de Barajas, einen Schutzwall, dessen Mörtel angeblich mit Stierblut angerührt worden war. San Felipe de Barajas wirkte auf Fremde wie ein geometrisches Gebirge, aus dessen irrgartengleichem Inneren nur Besucher mit ausgeprägtem Orientierungsvermögen wieder herausfanden.

Im Jahre 1741 bestand die Besatzung des Hafenforts, an dem zwei Jahrzehnte lang gebaut worden war, die erste Feuerprobe.

Auf dem Höhepunkt des spanisch-englischen Krieges griff Edward Vernon mit

---

Verkehrsverbindungen
Internationaler Flughafen Bogotá. Inlandsflüge nach Cartagena.

Reisezeit
Dezember bis März.

Tips
Ausflug nach Santa Marta. Insel San Andrés und Islas de Rosario von La Muelle de los Pegasos aus. Bootsfahrt zur Festung Fuerte de San Fernando. Strände bei Bocagrande.

---

27 000 Mann nach der für seine wohlgefüllten Schatzhäuser berühmten Stadt Cartagena. Schon bevor er das Feuer eröffnen ließ, hatte der Flottenkommandant Gedenkmünzen für den erwarteten Triumph schlagen lassen.

Zwei Monate lang beschoß die Flotte Cartagenas Mauern, eine Kanonenkugel durchschlug die Wand der Kirche San Toribio und blieb in einem Stützpfeiler stecken. Mit Gottes Hilfe jedoch hielt das Kirchenschiff, in dem das Geschoß noch heute steckt. Daß der hochmütige Engländer danach wie ein geprügelter Hund das Weite suchte, verdankt die Hafenstadt dem wackeren Helden Blas de Lenzo: Mit dem Säbel in der Hand mobilisierte der Halbblinde, der zudem nur noch ein Bein besaß, Cartagenas Bewohner zum Kampf gegen den Feind.

Die »Heldenhafte Stadt«

Die Bezeichnung »Heldenhafte Stadt«, die ihr der Freiheitskämpfer Simon Bolivar 1819 verlieh, geht auf die Schlachten mit der spanischen Kolonialmacht zurück: Cartagena erbrachte den höchsten Blutzoll für Kolumbiens Unabhängigkeit.

Kein Land des ehemaligen Vizekönigtums Neu-Granada haben die spanischen Herren nachhaltiger geprägt als Kolumbien, von dessen Häfen die Gold- und Silberschiffe Richtung Cadíz in See stachen. Noch 170 Jahre nach ihrem Abzug sehen manche Städte so aus, als ob sie im 17. Jahrhundert vom Mutterland geradewegs in die Neue Welt verpflanzt worden seien. Im Gegensatz zu den präkolumbianischen Ruinenstätten, die längst zu steinernen Symbolen erstarrt sind, klingt in den Küstenstädten die leidenschaftliche Geschichte der Spanier, Piraten und Negersklaven noch immer nach. Cartagena ist der Ausdruck der karibischen Lebenslust, Mittelpunkt einer Welt, in der die spanische Sprache schneller und spielerischer gesprochen wird, die Farben greller als im Landesinneren leuchten und wie in Sevilla die mediterrane Leidenschaft des Stierkampfes gefeiert wird.

Souvenirs aus den Verliesen

Die als Gesamtmonument klassifizierte Altstadt der Kolonialzeit liegt am vorderen Zipfel der Halbinsel, von Lagunen und Hafenbecken umgeben. An den Festungsmauern vorbei führt der Weg in das uneinnehmbare Bollwerk, in dessen verräuchertem Labyrinth die Bóvedas – jene Verliese, in denen die gefangenen Piraten ihrem Ende entgegendämmerten – in Touristenläden umgewandelt wurden. Auf dem Platz der Artillerie steht Cartagenas absonderlichstes Gotteshaus. Sein Turm aus dem 17. Jahrhundert soll vom Teufel selbst ver-

dreht worden sein, damit er nicht mehr zur Fassade passe, munkeln die Einwohner. Im Viertel der Casas bajas, der niedrigen Häuser, hat sich seit dem 17. Jahrhundert kaum etwas verändert. Vorbei an den dicken Steinmauern der ein- bis zweistöckigen Gebäude, die enge Gassen säumen, gelangt man zur Klosterkirche San Pedro Claver. Sie erinnert an den Jesuiten Claver, der in der Stadt jahrelang Nahrung und Medikamente zusammenbettelte, um sie an die unglücklichen Insassen der aus Afrika eintreffenden Sklavenschiffe zu verteilen. Claver, der angeblich selbst 300 000 Schwarze getauft hat, erhielt später den Beinamen »Sklave der Sklaven«. Nach seinem Tod wurde sein Körper einbalsamiert und in einem Glassarg auf dem Altar aufgebahrt.

Unangenehme Erinnerungen an die Rolle der Kirche erweckt hingegen der Palacio de la Inquisición, obgleich nur wenige Bewohner Cartagenas den Häschern der Inquisition zum Opfer gefallen waren. Als Symbol der Unterdrückung wurde das mit einem barocken Portal und eleganten Holzbalkonen verzierte Gebäude während des Unabhängigkeitskriegs gestürmt und geplündert.

Nächtliche Heißsporne

Während die Plaza de la Aduana (Zollplatz) mit einem Denkmal für Christoph Kolumbus früher als Paradeplatz diente, erinnert die Promenade der Märtyrer an jene Einwohner, die ihren Einsatz für die Unabhängigkeit mit dem Leben bezahlten. Nicht weit davon entfernt steht das Haus von Pedro Romero, der den Freiheitskampf in einer für Cartagena typischen Manier eingeleitet hat. Der Legende nach stürzte der Heißsporn eines Nachts mit dem Ruf »Es lebe die Freiheit« aus seinem Haus und löste mit Gleichgesinnten in der Hitze der Nacht den ersten Aufstand aus.

Cartagena ist Ausdruck karibischer Lebenslust. Die Stadt wirkt, als ob sie im 17. Jahrhundert geradewegs vom spanischen Mutterland in die Neue Welt verpflanzt worden wäre.

GALÁPAGOS-INSELN

Die isoliert im Pazifik liegenden Galápagos-Inseln sind eines der großen Naturwunder unserer Welt. Bis zu 1500 Meter hohe Gipfel, üppige Vegetation, unwirtliche Lavafelder bilden den Lebensraum für eine einzigartige Tier- und Pflanzenwelt, die es sonst nirgends auf der Welt gibt.

Rund 1000 Kilometer westlich des südamerikanischen Festlandes, direkt unter dem Äquator, liegt der Archipel Galápagos.

Auf dem dunklen Lavagestein der Küsten genießen Meerechsen die Sonne. Diese urtümlichen Tiere werden bis zu 1,75 Meter lang.

Historisches Heiligtum

Als Hiram Bingham Tempel und Paläste der »verlorenen Stadt« vor sich sah, verschlug es dem Archäologen den Atem. Trotz der zahlreichen Erdbeben, die das Andenhochland regelmäßig erschüttern, waren die Bauwerke kaum ernsthaft beschädigt. Hätte man die Dächer der Gebäude instand gesetzt und die Dschungelvegetation zurückgestutzt, dann wäre der 400 Meter über dem Tal des Urubamba auf einem Gebirgssattel liegende Ort nach kürzester Zeit wieder bewohnbar geworden, zumal Wasser in Hülle und Fülle vorhanden war. Bingham, der im Jahre 1911 zusammen mit ortskundigen Indios eine beschwerliche Klettertour zu diesem verborgenen Ort auf sich genommen hatte, war sich seiner Sache ganz sicher: Der an der Universität Yale lehrende Wissenschaftler hatte endlich die sagenhafte Stadt Vilcabamba gefunden. Dort verschanzte sich 1536 ein Teil der aufständischen Inkas, nachdem die spanischen Truppen unter Pizarro ihren letzten König aus der Hauptstadt Cusco verjagt hatten. Generationen von Glücksrittern suchten in der Folgezeit vergeblich die mysteriöse Stadt, die nach zahllosen fehlgeschlagenen Expeditionen

Verkehrsverbindungen
Internationaler Flughafen Lima, Inlandsflüge nach Cusco. Machu Picchu liegt 112 km von Cusco. Von dort aus mit dem Zug ins Urubamba-Tal nach Puente Ruinas. Bus bis Machu Picchu oder Aufstieg.

Reisezeit
Ganzjährig.

Tips
Individuelle Reise per Bahn und Aufstieg frühmorgens. Alte Inka-Festung Sacsayhuaman oberhalb Cusco. Dort Inti-Raimi-Sonnenfest am 24. Juni. Sonntagsmärkte in Pisac und Chincheros. Puno am Titicaca-See.

ähnlich wie El Dorado zur Legende wurde.

Binghams Triumph war nur von kurzer Dauer: Als in der Nähe des vermeintlichen Vilcabamba die Überreste einer zweiten Stadt auftauchten, war seine These widerlegt. Von den sagenhaften Goldschätzen, die man nach alten Schilderungen erwartet hatte, fand sich jedoch auch dort nicht die geringste Spur.

Da man Hiram Binghams verlorener Stadt keinen der bekannten Namen zuordnen konnte, nannte man sie nach dem benachbarten Berg: Machu Picchu, der alte Gipfel. Das auf fünf Quadratkilometern angelegte Wohngebiet auf einem schwer zugänglichen Bergkamm der Anden wird

an drei Stellen vom Rio Urubamba umschlossen, an der vierten Seite schützt der kleinere Bergkegel Huayana Picchu die Stadt, in die die spanischen Eroberer nie einen Fuß gesetzt hatten.

Fragen ohne Antworten

Kaum eine der wissenschaftlichen Fragen, die Machu Picchu aufgeworfen hat, konnte bislang befriedigend beantwortet werden. Vermutlich war der verborgene Ort, im 15. Jahrhundert erbaut und um 1534 bereits wieder aufgegeben, vorübergehend ein geistiges und wirtschaftliches Zentrum des Inkareiches. Neueren Erkenntnissen zufolge war Machu Picchu eine Besitzung des neunten Inka-Herrschers Pachacuti. Archäologen schätzen, daß dort nie mehr als 1000 Menschen lebten. Skelettfunde ergaben, daß der weibliche Anteil der Bewohner zehnmal höher lag als der männliche. Dieser Umstand spricht für die These, daß Machu Picchu im Zusammenhang mit dem Inka-Sonnenkult eine herausragende Rolle spielte und die Gebeine vermutlich von »Sonnenjungfrauen« stammen. Eine eigenartig geformte Steinskulptur diente wohl als Observatorium, das den Sonnenstand genau zu berechnen vermochte. Auch vom »Sonnenturm« aus konnten die Gestirne beobachtet werden. Das hufeisenförmig angelegte Gebäude besitzt Fenster, durch die zur Zeit der Wintersonnenwende die Sonnenstrahlen einfallen. Ebenfalls dem Sonnenkult diente vermutlich der Tempel der drei Fenster: In seiner Mitte erhebt sich ein Stein, der mit der Fensteranordnung in enger Beziehung steht.

Neben diesen zeremoniellen Gebäuden gehörten Gärten, Terrassen, Paläste und Wasserkanäle, Brunnen und Bäder zur Anlage. Die Bewohner zogen auf den verschieden hoch liegenden Terrassen, die durch ein Treppensystem miteinander ver-

bunden waren, Mais, Kartoffeln und Gemüse. Um diese Beete anzulegen, mußte zunächst das felsige Plateau geebnet werden. Dabei wurden die Terrassen, die später mit fruchtbarem Boden aus dem Urubamba-Tal angefüllt und meisterhaft gegen Erosion geschützt waren, direkt aus dem Felsen herausgeschlagen.

Die unbekannten Baumeister hinterließen neben den Tempeln 200 Wohnstätten, die dank ihrer trapezoiden Bauweise, Wahrzeichen der Inka-Architektur, auch schwerste Erdbeben unbeschadet überstehen konnten. Die Verarbeitungsmethoden der Steinmetze nötigen den Besuchern noch heute hohen Respekt ab. Ohne Mörtel verlegte man beim Bau der repräsentativen Gebäude weiße Granitblöcke, die sorgsam behauen und nahtlos aneinandergefügt wurden. Fugstellen sind mit bloßem Auge kaum wahrnehmbar. Die Stützwände der an Steilhängen mit bis zu 45 Grad Neigung angelegten Terrassen entstanden aus Felsbrocken, die mosaikgleich und ebenfalls ohne Mörtel aufgerichtet wurden. Dicht am Rande des Abgrunds steht der in den Fels gehauene, mächtige Rundbau »El Torreón«, der als Mausoleum der Inka-Könige diente.

Während das höherliegende Tempelviertel den Priestern vorbehalten blieb, lebten der Herrscher und sein Gefolge an den anderen Flanken des Felssattels. Weiter hinten befand sich das Quartier der Handwerker und des niederen Volkes. Auch ein Gefängnis fehlte nicht. Warum diese architektonische Meisterleistung präkolumbischer Herkunft schlagartig verlassen worden ist, blieb bis heute ein Rätsel. Möglicherweise war das Heiligtum im Zuge eines Bürgerkrieges geschändet worden.

Nach dem spurlosen Verschwinden der Bewohner blieb nur die Schönheit ihrer Handarbeit.

Die Steinfigur, der »Ort, an dem die Sonne angebunden wird«, soll als Sonnenuhr der Zeitberechnung gedient haben. Es wird aber auch die These vertreten, daß es sich um einen Opferstein handelt.

MACHU PICCHU

Mauern einer Inka-Stadt,
die die Stürme der Jahr-
hunderte überdauerten.

1911 entdeckte der Amerikaner Hiram Bingham
die geheimnisumwitterte Inkastadt Machu
Picchu. Inmitten tropischer Bergwelt zwischen
senkrecht abstürzenden Felsen liegt die Ruinenstadt 400 Meter über dem Rio Urubamba.
Niemand weiß, warum sie verlassen wurde.

Stadt und Silberminen

Im kümmerlichen Lichtschein der Karbidlampen sieht es so aus, als ob die gefährlich durchgebogenen Holzbalken des alten Minenschachts jeden Moment unter ihrer Last zusammenbrechen würden. Je weiter man sich in den Berg vorwagt, um so schmaler werden die Korridore, von deren Decken Stalaktiten hängen. Vorbei an Bergarbeitern, die mit nacktem Oberkörper und stoischem Gesichtsausdruck ihre Pickel auf das Gestein niedersausen lassen, führt der Abstieg im Silberbergwerk von Potosí zu flachen Räumen, die man nur auf allen vieren durchqueren kann. Inzwischen ist die Temperatur angestiegen, das Einatmen der trockenen Luft wird zur Qual. Wehe jenen Besuchern, die plötzlich von Klaustrophobie erfaßt werden: Jetzt führt kein Weg mehr zurück aus dem unterirdischen Reich, in dem einst »El Tío« über Tod und Leben herrschte. Denn die gehörnte Teufelsstatue, von Bergbausklaven im 17. Jahrhundert aus Stein geschaffen, betrachten auch deren Nachkommen noch als den wahren Eigentümer jenes Edelmetalls, das den Bewohnern des bolivianischen Hochlandes nur Unglück und Elend beschert hat.

Verkehrsverbindungen
Internationaler Flughafen La Paz, Regionalflug nach Potosí.

Reisezeit
April bis Oktober.

Übernachtung
Hotels und Pensionen.

Tips
Erkundung der noch betriebenen Zinnmine Incarnación. Thermalbäder. Ausflug zum Popóo-See.

Um »El Tío« zu besänftigen legen die Bergarbeiter vor ihrem Abstieg entweder eine Zigarette vor der Statue nieder oder sie spendieren ihr ein Getränk. Weil die mühsame Plackerei unter Tage auch heute noch ein gefährliches Unterfangen ist und jeder Arbeitstag im »mörderischen Berg« der letzte sein könnte, haben die Bergarbeiter von Potosí schon vor langem einen Pakt mit dem Teufel geschlossen.

Durch Schilderungen über märchenhafte Silbervorkommen aufmerksam geworden, eilten die spanischen Conquistadores im 16. Jahrhundert zum angegebenen Ort, der sich als eine der unwirtlichsten Stellen des Hochlandes erweisen sollte.

Schon die Inkas wußten, daß in dem über 4800 Meter hohen Berg große Mengen des begehrten Edelmetalles verborgen lagen, ausgebeutet haben sie es jedoch nie. Schnell stellten die habgierigen Eroberer fest, daß sich dort in der Tat die größten Silbervorkommen befanden, die man bis dahin entdeckt hatte.

Im Schatten von »El Cerro Rico«, wie der silberreiche Berg bald genannt wurde, stampften sie in kürzester Zeit eine Stadt im Schachbrettmuster aus dem Boden. Potosí entstand auf 4000 Meter Höhe und ist, gemessen an seiner Größe, die höchstgelegene Stadt der Welt.

Im Rachen der Hölle

Der Spur der Eroberer folgten nicht nur Glücksritter, sondern auch Missionare, die meist weniger am Seelenheil der Einheimischen als an den Silberschätzen interessiert waren. Für zahllose Indios, die von den spanischen Herren zur Zwangsarbeit in die Schächte abkommandiert wurden, bedeutete dies das Todesurteil. Pro Tag mit einer Handvoll gerösteter Maiskörner abgespeist, starben viele Bergarbeiter an Unterernährung. Um Hunger, Kälte und Erschöpfung zu bekämpfen, kauten sie Kokablätter, die sie mit der Zeit in den Wahnsinn trieben. Wieviele von ihnen von den Gesteinsmassen der mangelhaft gesicherten Schächte erschlagen und im »Rachen der Hölle«, wie ein entsetzter Dominikanerpriester den Berg später nannte, begraben wurden, läßt sich nur ahnen.

»So reich wie Potosí«

Unterdessen entwickelte sich Potosí zu einer Großstadt, deren Einwohnerzahl im 17. Jahrhundert sogar London übertrumpfte. Allein zwischen 1545 und 1660 schafften spanische Schiffe 16 000 Tonnen des begehrten Edelmetalls nach Sevilla. »So reich wie Potosí« wurde in der kastilischen Sprache zum Synonym für den Reichtum schlechthin. Aus bolivianischem Silber gefertigtes Besteck glänzte auf den Tafeln der Granden und diente zur Verzierung von Kirchen und Altären im Mutterland, dessen Hunger nach immer größeren Lieferungen kaum noch zu stillen war. Während auf diese Weise Europas wirtschaftlicher Aufschwung finanziert wurde, ging Potosí leer aus.

Als die Ausbeute immer geringer wurde, in Mexiko und Peru man aber auf ergiebigere Silberadern gestoßen war, besiegelte das den Niedergang der Stadt. Im vorigen Jahrhundert präsentierte sich Potosí als eine schwach bevölkerte Geisterstadt, deren Kirchen, Paläste und Herrenhäuser dem Verfall preisgegeben waren.

Daran hat sich seither nicht viel verändert. Da einige der Gotteshäuser ein fortgeschrittenes Stadium des Zerfalls erreicht haben, können sie nicht betreten werden. Neben der Iglesia San Francisco und der Iglesia San Lorenzo ist die um 1700 fertiggestellte Jesuitenkirche La Compañía mit ihrem mächtigen Glockenturm und der barock überladenen Fassade Potosís wichtigster Sakralbau.

Im Zentrum erheben sich neben dem Rathaus Cabildo, der neuzeitlichen Kathedrale und den Königlichen Kassen die Fassaden der 1773 fertiggestellten Moneda, hinter deren prunkvollen Mauern einst schimmernde Dublonen mit dem Konterfei der spanischen Könige geschlagen wurden. Viele der Herrenhäuser mit geschlossenen und geschnitzten Holzbalkonen und schweren alten Türen sind in den letzten Jahren abgerissen worden. Eine Vorstellung der ehemaligen Pracht vermittelt heute die Villa des Bergwerksbesitzers José de Quiróz, der im 16. Jahrhundert lebte.

Stätten der Erniedrigung

Nachdem der Silberbergbau eingestellt worden war, förderten die Bergleute im Cerro Rico vor allem Zinn. Weil die Weltmarktpreise für dieses Metall jedoch seit Mitte der achtziger Jahre fallen, lassen sich damit nur geringe Verdienste erzielen.

Potosí ist heute kaum mehr als ein Museum. Nahe dem Bergbaugebiet legten Indio-Sklaven im 16. Jahrhundert künstliche Seen für die Silberhütten an. Der verfluchte Berg, auf dessen Gipfel der Legende nach Staatsgründer Simon Bolívar die Unabhängigkeit proklamierte, gehört wie diese Wasserbecken zu jenen historischen Stätten, die an die Erniedrigung eines ganzen Volkes erinnern.

Die Kirche San Lorenzo mit reichverzierter Fassade und Portal stammt aus Potosís großer Zeit.

Im 16. und 17. Jahrhundert machten die Silbervorkommen Potosí zur reichsten Stadt Südamerikas. Die Habgier der Eroberer kostete zahllosen Indios das Leben.

Die Casa Real de la Moneda, die königliche Münze, erbaut 1542.

Das historische Zentrum

Betörende Gerüche entströmen den dampfenden Kesseln, hinter denen sich wohlgenährte Mulattinnen mit farbigem Turban, weiten Röcken und Spitzenblusen in Erwartung ausgehungerter Kunden niedergelassen haben. »Baianas« nennt man in Salvador de Bahia jene begnadeten Köchinnen auf den Trottoirs der Altstadt vor den in sattem Rot und Blau gestrichenen Häuserfassaden. Ihr brennend scharfer Fischeintopf, nahrhafter Bohnenbrei mit Krabben und das zuckersüße Kokosnußkonfekt sind im ganzen Land berühmt. Nur wenige Meter entfernt von diesen nach Palmöl duftenden Garküchen beginnt das Reich der bettelnden Krüppel, die Seite an Seite mit den Sandalen- und Postkartenhändlern die Aufmerksamkeit der Besucher auf sich zu lenken versuchen. Ihr Geschrei wird untermalt vom markerschütternden Trillern aus den Pfeifen der Touristenpolizei, deren hilflose Versuche, in diesem Chaos wenigstens einen Hauch von Ordnung zu stiften, von vornherein zum Scheitern verurteilt sind.

Salvador de Bahia, kurz Bahia, von Charles Dickens einst als »üppig sprießendes Gewächshaus, von der Natur für sich

---

Verkehrsverbindungen
Internationale Flüge nach Rio de Janeiro und Salvador de Bahia. Sonst Regionalflüge über Rio und São Paulo. Überwiegend schlechtes Straßen- und Eisenbahnnetz.

Übernachtung
Hotels entsprechen europäischem Standard.

Reisezeit
April bis Oktober.

Tips
Strände von Bahia. Naturschutzgebiet Chapada diamantina (mit Bergausrüstung). Städte Cachoeira und Santo Amaro per Fahrrad. Insel Ilha de Itaparica.

---

selbst gemacht« beschrieben, entwickelte sich im Laufe der Jahrhunderte zum Inbegriff für südamerikanische Sorglosigkeit und Lebensfreude. Der wirtschaftliche Niedergang des größten lateinamerikanischen Landes ist jedoch auch an der »Braut des Meeres, der rätselhaften und schönen Dame«, so der brasilianische Romancier Jorge Amado, nicht spurlos vorbeigegangen. Brasiliens älteste Stadt, bis 1763 Hauptstadt des ganzen Landes, besitzt zwar das umfassendste architektonische Kulturerbe Amerikas. Wie es jedoch der Nachwelt in dieser einmaligen Geschlossenheit erhalten werden kann, weiß niemand. In den bisweilen hoffnungslos überbelegten Giebelhäusern der Unter- und Oberstadt gedeiht die Billigprostitution neben dem Drogenhandel und anderen Formen der Kriminalität. Immerhin scheint die Verwaltung inzwischen den Wert einer attraktiven Altstadt erkannt zu haben. An einigen Stellen wird heute kräftig gezimmert, gepflastert und frisch angestrichen.

Handel mit Sklaven und Tabak

Die Gründung Bahias im Jahre 1549 ist Amerigo Vespucci zu verdanken, der am 1. November 1501 in der von dichter tropischer Vegetation umgebenen Allerheiligenbucht vor Anker ging. Im 17. Jahrhundert mit einer Mauer umgeben, entwickelte sich die an einem Hügel erbaute Stadt, deren enge Straßen und breite Plätze auf einem regelmäßigen Gitternetz angelegt wurden, zügig zu einem wichtigen Wirtschaftszentrum. Auf den Sklavenhandel folgte das nicht minder einträgliche Geschäft mit Tabak und Zucker. Am Geld für einen aufwendigen Lebensstil fehlte es den Einwohnern nicht, und so schmückten sie Bahia mit prächtigen Barockkirchen, Palästen und Wohnhäusern, die nach den Vorbildern im portugiesischen Mutterland aufwendig verziert wurden. Im 18. Jahrhundert stellten die Plantagenbesitzer ihren Reichtum vorzugsweise dadurch zur Schau, daß sie ihre Sklavinnen mit teuerem Schmuck behängten. Mit der Verlegung des Regierungssitzes nach Rio de Janeiro ebbte auch der Bauboom merklich ab.

Schwarze Heilige

Bahia, das vielgerühmte »Herz der brasilianischen Kultur« ist deutlich wahrnehmbar in eine Ober- und eine Unterstadt eingeteilt. Der 1930 im Art-déco-Stil gestaltete Lacerda-Aufzug verbindet beide Altstadthälften.

Die berühmtesten Gotteshäuser erheben sich auf der Praça da Sé, wo die Jesuiten im 17. Jahrhundert die große Kathedrale erbauen und ihr Inneres durch einen aufwendig mit Blattgold verzierten Altar, kunstvoll gedrechseltes Holz und golden glänzende Bildsäulen mit Engeln und Heiligen schmücken ließen. Geradezu verwirrend reichhaltige Schnitzarbeiten enthält auch die Sankt-Franziskus-Kirche, deren Steine aus Portugal stammen. Im Mutterland geplant und dann Stück für Stück zusammengesetzt wurde die der Schutzpatronin Bahias geweihte Kirche Nossa Senhora da Conceição da Praia.

Die am besten erhaltenen Bauwerke aus der Kolonialzeit stehen im Viertel Pelourinho, so benannt nach dem Pranger, der dort früher stand. Gegenüber dem Schandpfahl befindet sich die ehemalige Sklavenkirche, ihrer azurfarbenen Kachelbilder aus Portugal wegen »blaue Kirche« genannt. Die im Inneren dargestellten Heiligen haben schwarze Gesichter, in denen die Sklaven und deren Nachfahren ihr eigenes Martyrium widergespiegelt sehen.

Bahias Qualitäten

Hinter der Maske des brasilianischen Katholizismus lebt auch heute der Glaube an die Naturgottheiten der afrikanischen Vorfahren, die Orixas, munter weiter. Die in den letzten Jahren wie Pilze aus dem Boden geschossenen »Terreiros«, wie die Anhänger der animistischen Candomblé-Religion ihre Treffpunkte nennen, haben den Kirchen Bahias längst den Rang abgelaufen.

Salvador de Bahia, wo auf engstem Raum christliche Gottesdienste neben mitternächtlichen Trance- und Beschwörungsritualen stattfinden, lebt seit jeher von der Gegensätzlichkeit. Nur in einer Hinsicht sind sich alle Einwohner einig. Hier gibt es die beste Küche und die schönsten Frauen im ganzen Land: Zwei überzeugende Antworten auf die uralte Frage »O què e què a Baiana tem«, Was unterscheidet dich nur von anderen Städten?

Hinter der Maske des Katholizismus lebt auch heute noch der Glaube an Naturgottheiten.

SALVADOR DE BAHIA

Brasiliens älteste Stadt ist in einmaliger Geschlossenheit erhalten. Oft täuschen aber die bunten Fassaden über den Verfall im Innern hinweg.

Im 17. Jahrhundert entwickelte sich Salvador de Bahia zu einem wichtigen Wirtschaftszentrum. An Geld fehlte es den Bewohnern nicht. So schmückten sie ihre Stadt mit prächtigen Barockkirchen, Palästen und Wohnhäusern.

Kühle Luft und Flüge nach Rio

In nur fünf Jahren solle Brasilien den Fortschritt von fünf Jahrzehnten erleben, prophezeite Juscelino Kubitschek seinen Landsleuten. Zum Symbol des rasanten Aufstiegs wählte Kubitschek, der das Amt des Staatspräsidenten anstrebte, die geplante Hauptstadt Brasília, deren zügiger Bau zum zentralen Wahlkampfthema aufrückte und das ganze Land mobilisierte. Als die neue Kapitale am 21. April 1960 eingeweiht wurde, blickte die Welt mit ungläubigem Staunen auf den lateinamerikanischen Staat, der unter beträchtlichen Anstrengungen in kurzer Zeit eine Meisterleistung zustande gebracht hatte: Brasília, in nur drei Jahren auf der kargen Hochebene des Cerrado aus dem Boden gestampft, war als architektonisches Wunderwerk damals das Beispiel für die ideale Stadt der Zukunft. Anfangs für etwa 800 000 Menschen konzipiert, vermochte das nagelneue Verwaltungszentrum im Herzen Brasiliens seiner Rolle als utopischer Magnet allerdings nicht ganz gerecht zu werden. Die Beamtenschaft zeigte sich trotz großzügig geplanter Plätze, Gärten, Wohnviertel und des modernen Straßensystems wenig geneigt, ihren Wirkungsort von Rio de

---

Verkehrsverbindungen
Internationaler Flughafen. Inlandsflüge von Rio. Züge von São Paulo. Busverbindungen in alle Landesteile.

Reisezeit
April bis Oktober.

Übernachtung
Neben Hotels sämtlicher Kategorien zahlreiche Privatquartiere.

Tips
Stadtrundfahrten mit Bussen. Ausflug in den Parque Nacional de Brasília. New-Age-Gemeinden im Tal der Dämmerung. Flüge nach Rio.

Janeiro in das kühle und streng geordnete Zentrum auf dem Planalto zu verlegen.

Weil die Bevölkerung und der Reichtum Brasiliens seit Jahrhunderten auf einem kleinen Küstenstreifen konzentriert waren, verankerten die Väter der 1889 gegründeten Republik die Idee einer neuen Hauptstadt sogar in der Verfassung von 1891. Schon zuvor hatte der italienische Priester und Erzieher Don Bosco seine Visionen dargestellt, wie im Inneren des riesigen Landes, wo »Milch und Honig fließen«, einstmals eine neue Kultur entstehen werde. Dort, wo Don Bosco die neue Stadt im Geiste sah, begannen die Bauarbeiten, wobei zuerst der 80 Kilometer

lange und fünf Kilometer breite Paranoá-See als Erholungs- und Wassersportzentrum ausgebaggert wurde.

Um die am grünen Tisch geplante Stadt zu realisieren, mußte eine Start- und Landepiste entstehen, da in der unberührten Wildnis weder Zufahrtsstraßen noch Baumaterial vorhanden waren. Gleichzeitig erstellten die Bauarbeiter ihre eigene Barackensiedlung, die »Cidade livre«, die nach der Einweihung Brasílias abgerissen werden sollte. Die freie Stadt, in der sich die Erbauer Brasílias mit schlechtbezahlten Jobs über Wasser halten, steht jedoch heute noch und gehört zu einem Kranz von slumartigen Satellitensiedlungen, die Brasília umgeben.

Die autogerechte Stadt

Die innerstädtischen Renommierviertel tragen die Handschrift der berühmtesten Architekten der Epoche, an ihrer Spitze Oscar Niemeyer, der stark unter dem Einfluß des Schweizer Architekten Le Corbusier stand. Dessen Theorien zur Stadtentwicklung aus den zwanziger Jahren fanden Eingang in die Planungen Niemeyers. Um der größer werdenden Verkehrsprobleme Herr zu werden, legte man Autostraßen und Fußgängerwege getrennt an. Damit wollte man Verkehrsstaus vermeiden und die Lebensqualität heben.

Aus der Vogelperspektive ähnelt die städtische Anlage, die der Architekt Lucio Costa um zwei Hauptdurchfahrtsstraßen geplant hat, einem Flugzeug. Dabei verläuft die bogenförmige Autostraße durch Regierungs- und Wirtschaftsviertel und schneidet sich mit einer geraden Hauptstraße, an der Oscar Niemeyer seine bedeutendsten Gebäude errichtete. Trottoirs gibt es in dieser Stadt keine, und auch die Zahl von Überwegen für Fußgänger, deren Bedürfnisse völlig außer acht gelassen wurden, hält sich in Grenzen. Nicht umsonst verzeichnet die autogerechte Idealstadt landesweit die höchste Fußgänger-Todesrate.

Im »Cockpit« des Flugzeugs erbaute Niemeyer auf dem Platz der drei Gewalten den Sitz für Exekutive, Legislative und Rechtsprechung.

Im mittleren Teil des Nationalkongresses, einem flachen, weißen Gebäude, erheben sich Zwillingstürme mit 28 Stockwerken, flankiert von Senat und Abgeordnetenhaus. Letzteres besitzt ein Dach, das

als offene Schüssel angelegt wurde. Es symbolisiert die Empfänglichkeit der Parlamentsangehörigen für den politischen Druck, dem sie stärker ausgesetzt sind als die Senatoren. Den Senat, dessen Mitglieder für eine längere Zeit im Amt sind, krönte Niemeyer symbolisch mit einem umgekehrten Schalendach.

Von künstlichen Wasserfällen berieselte Säulen kennzeichnen den Sitz des Präsidenten, der wie der Oberste Gerichtshof besichtigt werden kann. Vor dem Gerichtsgebäude erhebt sich die moderne Skulptur der Justitia und die von Bruno Giorgi geschaffenen zwei Cadangos. Diese Figuren symbolisieren jene Frauen und Männer, die Brasília erbaut haben.

Brasílias eindrucksvollstes Gotteshaus ist die Kathedrale, die Niemeyer in Form einer Dornenkrone entwarf. Sein bedeutendstes Regierungsgebäude ist der gleichsam über einer Wasserfläche schwebende Itamaraty-Palast, Sitz des Ministeriums für auswärtige Beziehungen.

Sehnsucht nach Rio

Obwohl Brasília in den letzten Jahren kulturell attraktiver geworden ist, sehnen sich viele Einwohner immer noch nach den vertrauten rotgedeckten Ziegeldächern und Pastellfarben Rios zurück. In keiner Stadt Brasiliens leben die Menschen stärker nach Einkommensklassen getrennt in den einzelnen Quadras, jenen Wohnvierteln, deren geordnete Struktur in den sechziger Jahren als wahrer Fortschritt angepriesen wurde und die noch heute jegliche menschliche Ausstrahlung vermissen lassen. Obwohl Brasílias repräsentative Gebäude wie Kunstwerke konzipiert wurden, kann man sich zumindest eine boshafte Bemerkung nicht verkneifen: Brasílias Vorteile, so läßt man jeden gern wissen, »sind seine kühle Luft, sein weiter Himmel und die Flugverbindungen nach Rio«.

Die ideale Stadt der Zukunft sollte das auf dem Reißbrett entworfene Brasília sein.

BRASÍLIA

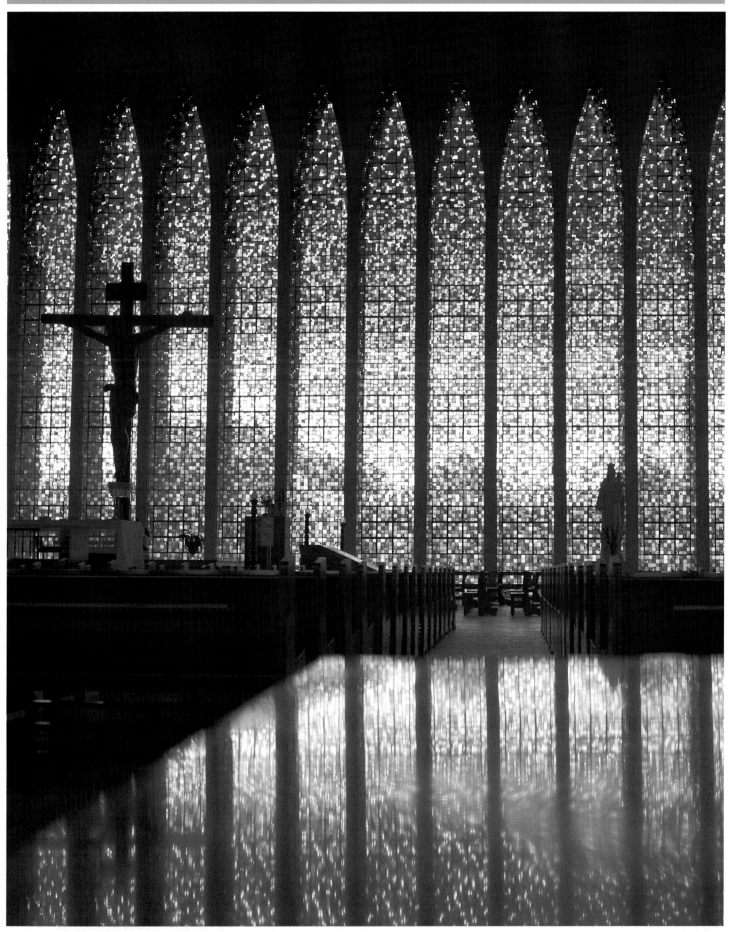

Brasília, die neue Hauptstadt von Brasilien, wurde 1960 eingeweiht. Zu den beeindruckendsten Gebäuden dieser synthetischen Stadt gehört die Don Bosco-Kirche, deren Glasfenster strahlend blau leuchten.

Sturzflug durch die Teufelskehle

Verglichen mit den titanischen Wasserfällen des Flusses Iguazú, »sieht unser Niagarafall wie der Wasserhahn in einer Küche aus«, scherzte einst die Gattin des 32. Präsidenten der USA, Anna Eleanor Roosevelt, als sie zum erstenmal in ihrem Leben das eindrucksvollste Naturwunder Lateinamerikas erblickte. Tatsächlich sind die Katarakte des Stroms nahe seiner Einmündung in den Paraná im Dreiländereck zwischen Brasilien, Argentinien und Paraguay fast dreimal so breit wie der nordamerikanische Wasserfall. Wenn nach der Regenzeit der Fluß stark angeschwollen ist, stürzen die Wassermassen über eine Lavasichel von mehr als drei Kilometern Breite wie ein gewaltiger Binnensee 80 Meter in den Abgrund. Schon von weitem vernimmt man die Geräusche des Flusses, der mit unvorstellbarer Gewalt durch den Urwald tost, bevor er bei den Wasserfällen den Endpunkt seiner verschlungenen Reise durch das südliche Hochland Brasiliens erreicht.

Die unermeßlichen Wassermassen, deren Geräuschkulisse an ein Erdbeben oder einen Vulkanausbruch denken läßt, hat dem Fluß zu seinem Namen verholfen.

Verkehrsverbindungen
Internationaler Flughafen Buenos Aires. Regionalflüge bis Posadas, dann mit dem Bus weiter.

Reisezeit
Ganzjährig.

Übernachtung
Nur wenige Hotels, in Buenos Aires reservieren.

Tips
Ehemalige Jesuitenreduktion San Ignacio de Mini. Archäologische Grabungsstätte Coctaca.

Iguazú bedeutet in der Sprache der Guaraní-Indianer »große Wasser«. Der Sage nach hat der Flußgott diese Stelle in einem Wutanfall geschaffen. Dem »Garganta do Diabolo« (Kehle des Teufels) genannten Wohnsitz des Gottes können sich wagemutige Besucher heute per Boot oder aus gebührender Höhe mit einem Hubschrauber nähern. Von oben betrachtet besteht das hufeisenförmige Flußgebiet im Dschungel aus annähernd 300 Einzelkatarakten, deren hinunterstürzende Wasserfluten eine in allen Farben des Regenbogens schimmernde, kirchturmhohe Nebelglocke erzeugen. Während man in der Trockenzeit bei niedrigerem Wasserstand die einzelnen Felsbänke gut erkennt, gleicht der Iguazú bei Hochwasser einem unzerteilten Vorhang aus schlammigem Wasser. Dann rauschen 140 000 Kubikmeter pro Minute in die Tiefe.

Ein Vorhang aus Wasser

Zu beiden Seiten des Stromes erstreckt sich ein Naturpark über eine Fläche von 2400 Quadratkilometer. Dort hält sich bis heute eines der vielfältigsten Ökosysteme der Erde. Hinter den Kaskaden nisten auf glitschigen Felsbänken zum Beispiel Schwalben, die ihre Eier bisweilen auf Simsen von nur einem Zoll Breite ablegen. Bricht die Abenddämmerung an, jagen die Vögel im Sturzflug auf den Vorhang aus Wasser zu, durchstoßen ihn mit angelegten Flügeln, um sich anschließend nach oben zu schwingen und mit vorgestreckten Füßen auf einem der Felsen zu landen.

Die gewaltige Sprühnebelwolke der Iguazú-Fälle versorgt die Pflanzen der gesamten Umgebung mit dem lebensnotwendigen Naß. Neben Farnen, Moos, Bambus und Orchideen, die auf den Felsen wachsen, halten sich Hunderte von Baumarten entlang der Uferzone. Ihre Äste sind verstrickt in rosafarbene Begonien und prächtige Bromelien. Häufig dienen die Äste als Balkone für Luftpflanzen, deren Wurzeln die Nährstoffe aus Staub und Nebel ziehen.

Betörende Urwalddüfte

Unüberschaubar groß ist die Artenvielfalt der bunten Schmetterlinge, die sich an der von Kokospalmen gesäumten Uferzone aufhalten. Tausende von gelben, orangefarbenen und irisierend blau leuchtenden Farbtupfern irren durch diese fremdartige Welt im Schöpfungszustand. Während die bemoosten Baumstämme von buntschillernden Orchideen bewachsen sind, verströmen Tangarana-Blumen einen betörenden Duft. Bis zu 60 Meter Höhe erreichen die Lupunas, die ebenfalls zur Familie der Orchideengewächse zählen. Dieses Schauspiel bietet sich den Urwaldbesuchern vor allem auf der argentinischen Seite, auf der verborgene Dschungelpfade durch den dichten Regenwald führen.

Ungeachtet dieser einmaligen Atmosphäre zeigte sich der erste Besucher aus Europa zeigte nur mäßig ergriffen. Als Alvar Núñez Cabeza de Vaca 1541 die Iguazú-Fälle vor sich sah, konnte er nicht begreifen, warum die Einheimischen gerade diese gottverlassene Wildnis als Begräbnisstätte für ihre Toten ausgewählt hatten.

Dem Tiger auf der Spur

Jahrhunderte später diente der unirdisch wirkende Regenwald als Kulisse für einen Film über das Leben in den heute verfallenen »Reduktionen« der Jesuiten, die nahe der Iguazú-Fälle als Missionare gewirkt hatten.

Die einzige größere Ortschaft nahe der Fälle ist Puerto Iguazú, dessen Markt für französisches Parfüm und Lederwaren besonders bei den brasilianischen Grenzgängern hoch im Kurs steht.

Wesentlich mehr Spannung verspricht hingegen die Teilnahme an einer Dschungelexpedition. Die eigenartigen Spuren im Schlamm stammen von einheimischen, völlig harmlosen Jaguaren, wie alle Parkaufseher einhellig versichern.

Südamerika wird oft als »Kontinent der Vögel« bezeichnet. Kein anderer Erdteil hat eine so große Artenvielfalt. Farbenprächtige Kolibris gehören dazu.

NATIONALPARK IGUAÇU/IGUAZÚ

In 17 Hauptfällen und nahezu 300 Einzel-
kaskaden stürzen gewaltige Wassermassen
in die 80 Meter tiefe Schlucht. Sprühnebel
schimmern in allen Regenbogenfarben.
Die Geräuschkulisse läßt an ein Erdbeben
oder einen Vulkanausbruch denken.

ASIEN

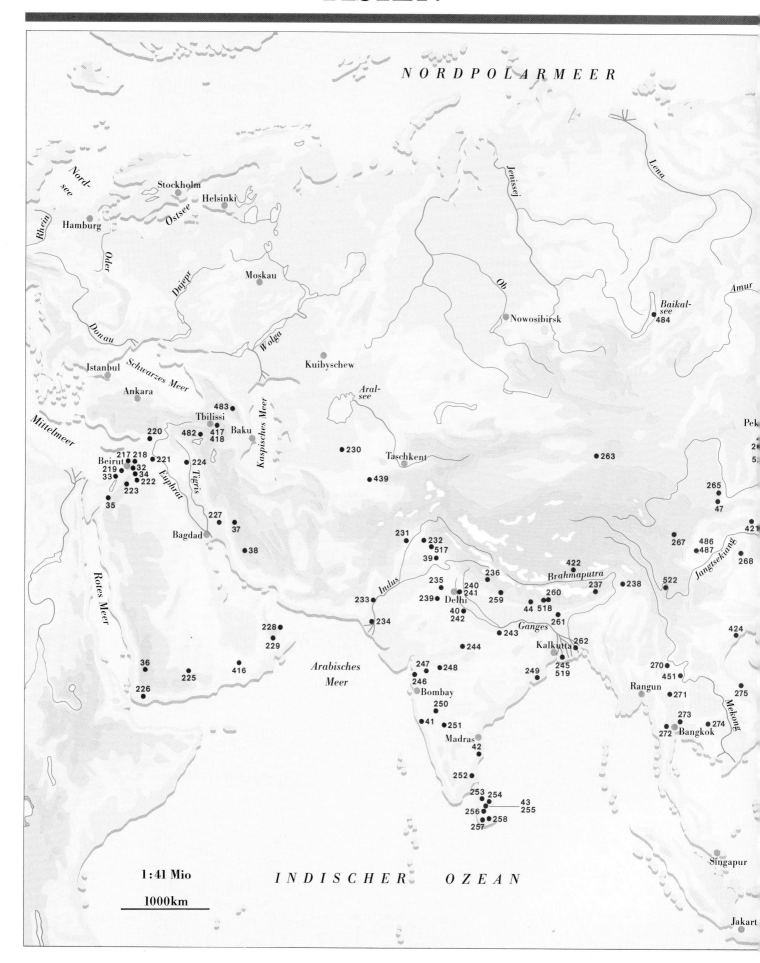

NORDPOLARMEER

INDISCHER OZEAN

1:41 Mio

1000km

PAZIFISCHER

OZEAN

PAZIFISCHER

OZEAN

Majestätische Tempelbauten

Nachdem er sich vorsichtig nach allen Seiten umgeblickt hat, nähert sich der junge Mann zielstrebig dem Besucher und zieht aus seiner Tragetasche Münzen und Reliefstücke. »Alles echt und wertvoll«, versichert er mit wichtigtuerischer Miene und verschwörerischer Stimme, bevor er für die angeblich antiken Stücke einen »sehr billigen« Preis nennt. Zwar ist bei solchen Gelegenheitskäufen eine gesunde Portion Skepsis nie fehl am Platz, die Chance, am Eingang zum Tempelgelände von Baalbek tatsächlich ein echtes Fundstück zu erwerben, ist allerdings nicht gering. Während des Bürgerkrieges, der den Libanon fast zwei Jahrzehnte lang erschütterte und etliche Städte in Trümmerlandschaften verwandelte, blieben die weltberühmten römischen Ruinen von Baalbek von Kämpfen verschont. Weil die »Akropolis der Levante«, wie die auf dem höchsten Punkt der Bekaa-Ebene liegende Grabungsstätte häufig genannt wird, während dieser Zeit unbeaufsichtigt war, konnten Schatzjäger ganz ungestört »schwarz« graben und die Ergebnisse ihrer Wühlarbeit ungestraft mit nach Hause nehmen.

Verkehrsverbindungen
Internationaler Flughafen Beirut. Baalbek liegt 90 km nordöstlich von Beirut.

Reisezeit
Sommer.

Übernachtung
Das traditionsreiche Hotel »Palmyra« in Baalbek.

Tips
Besuch der Städte Saida und Tripoli, antike Stätte Aanjar. Palast von Beit Eddine. Zedernpark »Les Cèdres«, Afga-Quelle. Kur- und Wintersportorte im Gebirge. Zahlreiche Kreuzritterburgen.

Staatliche Aufseher sorgen heute dafür, daß diese düsteren Gesellen erst gar nicht mehr zum Zuge kommen: Baalbek, dessen Grundsteine vor fast vier Jahrtausenden gelegt wurden, soll sich künftig wieder zu einem gutfrequentierten Touristenziel entwickeln. Gleichzeitig wollen die Verantwortlichen die Tradition des Baalbeker Konzert-, Theater- und Tanzfestivals, das bis in die sechziger Jahre hinein stattfand, zu neuem Leben erwecken.

Als sich Mark Twain im vorigen Jahrhundert auf dem Rücken eines Pferdes der legendären Kultstätte näherte, übte die Landschaft um die Ruinenstadt nur geringe Reize auf den Schriftsteller aus. »Ein langweiliger Ritt in der Sonne« führte ihn durch eine »öde, unkrautbewachsene Wüste, dicht besät mit faustgroßen Steinen«. Vielleicht hat der Anblick des majestätischen Jupitertempels nahe der symbolträchtigen Flüsse Orontes und Litani Mark Twain für die strapaziöse Reise entschädigt.

Auf assyrischen Inschriften des frühen 9. Jahrhunderts v. Chr. als »Bali« bezeichnet, blieben von dem ausgedehnten Tempelbezirk nur die Ruinen der römischen Epoche übrig – Vorhof, Haupthof mit Hallen, Jupiter- und Venustempel. Ihrer Ausmaße wegen zählen die Monumente von Baalbek zu den gewaltigsten Tempelanlagen, die im Vorderen Orient je erbaut wurden.

Neue Idole an der Levante

Die semitische Gottheit Baal verkörperte für die antiken Kanaaniter die Fruchtbarkeit und die lebensspendende Sonne gleichermaßen. Der Mythologie nach rivalisierte Baal als Zwillingsbruder der ägyptischen Gottheit Amun mit Mot, dem Gott des Todes und der Unfruchtbarkeit. Auch für Alexander den Großen und die Griechen, die Baalbek in Heliopolis umtauften, war die Stadt heilig wie auch für die Seleukiden. Sie eroberten im 3. Jahrhundert v. Chr. die Bekaa-Ebene.

Unter Kaiser Augustus begannen die Römer die Arbeiten am zentralen Heiligtum von Baalbek, von da an »Iulia Augusta Felix Heliopolis« genannt und durch eine Garnison geschützt. Caracalla errichtete ein Eingangsportal, Philipp der Araber ließ als letzten Teil den hexagonalen Hof fertigstellen. So wie die Griechen die Namen der einheimischen Gottheiten ihrer eigenen Götterwelt anpaßten, taten es auch die Römer. Aus Baal wurde Helios und dann Jupiter.

Glanzstück mit Bacchus-Tempel

Der Jupitertempel mit seinen sechs Säulen ist zum Wahrzeichen des Libanon geworden. Einst stützten das Gebäude 52 Säulen. Ohne Terrassen und Treppen mitzurechnen, war die Anlage 90 Meter lang und 50 Meter breit. Der Querbalken, der die noch stehenden, 22 Meter hohen Säulen verbindet, war aus einem einzigen Steinblock gehauen worden. Über eine Treppe gelangt der Besucher ins Areal des Bacchus-Tempels, der erstaunlich gut erhalten blieb. Dieses Glanzstück römischer Architektur besitzt einen herrlichen Altar, geriffelte Säulen, pompöse Portale und zahllose Bilder, die in Stein gemeißelt wurden. Der ganze Komplex wirkt monumental und elegant zugleich. Neben den römischen Baumerkmalen – hintereinanderliegende Innenhöfe, die zum Allerheiligsten führen – weisen die Tempel Spuren phönikischer Baumeister auf. Der Aufbewahrung von Weihrauch diente ein fünfstöckiger Turm im Hof des Haupttempels.

»Beseitige den Krieg auf Erden ...«

Zahlreiche Kämpfe und ein folgenschweres Erdbeben haben die Anlage im Laufe der Jahrhunderte schwer beschädigt. Während der Glaubenskriege mit den Muslimen sind die wenigen Christen, die dort wohnten, weggezogen. Heute leben in dieser Region ausschließlich schiitische Muslime. Eine der Botschaften des Baal drückt wohl die Wünsche und Gedanken der leidgeprüften Einwohner am besten aus: »Beseitige den Krieg auf Erden/Vertreibe den Streit im Land/Gieße Frieden ins Innere der Erde/Vermehre die Freundschaft inmitten der Felder«.

Die Monumente von Baalbek zählen zu den gewaltigsten Tempelanlagen, die im Vorderen Orient je erbaut wurden. Zahlreiche Kriege und Erdbeben haben die Bauwerke schwer beschädigt.

Baalbeks Grundstein wurde vor etwa 4000 Jahren gelegt. Seit Augustus war die Stadt römische Kolonie und bedeutender Handelsort. Viele Ruinen stammen aus dieser Zeit.

Altstadt mit Stadtmauern

Die versinkende Sonne taucht die Dachlandschaft` der Weststadt bis zum Gedächtnisberg in malvenfarbiges Licht. Letzte Sonnenstrahlen lassen die silbrige Kuppel der El Aqsa-Moschee und das Helmdach des Felsendoms noch einmal für einen kurzen Augenblick aufschimmern. Dann legt sich die Dämmerung auf die traditionsreichen Stätten des himmlischen Jerusalem, dieser schicksalhaften »Festung des Glaubens«, die seit über drei Jahrtausenden die Gefühle ihrer Bewohner aufwühlt. Flackernde Feuer aus dreifüßigen Messingschalen werfen schemenhaft die Schatten der Betenden an die Klagemauer. Im Lichte der Scheinwerfer treten die massiven Steinblöcke des zu Herodes' Zeiten drei Stockwerke hoch aufgetürmten Bauwerks plastisch hervor. Sie erinnern die gläubigen Juden – rechts beten die Frauen, links die Männer – an den zweiten Tempel, nach dessen Zerstörung durch die Römer im Jahre 70 nur das westliche Fundament übriggeblieben war.

Neue, andere Fundamente wurden gelegt, ergänzten die alten und veränderten die Physiognomie dieser lebenskräftigen Stadt. So umgab – um ein Beispiel zu nen-

Verkehrsverbindungen
Jerusalem liegt an der Kwisch Tel Aviv–Jerushalayim, der Autostrada Nummer 1. Internationaler Flughafen.

Reisezeit
Ganzjährig, Dezember und Januar Durchschnittstemperaturen zwischen 6 und 14 Grad.

Tips
Gedenkstätte für die Opfer des Holocaust Jad Vashem. Zoo mit biblischen Tieren. In der Neustadt zahlreiche Beispiele moderner Architektur. Bet Shemesh (Haus der Sonne), alte kanaanitische Stadt 31 km westlich. En Kerem/Ain Karim mit Marienquelle. Besuch des Ölbergs, Besichtigung der Glasfenster von Marc Chagall in der Synagoge bei En Kerem.

nen – Sultan Suleiman der Prächtige im 16. Jahrhundert das verwinkelte Gassengewirr der Stadt, aus der Israels zweiter König, David, um das Jahr 1000 vor der Zeitenwende die Kanaanäer vertrieben hatte, mit einer mächtigen, vier Kilometer langen Ringmauer. In winzigen Werkstätten verfertigen Kunsthandwerker aus mehreren Dutzend Nationen Schmuckstücke, Schnitzarbeiten aus Olivenholz sowie Kultobjekte wie Rosenkränze und die Menora genannten, siebenarmigen Leuchter. Unter mittelalterlichen Torbogen preisen Händler auf arabisch, jiddisch, hebräisch, armenisch, polnisch und englisch lautstark Geflügel, Kuchen und wohlriechende Mahlzeiten an.

Baudenkmäler der Weltreligionen

Als »Jebus« 19 Jahrhunderte vor der Zeitrechnung auf einem Kalksteinfelsen in den Bergen von Judäa gegründet, beherbergt die Altstadt auf einer halben Quadratmeile die berühmtesten Gedenkstätten dreier Weltreligionen, die der Juden, der Christen und der Muslime. Für alle Gläubigen beginnt die Geschichte in der Heiligen Stadt.

In der Antike, als der Prophet Jesaja Jerusalem als »ruhigen Ort des Aufenthalts« rühmte, lag das wohlhabende Viertel der Juden mit dem Tempelbezirk im Herzen der Oberstadt. Von den zehn Maßeinheiten Schönheit der damaligen Welt beanspruchten die Einwohner des Handelsortes ganz unbescheiden neun Anteile. Außer der stellenweise bis zu 15 Meter hohen Tempelmauer, an der die Juden noch heute den Verlust des Tempels beklagen, erinnert das »Verbrannte Haus«, einst Residenz eines Priesterclans, an den jüdischen Aufstand, der unter Titus niedergeschlagen wurde. Neben der Mauer liegt die größte Talmudschule des Viertels, die wieder aufgebaute Porat-Yosef-Yeshiva. Europäische Juden errichteten um 1400 den Ashkenazi Court, eine Synagoge mit Wohnhaus. Von der während des Krieges 1948 gesprengten Hurvah-Synagoge blieb nur noch der Torbogen erhalten. Zu den kostbarsten Ausstattungsstücken der Stambuli-Synagoge zählt ein handgeschnitzter israelitischer Thoraschrein. Aus der Römerzeit stammende Säulen dienen heute als Pfeiler für die Straßenbeleuchtung.

Kreuzfahrer erbauten neben der wuch-

tigen Zitadelle im armenischen Stadtviertel die Jakobus-Kathedrale, die an Jerusalems ersten Bischof erinnert. Für die Christen ist der Kreuzweg Via Dolorosa die symbolträchtigste Straße ihres Wohnquartiers. An ihrem Ende erhebt sich auf dem Schädelberg die Grabeskirche, der Heiligen Schrift nach Ort der Kreuzigung und der Grablegung, daneben entstand die 1898 geweihte evangelische Erlöserkirche.

Der Felsendom

Athen nennt man das kulturelle Mekka des Abendlandes, Rom sein Medina. Es sind Metropolen der Zivilisation, deren Kraftstrom Kontinente miteinander verband. Und doch können sie Jerusalems einzigartige Stellung in der Welt nicht gefährden. Wo sonst gäbe es eine Stadt mit über 3000jähriger Geschichte, deren Kontinuität trotz aller Konflikte und Zerstörungen nie unterbrochen wurde. Sie ist jüdisch, christlich und muslimisch in ihrer kulturellen Ausstrahlungskraft, ohne Schmelztiegel zu sein. Nirgends sind sich die drei monotheistischen Weltreligionen räumlich so nah wie hier. Dies mag zwangsläufig jene Abgrenzung erforderlich machen, die sich in der Altstadt in Architektur umsetzt: der Aufteilung im konfessionsbezogene Viertel. Gleichwohl fehlt es nicht an gemeinsamen Wurzeln, die, etwa im Felsendom, auch symbolhaft zum Ausdruck kommen. Hier band der Stammvater Abraham seinen Sohn Isaac (jüdisch/christlich) bzw. Ismael (muslimisch), um ihn auf Gottes Geheiß zu opfern, hier stieg der Prophet Mohammed auf seinem Pferd Buraq zu Allah empor. Sind jene Wurzeln nicht Zeichen der Hoffnung?

Die goldene Kuppel des Felsendoms ist das Wahrzeichen Jerusalems. Das auf dem Heiligen Berg auf achteckigem Grundriß errichtete frühislamische Bauwerk ist den drei großen Religionen heilig.

Blick auf die Kuppel-
bekrönte Jerusalemer
Altstadt.

Das seit Jahrhunderten zugemauerte Goldene Tor ist Teil der Umfassungsmauer des Tempelbergs. Durch diese Pforte soll Jesus am Sonntag vor seinem Tod auf einem Esel in Jerusalem eingezogen sein. Nach jüdischer Überlieferung bleibt es bis ans »Ende der Tage« geschlossen.

Ein Paradies auf Erden

Bei Allah, diejenigen sprachen wahr, die sagten: Wenn es das Paradies auf Erden gibt, dann ist es ohne Zweifel Damaskus; und wenn es im Himmel ist, dann ist Damaskus das irdische Gegenstück«, schrieb der andalusische Maure Ibn Jabayar am Morgen des 5. Juli 1184 in sein Reisebuch. Ähnliche Gefühle verspürte wohl Jahrhunderte zuvor schon Mohammed, der sich beim Anblick von »Dimschak esch-Scham« standhaft geweigert hatte, die in einer ausgedehnten und fruchtbaren Oase am Osthang des Antilibanon liegende Stadt aufzusuchen: »Der Mensch kann nur ein Paradies haben, und meines ist im Himmel.«

Legende und Wirklichkeit lagen im einstigen Zentrum des omaijadischen Weltreiches dicht beieinander, doch alle Stürme der Zeit hat Damaskus leidlich unbeschadet überstanden. Kain soll nahe der heutigen Stadt seinen Bruder Abel erschlagen haben, und Abraham, als Stammvater sowohl von den Israeliten als auch von den Moslems beansprucht, erblickte in diesem Teil des heutigen Syrien das Licht der Welt. Als Rom gegründet wurde, waren die ersten schriftlich nachgewiesenen

---

Verkehrsverbindungen
Internationaler Flughafen Damaskus. Schiffsverkehr von Griechenland aus, dann über den Libanon. Per Auto über die Türkei. Für Reisen ins Landesinnere sind Taxen das bevorzugte Verkehrsmittel.

Reisezeit
Frühling und Herbst.

Tips
Ausflüge in die Oase El-Ghuta zum Mausoleum von Sitt Zeinab. Barada-Tal. Ruinenfeld von Burqush. Antilibanon-Gebirge. Grabmal von Abel auf einem Hügel über dem Barada.

Nachrichten über Damaskus schon über ein Jahrtausend alt. Selbst Zerstörungen, Seuchen und Deportationen konnten den städtischen Charakter von Damaskus nicht verändern.

Als Damaskus um das Jahr 1000 vor Christus zur Hauptstadt des Aramäerreiches aufgestiegen war, folgten auf die seleukidischen Eroberer die Römer, die unter Pompejus im Jahre 64 vor der Zeitwende die Stadt besetzten, bevor sie von den Arabern überrannt wurde. Im 8. Jahrhundert beschloß der Omaijadenherrscher Al-Walid I. den Bau der großen Freitagsmoschee, deren Pracht alle übrigen Monumente der arabischen Hemisphäre in den Schatten stellen sollte.

Über dem aramäischen Hadad-Tempel, auf dem die Römer ein Jupiterheiligtum und die Christen eine Basilika errichtet hatten, schufen arabische, römische, griechische und byzantinische Baumeister mitten in der Altstadt ein reichverziertes Gebetshaus, das die Rolle von Damaskus als »Vorsteher der Gemeinde Gottes« nachdrücklich hervorhob. Damit war das Monopol der heiligen Stadt Jerusalem gebrochen und die große Entfernung zu den geheiligten Stätten Mekka und Medina aufgehoben. Obwohl Feuersbrünste den überwiegenden Teil der ursprünglichen Ausstattung vernichtet hatten, blieb die stets im alten Stil wiederhergestellte Stätte des Gebets bis heute Paradebeispiel für die früharabische Pfeilerhallen-Moschee.

Reliquie für Christen und Moslems

Über eine Vorhalle mit Fayencen aus dem 17. Jahrhundert und Mosaiken aus der Omaijaden-Epoche führt der Weg in den von drei Minaretten überragten Innenhof zum Brunnen und zu dem auf acht Säulen ruhenden Schatzhaus in byzantinischem Stil, unter dessen Kuppel früher der Staatsschatz aufbewahrt wurde. Den höchsten Turm tauften die Erbauer Isa-Minarett, da Isa nach moslemischer Auffassung als Vorläufer des Propheten Mohammed eines Tages von dort aus die Welt richten wird. Während die Decke des Gebetssaales von zwei Reihen korinthischer Säulen getragen wird, zieren den Fußboden kostbare Teppiche. Mosaik- und kunstvolle Steinmetzarbeiten finden sich im Mihrab, der Gebetsnische, und an der Minbar genannten Kanzel. Im Ostteil des Raumes wird als wertvollste Reliquie das Haupt Johannes des Täufers – er entspricht in der islamischen Religion dem Propheten Yahya – aufbewahrt. Die ältesten Mosaike des mit der Kalifenresidenz verbundenen Gebetshauses zeigen Darstellungen von Landschaften.

Das Marmorgrab in dem bis heute erhaltenen Saladin-Mausoleum ist ein Geschenk des letzten deutschen Kaisers, Wilhelm II., der 1898 bei einer Orientreise auch Damaskus aufsuchte. Der kunstgeschichtlich sehr viel wertvollere Vorläufersarkophag Saladins aus Holz ist mit Schnitzarbeiten in geometrischen Mustern und kufischen Inschriften verziert.

Kunsthistorisch bedeutsam sind die Koranschulen in Damaskus, etwa die Zahirieh-Medresse, deren Fassade aus der Mameluckenzeit dekorative arabische Schriftzeichen und Arabesken trägt. Neben der um 1215 erbauten Adilieh-Medresse, heute Sitz der Arabischen Akademie, erheben sich die Al-Amir-Bardabak-Moschee (15. Jahrhundert) und weiter nördlich die

Al Tawba-Moschee. Von den ehemaligen Karawansereien, die vor allem zwischen Omaijadenmoschee und der Via Recta liegen und die heute weitgehend in die Märkte integriert sind, verdient die Herberge Assad Pascha Aufmerksamkeit: Hinter einem dreifach zurückgesetzten Eingangsbereich mit Stalaktitengewölbe führt der Weg durch eine kreuzgratgewölbte Torhalle zum quadratischen Innenhof mit gezacktem Brunnenbecken. An der Westfassade schufen die Künstler fein ziselierte Säulen und Fensternischen.

Vorbild für Europa

Die Zitadelle von Damaskus, eine der richtungweisenden Befestigungsanlagen der moslemischen Welt, dient heute der syrischen Armee und kann nicht besichtigt werden. Als längste gedeckte Marktstraße verläuft nahe der Festung der 600 Meter lange Suk el-Hamidieh. Ein schönes Beispiel für die arabische Kunst des 18. Jahrhunderts stellt der vom türkischen Gouverneur errichtete, riesige Azem-Palast dar, in dessen Räumen heute das Folklore-Museum und das Museum für syrische Volkskunst untergebracht sind.

Das Nureddin-Hospital, in dem bereits im Mittelalter ein fester Stab von Ärzten in den exakt voneinander unterschiedenen Bereichen Chirurgie, Orthopädie, Fieber- und Geisteskrankheiten wirkten, nimmt in der Geschichte der Medizin eine Sonderstellung ein: Durch das vorbildliche Modell inspiriert, wandelte sich das europäische »Siechenhaus« vom 15. Jahrhundert an in ein Krankenhaus, dessen Aufgabe nicht mehr die Betreuung Sterbender, sondern die Heilung erkrankter Menschen war.

Wo Paulus über die Mauer flüchtete

Im Osten der engen, verwinkelten Altstadt, in dessen Suks, den traditionellen Geschäftsvierteln, die berühmten Holzintarsien, Seidenbrokatstoffe und Damaszener Klingen gefertigt werden, erhebt sich das älteste Stadttor Bab Sharki, das im 2. Jahrhundert erbaut wurde. Dem heiligen Ananias geweiht ist eine an der Hannaniya-Straße unterirdisch angelegte Kirche, in der Ananias auf Geheiß Gottes den erblindeten Saulus aus der Provinz Taurus wieder sehend gemacht hat. Auf diese Weise zum Paulus geläutert, mußte sich der bekehrte Christenverfolger vor den empörten Juden in Sicherheit bringen. Der Legende nach rettete er sich in einem Korb, der beim Bab Kisan über die Stadtmauer hinuntergelassen wurde. Szenen aus der Apostelgeschichte zieren noch heute das Innere dieses Tores, das später in eine Pauluskapelle umgewandelt wurde.

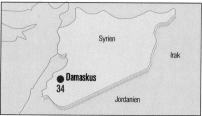

Das auf acht Säulen ruhende
Schatzhaus im byzantinischen Stil
im Innenhof der Ommayed-
Moschee. Unter der Kuppel wurde
früher der Staatsschatz aufbewahrt.

Felsenstadt am Schnittpunkt der Kulturen

Als indischer Kaufmann verkleidet, war Johann Ludwig Burckhardt auf den ersten Blick von einem muslimischen Pilger nicht zu unterscheiden. Im August des Jahres 1812 erfuhr der schweizerische Orientreisende auf seinem Weg von Aleppo über Akaba nach Ägypten, daß die legendäre Felsenstadt Petra, die er seit Jahren vergeblich suchte, ganz in seiner Nähe liege. Unter dem Vorwand, er wolle als gläubiger Moslem am Grabe Aarons beten, stellte sich Burckhardt den mißtrauischen Beduinen als »Scheich Ibrahim« vor. So gelang es dem ersten Europäer, jene Wunderstadt zu betreten, die einst am Schnittpunkt der Kulturen zwischen Afrika, Asien und dem Mittelmeer lag.

Burckhardts Impressionen über den Besuch der alten Nabatäer-Stadt hoch über dem Wadi Araba bei Wadi Musa (Mosestal) nahe der alten Königsstraße lesen sich heute noch wie ein fesselnder Roman. Über die fast zwei Kilometer lange, bis zu 100 Metern hoch aufragende Schlucht des Siq betrat er den Ort, wo der biblische Urvater Moses mit seinem Stab Wasser aus dem Felsen geschlagen hatte, als er das jüdische Volk aus der ägyptischen Gefan-

Verkehrsverbindungen
Internationaler Flughafen Amman. King's Highway nach Wadi Musa (Petra). Täglich JETT-Autobus von Amman nach Petra. Ausgangspunkt für Führungen ist das Rasthaus. Preise aushandeln.

Beste Reisezeit
Frühjahr und Herbst.

Übernachtung
Rechtzeitig Zimmer reservieren über Hotel Corporation Amman.

Tips
Wanderung auf die Hochebene Beidha (mit Führer). Ausflug zum Jebel Haroun. Ausritt per Pferd nach Es Sabrah (Wasservorrat mitnehmen).

genschaft ins Gelobte Land heimführte.

Die ältesten Siedlungsspuren in diesem Teil des heutigen Jordanien gehen auf die Jungsteinzeit zurück. Zusammen mit den Funden in Amman und Jericho gehören die im nahen Beidha entdeckten Rundhäuser zu den ältesten Steingebäuden der Welt. Später siedelte dort der Stamm der Edomiter, der Bibel nach Erzfeinde Israels. Sie nannten ihre Festung Selo, zu deutsch Fels. Im dritten Jahrhundert vor der Zeitenwende ließ sich der semitische Stamm der Nabatäer, einst Nomaden in der Arabischen Wüste, dort nieder.

Petra – das griechische Wort bedeutet ebenfalls Fels – entwickelte sich in dieser Zeit zielstrebig zu einem der bedeutendsten Handelszentren des Nahen Ostens.

Großzügige Wohnhäuser

Mit der römischen Annexion Petras im Jahre 106 büßte die Felsenstadt in der Provinz Arabia ihren Reichtum schnell ein. Ein Erdbeben, dank eines schriftlichen Dokuments des Jerusalemer Bischofs Kyrillus auf das Jahr 363 datierbar, brachte einen Großteil der freistehenden Mauern zum Einsturz. Im 12. Jahrhundert erbauten Kreuzritter eine Festung nahe Petra, dessen Einwohner nach Saladins Sieg über die Christen islamisiert wurden.

Die späte Wiederentdeckung der Felsengräberstadt, in der sich lange nur noch nomadisierende Beduinen aufhielten, veränderte das Bild über die Wohnkultur der Nabatäer, die angeblich nur in Zelten gelebt hatten. So berichtete der griechische Geschichtsschreiber Diodor, daß den Einwohnern der Bau von Steinhäusern bei Todesstrafe untersagt war. Archäologen legten indessen in neuerer Zeit ein großzügig geplantes Wohngebäude mit zwölf Zimmern frei; während der repräsentative Aufenthaltsbereich an griechische Vorbilder angelehnt war, weisen Privaträume und Hofbereich lokale Gestaltungsmerkmale auf. Das technisch ungenügend entwickelte Bauwesen erinnerte an die ursprünglichen Zeltsiedlungsstrukturen der Nabatäer. Eine große Zahl von dünnwandigen Keramikscherben, die dank ihres metallisch harten Brandes mit Porzellan vergleichbar sind, verdeutlichen den hohen Stand des nabatäischen Kunsthandwerks.

Ausgangspunkt für einen Besuch Petras ist das Rasthaus, dessen benachbartes Felsengrab Al Khan ein assyrisch inspiriertes Ornament aus gestuften Zinnen trägt. Vorbei am Siq, heute mit Damm und Kanal

vor plötzlichen Sturzfluten geschützt, führt der Weg über die zum Teil noch erhaltene Pflasterung zum El Khazneh (Schatzhaus) genannten Felsgrab mit sechs korinthischen Säulen, niederem Giebel und Attika, auf der drei barock anmutende Aufsätze ruhen. Der mittlere Rundbau trägt Einschußspuren, da die Beduinen dort den legendären »Schatz des Pharao« vermuteten.

Bis zu 4000 Besuchern faßte das nach römischem Muster aus dem Fels geformte Theater, für dessen Bau alte Grabfassaden zerstört wurden. Nach dem Brunnenplatz erreicht der Besucher über die Kolonnadenstraße Cardo Maximus das Temenostor. Die links und rechts liegenden Hügel bergen Trümmerreste öffentlicher Gebäude. Petras einziger noch erhaltener Tempel Qasr el Bint wurde im 1. Jahrhundert vor der Zeitenwende der Göttin Al Uzza geweiht. Noch gut zu erkennen ist das Allerheiligste in der aus großen Blöcken gemauerten Cella. Hellenische Einflüsse zeigen die Königsgräber, deren auffallendster Teil nach der farbigen Maserung der Fassade »Seidengrab« genannt wird.

Opferplätze und Altäre

Zum Teil bestens erhalten blieben die Steinfassaden der dreistöckigen Palastgräber, über deren Toren zwischen Pilastern im oberen Teil 18 Halbsäulen aus dem Fels geschlagen wurden. Ein gutes Bild vom einstigen Aussehen vermittelt der Hohe Opferplatz mit Altar und Ablaufrinnen, in denen Überlieferungen nach auch menschliches Blut geflossen ist. Im Süden führt der Weg über Felstreppen zum Löwenbrunnen, zum Gartentempel und zum Grab des unbekannten Soldaten. »Ed Deir« – Kloster – nannten die Baumeister den benachbarten Felsentempel, der mit 47 Metern Breite und 40 Metern Höhe ungewöhnliche Abmessungen aufweist.

Am Knotenpunkt von sechs Karawanenstraßen gelegen, kontrollierte Petra den Warenaustausch zwischen dem Persischen Golf und dem Roten Meer. Der Wohlstand spiegelt sich im Felsentempel wider.

PETRA

Beachtenswert an den Pylonengräbern sind die verschiedenfarbigen Gesteinsschichten.

Das griechische Wort Petra bedeutet Fels. Im Altertum lebten hier etwa 30 000 Nabatäer, ein arabisches Handelsvolk, das seinen Reichtum durch Karawanenhandel erlangte. Im »Schatzhaus« genannten Felsengrab vermuteten die Beduinen den Schatz des Pharao.

Mittelpunkt des Königreichs Saba

Nach dem üppigen Abendessen müssen sich die Gäste zunächst im Treppensteigen üben. Der Hausherr bittet in die fünfte Etage zum Männerraum, dessen Wände feine Stukkaturen und filigrane Schriftbänder mit Sprüchen aus dem Koran zieren. Wie ein Pascha auf gestickten Kissen plaziert, greift das Familienoberhaupt zur Wasserpfeife und reicht seinen Männerfreunden Kat, ein schwaches Rauschmittel, das die Unterhaltung der Herrenrunde im Mafradsch, wie das Zimmer auf jemenitisch heißt, bald merklich stimuliert. Wenn die Männer über Geschäfte und Politik reden, müssen sich die Frauen zurückziehen. Die seit Jahrhunderten eisern respektierte Geschlechtertrennung gehört zu den prägenden Merkmalen dieser Gesellschaft, deren Angehörige einst getreu einem Kastenprinzip in Adlige, Krieger, Bauern, Handwerker und Händler eingeteilt waren.

Zu den sichtbarsten Kulturleistungen der Bergstämme im südlichsten Teil der arabischen Halbinsel gehören die bis zu fünf Stockwerke hohen Wohnhäuser, die sich durch ihre weißbemalten Fassaden markant vom Umland abheben. In voller

Verkehrsverbindungen
Internationaler Flughafen Sana.

Reisezeit
Oktober bis April.

Übernachtung
Reservierung der Hotels empfehlenswert.

Tips
Ausflüge in die Umgebung: Rauda und Hadda. Wanderungen im Wadi Dar. Marktstadt Amran. Himyaritische Ruinen von Huqqa. Thula. Wanderungen im Haraz-Gebirge.

Harmonie mit der Umgebung entwickelten die jemenitischen Stämme schon in frühester Zeit auf dem »Dach Arabiens« eine bemerkenswerte Hochkultur städtischer Prägung. Obwohl die meisten der zwischen 20 und 30 Meter hohen Gebäude aus jüngerer Zeit stammen, entspricht die Skyline noch immer dem mittelalterlichen Gesamtbild der »Perle Arabiens«, wie der vor über 2000 Jahren gegründete Ort früher apostrophiert wurde.

»Sana ist das Ziel, ganz gleich wie lang die Reise, wenn auch, entkräftet durch den Weg, die ausdauernden Kamele ermatten«, lautet eine alte arabische Redensart, die auch heute noch gültig ist. Als Mittelpunkt des Königreiches entwickelte sich die Feste Sana, zu deutsch gut befestigt, im zentralen

Hochland vom 6. Jahrhundert an zum Knotenpunkt für die Karawanenrouten im südlichen Teil der Halbinsel. Obwohl die Stadt schon seit dem 4. Jahrhundert durch eine massive Ziegelsteinmauer geschützt war, wechselte der von Bergen umrahmte Ort mehrfach den Besitzer. Auf abessinische Eroberer folgten persische Invasoren, die das Stadtbild gründlich veränderten. Außer Wohnhäusern, Gärten, Moscheen, öffentlichen Bädern und Koranschulen erhielt Sana einen großen Markt, der für erlesene Textilien, Edelsteine und wohlriechende Gewürze berühmt war. Nach den Mamelucken eroberten die Osmanen die Stadt.

Häuserfassaden im traditionellen Stil

Trotz Besetzung blieb das Bild der nordjemenitischen Stadt, wo bis in die fünfziger Jahre hinein eine große Kolonie von jüdischen Silberschmieden lebte, unverändert. Aus behauenem Stein errichteten die Handwerker zunächst einen Sockel; mit ungebrannten, braunen Ziegelsteinen mauerte man die Fassaden, deren Fenster mit frei aufgetragener Kalksteinbemalung hervorgehoben wurden. Weiß strahlten auch verschiedene Stuckelemente, darunter Ornamentbänder aus reliefartig vorgebauten Ziegeln, die vielfältig dekoriert waren. Horizontal angeordnet gliedern diese Streifen die einzelnen Stockwerke des turmähnlichen Gebäudes, nach oben wird der Schmuck, bei dem die strengen Gestaltungsgesetze des Korans berücksichtigt werden mußten, spärlicher. Die ältesten Wohnhäuser erkennt man an den runden Fensteröffnungen, für die statt Glas dünngeschliffene Alabasterplatten verwendet wurden. Bei den jüngeren Bauten spielen die Fenster eine wichtigere Rolle: Über den meist quadratischen oder rechteckigen Öffnungen schufen die Handwerker halbrunde und ovale Oberlichter. Am Gitter-

werk, das durch florale oder geometrische Ornamente aus Gips verziert war, befestigte man verschiedenartige Glasscheibenteile. Gingen abends die Hauslichter an, dann erstrahlten die kunstvoll gearbeiteten Fenster der mit Portalen und Erkern verzierten Wohnhäuser vielfarbig.

Alle Gebäude wurden nach gleichem Muster gestaltet; dicht nebeneinander an engen Gassen errichtet, diente das Haus jeweils einer Familie als Wohnsitz, hinter dem sich ein Garten erstreckte. Nach der wehrhaft gestalteten Eingangshalle – Sana wurde letztmals 1948 von Stammeskriegern geplündert – gelangt man über hohe Treppenstufen in den Familienraum und dann zum Diwan, der Eheschließungen, Geburten und religiösen Festen vorbehalten war. Im dritten Stock befanden sich die Zimmer für Frauen und Kinder sowie die Küche. In diesem »Harem« genannten Teil hatten Männer nichts zu suchen.

100 Gebetshäuser

Außer diesen traditionellen Wohnhäusern besitzt Sana etwa 100 Gebetshäuser, wobei vor allem die Dschame al-Kabir Aufmerksamkeit verdient. Die vermutlich um 630 begonnene Große Moschee, in deren Innenhof ein an die Kaaba in Mekka erinnernder Steinbau in Würfelform steht, besitzt einige Bauteile aus vorislamischer Zeit. Eine systematische Untersuchung des vorislamischen Kulturerbes scheiterte bislang am Veto der moslemischen Geistlichkeit, die ausländischen Forschern nach wie vor mißtrauisch entgegentritt. Obwohl der Bau einer Kirche im 6. Jahrhundert schriftlich belegt ist, durften bislang keine Grabungen stattfinden.

Weiß strahlen die verschiedenen Stuckelemente auf den Fassaden aus braunen Ziegeln. Ornamentbänder aus reliefartig vorgebauten Steinen gliedern die einzelnen Stockwerke der oft turmartigen Häuser.

ALTSTADT VON SANA

»Sana ist das Ziel, ganz gleich wie lang die Reise dauert…« Märchenhaft schön ist die Altstadt.

Bei den Verzierungen der Häuser wurden die strengen Gestaltungsgesetze des Korans berücksichtigt.

Meidan-e Schah, der Königsplatz

Nachdem Schah Abbas I. sein Reich 24 Jahre lang regiert hatte, beschloß er um 1600 die Neugestaltung der Residenzstadt Isfahan, die zum »Bild der Welt« werden sollte. Zunächst ließ der Herrscher aus der Safawiden-Dynastie den parkähnlichen Palast Naghsch-e Dschahan umgestalten, dann befahl er den Baumeistern, unverzüglich mit der Anlage eines rechteckigen und arkadengesäumten Hauptplatzes zu beginnen. Abbas stand dabei so stark unter Zeitdruck, daß er den entsetzten Chefarchitekten drängte, die Ziegelmauern der Schah-Moschee auf dem zentralen Meidan-e Schah, dem Königsplatz, noch vor Vollendung der Fundamente zu errichten. Wohl wissend, daß die Arbeiten ohne ihn nicht fortgesetzt werden konnten, versteckte sich der Baumeister, um Zeit zu gewinnen. Als die Fundamente schließlich fertig waren, meldete er sich beim Herrscher und bat um Vergebung.

Ob der ungeduldige Herrscher seinem Architekten jemals verziehen hat, wissen wir nicht. Auf jeden Fall erlebte Schah Abbas, der mit 17 Jahren den Thron bestiegen hatte und sein Reich mit eiserner Hand regierte, die Vollendung der Königs-

Verkehrsverbindungen
Internationaler Flughafen Teheran. Kürzeste Flugverbindung von München aus, sonst Flüge mit Zwischenlandungen. Mit Bus achttägige Reise. Autofahrten lange und beschwerlich.

Reisezeit
Frühjahr und Herbst.

Übernachtung
Voranmeldung in den Hotels ist ratsam.

Tip
Armenischer Vorort Scholfa.

moschee auf dem Platz des Schahs nicht mehr. Als Persiens prächtigstes Gebetshaus geweiht wurde, war er schon drei Jahre tot.

Die Moschee, an der insgesamt 19 Jahre lang gearbeitet wurde, gehört zusammen mit den kaiserlichen Palästen zu den bedeutendsten Bauwerken Isfahans, das während der Antike Aspadana genannt und im Laufe der Geschichte mehrmals bis auf die Grundmauern zerstört worden ist.

»Isfahan ist die Hälfte der Welt«, lobten die mittelalterlichen Dichter die kaiserliche Residenzstadt in Zentralpersien. Reisende berichteten später fasziniert und sehnsüchtig von baumgesäumten Alleen, die zu den märchenhaften und von Teichen umgebenen Palästen der Halbmillionenstadt führten. Ein französischer Chronist sprach in seinen Reisenotizen von 102 Moscheen, 273 öffentlichen Bädern und 1802 Karawansereien, die er in Isfahan gezählt haben will.

Der Meidan-e Schah, als zentraler Platz 700 Meter lang, war der Mittelpunkt des öffentlichen Lebens während der Epoche der Safawiden, unter deren 200jähriger Herrschaft sich das Seiden- und Baumwollhandelszentrum Isfahan zur führenden Kunststadt des Orients entwickelte. Hinter den doppelstöckigen Arkaden erstreckte sich das Basarviertel, an jeder Seite erhob sich ein würdevolles Bauwerk, das Akzente setzte. Schah Abbas wohnte vom Balkon seiner Residenz aus Polospielen, Turnieren und Tierhatzen bei. Für diplomatische Empfänge und öffentliche Gebete lieferte der majestätische Platz ebenfalls einen würdigen Rahmen. An der Nordseite luden Kaffeestuben zu einer kurzen Rast ein, im benachbarten Marktviertel boten die Händler an ihren Verkaufsständen erlesene Stoffe, Schmuck und Lederarbeiten feil.

Der Palast

Die Königsmoschee, deren 60 Meter hohe Kuppel wie auch Innenhöfe und Minarette mit buntverzierten Kacheln in Blumen- und Geometriemustern verkleidet, sollte an den zarathustrischen Feuertempel des vorislamischen Persiens erinnern. An der Westseite des Meidan-e Schah erhob sich der kurz nach 1600 erbaute grazile Torbau Ali Qapu, der zu Schah Abbas' eigentlichem Palastbezirk im Westen des Meidan führte.

Das Erdgeschoß, die Empfangshalle und Räume für Verwaltung sowie Dienstboten, ließ der Herrscher um zwei Etagen aufstocken. Während die Wände und das Treppenhaus des ersten Stocks mit geometrischen und floralen Motiven dekoriert wurden, diente das oberste Stockwerk dem Schah als bevorzugter Aufenthaltsort. Dort lag der Konzertsaal, auch Porzellanzimmer genannt, da in den Flaschen, Vasen und Schalen nachgebildeten, kleinen Stucknischen Porzellangefäße aufbewahrt wurden. Als besonderes Meisterwerk gilt die grazile Säulenhalle des Ali Qapu, zu deutsch »Buntes Tor«: Neben schlanken, fast zerbrechlich anmutenden Holzpfeilern schufen die Künstler eine mit kostbaren Intarsienarbeiten verzierte Kassettendecke.

Des Schahs Privatmoschee

Östlich des Platzes erhebt sich die Masdsched-e Scheich Lotfollah, die dank ihrer ausgewogenen Proportionen und ihrem prachtvollen Kuppelschmuck dennoch nicht im Schatten der größeren Königsmoschee steht. Dieses Baudenkmal, das in seinem Zusammenspiel von Architektur und Dekoration die Meisterschaft der safawidischen Künstler offenbart, war der kaiserlichen Familie für Freitagsgebet und Studium vorbehalten. Kostbare Kacheln mit karamelfarbenem Untergrund schmücken das Gebetshaus. Farbige Kacheln verwendete man auch für die als Ornament ausgebildeten Gitter der 16 Tambourfenster, die dem Bauwerk eine beeindruckende Innenraumwirkung verleihen.

Schwierige Rettung

Weil die Nachfolger Abbas I. nicht nachstehen wollten, schmückten auch sie Isfahan weiter aus. Dennoch verfielen die vornehmsten Bauwerke der Kaiserzeit zusehends, 1722 eroberte ein afghanisches Heer die Stadt und plünderte sie. Als sich im 20. Jahrhundert Restauratoren an die Rettung der Kulturdenkmäler Isfahans wagten, erlebten sie eine unangenehme Überraschung. Obgleich der künstlerische Entwurf höchstes Lob verdient, läßt die Bauausführung erhebliche Mängel erkennen, lautete damals ihr Urteil. Gerade weil die Fundamente nur mangelhaft ausgebildet waren, wird es schwierig sein, die Meisterwerke der safawidischen Baumeister vor dem Untergang zu schützen.

Blick ins Innere der Königsmoschee, die zu den prächtigsten Bauwerken Isfahans gehört.

ISFAHAN

Die alte weiträumige Freitagsmoschee ist von besonderer kunsthistorischer Bedeutung. Sie wurde im 8. Jahrhundert gegründet. Der heutige Kern stammt aus dem 11. Jahrhundert, wurde aber später mehrfach verändert und 1803 durchgreifend restauriert.

Erstarrt in ewiger Königstreue

Mit kostbaren Geschenken schwer beladen, huldigen die Gesandten in einer Prozession dem »König der Könige«: Während die Babylonier erlesene Stoffe und einen Preisbullen mit sich führen, haben die Elamiter aus dem Zweistromland wilde Tiere und Waffen mitgebracht. Der Armenier zieht ein Pferd hinter sich her, die Krüge auf den Schultern der Inder sind bis zum Rand mit reinem Goldstaub gefüllt. Die Äthiopier reisen mit Giraffen und Edelsteinen an, aus den Händen der Syrer nimmt der mächtigste Herrscher auf Erden Gefäße und kostbare Gewänder entgegen. Gemessen schreiten die Satrapen des persischen Weltreiches am höchsten Feiertag des Jahres, dem Frühlingsfest am 21. März, über die monumentale Freitreppe zur Residenz von König Darius I. Dieser hatte um 515 vor der Zeitenwende in der Ebene von Marv Dascht den Bau der zeremoniellen Hauptstadt Persepolis auf einer künstlichen Terrasse am »Berg des Erbarmens« angeordnet.

Über zweieinhalb Jahrtausende später erinnern nur noch Fragmente und die gut erhaltenen Flachreliefs an den Treppen an jene glanzvolle Epoche, als das persische

Verkehrsverbindungen
Internationaler Flughafen Teheran. Regionalflüge nach Schiras.

Reisezeit
Frühling und Herbst.

Übernachtung
Frühzeitige Buchung der Hotels empfehlenswert.

Tip
Besuch der Stadt Schiras.

Weltreich von der Donau bis zum Indus und von den zentralasiatischen Steppen bis zum Nil reichte. Als Darius die Macht errungen hatte, ließ er im Herzen von Fars, dem antiken Parsa, rund 80 Kilometer nordöstlich von Schiras, auf einer dunkelgrauen Kalksteinterrasse jene Stadt anlegen, die den sagenhaften Reichtum des alten Persien versinnbildlichen sollte. 58 Jahre lang arbeiteten ionische Steinmetzen, babylonische Ziegelbrenner mit medischen und ägyptischen Goldschmieden an Persepolis, das zwei Jahrhunderte lang steinernes Symbol des achämenidischen Imperiums war.

Auf einer Fläche von 125 000 Quadratmetern erbaut, erhielt Persepolis eine Stadtmauer, deren Tore von geflügelten, menschenähnlichen Stieren bewacht wurden. Innerhalb der Stadt lagen Paläste, Harems, Kasernen und Ställe, ein gigantisches Schatzhaus und eine Empfangshalle, in der 10 000 Menschen Platz fanden. Darius, der 36 Jahre lang regierte, ließ sich selbst auf einem Torpfeiler darstellen, wie er ein löwenköpfiges Ungeheuer mit Skorpionsschwanz ersticht, die Personifizierung des Bösen.

Monumentale Palastbauten

Sämtliche Bauten der Residenz erhoben sich auf einer aufgeschütteten Terrasse, die man über monumentale Freitreppen erreichte. Die steinernen Palastbauten Darius' I. wurden über quadratischem Grundriß mit gleicher Höhe von Zentralhalle und Säulenhalle geplant. Dabei sind die Einzelbauwerke ausnahmslos auf ein einheitliches, rechtwinkliges Koordinatensystem hin angelegt und untereinander mit Freiplätzen und Toranlagen verbunden. Propyläen, Apadana, die Paläste Darius' I. und Xerxes' I., Schatzhaus und Hundert-Säulen-Halle zählen zu den eindrucksvollsten Zeugnissen von Persepolis, das als Palastruine die wechselhafte Geschichte des Orients überdauert hat.

Reliefs an Treppen und Türen vermitteln einen lebendigen Eindruck von Hofleben und Ablauf des Frühlingsfestes Naurus, an dem die tributbeladenen Abgesandten von zwei Dutzend Völkerschaften den »König der Erde« mit Geschenken überhäuften.

Diese Darstellungen, die sich vor allem bei der Apadana, der großen Audienzhalle, befinden, verleiteten Wissenschaftler später zur Annahme, die gesamte Anlage sei ausschließlich während des Neujahrsfestes benützt worden. Mit Gewißheit läßt sich heute sagen, daß Persepolis zwar als planmäßig errichtete Residenz bevorzugt wurde, die Könige Persiens jedoch auch in Susa und im Palast Kyros' II. Hof hielten.

Uneingeschränkte Macht und Größe

Aus Lehmziegeln errichtet wurde auf dem östlichen Terrassenteil die Hundert-Säulen-Halle und das Schatzhaus. Während die Halle als Thronsaal Xerxes' I. überwältigende Dimensionen aufwies, präsentierte sich die südöstlich liegende Schatzhausanlage, bei deren Gestaltung auf Fassadenschmuck weitgehend verzichtet wurde, in spartanischer Schlichtheit. Den höchsten Würdenträgern des Riesenreiches vorbehalten war die Apadana, die als prächtigstes Gebäude von Persepolis zwei Gründungsinschriften aus Silber und Gold besaß. Uneingeschränkte Macht und Größe symbolisierte das prunkvolle Tor aller Länder, auch Xerxes-Propyläen genannt. Das aus vier 17 Meter hohen Mittelsäulen bestehende Bauwerk war mit Doppelstieren und Fabelwesen geschmückt, über deren Köpfen eine Inschrift in altpersisch, elamisch und babylonisch die Namen der Bauherrn Darius I. und Xerxes I. erwähnte. In zentraler Lage errichteten die Baumeister das nicht minder imposante Tripylon, das Tor der Könige, dessen eindrucksvolle Reliefs Kampfszenen zwischen Löwen (als Symbol der guten Macht) und Stieren (sie verkörperten das Böse) darstellen. Durch eine von hohen, fensterlosen Lehmwänden flankierte breite Straße führt der Weg zum unvollendeten Tor der Armee und zum benachbarten Platz und Saal der Armee, dessen Dach von 32 Holzsäulen auf steinernen Glockenbasen getragen wurde. Der Palast Xerxes' I. (Haddisch) zählte einst zu den vollkommensten Bauten von Persepolis. Die Residenz seines Vorgängers Darius I., die auf rechteckigem Grundriß erstellte Tatschara, wurde ihrer fein polierten Steine wegen »Spiegelpalast« genannt. Auch dieses Bauwerk trägt an den Sockelwänden reiche Reliefdarstellungen.

Rache für die Akropolis

Als Alexander der Große 330 v. Chr. die Hauptstadt des geschlagenen Perserreiches erobert hatte, ließ er Persepolis in Brand stecken. Damit nahm der Mazedonier Rache für die Zerstörung der Athener Akropolis im Jahre 480 v. Chr. durch die Truppen Xerxes' I. Unter Tonnen von Brandschutt begraben, blieben die einzigartigen Paradereihen der Steinfiguren erhalten, die als Sinnbild ewiger Treue zu ihrem König galten.

Vor rund 2500 Jahren wurden die Säulen der Apadana-Halle errichtet.

PERSEPOLIS

Palastbauten der alten persischen
Herrscher in Persepolis:
Das skulpturengeschmückte Tor der
Nationen sowie Löwe und Stier am
Ostaufgang zur Audienzhalle.

89

Fortress und Shalimar-Gärten

Schon am frühen Morgen liefern sich buntbemalte Lastwagen, klapprige Autos und hoffnungslos überfüllte Busse ein beängstigendes Wettrennen, das allen Teilnehmern höchste Fahrkünste abverlangt. In wildem Zickzackkurs flitzen knatternde Motorradrikschas an ungeduldig hupenden Fahrern vorbei, gefolgt von randvoll mit Metallschrott beladenen Ochsenkarren, die sich mühsam ihren Weg durch den pakistanischen Straßenverkehr bahnen müssen. Während Frauen mit stoischem Gesichtsausdruck auf ihrer »purdah« auch schwerste Lasten geschickt durch das kunterbunte Menschengewirr im ewigen Halbdunkel der engen Gassen balancieren, bahnen sich Mopeds, besetzt mit mindestens drei Jugendlichen, den Weg durch das alltägliche Chaos der Grenzstadt Lahore, einst wichtigste muslimische Kulturmetropole im Herzen des fruchtbaren Panjab.

So gesehen wirkt das alte Lahore, der Sage nach von Ramas Sohn Loh am Oberlauf des Flusses Ravi gegründet, nicht unbedingt wie ein »Ort des Müßiggangs«, dessen entspannte und freundliche Atmosphäre die mittelalterlichen Dichter in höchsten Tönen gelobt haben.

Verkehrsverbindungen
Internationaler Flughafen Karatschi. Regionalflüge nach Lahore.

Beste Reisezeit
Herbst, für die großen Ebenen Winter und Frühling.

Übernachtung
Hotels frühzeitig buchen. Unterkunft in Dak-Bungalows. Informationen über Pakistan International Airlines (PIA) in Frankfurt/Main.

Tips
Im März in der Fortress Dressurreiten, Volkstanz und Kunsthandwerkausstellungen. Lahore Central Museum. Die Stadt Shadara mit den Mausoleen Jahangirs und Nur Jahans. Ausflug nach Sheikhupura, Faisalabad, Dipalpur und Harappa. Trekking in den Bergen.

Schon Mitte des 13. Jahrhunderts erkämpften die Moslems die Oberherrschaft über Lahore, dessen Name, wie es heißt, aus dem Begriff »Lohawar« (Festung aus Stahl) abgeleitet sein soll. Unter den nordindischen Moguln, die ihre Stadt mit einer Vielzahl von Bauwerken verschönerten, entwickelte sich Lahore seit dem 16. Jahrhundert zur wichtigsten Residenz Hindustans. Ihr Glanz begann nach 200 Jahren allerdings zu verblassen, weil die Herrscher mit ihrem Hof nach Dipalpur und Multan zogen. Die bedeutsamsten Anlagen dieser goldenen Epoche sind neben der Moguln-Fortress die Gärten von Shalimar, die fünf Kilometer von der indischen Grenze entfernt liegen.

Haus der Träume

Als sich die kriegerischen Sikhs der schutzlosen Stadt bemächtigt hatten, wurden zahlreiche Bauwerke beschädigt und zweckentfremdet, die prächtigen Marmorverkleidungen verwendeten die neuen Stadtherren für ihre legendäre Stadt Amritsar. Rudyard Kipling, der Lahore im vorigen Jahrhundert besuchte, erlebte nur noch einen Abgesang vergangener Pracht: Im schlafenden Lahore, »City of dreadful night«, erwartete den Neuankömmling nichts außer Langeweile und Fieberträumen.

Die ältesten Teile der Festung gehen auf die Regierungszeit Akbars des Großen zurück. Hierzu gehört neben der säulenbestandenen Halle der öffentlichen Audienzen (Diwan-i-Am) jener Sandsteinbalkon, auf dem sich der Herrscher jeden Morgen huldigen ließ. Hinter den Balkonkonsolen, die den Einfluß der hinduistischen Steinmetzkunst verraten, erstreckt sich der 1566 vollendete Saal der Privataudienzen, dessen Stuckdekorationen Spuren der einstigen Vergoldung tragen. Unter Akbar errichtet wurde auch das wehrhafte Masti-Tor, das als eines der wenigen Stadttore bis heute erhalten geblieben ist.

An der Nordseite der Festung befahl sein Nachfolger Jahangir den Bau eines prunkvollen Schlafgemachs (Khwabgarh-i-Jahangir), im Volksmund »Haus der Träume« genannt und heute Museum für Münzen und Miniaturmalereien. Im Badehaus, der Ghusalkana – zu deutsch Kabinett – trafen sich die höchsten Würdenträger des Reiches zum politischen Geschäft. Als Wohnsitz für seine Gemahlin ließ Shah Jahan später den mit vergoldeten Verzierungen und Pietra-Dura-Mosaiken versehenen »Spiegelpalast« errichten. Außer dem Naulakha-Palast, in dem die Herrscherin Hof hielt, stiftete der spendable Gemahl die aus drei perlweißen Kuppeln bestehende Moti Masjik (Perlenmoschee).

Obwohl er nicht gerade als Förderer der Baukunst in die Annalen einging, leistete auch Großmogul Aurangzeb seinen Beitrag: Von ihm stammt das Alamgiri-Tor, dessen zwei Basteien von steinernen Lotusblättern umrahmt und von »chuttris« – zierliche Pavillons nach indischer Manier – gekrönt sind. Beim Verlassen der aus sechs Innenhöfen bestehenden Festung durch das Shah-Burj-Tor fällt der Blick auf die Außenmauern, deren Kachelmosaike und Freskomalereien Hofszenen, Polospiele und Tierkämpfe darstellen. Gleichfalls in seiner Regierungszeit entstand die Badshahi-Masjid, durch deren imposantes Torgebäude der Besucher den Gebetsplatz mit drei gewaltigen Marmorkuppeln und vier Minaretten aus rotem Sandstein betritt.

Lahores Garten Eden

Auf drei Terrassen entstanden der Überlieferung nach auf Befehl Shah Jahans in genau 17 Monaten und vier Tagen die Shalimar-Gärten. Auf den von Süden nach Norden abfallenden Ebenen erstreckten sich großzügig angelegte Blumen- und Obstfelder, die in dieser paradiesischen Pracht damals nur noch in Srinagar und Delhi zu finden waren. Über eine große Marmorkaskade floß Wasser unterhalb des kaiserlichen Marmorthrons in das 60 Meter lange Hauptbecken des mittleren Gartens. Die Insel inmitten des Beckens konnte über einen Steg erreicht werden. Außerdem ließ der Herrscher in den Gärten zahlreiche Wohn- und Residenzgebäude für seinen Hofstaat bauen. Die während der Sikh-Besetzung gründlich geschändete Anlage ist im vorigen Jahrhundert restauriert worden.

Paläste und Moscheen aus rotem Sandstein und weißem Marmor veranschaulichen den Glanz Lahores im 16. Jahrhundert. Der prunkvolle Spiegelsaal im Fort zeugt aber auch von solidem Können der Handwerker.

Kuppeln aus weißem Marmor krönen die
große Moschee, die nur durch einen Garten von der Festungsanlage getrennt ist.

Unterhalb des kaiserlichen Throns liegt das
Hauptbecken der Shalimar-Gärten. Es wird
durch eine Wasserkaskade gespeist.

91

Die legendäre »Krone des Palastes«

Jeden Morgen eilte der Herrscher in aller Frühe aus dem Palast zum Ufer des Yamuna, um sich zu seinem Lebenswerk rudern zu lassen. Shah Jahan, der indische Großmogul, konnte es kaum erwarten, bis die im flachen Morgenlicht seidenweiß schimmernde Zwiebelkuppel des Hauptgebäudes hoch über dem rechten Flußufer vor seinen Augen auftauchte. Der Monarch, so hielten die Hofchronisten für die Nachwelt fest, bewunderte den 1651 nahe der Stadt Agra vollendeten Taj Mahal – zu deutsch »Krone des Palastes« – am liebsten von der Flußseite aus. Links und rechts jeweils von einer Moschee aus rotem Sandstein eingerahmt, wurde der Prunkbau im heutigen indischen Bundesstaat Uttar Pradesh in aller Welt zum märchenhaften Symbol für den indischen Subkontinent.

Heute betritt man den Taj Mahal durch ein wuchtiges Portal aus rotem Sandstein und Marmor, das mit eleganten Arabesken verziert ist. 22 nebeneinandergereihte Kuppeln versinnbildlichen die Zahl der Jahre, die benötigt wurden, um diese Meisterleistung indo-islamischer Kunst zu vollbringen.

Verkehrsverbindungen
Internationaler Flughafen Delhi, Inlandsflüge und Expreßbusse nach Agra. Flüge im voraus buchen!

Reisezeit
Juli und August meiden.

Übernachtung
Die meisten Touristenhotels liegen südlich des Taj Mahal. Im Winter sind Hotelzimmer knapp.

Tips
Ausflug in die »Rote Stadt« Fatehpur Sikri (37 km westlich), Grabmal des Mogulkaisers Akbar inmitten eines Affenparks (10 km südlich, Richtung Delhi).

Warum Jahan, der selbst an der Planung mitgewirkt hatte, das meistbewunderte Bauwerk Indiens errichten ließ, ist bis heute ungewiß.

Möglicherweise bestand der Taj Mahal schon im 14. Jahrhundert als Palast, der während Jahans Regierungszeit lediglich zu einem Mausoleum umgebaut wurde. Dem romantisch verklärten Geschichtsbild der Neuzeit zufolge erinnert die legendäre Moschee, von deren Türmen nie Gläubige zum Gebet gerufen wurden, an seine Lieblingsfrau Arjumand Banu Baygam, die der Herrscher als »Perle des Palastes«, Mumtaz Mahal, innig verehrte.

Als die kluge Mumtaz, die ihrem Gatten in schwierigen politischen Situationen stets mit Rat und Tat zur Seite gestanden hatte, 1629 im 17. Ehejahr bei der Geburt ihres 14. Kindes verstarb, setzte ihr der untröstliche Großmogul ein Denkmal, »wie es die Welt noch nie erblickt hatte«. Um den »zu Stein gewordenen Seufzer« zu verwirklichen, wurden die geschicktesten Handwerker aufgeboten. Unter Leitung türkischer Ingenieure, persischer Kalligraphen und Gartenbaumeister aus Kaschmir schufen nach Schätzung des französischen Reisenden Tavernier etwa 20 000 Arbeiter auf einer erhöhten Marmorplatte das klare und einfache Hauptgebäude, dessen persische Scheinkuppel im höchsten Punkt 59 Meter erreicht. Auch für den Bau der 40 Meter hohen Minarette an den vier Ecken der Umfassungsmauer verwendete man Marmor aus den Steinbrüchen bei Makrana in Rajasthan. Für die Dekoration verpflichtete Jahan den Venezianer Geronimo Veroneo und den Franzosen Austin de Bordeaux, der an der Anfertigung der Silbertüre des Eingangs und der goldenen Sarkophagplatten – diese Teile wurden im 18. Jahrhundert gestohlen – mitwirkte. Als besondere Meisterleistung gilt das kostbare Rippenzwickelwerk, dank dessen der schwierige Übergang vom eckigen Grundriß zur Rundkuppel elegant gelöst wurde.

Handwerkliche Meisterleistung

Im Zentralbau fanden Mumtaz Mahal und ihr Gemahl ihre letzte Ruhestätte. Die durch ein filigranes Marmorgitter verzierten Sarkophage, die der Besucher heute zu sehen bekommt, sind allerdings Nachbildungen, wie das in indischen Mausoleen üblich ist. Die echten Sarkophage befinden sich unterhalb der Zenotaphe in einer Gruft.

Während der Bauzeit wurde der künstlerische Geschmack des Herrschers zum Gesetz. Die mit großer Präzision und Sorgfalt geschaffenen Steineinlegearbeiten zeigen, wie ausgeprägt das kunsthandwerkliche Geschick der damaligen Zeit war. Neben Koranschriften, floralen Halbreliefs, Ranken und farbig eingelegten Zickzackbändern schufen die Handwerker mit Diamanten, Granat, Türkis, Saphir und Onyx an den Mauern Blüten- und Pflanzenmotive in allen nur denkbaren Nuancen. Die Einlegearbeiten, für die bis zu 60 Halb-

edelsteine verwendet wurden, setzten die Handwerker so exakt zusammen, daß man ohne Hilfsmittel keine Bruchnaht wahrnehmen kann.

Das Paradies auf Erden

Unterhalb des Eingangstors führt ein Kanal zum zentralen Portal, dessen Umrisse sich in der Wasserfläche spiegeln. Der 18 Hektar große Garten mit seinen Zypressen und Teichen ist eine Vision des göttlichen Paradieses auf Erden: Zwischen Eingang und Hauptgebäude kreuzen sich Zierkanäle auf halbem Weg und markieren dadurch die klassische, harmonische Vierteilung, die den Gärten nach persischem Muster eigen ist. Dank dieser Anlage entfaltet der Taj Mahal eine effektvolle Tiefenwirkung und erscheint dem Besucher je nach Tageszeit anders. Die günstigsten Lichtverhältnisse, die sowohl die Proportionen einzelner Gebäude als auch die Detailarbeiten an den Wänden wirkungsvoll zur Geltung bringen, herrschen nachmittags und bei Vollmond.

Licht und Schatten

Der Legende nach beabsichtigte Jahan den Bau einer zweiten Anlage aus schwarzem Marmor. Seine Pläne, auf diese Weise für sich selbst ein Grabdenkmal zu schaffen, konnte er allerdings nicht mehr in die Tat umsetzen: 1658 von seinem eigenen Sohn Aurangzeb gestürzt, schloß der Shah bald darauf die Augen. Die Ausgaben für den Bau der »Krone des Palastes«, die heute stark unter den Folgen der Umweltverschmutzung leidet, hatten das Königreich im Norden Indiens an den Rand des Bankrotts gebracht.

Im Zentralbau der Moschee fanden der Großmogul und seine Gemahlin ihre letzte Ruhestätte.

TAJ MAHAL

Ein Grabmal aus Marmor ließ Shah Jahan, ein indischer Großmogul, seiner Lieblingsfrau errichten. Auf einer erhöhten Marmorplatte steht das klar gegliederte Hauptgebäude, das je nach Lichteinfall seinen Charakter zu verändern scheint.

Kirchen und Klöster

Einmal im Jahr werden Goas Einwohner unsanft aus ihrer verschlafenen Beschaulichkeit herausgerissen. Schon in den frühen Morgenstunden des 3. Dezember, dem Namenstag des heiligen Franz Xaver, strömen Tausende von Besuchern aus allen Teilen des indischen Bundesstaates in die Stadt, die sich nach kurzer Zeit in ein Tollhaus verwandelt. Jeder verfügbare Platz wird dazu verwendet, Verkaufsstände und Essenszelte zu errichten, an allen Ecken und Enden krachen Feuerwerkskörper. Durch die engen Gassen, in denen bunte Luftballons schweben, kämpfen sich die Pilger bis zu den Klöstern der Basilika durch. Wenn in Goas größtem und besterhaltenem Gotteshaus Messen zelebriert werden, bleibt kein Quadratzentimeter frei. Dann gleicht die Basilica of Bom Jesus, hinter deren Mauern der spanische Missionar in einem silbernen Schrein beigesetzt wurde, wahrhaftig einer Sardinenbüchse.

Der Inhalt des einst mit Juwelen verzierten Sarkophags, die Reliquien des 1662 heiliggesprochenen Schülers des obersten Jesuitengenerals Ignatius von Loyola, werden indessen nur alle zehn Jahre öffentlich zur Schau gestellt. So unversehrt wie man

Verkehrsverbindungen
Direktflüge nach Dabolim Airport oder internationale Flüge nach Bombay, dann Regionalflug. Bus-, Bahn- und Schiffsverbindungen von Bombay aus.

Reisezeit
Oktober bis April.

Tips
Strände Harmal, Arambol und Vagator. Goanischer Karneval im Februar. Ausflüge zu den Dudhsagar-Wasserfällen, Badeort Devka, Somnath Tempel, Flüge auf die Insel Diu.

der Legende nach den Leichnam des Heiligen Jahre nach seinem Tod in China entdeckt hatte, ist die sterbliche Hülle mittlerweile nicht mehr: Reliquiensammler haben sich im Laufe der Zeit mit den verschiedensten Körperteilen eingedeckt.

Zwischen den Bundesstaaten Maharashtra und Karnataka eingeklemmt, spielte Goa seit jeher eine Sonderrolle. Vom Festland durch die Sahyadri-Gebirgskette abgeschnitten und durch das Arabische Meer im Westen begrenzt, wirkt in diesem kleinen Gebiet an der südwestlichen Küste des Subkontinents das iberoromanische Erbe der Portugiesen, die den Handelsort im 16. Jahrhundert gründeten, auch heute noch spürbar nach. Goa, zu dessen Staatsgebiet die Enklaven Daman und Diu

zählen, wußte sich als einzige Provinz dem britischen Zugriff zu entziehen, und erst nach einem unblutigen Waffengang im Jahre 1961 trennten sich die portugiesischen Herren schweren Herzens von ihrer tropischen Überseebesitzung »Estado da India«. Nach rund 450 Jahren Herrschaft lebt im einstigen Goa Illustrissima auch heute noch der Geist dieser europäischen Seefahrernation in Kirchen, Klöstern und Herrenhäusern sowie im Lebensstil der Goaner weiter.

Religiöse Toleranz

Als Afonso de Albuquerque mit 23 Schiffen und 1000 Mann vor den ruhigen Küsten des üppigen Landes auftauchte, dachte der Seefahrer zunächst eher an einträgliche Geschäfte mit exotischen Gewürzen als an eine Eroberung Indiens. Durch Zufall rettete er die Hauptstadt des hinduistischen Vijayanagar-Königreiches vor den Sultanen, deren Truppen er in die Flucht schlug. Die Bekehrung der Hindus betrieb er nur halbherzig, ermutigte aber die Einheimischen, gemischte Ehen einzugehen.

Das Überseereich wuchs schnell und entwickelte sich zu einem wohlhabenden Handelsort, in dem die religiöse Toleranz ungeschriebenes Gesetz war. Mit der Ankunft der christlichen Missionare wendete sich das Blatt: Die Tempel der Hindus, die häufig allen Bekehrungsbemühungen trotzten, wurden auf Befehl des Vizekönigs dem Erdboden gleichgemacht. Die verfolgten Hindus retteten sich in die nahegelegenen Dschungelgebiete, wohin sie auch ihre Götterbilder in Sicherheit brachten. An Stelle ihrer Gebetsstätten entstanden jene Kirchen, die dem alten Goa im 17. und 18. Jahrhundert den Namen »Rom des Orients« einbrachten und heute die Grundlage für einen lebhaften Tourismus darstellen.

Barock in den Tropen

Ihre barocken Fassaden erheben sich auf dem Gebiet der heutigen Hauptstadt Panjim, in der die meisten Goaner leben. Vorhof, hohe Zwillingstürme und ein Treppenhaus mit Balustrade prägen die im Zentrum liegende Kirche der Unbefleckten Empfängnis. Breite Boulevards führen zur äußerlich schlicht gestalteten Basilica of Bom Jesus, in deren Schiff im rötlichen Licht der Backsteine reichgeschnitzte und vergoldete Altäre erglänzen. Die 1562 begonnene Sé-Kathedrale wurde im portugiesisch-gotischen Stil mit toskanischen Fassaden und korinthischem Inneren erbaut. Ursprünglich als Moschee geplant, erhielten Konvent und Kirche des heiligen Franziskus vergoldete Holzarbeiten und

Wandgemälde. Diese Anlage dient heute als archäologisches Museum, in dem alte Steininschriften und zwei Sati-Steine auch an die hinduistische Vergangenheit von Alt-Goa, »Velha Goa« auf gut portugiesisch, erinnern. Nach den beeindruckenden Überresten eines Torbogens bei der Universität stößt der Besucher auf die Kirche Sankt Cajetan, eine Miniaturnachbildung des Petersdoms. Hinter dem Sankt Monika-Kloster erheben sich die düster wirkenden Mauern der Church of Our Lady of the Rosary, die im europäisch-indischen Stil gestaltet wurde. Auf einem Hügel schließlich erinnern nur noch überwucherte Trümmer an die Sankt Augustin-Kirche.

Zerfallende Pracht

Die zahlreichen Herrenhäuser aus der Epoche der adligen Hidalgos betrachtet man vorzugsweise bei einer Bootsfahrt auf dem Mandovi. Von dort aus fällt der Blick auf die trutzigen Festungen, darunter das Fort der Heiligen Drei Könige und das Gefängnis Fort Aguada, mit denen die Portugiesen die Küstenabschnitte ihrer reichen Provinz schützten. Dem architektonischen Erbe von Goa, an dessen Stränden sich in den siebziger Jahren vor allem europäische Hippies tummelten, drohen allerdings mannigfalte Gefahren. Industrialisierung und Verstädterung haben das Erscheinungsbild bereits sichtbar beeinträchtigt. Die wenigsten Eigentümer alter Herrensitze mit überhängenden Balkonen, roten Ziegeldächern und farbigen Zuckerbäckerfassaden konnten sich in den letzten Jahren zu einer Renovierung durchringen.

Die äußerlich schlichte, aus rotem Backstein errichtete Basilica of Bom Jesus.

94

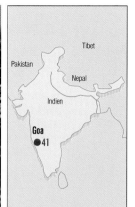

Die vielen, im 16. und 17. Jahrhundert entstandenen Kirchen brachten dem alten Goa den Namen »Rom des Orients« ein. Die St.-Cajetan-Kirche ist eine Miniaturnachbildung des Petersdoms.

Mehr als 450 Jahre lang war Goa portugiesische Kolonie. In dieser Zeit wurde die Bevölkerung zum christlichen Glauben bekehrt.

Auch die Kirche zur unbefleckten Empfängnis zeugt mit ihrem südeuropäischen Flair noch von dieser Epoche.

Der Tempelbezirk

Unbeirrt blickt der Welterhalter Vishnu vom westlichen Schrein auf das Festland. Sein Gegenspieler Shiva, Gott der Zerstörung, läßt hingegen vom östlichen Haupttempel aus seinen steinernen Blick auf dem Meer und seinen unberechenbaren Gefahren ruhen. Damit die Irdischen, die sich mit ihren zerbrechlichen Barken auf die hohe See wagen, nicht an den Klippen der schnurgeraden Koromandelküste Schiffbruch erleiden, rüsteten zur Navigationshilfe die Erbauer des Strandtempels von Mahabalipuram das Heiligtum im 7. Jahrhundert, mit einem Leuchtfeuer aus.

Mythische Tempelwächter

Den auf einer Felsplatte errichteten Tempel am Meeresstrand in der Nähe der beschaulichen Stadt Mahabalipuram betritt der Besucher über gepflasterte Vorhöfe, die von verwitterten Mauern umgeben sind, und stößt auf einen eleganten Tempelturm, den die Einheimischen Shikara nennen. Während die Mauern durch eine Reihe steinerner Bullen – Shivas Lieblingstier – gestützt werden, wachen mythische Gottheiten über den Eingang zum Schrein, des-

---

Verkehrsverbindungen
Internationale Flüge nach Madras. Mahabalipuram liegt an der Küstenstraße 55.

Reisezeit
Oktober bis April.

Übernachtung
Große Hotels am Strand. Cottages, Lodges und Privatunterkünfte im Stadtgebiet.

Tips
Besuch der Krokodilfarm. Städte Madras, Pondicherry. Tempelstädte Kanchipuram, Tiruchirappalli und Chidambaram.

---

sen wertvolle Reliefs unter dem Einfluß des Meeresklimas mittlerweile größtenteils zerfallen sind.

Nur eine halbe Stunde vom Strandheiligtum entfernt erheben sich die Mauern eines in der Architekturgeschichte des südlichen Indiens nicht weniger bedeutsamen Heiligtums: Der Saluvan-Kuppan-Tempel an der Küste des Bengalischen Golfes empfängt den Besucher mit einem steinernen Tigerkopf, der den Eingang bewacht.

Strandtempel, »Mandapam« genannte Felsräume und schließlich die triumphwagenförmigen »Rathas« sind jene steinernen Monumente, die seit Jahrhunderten Mahabalipurams Ruhm ausmachen. Geschaffen wurden die äußerlich schlichten und ur-

tümlichen Werke unter den Pallava-Königen, die als Begründer und Förderer der frühen Tamilenkultur zwischen dem 5. und 8. Jahrhundert im Zenit ihrer Macht standen. Während ihrer Herrschaft entwickelte sich Mahabalipuram zur Hauptstadt und zum wichtigsten Hafenort. Nach ihrem Untergang versank Mahabalipuram zum bedeutungslosen Ort am Fuße eines kleinen Hügels, wo die meisten Tempel und Reliefdarstellungen entstanden waren. Diese Relikte alter Königreiche haben ihre faszinierende Wirkung bis heute nicht eingebüßt: Szenen aus dem Alltagsleben zeigen Büffelkühe melkende Frauen neben würdevollen Stadthonoratioren und herausgeputzte Mädchen mit kokettem Hüftschwung. Die in den Fels gemeißelten Szenen kontrastieren mit Bildern aus dem Pantheon der Götter: »Arjunas Buße«, ein aus dem rötlichen Granitfelsen herausgeschlagenes Felsentempel-Relief, schildert die Geschichte des Ganges, der im Himalaja-Gebirge entspringt. Im Felsgestein erblickt man von Tieren, Göttern und Fabelwesen umrahmte Erzählungen aus der Panchatantra.

Als Krishna den Berg hob

Einer der frühesten Felsentempel, der Krishna Mandaparam, zeigt den Helden, wie er den Berg Govardhana hebt, um seine Sippe gegen den Regengott Varuna zu schützen. Die insgesamt acht Mandapams, in den Fels gehauene Räume, bergen im Inneren eine Fülle von zum Teil überlebensgroßen Götter- und Tierskulpturen. Zwei der Räume sind unvollendet geblieben.

Als Vorläufer der drawidischen Tempel im südlichen Indien dienten die steinernen Rathas, die nach den »Pandavas« – den Helden der Mahabharata-Epen – benannt wurden. Mit ihren Säulenhallen und skulpturenverzierten Wänden prägten sie wie kein anderes Bauwerk die alte Kulturland-

schaft Tamil Nadus. Die an den Vorbildern buddhistischer Tempel und Klöster orientierten fünf Monumente sind so angeordnet, daß sie wie Tempelwagen, so die deutsche Übersetzung des Hindi-Wortes »Ratha«, aussehen. Da einige dieser Bauwerke unvollendet geblieben sind, kann man heute noch die ausgefeilte Technik der Formgebung nachvollziehen. Im Falle der Bhima-Ratha schufen die Künstler ein massives Tonnendach, das auf einem Säulenumgang ruht. Auf eine Aushöhlung des Kerns verzichtete man, weil das schwere Dach womöglich die ganze Konstruktion zum Einbruch gebracht hätte. Gleich wie die übrigen Rathas ist dieses Monument ohne Innenraum eine große, aus Stein modellierte Schmuckbüchse, deren äußere Form wichtiger war als der Inhalt.

Monolithische Meisterwerke

Die von Norden nach Süden fortschreitend komplizierter werdenden Monumentalplastiken sind heute vor allem ihrer Anordnung wegen aufschlußreich. Es wird dabei deutlich, daß der äußere Umriß des bearbeiteten Felsens für Lage, Richtung und Höhe der monolithischen Einzelmonumente zunehmend bestimmend war.

Nach dem Abgang der Pallava-Monarchen setzte sich unter der Herrschaft der Cholas eine neue architektonische Stilrichtung durch. Die neuen Könige wandten sich verstärkt dem Shivaismus zu. Aus diesem Grund sind die meisten monumentalen Heiligtümer Tamil Nadus entweder Shiva oder Vishnu geweiht. Daß die alte Bildhauerkunst jedoch auch heute noch hoch im Kurs steht, beweisen die Handwerker in der städtischen »School of sculpture« direkt gegenüber dem Busbahnhof von Mahabalipuram.

Die Säulenhallen und skulpturenverzierten Wände prägen die alte Tamilenkultur. Da einige dieser

Bauwerke unvollendet geblieben sind, kann man die ausgefeilte Technik der Formgebung nachvollziehen.

MAHABALIPURAM

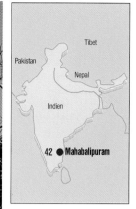

Steinerne Bullen stützen die Mauern des Strandtempels, mystische Gottheiten wachen über dem Eingang. Damit die Menschen, die sich mit ihren zerbrechlichen Barken auf das Meer wagten, nicht Schiffbruch erlitten, rüsteten die Erbauer das Heiligtum aus dem 7. Jahrhundert mit einem Leuchtfeuer aus.

Reichverzierte Rathas begründeten Mahabalipurams Ruhm. Diese Relikte alter Königreiche haben ihre faszinierende Wirkung bis heute nicht eingebüßt. Szenen aus dem Alltagsleben oder etwa die Geschichte des Ganges wurden aus dem Granitfelsen gemeißelt.

Fabelpalast über den Wolken

Den Göttern des Himalaja fühlte sich der ceylonesische König Dathusena zeit seines Lebens näher als den Irdischen auf der Insel. Weil er sich für eine Inkarnation Kuweras, der Gottheit des Reichtums und der Liebe, hielt, ließ er im 5. Jahrhundert seinen neuen Palast »über den Wolken« errichten. Als Standort für die geplante Himmelsfestung wählte der Monarch ein rötlich schimmerndes Felsmassiv, das sich 200 Meter über den grünen Dschungel erhob. Auf daß seine Residenz in luftiger Höhe schneeweiß erstrahle, befahl er, die dunklen Felsen mit Kalk zu verputzen, mit Wildhonig und Eiweiß brachten die Handwerker die Spiegelwände der Burg zum Glänzen. Dathusenas »himmlische Frauen« erwarteten den Besucher im zentralen Teil, zu dem man über eine steile Wendeltreppe Zugang fand: Unbekannte Künstler schufen mit roten, grünen und gelben Temperafarben, die sie auf dem feuchten Putz auftrugen, 500 Fresken, die entweder Hofdamen oder »Apsaras« – Nymphen – darstellten. Der Anblick dieser Porträts, von denen nur 22 übriggeblieben sind, schlägt den Besucher noch heute in den Bann: Neben barbusi-

---

Verkehrsverbindungen
Internationaler Flughafen Colombo. Weiterfahrt mit der Bahn nach Polonnaruwa, dann Bus oder Taxi auf A 11 und A 6 in Richtung Dambulla. 16 km nach Habarana ausgeschilderte Abzweigung nach Sigiriya.

Reisezeit
Wenig Niederschläge zwischen Ende Januar und Mitte April. Günstige Perioden für Reisen im Osten und Nordosten: März bis November, im Südwesten von November bis März.

Übernachtung
Hotels in der Umgebung rechtzeitig buchen.

Tips
Rock Temple bei Dambulla. Pidurangala-Höhlentempel. Polonnaruwa und Anuradhapura. Bergwandern auf Sri Lanka. Ausflüge ins Hochland von Kandy.

---

gen Schönheiten präsentieren sich elegant gekleidete und aufwendig frisierte braunhäutige Grazien im Schmuck der damaligen Zeit.

Die Vollendung seiner Residenz hat König Dathusena allerdings nicht mehr erlebt. Als die Ausgaben ins Unermeßliche stiegen, verscherzte er sich durch erhöhte Steuerabgaben die Sympathie seiner Untertanen. Nachdem ihn sein unehelicher Sohn Kasyapa umgebracht hatte, bezog dieser die Himmelsfestung, in der er

18 Jahre residierte. Auch Kasyapas Halbbruder Moggalana beanspruchte die Herrschaft über das singhalesische Königreich und zog mit seinem Heer zum Löwenfelsen. Als sich der ebenso ängstliche wie arrogante Kasyapa, der auf einem Kriegselefanten dem Rivalen entgegenzog, von allen Getreuen verlassen glaubte, stürzte er sich in den Tod. Ob das Schicksal von König Kasyapa, das in späteren Zeiten literarisch verklärt wurde, nicht eher dem Reich der Legende entstammt, läßt sich heute nicht mehr sagen. Zumindest galt er als kunstsinniger Mensch, den die Barden ebenso gerne besangen wie seine himmlische Festung.

Vom Dschungel erobert

Schon im Mittelalter geriet der Fabelpalast in Vergessenheit, nach und nach ergriff die üppige Vegetation wieder Besitz von der Himmelsfestung. Mitte des vorigen Jahrhunderts von einem englischen Forscher wiederentdeckt, mußten die verbliebenen Teile zunächst umfassend renoviert werden. 1982 nahm die UNESCO das Bauwerk in ihre Liste der schützenswerten Kulturdenkmäler auf.

Am Fuße des Felsens von Sigiriya, der auch buddhistischen Mönchen als Zufluchtsstätte diente, befinden sich die Reste eines großen Felsen- und Wassergartens, in dessen Mitte sich ein gespaltener Steinblock erhob. Während die noch stehende Hälfte als Zisterne diente, befand sich im heute zerstörten Teil der Felsenthron und daneben eine ebene Fläche, die wohl für Ratversammlungen benutzt wurde. Der benachbarte Höhlen-Vihara birgt Bruchstücke einer Buddhastatue, die noch gut erhaltene Inschrift in der Kobrahalshöhle stammt aus dem 2. Jahrhundert. Spuren von Malereien finden sich auch an der Decke einer Kapelle, wo eine Steinplatte als Thron für einen Buddha bereitgestellt war. Gleich daneben liegen die Predigerfelsen der frommen Männer, die auch nach Kasyapas Untergang weiter dort wohnten.

Mittelalterliche Graffiti

Der mühsame und schwindelerregende Aufstieg zum 12 000 Quadratmeter umfassenden Felsenplateau, den man der Hitze wegen am besten frühmorgens bewältigt, führt über mauergeschützte Pfade. Daß die Festung lange Zeit ein gut frequentierter

Ort war, erkennt man an den zahlreichen Graffiti in Form von Namenszügen und Versen, die von den Besuchern an der Wand hinterlassen wurden. Nach dem Freskenraum steigt man ein Stück weiter durch das Löwentor zum ehemaligen Palast empor. Um der Himmelsfestung einen abschreckenden Aspekt zu verleihen, ließen die Baumeister einen riesigen Löwen (sinha) aus dem Gestein meißeln. Wer den Königssitz aufsuchen wollte, mußte zunächst an zwei noch erhaltenen, gigantischen Löwenpranken vorbei durch den inzwischen verschwundenen Schlund (giriya) des steinernen Raubtiers, um ins Innere zu gelangen.

Vergangene Pracht

Während eine Außenwand des Palasts an das äußerste Ende des Abhangs gebaut wurde, erstreckt sich auf der anderen, der westlichen Seite der Lustgarten, in dem sich früher Seen, kleine Inseln, Spazierwege und Pavillons befanden. Dank eines ausgeklügelten Bewässerungssystems konnten sämtliche Gärten auf dem Löwenplateau der Zitadelle über eine hydraulische Anlage mit Wasser versorgt werden. Die Residenz selbst war mehrere Stockwerke hoch, ihre Wände bestanden zum Teil aus Marmor. Die Dächer zeigen auf alten Darstellungen phantastischen Juwelenschmuck. Von all der Pracht, durch die sich Sigiriya von den übrigen, eher düster wirkenden Festungen der Insel deutlich abhob, künden heute nur noch Legenden.

Unbekannte Künstler schufen im Königspalast über 500 Fresken, von denen noch wenige erhalten sind.

RUINENSTADT SIGIRIYA

Weil sich der ceylonesische König Dathusena für eine Inkarnation der Gottheit des Reichtums und der Liebe hielt, ließ er sich im 5. Jahrhundert einen Märchenpalast über den Wolken errichten. Die Zeiten überdauert hat die sogenannte Akropolis von Sigiriya.

Irdische Wohnsitze für die Götter

Staunend und fassungslos erlebten die Nepalesen Ende der vierziger Jahre die Landung eines Flugzeuges vor den Toren der alten Königsstadt Kathmandu: Niemals zuvor hatten die Einwohner der grünen, terrassenförmig zu den majestätischen Gipfeln der höchsten Berge des Himalajamassivs ansteigenden Landschaft Räder erblickt, und ein Flugzeug war ganz unvorstellbar. Seit über zwei Jahrtausenden schleppten die nepalesischen Träger auch schwerste Lasten auf dem Rücken in die entlegensten Gebiete des Königreiches, das sich erst 1951 der Außenwelt völlig öffnete. Mit der späten Entdeckung des Rades endete für das sagenumwobene Tal von Kathmandu das Mittelalter, das von den nepalesischen Herrschern jahrhundertelang künstlich aufrechterhalten worden war.

Isoliertes Königreich

Vor dem denkwürdigen Datum wußte die Außenwelt so gut wie nichts über das isolierte Königreich, das seit 1768 im eisernen Griff einer ausländerfeindlichen Gurkha-Dynastie leben mußte. Das 560 Quadratkilometer große Hochtal

machte erstmals 1934 Schlagzeilen. Damals erschütterte ein Erdbeben dieses älteste, noch heute bestehende Königreich der Erde, eingeklemmt zwischen den beiden Giganten China und Indien und von 8000 Meter hohen, schneegekrönten Himalajagipfeln umgeben. Seit 1972 regiert König Birendra Bir Bikram das Land, dessen »demokratische Verfassung« freilich nicht ausschloß, daß das Amt des Ministerpräsidenten bis 1990 erblich war und sich traditionell im Besitz einer Familie befand.

Die Gründung Kathmandus, einst Kantipur, geht auf das erste Drittel des 8. Jahrhunderts zurück, seine Blütezeit erlebte die königliche Stadt vom 16. bis zum 18. Jahrhundert. Nepals religiöses Kulturerbe, das alle Erdbeben fast unbeschadet überstand, ist größtenteils jedoch schon wesentlich älter.

Spendierfreudige Herrscher

Jede Herrscherdynastie spendete große Summen und andere Opfergaben an ihre jeweilgen hinduistischen und buddhistischen Gottheiten und ließ außer Pagoden und Palästen Hunderte von Altären errichten. Die räumliche Enge führte dazu, daß sich die Einwohner in religiöser Toleranz üben mußten: Auf ein friedliches Leben in diesem rauhen Bergland in 1400 Metern Höhe angewiesen, lernten die Angehörigen verschiedener Religionen ihren Göttern Seite an Seite zu huldigen, bisweilen in demselben Tempel.

Das Zentrum der Altstadt von Kathmandu, deren faszinierende Atmosphäre den Besucher auch heute noch verzaubert, ist der Basanpur-Platz. Dort erhebt sich der Königspalast mit seinem neunstöckigen Turm und die 1908 errichtete, weißstrahlende Krönungshalle in neoklassizistischem Stil, Gaddi Baithak genannt. Herrliche Holzschnitzereien zieren den im 18. Jahrhundert erbauten Palast Kumari Bahal, dessen Innenhof durch ein Tor mit Steinlöwen erreicht wird. Das Kasthmandap, ein mit reichen Schnitzarbeiten versehenes Holzhaus, wurde der Legende nach aus einem einzigen Baum gefertigt und dient als Schlafstelle für Bettler. Statuen des Elefantengottes Ganesh krönen die vier Säulen dieser Herberge am zentralen Durbar Square.

Streifzug durch die Jahrhunderte

Von dort aus beginnt ein phantastischer Streifzug durch die Jahrhunderte, vorbei an aufwendig geschnitzten Fassaden, fragil wirkenden Balkonen und vergoldeten Metallverzierungen zu den Vishna und Shiva geweihten Tempeln, würdige Wohnsitze für die Götter auf Erden.

Geschäftiges Treiben herrscht in den engen, verwinkelten Gassen, in denen Handwerker handgeknüpfte Teppiche sowie Zier- und Gebrauchsgegenstände aus Bronze herstellen. Kathmandu lag einst an einer wichtigen Handelsroute zwischen Indien, Tibet und China und bot sich jenen Kaufleuten, die durch das unwegsame Bergland reisen mußten, als willkommener Rastplatz an.

Nicht nur in Kathmandu, auch in Patan und Bhaktapur – »Stadt der Schönen« – entwickelten die nepalesischen Holzschnitzer und Steinmetzen ihre Kunst zu höchster Perfektion. Weil die Hindus am Fluß Bagmati ihre Toten verbrennen, erhielt Pashupatinah den Beinamen »Benares von Nepal«. Bodnath als wichtigstes Zentrum des buddhistischen Glaubens dient den tibetanischen Mönchen seit ihrer Vertreibung als Wahlheimat. An den Bauwerken Kitipurs, das bis heute ein unverfälschtes mittelalterliches Stadtbild bewahrt hat, läßt sich das einst isolierte Leben in diesem Bergreich erahnen.

Nepals schönstes Kloster

Auch in Patan, der zweitgrößten Stadt mit annähernd 300 Klöstern und Tempeln, ist die ursprüngliche Struktur fast völlig erhalten geblieben: Im Mittelpunkt eines »Mandala« genannten magischen Kreises liegt der heutige Königspalast. An den vier Hauptachsen erheben sich vier grasbewachsene Stupas, die der Sage nach König Ashoka vor der Zeitenwende gestiftet hat. Als Meisterwerk der Steinmetzkunst gilt der vierstöckige Tempel Krishna Mandir, dessen Fassaden 1636 mit Szenen aus Epen und Kampfdarstellungen geschmückt wurden. Im 17. Jahrhundert geschaffen wurde schließlich das Hiranya Varna Mahavihar, das wegen seiner vergoldeten Dächer und freskengeschmückten Wände als Nepals schönstes Kloster gilt.

Weil die Behörden bisher im Umgang mit Marihuana und Haschisch Toleranz zeigten, entwickelte sich Kathmandu nach der Öffnung schnell zu einem Tummelplatz für Hippies aus dem Westen. Für deren Treffpunkt in einer Altstadtgasse fanden denn die Einwohner auch schnell einen vielsagenden Namen: Kathmandus »Freak Street«.

Im Tal von Kathmandu entwickelten nepalesische Holzschnitzer ihr Handwerk zu höchster Kunst.

Tal von Kathmandu

Dank seiner vergoldeten Dächer, fresken- und figurengeschmückten Wände gilt das Hiranya Varna Mahavihar als schönstes Kloster Nepals. Die Blüte an der Statuette ist eine Opfergabe.

Die Gründung Kathmandus geht auf das erste Drittel des 8. Jahrhundert zurück. Ihre Blütezeit erlebte die Stadt zwischen dem 16. und 18. Jahrhundert. Das vermutlich älteste Heiligtum des Tals ist der Swayambunath.

Die »Mauer der Tränen«

Erst wenn ein Mann namens Wan oder wahlweise 10 000 Menschen unter ihr begraben lägen, sei die Große Mauer des chinesischen Reichs wirklich vollendet, prophezeite ein Magier Kaiser Qin Shi Huang. Der Herrscher über das Reich der Mitte, seit Beginn seiner Regierungszeit im 3. Jahrhundert vor der Zeitwende als erbarmungsloser Despot gefürchtet, zögerte nicht lange. Er ließ einen Mann, der diesen Namen trug, ermorden und im größten Bollwerk der Menschheitsgeschichte beerdigen. Wieviele unglückliche Zeitgenossen Wans, die zum Bau des längsten Schutzwalles der Welt abkommandiert worden waren, bei den über zehnjährigen Arbeiten ihr Leben ließen und Ihre letzte Ruhestätte im steinernen Fundament unter den Erdmassen fanden, läßt sich nur ahnen; mehr als 10 000 Opfer forderte der Bau der beachtlichsten bautechnischen Bravourleistung jedoch mit Gewißheit. Nicht umsonst wird der Welt längster Friedhof »Mauer der Tränen« genannt.

Um die barbarischen Horden aus den nördlichen Steppen in Schach zu halten, hatten bereits vor Qins Zeiten die Herr-

---

Verkehrsverbindungen
Internationaler Flughafen Peking. Bus- und Zugverbindungen nach Badaling.

Reisezeit
Mai bis Oktober.

Tips
Besuch der Ming-Gräber bei der Mauer. Juyongguan-Paß mit Wolkenterrasse. Städte Tianjin, Chengde und Beidai He.

---

scher konkurrierender Königreiche im Norden Chinas einzelne Schutzwälle aus Erde aufwerfen lassen. Qins Bauarbeitern fiel im wesentlichen die Aufgabe zu, diese Abschnitte miteinander zu verbinden. Dadurch gelang es dem Herrscher auf dem Himmelsthron, seine gigantische Armee während Friedenszeiten zu beschäftigen und sich damit selbst ein unvergängliches Denkmal seiner Machtfülle zu setzen.

Der Schutzwall, der im Laufe der Geschichte zum ausdrucksstärksten Symbol des chinesischen Nationalgefühls geworden ist, weist eine Länge von 2450 Kilometer auf, rechnet man sämtliche Biegungen und Abzweigungen hinzu, sind es sogar annähernd 6500 Kilometer.

Statt Erdwällen Steinbauten

In ihrem Verlauf zieht sich die Mauer bis zu ihrem Endpunkt in der Wüste Gobi bergauf und bergab durch Wüsten und Sümpfe. An einigen Stellen läuft Qins Bollwerk parallel zu weiteren Schutzwällen, die das Reich der Mitte vor den kriegerischen Mongolen schützen sollten. Nach Qins Tod verlor die Mauer zunehmend an Bedeutung, und erst die Herrscher der Sui-Dynastie ließen das zerfallende Bauwerk von 607 an auf seiner ganzen Länge wieder herrichten, die Han-Kaiser verlängerten es später um 100 Kilometer.

Die nordöstlich von Peking beginnende Mauer, die ihre heutige Form im 15. Jahrhundert unter der Ming-Dynastie erhielt, schlängelt sich wie ein Drachenkörper von der Provinz Gansu aus östlich durch die innere Mongolei über Shaanxi; Shanxi und Hebei, um östlich in der Provinz Liaoning zu enden.

Die Erdwälle wurden durch Ziegel und solide Steinbauten ersetzt. Der auch als Straßenverbindung dienende Mauergürtel ist 5,5 Meter breit und durchschnittlich neun Meter hoch. Die zwölf Meter hohen Türme des Bauwerkes, das bis heute Wind und Wetter widerstanden hat, dienten im Falle eines Angriffs als Alarmstationen, von deren Spitze nachts Feuersignale und tagsüber Rauchzeichen gegeben werden konnten.

Eine Mauer der Abschottung

Da die aus China vertriebenen Mongolen, einst eine Großmacht, eine ständige Bedrohung blieben, war es zur Zeit der Ming wichtig, den Verteidigungswall zu pflegen. Für das ostasiatische Volk der Mandschu stellte die unter unsäglichen Opfern errichtete Verteidigungslinie allerdings kein Hindernis dar, weil ein verräterischer Offizier der chinesischen Armee den Mandschu-Kriegern die Tore geöffnet hatte.

Ungeachtet aller militärischen Aspekte, erwies sich das Bollwerk dennoch als nützlich. Es hielt die Chinesen, die für ihre Nachbarn kaum mehr als ein Gefühl der tiefen Verachtung hegten, im eigenen Land und leistete damit der Entstehung eines starken, national geprägten Zusammengehörigkeitsgefühls gewaltigen Vorschub. Die aus den »Regionen der Dämonen« stammenden Eroberer paßten sich in der Folgezeit meistens der chinesischen Lebensart an und übernahmen Sprache, Kleidung und Kultur der Besiegten.

Steinbruch für Schweineställe

Als in China die Wirren der Kulturrevolution ausbrachen, wurde auch die Große Mauer in Mitleidenschaft gezogen; Bauern brachen aus dem weitgehend unversehrten Mauerwerk Steine, um damit Wohnhäuser und Schweineställe zu errichten, an einigen Stellen verschwand das Nationalsymbol fast gänzlich. Seit 1977 stehen auf dem Mißbrauch der Mauer als Steinbruch schwere Strafen, wachsame Schutzkomitees kümmern sich darum, daß sich niemand mehr an der Mauer vergreift. Außerdem wurden Teile des Bollwerks, besonders bei Badaling, meisterhaft im Stil der Ming-Zeit restauriert.

Wenn heute Millionen von Besuchern, Chinesen wie Ausländer gleichermaßen, das Bauwerk besichtigen, gilt wieder wie zuvor die alte Erkenntnis, wonach nur derjenige China besucht hat, der die Mauer bestieg.

Eroberer konnte der Schutzwall nicht abhalten. Er hielt aber die Chinesen im eigenen Land und begünstigte damit ein starkes, national geprägtes Zusammengehörigkeitsgefühl.

DIE GROSSE MAUER

Die Große Mauer ist im Laufe der Geschichte zum Symbol des chinesischen Nationalgefühls geworden.

Früher sicherten rund 20000 Wachtürme das gewaltige Bollwerk.

Machtfülle der Ming- und der Qing-Dynastie

Aus der Ferne dringen die süßen Klänge einer Mondgeige an das Ohr des Besuchers, der frühmorgens den Park im Zentrum der Millionenstadt betritt. Die mit geschulter Stimme gesungenen Arien aus der Beijing-Oper konkurrieren mit dem Gezwitscher der Vögel, deren Käfige in den Bäumen hängen. Grazile Schwerttänzer pflegen ihr jahrtausendaltes Ritual.

Nur wenige hundert Meter vom Sun-Yatsen-Park, vormals eine Kultstätte zur Verehrung der Fruchtbarkeitsgötter, erwartet den Besucher jene irdische Ruhe, die für die geschichtsträchtige Kaiserstadt im Herzen der Metropole seit jeher typisch war. Bis zum Sturz des letzten Kaisers Pu Yi im Jahre 1912 residierte dort über sieben Jahrhunderte lang der »Himmelssohn«, der als Lenker der politischen Zentralgewalt auch zwischen dem Diesseits und dem Jenseits vermittelte.

Chinas Clans und Cliquen

Die Geschichte der Kaiserstadt, deren Zugang dem gewöhnlich Sterblichen jahrhundertelang verwehrt war, ist eng verbunden mit den Herrschern der Qing- und

---

Verkehrsverbindungen
Internationaler Flughafen Peking. Neben Gruppenreisen auch Einzelreisen möglich. Chinesisch-Kenntnisse sind von Vorteil.

Reisezeit
Mai bis Oktober.

Tips
Einkaufsbummel im Dazhalan-Bezirk. Besuch der Sommerpaläste. Ausflug in die Duftenden Berge. Tempel des Schlafenden Buddha.

Ming-Dynastien, die dem Reich der Mitte die höchste Machtfülle verschafften und sich in der »Verbotenen Stadt« mit Palästen, Hallen und Tempeln ein bis heute sorgsam bewahrtes Denkmal setzten. In seiner heutigen Form geht der mit wertvollen Kunstsammlungen ausgestattete Palast auf das 17. und 18. Jahrhundert zurück.

Chinas Name geht zurück auf die Herrscher der Qin-Dynastie, die schon im 3. Jahrhundert vor der Zeitwende die Grundlagen für die politische und kulturelle Eigenständigkeit des Landes legten. Als sich die Han-Periode ihrem Ende näherte, war das Reich der Mitte ein zentralisierter Einheitsstaat, effizient verwaltet von einer privilegierten, hochgebildeten Bürokratenkaste. In Clans und Cliquen erstarrt, stand China unter der Fuchtel eines weltfremden Autokraten, der seine Bindungen zum einfachen Volk längst verloren hatte.

Hohe Herren und kleine Leute

Die Kaiserresidenz als irdisches Abbild der kosmischen Ordnung: Mit dieser Absicht verlegte Kaiser Yongle 1421 den Regierungssitz von Nanking – zu deutsch »südliche Hauptstadt« – in das Winterdomizil des Kaiserhauses nach Beijing, der »Nördlichen Hauptstadt«. Alle wichtigen Gebäude der im Norden durch einen Halbkreis von Bergen abgeschirmten, in einer nach Süden offenen Ebene liegenden Stadt wurden in 17 Jahren Bauzeit nach der »Lehre von den Winden und den Wassern« so konstruiert, daß sie nicht den schädlichen Yin-Einflüssen, den eisigen Winterwinden Sibiriens etwa, ausgesetzt waren. Eine Nord-Süd-Achse teilte die Stadt in zwei Hälften, wobei sich eine Reihe von städtebaulichen Elementen spiegelbildlich wiederholen.

Beijings Herzstück, die Verbotene Stadt mit dem Drachenthron, war durch eine purpurfarbene Mauer geschützt und umgeben von den Gebäuden der viereckig angelegten Kaiserstadt. Um die ebenfalls mauernbewehrte Kaiserstadt drängte sich in der nachfolgenden Inneren Stadt ein Meer von kleineren Häusern, deren Dächer wie Wellenkämme geschwungen waren. Auf die von Beamten bewohnte Innere Stadt folgte südlich das Wohnquartier der kleinen Leute, die Äußere Stadt, wohin sich die hohen Herren nur dann begaben, wenn ihnen der Sinn nach Zerstreuung stand.

Im Reich der Ränkeschmiede

Über das Mittagstor führt der Weg zum Kaiserpalast, dessen 9999 Räume eine Fläche von 720 000 Quadratmetern beanspruchen. Damit besaß die von einer zehn Meter hohen Mauer umgebene Residenz genau ein Zimmer weniger als der mythologische »Palast des Himmelkaisers«, wobei allerdings im alten China bereits schon jede von vier Säulen umgebene Fläche großzügig als Raum ausgewiesen wurde.

In der Mitte der zinnoberroten, U-förmigen Mauer befindet sich ein Turm, dessen Doppeldach aus gelbglasierten Ziegeln besteht. Dort versammelten sich in früheren Zeiten die Beamten, um auf den Beginn der kaiserlichen Audienz zu warten. Weiter führt die aus weißem Marmor

geschaffene Goldwasserbrücke, deren mittlerer Weg einzig dem Kaiser vorbehalten war, zur 37 Meter hohen Halle der Höchsten Harmonie, deren Dach auf mächtigen Säulen ruht. Auf einem reichverzierten Podest erhob sich der vergoldete, geschnitzte Kaiserthron, von drachengeschmückten Wandschirmen und Decken umgeben. Vor den großen Zeremonien gönnte sich der Herrscher eine Ruhepause in der Halle der Vollkommenen Harmonie, in der heute außer einem Thron Dreifüße, Räuchergefäße und zwei offene Kaisersänften ausgestellt sind.

Ein weiterer Kaiserthron mit fünfteiliger, reichverzierter Rückwand schmückt die Halle zur Erhaltung der Harmonie. Durch das Tor der Göttlichen Reinheit betritt man den Privattrakt, die Inneren Gemächer und den Palast der Irdischen Ruhe, in dem die Gemahlinnen der 27 Kaiser der Ming- und Qing-Epoche zu schlafen pflegten.

Kaiserpracht, zugänglich für alle

Eines der beeindruckendsten Beispiele chinesischer Gartenbaukunst ist die aus Steinen, Zypressen, Teichen, Brücken und Pavillons bestehende Parklandschaft der kaiserlichen Residenz. Ein Goldglockenspiel, kaiserliche Gewänder, ein fünf Tonnen schwerer Jadeblock, Waffen und kultische Objekte wie Buddha-Statuen und Stupas gehören zur Ausstattung des Schatzkammermuseums in der Halle der Charakterlichen Bildung.

Die geschwungenen Ziegeldächer waren bis zur Revolution die höchsten Dächer Pekings.

Die Verbotene Stadt, ein riesiger Palast-
komplex, soll angeblich 9999 Räume umfassen
und ist von einer purpurfarbenen Mauer
umgeben. Die kaiserlichen Privatgemächer
befanden sich hinter den großen Repräsen-
tationshallen. Hier eine Empfangshalle.

Die Terrakotta-Armee des Kaisers Qin Shi Huang

Auf dem Höhepunkt seiner Macht angelangt, hätte Chinas erster Kaiser Qin Shi Huang mit den erreichten Zielen zufrieden sein können. Nachdem seine schnellen Streitkräfte die zerstrittenen Kleinkönige des ganzen Landes in die Knie gezwungen hatten, regierte er seit etwa 221 vor unserer Zeitrechnung über ein gewaltsam vereinigtes Reich, das er durch die Große Mauer schützen ließ. Mit eiserner Hand lenkte der despotische Kaiser seine Untertanen, die er in jeder Hinsicht bevormundete. Qin schrieb vor, wie sie zu denken hatten, ließ die Gesetze des Landes verbindlich formulieren und beauftragte die Gelehrten, eine einheitliche Schriftform mit 3000 Zeichen zu entwerfen.

Qin, der während seiner Regierungszeit drei Mordanschläge überlebte, erhoffte sich von seinen Ärzten ein Elexier, das ihn unsterblich machen sollte, doch niemand konnte ihm helfen. Als sich sein Leben dem Ende zuneigte, befahl er, nahe seiner Hauptstadt Xian in der Provinz Shaanxi zwischen dem Li-Berg und dem Fluß Wei eine neue Residenz zu erbauen. Sein Palast stand erst zur Hälfte, als der Kaiser starb.

Qins sterbliche Hülle ruht unter einem 43 Meter hohen Erdhügel aus Löß, er ist

---

Verkehrsverbindungen
Internationaler Flughafen Peking. Regionalflüge nach Xian. Kaisergrab 35 km östlich.

Reisezeit
Mai bis Oktober.

Tips
Wildganspagoden und Große Moschee in Xian. Xiangjiao-Tempel. Heiße Quellen Huaqing. Heiliger Berg Huashan. Östliche Kaiserstadt Luoyang. Buddhistische Longmen-Grotten.

Teil des kaiserlichen Mausoleums, dessen Bau 700 000 Menschen über drei Jahrzehnte beschäftigte. Daß der Kaiser dort seine letzte Ruhestätte gefunden hatte, wußte man seit jeher. Bei Brunnenbohrungen in der Nähe der Stadt Lintong stießen Bauern 1974 auf eine der aufregendsten archäologischen Stätten, die damals die ganze Gelehrtenwelt aufhorchen ließ: Etwa drei Meter unter der Erdoberfläche wurden Schritt für Schritt die Trümmer einer unermeßlich großen Armee von Tausenden tönerner Soldaten freigelegt. Xian, die alte Stadt an der Seidenstraße, von ihrer Bedeutung her mit Athen und Rom vergleichbar, stieg kurzfristig zur »Welthauptstadt der Achäologie« auf.

Jede der Gruben bestand aus einer unterirdischen Kammer, deren Bepflasterung mit gewölbten Ziegeln dafür sorgte,

daß das Wasser ablief. An den Seiten der Korridore war die Erde festgestampft worden, um Setzbewegungen zu verhindern. Mit Matten und einer Tonschicht verstärkte Dächer sollten die aus der Erde durchsickernde Feuchtigkeit abhalten.

Des Kaisers letzte Schlacht

In der vorschriftsmäßigen Schlachtordnung eines chinesischen Infanterieregiments aufgestellt, verharren in elf parallelen Marschrouten rund 7000 Terrakotta-Soldaten, Pferde und Kampfwagen. Die militärische Vorhut bilden 200 Bogen- und Armbrustschützen, deren Waffen – sofern sie nicht gestohlen wurden – drohend auf Eindringlinge gerichtet sind. Hinter ihnen folgen sechs Streitwagen, von jeweils vier Pferden aus Ton gezogen. Der Wagenlenker trägt eine lange, biegsame Lanze, um zu verhindern, daß der Gegner die Pferdeköpfe abschlagen könnte. Kommandowagen mit Trommeln und Glocken bilden den Abschluß dieser kompletten militärischen Formation aus dem Alten Reich.

Keine der Terrakottafiguren gleicht der anderen; während die meisten aufrecht stehen, sind einige mit blankgezogenem Schwert in die Knie gegangen, als ob sie sich gegen einen Angriff wehrten. Ein Teil von ihnen trägt Waffenröcke, andere präsentieren sich in Tuniken mit Gürteln, eng anliegenden Beinkleidern und breiten Schuhen. Ihre Speere, Schwerter, Armbrüste und Bogen, die das hohe militärtechnische Niveau demonstrieren, sind echt: Noch nach 22 Jahrhunderten sind die Hiebwaffen so scharf, daß man ein Haar damit zerschneiden könnte.

Gesichter aus dem alten Reich

Während die Haare der Infanteristen zu einem Knoten zusammengebunden sind, tragen die Kavalleristen einen Helm, der mit Kinnriemen befestigt wurde. Die Soldaten besitzen individuelle Gesichtszüge, die möglicherweise die verschiedenen Volksgruppen des Riesenreiches widerspiegeln sollten. Außerdem waren die tönernen Heerscharen einst mit leuchtenden Farben bemalt.

Goldglänzendes Universum

Wenn man zeitgenössischen Berichten Glauben schenkt, galt als besondere Attrak-

tion des Mausoleums eine Nachbildung des Universums, wofür Gold, Silber, Jade und Juwelen gerade gut genug waren. Auch Flüsse soll es gegeben haben, gefüllt mit Quecksilber, das in Bewegung gesetzt werden konnte. Um das Reich des Todes vor der Raubgier der Lebenden zu schützen, waren selbstauslösende Armbrüste angebracht worden. Das Grab des ersten Kaisers wurde bis heute nicht geöffnet. Vermutlich wurden jene Arbeiter, die das Mausoleum bauten, getötet, damit der Ort als Geheimnis auf ewig gewahrt bleibe. Mit Sicherheit wurden auch Höflinge, Diener und Konkubinen lebendig begraben, auf daß sie dem anspruchsvollen Herrscher im neuen Reich zu Diensten sein konnten.

Sehnsucht nach dem Goldenen Zeitalter

Die mit Altertümern reich gesegnete Stadt Xian, die unter den Han-Herrschern zum Symbol für Chinas »Goldenes Zeitalter« geworden war, hat sich mittlerweile nicht zuletzt dank des üppig ausgestatteten Provinz-Museums zu einer nationalen Wallfahrtsstätte entwickelt. Beim Betrachten der Kunstwerke aus der Tang-Dynastie, die dem Reich der Mitte eine anhaltende Periode der Offenheit, der Schönheit der Künste und großen Wohlstand gaben, läßt es sich trefflich vom längst vergangenen »Goldenen Zeitalter« träumen.

Archäologen wußten aus historischen Aufzeichnungen vom 1974 entdeckten Kaisergrab.

In der Schlachtordnung der damaligen Zeit formiert, sollte die Terrakotta-Armee über die Totenruhe des Kaisers wachen.

Die lebensgroßen Figuren tragen individuelle Gesichtszüge und sind so den verschiedenen Stämmen des Reiches zuzuordnen.

Javas kulturelles Herz

Die Gewalt des Vulkanausbruches am Berg Merapi erschütterte den Tempel in seinen Grundfesten und riß den Statuen des »Erleuchteten« die Köpfe von den Schultern. Dann fiel ein dichter Regen aus Tuff und Asche über das mitteljavanische Heiligtum der »Bergherren«, deren tieferliegendes Königreich von Alt-Mararam zum größten Teil unter Strömen glühendheißer Lava verschwand. Bald nach dieser Naturkatastrophe im Jahre 1006 begann die Vegetation den Hügel und die Tempelanlage von Borobudur, Javas historisches und kulturelles Herz, zurückzuerobern. Borobudur, zu deutsch »viele Buddhas«, größter hindu-buddhistischer Tempel nach dem kambodschanischen Ankor Wat und der burmesischen Schwedagon-Pagode, versank in einen achthundertjährigen Schlaf, der erst 1835 beendet werden sollte.

Männliche Sonne – weiblicher Boden

Die heute in den Rang eines Staatsheiligtums erhobene Tempelanlage entstand Mitte des 9. Jahrhunderts auf einer Kuppe, harmonisch eingefügt in die zauberhafte tropische Landschaft, hinter der die Berg-

Verkehrsverbindungen
Internationale Flüge nach Jakarta. Mit Regionalflug oder Zug nach Yogyakarta. Per Bus über Muntilan nach Borobudur.

Reisezeit
Juni bis Oktober.

Tips
Schiwa-Heiligtum Prambanan. Königsgräber von Imogiri. Bergstädtchen Kaliurang. Strand von Parangtritis.

kulisse im Dunst verschwindet. Durch den Reisanbau reich geworden, beschlossen die Herrscher der Shailendra-Dynastie, auf dem Boden Javas den mythologischen Berg Meru nachzubauen. Auf dem Gipfel dieses heiligen Berges, so stellte man sich damals vor, ruhe das gesamte Universum. Da dem hindu-buddhistischen Glauben zufolge jeder Tempelbau als Zeugungsakt gilt, ließen die »Bergherren« prüfen, wo die männliche Sonne mit dem fruchtbaren weiblichen Boden zusammentrifft. Auf den entsprechenden Koordinaten befahlen sie den Bau des Heiligtums, dessen Spitztürme, Reliefs und Buddhastatuen bis zum heutigen Tag nichts von ihrer Ausstrahlung eingebüßt haben. Die Baumeister aber wußten, daß ihre eigene Lebenszeit nicht ausreichen würde, um die Vollendung ihres Werkes erleben zu können.

Zum Ort der geistigen Freiheit

Borobudur erscheint wie ein riesiges Diagramm, als eine Art Mandala, das Himmel und Erde symbolisch zusammenfügt. 55 000 Kubikmeter Stein wurden bewegt, um den Tempel in Form einer Terrassenpyramide 34 Meter hoch auf der Erdkuppe anzulegen. Die fünf tieferliegenden Terrassen mit quadratischem Grundriß repräsentieren die irdische Welt, darauf folgen drei kreisförmige Terrassen als Ausdruck des geistigen Universums. Je weiter man hinaufsteigt, desto kleiner werden die einzelnen Plattformen. Die auf den oberen Stufen angebrachten, glockenförmigen Stupas bergen etwa 500 Buddhafiguren, deren verschiedene Handbewegungen auf einzelne Aspekte der buddhistischen Lehre verweisen. Auf der Spitze der Anlage thront ein acht Meter hoher Schrein mit 15 Metern Durchmesser, Symbol des Nirwanas, des höchsten Ziels dieser Religion.

»Steinerne Enzyklopädie«

Pilger beschritten den fünf Kilometer langen Weg nach oben auf Treppen, umrundeten jede Terrasse einmal, um dann die nächste Ebene anzusteuern. Dabei mußten sie sich stets nach links wenden, denn jede andere Richtung hätte bedeutet, daß sie sich, symbolisch vom irdischen Leben gelöst, dem Bösen zugewandt hätten.

Der Pfad führte an einer der umfangreichsten Sammlungen von Reliefs mit Szenen aus dem Leben und der Lehre des Religionsstifters vorbei. Andere Darstellungen dieser steinernen Enzyklopädie werfen ein Licht auf das ländlich-familiäre Leben in Java während des 9. Jahrhunderts. Makara-Figuren, eine phantastische Kombination zwischen Fisch und Elefant, halten im hochgebogenen Rüssel Blüten, am Hauptwall dienen sie als Wasserspeier, in deren Rachen kleine Löwen verharren. Die indi-

schen Tempeln ähnelnde Anlage war ursprünglich überall mit leuchtenden Farben bemalt. Im Gegensatz zu den Heiligtümern auf dem Festland lösten sich die javanischen Künstler auf dem »Berg der Anhäufung der Tugend in den zehn Phasen des Bodhisattvas« durch ihren freizügigen Stil bei der Gestaltung der Kasematten, Wandverzierungen und Einzelreliefs merklich vom strengen Stilverständnis der altindischen Gupta-Epoche.

Die Rettung des Staatsheiligtums, dessen Mauerwerk ohne Mörtel zusammengesetzt worden war, hätte die Kräfte Indonesiens überfordert; schon während der Bauzeit hat eindringendes Regenwasser dazu geführt, daß der Hügelkern nachgab und mit einem schweren Steingürtel ummauert werden mußte. Unter Leitung der UNESCO beteiligten sich Vertreter von 27 Nationen an der Rettung von Borobudur.

Monsunregen und Bomben

Zunächst mußten etwa eine Million Steine katalogisiert und numeriert und nach eingehender Reinigung oder chemischer Behandlung wieder an den ursprünglichen Standort zurückgeschafft werden. Terrassen, die stark vom Monsunregen unterspült waren, wurden abgetragen und neu aufgefüllt. Gleichzeitig versah man die Mauern und Böden mit einem Drainagesystem. Unter jeder Galerie verläuft heute ein ringförmiges Fundament, wobei man Filterschichten und wasserundurchlässiges Material kombiniert hat. Obwohl die ganze Anlage von Grund auf gereinigt wurde, hat die Verwitterung die Steine bereits wieder angegriffen. Noch größeren Schaden verursachten radikale Moslems, die 1986, drei Jahre nach Ende der Rettungsaktion, mehrere Bomben auf dem Tempelareal zündeten.

Das Mauerwerk des aus dem 9. Jahrhundert stammenden Tempels wurde völlig ohne Mörtel zusammengesetzt. Monsunregen und ein Vulkanausbruch zerstörten das Heiligtum.

TEMPELANLAGE BOROBUDUR Indonesien

Die Tempelanlage Borobudur gehört zu den größten buddhistischen Kultbauwerken der Welt. Die glockenförmigen Stupas enthalten je eine Buddhafigur.

Relief nach dem Ramayana-Epos.

AUSTRALIEN

INDISCHER

OZEAN

●285
Darwin

286●

49

Victoria

288●

Brisbane

Ashburton

50

●287

Darling

290

289
●

Sydney

Adelaide
●

Canberra

Murray

Perth

425
●

Melbourne
●

INDISCHER OZEAN

292

525 ●

526
●

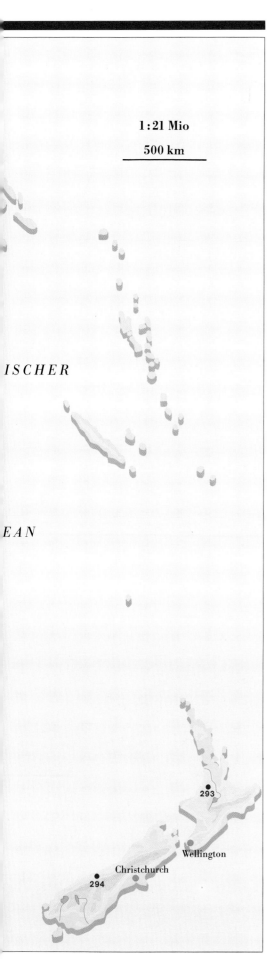

1:21 Mio

500 km

Eine bunte Wiese unter Wasser

Der Taucher wirft einen letzten Blick auf den Druckanzeiger, atmet kräftig durch und kippt dann rücklings von der Bootswand ins Wasser. Von nun an ganz auf sich allein gestellt, sinkt er schwerelos in die Tiefe und beobachtet von Zeit zu Zeit den Kranz aus schillernden Atemluftblasen, die im Zeitlupentempo an die Oberfläche steigen. Als die Nadel des Tiefenmessers 15 Meter anzeigt, sucht er den eintönig grauen, furchigen und mit Gesteinsbrocken übersäten Meeresboden sorgsam ab.

Durch den Eindringling aufgeschreckt, schießt plötzlich ein grauer, ovaler Schatten wie ein Pfeil aus dem sandigen Bett, das ihm zu einer perfekten Tarnung verhilft. Seine Brustflossen wellenförmig bewegend, flüchtet ein Stachelrochen, eine der etwa 14 000 Tierarten, die in den Gewässern des Großen Barriere-Riffs leben.

Der in seiner Ruhe gestörte Meeresbewohner vor der nordöstlichen Küste des fünften Kontinents führt den Froschmann durch smaragdgrün, turmalinblau und jadefarben schillernde Gewässer in ein fabelhaftes Tier- und Pflanzenreich. Vorbei an glotzäugigen Fischen, die in allen Farben

---

Verkehrsverbindungen
Internationale Flüge nach Cairns, dann mit dem Boot zum Barriere-Riff. Die Reise dauert knapp 30 Minuten.

Reisezeit
Oktober/November.

Tips
Taucherschiff ab Cairns. Hochseeangeln. Hotels im voraus buchen. Kreuzfahrten ab Shute Harbour, Airlie Beach, Mackay, Rockhampton, Cairns, Port Douglas und Cooktown führen zur Inselwelt.

---

des Regenbogens schillern, endet die Reise durch die stille Unterwasserwelt bei den Korallenriffen, in deren Spalten giftige Muränen und Seeschlangen lauern.

Zauberhafte Unterwasserwelt

Die bizarr geformten Korallen des Barriere-Riffs haben die menschliche Phantasie seit jeher beflügelt: Bis zu einem Meter Durchmesser erreichen diese Gebilde, die wie Bäume, Farne, Kugeln, Pilze oder Salatköpfe aussehen und entweder bräunlich-gelb und oliv gefärbt sind oder ein leuchtendes Rot, Grün oder Blau aufweisen. Andere Korallen erinnern an Geweihe, Orgelpfeifen oder menschliche Gehirne. Dazwischen wachsen weiche

Korallen, die in sanfte Bewegungen versetzten Pflanzen gleichen. Wenn sie abends aktiv werden, verwandelt sich das Riff in eine bunte Wiese.

Entstanden vor 28 Millionen Jahren

Das Große Barriere-Riff, das sich über mehr als 2000 Kilometer nördlich von Brisbane parallel zur australischen Küste bis fast nach Papua-Neuguinea erstreckt, wird von den Geologen als größtes, von Lebewesen auf Erden jemals geschaffenes Werk eingestuft. Die aus schätzungsweise 2500 Einzelriffen bestehende Formation auf einem Kalksteinzug entstand vor etwa 28 Millionen Jahren und bedeckt eine Fläche von 200 000 Quadratkilometern. Der größte Teil des Großen Barriere-Riffs, das vielfach bis in eine Tiefe von 300 Metern reicht, steht heute als »Maritime Park« unter Naturschutz.

Die Baumeister des Korallenriffes sind Kalkkelche bildende Polypen. Sie ernähren sich von Meeresplankton, das sie vor allem in den nährstoffreichen Gewässern auf der Ozeanseite der Riffe finden, deren klares Wasser Sonnenlicht durchläßt. Auf diese Weise entstehen junge Randriffe vor der Küste, von wo aus sie in Richtung Hochsee weiterwachsen und in einigen Kilometern Entfernung zum Festland eine massive Formation bilden. Ein Jahr benötigt eine Polypenkolonie, um den Korallenstock um fünf Zentimeter wachsen zu lassen.

Sinkt der Wasserspiegel zwischen Küste und Riff, dann sterben die Korallen ab, die nur in mindestens 21 Grad warmem Wasser gedeihen können. Zurück bleibt ihr Kalkskelett, das das Riff weiterwachsen läßt. Während die äußeren Riff-Formationen als Wellenbrecher wirken, hinterlassen die abgestorbenen Korallen auf der Land-

seite Lagunen und Sunde. Einige Meerestierarten raspeln das Korallenskelett ab und scheiden den Rest als Sand aus. Ein Teil davon wird an die alten Riffe angeschwemmt, wodurch Nistplätze für Seevögel entstehen. An den Stränden legen die grünen Meeresschildkröten zwischen Oktober und Februar ihre Eier ab. Neben den »cays« genannten Laguneninseln findet man zwischen Äußerem Riff und Küste zahllose Festlandinseln, die als Reste einer versunkenen Bergkette dicht mit Urwaldvegetation überwuchert sind.

Gefahren durch moderne Technologie

Dem einzigartigen Naturschauspiel vor der Küste von Queensland drohen heute zahlreiche Gefahren: Mit Sorge beobachten Biologen seit Jahrzehnten, daß der 40 Zentimeter lange und vielarmige Dornenkronen-Seestern in zunehmender Zahl die Riffe angreift. Dabei saugt er die Polypen aus ihren Kalkwohnhöhlen heraus.

Obwohl bereits 80 Prozent des nördlichen Riffs dadurch zerstört wurden, glauben viele Experten, daß sich das Riff von diesen regelmäßig wiederkehrenden, natürlichen Vorgängen in absehbarer Zeit erholt. Gravierendere Folgen haben die Eingriffe des Menschen in die Welt des Großen Barriere-Riffs: Obwohl das Abschneiden von Korallen bei Strafe verboten ist, erliegen Taucher und Muschelsammler immer wieder dieser Versuchung. Noch gar nicht abzuschätzen sind jedoch die Risiken, die von der bereits stellenweise praktizierten Atommüllablagerung und den geplanten Erdölprobebohrungen im Riffgebiet ausgehen.

Australien
● 49
Großes Barriere-Riff

Die Gebilde unter der klaren Wasserfläche sind von märchenhafter Farb- und Formenvielfalt.

GROSSES BARRIERE-RIFF

Das Große Barriere Riff, einzigartiges Naturwunder an der australischen Küste, wird von Geologen als größtes von Lebewesen erschaffenes Gebilde betrachtet. Die aus schätzungsweise 2500 Einzelriffen bestehende Formation reicht bis in 300 Meter Meerestiefe.

Ayers Rock

Weil die eigenartigen Abdrücke im felsigen Boden einem Gehirn ähneln, nannten die Weißen ihre Entdeckung »The Brain«, aber die Aborigines können darüber nur lächeln. Hier schlich in Wirklichkeit kein anderer als der furchterregende Kurapunyi-Hund herum, und die Spuren im Stein sind nichts anderes als seine Fußabdrücke. Würde nicht der menschenfreundliche Kookaburra-Vogel durch seine Schreie vor der Bestie warnen, dann wäre es um die Sterblichen übel bestellt. Und daß man sich vor dem schillernden Wasser des Mutidjula-Teiches ganz besonders hüten muß, weiß jedes Kind: Das magische Gift Arangulta würde jedem Menschen unweigerlich den Tod bringen. Oberhalb des Teiches beginnt das Reich der heiligen Regenbogenschlange, wer ihr entkommt, erreicht nach der »Halsabschneider-Grotte« und der »Höhle des Gelächters« die Putta-Grotte, in deren Dunkelheit die Geisterkinder der australischen Aborigines auf den Tag der Wiedergeburt warten.

Ayers Rock tauften die weißen Eindringlinge den südwestlich von Alice Springs liegenden Monolithen, den die Ureinwohner seit undenklichen Zeiten als

Verkehrsverbindungen
Internationale Flüge nach Sydney, Melbourne, Adelaide und Perth. Inlandsflüge. Tourenbusse von Alice Springs oder Flüge zum Nationalpark von Alice Springs, Adelaide und Perth.

Reisezeit
April bis Mai und September bis November.

Übernachtung
Chalets, Motels und Tourist Village.

Tips
Rundflüge per Helikopter. Touren mit Parkrangern. Individuelle Wanderungen nur auf markierten Pfaden. Eingeborenensiedlung Docker Creek. Wandmalereien in Sanke Cave. Lake Amadeus.

Uluru – »schattenspendender Platz« – verehren. Dieser Berg, der zu den größten auf der Welt zählt, dient ihnen seit zehn Jahrtausenden als heiliger Ort, um den sich zahllosen Mythen und Legenden ranken. Ayers Rock, nach sorgfältiger Vermessung durch die Geologen eine ungewöhnlich große Felsformation von exakt 9,4 Kilometer Umfang, 2,4 Kilometer Breite, 3,6 Kilometer Länge und 348 Meter Höhe, ist im Verständnis der Ureinwohner ein schlafender Riesenwal, den einer der Traumzeit-Ahnen aus einer Sanddüne geformt hatte.

Der nach dem früheren Premierminister Ayers benannte Felsen und die Olgas, einsame Überreste eines alten Gebirges, liegen heute im Zentrum des Uluru-Nationalparks, der sich über eine Fläche von 1300 Quadratkilometern erstreckt. Felsformationen, Höhlen und Wasserstellen sind die Merkmale des Ayers Rock, dessen Alter auf 600 Millionen Jahre geschätzt wird. Damals verhärteten sich Ablagerungen von verwitterten Bergen zu Sandstein und hartem Fels, später schoben Erdkräfte die Schichthügel empor, Wind, Wasser und extreme Temperaturschwankungen verwandelten die meisten Hügel in feinen Sand. Übriggeblieben sind kleinere Inseln aus widerstandsfähigem Gestein inmitten einer Sandwüste.

Wandmalereien im Höhlensystem

Luft und Feuchtigkeit bilden mit den Mineralien an der Oberfläche Eisenoxyd und Ton, der langsam abbröckelt; in den Sockel des Felsens fraß die fortwährende Erosion Höhlen, deren Wände die Aborigines mit vielen Malereien schmückten.

Noch dramatischer verläuft der Zerfall der 30 Kilometer weiter südwestlich liegenden Olgas, eine Verballhornung des Aborigines-Begriffes »Kata Tjuta«, zu deutsch viele Köpfe. Von den insgesamt 36 bis zu 546 Meter hohen Kuppen aus Konglomeratgestein brechen Blöcke ab und stürzen oder rutschen in die Täler. Während sich die Gipfel zunehmend abrundeten, wurden die Wände der Felstürme immer steiler. Strahlt das Olga-Gebirge bei Sonnenuntergang gelbblau bis violett, verändert sich die rötliche Farbe des Uluru-Monolithen je nach Witterung und Stand der Sonne, die beim Untergang den ganzen Inselberg mysteriös aufleuchten läßt.

Im gesamten Gebiet des Nationalparks gibt es zahlreiche Arten von Pflanzen,

Vögeln, Säugetieren und Reptilien, darunter bis zu 2,50 Meter lange Eidechsen und den Beutelmaulwurf der bei flüchtigem Hinblicken von einem dornigen Gestrüpp nur schwer zu unterscheiden ist. Da es auch fünf giftige Schlangenarten gibt, müssen Wanderer auf der Hut sein. Weit gefährlicher kann es werden, wenn Ortsunkundige in diesem Gebirge die Orientierung verlieren. Die systematische Erschließung für den Fremdenverkehr setzte erst zu Beginn der dreißiger Jahre ein, 1959 entstanden die ersten Motels und Hotels.

Streit um den geheiligten Ort

Nach dem Bau eines Retorten-Touristendorfes mit Info-Zentrum verfrachtete man die im Gebiet des Nationalparks lebenden Aborigines in frühere Hotels an der Ostseite des Felsens und in eine neue Siedlung, die »sicherheitshalber« gleich mit einem Drahtzaun umgeben wurde. Durch die Umsiedlung in eine ausweglose Situation gebracht, sitzen die Ureinwohner vor ihren langsam zerfallenden Behausungen und bekämpfen ihre Frustration vorwiegend mit Alkohol. Das Spektakel um die großen Naturdenkmäler aus alten Zeiten hat ihnen so gut wie nichts gebracht.

Der jahrelang schwelende Streit um die Besitzverhältnisse des geheiligten Ortes konnte erst 1985 vertraglich beigelegt werden. Damals gab die australische Regierung den betrogenen Aborigines das Gebiet zwar offiziell zurück, behielt sich jedoch die touristische Nutzung vor. Auf diese Weise gelang es den Weißen, die Heimat der mythischen Regenbogenschlange Wanambi für einen Zeitraum von 99 Jahren zu »leasen«.

Das Alter des Ayers Rock wird auf 600 Millionen Jahre geschätzt. Von dem 348 Meter hohen Felsen bietet sich eine großartige Aussicht in die Weite der australischen Landschaft.

Der Ayers Rock wird von den Ureinwohnern als heiliger Ort verehrt.

In den Höhlen des roten Felsens finden sich historische Felszeichnungen der Aborigines.

Europa

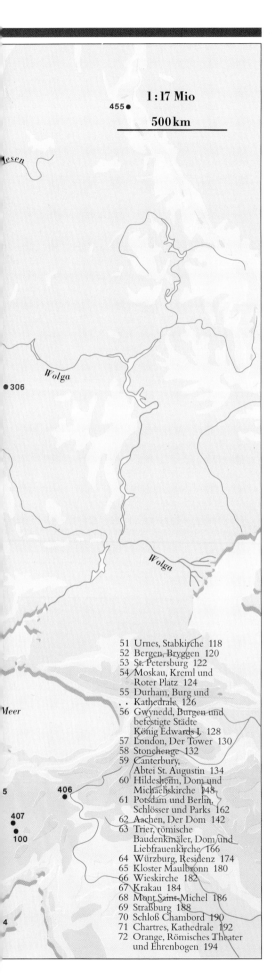

Hölzerne Pagoden des Nordens

Für die eroberungsfreudigen Nordmänner, die im frühen Mittelalter Europas Bevölkerung in Angst und Schrecken versetzten, bildeten Schiff und Jenseits stets eine untrennbare Einheit. Selbst als die unermüdlichen Missionare die gefürchteten Stämme der Wikinger zur Annahme des christlichen Glaubens bewegt hatten, hielten deren Nachfahren in ganz Skandinavien weiterhin an dieser Vorstellung fest. Die erfahrenen Schiffsbauer und Handwerker begannen in ihren Dörfern hölzerne Kirchen zu errichten. Zwischen dem Fjordland des Westens und dem nördlich verlaufenden Sognefjord, dem einstigen Stammland der Wikinger, bauten die Zimmerleute für den neuen Gott Holzkirchen, deren ausgeklügelte Architektur die Kunsthistoriker späterer Generationen in Staunen versetzte.

Solche handwerklichen Fertigkeiten, wie sie in den skandinavischen Stabkirchen zum Ausdruck kamen, mochte man den Bewohnern des einst heidnischen Nordens lange Zeit nicht zutrauen.

Zwischen dem 11. und dem 14. Jahrhundert errichteten die Handwerker in den verschiedenen Regionen Skandinavi-

Verkehrsverbindungen
Internationaler Flughafen Oslo. Regionalflüge nach Sogndal. Von Oslo auf der E 68 bis Sognefjord, Autofähre nach Sogndal. Straße Nr. 55 bis Solvorn, dann Fähre nach Urnes.

Reisezeit
Mai bis August.

Tips
Wandern im Jotunheimen-Naturpark mit Hütten für Übernachtung. Angeln. Tagesausflüge in Norwegens größtem Festlandgletscher Jostedalsbreen. Gletschermuseum in Fjærland. Wassersport. Stabkirche in Borgund (jünger, aber ursprünglicher als Urnes).

ens schätzungsweise 1200 Stabkirchen, die sich in ihrer Einmaligkeit jeder kunsthistorischen Einordnung entziehen. Als die Reformation Einzug hielt, mußten viele der entfernt an asiatische Pagoden erinnernden Gotteshäuser großzügiger geplanten Steinkirchen weichen. Während im vorigen Jahrhundert noch etwa 100 Stabkirchen gezählt wurden, gibt es heute in Norwegen noch 30, deren ursprüngliches Erscheinungsbild durch Anbauten und andere architektonische Eingriffe stark gelitten hat.

Die älteste Stabkirche Norwegens entstand um das Jahr 1050 im Dorf Urnes auf dem Grundstück eines Adeligen am Westufer des Lustrafjords an einer Stelle, die früher als Opferplatz diente. Die Zimmerleute verwandten bis zu zwölf Meter lange Pfosten (»Stäbe« im Sinne des norwegischen stav). Senkrecht aufgestellt, bildeten sie das statische Zentrum der Kirchenkonstruktion. Bohlen verbinden den Kirchenboden mit den Dachbalken und bilden verschiedene Rahmen in Kastenform. Auch die Wände sind meist senkrecht beplankt.

Christentum und heidnische Tradition

Es gehört nicht viel Phantasie dazu, im dunklen und engen Kirchenraum mit einer Fläche von 30 Quadratmetern ein kieloben treibendes Wikingerschiff zu erkennen. 16 Säulen im Innern verbinden den Boden der Stabkirche von Urnes mit dem vielfach gestuften Schindeldach. Zur Füllung der Seiten baute man Wandbretter ein. Säulenreihen, kunstvoll geschnitzte Basen und Kapitelle und die profilierten Rundbögen zwischen den Stützen erinnern an die Säulenreihen normannischer Basiliken. Auch die Schnitzwerke eines Vorgängerbaus finden sich in der neuen Kirche, deren Eingang in Form eines mit breiten und schmalen Holzbändern verzierten Schlüsselloches angelegt worden war.

Die hölzernen Reliefarbeiten an Nordseite und Westgiebel üben noch heute eine faszinierende Wirkung aus: Eine vierbeinige Kreatur mit fletschenden Zähnen packt in ihrem Maul den verschlungenen Leib einer Schlange, die ihr die Kehle zuzuschnüren versucht. Dünnere und dickere Tierkörper, die sich in Schleifen winden, vermitteln dem kunstvoll geschnitzten Relief einen kurvolinearen Rhythmus und bringen Bewegung in die dramatische Kampfszene: Das Christentum im Ringen mit der Religion der Wikinger als Spiegelbild eines entscheidenden sozialen Umbruchs im hohen Norden.

Soziale Konflikte

Warum diese christlichen Stabkirchen ausschließlich am Ende der Wikingerzeit und vor allem im ländlichen Raum entstanden, ist bis heute nicht völlig geklärt. Einiges spricht dafür, daß Skandinaviens Bauern mit diesen Bauwerken vor dem Hintergrund eines Stadt-Land-Konflikts ihre Eigenständigkeit unterstreichen wollten. Damals stritten Häuptlinge, die man später »Kleinkönige« nannte, mit dem machtbewußten Klerus um territorialen Zugewinn, wobei sie den Adel auf ihre Seite zu ziehen versuchten. Die wirtschaftlichen und militärischen Kämpfe gingen bald zu Lasten der Landbevölkerung, die sich schon immer gegen die Kargheit des Bodens und die Tücken des rauhen Klimas behaupten mußte.

Wikinger-Nostalgie

Während die Rivalen sich gegenseitig durch den Bau steinerner Gotteshäuser zu übertrumpfen hofften, besannen sich die Bauern auf ihre Vergangenheit. Sie träumten von den herrlichen Wikingerzeiten und schufen sich ihre eigenen Kirchen, die sie trotzig mit heidnischen Symbolen, etwa Drachenköpfen, bekrönten. Die Geistlichkeit ihrerseits drückte dabei gerne ein Auge zu: Jedes am äußersten Rande der Christenheit vollendete Gotteshaus war selbst mit heidnischen Verzierungen eine Erfolgsmeldung an die kirchlichen Vorgesetzten wert.

Die Kunst der Zimmerleute und die exakt aufeinander abgestimmten Wände und Säulen lassen die Stabkirchen auch heftigen Winterstürmen trotzen.

STABKIRCHE VON URNES

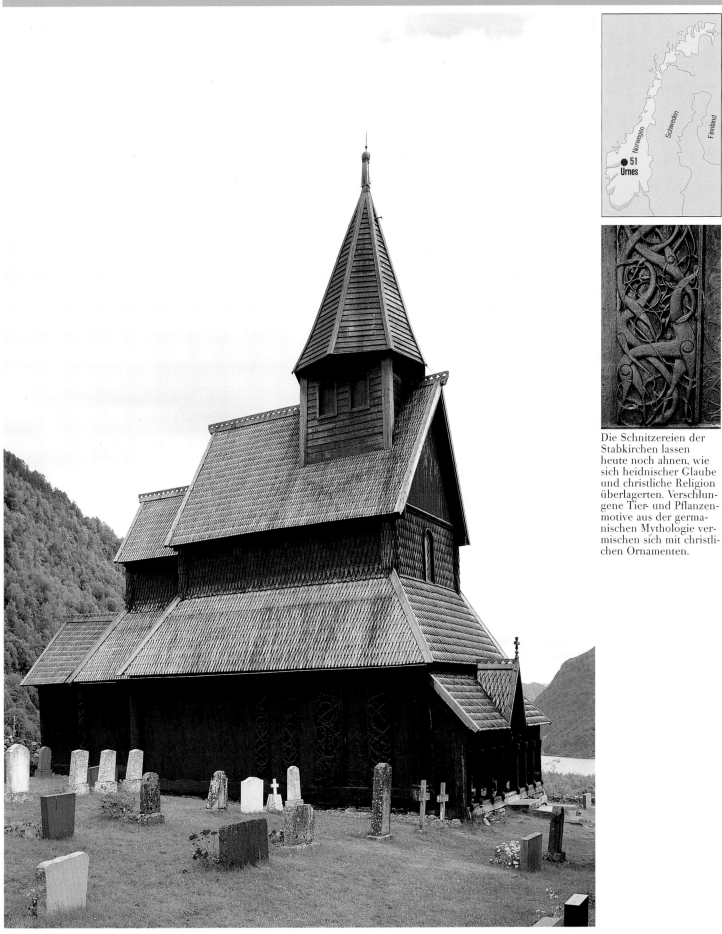

51
Urnes

Die Schnitzereien der
Stabkirchen lassen
heute noch ahnen, wie
sich heidnischer Glaube
und christliche Religion
überlagerten. Verschlun-
gene Tier- und Pflanzen-
motive aus der germa-
nischen Mythologie ver-
mischen sich mit christlichen Ornamenten.

Die Stabkirchen sind Norwegens bedeutendster
Beitrag zur europäischen Architekturgeschichte.
Sie entstanden, als das Land christianisiert
wurde. Um 1250 gab es etwa 1000 dieser ganz
aus Holz gebauten Kirchen. Heute stehen noch
25, die älteste davon in Urnes.

119

Bryggen, die Hafenstadt

Manchmal genügte schon der geringste Anlaß, daß die hanseatischen Kaufleute aus der Haut fuhren: Brachten sich die norwegischen Bediensteten dann nicht umgehend in Sicherheit, drohte mit Gewißheit eine tüchtige Tracht Prügel. Aber auch sonst hatten die neuen Handelsherren, die ein hartes und entbehrungsreiches Leben führten und getreu dem hanseatischen Recht unverheiratet blieben, nicht gerade den besten Ruf in der Hafenstadt Bergen an der zerklüfteten Küste des westlichen Norwegens: Wer bei den deutschen Fischhändlern in den »Bryggen« einkaufte, mußte auf der Hut sein, da die gewieften Zeitgenossen, wie die Einheimischen argwöhnten, für Ein- und Verkauf zwei verschiedene Waagen benützten, natürlich stets zu ihrem Vorteil.

Konkurrenz um Stockfisch

Bergen, eine wohlhabende Handelsstadt, wurde im 14. Jahrhundert für die Hanse attraktiv. Deutsche Kaufleute eröffneten ein Handelskontor und brachten die Wirtschaft unter ihre Kontrolle.

Erst zwei Jahrhunderte später holten die

Verkehrsverbindungen
Direkte Linienflüge von Hamburg aus. (Auto-)Fährbetrieb von Hanstholm (DK) mit »Fjordline«.

Reisezeit
Mai bis August (meist regenfrei).

Übernachtung
Extreme Zimmerengpässe während des Festivals Mai bis Juni.

Tips
Tagesausflüge mit Gletscherwandern oder Segeltörns mit alten Segelschiffen.

Neun Feuersbrünste

Die »Bryggen« – zu deutsch Brücke – genannten, erdfarben und matt gestrichenen Holzhäuser brannten im Laufe der Geschichte neunmal nieder, der letzte Großbrand verwandelte 1955 fast die Hälfte der ursprünglich von König Olaf Kyrre gegründeten Stadt in Asche. Seither graben die Archäologen im Untergrund und stellen mit wachsender Begeisterung fest, daß Bergen viel älter als angenommen ist. Nach jeder Feuersbrunst baute man die Stadt nach historischem Muster wieder auf und rettete damit die hansische Bauweise bis in die neuere Zeit hinein. Allerdings konnte nur der »Finnegard«, heute Hanseatisches Museum, sein originales Aussehen bis heute bewahren.

Treffpunkt der Geschäftswelt

Gegenüber der romanisch-gotischen Marienkirche am Övregate, Bergens ältestes Gotteshaus, erhebt sich die »Schötstuene«. In diesem Raum, bis ins 19. Jahrhundert Treffpunkt der deutschen Kaufleute, wurden die Zeitungen aus der Heimat gelesen und Geschäfte besprochen. Das benachbarte kleine Steingebäude mit massiven Wänden diente ihnen als Tresor. Während die »Korskirken« (Kreuzkirche) am Fisch- und Gemüsemarkt im Renaissance-Stil erbaut wurde, erinnert am veränderten Bergener Dom kaum noch etwas an die ursprüngliche Form, die in der zweiten Hälfte des 12. Jahrhunderts entstand. Die ältesten Gebäude der zwischen sieben bewaldeten Bergen eingebetteten Hafenstadt sind die Festung Bergenshus mit der Håkonshalle und dem Rosenkranzturm.

Norwegens »heimliche Hauptstadt«, die erst 1909 einen Eisenbahnanschluß nach Kristiania (Oslo) erhielt, hat sich in den letzten Jahrzehnten zu einem Mekka für

Musikfreunde entwickelt. Ihr Name ist eng verbunden mit dem Komponisten Edvard Grieg, dem zu Ehren jährlich ein vielbeachtetes Festival mit Musik, Ballett, Theater und Folkloreprogramm ausgerichtet wird.

Daß dieses kulturelle Großereignis stets im Mai und Juni stattfindet, hat seine Gründe: Statistisch gesehen sind dies die zwei trockensten Monate in einer Region mit einer durchschnittlichen Niederschlagsmenge von 2000 Millimeter pro Jahr.

Lektionen aus der Geschichte

In dieser Zeit verwandelt sich Bergen, das trotz Nordseeölboom solide in seinen hanseatischen Traditionen verwurzelt blieb, für kurze Zeit in Norwegens kulturelles Zentrum. Dann schlägt auch die große Stunde für Bergens Stadtkämmerer, denn wer mit seinem Fahrzeug in die Innenstadt will, muß zuvor einen kräftigen Wegzoll entrichten, um anschließend festzustellen, daß im Zentrum Parkplätze Mangelware sind. Haben sich die Verantwortlichen in dieser Stadt, deren Bevölkerung für ihren hintergründig-ironischen Humor landesweit bekannt ist, nicht doch einige Lektionen der einst geschmähten Kaufleute aus Norddeutschland zu Herzen genommen?

verdrängten Norweger zum großen Schlag gegen die verhaßten »Pfeffersäcke« aus: Deren Privilegien wurden eingeschränkt oder abgeschafft. Weil Bergens Geschäftsleben bis ins vorige Jahrhundert hinein dennoch überwiegend von Deutschen geprägt wurde, hieß ihr Wohnquartier »Tyske Bryggen«, das Attribut »deutsch« wurde später gestrichen. Die hochgiebeligen Speicherhäuser mit Höfen und Galerien wurden vom 12. Jahrhundert an am alten Hafen erbaut. In den in ordentlichen Reihen ausgerichteten Gebäuden befanden sich die Gemeinschaftsküchen für die Knechte, die Wohnräume waren im hinteren Teil untergebracht. Vor den Häusern wurden die gefangenen Fische zum Trocknen aufgehängt.

Im 11. Jahrhundert gegründet, war Bergen seit dem 12. Jahrhundert norwegische Krönungsstadt.

1350 wurde das Hansekontor errichtet. Das alte Hafenviertel Bryggen hat diese Tradition bewahrt.

BERGEN

Im Hanseviertel sind
zahlreiche Häuser mit
bunten Holzfiguren
geschmückt.

Bergen, Norwegens zweitgrößte Stadt, bedeutendes Universitätszentrum, wichtige Handels- und Kongreßstadt, hat sich seine kleinstädtische Prägung erhalten: Buntgestrichene Holzhäuser aus dem 19. Jahrhundert in Gamle Bergen.

Das historische Zentrum und Bauten der Umgebung

Es mangelt St. Petersburg nicht an Epitheta, um seinen besonderen Rang unter den Städten Rußlands hervorzuheben. Ob man es, den wirtschaftlichen Aspekt betonend, als »Fenster zur Ostsee« bezeichnet oder, wie Puschkin aufs Kulturelle abzielend, als »Fenster nach Europa«, bleibt sich letztlich gleich. St. Petersburg steht traditionell für eine Westorientierung, die sich nicht zuletzt auch in seinem Stadtbild ausweist. Und da dieses Stadtbild sich nicht auf die beiden Newa-Ufer beschränkt, sondern 42 Inseln sowie 86 Flußarme und Kanäle mit mehr als 300 Brücken einbezieht, liegt der Gedanke nahe, vom »Venedig des Nordens« zu sprechen. Die topographischen Bedingungen im Mündungsdelta der Newa sind, durch eine ausgedehnte Sumpflandschaft zusätzlich erschwert, für eine Stadtgründung nicht gerade alltäglich zu nennen. Nicht alltäglich ist auch der dreifache Namenswechsel in diesem Jahrhundert, der ein Zeichen setzt für Krieg und Ideologie, für Zerstörung und Selbstbehauptung. Denn erst 1991 fand das 1914 in Petrograd und 1924 in Leningrad umbenannte St. Petersburg zu seinem historischen Namen zurück. Und daß das

Verkehrsverbindungen
Internationaler Flughafen Pulkowo; Staatsstraßen 10 und 21.

Reisezeit
Sommer (weiße Nächte).

Tips
Besuch der berühmten Gemäldegalerien; Ausflüge zu den kaiserlichen Sommerresidenzen Zarskoje Selo, Peterhof und Pawlowsk sowie nach Nowgorod Kishi (traditionelle Holzbaukunst).

Stadtzentrum nach den Zerstörungen einer fast 900tägigen Belagerung im 2. Weltkrieg seine architektonische Physiognomie zurückerhielt, kam einer Wiedergeburt gleich.

Das »Fenster nach Europa«

Der Baubeginn mitten im 2. Nordischen Krieg war reichlich kühn. Der »erste Spatenstich« am 25. Mai 1703 auf der Haseninsel galt einer großen Festungsanlage (Peter-und-Pauls-Festung) – acht Kilometer entfernt von der schwedischen Festungsstadt Nienschanz (Nyen). So verdankt St. Petersburg seine Existenz strategischem Kalkül. Doch bereits drei Jahre später ließ Zar Peter d. Gr. Sanktpiterburch zügig zum neuen Zentrum des russischen Reichs ausbauen.

Es entstand eine am Reißbrett konzipierte Metropole, deren großzügige Architektur bewußt einen Kontrapunkt zur Moskauer Enge setzte: Förderung der Steinbauweise statt des traditionellen Holzbaus, Pflasterung der Straßen, großzügige, künstlerisch gestaltete Plätze, weltstädtisch breite Boulevards (Prospekte), Kirchen und Klöster nicht in der üblichen Massierung, sondern nur insoweit, als es politisch geboten war. Selbst auf den üblichen Kreml verzichtete man.

Der amtlich eingedeutschte Name »Sankt-Petersburg« war im Sinne des Stadtgründers als politisches Programm zu verstehen: ein Synonym für Rußlands kulturellen und wirtschaftlichen Anschluß an Westeuropa. In der Architektur des historischen Zentrums spiegelt sich dieses Programm wie in keiner anderen Stadt Rußlands wider. Architekten aus Deutschland, Italien und Frankreich gaben der Stadt ihr unverwechselbares Profil. Diese Kontinuität blieb auch von den russischen Baumeistern gewahrt, denn sie gingen nicht nur bei den »Westlern« in die Lehre, sondern ergänzten ihre Ausbildung durch ausländische Studienaufenthalte.

Ein europäisches Gesamtkunstwerk

Die Architekturgeschichte St. Petersburgs beginnt mit Domenico Trezzini. Sein vom norddeutschen Barock geprägter Baustil bestimmt nicht nur die Architektur des Alexander-Newski-Klosters, sondern auch die der Peter-und-Pauls-Festung samt seiner berühmten Kathedrale, deren ursprüngliche Holzkonstruktion Trezzini durch eine Hallenkirche mit dreigeschossigem Fassadenturm und schlanker, vergoldeter Spitze ersetzte – lange Zeit das höchste Bauwerk der Stadt.

Trezzini folgte ein halbes Dutzend Deutsche, darunter der berühmte Andreas Schlüter, dann etliche Italiener. Doch bald meldeten sich auch die ersten Russen zu Wort, beispielsweise Michael Semzow mit der Kirche der hll. Simon und Anna oder der Palladio-Bewunderer Peter Eropkin mit seinem Petersburger Generalplan. Als die Italiener erneut zum Zuge kamen, war dies die Stunde Bartolomeo Francesco Rastrellis. Er erbaute sowohl das dritte Winterpalais wie auch dessen heute noch gültige letzte Variante, doch wurde er auch für zahlreiche Adelspaläste und seine Entwürfe zum Smolnyi-Kloster gerühmt. Das Petersburger Barock ist mit seinem Namen untrennbar verbunden. Tschewakinskis Bauten wie die Nikolaj-Marine-Kathedrale stehen noch in dieser Tradition, während die Katharinenkirche, die Akademie der Künste oder auch Nutzbauten wie Neu-Holland des Franzosen Vallin de la Mothe den Übergang vom Barock zum Klassizismus charakterisieren.

Längst trug der friedliche Wettstreit zwischen russischen und ausländischen Architekten seine Früchte, aller Intrigen und Streitereien zum Trotz. Am Schloßkai errichtete Antonio Rinaldi das Marmorpalais, Juri Felten entwarf die Alte Ermitage, Wassilij Bashenow saß über den Plänen zum Michaels-Schloß, Iwan Starow erbaute das monumentale Taurische Palais und die Dreifaltigkeitskirche im Alexander-Newski-Kloster, während sich der Schotte Charles Cameron den Schlössern der Umgebung widmete und Giacomo Quarenghi mit der Akademie der Wissenschaften, dem Smolnyi-Institut und dem Eremitage-Theater seine Beiträge leistete. Der Stilwechsel zum Klassizismus erfuhr keine zeitliche Verzögerung gegenüber Westeuropa.

Unterdessen widmete sich Carlo Rossi dem Ausbau und der Gestaltung zentraler Plätze wie dem Schloßplatz mit seinem Generalstabsgebäude oder dem Platz der Künste, und Andrejan Sacharow und Wassilij Stasow stellten die Admiralität bzw. die Smolnyi-Kathedrale als Hauptwerk vor. Schließlich konnte auch Auguste Ricard de Montferrands heftig umstrittene Isaaks-Kathedrale geweiht werden. Ihr stilistischer Eklektizismus verweist auf den Historismus, eine Epoche, für den als letzter bedeutender ausländischer Architekt Leo von Klenze mit der Neuen Eremitage einsteht.

Natürlich bietet St. Petersburg auch für die folgenden Stilepochen bis hin zur Gegenwart genügend Beispiele. Doch das Konzept städtebaulicher Geschlossenheit hat sich nie mehr so verdichtet wie in Barock und Klassizismus. Sie lassen das »Venedig des Nordens« als ein unverwechselbares »Gesamtkunstwerk« europäischer Baumeister erkennen.

Über dem Palast der Zarin Katharina I. leuchten goldglänzende Kuppeln.

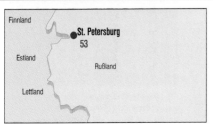

Die prächtige Fassade der Dreifaltigkeitskirche im Alexander-Newski-
Kloster (oben) – ein Bauwerk, das
ebenso wie das berühmte Winterpalais (links) zu den architektonischen
Juwelen St. Petersburgs zählt.

Der Kreml und der Rote Platz

Als größter Feldherr seiner Epoche stand der Kaiser der Franzosen mit seinem siegreichen Heer endlich vor den Toren der Krönungsstadt der russischen Zaren. Auf die Bürgerdelegation, die Napoleon den Moskauer Stadtschlüssel übergeben sollte, wartete der Korse allerdings an jenem 14. September 1812 vergeblich. Der erhoffte Triumph sollte sich in eine katastrophale Niederlage verwandeln. Nur noch Marodeure und ein paar versprengte Soldaten waren in der Stadt, die in der nächsten Nacht in Flammen aufging.

Während sich die erschöpften Soldaten in den Weinkellern einem Saufgelage hingaben, betrat der Kaiser erstmals die Residenz des Zaren, den verwaisten Kreml, den als »achtes Weltwunder« lange Zeit die Aura der Uneinnehmbarkeit umgeben hatte. Als der Kaiser das Erlösertor durchschritt, fiel ihm – so eine Anekdote – der Zweispitz vom Kopf, ein böses Omen, das den weiteren Verlauf des Feldzuges überschattete.

Schon vor diesem kaiserlichen Mißgeschick galt der Erlöserturm, seit dem 17. Jahrhundert als Haupteingang zum

Verkehrsverbindungen
Moskau liegt an den Staatsstraßen 1, 4, 8, 9 und 10. Internationaler Flughafen Scheremetjewo. Bahnverbindung. Informationen bei INTOURIST Frankfurt/Main.

Reisezeit
Sommer.

Tips
Besichtigung der Klöster Nowodewitschi und Andronikow. Ostankino (Fernsehzentrum). Palastmuseum. Ausflüge zu den Residenzen Kuskowo, Kuzminki und Tsaritsyno. Jasnaja Poljana (Tolstojs Adelsgut). Tschaikowskis Wohnhaus.

Kreml mit einem Christusbild geschmückt, als geheiligter Ort, den auch die Zaren nur mit unbedecktem Haupt durchschreiten durften. Heute geschlossen, gehört er zu den insgesamt 19 Türmen des mit einer roten Ziegelmauer auf dreieckigem Grundriß umgebenen Herrschaftsbezirks. Als alte Residenz der Großfürsten 1156 angelegt, erkor Iwan I., von den Zeitgenossen »Geldsack« genannt, Moskau als Sitz des Zaren und des Metropoliten »von ganz Rußland«. Wenige Jahre später wurde die Stadt von den Tataren in Schutt und Asche gelegt. Endlich vom Mongolenjoch befreit, stieg der in einem Sumpfgebiet auf drei Terrassen beiderseits der Moskwa liegende Ort zur Hauptstadt auf. Obwohl Zar Peter I.

den Hof 1712 nach St. Petersburg verlegte, blieb Moskau als »drittes Rom« Krönungsstadt. Erst nach der Oktoberrevolution übernahm Moskau wieder die Rolle der Hauptstadt und erfüllt sie natürlich auch nach dem Scheitern des Kommunismus, nun wieder unter russischer Observanz.

Über dem Kreml nur der Himmel

»Über Moskau steht der Kreml, über dem Kreml ist nur der Himmel«, lautet eine alte Weisheit, der bis in die jüngere Zeit nicht ungestraft widersprochen wurde. Während der Zarenzeit wählten die Herrscher vorzugsweise die im Kreml erbaute Kathedrale Mariä Himmelfahrt, um dort ihre »ukasy« genannten Erlasse zu verkünden. Nach dem Vorbild der gleichnamigen Kirche in Wladimir gestaltet, wurde das Gotteshaus mit wertvollen Fresken und Ikonen, darunter eine Darstellung der Dreifaltigkeit und der berühmten Muttergottes von Wladimir, geschmückt.

Als Privatkirche für die Zarenfamilie diente die Mariä-Verkündigungs-Kirche. Die Heiligenbilder auf ihrer Ikonostase sind vermutlich von Andrej Rubljow und Feofan Grek. Diese Meisterwerke befinden sich heute überwiegend in der Tretjakow-Galerie. Der Schah von Persien schenkte damals dem Zaren jene kostbaren Achat- und Jaspisplatten, die für den Fußboden verwendet wurden. In jener Epoche, als Luxus und Prunk noch nicht verpönt waren, schufen Maler Porträts russischer Großfürsten und antiker Philosophen, die heute die Wände der Paläste zieren.

Ihre letzte Ruhestätte fanden die Großen der damaligen Zeit in der Erzengel-Michael-Kirche, an deren Wänden Schlachtengemälde entstanden. Sie zählt heute zu den Perlen der russischen Sakralkunst. Ein italienischer Architekt errichtete im 16. Jahrhundert den 81 Meter hohen Glockenturm, der einem Erlaß Iwans des Großen nach von keinem anderen Gebäude Moskaus überragt werden durfte.

Seine jetzige Form erhielt der Große Kremlpalast mit der 120 Meter langen, klassizistisch gestalteten Hauptfront im 19. Jahrhundert. Der von Zar Iwan III. als Thronhalle benützte Facettenpalast wurde einbezogen. Diese Schöpfung von Marco Ruffo und Pietro Antonio Solari verdankt ihren Namen den facettenartig geschliffenen Steinen der Fassade, hinter der Staatsakte und Bankette stattfanden. Etwas ver-

steckt liegt die während der Regierungszeit Iwans des Schrecklichen erbaute Mariä-Gewand-Kirche, deren Baumeister später geblendet worden sein sollen, auf daß dieses Gotteshaus einmalig bleibe. Der Terem-Palast diente den weiblichen Mitgliedern der Zarenfamilie als Wohnsitz, die ehemalige Rüstkammer beherbergt heute ein Museum. Im jüngsten Kremlgebäude, dem 1961 erbauten Kongreßpalast, fanden früher Parteikongresse und kulturelle Veranstaltungen statt. Der alte Senat, in dessen oberen Stockwerken Lenin bis zu seinem Tod 1924 lebte und arbeitete, wurde ebenfalls in eine Gedenkstätte umgestaltet.

Grellbunte Zwiebeltürme

Beigesetzt wurde Lenin in dem 1930 fertiggestellten Porphyr-Mausoleum auf dem Roten Platz.

Der Name »Roter Platz« geht auf altslawische Zeiten zurück, als diese Farbe ein Synonym für Schönheit war. Dank ihrer bizarren Architektur und der später grellbunt bemalten Zwiebeltürme rund um den konischen Hauptturm herum, ist die Basilius-Kathedrale ein Musterbeispiel für den Moskowiter Nationalstil.

Wer den Kreml verläßt, so der Volksmund, sollte seine Mauer berühren, wenn er nochmals wiederkommen will.

Die Basilius-Kathedrale, ein Glanzstück altrussischer Baukunst, wurde von Iwan dem Schrecklichen errichtet.

Blick über die Moskwa auf die Mariä-Verkün-
digungs-Kathedrale, die ehemalige Hauskirche
der Zaren, und den Glockenturm Iwans des
Großen. Mit über 80 Metern war der säulen-
artige Turm mit vergoldeter Kuppel lange das
höchste Gebäude der Stadt.

Burg und Kathedrale

»Zur Hälfte eine Kirche Gottes, zur Hälfte eine Burg gegen die Schotten« nannte der Schriftsteller Sir Walter Scott im vorigen Jahrhundert Durhams Wahrzeichen, die festungsgleich hoch über einer Schleife des River Wear thronende Kathedrale der Bischofsstadt im Kohlerevier des Nordens.

Wie kaum ein anderes Bauwerk Englands aus dieser Epoche bezeugt die romanische Gottesburg die Machtfülle der Fürstbischöfe, die ihre uneingeschränkte Souveränität innerhalb der Diözese erst 1836 einbüßten. Als weltliche und geistliche Herrscher residierten sie in der im 11. Jahrhundert ausgebauten Festung, die sie im Laufe der Geschichte vielfach umgestalten ließen. Von diesem wehrhaften Bischofspalast aus bestimmten die »Gnädigen Herren« fast 700 Jahre lang die Geschicke der Bewohner.

Mittelalterliches Gepräge

Durhams Herrscher von Gottes Gnaden besaßen im Mittelalter die fünf größten Kohlegruben, ein Parlament, das ihre Gesetze und Erlasse bewilligte, sowie das

Verkehrsverbindungen
Von der nordenglischen Stadt Darlington auf der A 1 gelangt man nach rund 30 Kilometern nach Durham.

Reisezeit
Am besten in den Sommermonaten.

Übernachtung
Neben Hotels gibt es eine gute Auswahl an Pensionen und Privatunterkünften (Bed & Breakfast).

Tips
»North of England Open Air Museum« in Beamish bei Staveley. In diesem Museum wird die Sozial- und Industriegeschichte des Nordostens in ziemlich authentischer Rekonstruktion des Alltagslebens präsentiert.

Im Juli findet in der Durhamer Altstadt das Bergmannsfest »Miners' Gala« statt.

Münzrecht. Weil die geistlichen Herren die Kunst der Verteidigung ganz vortrefflich beherrschten, überstand die einstige Grenzstadt sämtliche Belagerungen und Kriege unbeschadet. Selbst die kriegerischen Schotten fanden im Bischof von Durham ihren Meister. Bis heute konnte der historische Kern der Universitätsstadt in der weitgehend ländlich geprägten Grafschaft gleichen Namens sein mittelalterliches Flair bewahren.

Durhams Geschichte beginnt um das Jahr 995, als die Mönche der Nordseeinsel Lindisfarne aus Furcht vor drohenden Wikingereinfällen einen sicheren Ort für die sterbliche Hülle des hl. Cuthbert suchten. Die frommen Männer fanden den Ort schließlich durch ein Wunderzeichen an einer Flußbiegung, wo sie Anfang des 11. Jahrhunderts eine Kirche und später eine Burg errichteten. Durham wurde Bischofsitz, ausgestattet mit reichen Ländereien, wie es sich für ein Zentrum gläubiger Reliquienverehrung gehörte.

Wenige Jahre nach der Eroberung Englands durch die Normannen metzelten aufständische Bewohner nahe der späteren Stadt 500 Mann aus der Gefolgschaft Wilhelm des Eroberers nieder. Daraufhin befahl Wilhelm einen gnadenlosen Rachefeldzug, bei dem zahllose Dörfer niedergebrannt und Mensch und Vieh abgeschlachtet wurden. »Harrying of the North« nannte man später diesen blutigen Vergeltungsschlag, der den Normannen ihre Vormachtstellung sichern half.

Nach normannischem Vorbild

Bischof Wilhelm von St. Calais, zeit seines Lebens ein glühender Bewunderer der für die Normandie typischen Abteikirchen, ordnete 1093 den Bau einer neuen Kathedrale nach normannischem Vorbild an. Geweiht wurde das mächtige Gotteshaus dem heiligen Cuthbert, dessen Reliquien seither dort aufbewahrt werden. Weil Hauptschiff, Chor und Querschiff in verhältnismäßig kurzer Zeit fertiggestellt wurden, zeichnet sich Durhams Kathedrale durch eine bemerkenswerte Stilreinheit aus.

Dabei bewiesen die Baumeister eine für damalige Verhältnisse verblüffende Kühnheit: Von der normannischen Romanik ausgehend, experimentierten sie erstmals mit gewagten Wölbungen, die den Baustil der Gotik bereits vorwegnahmen. Statt der schweren romanischen Tonnengewölbe wählten sie Kreuzgrate und Kreuzrippengewölbe. Dadurch wirkt die Kathedrale von Durham weiträumiger und heller als romanische Kirchen. Zweifelsfrei der Romanik zuzuordnen sind hingegen die massiven Pfeiler, Wände und die ursprünglich bunt bemalten Säulen, die wesentlich solider gebaut wurden, als dies nach der Gebäudestatik nötig gewesen wäre. Aus dem Jahre 1680 stammt der Durhamer Taufbaldachin. In ganz England sind nur vier solcher Baldachine erhalten geblieben.

Im Schutze der in Resten erhaltenen Stadtmauer ducken sich in gehörigem Abstand zum ehemaligen Sitz der Fürstbischöfe an den engen und steilen Straßen des historischen Zentrums die schmalen Giebelhäuser des »Palace Green«, die zum überwiegenden Teil aus dem 17. Jahrhundert stammen. Am Marktplatz erheben sich die Fassaden der Saint-Nicholas-Kirche als Musterbeispiel für die Gotik des viktorianischen Zeitalters. Sie ist so perfekt ausgeführt, daß viele Besucher Durhams das mächtige Gotteshaus des 19. Jahrhunderts zunächst mit der mittelalterlichen Kathedrale verwechseln.

In der Ruhe und Abgeschiedenheit des Kreuzgangs ist vom weltlichen Machtstreben nichts zu spüren.

Die Arkaden im Kreuzgang wurden 1418 gebaut.

DURHAM

Im Laufe der Geschichte wurde der wehrhafte Bischofspalast mehrfach umgebaut. Fast 700 Jahre lang bestimmten die geistlichen Herren von hier aus die Geschicke der Region.

Wie kaum ein anderes Bauwerk dokumentiert die festungsgleiche romanische Kathedrale Durhams die Machtfülle der Fürstbischöfe im Mittelalter. Die im 11. Jahrhundert ausgebaute Gottesburg hoch über dem River Wear ist das Wahrzeichen der alten Bischofsstadt.

Burgen und befestigte Städte König Edwards I.

An einem Tag im Juli 1969 lebte hinter den Mauern des walisischen Schlosses Caernarfon für ein paar Stunden das Mittelalter auf: In einer feierlichen Zeremonie legte Kronprinz Charles vor seiner Mutter, Königin Elisabeth II., als Prince of Wales den Lehenseid ab und gelobte Treue und Gefolgschaft bis in den Tod. Die geladenen Gäste begleiteten die feierliche Investitur des jungen Mannes mit angemessenem Jubel, und das Volk via Television – in aller Welt mit 500 Millionen Zuschauern fast das zehnfache der britischen Untertanen repäsentierend – mit staunender Neugier.

Symbol der Unterwerfung

Schloß Caernarfon im Herzen der Grafschaft Gwynedd, im Mittelalter zur Unterwerfung von Wales errichtet, wurde über Nacht zum Symbol der späten Versöhnung zwischen den Landesteilen. »Vor 700 Jahren bauten die Engländer diese Burgen, um uns zu unterjochen. Jetzt zahlen sie ein Pfund Eintritt, um sie zu besichtigen«, vermerkte mit Genugtuung der Caernarfoner Bürgermeister und Kastellan.

Verkehrsverbindungen
Regionalflughafen Liverpool, Bahnverbindung über Birmingham oder Liverpool; wichtigste Fernstraße in dieser Region ist die E 22.

Reisezeit
Das walisische Wetter ist wechselhaft; Regenmäntel und -schirme sollten nie vergessen werden. Beste Reisezeiten: Mai/Juni und September/Oktober.

Übernachtung
Wales besitzt eine Vielzahl von Übernachtungsmöglichkeiten von Land- und Bauernhäusern mit Bed & Breakfast bis hin zu internationalen Hotels.

Tips
Ein atemberaubender Rundblick aus der Vogelperspektive bietet sich aus den Flugzeugen der Fluggesellschaft Snowdon Mountain Aviation. Der Flugplatz befindet sich am Stadtrand von Caernarvon beim Strand von Dinas Dinlle.

Gwynedd im Nordwesten von Wales bildete nach dem Abzug der Römer das Kernland eines mächtigen Fürstengeschlechts. Der römische Verwaltungsbegriff »Venedotia« wurde auf kymrisch zu »Gwynedd« mit dem Hauptort Aberffraw. Nachdem die Fürsten dieses Dorf zur Residenz erkoren hatten, nannten sie sich – »Könige von Aberffraw«.

Eine Kette von Zwingburgen

Über drei Jahrzehnte benötigte Fürst Rhodri Mawr im 9. Jahrhundert, um Gwynedd, Powys und Teile von Südwales zu einem geschlossenen Herrschaftsbereich mit eigenständiger Kultur zusammenzuschmieden. Als die Waliser dem englischen König Edward I. Tribut und Treueid verweigerten, war die militärische Kraftprobe unausweichlich. Edward I. beendete in zwei Feldzügen Wales Unabhängigkeit, ließ zur Sicherung neun Burgen errichten – darunter Caernarfon, Conwy und Beaumaris – und erklärte Caernarfon zum Verwaltungssitz. Um das Fürstentum enger an England zu binden, verlieh der König seinem Sohn, dem späteren Edward II., im Jahre 1301 den Titel eines »Prince of Wales«. Es war der Titel eines walisischen Fürsten, der im Kampf gegen England gefallen war. Seit 1301 führen ihn die meisten englischen Thronfolger.

Ein Hauch von Mittelalter

Burg Caernarfon liegt auf der Halbinsel Lleyn gegenüber der Insel Anglesey auf einer Landspitze an der Menai Straße, in die der Fluß Seiont mündet. Die Altstadt von Caernarfon, die im 19. Jahrhundert durch den Schieferexport reich wurde, wirkt heute noch so eng und abgeschlossen wie in früheren Zeiten.

Als rein englische Kolonie ließ der König nordöstlich von Caernarfon in einem ehemaligen Sumpfgelände zwischen den sanften Hügeln der Insel Anglesey die Festung Beaumaris (Beau Marais – schöne Marsch) errichten. Die konzentrische Zwingburg, in deren Gräben heute Schwäne schwimmen, wurde zwar nie vollendet, ist jedoch im Gegensatz zu Caernarfon im Inneren in ihrem ursprünglichen Zustand sehr gut erhalten geblieben. In der gleichnamigen Stadt stehen zahlreiche luxuriös gestaltete Häuser aus der Tudor-Zeit.

Elisabethanische Residenzen

An der walisischen Nordküste gelegen, ist der Festungsort Conwy mit der knapp zwei Kilometer langen Stadtmauer, 22 Türmen und drei Toren die am besten erhaltene Anlage dieser Art im Vereinigten Königreich. 1824 spannte Thomas Telford eine kühne Hängebrücke über die Conwy-Mündung, wobei der Architekt bei der Gestaltung die Türme der mittelalterlichen Festung zum Vorbild nahm. Herausragende Residenzen aus der Elisabethanischen Zeit verleihen dem Stadtbild Conwys eine vornehme Note, und hinter dem Kai der Hafenstadt warten die schalkhaften Waliser mit dem kleinsten Haus Großbritanniens auf: Wer beim Besuch des »Ty Bach« den Kopf zu hoch trägt, wird das winzige Gebäude in schmerzhafter Erinnerung bewahren.

Zwischen den Hügeln der Insel Anglesey in einem sumpfigen Gelände wurde die Festung Beaumaris errichtet. Obwohl nie vollendet, ist das Innere in seinem ursprünglichem Zustand erhalten.

Zahlreiche Festungen prägen die Nordwestküste von Wales und erzählen von der bewegten Vergangenheit dieses Landstrichs. Das Foto zeigt Conwy Castle.

Festung Beaumaris

Vom Königspalast zum Waffenmuseum

Um die machtvoll und uneinnehmbar am Themseufer thronende Königsfestung ranken sich vermutlich mehr phantastische Legenden und unheimliche Mordgeschichten, als der düstergraue Festungsbau an Verliesen besitzt. In der berühmtesten Erzählung spielen die Raben die Hauptrolle: Solange die schwarzen Vögel, früher Zaungäste bei Hinrichtungen, in den Nischen der mehrfach erfolglos belagerten Burg nisten, wird auch der Tower und damit die englische Monarchie erhalten bleiben. Um zu verhindern, daß sich die krächzenden Symboltiere eines Tages einfach aus dem Staub machen, habe ihnen das Wachpersonal in weiser Voraussicht die Flügel gestutzt, behaupten böse Zungen.

Die Wächter der Königstafel

Daß sich die »Beefeaters« genannten Wachmänner des Londoner Towers vornehmlich durch den Verzehr von Rindfleisch ernähren, muß jedoch eindeutig ins Reich der Fabel verwiesen werden: Ihr Name ist eine Verballhornung des französischen Begriffs »boufitiers«, mit dem jene

---

Verkehrsverbindungen
London besitzt zwei internationale Flughäfen: Gatwick und Heathrow.

Reisezeit
Ganzjährig.

Übernachtung
Hotels und Pensionen der verschiedensten Preisklassen.

Tips
Im angrenzenden Stadtbezirk: die Docklands, die frühere Speicherstadt, das Herzstück des Londoner Eastends. Heute entstehen hier Luxuswohnungen.

Der auf das 14. Jahrhundert zurückgehende und umfassend renovierte Gasthof und Wollwiegeplatz Staple Inn (Holborn, WC 1) besitzt eine der schönsten Fachwerkfassaden Londons.

Getreuen »Yeomen« bezeichnet wurden, die sich zu Zeiten Heinrichs VIII. an der königlichen Tafel um das Wohlergehen Seiner Majestät kümmern mußten. Dafür darf über die Ursprünge der Burg im südlichen Teil der heutigen Londoner City herrlich spekuliert werden. Einer durchaus ernstzunehmenden Theorie nach hat schon der römische Feldherr Cäsar erstmals diese Stelle befestigen lassen. Als Wilhelm der Eroberer 1066 die Insel in normannischen Besitz gebracht hatte, entstand bald darauf am östlichen Endpunkt der alten römischen Stadtmauern ein wuchtiges Holzfort, in dem der neue Herrscher seinen Wohnsitz nahm, den Fluß kontrollierte und den Einwohnern damit deutlich machte, daß sie fortan unter seinem Schutz standen.

Einsame Wacht auf dem Hügel

Den steinernen Neubau des Towers vollendete Wilhelms Sohn William Rufus: Der aus dunklen und hellen Steinen errichtete Festungskomplex mit Zinnen, Ecktürmen und Bogenfenstern hielt einsam Wacht auf dem Tower Hill und demonstrierte den Untertanen die geballte Königsmacht. Andere Herrscher wie Richard Löwenherz setzten die Bautätigkeit fort. Die heutige Form des Towers geht auf die Regierungszeit Heinrichs III. und Edwards I. zurück.

Ein dunkles Kapitel

Strategischer Mittelpunkt des Towers war das im 16. Jahrhundert als Fachwerkbau errichtete »Queen's House«, in dem der Festungskommandant einquartiert war. Umfangreiche Waffensammlungen im »White Tower« und Rüstungen samt Waffen aus dem Orient in der Oriental Gallery des Zeughauses erinnern an jene Epoche, während der Britannia unangefochten die Weltmeere beherrschte.

Das dunkelste Kapitel des Londoner Towers beginnt mit der Inhaftierung des Philosophen und Lordkanzlers Thomas More, der sich geweigert hatte, den »Suprematseid« auf König Heinrich VIII. abzulegen. Sein Leben endete unter dem Beil des Scharfrichters, der auch Anna Boleyn, als zweite Frau Heinrichs glanzvoll zur Königin gekrönt und drei Jahre später von ihrem Ehemann wegen angeblicher Untreue zum Tode verurteilt, hinrichten mußte. Auch Heinrichs vierte Frau, Katharina Howard, mißfiel und mußte den Weg zum Schafott antreten – der Richtblock steht noch heute auf dem »Tower Green«. Beigesetzt wurden die Hingerichteten in der »Royal Chapel St. Peter ad Vincula«. An die zahllosen Inhaftierten des Towers erinnern die in die Mauern eingeritzten Inschriften. Im späten 16. Jahrhundert hatte der Tower als Residenz endgültig ausgedient: Die königliche Familie zog die wesentlich bequemeren Räumlichkeiten von Westminster Palace vor.

Blütezeit des Bürgertums

Der jahrhundertelang abwechselnd als Zeughaus, Festung, Palast und Gefängnis verwendete Tower von London beherbergt außer martialischen Waffensammlungen heute jedoch auch die Sammlung der britischen Kronjuwelen. Die meisten Schmuckstücke, die im gutbewachten »Jewel House« bewundert werden können, stammen allerdings aus der zweiten Hälfte des 17. Jahrhunderts, da Oliver Cromwell während der Revolutionszeit fast den gesamten Kronschatz versilbert hatte.

Zu den beeindruckendsten Arbeiten zählen neben Krönungsgewändern und Prachtroben der Ritterorden die Kronen. Die bekannteste ist fraglos die mit einem Teil des legendären südafrikanischen Cullinan-Diamanten besetzte »Imperial State Crown«, die außerdem einen leuchtenden Rubin aus Kastilien trägt. Heute ziert dieses Kunstwerk nur noch bei der Parlamentseröffnung das königliche Haupt. Es erinnert an die Krönung von Königin Victoria im Jahre 1837 und damit an die nach ihr benannte Blütezeit des englischen Kunsthandwerks in der zweiten Hälfte des vorigen Jahrhunderts.

Der Tower, die berühmteste und berüchtigtste Festung des Landes, demonstriert die Macht der Herrscher. Sie diente bis ins 16. Jahrhundert als Königssitz.

Großbritannien

London
57 ●

Wilhelm der Eroberer ließ 1066 am
östlichen Endpunkt der Stadtmauer
ein Holzfort errichten. Das trutzige
Bauwerk mit Zinnen, Ecktürmen,
Bastionen und Befestigungen entstand im Laufe der Jahrhunderte.

Megalith-Kultur in England

Von neugierigem Publikum bestaunt, inszenieren Jahr für Jahr selbsternannte »Druiden« in der Nacht vom 21. auf den 22. Juni in Südengland eine ungewöhnliche Sonnwendfeier: In weite Kapuzengewänder gehüllt, halten sie in der einen Hand einen Mistelzweig, schwenken mit der anderen bunte Fahnen und begleiten dieses Spektakel mit beschwörenden Gesängen »nach Art« der Druiden, auch wenn deren musikalisches Schatzkästlein mit keiner Note überliefert ist... Ort der Handlung: Stonehenge, die jungsteinzeitliche Kultstätte in der Grafschaft Wiltshire.

Megalithkultstätte

Mit dem Ende des Spektakels bleiben gewaltige Müllbestände zurück – und auf den riesigen Sandsteinbrocken, die seit fast vier Jahrtausenden in den südenglischen Himmel ragen – die Zeugnisse menschlicher Ewigkeitssehnsucht: Graffitis und Inschriften in Massen. Stonehenge als eine Art überzeitliches Gästebuch. Besucher, die nicht druidenträumend ihren Mummenschanz treiben, dürften freilich eher an der Baugeschichte dieser Kultstätte interessiert

Verkehrsverbindungen
Stonehenge liegt 16 Kilometer nördlich von Salisbury. Man nimmt zunächst die A 345 nach Amesbury und von dort die A 303 nach Stonehenge.

Beste Reisezeit
Sommermonate. Großer Andrang während der Sommersonnenwende (21./22. Juni).

Übernachtung
Ländliche Pensionen, häufig Bed & Breakfast.

Tips
Hinter Wilton führt die A 30 zur alten Hügelstadt Shaftesbury, in dessen Gassen die Zeit stehengeblieben zu sein scheint.

sein. Trotz aller Rätsel, die Stonehenge aufgibt, haben die naturwissenschaftlichen Hilfsmittel der modernen Archäologie manche Frage beantworten können. So haben Untersuchungen nach der Radiocarbon-Methode mehrere Bauphasen festgestellt, von denen die erste auf die Zeit um 3000 v. Chr. datiert wird.

Als um 2100 v. Chr. Siedler der Becherkultur nach Südengland kamen, wurde der Eingangsbereich der Kultstätte umgestaltet und dabei der Felsenkreis mit einem magischen Zirkel eingefriedet. Meeres- und Flußströmungen ausnutzend, schleppten die Menschen auf dem See- und Landweg

die tonnenschweren Steine heran, die in Form zweier Steinkreise innerhalb des Erdwalls aufgestellt wurden – jedoch nur zum Teil, denn die Bauarbeiten wurden aus nicht näher bekannten Gründen unterbrochen.

In der Frühbronzezeit bis etwa 2000 v. Chr., als sich eine sozial differenziertere Gesellschaft herangebildet hatte, wurde der Bau mit ungeheurem Material- und Arbeitskräfteeinsatz fortgeführt. Bis zu 50 Tonnen schwere Sandsteinblöcke (sarsens) wurden aus den 35 Kilometer nördlich gelegenen Marlborough Downs mit riesigen Schlitten auf Rollenbahnen, die von einigen hundert Männern mittels Kuhhaarseilen und Lederriemen gezogen wurden, zum Heiligtum transportiert und mit weiteren Decksteinen zu gewaltigen Trilithkonstruktionen zusammengefügt. Sämtliche Steine weisen sorgfältige Bearbeitungen auf. Die einzelnen Decksteine erhielten beispielsweise eine leichte Krümmung und Löcher sowie Nut- und Federverbindungen, um sie in die Zapfen der Tragsteine einzupassen und mit den Decksteinen zu verkeilen.

Das Zentrum des Heiligtums markierten einst fünf torartige Trilithe von 6 bis 7 Meter Höhe in hufeisenförmiger Anordnung, die von einem etwa 4,5 Meter hohen Steinring aus 30 mit Deckplatten verbundenen Sandsteinmonolithen von je 25 Tonnen Gewicht umgeben waren. Erst gegen 1500 v. Chr. erhielt Stonehenge (»hängende Steine«) seine heutige Gestalt, als in das hufeisenförmige Innere ein Zentralaltar gesetzt wurde, um den einzelne Bausteine zu einer weiteren magischen Hufeisenform arrangiert wurden.

Magische Anziehungskraft

Warum die Menschen in ferner Vorzeit mit so gewaltigem Aufwand diese Kultstätte errichtet haben, ist bis heute ein Geheimnis geblieben.

Die Archäologen vertreten verschiedene Thesen über Sinn und Zweck dieses Monuments. Sie reichen von der Deutung als religiöses Zentrum des Sonnenkults auf Grund der präzisen Ausrichtung der Anlage nach der Sommer- und Wintersonnenwende über die Vermutung eines »Steinzeitcomputers« zur Beobachtung und Berechnung astronomischer Phänomene bis zu einem geheimnisvollen Kraftlinien- und Energiezentrum. Eine Verbindung des Heiligtums mit dem Druidenkult ist hingegen nicht belegbar, zumal die keltischen Priester erst über 1000 Jahre nach seiner Errichtung in diese Gegend kamen. Am einleuchtendsten scheint ein Zusammenhang von Totenkult und Sonnenverehrung, wenn man die kreisförmige Sakralanlage mit der Sonnenform in Verbindung bringt als uraltes Symbol für Untergang und Auferstehung.

Vermutlich dienten die Steinkreise von Stonehenge der Sonnen- und Mondbeobachtung

STONEHENGE

Zu den faszinierendsten Zeugnissen der Mega-
lithkultur zählen die Steinkreise von Stonehenge. Sie wurden mit großem technischen
Geschick in drei Bauphasen von 3000 bis
1500 v. Chr. errichtet.

133

Die Kathedrale

Als Lordkanzler leistete der Jugendfreund seinem König allzeit treue Dienste. Nachdem Heinrich II. seinen engsten Vertrauten jedoch gedrängt hatte, Erzbischof von Canterbury zu werden, ging die Freundschaft schnell in die Brüche. »Is there none will rid me of this turbulent priest?« fragte der entzürnte Monarch, als er feststellte, daß sich sein Schützling im Rechtsstreit zwischen Staat und Kirche beharrlich weigerte, geistliches von weltlichem Recht zu trennen: Der »aufrührerische Priester« stand kompromißlos für die kirchliche Sache ein. Vier englische Barone, durch den zornigen König aufgestachelt, schmiedeten spontan ein Komplott und erschlugen den aufrechten Kirchenmann Thomas Becket in seinem 52. Lebensjahr am drittletzten Tag des Jahres 1170 in seiner Kathedrale.

Stoff für Romane und Filme

Heinrichs öffentlicher Bußgang zur Stätte der Bluttat, von den Zeitgenossen als erstes Wunder des toten Erzbischofs betrachtet, konnte die Heiligsprechung Beckets drei Jahre nach seinem Tod nur

---

---

beschleunigen. In der Folgezeit wurde die Kathedrale des erzbischöflichen Sitzes für England zu einem bekannten Pilgerort, den auch Erasmus von Rotterdam aufsuchte: Es hätte dem heiligen Mann sicher besser gefallen, wenn sein Grab mit Blättern und Blumen geschmückt gewesen wäre, hielt der niederländische Humanist in seinen Reisenotizen fest, nachdem er das juwelenbesetzte Grabmal erblickt hatte. Erst Heinrich VIII., der die endgültige Trennung von Rom besiegelte, setzte dem Kult ein Ende. 1538 ließ er das Grab zerstören, die Erinnerung an den prinzipientreuen Becket konnte jedoch auch er nicht ausmerzen: Sein Schicksal lieferte späterer Generationen reichlich Stoff für Romane und Verfilmungen.

Frühgotik aus Frankreich

Die Kathedrale von Canterbury entstand bald nach der Eroberung Englands an Stelle einer sächsischen Kirche. Erbaut wurde sie von Lanfranc, der als geistlicher Berater Wilhelm des Eroberers Erzbischof geworden war. Doch vier Jahre nach dem »Mord im Dom« brannte der Chor völlig nieder. Nach der Chronik des Mönchs Gervasius wurde mit dem Wiederaufbau der französische Baumeister Wilhelm von Sens betraut – »seines lebhaften Geistes und guten Rufes« wegen, wie es hieß. Wilhelm brachte den gotischen Baustil mit und verwendete für den Chor Steine aus Caen.

Anschaulich beschreibt der Chronist, wie die schlanken Pfeiler des spätgotischen Gotteshauses emporwuchsen und schließlich mit Bogen zusammengeschlossen wurden.

Als ein Baugerüst zusammenbricht, befallen den Mönch Zweifel: Ob Gottes Zorn oder des Teufels Neid den kühnen Architekten gestürzt haben? Ein anderer Baumeister übernimmt das Regiment, neue Stilformen und unterschiedliches Baumaterial werden ausprobiert. 25 Jahre nach dem Brand waren der majestätische Chor, die Dreifaltigkeitskapelle und die Corona (Beckets-Krone) genannte Stirnkapelle des Chorhauses fertiggestellt. Auch die Krypta, ältester Teil der Kathedrale aus der Zeit um 1100 mit schönen Wandmalereien und herrlichen Kapitellen, wurde nach 1174 hallenartig erweitert.

Von Bischöfen und schwarzen Prinzen

Dieses Meisterwerk war lange Zeit Ziel jener mittelalterlichen Pilger, deren ungebändigte Reiselust und volkstümliche Frömmigkeit Geoffrey Chaucer, Sohn eines Weinhändlers, in seinen »Canterbury Tales« eindrucksvoll beschrieben hat. Der volksverbundene Chaucer, der selbst an einer Wallfahrt nach Canterbury teilnahm, zeichnete in diesen Erzählungen ein ebenso wirklichkeitsnahes wie buntes Panorama des damaligen Lebens. Auch nach der Zerstörung des Becket-Grabes blieb die Kathedrale für den Personenkult attraktiv. So etwa durch die letzte Ruhestätte des Erzbischofs Chichele, die von ihm selbst entworfen worden war. In der oberen Etage ließ er sich im prächtigen Ornat verewigen, darunter liegt ein nackter Leichnam mit hohlen Wangen und eingefallener Bauchdecke als Sinnbild der menschlichen Vergänglichkeit. Und auch der legendäre »Schwarze Prinz« Edward (gestorben 1376), als Heerführer des Hundertjährigen Kriegs Schrecken der französischen Ritterheere, sollte in der Kathedrale von Canterbury begraben und als Kriegsheld verehrt werden. Auf dem eindrucksvollen Grabmal im Chorumgang ist der furchtlose schwarze Recke als Liegefigur in Ritterrüstung dargestellt.

Der berühmte gotische Lettner (1411 – 1430), ein Meisterwerk, zeigt u. a. sechs englische Könige in herrscherlicher Pose.

Faszinierend ist auch der Blick in den spätgotischen Vierungsturm mit herrlichem Fächergewölbe.

Der Chor der Christus geweihten Kathedrale von Canterbury ist das früheste Beispiel der Gotik in England. Der lichtdurchflutete Raum zeichnet sich durch schlanke Säulen und eindrucksvolle Kreuzrippengewölbe aus.

Das Werk der Mönche

An Canterburys Mönche, die im 12. Jahrhundert ein außergewöhnliches Wasserversorgungssystem konstruiert hatten – erhalten blieb nur der Wasserturm –, erinnern die sich anschließenden Klostergebäude. Über die Christchurch Gateway, einen zweitürmigen spätgotischen Turmbau, verläßt man den Kathedralbezirk und gelangt in die Altstadt, die im Zweiten Weltkrieg schwere Schäden erlitten hat.

Canterbury Cathedral wird von Strebepfeilern, -bögen und wuchtigen Türmen geprägt.

Dort, wo heute das College steht, erbaute St. Augustin eine Abtei, deren Ruinen noch zu sehen sind.

Das Langhaus der Christus geweihten Kathedrale von Canterbury entstand zwischen 1378 und 1410 im hochgotischen Stil.

Der Südost-Turm wurde 1460 vollendet, der Nordwest-Turm nach Abriß im neugotischen Stil 1832.

Der lange Kampf um eine Kulturlandschaft

Kein anderes Küstenvolk ist in Europa den Gewalten der rauhen See so existenziell ausgeliefert wie die Niederländer. Da ein Viertel ihrer Siedlungsfläche bis zu sechs Meter unter dem Meeresspiegel liegt und ein weiteres Viertel nur wenige Meter darüber, müssen sie sich seit Menschengedenken gegen den »Landraub« des Ozeans zur Wehr setzen. Was Wunder also, daß der Volksmund meint:»Gott schuf die Welt, die Holländer haben sich ihr Land selbst geschaffen.«

Welchen Schwankungen das Leben der Küstenbewohner ausgesetzt war, läßt sich an der Geschichte von Schokland (im Nordostpolder der Provinz Flevoland) exemplarisch nachvollziehen. So zäh und erfindungsreich der Mensch seine territorialen »Besitzansprüche« gegen die Natur auch durchzusetzen versuchte, mehr als Pyrrhussiege vermochte er kaum zu erringen. Wie viele lokale Tragödien über die Küstenbewohner gleichsam regelmäßig hereinbrachen, läßt sich nur ahnen. Denn der Schutz, den die Terpen, künstliche Wohnhügel, vor den Sturmfluten boten, war genauso wirkungsvoll wie morsche Balkenstützen für ein Haus.

Verkehrsverbindungen

Auf der Autobahn Heerenveen – Amsterdam Abfahrt Emmeloord. Landstraße nach Ens. Erste Abfahrt nach der Brücke. Schokland liegt wenige Kilometer östlich von Ens.

Tips

Empfohlen sei ein Besuch des Museums in der Warftkirche, wo Funde aus der Geschichte des IJsselmeerpolders zu besichtigen sind. Lohnend ist auch ein Abstecher in das Fischerdorf Urk mit seinen malerischen Gassen. Die jahrhundertelang abseits lebende Bevölkerung pflegt heute noch Traditionen und Bräuche, die anderswo verlorengegangen sind.

Die territoriale Gewinn- und Verlustrechnung, die man zu Beginn unseres Jahrhunderts aufmachte, war denn auch alles andere als ermutigend. Seit dem 12. Jahrhundert hatten die Holländer dem Meer zwar 520 000 Hektar Land abgetrotzt, doch 566 600 Hektar verloren geben müssen. Erst das gigantische Zuidersee-Projekt von 1918, das über Jahrzehnte hin nach den Plänen des Ingenieurs und Ministers Cornelis Lely realisiert wurde, brachte eine Wende zum Besseren – ohne daß sich daraus eine Garantie künftiger Sicherheit ableiten ließe.

Zwischen Resignation und Selbstbehauptung

Siedlungsgebiet war dieses an der Zuidersee gelegene Schokland schon im späten Paläolithikum. Bis etwa 1450 stellte im Südosten ein Torfmoor mit dem Hinterland eine Verbindung her. Doch machten sich schon um 1400 erste Anzeichen einer Veränderung bemerkbar, als die Bauern und Fischer etliche Terpen aufgeben mußten, weil die See sich das Land zu erobern begann. Die Konsequenzen ließen nicht lange auf sich warten. Wie das benachbarte Urk verwandelte sich auch Schokland in eine Insel der Zuidersee. Die Torfbrücke hatte sich aufgelöst. Es schien nur eine Zeitfrage zu sein, wann das Meer auch den »Rest« als Beute holen würde.

Da die Erträge aus Fischerei und Landwirtschaft bestenfalls fürs Existenzminimum reichten, fehlte es den Schokländern an den notwendigen Finanzmitteln, um Deiche und Terpen wirkungsvoll auszubauen. Zwar gewährten zunächst der Provinziallandtag von Overijssel, seit 1660 Amsterdam und seit 1710 Holland und Friesland gemeinsam finanzielle Untersützung, doch mehr als notdürftige Sicherungsmaßnahmen waren mit diesen Zuschüssen nicht zu finanzieren. Immer weiter fraß sich die See in die Insel. Vergeblich hofften die Bewohner auf Abhilfe durch den Bau von Steindeichen, an denen man sich seit 1804 versuchte. Da der stetige Landverlust die landwirtschaftliche Anbaufläche weiter schmälerte, war auf der

Insel schließlich kein Auskommen mehr. 1859 sahen sich die letzten Bewohner gezwungen, Schokland zu verlassen. Nur wenige Häuser blieben unzerstört, um für den Küstenschutz hergerichtet zu werden. Fortan diente die Insel als Wellenbrecher und Zufluchtsort für die Schiffahrt.

Daß Schokland heute wieder zum Festland gehört, ist jenem bereits erwähnten Zuidersee-Projekt zu verdanken, das seit dem Ende des Ersten Weltkriegs die Topographie der Niederlande nachhaltig zu verändern begann. Ein Jahrhundert-Projekt: 1932 war der 30 Kilometer lange Abschlußdeich vollendet, der seither die Nordsee vom IJsselmeer, der ehemaligen Zuidersee, trennt. Damit wurde es möglich, große Teile der Zuidersee trockenzulegen und in ertragreiche Polder, eingedeichtes Marschland, zu verwandeln. Innerhalb von zwanzig Jahren (bis in die 1970er Jahre) entstand auf einer Fläche von 220 000 Hektar Flevoland als zwölfte niederländische Provinz. Das IJsselmeer aber wurde ein Süßwassersee, der als Wasserreservoir und zur Bewässerung der neugewonnenen Polder dient. So besteht die Chance, die Grundwasserversalzung des Umlandes allmählich zu beheben.

Schokland, die einstige Insel, ist Teil des Nordostpolders, einer Kulturlandschaft, die zwischen 1937 und 1942 angelegt wurde. Wenig erinnert noch an die langen Jahrhunderte einer entbehrungsreichen Geschichte.

Dieser Grundriß eines Schiffes wurde in einem Informationszentrum angelegt. Der steinige Grund und die Holzpfähle zeigen die Form, die Findlinge aus der Umgebung dienten in früheren Zeiten als Ballast.

Die alte Warftkirche unmittelbar neben einem lokalen historischen Museum. Es verbindet die Gegenwart mit einer Welt, in der der Mensch nur selten eine Chance hatte, sich im Kampf gegen die Urgewalt des Meeres zu behaupten.

Der Festungsgürtel

Wasser als Verteidigungswaffe – für diese niederländische Erfindung dürfte sich in der Geschichte des europäischen Festungsbaus kein zweites Beispiel finden lassen. Wer sich jedoch wie die Niederländer seit je den Bedrohungen und Heimsuchungen des Meers erwehren muß, für den ist es naheliegend, die Erfahrungen und Techniken des Damm- und Kanalbaus, der Schleusenregulierung, der Pumpentechnik und der Poldergewinnung auch militärisch zu nutzen. Daß es möglich sein müßte, die feindliche Natur als Bundesgenossen zu gewinnen, war eine Idee des 16. Jahrhunderts. Im 80 Jahre währenden Freiheitskampf gegen die spanische Hegemonie entstand die Gude Hollandse Waterlinie, ein Verteidigungssystem, dessen Technik es erstmals ermöglichte, durch zeitweise und regulierte Überflutung eines Landstrichs feindliche Angriffe abzuwehren. Damit war eine spezifisch niederländische Abwehrstrategie entwickelt, die besonders im 19. Jahrhundert mit großem Aufwand betrieben wurde. Den Anfang machte die Nieuwe Hollandse Waterlinie, die zwischen 1815 und 1885 in mehreren Bauabschnitten angelegt wurde.

Verkehrsverbindungen
Da sich der Stelling als Verteidigungsring um Amsterdam zieht, fehlt es nicht an Gelegenheiten, ihn auf den Einfallstraßen zur Hauptstadt zu entdecken.

Tips
Der hohe Standard der niederländischen Ingenieurskunst im Umgang mit den Einflüssen des Meers läßt sich an zahlreichen zivilen Objekten studieren. Eines der herausragenden Beispiele ist die Eindeichung des IJsselmeers, dessen Abschlußdamm einen Überblick über die verschiedenen Schleusentechniken gibt.

Vollendung ohne Nutzen

Diese zweite Waterlinie war noch nicht fertiggestellt, als 1883 für das größte Projekt dieser Art der erste Spatenstich erfolgte: für den Festungsgürtel rund um die Hauptstadt Amsterdam, Stelling genannt. Die Dimensionen sind beachtlich: 45 Forts gliedern eine Verteidigungslinie von 135 Kilometern Länge, ausgerüstet mit den modernsten Techniken zur Überflutung des weitläufigen Vorfelds. Die Arbeiten kamen erst nach dem Ersten Weltkrieg, den die Niederlande dank ihrer Neutralität unbeschadet überstanden hatten, zum Abschluß (1920). Da aber war bereits abzusehen, daß die neue Luftwaffe den Stelling strategisch künftig überflüssig machen würde.

Auf dem Festungsgürtel

Als Verteidigungsring schlägt der Stelling einen Radius von 15 bis 20 Kilometern bis zum Amsterdamer Stadtzentrum. Trotz der dichten Besiedlung in unmittelbarer Nähe ist es gelungen, die Strukturen der Polderlandschaft weitgehend zu bewahren.

Der Festungsgürtel sollte zwei Aufgaben erfüllen: zum einen Abwehr eines feindlichen Angriffs durch Überflutung auf breiter Front, zum andern Gegenangriff durch Artilleriebeschuß in Forts und Batteriestellungen. Der Abwehrmechanismus durch Wasser war einfach, aber wirkungsvoll. Jeder eingedämmte Polder hat sein eigenes, durch Kanäle, Schleusen und Pumpstationen gesteuertes Flutungssystem. Entscheidend ist die Höhe des Wasserspiegels. Sie muß so reguliert sein, daß Belagerer weder durchs Wasser waten noch mit Schiffen angreifen können. Der Richtpegel liegt zwischen einem halben und einem Meter »Tiefgang«. Es ist zwar möglich, Meerwasser einzuleiten, doch bevorzugt man natürlich Süßwasser, um die in Friedenszeiten als Ackerland genutzten Polder nicht zu gefährden.

Alle sensiblen Stellen des Verteidigungssystems sind durch wasserburgartig angelegte Forts gesichert, oft unterstützt durch vorgelagerte Batteriestellungen sowie Einsatzkommandos mit mobilen Geschützen auf den Dämmen. Grundsätzlich beträgt der Abstand zwischen den Forts maximal 3500 Meter, ein Richtwert, der von der damaligen Reichweite der Artillerie bestimmt wurde.

Um die Zielfläche für feindliche Kanonen gering zu halten, bevorzugte man für die miteinander verbundenen Gebäude eines Forts eine schmale Bauweise. Jede Anlage ist zusätzlich durch Gräben gesichert. Wälle und Dämme zwischen den Forts vervollständigen den Verteidigungsring. Um eine lange Belagerungszeit zu überstehen, waren alle versorgungstechnischen Vorkehrungen getroffen. Lebensmittelmagazine, Trinkwasserreservoirs, Telegrafenstationen, Küchen und Kantinen gehörten ebenso zum Standard der Einrichtungen wie Offiziersmessen, Mannschaftsunterkünfte, Waschräume, Krankenstuben, Beobachtungs- und bewaffnete Panzertürme. Waffen- und Munitionsarsenale waren so deponiert, daß sie sich außerhalb der möglichen Feuerlinie befanden. Mit dem Einsatz von Beton als Baumaterial versuchte man, der ständig wachsenden Feuerkraft moderner Geschütze Herr zu werden. Dies ist um so bemerkenswerter, da der schon in der Römerzeit verwendete Beton seit dem Mittelalter in Vergessenheit geraten war und erst mit der Erfindung des Stahlbetons (1855) allmählich neue Beachtung fand, zunächst in der Militärarchitektur, seit den zwanziger Jahren in zunehmendem Maße auch im zivilen Bereich. So bot dieser uralte und dennoch neue Verbundbaustoff der Architektur ein neues Experimentierfeld.

Der heute noch weitgehend intakte Stelling bietet einen entwicklungsgeschichtlichen Überblick zur Festungsarchitektur im 19. und frühen 20. Jahrhundert. – Die Aufnahme zeigt eine Schleuse des Überflutungssystems.

Eines der 45 Forts, die den Amsterdamer Stelling sichern. Die geschickte Tarnung der Anlage kann nicht darüber hinwegtäuschen, daß sich mit der wachsenden Bedeutung der Luftwaffe die strategische Funktion des Festungsgürtels erledigt hatte.

Die Altstadt

Lübecks historischer Altstadt, die im Zweiten Weltkrieg zu einem Fünftel zerstört worden war, blieb eine radikale Sanierung im Namen einer automobilgerechten, modernen City erspart – nicht aus höherer Einsicht, sondern aus schlichtem Geldmangel einer Kommune, die sich nach 1945 unversehens im Zonenrandgebiet wiederfand. Doch auch die Stilbeliebigkeit bundesdeutscher Großstadtarchitektur trug in der Hansestadt dazu bei, die Einbindung der Geschichte in die Existenz eines Gemeinwesens neu zu entdecken. Zwar wurden in den Nachkriegsjahren einige repräsentative Baudenkmäler wiederhergestellt, doch erklärte die Magistratsversammlung erst 1975 die Restaurierung des Stadtkerns zur vordringlichen Aufgabe eines neuen Sanierungskonzepts. Lübeck gewann alles in allem seine historische Physiognomie zurück, ohne daß dies die Maßstäbe einer modernen Großstadt beeinträchtigt hätte.

Rasanter Aufstieg

Für eine mittelalterliche Stadtgründung war die Lage ideal: eine leicht erhöhte Halb-

Verkehrsverbindungen
Direkte Anfahrt von Hamburg über die Autobahn A 1.

Tips
Besuch des Buddenbrook-Hauses mit seiner ständigen Ausstellung zu Leben und Werk von Heinrich und Thomas Mann.
St.-Annen-Museum mit seiner Kirchenkunst-Sammlung, u. a. dem Passionsaltar von Hans Memling.

insel, umflossen von Trave und Wakenitz und an der offenen Flanke durch Sumpfgelände geschützt. Als Handelsplatz bot Lübeck – so benannt nach der nahen Wendensiedlung Liubice, die »Liebliche« – alle Voraussetzungen, um die Rolle des untergegangenen Haithabu zu übernehmen. Auch Heinrich der Löwe, Herzog von Sachsen und Bayern, muß die wirtschaftlichen Chancen erahnt haben, denn er zwang Graf Adolf II. von Schauenburg und Holstein, ihm die 1143 gegründete Stadt abzutreten. 1159 kam es zu einer Neugründung, bei der der Herzog Lübeck mit reichen Privilegien ausstattete. Zudem verlegte er 1160 das Bistum Oldenburg an die Trave. Nach Heinrichs Sturz – er hatte gegen Kaiser Friedrich I. rebelliert – folgte eine kurze Episode dänischer Vorherrschaft, die mit der Schlacht von Bornhöved beendet wurde. 1226 erklärte Kaiser Fried-

rich II. Lübeck zur Freien Reichsstadt – ein unschätzbarer Vorteil, denn so blieb die Stadt dem direkten Zugriff der Kaiser, Könige und Territorialfürsten entzogen.

Hundert Jahre nach seiner Gründung war Lübecks Vormachtstellung als Handelsdrehscheibe zwischen Skandinavien, Rußland und England unbestritten. Damit waren die Grundlagen gelegt für Lübecks führende Rolle in der Hanse, einer Art nordeuropäischer »Wirtschaftsgemeinschaft«. Keine andere deutsche Stadt des Mittelalters hatte binnen so kurzer Zeit einen solch rasanten Aufstieg zustande gebracht, nur Köln überbot Lübeck an Größe. Es regierte, wirtschaftliche und politische Macht vereinend, die »Königin der Hanse«.

»Lubeke aller steden schone«

Etwa um die Mitte des 14. Jahrhunderts war der Wandel von den romanischen Anfängen zu einer gotisch geprägten Stadtarchitektur im wesentlichen abgeschlossen. Die sieben Türme der fünf Hauptkirchen – Dom, St. Marien, St. Petri, St. Jakobi, St. Ägidien – gaben der Silhouette Profil, ergänzt durch Klöster und weitere Kirchenbauten. Das Rathaus, eines der größten des Mittelalters, und das Heiliggeist-Spital, eines der ältesten Hospitäler, waren architektonische Demonstrationen bürgerlichen Selbstbewußtseins. Die Straßenrandbebauung mit den durch Brandmauern verbundenen Giebelhäusern der kaufmännischen Bürgerschaft und die flachen Traufseithäuser der unteren Schichten in den engen Seitenstraßen orientierten sich an einem »Stadtentwicklungsplan«, von dem man annehmen könnte, er habe schon bei der Gründung Lübecks vorgelegen. Darauf deutet nicht nur die schmale, längliche Parzellierung der Grundstücke hin, sondern auch das Straßennetz, das keine Zufälligkeiten zuläßt. Die Jahrhunderte formten einen Stadtkern, der in seiner strukturellen Geschlossenheit und hierarchischen Ordnung mittelalterlich zu nennen ist, der aber gleichwohl eine beträchtliche Stilvielfalt aufweist. Dieses reiche Formenrepertoire bestätigte eine Statistik vor dem Zweiten Weltkrieg, als man 80 gotische, aber 200 Renaissancefassaden zählte, ergänzt durch barocke und klassizistische Bauten. Lübecks »Mittelalter« erweitert sich so zu einem Panorama der Architekturepochen.

Die Bautätigkeit der ersten Jahrhunderte muß extrem gewesen sein. In ihr spiegelt sich nicht nur die Finanzkraft der Hansestadt, sondern auch die Rivalität zwischen Kirche und Kaufleuten. Besonders deutlich machen dies die mehrfachen Umbauten und Erweiterungen des Domes

und der Hauptpfarrkirche St. Marien. Der Dom repräsentierte die Macht des Bischofs, St. Marien das Mäzenatentum des Rates und seiner Bürger. Architektur als Kundgebungen eines Konkurrenzverhältnisses und als Selbstdarstellung.

Die reiche Kaufmannschaft wußte städtebaulich repräsentative Akzente zu setzen. Etwa mit dem Rathaus, dessen zahlreiche Erweiterungen die unterschiedlichsten Stilelemente zusammenzwingen. Die Gestaltung der Toranlagen geriet derart imposant, daß die Architektur den funktionalen Charakter vergessen läßt. Besonders eindrucksvoll beim zweitürmigen Holstentor von 1478, das, nach flandrischem Vorbild errichtet, als das bedeutendste Stadttor Deutschlands gilt. Kein geringer Aufwand auch bei den Neu- und Umbauten der Gildehäuser, von denen sich das Haus der Schiffer erhalten hat.

Für die gotischen Bürgerhäuser jedoch ließen die Bauvorschriften wenig individuellen Gestaltungsspielraum. Die aneinandergereihten giebelständigen Backsteingebäude, Wohn- und Geschäftshaus in einem, waren einfach strukturiert und in ihren dekorativen Teilen bescheiden. Erst in der Renaissance begann man die gesteigerten Ansprüche einer individuellen Wohnkultur sichtbar zu machen. Die Fassaden gewannen plastische Kontur durch großzügigere Fenster, repräsentative Portale, Terrakottadekor, Säulen, Karyatiden und Rundbögen. Im Barock kam die Putzfassade hinzu, Wohn- und Arbeitsbereich wurden getrennt. Doch erst der Klassizismus begann die traditionellen Strukturen aufzubrechen. Da aber hatte Lübeck längst seine Vormachtstellung eingebüßt.

Das Holstentor, Lübecks einziges Tor, das im 19. Jahrhundert nicht der Spitzhacke zum Opfer fiel.

HANSESTADT LÜBECK

Die besondere Topographie der
Lübecker Altstadt wird auf dieser
Luftaufnahme sichtbar.

Der 1341 geweihte Dom, vielfach
umgebaut und restauriert, vom
Mühlenteich aus gesehen.

Wunder zwischen Himmel und Erde

Majestätisch thront der übergroße »Patricius Romanorum« auf der Giebelseite des silbernen Karlsschreins. Während die Medaillons über den deutlich kleineren und gebeugt wirkenden Kirchenmännern demonstrativ leer sind, erhebt sich über dem »Schutzherrn der Römer« ein segnender Christus: König Karl, von Gott selbst berufen, beschreitet den Weg zum Kaisertum. Nicht etwa Apostel und Heilige begleiten ihn auf diesem Weg, sondern Kaiser und Könige mit allen Insignien ihrer weltlichen Macht. Die Reliefs der Dachschrägen des reichverzierten Kunstwerks, in das der Staufenkaiser Friedrich II. 1215 die Gebeine des heiliggesprochenen Karls des Großen betten ließ, zeigen Szenen aus dem Leben des Herrschers, der Vorstellungen und Ideale des antiken Roms wieder zum Leben erweckte und Europa nach 400jähriger Zerrüttung kulturell und geistig erneuerte. So gesehen war der legendäre Karlsschrein im Chor des Aachener Doms künstlerischer Ausdruck eines politischen Programmes.

Als Karl beschloß, seine Residenz nach Aachen zu verlegen, hatte der völlig bedeutungslose Ort einzig und allein den

Verkehrsverbindungen
Aachen liegt an der A 44/E 314 und der A 4/E 40.

Tips
Ganztägige Dreiländerfahrten des städtischen Verkehrsvereins führen von Aachen aus über die Niederlande und Belgien.

Ein Bad in den heilsamen Aachener Thermalquellen, die schon von den Franken, die auf der Völkerwanderung hierherkamen, entdeckt wurden.

Vorteil, geographisch im Mittelpunkt des Frankenreiches zwischen Nordsee und Mittelmeer zu liegen. Fünf Jahre nachdem der Gründer des »Heiligen Römischen Reiches« in Rom zum Kaiser gekrönt worden war, weihte man die Pfalzkapelle von Aachen, das Carolus Magnus zum »neuen Rom« erheben wollte. Die auf achteckigem Grundriß erbaute Kapelle zeichnete sich aus durch massive Säulen, Rundbögen und mosaikgeschmückte Deckenwölbungen.

Als die Zeitgenossen Figurenschmuck, Reliefs und farbige Säulchen erblickten, priesen sie das Bauwerk als halb menschliches, halb göttliches Wunder. Die Pfalzkapelle blieb lange Zeit der eindrucksvollste und höchste Kuppelbau nördlich der Alpen. Er symbolisierte die Einheit von

Kirche und mittelalterlichem Staat und stärkte Karls Position als unangefochtener Herrscher der westlichen Welt.

Byzantinische Pracht

Weil Karls Frankenreich nicht im Schatten des konkurrierenden Ostrom stehen sollte, scheute der Bauherr keinen Aufwand. So ließ er antike Säulen und Marmor aus Italien herbeischaffen. Als Vorbild für die Bögen der Galerien und die Umgänge des zweigeschossigen Oktogons diente dem Baumeister Odo von Metz die byzantinische Hofkirche Kaiser Justinians I. sowie das Grabmal des Ostgotenkönigs Theoderich in Ravenna. Aus einer karolingischen Werkstatt stammte das Bronzegitter im zweiten Obergeschoß, wo der schlichte, aus Marmorplatten gefertigte Thron mit Blick auf den Hochaltar über sechs Treppenstufen erreichbar war. Karls einst 20 Hektar Fläche umfassender Palast, die Bibliothek und die 34 Meter lange Empfangshalle mit Ausnahme des Granusturms, haben die Stürme der Zeit nicht überlebt. Auf den Fundamenten steht heute das Aachener Rathaus.

Auch das Oktogon hat durch spätere Eingriffe gelitten. Als Kaiser Friedrich Barbarossa den großen Radleuchter aufhängen ließ, wurde ein Teil des Mosaikschmucks zerstört, weitere Schäden erlitt die karolingische Dekoration im 18. Jahrhundert, als das Innere barock umgestaltet werden sollte. Der heutige Mosaikschmuck stammt aus den siebziger Jahren des vorigen Jahrhunderts.

Schon zuvor wurde an die Westseite des Oktogons ein Turm angebaut und das Zeltdach wich einer Kuppel. Dann fügten die Baumeister einen gotischen Chor und kleinere Kapellen hinzu: Aus dem karolingi-

schen Achteck war der kunsthistorisch wertvolle Aachener Dom entstanden, bis 1531 Krönungsort der deutschen Könige.

Römer und Kelten

Schon um das Jahr 800 gossen Handwerker die von römischen Vorbildern beeinflußte Bronzetür des Hauptportals im Portalvorbau. Die aus zwei Flügeln bestehende »Wolfstür« wurde in rechteckige Felder unterteilt, als Griffe dienten zwei Löwenköpfe. An die keltische Bärengöttin erinnert in der Vorhalle die sogenannte Wölfin (2./3. Jahrhundert). Karolingische Inschriften zieren den Pinienzapfen, ein als Wasserspender des Atriumbrunnens benützter römischer Bronzeguß.

Goldaltar, Adlerpult, Aposteltafel, eine Madonna im Strahlenkranz sowie die goldene Kanzel Heinrichs III. befinden sich heute in der Chorhalle, in der auch der Schrein Karls aufbewahrt wird. Über ein spätgotisches Portal mit dem »Drachenloch« erreicht man vom Klosterhof aus den Kreuzgang, der um 1500 an Stelle eines romanischen Vorläufers angelegt wurde.

Wichtigstes Exponat der Münsterschatzkammer ist der Marienschrein, Mittelpunkt der seit dem Mittelalter alle sieben Jahre stattfindenden Aachener »Heiltumsfahrt«. Neben dem Turmreliquiar gehört auch die Karlsbüste zur Ausstattung des Schatzes. Es heißt, in ihrem Kopf werde die Schädeldecke des Kaisers aufbewahrt. Mit dieser Reliquie ist der Herrscher, der seine Regierungsziele sehr weltlich durchzusetzen wußte, im Sinne des mittelalterlichen Glaubens auch als Heiliger legitimiert.

Die Pfalzkapelle, das Zentrum des Aachener Münsters, war von 936 bis 1531 Krönungsort der deutschen Könige. Im Obergeschoß der Kapelle steht der Thron des Herrschers.

Der Aachener Dom, Symbol der
Einheit von Kirche und Staat im
»Heiligen Römischen Reich«.

Das Büstenreliquiar soll die Hirn-
schale Karls des Großen enthalten.

Augustusburg und Falkenlust

Er war Herzog von Bayern, Erzbischof und Kurfürst von Köln, auch Hoch- und Deutschmeister – und mit Pfründen reich gesegnet. Clemens August, der Wittelsbacher am Rhein, galt als einer der wohlhabendsten Kirchenfürsten seiner Zeit. Doch bei seinem Tod im Februar 1761 hinterließ er einen gewaltigen Schuldenberg. Verschwenderische Hofhaltung, großzügiges Mäzenatentum, vor allem aber eine ausschweifende Bauleidenschaft hatten ihn wachsen lassen – darin Ludwig II. von Bayern, seinem dynastischen Nachfahren, vergleichbar. Der kurfürstliche Erzbischof war ein höchst weltlicher geistlicher Herr, politisch völlig überfordert und an seinem bischöflichen Amt nur mäßig interessiert. Dennoch: »Unter dem Krummstab ist gut leben.« Clemens August wußte dieses Wort für seine ganz persönlichen Bedürfnisse herzurichten. Jagd, Kunst und Architektur – das waren seine fürstlichen Leidenschaften.

Augustusburg

Die Baugeschichte von Augustusburg erstreckt sich, wenn auch mit Unterbre-

Verkehrsverbindungen
Autobahn A 555 Köln–Bonn, Abfahrt Köln-Godorf.

Tips
Ausstellungen im Max-Ernst-Kabinett.
Brühler Schloßkonzerte.
Besuch von Phantasialand (April–Oktober).

chungen, über 45 Jahre; Zeit genug also, um den Stilwandel vom Barock zum Rokoko lebendig werden zu lassen. Der Bauplatz bei Brühl bot den Vorteil, daß sich die Fundamente einer mittelalterlichen Wasserburg, die 1689 von den Franzosen zerstört worden war, kostensparend auf den Neubau übertragen ließen. Ein Jagdschloß war geplant, dessen Rohbau Johann Conrad Schlaun, der Baumeister, 1728, nach drei Jahren Bauzeit, seinem Auftraggeber vorstellen konnte – eine Dreiflügelanlage unter Einschluß großer Mauerteile des Vorgängerbaus, der Wassergräben und eines mittelalterlichen Rundturms (einen zweiten baute Schlaun nach).

Kurfürst Karl Albrecht von Bayern hatte durchaus recht, die Schloßarchitektur seines Bruders Clemens August als konventionell zu kritisieren. Ein Barock, der sich von der mittelalterlichen Trutzburg nicht zu lösen schien. Kurzerhand lieh Karl Albrecht seinen Münchner Hofarchitekten, den allseits gerühmten François de Cuvil-

liés, an den Rhein aus. Der neue Baumeister ließ die Rundtürme und die Wassergräben beseitigen, Schlauns Barockfassade verändern, die Repräsentationsgemächer an die Südseite verlegen und eine großzügig dimensionierte Terrasse anlegen.

Cuvilliés rheinische Aufenthalte waren zeitlich begrenzt. Trotzdem vermochte er ein Gesamtkonzept zu entwickeln, das das Jagdschloß in eine hochrepräsentative Fürstenresidenz umbaute. Stets war seine künstlerische Handschrift präsent – unterstützt von exzellenten Mitarbeitern unter der Bauleitung von Michael Leveilly, die die Entwürfe kongenial umzusetzen wußten. Cuvilliés verwandelte Raumgestaltung in Raumkunst, fand eine Harmonie des Spielerischen, ohne ins Verspielte abzugleiten. Mediterrane Heiterkeit, entwickelt aus Linie und farbkompositorischer Virtuosität.

Für das Gesamtkonzept von Augustusburg war dieser Bauabschnitt von 1728 bis 1740 der wichtigste, zumal er auch den luxuriösen Ausbau der Gartenanlage einbezog. Dominique Girard, ein Meister der französischen Gartenbaukunst, wurde mit dieser Aufgabe betraut. Mit Cuvilliés war sich Girard darin einig, daß zwischen Schloß und Park eine intensive Wechselbeziehung hergestellt werden müsse. Die Broderieteppiche im Gartenparterre bringen dies genauso sinnfällig zum Ausdruck wie die Ausgestaltungen der Neuen Appartements.

Der dritte Bauabschnitt von 1740 bis 1750 stand ganz im Zeichen des Treppenhaus-Neubaus nach den Entwürfen Johann

Balthasar Neumanns. Selten haben sich künstlerischer Gestaltungszauber und kunsthandwerkliche Meisterschaft zu solch überzeugender Symbiose verdichtet. Das Treppenhaus wird im hochrepräsentativen Sinne zum Entrée, zum Zentrum, von dem sich alle anderen Räumlichkeiten in klarer Gliederung ableiten.

Falkenlust

Falkenlust wurde das, was Augustusburg ursprünglich werden sollte: ein Jagdschloß. Die Auswahl der Bildmotive verrät den Unterschied. Während in Augustusburg die Gemälde und Plastiken vornehmlich den Ruhm und die Bedeutung des Hausherrn und seiner Dynastie feiern, oft in mythisch-allegorischer Überhöhung, sind die Bilder in Falkenlust der Jagdleidenschaft des Fürsten gewidmet, vor allem der Falknerei. Galt doch gerade die Falkenjagd als eine aristokratische Kunst besonderer Art, deren Beherrschung sich Clemens August als Beweis für seine staatsmännischen Fähigkeiten zurechnete.

Auch für Falkenlust entwarf Cuvilliés die Pläne, und wiederum wurde deren Ausführung Michael Leveilly anvertraut. Nach der Grundsteinlegung 1729 konnte man bereits zwei Jahre später mit der Raumausstattung beginnen. Das Jagdschloß – mit der Residenz durch eine lange, schnurgerade Allee verbunden – wurde im Stil einer französischen maison de plaisance errichtet: mit Vestibül, Salon, Schlafzimmer jeweils in beiden Etagen.

Das Jagdschloß Falkenlust setzt dem frühen Rokoko in Deutschland ein würdiges Denkmal. Es wahrt die Balance zwischen intimer Dezenz und architektonischer Großzügikeit.

BRÜHL

Schloß Augustusburg ist auch jenen bekannt, die es nie besucht haben – durch Fernsehübertragungen bei Staatsbesuchen. Für den Einzug der Gäste bietet Johann Balthasar Neumanns berühmtes Treppenhaus, ein Kleinod des deutschen Rokoko, den festlichen Rahmen.

Sakrale Weltarchitektur

Selbst als Torso zog das Bauwerk die Kenner in den Bann. Der Schriftsteller Georg Forster schwärmte am Ende des 18. Jahrhunderts: »In ungeheurer Länge stehen die Gruppen schlanker Säulen da, wie die Bäume eines uralten Forstes.« Forster begeisterte sich nicht an der Kulissenwelt künstlicher Ruinen, wie sie das Rokoko liebte, sondern an einem Sakralbau, den das Mittelalter der Neuzeit als Stückwerk hinterlassen hatte: dem Kölner Dom.

Planungsschwierigkeiten, politische Konflikte und Finanzprobleme hatten seit der Grundsteinlegung 1248 den Fortgang des Dombaus immer wieder verzögert. 1560 schließlich, mehr als 300 Jahre nach Baubeginn, war der Traum der einst so reichen und mächtigen Freien Reichsstadt Köln endgültig ausgeträumt. Die Kosten der Kathedrale waren nicht mehr zu finanzieren. Doch auch das Stilempfinden hatte sich gewandelt. Die Renaissance hatte die Gotik abgelöst und neue Normen gesetzt. Wäre eine Fortsetzung der Bauarbeiten möglich gewesen, dann gewiß nicht im antiquierten Stil eines abgelebten Zeitalters, sondern nur mit den stilistischen Mitteln der Neuzeit; und spätestens seit dem

---

Verkehrsverbindungen
A 555, 59, 3, 4, 57, 559; alle ICE-, IC- und EC-Verbindungen; Flughafen

Übernachtung
Hotels und Pensionen aller Kategorien.

Tips
Es empfiehlt sich, die Besichtigung des Doms mit dem Besuch eines der zahlreichen Museen zu verbinden.

Barock galt die Gotik als Symbol für ein Mittelalter, das die Menschen als düster und bedrohlich empfanden. So ragte in die Silhouette der Bischofsstadt statt einer Kathedrale eine monumentale Baustelle, die, von gelegentlichen Reparaturarbeiten abgesehen, für mehr als 250 Jahre unbesetzt blieb.

Erst seit Beginn des 19. Jahrhunderts, als man die Gotik als Gegenbewegung zur Rationalität der Aufklärung entdeckte, geriet der Dornröschenschlaf des Torsos am Rhein ins Blickfeld der Öffentlichkeit. Die Geschichte begann sich als eine wissenschaftliche Disziplin zu entwickeln, und die Rückbesinnung auf das kulturelle Erbe gewann in den gebildeten Ständen eine gesellschaftliche Relevanz, wie man sie seit der Renaissance nicht mehr erlebt hatte. So waren die Motive, die für eine Vollendung der Kathedrale sprachen, natürlich völlig

andere als jene, die im Mittelalter als Initialzündung für den Baubeginn gedient hatten. Damals, 1248, sollte das Werk Gottes Herrlichkeit preisen, den Stolz einer selbstbewußten Bürgerschaft zum Ausdruck bringen und das gemeine Volk in staunender Demut fesseln. Jetzt, nach den napoleonischen Befreiungskriegen, galt die Aufmerksamkeit einem historischen Bauwerk, dessen Vollendung der Klerus als Sinnbild religiöser Erneuerung begrüßte, der preußische König, der seit dem Wiener Kongreß auch Köln und das Rheinland regierte, als Symbol des fürstlichen Gottesgnadentums feierte und das durch die Restauration in seinen Emanzipationsbestrebungen behinderte Bürgertum als sichtbaren Ausdruck nationaler Identifikation begriff. So besaß die Kathedrale aus unterschiedlichen Gründen plötzlich eine mächtige Lobby mit König Friedrich Wilhelm IV. an der Spitze, der bereits als Kronprinz die ersten Pläne für einen Weiterbau enthusiastisch gefördert hatte.

Das Mittelalter hatte Konjunktur, nicht im mißverständlichen Sinne einer historisierenden Stilmaskerade, sondern als Entdeckung einer grandiosen Stilepoche (die Romanik fand geringere Aufmerksamkeit als die Gotik), der man in seiner Kunstleistung ebenbürtig zu sein wünschte. Die Pläne und Resultate des ersten Dombaumeisters Gerhard von Rile, der sich stark an französischen Vorbildern orientiert hatte, wie auch die Baukunst der Meister Arnold, Johannes und Michael setzten die entscheidenden Normen für die Fortsetzung des Projekts, das nach langen Vorarbeiten mit der Gründung des Zentral-Dombauvereins 1841 und der neuerlichen Grundsteinlegung im September 1842 Gestalt gewann.

Die stilistischen Probleme, die der Dombaumeister Ernst Zwirner zu bewältigen hatte, wären vermutlich um ein Vielfaches größer gewesen, hätte nicht 1814 ein sensationeller Zufallsfund, der den originalen Baumeisterriß der Westfassade zutage förderte, die Arbeit erleichtern helfen. Was Zwirner an Architektur vorfand, war zwar imposant, doch bezogen auf die mittelalterlichen Planungsvorgaben quantitativ kaum mehr als das Ergebnis einer ersten, wenn auch über Jahrhunderte verteilten Bauphase. Die vorhandene Bausubstanz bestand aus dem 1322 geweihten Chor mit einer Schutzmauer nach Westen (1824 restauriert), dessen Apsis 1448 mit Plastiken und

einem Lochner-Altar ausgestaltet worden war, sowie fünf Fenstern an der Nordseite; sodann aus Ansätzen zu einem Langhaus und dem rechten Glockenturm, der um 1448 in 59 Metern Höhe mit einem Dach abgedeckt wurde. Außerdem hatte man mit dem Bau des zweiten Turms und einer Pfeilereinfassung begonnen. War der Bau der Westfassade und der Türme durch den Originalplan vorgegeben, so entfesselten die Vollendung des Langhauses sowie die Gestaltungsmöglichkeiten des Querhauses und des Skulpturenschmucks lebhafte Debatten. Doch wie schon so oft bewährte sich auch in diesem Falle der Kunstgelehrte Sulpiz Boisserée, der seit Jahrzehnten unermüdlich für die Vollendung der Kathedrale stritt, als überragender Sachkenner. Weder Boisserée noch Zwirner war es freilich vergönnt, den krönenden Abschluß ihres Lebenswerks zu erleben.

Als am 15. Oktober 1880 in 156 Metern Höhe der Schlußstein in die Kreuzblume des Südturms eingefügt wurde, geriet der Festtag zu einem wirkungsvoll inszenierten Spektakel des neuen Deutschen Reiches, dessen Jubelchöre Kaiser Wilhelm I. galten – accompagniert von der »Kaiserglocke«, die der Monarch aus eingeschmolzenen französischen Beuteschützen hatte gießen lassen. Deutschlands berühmtester Sakralbau präsentierte sich als Nationaldenkmal, bei dessen Einweihung der Klerus kaum mehr als eine spärliche Staffage abgab. Zu schwer lasteten noch die Schatten des Kulturkampfs auf den Beziehungen von Kirche und Staat. Nach 632 Jahren hatte der Kölner Dom seine mittelalterliche Gotik in stilreiner Fassung aus den Händen des 19. Jahrhunderts empfangen.

Das Hauptportal der Westfassade gehört zur originalen Bausubstanz.

KÖLNER DOM

Der wirkungsvoll beleuchtete Kölner Dom bei Nacht. Gerade die mehr als 250 Jahre dauernde Unterbrechung der Bautätigkeit dürfte nicht unwesentlich zur Stilreinheit dieser gotischen Architektur beigetragen haben.

Dom und Michaeliskirche

Hildesheim, 815 als Bischofssitz gegründet, verdankt der Sage nach seine Entstehung einem Erlebnis König Ludwigs des Frommen: Er soll sich auf einer Jagd verirrt haben, hängte voller Verzweiflung ein mitgeführtes Reliquiar an einen wilden Rosenstrauch und betete davor um Rettung. Nachdem ihn sein Jagdgefolge wiedergefunden hatte, ließ er an der Stelle des Rosenstrauchs eine Marienkapelle errichten und erhob den Ort zum Mittelpunkt eines Missionsbezirks in Ostfalen.

Die Romanik des 19. Jahrhunderts griff diese auf Bischof Ebo († 851) zurückgehende Legende wieder auf und verknüpfte sie mit dem vielbewunderten 1000jährigen Rosenstock an der Domapsis, der aus geologischer und biologischer Sicht durchaus an ein solch hohes Alter denken läßt.

Der befestigte Bischofssitz bildete den Kern und den Ausgangspunkt einer sich bis zum frühen 12. Jahrhundert zur Stadt entwickelnden Ansiedlung an einer wichtigen Ost-West-Handelsstraße, dem »Hellweg«, der vom Rheinland bis nach Magdeburg führte. Seit Mitte des 14. Jahrhunderts spielte Hildesheim als Mitglied der Hanse eine tragende Rolle innerhalb des sächsi-

Verkehrsverbindungen
Flugplatz Hannover 50 km. Hildesheim liegt an der E 54/A 7. ICE- (Basel-Berlin, Stuttgart-Berlin), IC- und EC-Station.

Reisezeit
Ganzjährig.

Übernachtung
Hotels und Pensionen sämtlicher Kategorien.

schen Städtebundes.

Unter den später heilig gesprochenen Bischöfen Bernward (993-1022) und Godehard (1022-38) entwickelte sich Hildesheim zu einem bedeutenden kulturellen Zentrum. Davon zeugen noch heute zahlreiche Kunstschätze im Dom und in der Michaeliskirche. Langjährige Konflikte zwischen Bischof und Bürgerschaft kulminierten schließlich in der »Hildesheimer Stiftsfehde« (1519-23), die die Stadt im Bund mit den Welfen für sich entscheiden konnte. Bis zum Ende des Alten Reiches behauptete sich Hildesheim gegenüber dem bischöflichen Landesherrn wie eine freie Reichsstadt, ohne jedoch diesen Status jemals erlangt zu haben.

Am 22. März 1945 wurden große Teile der Altstadt Hildesheims und damit eine der bedeutendsten Fachwerkstädte Norddeutschlands durch einen alliierten Bombenangriff in Schutt und Asche gelegt. Nur

wenige Straßenzüge mit Fachwerkbauten haben den Feuersturm überdauert. Dom und Michaeliskirche und zahlreiche weitere Gotteshäuser wurden zerstört oder stark beschädigt und in einer einmaligen Aufbauleistung nach dem Kriege fast originalgetreu wiederhergestellt.

Der Dom

Nach einer ersten Brandkatastrophe ließ Bischof Hezilo auf den Grundmauern des Vorgängerbaus einen neuen Dom errichten, dessen Erscheinungsbild trotz zusätzlicher Kapellen im wesentlichen bis heute gewahrt werden konnte. Auf die Rekonstruktion der barocken Gestaltungsmerkmale hatte man beim Wiederaufbau nach 1945 verzichtet. Beim Aufbau des Westwerks – es wurde in den vierziger Jahren des vorigen Jahrhunderts abgebrochen – orientierten sich die modernen Architekten an alten Ansichten, dabei auch an jenen des Mindener Doms, dessen Westbau als Nachfolger des Hildesheimer Doms gilt.

Das berühmteste Kunstwerk des Doms ist Bischof Bernwards Bronzetür, deren Flügel mit je acht Reliefs nach antiken Vorbildern in einem Stück gegossen wurden. Ungemein lebendig werden die Themen des alttestamentlichen Sündenfalls mit der neutestamentlichen Erlösungsvorstellung kontrastiert. Die sogenannte Bernwardssäule im südlichen Querhaus, die Darstellungen aus dem Leben Christi zeigt, geht auf Reliefsäulen wie die Trajansäule zurück. Der in der Vierung aufgehängte Radleuchter Bischof Hezilos aus getriebenem und durchbrochenem Kupferblech versinnbildlicht das himmlische Jerusalem. Alte Radleuchter dieser Art gibt es in Deutschland kaum noch.

Während im Nordquerhaus die 1981 entdeckten Reliquien des heiligen Ansgar ausgestellt werden, konzentriert sich in der Kapelle der Tausend Märtyrer das Interesse auf eine Sandsteinmadonna des 13. Jahrhunderts. Hinter modernem Gitterschutz wurde in der Krypta des Domes der längliche Godehardschrein von 1131 aufgestellt. Als spätromanisches Meisterwerk eingestuft wird das 1230 gegossene figurenreiche Bronzetaufbecken des Wilbernus.

Die Michaeliskirche

Auch die ursprünglich ottonische Kirche des ehemaligen Benediktinerklosters St. Michael – im 12./13. und im 17. Jahrhundert umgebaut – wurde beim Bombenangriff kurz vor Kriegsende sehr schwer beschädigt. Der Wiederaufbau geschah in den Jahren 1945 bis 1960 nach dem Vorbild des zwischen 1010 und 1033 errichteten Bernwardbaus, der als klassisches Beispiel der ottonischen Architektur gilt.

Die Michaeliskirche wird durch die Maßeinheit des Quadrats geprägt. Sie verfügt über zwei Querschiffe, jeweils von einem Vierungsturm gekrönt und durch einen nördlichen und südlichen Treppenturm begrenzt. Der niedersächsische Stützenwechsel tritt hier erstmals in Erscheinung.

Herausragendes Kunstobjekt der Kirche ist das aus der Zeit um 1200 stammende, 27,6 x 8,7 m große Gemälde auf der hölzernen Mittelschiffdecke. Das Deckenbild gilt als ein Hauptwerk der mittelalterlichen Monumentalmalerei und stellt den Stammbaum Christi dar.

In der Krypta befindet sich der Sandsteinsarkophag Bischof Bernwards, der nach seinen Vorstellungen angefertigt worden ist.

Die ehemalige Klosterkirche St. Michael gilt als klassisches Beispiel der ottonischen Architektur.

Die Konzeption des Baus stammt von Bischof Bernward (993-1022).

HILDESHEIM

Die Hildesheimer Geschichte begann der Sage nach im Jahre 815, als Ludwig der Fromme auf einer Jagdpartie sein verlorenes Kreuzreliquiar in einem Rosenstock wiederfand und an dieser Stelle eine Marienkapelle errichten ließ.

Mittelpunkt der traditionsreichen Bischofsstadt Hildesheim im Harzvorland ist der Dom. Im Zweiten Weltkrieg fast völlig zerstört, wurde die dreischiffige Basilika originalgetreu wieder aufgebaut. An einigen Stellen flossen jedoch zeitgenössische Architekturvorstellungen ein.

Der Rammelsberg und die Altstadt

Was heute das VW-Werk für Wolfsburg bedeutet, war der Rammelsberg für Goslar: ein Industriemotor, dessen Kraft über die Lebensqualität der Bürger bestimmte. Die silber- und goldhaltigen Blei-Zink-Kupfer-Erze des Bergwerks waren die Quelle für Goslars Reichtum. Heute präsentiert sich die Altstadt, von Wall- und Grünanlagen begrenzt, als ein architektonisches Gesamtkunstwerk, das zu den bedeutendsten seiner Art in Europa zählt. Und das Metallerzbergwerk im Rammelsberg, das nach mehr als 1000 Jahren erst 1988 den Betrieb einstellte, gilt als das älteste der Welt.

»Reichshauptstadt«

Es waren nicht zuletzt die Erzvorkommen (968 erstmals in einer Chronik erwähnt), die Heinrich II. bestimmten, um 1005 seine Pfalz von Werla nach Goslar zu verlegen – eine Marktsiedlung aus dem Gründungsjahr 922. Damit begann Goslars erste große Blütezeit. Vor allem die reichen Silberschätze des Rammelsbergs, die zur Münze geschlagen wurden, garantierten den wirtschaftlichen Aufstieg. Heinrich III.

Verkehrsverbindungen
Auf der Autobahn A 7 bis Abfahrt Rhüden – Bundesstraße 82.

Tips
Das Mönchemuseum in der Altstadt, dessen 450 Jahre alter Fachwerkbau wirkungsvoll mit den Ausstellungsobjekten moderner Kunst kontrastiert.
Besuch des Bergbaumuseums im Rammelsberg.

---

befahl den Neubau der Pfalz, dessen Palas heute noch das Stadtbild prägt. Ein beeindruckendes Zeugnis mittelalterlicher Repräsentationsarchitektur, auch wenn sich in den Restaurierungen (1869–78) der Historismus der bismarckschen Reichsgründungszeit teilweise dazwischendrängt. Es ist sicher kein Zufall, daß der oktogonale Grundriß der Doppelkapelle St. Ulrich, die den Palas flankiert, an die karolingische Pfalzkapelle in Aachen erinnert. Denn stets hatte der Bezug zur Tradition symbolische Bedeutung. Hingegen fand die geistliche Tradition, die das Reichsstift St. Simon und Judas verkörperte, 1819 ihr Ende. Das im Jahr 1050 geweihte Stift, gegenüber dem Palas gelegen, wurde abgebrochen. Nur die um 1150 gebaute Domvorhalle mit den Relieffiguren im Giebel und dem Kaiserstuhl im Zentrum des Mittelraumes blieb erhalten. Die Seiten- und Rückenlehnen

dieses Stuhles sind aus dem Metall des Rammelsbergs gegossen, ein Meisterwerk mittelalterlicher Erzgießerarbeit.

Daß in der Epoche des Reisekaisertums Goslar zeitweise zu einer Art »Reichshauptstadt« befördert wurde, belegen die über hundert Reichstage bis zur Mitte des 13. Jahrhunderts. 1290 erwarb die Stadt am Harz die Reichsvogtei, 1340 gewann sie die Reichsfreiheit, das Goslarer Recht fand jenseits der eigenen Grenzen Verbreitung, durch die Mitgliedschaft in der Hanse erweiterten sich die Handelskontakte. Kurzum: Goslars Bürger hatten es zu etwas gebracht. Um Gott in seiner Güte zu danken, standen viele Kirchen offen.

Auf der Achterbahn

Dann der jähe Umbruch, als sich im Jahr 1360 im Rammelsberg die Stollen mit Wasser füllten und für nahezu hundert Jahre der Bergwerksbetrieb eingestellt werden mußte. Erst als diese tiefe Existenzkrise überwunden war und die Erze wieder gefördert wurden, konnte Goslar aufatmen. Eine rege Bautätigkeit, öffentlich und privat, setzte ein, deren Ergebnisse das Stadtbild heute noch prägen. Es wurde neu-, an- und umgebaut, als gälte es, die Lebenskraft der Stadt für alle Zeiten zu dokumentieren: Die romanische Pfeilerbasilika St. Jakobi verwandelt sich in eine spätgotische Hallenkirche; die Pfarrkirchen erstrahlen in neuer Pracht; das St. Annenhaus setzt Maßstäbe im spätmittelalterlichen Hospitalwesen; die künstlerische Ausgestaltung der zahlreichen Gildehäuser und des neuen Rathauses dokumentiert das wiedererwachte Selbstbewußtsein einer Bürgerschaft, die die zweite Blütezeit der Stadt auch privat zu nutzen weiß. Fachwerkhaus reiht sich an Fachwerkhaus, etwa 1500 an

der Zahl, oft mit reichen Schnitzereien dekoriert.

Stets aber bleibt der Rammelsberg der Schicksalsberg der Bürger. Nutzlos war die neue, mit großem Aufwand verstärkte Stadtbefestigung, als Herzog Heinrich der Jüngere von Braunschweig und Wolfenbüttel Goslar 1552 zwang, ihm seine wichtigste Einnahmequelle, den Rammelsberg, auszuliefern. Ein harter Schlag für die Kommune, die in ihrem Lebensnerv erneut getroffen wurde. Die Bürger vermochten diesen Umschwung eher zu verkraften, denn auch unter herzoglicher Regie gingen sie ihrer Arbeit im Bergwerk nach. Dennoch – wie auch anderwärts fuhr Goslars Wirtschaft Achterbahn. Von den Folgen des Dreißigjährigen Krieges wollte sie sich genausowenig erholen wie von Napoleons »Streifzügen« durch Europa, zumal alles darauf hindeutete, daß sich die Erzvorräte erschöpften. Erst als 1859 das Neue Lager entdeckt wurde, begann sich die Wirtschaft endlich wieder zu konsolidieren.

Heute präsentiert sich der Rammelsberg als ein einzigartiges Denkmal des deutschen Bergbaus. Besonders beeindruckend sind der Rathstiefste Stollen von 1150 und der Tiefer-Julius-Fortunatus-Stollen von 1585 zur Regulierung des Wasserabflusses; nicht minder faszinierend die Erneuerungen des gesamten Wasserwirtschaftssystems im 18. Jahrhundert. Seien es die Transportbahnen des 12. Jahrhunderts, ein Aufseherhaus von 1700 oder die neuen Übertageanlagen mit der Erzaufbereitungsanlage von 1935 – Goslars Schicksalsberg dokumentiert seine tausendjährige Geschichte unter- und übertage in einer für den Bergbau ungewöhnlichen Vollständigkeit.

Die Erzaufbereitungsanlage am Rammelsberg, der zentrale Übertagebaukomplex aus den dreißiger Jahren. Das Metallerzbergwerk, das 1988 den Betrieb einstellte, gilt als das älteste der Welt.

150

GOSLAR

Die 1867–1879 restaurierte Kaiser-
pfalz mit dem Reiterstandbild
Kaiser Friedrichs I. Barbarossa.

Die Gaupen des Gildehauses Kai-
serworth, das die Tuchhändler
1494 am Markt errichteten.

151

Stift, Schloß und Altstadt

Es ist das Flair des Romantischen, das in Städten mit historisch dicht gewachsener Bausubstanz die Besucher fasziniert. So auch in Quedlinburg, dessen Altstadt sich an den mächtigen Sandsteinfelsen des Schloßbergs lehnt. Freilich entspricht die Idyllik, die sich als Sehnsuchtsmotiv der Romantik ausstellt, eher einem Wunschbild als der Wirklichkeit – was sie mit der Legende aufs Innigste verbindet. Quedlinburgs prominentes Beispiel ist das Finklerhaus, Legende in Architektur übersetzend. »Herr Heinrich« der Vogler (oder Finkler) soll hier »am Vogelherd« gesessen haben, als ihm die deutsche Königskrone angetragen wurde – ein hübsches ornithologisches Ambiente für einen hochpolitischen Akt. König Heinrich I., der erste deutsche »Reichsgründer«, der »Vaterlandsverteidiger«, in Quedlinburg in die Pflicht genommen – es war die aufs Mittelalter projizierte politische Propaganda des 19. Jahrhunderts, des Jahrhunderts der Befreiungskriege und der bismarckschen Reichseinigung. Dafür war jede Legende recht.

Das Damenstift

Herr Heinrich saß nicht am Vogelherd, sondern auf seiner »Quitilingaburg«, relativ häufig sogar für einen Herrscher, der von

Verkehrsverbindungen
Von Bad Harzburg die Bundesstraße 6 über Wernigerode und Blankenburg. – Von Magdeburg Bundesstraße 81 über Halberstadt.

Übernachtung
Hotels, Pensionen und Privatzimmer.

Tip
Ausflug mit der dampfgetriebenen Selketalbahn, die als Schmalspurbahn unter Denkmalschutz steht.

Pfalz zu Pfalz reisen mußte, um seine Regierungsgeschäfte zu erfüllen. Die alten Wehranlagen wurden neu befestigt und ausgebaut, eine große hölzerne Halle wurde auf dem Plateau errichtet, vermutlich als Pfalzbau. Der König bevorzugte Quedlinburg als »Residenz«, und auch die Nachfolger, die Ottonen, wußten den Burgberg zu schätzen. Als Schauplatz politischer Ereignisse blieb er bis in die salische Zeit mit dem deutschen Königtum eng verbunden.

Heinrichs Gemahlin Mathilde, der Quedlinburg als Wittum zugewiesen worden war, gründete im Jahr 936 auf der Burg ein Kanonissenstift, das, mit reichen Privilegien und Besitz ausgestattet, den

Töchtern des königlichen Hauses und der vornehmsten Adelsgeschlechter vorbehalten war. Die Damen lebten nicht in weltabgeschieden-frommer Einsamkeit, sondern verstanden sich darauf, ihr Stift zu einem politischen und kulturellen Zentrum auszubauen und sein Ansehen mit der Überführung der Reliquien des heiligen Servatius zu krönen. Nachdem ein Brand die Stiftskirche 1070 zerstört hatte, konnte der Neubau 1129 im Beisein König Lothars von Supplinburg geweiht werden.

Zwar wurde der romanische Chor im 14. Jahrhundert durch einen gotischen ersetzt und der Bau der Turmhalle, des Süd- und des Nordwestturms erst in den achtziger Jahren des 19. Jahrhunderts vollendet (die mittelalterlichen Baumeister scheiterten an dem Problem der Turmfundamentierung auf steil abfallendem Felsen), doch hat sich die Grundstruktur der dreischiffigen romanischen Basilika bis heute erhalten. Die rheinischen Helme der Türme, ein stilwidriges Produkt des 19. Jahrhunderts, wurden mittlerweile durch romanische ausgetauscht. Im Langhaus bestimmt das Prinzip des sächsischen Stützenwechsels die Architektur, d.h. jeweils ein Pfeiler und zwei Säulen, im Wechsel errichtet, gewährleisten die Statik, machen aber auch auf reiche Kapitellplastik aufmerksam. Das rundbogige Säulenportal an der Nordseite gilt als das älteste in Deutschland; das gotische Portal, ebenfalls an der Nordseite, führt zur Krypta Heinrichs I. und seiner Gemahlin Mathilde, der ersten Äbtissin von St. Servatius – ein dreischiffiger Hallenbau unter Chor und Querschiff mit Freskomalereien des späten 12. Jahrhunderts, die noch erkennbar sind.

Schloß und Altstadt

Von den mittelalterlichen Profanbauten, die St. Servatius einst umgaben, hat sich nichts erhalten, von der gotischen Ummauerung einmal abgesehen. Aus dem Burg- wurde ein Schloßberg, dessen Gebäude, Ende des 16. bis Mitte des 17. Jahrhunderts entstanden, sich eng um die Stiftskirche gruppieren. Auf den Fundamenten romanischer Vorgängerbauten präsentiert sich eine Schloßarchitektur, die von der Renaissance bis zum Barock alle Stilelemente zuläßt, ja gelegentlich in Details noch an Gotisches erinnert. Im Innern verweisen zwar einige Repräsentationszimmer auf den einstigen Glanz aristokratischer Hofhaltung, doch ließ Napoleons Bruder Jérôme, der König von Westphalen und damit auch Herr über Quedlinburg, 1813 das gesamte Schloßinventar versteigern. Nur weniges fand den Weg zurück.

Der Weg führt in die Altstadt (922 erstmals urkundlich erwähnt), die dem Besucher das Mittelalter zu öffnen scheint: mächtige Stadtmauern, winkelige, krumme Gassen, reicher Fachwerkbau, Marktplatz mit Rathaus samt Roland-Statue, Kirchenarchitektur als Ausdruck des Bürgerstolzes. Da ist Mittelalter zu besichtigen, gewiß, aber auch Renaissance und Barock. Da läßt sich am Beispiel des Fachwerkbaus erkennen, welchen Variantenreichtum ein Baustil zu entwickeln vermag. Da scheint sich eine Spitzweg-Idylle zur Kulisse aufzubauen, und doch hat die Enge auch etwas Bedrohliches – jedenfalls dann, wenn man sie als Projektion mittelalterlicher Wirklichkeit begreift.

Blick auf Schloß und Stiftskirche St. Servatius. Die »Quitilingaburg« Heinrichs I. entwickelte sich zu einem geistigen und kulturellen Mittelpunkt des ottonischen Reiches.

QUEDLINBURG

Das kunsthistorische Angebot der Altstadt ist so reichhaltig, daß wenige Hinweise genügen müssen: die Renaissancefassade des Rathauses von 1613, der Renaissancebau des Hagenschen Freihauses von 1564, die Marktkirche mit ihrer frühgotischen Doppelturmfassade, die dreischiffige spätgotische Ägidienkirche oder auch der Barockbau der Blasiuskirche

Die Geschichte des Fachwerkbaus läßt sich in Quedlinburg wie in einem Lehrbuch studieren. Der »Ständebau«, eines der ältesten Fachwerkhäuser Deutschlands, steht am Anfang einer architektonischen Galerie, deren Vielfalt in Schnitzwerk und Baugestaltung fasziniert.

Wartburg

Die Wartburg, über dem thüringischen Eisenach gelegen, gilt als ein herausragendes Denkmal der feudalen Epoche in Mitteleuropa. Ihre Geschichte ist mit bedeutenden kulturellen Ereignissen in der Vergangenheit verknüpft. Durch ihre geographische Lage an der ehemaligen innerdeutschen Grenze ist diese mittelalterliche Burg bis in die Gegenwart ein Nationalsymbol geblieben.

Urkundlich wurde die Wartburg erstmals im Jahr 1080 erwähnt. Damals befand sich die Burg noch im Bau. Im Jahr 1131 hatte die zwischenzeitlich fertiggestellte Wartburg bereits den Rang einer Residenz. Der Thüringer Landgraf Ludwig III. baute die Burg ab 1172 weiter aus.

Schon im 19. Jahrhundert erkannte man die Bedeutung der Wartburg als Denkmal deutscher und internationaler Geschichte. Deshalb errichtete man damals Bauteile neu. Der Bergfried, die Dirnitz und das Gadem (Gästehaus) wurden auf den historischen Fundamenten wieder aufgebaut. Der nach 1155 entstandene Palas, der als schönster Profanbau seiner Epoche nördlich der Alpen gilt, wurde aufwendig restauriert.

Burg der Minnesänger und Dichter

Im 13. Jahrhundert hatte sich die Wartburg zu einem Zentrum der höfischen Kultur des Hochmittelalters, der Dichtung und des Minnesangs entwickelt. Damals war die Burg Schauplatz des sogenannten Sänger-

---

Verkehrsverbindungen
Autobahn A 4 bis zur Ausfahrt Eisenach-West, Anreise mit dem IC/EC nach Eisenach und weiter mit öffentlichen Verkehrsmitteln, Regionalflughafen Eisenach-Kindel.

Tips
Eisenach hat kulturhistorisch einiges zu bieten. Johann Sebastian Bach ist einer der berühmtesten Söhne der Stadt. Sein Geburtshaus ist am Frauenplan zu besichtigen. Im Bachhaus sind historische Zeugnisse und eine Sammlung von Musikinstrumenten untergebracht. Überall in der Stadt ist die Erinnerung an berühmte Bewohner wie die heilige Elisabeth und Martin Luther wach. Empfehlenswert ist auch der Besuch des Luthermuseums im Cottaschen Haus am Lutherplatz.

---

krieges. Markgraf Hermann I. von Thüringen hatte zahlreiche Dichter und berühmte Geistesgrößen der Zeit an seinen Hof gezogen. Der aus dem fränkischen Ansbach stammende Wolfram von Eschenbach (um 1170 – um 1220) lebte etwa um 1203 auf der Wartburg und verfaßte dort Teile seines berühmten höfischen Epos »Parzival«. Auch

die Minnesänger Walther von der Vogelweide (etwa 1168 – 1228), Heinrich von Veldecke, Albrecht von Halberstadt, Heinrich von Morungen und Herbort von Fritzlar lebten zeitweise auf der berühmten Burg. Um 1260/70 entstand ein in Verse gefaßtes Rollenspiel um einen Sängerwettstreit, den sogenannten Wartburgkrieg, der sich – glaubt man der Überlieferung – zu Beginn des 13. Jahrhunderts zugetragen hatte. Ein Feuer zerstörte im 14. Jahrhundert, etwa im Jahr 1317/18, große Teile der Wartburg.

Herausragende religionsgeschichtliche Bedeutung

Bereits im 14. Jahrhundert erlangte die Wartburg religionsgeschichtliche Bedeutung, denn die später heilig gesprochene Elisabeth von Thüringen, die Gemahlin Ludwigs IV., verbrachte hier und am Thüringischen Hof mehr als zwei Drittel ihres Lebens. Ihr zu Ehren malte Moritz von Schwind in den Jahren 1853 bis 1855 einen Freskenzyklus im ersten Stockwerk des Palas. Seine romantische Bilderzählung, die das Leben der heiligen Elisabeth nachempfindet, gilt als eine seiner bedeutendsten Schöpfungen überhaupt.

In den Brennpunkt der Religionsgeschichte rückte die Wartburg jedoch durch die Reformation. Von Mai 1521 bis März 1522 bewohnte der 1483 im nahen Eisleben geborene Martin Luther das sogenannte Kavaliersgefängnis auf der Wartburg. Der zu diesem Zeitpunkt gebannte und geächtete Reformator war in Eisenach aufgewachsen und zur Schule gegangen. Durch seinen provokanten Thesenanschlag von Wittenberg im Jahr 1517 hatte der promovierte Theologe und ehemalige Augustinermönch außerordentlich heftige Reaktionen bei seinen Zeitgenossen ausgelöst. Sein Kurfürst Friedrich der Weise verlangte daher, daß er sich auf der Wartburg vor seinen Verfolgern verstecke. Martin Luther lebte fortan inkognito auf der Burg, nannte sich Junker Jörg und »pflegte Haupthaar und Bart«, wie Zeitgenossen spotteten. In Wirklichkeit arbeitete der Reformator aber an der Übersetzung des Neuen Testaments vom Griechischen ins Deutsche. Der sprichwörtliche Wurf mit dem Tintenfaß, bei dem Martin Luther angeblich im Kampf mit dem Satan gewalttätig wurde, soll sich ebenfalls auf der Wartburg zugetragen haben – ein Tintenfleck kann heute noch besichtigt werden. Im Jahr 1522 konnte Martin Luther nach Wittenberg zurückkehren.

Aufstieg zum Nationaldenkmal

Als Johann Wolfgang von Goethe im Jahr 1777 nach Eisenach kam, war er von der baufälligen Burg begeistert und sagte ihr zahlreiche Besucher voraus.

Im Jahr 1817 ging die Burganlage wegen des dort abgehaltenen Wartburgfestes wieder einmal in die deutsche Geschichte ein. National gesinnte Studenten hielten eine Zusammenkunft ab, die an die Reformation von 1517 erinnern sollte; gleichzeitig führte die Verbrennung reaktionärer Schriften durch einige Teilnehmer zu einer Demonstration patriotischer und liberaler Kräfte. Burschenschaften wurden gegründet, die sich die Bewahrung des freiheitlich orientierten geistigen Erbes des Wartburgfestes zur Aufgabe machten.

Nach dem Zweiten Weltkrieg lag die Wartburg fast genau an der Grenze zwischen den beiden deutschen Staaten und wurde damit einmal mehr zum Denkmal deutscher Geschichte. Nach der Wiedervereinigung befindet sie sich nun – und auch dies ist wieder geradezu symbolträchtig – im Herzen Deutschlands.

Das Arbeitszimmer Martin Luthers in der Vogtei der Wartburg hat sich bis heute fast unverändert erhalten. Hier übersetzte der Reformator das Neue Testament aus dem Griechischen ins Deutsche.

Der dreigeschossige romanische Palas ist das architektonische Prunkstück der Wartburg. Er soll der Schauplatz des legendären Sängerwettstreits im hohen Mittelalter gewesen sein.

Blick über die Hauptburg mit Gadem (links), dahinter die Vogtei und der Pallas (rechts), in dem sich der Rittersaal und die Elisabeth-Kemenate befinden.

Die Stadt der Dichterfürsten

Am Beginn des Aufstiegs der kleinen Residenzstadt Weimar zu einem geistigen und literarischen Zentrum von Weltgeltung stand eine gebildete und mutige Frau: Anna Amalia (1739–1807), Prinzessin von Braunschweig-Wolfenbüttel. Sie heiratete den Herzog von Sachsen-Weimar und übernahm nach dessen Tod 1758 bis zur Volljährigkeit ihres Sohnes die Regentschaft. Anna Amalia erwies sich als umsichtige Regentin, förderte Kunst und Literatur und machte ihren Hof zum kulturellen Mittelpunkt Deutschlands.

Verkehrsverbindungen
Autobahn E 40, Abfahrt Weimar.

Tips
Schloßpark Belvedere mit Schloß und Orangerie: Die ab 1724 erbaute barocke Schloßanlage diente der herzoglichen Familie als Sommersitz. Schloß und Schloßpark Tiefurt: Die Sommerresidenz der Herzogin Anna Amalia von 1781 bis 1806 war zugleich Stätte literarisch-geselliger Begegnung und erinnert an die Lebensart und Wohnkultur des klassischen Weimar.

Die Geschichte

Die Geschichte Weimars reicht bis ins 10. Jahrhundert zurück: Zu dieser Zeit stand an der Stelle des heutigen Schlosses eine Wasserburg; als Stadt wird Weimar erstmals 1245 erwähnt. Der Aufstieg zur ständigen Residenz einer ernestinischen Linie der Wettiner führte im 16. Jahrhundert zu einer regen Bautätigkeit.

1617 wurde die »Fruchtbringende Gesellschaft«, eine Sprachgesellschaft, die der deutschen Sprache und Literatur zu Ansehen verhelfen sollte, gegründet. Andreas Gryphius und Martin Opitz waren die bedeutendsten Mitglieder. Herzog Wilhelm Ernst gründete 1696 in Weimar die erste deutsche Opernbühne und beschäftige Johann Sebastian Bach als Hoforganist und Konzertmeister. Damit war der Boden bereitet für die ganz große Zeit Weimars.

Die große Zeit Weimars

Zurück zu Anna Amalia: Sie machte die Stadt an der Ilm zu einem Musenhof und holte 1772 als Erzieher ihres Sohnes den Dichter Christoph Martin Wieland nach Weimar, der eine vielbeachtete literarische Zeitschrift, den »Teutschen Merkur«, herausgab. Als ihr Sohn die Regentschaft übernahm, konnte sich Anna Amalia ganz dem kulturellen Leben widmen. Der neue Herzog Karl August lud bei seinem Regierungsantritt 1775 den jungen Johann Wolfgang Goethe

nach Weimar ein. Innerhalb kürzester Zeit übertrug er ihm wichtige politische Ämter und machte ihn zum Geheimen Rat. 1776 wurde der Gelehrte Johann Gottfried Herder als Hofprediger nach Weimar berufen, und Friedrich Schiller übersiedelte 1799. Es entstanden literarische Werke von außergewöhnlicher Bedeutung, geprägt von einem universellen Bildungsanspruch und humanistischem Streben. Als Weimarer Klassik ging diese Blütezeit in die Geistesgeschichte ein.

Zeugnisse bedeutender Kulturepoche

Das Ensemble »Klassisches Weimar« ist heute ein einzigartiges Zeugnis dieser bedeutenden Kulturepoche. Im Zentrum der Stadt begegnet man auf Schritt und Tritt den Spuren der großen »Dichter und Denker«. Im Goethehaus, einem langgestreckten Barockbau am Frauenplan, lebte und arbeitete der Dichterfürst von 1782 bis zu seinem Tod 1832; die Privaträume, das Arbeitszimmer, Goethes Kunstsammlung und umfangreiche Bibliothek sind erhalten. Im Park an der Ilm steht Goethes Gartenhaus, das ihm von 1776 bis 1782 als Wohnstätte diente, sowie das Römische Haus, eine klassizistische Villa, deren Bau er zeitweilig beaufsichtigte. Auch die berühmte Anna-Amalia-Bibliothek ist mit dem Namen Goethe verbunden: Von 1797 bis zu seinem Tod war er mit der Bibliotheksleitung betraut und vermehrte in dieser Zeit den Bestand erheblich.

1802 erwarb Friedrich Schiller das heutige Schillerhaus, wo er bis zu seinem Tod 1805 wohnte. Die beiden Größen der deutschen Klassik arbeiteten in dieser Zeit eng

zusammen und sahen sich fast täglich. Das Goethe-Schiller-Denkmal vor dem Nationaltheater – Goethe leitete das damalige Hoftheater von 1791 bis 1817 – zeigt die beiden Dichterfürsten. Im Pfarrhaus (Herderhaus) hinter der Stadtkirche Sankt Peter und Paul (Herderkirche) wohnte der Schriftsteller, Theologe und Philosoph Johann Gottfried Herder bis zu seinem Tod 1803. Das Wittumspalais, Wohnhaus der Herzogin Anna Amalia, war das intellektuelle Zentrum der Stadt; hier fanden die Zusammenkünfte der von Goethe gegründeten Freitagsgesellschaft statt. Die Innenräume des von 1789 bis 1803 errichteten Stadtschlosses gehören zu den bedeutendsten des Klassizismus in Deutschland. In der Fürstengruft auf dem historischen Friedhof Weimars fanden auch die sterblichen Überreste Goethes und Schillers ihre letzte Ruhestätte.

Die »assoziativen« Denkmäler Weimars zeugen von der Lebenswelt der bedeutenden Dichter der deutschen Klassik und ihrer Mäzene sowie den künstlerischen, architektonischen, städtebaulichen und landschaftsgestalterischen Leistungen der Zeit. Die öffentlichen wie privaten Gebäude und Parklandschaften aus der Blütezeit des klassischen Weimar spiegeln die herausragende Rolle der Stadt als kulturelles Zentrum im späten 18. und frühen 19. Jahrhundert.

Nicht vergessen werden soll jedoch, daß nur wenige Kilometer vor den Toren der Stadt, die wie keine andere für das Humanitätsideal der deutschen Klassik steht, im 20. Jahrhundert Menschen gequält und ermordet wurden: im Konzentrationslager Buchenwald auf dem Ettersberg.

Das Goethehaus, die Wohn- und Arbeitsstätte des Dichterfürsten, war ein Geschenk des Herzogs Karl August von Sachsen-Weimar.

Das Goethe-Schiller-Denkmal vor dem Nationaltheater, ein Werk des Bildhauers Ernst Rietschel (1857), ist das Wahrzeichen der Kulturhauptstadt Weimar.

Das Bauhaus

Das 1919 von Walter Gropius gegründete Bauhaus galt bis zu seiner Auflösung 1933 als ein bald weltweit anerkanntes Zentrum neuer Architektur, die sich in universalem Sinne als Baukunst verstand. Einheit von Kunst und Handwerk hieß Gropius' Motto. So zählt das Bauhaus zu jenen raren Beispielen recht verstandener Tradition, die – sich als geistiges Fundament einer neuen, ungewohnten Ästhetik begreifend – ihre Innovationen aus weltoffener Experimentierfreude bezieht. Es war demnach nur konsequent, daß man in die Einheit von Kunst und Handwerk bald auch die Technik einbezog. Dem Industriedesign als Massenprodukt wurden damit wichtige Impulse gegeben.

Weimar

Als einziges Architekturzeugnis des Weimarer Bauhaus-Stils ist heute das Haus am Horn Georg Muches zu besichtigen, ein Einfamilienhaus strenger Formgebung aus Beton. Dieser karge Bestand hat weniger mit nationalsozialistischer Zerstörungswut zu tun als mit dem Umstand, daß in den Weimarer Jahren des Bauhauses (1919

Verkehrsverbindungen
Weimar: Autobahn E 40, Abfahrt Weimar
Dessau: Autobahn E 51, Abfahrt Dessau-Süd zur Siedlung Törten oder Dessau-Ost zum Bauhaus-Zentrum.

Tips
Weimar: Besichtigung des Hauptgebäudes der heutigen Hochschule für Architektur und Bauwesen, das Henri van de Velde zwischen 1904 und 1911 errichtete. Im sogenannten Kleinen van-de Velde-Bau sind restaurierte Wandreliefs von Oskar Schlemmer zu sehen.
Dessau: Als Kontrast zum Bauhaus-Stil wilhelminischer Historismus, den das 1899 bis 1901 errichtete Neorenaissance-Rathaus repräsentiert (1952 vereinfacht rekonstruiert).

bis 1925) die Führungsrolle der Architektur eher in Entwürfen sichtbar wurde als in praktischer Bauausführung.

Das Weimarer Bauhaus bot Werkstätten für Buchbinderei, Bühne, Druckerei, Glasmalerei, Bildhauerei in Holz und Stein, Metall, Tischlerei, Töpferei (in Dornburg), Wandmalerei und Weberei. Die Ergebnisse dieser Werkstattarbeiten weisen heute das Bauhaus als die bedeutendste Kunstschule des 20. Jahrunderts aus.

Dessau

1925 erzwang politischer Druck die »Auswanderung« ins sächsisch-anhaltinische Dessau. Mit der Einrichtung einer Architekturabteilung wurde es endlich möglich, die Reißbrettentwürfe der Bauhaus-Architektur in die Praxis zu übersetzen. 1926 stellte Gropius das neue Bauhaus-Zentrum vor, einen (heute teilweise rekonstruierten) Stahlbetonskelettbau aus flachgedeckten Baukörpern von geometrischer Strenge. Schul- und Werkstättentrakt (mit einer berühmten Glasvorhangfassade) sind durch einen Brückenbau miteinander verbunden; ein niedriger Flachbau, in dem Bühne, Mensa und Aula untergebracht sind, stellt die Verbindung zwischen Werkstätten und Atelierhaus her. Es versteht sich von selbst, daß die werkkünstlerische Ausgestaltung der Anlage den eigenen Werkstätten übertragen wurde.

Als einziger Dessauer Gropius-Bau hat das Arbeitsamt den Bombenkrieg unbeschadet überstanden, ein halbkreisförmiger Flachbau mit verglasten Sheddächern, dessen Stahlskelett der Architekt mit gelben Klinkern verblenden ließ. Aufsehen erregten auch Gropius' sogenannte Meisterhäuser, drei Doppelhäuser für die Bauhaus-Meister Moholy-Nagy und Feininger, Muche und Schlemmer sowie Kandinsky und Klee (teilweise rekonstruiert). Hinzu kam ein Einzelhaus, das der Bauhaus-Direktor bewohnte (zerstört). Auch wenn die gleichen Bauteile verwendet wurden, blieb der individuelle Charakter jeder Haushälfte gewahrt, und das nicht nur wegen der variablen Farbgestaltung im Innern. Denn: »Der Grundriß der einen der beiden Wohnungen ist das verschränk-

te, um 90 Grad von Ost nach Süd gedrehte Spiegelbild des Grundrisses der anderen.«

Es fehlte auch nicht an Bauten experimentellen Charakters. So wurde das Stahlhaus von Georg Muche und Richard Paulick aus vorfabrizierten Wandplatten in Montagebauweise errichtet und durch ein Eisenträgergerüst miteinander verbunden. Ein anderes Experiment galt dem sozialen Wohnungsbau, den Hannes Meyer mit seinen fünf Laubenganghäusern favorisierte (heute existiert noch eines). Und Carl Fieger demonstrierte mit der Architektur seines eigenwillig geschwungenen Privathauses, wie sich bürgerlicher Wohlstand in avantgardistischer Formgestaltung ausdrücken läßt.

Daß das Fieger-Haus am Rande von Dessau-Törten errichtet wurde, dürfte kein Zufall gewesen sein. Denn hier befindet sich das große Experimentierfeld des Bauhauses. Um ein als Zentrum gedachtes Konsum-Gebäude gruppiert sich seit 1926 eine zweistöckige Reihenhaussiedlung, deren am Bauplatz seriell vorgefertigte Schlackenbetonplatten und Betondeckenbalken nach einem von Gropius genau kalkulierten »Werkplatzplan« zusammengefügt wurden. Freilich erwies sich die erhoffte Senkung der Baukosten für die bis 1928 errichteten 316 kleinen Einfamilien-Zeilenhäuser als Illusion. Gleichwohl war ein Weg gewiesen, der diese Bauhaus-Siedlung als einen Vorläufer der industriellen Bauweise von heute ausweist.

Die Weimarer Kunstgewerbeschule Henri van de Veldes, die zusammen mit der Hochschule für bildende Kunst das institutionelle Fundament für die Gründung des Bauhauses im Jahre 1919 bildete.

Frontansicht des Dessauer Bauhauses. Gropius
forderte für die Arbeit des Bauhauses »die
Wiedervereinigung aller werkkünstlerischen

Disziplinen«. 1926 stellte Walter Gropius das
neue Bauhaus-Zentrum vor.

Die Gedenkstätten Martin Luthers

Sowohl Wittenberg wie auch Eisleben führt den amtlichen Beinamen »Lutherstadt«; Eisleben als Geburts- und Sterbeort Martin Luthers, Wittenberg als Zentrum seines reformatorischen Wirkens. Luther und die Reformation, das bedeutet nicht nur Verwandlung der christlichen Welt, sondern auch eine tiefgreifende politische Umgestaltung Deutschlands.

Eisleben

In Eisleben begann es, in Eisleben schloß sich der Kreis. Hier, im östlichen Harzvorland, wurde Martin Luther am 10. November 1483 geboren, hier starb er am 18. Februar 1546. Die Familie des Bergmanns Hans Luther übersiedelte zwar schon im Sommer 1484 nach Mansfeld, doch kehrte der Theologieprofessor Luther gelegentlich in seine Geburtsstadt zurück – zum letzten Mal, in Begleitung seiner drei Söhne, Anfang Februar 1546, um in Streitigkeiten zwischen den Mansfelder Grafen zu vermitteln.

Das schlichte Geburtshaus wurde bei einem Brand 1689 teilweise zerstört, bald aber wieder aufgebaut. Der spätgotische Kern ist noch in einem Sitznischenportal und im Erdgeschoß erkennbar, wo der untere Treppenteil und die Balkendecke im Eingang erhalten blieben. Das Obergeschoß mit seinem Arkadenvorbau zum Hof hin stammt aus dem Jahre 1693. Im Sterbehaus sind neben Lutherbildern und Originalbriefen eine Replik der Totenmaske sowie das Bahrtuch zu besichtigen. Das einfache spätgotische Gebäude bietet wenig spektakuläre Dekorationselemente und gleicht darin dem Geburtshaus.

Wittenberg

Als ein zentrales Bauwerk der Reformation gilt die Schloßkirche, an deren Portal Martin Luther 1517 seine berühmten 95 Thesen gegen den Ablaßhandel anschlug. Luther und sein engster Mitstreiter Philipp Melanchthon fanden hier ihre letzte Ruhe. Zu besichtigen ist freilich eine »Ruhmes- und Gedächtnishalle der Reformation« im Stil des wilhelminischen Historismus, da die um 1500 von Konrad Pfluger erbaute spätgotische Kirche im Siebenjährigen Krieg großteils zerstört wurde. Von den frühen Restaurationsplänen nach den Befreiungskriegen wurden nur das Tympanongemälde sowie, in Erinnerung an den Thesenanschlag, das Bronzeportal realisiert. Im Innern dominiert Neogotik nach Art des wilhelminischen Geschichtsverständnisses.

1514 wurde Martin Luther vom Rat der Stadt Wittenberg zum Prediger der Stadtkirche St. Marien gewählt. Vom frühgotischen Neubau dieses Gotteshauses haben sich der asymmetrische zweischiffige Chor mit Kreuzrippengewölbe sowie die westliche Doppelturmfront mit ihrer – seit 1655 massiven – Brücke erhalten. Spätgotisch gestaltet ist die dreischiffige Langhaushalle, der 1411 eine ältere Anlage hatte weichen müssen. Neben kunsthistorisch wertvollen Epitaphien verdient ein achteckiges Taufbecken aus Messingguß mit reich dekoriertem, kielbogigem Fußgestell besondere Aufmerksamkeit – eine Arbeit des Nürnbergers Hermann Vischer d. J. aus dem Jahr 1457. Doch als Herzstück von St. Marien gilt der berühmte Reformationsaltar der beiden Cranachs. In der Abendmahlsszene des Mittelteils porträtiert Lucas Cranach d. Ä. den Reformator und seine Anhänger als Jünger Jesu (vor 1539); während das Gemälde auf der Rückseite der Predella die Auferstehung der Toten darstellt, rückt das Bild auf der Vorderseite den gekreuzigten Christus in den Mittelpunkt – mit dem auf der Kanzel predigenden Martin Luther zur Rechten und auf der linken Seite die Schar seiner Zuhörer, darunter Luthers Ehefrau Katharina von Bora und Sohn Hans.

Die beiden Altarflügel gelten als Werk Lucas Cranachs d. J. (um 1547). Auf dem linken Flügel vollzieht Philipp Melanchthon im Beisein Lucas Cranachs d. Ä. die Taufe; der rechte Flügel zeigt Luthers Gefolgsmann Bugenhagen bei der Abnahme einer Beichte.

Wer sich für Dokumente und Zeugnisse der Luther-Zeit interessiert, wird am Reformationsgeschichtlichen Museum nicht vorbeigehen wollen – um so weniger, da es im ehemaligen Wohnhaus Martin Luthers untergebracht ist. Der dreigeschossige Bau ist Teil des Augustiner Eremitenklosters, das Kurfürst Johann der Beständige 1532 Luther zum Geschenk machte. Bei zahlreichen Restaurierungen ging zwar viel originale Bausubstanz verloren, doch haben ein polygonaler Wendelstein von 1565/66 sowie ein kleiner, halbrund vortretender Wendelstein von 1504 die Zeiten überdauert. Auch das originale Katharinenportal mit aufwendigen Stabwerkdurchdringungen in kielbogig gerahmtem Gewände sowie Astwerk und Taustab an den Sitzkonsolen blieb erhalten (1540). Über den Nischen befinden sich eines der ältesten Steinbildnisse Luthers und die sogenannte Lutherrose, das Wappen der Familie. Von den Räumlichkeiten kommt die Lutherstube, das vermutlich um 1535/38 eingebaute Familienzimmer, dem einstigen Originalzustand am nächsten.

Nur einen Steinwurf entfernt steht das dreigeschossige Melanchthon-Haus. Ein rundbogiges Sitznischenportal mit gekreuztem Stabwerk im Bogen und Staffelgiebel mit Halbreisbögen auf Pilastern geben dem Renaissancebau architektonisches Profil. Die Ausstattung des Wohn- und Sterbezimmers stammt zwar von 1897, doch ist es durchaus gelungen, mit diesem Mobiliar den einstigen Originalzustand zu interpretieren. Blickfang im Scholarenzimmer auf der zweiten Etage sind die Wappen etlicher Schüler.

Luthers Sterbehaus in Eisleben – ein einfacher spätgotischer Bau mit einem kielbogenförmigen Sitznischenportal und einer reich profilierten Balkendecke im oberen Geschoß.

Innenansicht der Wittenberger Schloßkirche in neogotischer Repräsentationsarchitektur der wilhelminischen Zeit. Der spätgotische Original-bau war im Siebenjährigen Krieg zerstört worden.

Schlösser und Parks von Potsdam und Berlin

Mehr als zwei Jahrhunderte sollte es dauern, bis das Vermächtnis des »Alten Fritz« endlich in Erfüllung ging. Mit einem Pomp und Aufwand, der den Preußenkönig fraglos außerordentlich befremdet hätte, wurde seine sterbliche Hülle von der Stammburg der Hohenzollern im August 1990 nach Sanssouci überführt und neben seinen geliebten Windspielen auf der Terrasse des königlichen Sommersitzes oberhalb der Weingärten beigesetzt. Denn dort hatte der kunstsinnige Monarch, dessen Schloß zu den gelungensten Werken des friderizianischen Rokoko zählt, damals auch gleichzeitig seine Totengruft bauen lassen.

Sorglos, im Einklang mit der Natur

»Quand je serai là, je serai sans souci«, hatte der »erste Diener seines Staates« beim Einzug in die Sommerresidenz im Jahre 1747 dem befreundeten Marquis d'Argens anvertraut. Dafür wurde zunächst ein anderer Zeitgenosse Friedrichs, der Architektenbaron Wenzeslaus von Knobelsdorff, um seine Ruhe gebracht. Drei Jahre zuvor hatte er von Friedrich die

Verkehrsverbindungen
Potsdam liegt an der A 115/E 51. Anfahrt von Berlin über Wannsee und die Berliner Vorstadt direkt ins Stadtzentrum. Durchgehende S-Bahn-Verbindung von Alexanderplatz, Friedrichstraße und Bahnhof Zoo.

Reisezeit
Ganzjährig. Im Sommer ist wegen des starken Andrangs frühzeitiges Erscheinen sinnvoll. Anmeldung zu Führungen empfehlenswert.

Übernachtung
Hotels und Pensionen aller Kategorien.

Tip
In der Filmstadt Babelsberg werden u. a. Stuntmen-Einsätze gezeigt.

Order erhalten, auf dem »wüsten Berg« bei Potsdam nach französischem Vorbild, jedoch ohne die verschwenderische Pracht der Anlage von Versailles, ein einfaches Sommerschloß zu entwerfen. »Ohne Sorgen« wollte Friedrich dort seinen wahren Neigungen – der Liebe zur Literatur, dem Musizieren und dem Philosophieren – im Einklang mit der Natur und in gebührender Distanz zu den ihm verhaßten Menschen nachgehen.

Weil der ebenso kunstsinnige wie widersprüchliche König zeitweise auch gerne Baumeister spielte, wurden die vorgelegten Pläne zum Leidwesen Knobelsdorffs ständig von königlichen Bauskizzen durchkreuzt.

Als die Bauarbeiten abgeschlossen waren, präsentierte sich Friedrichs »Anti-Versailles« als langgestreckte Gartenresidenz mit zwölf hohen Fenstertüren, aus denen der Monarch direkt ins Freie treten konnte. Lachende Bacchantenfiguren, die das Gebälk tragen, verleihen dem eingeschossigen Rokokobau mit ovaler Mittelkuppel eine verspielte Note.

Während sich im Ostflügel Audienz-, Konzert- und Arbeitszimmer – es wurde unter seinen Nachfolgern klassizistisch umgestaltet – sowie die zedernholzgetäfelte Rundbibliothek befanden, ließ der König im Westtrakt das sogenannte »Voltairezimmer« einrichten – wohl in Erinnerung an den Besuch des großen Philosophen in Sanssouci, mit dem Friedrich, trotz mancher Differenzen, später durch Briefwechsel verbunden blieb.

»Prahlerei« im Schloßgarten

Bei schlechter Witterung suchte der alternde Monarch, der sich mehr und mehr von seinen Mitmenschen abkapselte, gerne die von Büring erbaute Bildergalerie östlich des Schlosses auf. Hinter der westlich erbauten Felsengrotte liegen die Neuen Kammern, die als Orangerie später zum Gästehaus umgebaut wurden. Das unter Friedrich Wilhelm IV. errichtete Belvedere auf dem Drachenberg und das Drachenhaus, heute ein Café, schließen sich weiter westlich an.

Ebenfalls von Büring entworfen wurde das exotisch-pittoreske, goldglänzende Chinesische Teehaus, in dem heute eine Sammlung mit chinesischem Porzellan untergebracht ist. Am Westende des Parks

von Sanssouci ließ der Monarch nach dem Siebenjährigen Krieg das Neue Palais erbauen und wurde damit seinen eigenen Prinzipien untreu. Als Friedrich den Palast erblickte, bezeichnete er ihn prompt als »Fanfaronnade« (Prahlerei). Die bedeutsamsten Teile des Neuen Palais sind der mit 37 000 Muscheln und 20 000 Mineralien geschmückte Muschelsaal in der Beletage und das Hoftheater. In dem italienischen Vorbildern nachempfundenen Schloß Charlottenhof wohnte einige Jahre lang der Naturforscher Alexander von Humboldt, gleich nebenan befinden sich die Römischen Bäder. Nach dem Modell einer frühchristlichen Basilika ordnete Friedrich Wilhelm IV. den Bau der Friedenskirche an. Die Gestaltung des Parks von Sanssouci war Aufgabe des Gartenbaumeisters Peter Joseph Lenné, der 1833 einen Generalplan zur »Verschönerung der Umgebung von Potsdam« vorgelegt hatte.

Regionaler »Streubesitz«

Im Sinne touristischer Aufmerksamkeit dürften Sanssouci und das Neue Palais im Mittelpunkt des Interesses stehen. Dennoch sind sie nur Teil eines Ensembles von Schlössern und Parkanlagen im näheren Umfeld von Potsdam und Berlin. So gehören zu diesem Ensemble auch die Schlösser Cäcilienhof, Babelsberg und Glienicke sowie die Parks von Babelsberg und Glienicke, die Sacrower Heilandskirche und die Pfaueninsel – allesamt Bauwerke und Anlagen, die in enger Beziehung zur preußisch-deutschen Geschichte stehen. Selten konzentriert sich eine solche Vielzahl von Objekten auf einen regionalen Raum wie hier – ein Umstand, der der Beschreibung Grenzen setzt und nur eine Auswahl zuläßt.

Das Chinesische Teehaus im Park von Schloß Sanssouci ist in heiterem Rokoko gehalten. Das kreisrunde Gebäude ist mit drei Vorhallen versehen und zeigt auf der Kuppel einen Mandarin.

SANSSOUCI

»Ohne Sorgen« wollte Friedrich der Große seinen Neigungen nachgehen und ließ sich von Knobelsdorff ein Sommerschloß errichten: Sanssouci.

Bacchantenfiguren verleihen der Gartenseite eine verspielte Note.

Die Museumsinsel

Zwischen der Spree und dem Kupfergraben, auf dem nördlichen Teil der Spreeinsel in Berlin Mitte, liegt die weltberühmte Museumsinsel, deren fünf Museumsbauten archäologische Sammlungen und Kunstschätze des 19.Jahrhunderts beherbergen. Das Ensemble der Berliner Museumsinsel gilt als international einzigartig, weil es die Entwicklung des modernen Museumsbaus und -designs über einen Zeitraum von mehr als einem Jahrhundert illustriert.

Bildung für die Allgemeinheit

Das Konzept für die Anlage des Gebäudekomplexes geht bis auf die Zeit der Aufklärung und der Französischen Revolution zurück. Die fünf Museumsbauten – das Pergamon-Museum, das Alte Museum, die Nationalgalerie, das Bode-Museum (das ehe-

Verkehrsverbindungen
S-Bahn Friedrichstraße oder Hacke'scher Markt.

Tips
Wegen der aufwendigen Sanierungsarbeiten sind einige Museen der Museumsinsel derzeit nicht oder nur teilweise öffentlich zugänglich. Das Alte Museum mit der Antikensammlung ist geöffnet. Die Alte Nationalgalerie ist derzeit wegen Sanierungsarbeiten geschlossen, ebenso das Bode-Museum und das Neue Museum, das sich im Wiederaufbau befindet. Das Pergamon-Museum ist geöffnet.

mals Kaiser-Friedrich-Museum hieß) und das Neue Museum – gehören zum kulturellen Erbe des 19.Jahrhunderts und sind von diesem Zeitalter der Bildung und der Wissenschaften geprägt. Dies gilt auch für den letzten der Museumsbauten, das Pergamon-Museum, obgleich dieses erst im Jahr 1930 fertiggestellt wurde.

Die Idee, die ehemals kurfürstlichen Sammlungen und Schatzkammern für die Allgemeinheit zu öffnen, ist als geistesgeschichtliches Ergebnis der Aufklärung zu betrachten und wurde zur Zeit der Französischen Revolution erstmals explizit formuliert.

Baugeschichte

Im Jahr 1810 verfügte der preußische König Friedrich Wilhelm III, daß in Berlin eine öffentlich zugängliche Kunstsammlung anzulegen sei. Zwölf Jahre später, 1822, erhielt Karl Friedrich Schinkel den Auftrag zum Bau des Alten Museums, des ersten Gebäudes auf der heutigen Museumsinsel. Das Haus konnte 1830 eröffnet werden – und die Geschichte der Museumsinsel begann.

Städtebaulich-architektonisch prägend wirkt das Alte Museum durch seinen Standort gegenüber dem Schloß. Im Gebäude selbst gruppieren sich die Ausstellungsräume um eine zentrale Rotunde, die zugleich das geistige Zentrum des Museums verkörpert. Nach Schinkels Vorstellung sollte dieser Kuppelsaal die herausragendsten Kunstwerke der jeweiligen Epochen aufnehmen, um dem Betrachter die Essenz des geistesgeschichtlichen Erbes vergangener Zeiten vor Auge zu führen.

König Friedrich Wilhelm IV., der Nachfolger des Museumsgründers, verfügte im Jahr 1841, daß die gesamte Spreeinsel hinter dem Museum zu einer Freistätte für Kunst und Wissenschaft auszugestalten sei. Damit war auch der Weg frei für eine enge Verbindung von Sammlung und Forschung im Berliner Museumswesen. Dies entsprach voll und ganz dem damals vorherrschenden universalen Bildungsideal Wilhelm von Humboldts.

Zwischen 1843 und 1855 baute Friedrich August Stüler auf dem Areal hinter dem Alten Museum das Neue Museum. Vom selben Architekten stammt auch die Idee für die im Stil eines römischen Tempels erbaute Nationalgalerie. Das heutige Bode-Museum, damals Kaiser-Friedrich-Museum, wurde als viertes Gebäude im Stil des Klassizismus unmittelbar an der Spitze der Insel erbaut.

Als letzter Museumsbau wurde das Pergamon-Museum in den Jahren 1907 bis 1930 errichtet, um Glanzstücken der preußischen Sammlungen wie dem Pergamon-Altar, Fragmenten der Prozessionsstraße von Babylon und dem römischen Markttor von Milet einen angemessenen Aufbewahrungs-

ort und würdigen Rahmen zu geben. Damit war auch der Plan, auf der Berliner Museumsinsel einen vollständigen Gang durch die abendländische Kunst von der Antike bis zum 19.Jahrhundert zu ermöglichen, erfüllt – wenn auch nur für kurze Zeit.

Auflösung und Wiedervereinigung der Sammlungen

Im Zweiten Weltkrieg nämlich wurden die Bauten der Museumsinsel bis zu 70 Prozent zerstört. Die Bestände, die während des Krieges teilweise ausgelagert waren, wurden in der Folge zum Teil zerstreut und auf Ost- und Westberlin verteilt. Mit der deutschen Wiedervereinigung konnte endlich auch eine Zusammenführung der Museumsbestände eingeleitet werden. Derzeit sind aufwendige Umbau- und Sanierungsmaßnahmen im Gang, nach deren Abschluß sich die Museumsinsel wieder mit ihren angestammten Beständen in ihrer früheren Pracht präsentieren soll.

Ein Kompendium des Museumsbaus

Das Ensemble auf der Berliner Museumsinsel ist deshalb so einzigartig, weil herausragende, die Entwicklung von Museumsbeständen exemplarisch belegende Sammlungen in Museumsbauten präsentiert werden, die ihrerseits die Geschichte des Museumsbaus entscheidend mitgeprägt haben. Das Spektrum reicht dabei vom klassischen Bildungsmuseum im Schinkelschen Stil bis zur modernen Objektpräsentation im Museum, die auf der Basis exakter wissenschaftlicher Rekonstruktionen steht.

Das Pergamon-Museum mit seiner charakteristischen Giebelfassade beherbergt das Vorderasiatische, das Ostasiatische und das Islamische Museum sowie die Antikensammlung und das Museum für Volkskunde. Sein berühmtestes – weil namengebendes – Ausstellungsstück ist die Rekonstruktion der Westfront des Pergamon-Altars aus der Zeit zwischen 180 und 160 v. Chr.

Blick vom Fernsehturm auf die Museumsinsel:
Das klassizistische Gebäudeensemble hebt sich
deutlich von der modernen Bebauung im Zentrum Berlins ab. Direkt am Spreeufer erkennt
man die Kuppel des Bode-Museums, an das
sich – von rechts nach links – das Pergamon-
Museum, die Nationalgalerie, das Neue und das
Alte Museum anschließen.

Römisches Erbe, Dom und Liebfrauenkirche

Ohne den aufmerksamen Erzbischof Poppo von Babenberg hätte die alte Kaiserstadt Trier wohl eines ihrer bedeutsamsten Bauwerke aus römischer Zeit unwiederbringlich verloren. Weil die fränkischen Eroberer auf der Suche nach wertvollem Metall für ihre Schwerter fast alle Eisenklammern aus der »Porta Nigra« herausgeschlagen hatten, stand die kolossale Toranlage mit ihren schwarzen, unbehauenen Steinquadern im 11. Jahrhundert kurz vor dem Einsturz. Poppo, der durch die Rettung des Trierer Symbols als einer der ersten Denkmalschützer in die Geschichte eingehen sollte, ehrte damit in erster Linie seinen Freund Simeon aus Syrakus, der sich als Einsiedler im Ostturm der Porta hatte einmauern lassen und dort Jahre später sein Leben beschloß.

Seine Gebeine blieben im Ostturm, neben dem Tor ließ der Erzbischof ein Stift erbauen, das Doppeltor verwandelte er in ein Gotteshaus. Mit dieser Arbeit wurden Baumeister aus Lothringen betraut, die das antike Tor mit für die damalige Zeit seltener Sorgfalt behandelten.

Erst Napoleon, der 1804 die nach der Revolution an Frankreich angeschlossene

Verkehrsverbindungen
Trier liegt an der A 602. Schiffsverkehr auf der Mosel.

Tips
Etwa 8 km südlich steht die reichverzierte Igeler Säule, um 250 n.Chr. als Grab- und Familiendenkmal errichtet.

Moselstadt »Trèves« besuchte, befahl den Abriß aller fremden Zusätze, um den ursprünglichen Zustand des »gallischen Monuments« wieder herzustellen. Triers antike Bauwerke, im Mittelalter als billige Steinbrüche mißbraucht, blieben bis heute die symbolträchtigsten Denkmäler der vermutlich ältesten Stadt Deutschlands. Vor etwa zwei Jahrtausenden durch Kaiser Augustus als »Augusta treverorum« gegründet, stieg die Siedlung schnell zu einem wichtigen Handelsort auf. »Urbs opulentissima« – nannte sie bewundernd ein römischer Geograph im Jahre 44 nach der Zeitwende.

Forum, Tempel, Thermen, Amphitheater und aufwendige Verwaltungsbauten prägten das südländisch wirkende Bild dieser Stadt, deren Gebiet sich über 285 Hektar erstreckte.

Im 2. Jahrhundert erlebte Trier seine Blütezeit: Man speiste aus importiertem Geschirr und gewöhnte sich an die mediterranen Eßgewohnheiten an.

Aufstieg zur Kaiserresidenz

Nach einer ersten Zerstörung durch fränkische Alemannen entwickelte sich Trier zur vornehmen Residenzstadt. Bald »Rom des Nordens« genannt, regierten sieben Kaiser ihr Reich von der zweitgrößten Stadt des Imperiums aus. Die fränkische Eroberung Triers um 480 leitete auch den Untergang des römischen Weltreichs ein.

Die legendäre Porta Nigra, deren einst helle Steine durch Verwitterung schwarz wurden, erhebt sich an der Nord-Südachse als letzte der ursprünglich vier Torfestungen des Rings. Mit 36 Metern Länge und 21,5 Metern Tiefe ist das 30 Meter hohe Bauwerk das größte und besterhaltene Tor auf dem Territorium des ehemaligen Weströmischen Reiches. Während die Außenfassaden durch Halbsäulen gegliedert sind, zieren Pilaster die Wände im Innenhof. An der Stadtseite der Porta weisen Pfeilerstümpfe in die Simeonstraße, die als altrömischer »Cardo maximus« früher von Lauben gesäumt war. Der ungewöhnlich reich ausgestattete Trierer Dom, wie die Liebfrauenkirche zum Kulturerbe erklärt, wurde vor Jahren durch umfangreiche Maßnahmen vor dem Einsturz gerettet. Auch er besitzt Teile aus spätantiker Zeit, die in den Bau einbezogen wurden.

Mit der aus Flachziegeln auf rechteckigem Grundriß erbauten Basilika Aula Regia schuf sich Konstantin der Große um 310 einen Palast, der nach dem Wiederaufbau noch immer durch seine großartige und schmucklose Einfachheit besticht. In den Fensternischen der einst mit schwarzweißen Marmorböden und Wänden mit Marmorinkrustationen geschmückten Konstantinbasilika blieben noch Reste der Bemalung erhalten – gelbes Rankenwerk auf rotem Untergrund. Ebenfalls zum

Palastbezirk gehörten die Kaiserthermen, die allerdings nicht als öffentliche Bäder fertiggestellt wurden. Reste des Treppenturmes und die Nischenbauten des Caldariums, die als Vorbild für die Apsiden des Doms dienten, vermitteln noch eine ungefähre Vorstellung von der Größe und luxuriösen Ausgestaltung. Noch bedeutender waren die Trierer Barbarathermen, deren Beheizung mit Holzkohle in unterirdisch angelegten Bedienungsanlagen erfolgte. Wertvolle Kunstwerke, die früher römische Wohngebäude schmückten, befinden sich im Diözesanmuseum und im Rheinischen Landesmuseum.

Am heutigen Petrisberg ließen die Herrscher auf 2710 Quadratmetern eine für damalige Verhältnisse gigantische Arena für Kampfspiele anlegen. Auf kleinen Täfelchen, die bei Ausgrabungsarbeiten in den Kellergeschossen entdeckt wurden, bitten die unglücklichen Opfer die Götter der Unterwelt, ihre Peiniger mit Krankheit und Tod zu bestrafen.

Römische Wertarbeit

Als »Generallektion der Brückenbaukunst« gilt die heute für den Autoverkehr genützte Römerbrücke, deren Pfeiler – mit Vulkangestein verblendetes Gußmauerwerk – sogar die Sprengladungen der Invasionsarmee des Sonnenkönigs im 17. Jahrhundert überstanden.

Der Innenstadt war weniger Glück beschieden: 1944 fielen über 40 Prozent der historischen Bauten Bombenangriffen zum Opfer. »Vor Rom stand Trier 1300 Jahre. Möge es weiterbestehen und sich eines ewigen Friedens erfreuen« – dieser fromme Wunsch, am Roten Haus verewigt, konnte im Zeitalter der Massenvernichtung kaum in Erfüllung gehen.

Das gewaltige Ausmaß des Ziegelbaus der Basilika dokumentiert die römische Baukunst um 300.

Romanische, gotische und barocke Bauelemente prägen das Innere des Doms.

Im Osten der Stadt Trier erstreckten sich einst große Bäderanlagen, die Kaiserthermen. Der Bau wurde im 3. Jahrhundert begonnen und unter Kaiser Konstantin vollendet. Später wurde der Komplex zu einem Forum umgebaut.

Eine Kathedrale des Industriezeitalters

Industrialisierung und Fortschrittsglaube – es ist das Dioskurenpaar der Neuzeit, dessen symbiotische Beziehung erst in den letzten Jahrzehnten ernsthaft in Frage gestellt wurde. Die industrielle Revolution des 19. Jahrhunderts setzte einen Wandlungsprozeß in Gang, dessen Folgewirkungen in das Leben der Menschen weit radikaler eingriffen als alle Wandlungsprozesse zusammen in den Jahrtausenden zuvor. Zeit begann sich in Geschwindigkeit umzusetzen, in exakt geplante Arbeitsabläufe. Längst hat die Industrie ihre eigene Geschichte, ihre eigene Kultur. Daß sie auch ihr eigenes Denkmal erhielt, dafür sorgte die Entscheidung der UNESCO, die Alte Völklinger Hütte im Bereich der Roheisenerzeugung in die Liste des Weltkulturerbes aufzunehmen. Damit wurde der Kulturbegriff angemessen erweitert und eine Entwicklung bekräftigt, die sich bereits bei der Würdigung Goslars abzeichnete, als man den Rammelsberg mitsamt seinen Bergwerksanlagen der Stadt zuordnete.

Eine Eisenhütte als Denkmal

Das saarländische Völklingen bietet als Weltkulturerbe eine Anlage zur Roheisenerzeugung, die 1986 stillgelegt wurde – und damit eine gut hundertjährige Geschichte, in der sich Aufstieg und Niedergang moderner Eisenindustrie kompri-

---

Verkehrsverbindungen
Autobahn A 620 von Saarbrücken.

Tip
Veranstaltungsreihe »Schichtwechsel« in der Gasgebläsehalle während des saarländischen Kultursommers.

---

mieren. Läßt man den Fehlstart von 1873 einmal beiseite, so nahm die Völklinger Hütte 1881 unter der Führung der Brüder Röchling ihre Arbeit auf. Das Werk galt bald als eine erste Adresse deutscher Eisen- und Stahlerzeugung. Röchling wurde ein Markenname, vor allem in der Edelstahlherstellung, einem Gebiet, auf dem in Völklingen Pionierarbeit geleistet wurde.

Diese Spitzenstellung war nur durch modernste Industrietechnik zu erreichen und auszubauen. Die wichtigste Investition galt natürlich den Hochöfen, von denen sechs zwischen 1882 und 1903 errichtet wurden. Sodann wurde über ein elektrisches Schräghängebahnsystem die neu eingerichtete, durchgehende Gichtbühne beschickt. Bis 1913 waren die Trockengasrei-

nigungen installiert, 1918 nahm man einen gewaltigen Wasserturm in Betrieb, 1930 war die große Sinteranlage fertiggestellt, 1935 die Kokerei umgebaut und vergrößert. Bis zum Zweiten Weltkrieg hatte die Völklinger Hütte nach Größe und Umfang ihre heutigen Ausmaße erreicht.

Auf »Ofenreise«

In den Erzbunkern lagerten die verschiedenen Erze, die zur Eisenherstellung verwendet wurden. Den zur Verhüttung erforderlichen Kohlenstoff erzeugten die sieben Batterien der Kokerei durch Erhitzung von Kohle unter Luftabschluß, wobei als »Abfall« Koks, Gas und Teer entstanden, die ihrerseits zur Herstellung neuer Produkte dienten. Das Erz, in großen Brocken angeliefert, wurde in der Erzbrechanlage auf verhüttbare Körnungen zerkleinert. Die dabei anfallenden Klein- und Staubanteile wurden in der Sinteranlage mit Kohlen- und Gichtstaub sowie mit Zuschlagstoffen wie Kalk und Sand vermischt. Damit war die optimale Wiederverwertung von Abfallstoffen gewährleistet. In der Möllerhalle stellte man aus Erz, Sintergut und Zuschlägen den Möller zusammen, jenes Erzgemisch, dessen Anteile nach der jeweiligen Eisensorte zu dosieren waren.

Die sechs Hochöfen, die noch heute das Herzstück der Völklinger Hütte bilden, sind nach dem Zweiten Weltkrieg errichtet worden. Über 1000 Tonnen Roheisen vermochte jeder von ihnen täglich zu produzieren. War ein Ofen einmal angeblasen, so konnte er auf seiner »Ofenreise« acht bis zwölf Jahre brennen. Das Kühlwasser für die Stahlpanzer und Windeinblasdüsen wurde aus dem Wasserturm zugeleitet, der zur Erzeugung des Schmelzfeuers von

1800 °C erforderliche »Wind« aus den Gasgebläsemaschinen im Gasgebläsehaus. Jedem Ofen waren jeweils drei Winderhitzer oder Cowper (nach dem Namen ihres Erfinders) zugeordnet. Die Öfen selbst sind von Cowpern, Rohrleitungen und Wartungs- und Montagebühnen verdeckt. Die komprimierte Luft aus den Gasgebläsemaschinen wurde abwechselnd in einem der Cowper auf etwa 1200 °C erhitzt und durch eine Ringleitung von unten in den Hochofen eingeblasen. Von der Gichtbühne aus wurden die Öfen von oben mit Koks und Möller beschickt, wobei der Transport zur Gichtbühne über die kombinierte elektrische Hänge- und Seilzugbahn lief.

Das bei der Eisenschmelze entstandene Gichtgas – alle zwei bis drei Stunden ein Abstich – wurde über Rohrleitungen abgeleitet, der Grob- und Trockengasreinigung zugeführt und dann im Gichtgasbehälter als Brennstoff für die Gasgebläsemaschinen gespeichert.

Neue Sachlichkeit

Daß sich die Alte Völklinger Hütte mit ihrer Roheisenerzeugung in ein Denkmal der europäischen Industriegeschichte verwandelte, ist eine Folge des dramatischen Strukturwandels in der Eisen- und Stahlindustrie. Vielleicht ist der radikale Umbruch, der aus einer lebendigen Arbeitswelt historische Erinnerung werden läßt, nirgends so anschaulich nachvollziehbar wie in Völklingen, jener Stadt, deren Existenz mit der Industrialisierung aufs engste verbunden ist. Eine Hütte wird zu einem Museum und damit zu einem großtechnologischen Ereignis der Vergangenheit, – auch wenn es für viele noch Gegenwart bedeutet.

Wollte man die Ästhetik der »Kathedralen« des Industriezeitalters beschreiben, man entdeckte eine neue Sachlichkeit, die sich allein aus den Funktionszusammenhängen legitimiert.

VÖLKLINGER HÜTTE

Hochofensilhouette, im Hintergrund die im Laufe der Zeit begrünten Abraumhalden.

Blick in das Gasgebläsehaus, wo der »Wind« zur Erzeugung des Schmelzfeuers produziert wurde.

Ein »Schaufenster der Erdgeschichte«

Wenn von Ameisenbären, Reptilien, Riesenlaufvögeln und Halbaffen die Rede ist, denkt man gemeinhin an Tropen oder Subtropen und nicht gerade an den südhessischen Raum in der Gegend um Darmstadt. Doch just hier – präzise: in der Ölschiefergrube Messel – läßt sich die Existenz dieser und vieler anderer einst heimischer Tiere nachweisen. Messel gibt den Blick auf ein Europa frei, das sich weder geographisch noch klimatisch, folglich also auch nicht in Flora und Fauna mit dem heutigen Kontinent vergleichen läßt. Es führt zurück ins Eozän, d.h. in die Zeit vor 38 bis 55 Millionen Jahren, als die Küste der »Nordsee« auf der Höhe der heutigen Städte Magdeburg – Osnabrück verlief und die des »Mittelmeers« in der Gegend von Wien und Zürich. Die Landmasse dazwischen bestand großteils aus dichten tropischen Urwäldern. Als den zahlreichen Süßwasserseen, die im heutigen Oberrheingraben durch Verwerfungen entstanden waren, irgendwann einmal durch Unmengen von einzelligen Grünalgen die Lebensgrundlage entzogen wurde, hatte das gravierende Folgen. Denn am Boden bildete sich ein Gasgemisch aus Schwefel-

Verkehrsverbindungen
Von Darmstadt aus eine Nebenstraße in nord-östlicher Richtung etwa 10 km hinter dem Jagdschloß Kranichstein.

Tip
Als Ergänzung zu Messel empfiehlt sich ein Besuch des Senckenbergmuseums im nahen Frankfurt/Main.

wasserstoff, Ammoniak und Methan – eine tödliche Falle für alles organische Leben. Der Faulschlamm aber verfestigte sich zu Ölschiefer, zu einem dunklen tonigen Gestein mit hohem Bitumengehalt – auch dies eine Entwicklung mit Folgen: Der Ölschiefer wurde zu einer Art von erdgeschichtlichem »Tresor«, der die Tierkadaver und Pflanzenreste konservierte.

Im »Tresor« des Eozäns

Als der Naturforscher Rudolph Ludwig 1875 in den fast 200 Meter mächtigen Ölschiefervorkommen nahe der südhessischen Gemeinde Messel den Knochenabdruck eines Krokodils entdeckte, wurden die Fachleute der Versteinerungskunde, wie die Paläontologie im 19. Jahrhundert noch genannt wurde, hellhörig. Um so mehr, da sich der Fund keineswegs als Einzelfall erwies. Man war sich bald einig, daß im Ölschiefer von Messel ein ungewöhnli-

cher Reichtum an Fossilien vorhanden sein müsse. Dem Forscherdrang waren freilich allzu enge Granzen gesetzt. Da der wasserhaltige Ölschiefer schnell austrocknete und zerbröselte, war an eine Konservierung nicht zu denken.

Dieses Hindernis ließ sich erst in den 60er Jahren unseres Jahrhunderts beseitigen, als es den Paläontologen gelang, die Fossilien auf Kunstharz zu übertragen. Da aber in der Grube Messel zwischen 1886 und 1971 etwa 20 Millionen Kubikmeter Ölschiefer zur Gewinnung von Schieferöl abgebaut wurden, bedarf es wenig Phantasie, um den Schaden für die paläontologische Forschung abschätzen zu können. Trotzdem bleibt die wissenschaftliche Ausbeute beachtlich. Allein für den Sommer 1995 nennt die Statistik 1863 Pflanzenreste, 346 Fische, 14 Vögel, 10 Fledermäuse, 3 Reptilien.

Das Pompeji der Paläontologie

Es heißt, was Pompeji für die Archäologie bedeute, sei Messel für die Paläontologie. Der Vergleich mag durchaus seine Berechtigung haben, mit dem Unterschied, daß einem breiteren Publikum die Ergebnisse der Fossilienforschung nicht annähernd so attraktiv erscheinen wie die der Archäologen. Doch gerade die unspektakuläre Arbeit in Messel fördert den Blick in die naturhistorische Schatztruhe des Eozäns. Bisher wurden an Säugetieren 32 Arten aus 19 Ordnungen entdeckt, darunter der igelartige Insektenfresser Pho-

lidocerus, der mit Hornschuppen bedeckte Eomanis, der südamerikanische Ameisenbär Eurotamandua. Bislang ist ungeklärt, auf welche Weise dieser Ameisenbär nach Europa gekommen ist.

Unter den Huftieren fand das sogenannte »Urpferdchen« der Gattung Propalaeotherium besondere Aufmerksamkeit, da der antilopenartige Laubfresser einem frühen Seitenzweig des Pferdestammbaums zugerechnet wird. Auch Primaten lassen sich mittlerweile nachweisen, darunter der Halbaffe Europolemur.

Alle Messeler Fische – sei es der Schlammfisch Amia, der Knochenhecht Lepidosteus oder auch Barsche und der Hering Thaumaturus – waren Raubfische. An den Ufern des Sees lebten Krokodile und Alligatoren, Leguane, Eidechsen und Molche, Schlangen und Schildkröten. Daß auch zahlreiche Vogelarten im Schiefer fossiliert wurden, dürfte darauf zurückzuführen sein, daß die Tiere beim Überfliegen des abgestorbenen Sees durch die Gasentwicklung betäubt wurden und abstürzten. Was freilich nicht auf den zwei Meter hohen Riesenvogel Diatryma zutrifft, denn der war flugunfähig.

In der Körpergestalt unterscheidet sich das sogenannte »Urpferdchen« von Messel deutlich von heutigen Pferden. Es war nicht nur viel kleiner, sondern hatte auch an jeder Zehe einen Huf, insgesamt 14 Hufe statt vier.

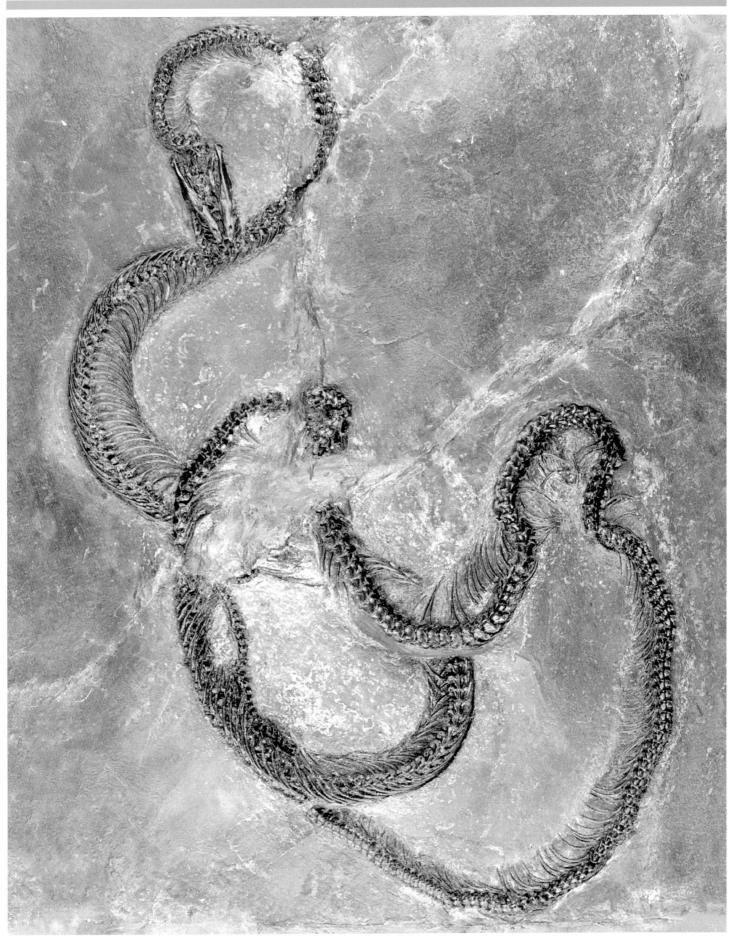

Daß der »Tresor« des Eozäns Fossilien wie diese Schlange freigibt, ist das Ergebnis eines 16 Jahre dauernden Rechtsstreits. Ursprünglich war geplant, ausgerechnet auf diesem 86 ha großen Areal eine Mülldeponie anzulegen.

Königshalle und Altenmünster

Die Zeit hat die reichen Bestände der ehemaligen Klosterbibliothek längst in alle Winde verstreut, und doch bleiben etliche dieser Dokumente mit dem Namen des Klosters untrennbar verbunden: der Lorscher Codex, die Lorscher Annalen, das Lorscher Arzneibuch, die Lorscher Beichte oder das Lorscher Evangeliar. Bedeutende Zeugnisse geistig-kultureller Strahlkraft, die im Früh- und Hochmittelalter von der Reichsabtei Lorsch ausging.

Aufstieg

Die Anfänge waren, wie meist, bescheiden. Cancor, der Graf des Oberrheingaues, und seine Mutter Williswinda hatten im Jahr 764 ihr Landgut Laurissa dem Erzbischof von Metz für eine Klosterstiftung übereignet. Dieses Kloster, in den Quellen als Altenmünster überliefert, wurde auf einer Insel des Flüßchens Weschnitz von Benediktinern besiedelt, bereits drei Jahre später aber in 600 Meter Entfernung an einen Dünenhügel verlegt. Altenmünster ist zwar nur noch als archäologische Grabungsstelle erfaßbar, wird gleichwohl aber dem Lorscher Kulturerbe zugeordnet.

Verkehrsverbindungen
Zwischen den Autobahnen A 67 Darmstadt–Viernheim und A 5 Darmstadt–Heidelberg gelegen; Abfahrt Bensheim.

Tip
Besuch des Staatsparks Fürstenlager bei Bensheim.

Lorsch brachte es dank der reichen Schenkungen Karls des Großen und seiner Nachfolger rasch zu Ansehen und Einfluß. Ludwig der Deutsche, sein Enkel, bestimmte hier seine Grablege – wie auch Ludwig der Jüngere, dessen Sohn, und Königin Kunigunde, die Gemahlin Konrads I. Es hatte sich östlich des Rheins ein geistliches Zentrum etabliert, dessen kulturelle, wirtschaftliche und politische Rolle auch unter den Ottonen und Saliern ungeschmälert blieb.

Niedergang

Der Niedergang begann in staufischer Zeit. Lorsch verlor seine wirtschaftliche Stabilität, wurde zum Verkauf umfangreicher Ländereien gezwungen, und auch das Scheitern geistlicher Reformen setzte ein untrügliches Zeichen. 1226 mußten die Benediktiner das Kloster verlassen; gut zwanzig Jahre später etablierten hier die Prämonstratenser eine bescheidene Propstei.

1463 überließ Kurmainz den Pfälzern Lorsch zum Pfand, womit das Kloster zur Verfügungsmasse im fürstenstaatlichen Finanzschacher geriet.

1555 schließlich der entscheidende Beschluß: Das Kloster wurde aufgehoben, eine Gutsverwaltung bezog die Gebäude, die Kirche wurde zum Speicher. Mit dem Ende des Dreißigjährigen Krieges war aus der ehemaligen Reichsabtei ein Trümmerhaufen geworden, den die Bewohner des Umlands als Steinbruch für Neubauten nutzten. Nicht einmal die Fundamente blieben erhalten. Weniges war noch zu tun, um auch die letzten architektonischen Zeugnisse zu beseitigen. Die Behörden hatten 1803 den Abbruch der Königshalle bereits genehmigt, als im letzten Augenblick Landgraf Ludwig, der spätere Großherzog von Hessen, persönlich intervenierte und dies verhinderte.

Die Königshalle

Die architektonische Bestandsaufnahme ist quantitativ kärglich. Was von der Reichsabtei Lorsch die Zeiten überdauert hat, sind drei Joche des Mittelschiffs der Vorkirche, die Zehntscheune, Teile der Ringmauer und – als kunstgeschichtliches Kleinod – die Torhalle, auch als Königshalle bekannt. Schon die ambivalente Benennung macht darauf aufmerksam, daß die Funktion dieser Halle durchaus strittig ist. Bezog sie sich auf das Kloster oder auf den Herrscher, der Lorschs Aufstieg nach Kräften gefördert hatte? Neuere Forschungen ordnen die Königshalle nach Anlage und Formensprache römischen Bautraditionen zu, d.h. mit einiger Wahrscheinlichkeit dürfte es sich um eine Art Triumphtor handeln, das, auf den römischen Konstantinsbogen verweisend, Karl den Großen als »neuen Konstantin« begrüßt. Damit aber dürfte die Annahme hinfällig sein, diese Halle sei bereits anno 774 vollendet gewesen, als König Karl an der feierlichen Weihe der Klosterkirche teilnahm. Als Königs- oder präziser als Kaiserhalle stellt sie einen Bezug zur Kaiserkrönung im Jahr 800 her, mit der Karl an die Tradition des römischen Augustus anknüpft und so Antike und Mittelalter symbolisch miteinander verbindet.

Der zweigeschossige Rechteckbau mit drei Torbögen und zwei halbrunden Treppentürmen an den Seiten gilt als ein Höhepunkt karolingischer Baukunst in Deutschland. Die Gliederung der Fassade wirkt in ihrem Wechselbezug zwischen den Kompositkapitellen an den Torbögen und den ionischen Kapitellen am Obergeschoß wahrlich komponiert. Eleganz und Harmonie spiegeln sich auch in der Fassadenornamentik des rötlichen und weißen Sandsteins, dessen Mosaikstruktur auf mediterrane Vorbilder verweist. Das Obergeschoß dürfte dem Herrscher wahrscheinlich als Audienzsaal zur Verfügung gestanden haben. Die Reste der karolingischen und gotischen Fresken, die freigelegt wurden, deuten auf den repräsentativen Charakter dieses Raumes.

Es existiert in Deutschland keine zweite Architektur, in der sich die Ausdruckskraft der karolingischen Renaissance dem Betrachter so überzeugend mitteilt wie in der Lorscher Königshalle. Nicht im Sinne einer bewußt angewandten Stilästhetik, sondern als Rückbesinnung auf das, was man sich unter römischer Tradition vorstellte.

Über Jahrhunderte hin hatten die Benediktiner der Reichsabtei Lorsch zu Glanz und Ansehen verholfen. Karl der Große, ein besonderer Gönner des Klosters, nahm hier fünfmal Aufenthalt.

Die Lorscher Königshalle, die zu
den Kostbarkeiten karolingischer
Architektur in Deutschland zählt.

Detailaufnahme der Fassadenornamentik, deren Struktur auf
mediterrane Vorbilder verweist.

Konkurrenz im Bischofspalast

Das Wort wurde aus Wut und Enttäuschung gesprochen. Er werde sich an der Decke der fürstbischöflichen Residenz aufhängen, falls diese halten sollte – so ein Architekt, der beim Bau des Bischofspalasts nicht berücksichtigt worden war. 225 Jahre später wurde auf ganz andere, schreckliche Weise die Probe aufs Exempel gemacht. Zwar wurde die Würzburger Residenz von den Bomben des Zweiten Weltkriegs in Teilen zerstört, doch etliche Deckenkonstruktionen erwiesen sich als ungewöhnlich stabil.

Barock in vollkommenster Form

Mit dem Residenzbau wurde 1720 der ehemalige Gießergeselle Johann Balthasar Neumann beauftragt, der als fürstbischöflicher Baudirektor noch am Beginn seiner Karriere stand. Obwohl es ihm für eine solche Aufgabe an Erfahrung mangelte, genoß er das Vertrauen seines Auftraggebers.

Fürstbischof Johann litt zeit seines Lebens an einem Gebrechen, das er selbst »Bauwurmb« nannte. Therapieren ließ sich diese merkwürdige Krankheit offenbar nur mit einem mutigen Griff in die stets wohl-

---

Verkehrsverbindungen
Würzburg liegt an der A 3/E 43 und A 7/E 45. ICE-, IC- und EC-Verbindungen.

Übernachtung
Neben Hotels aller Preisklassen Privatquartiere in den Winzerdörfern um Würzburg.

Tips
Der malerische Steinbau der alten Mainbrücke mit seinen barocken Sandsteinfiguren ist ein technisch wie künstlerisches Meisterwerk seiner Zeit (1473–1543). Von hier hat man einen schönen Blick auf das Rathaus und den Dom St. Kilian.

Südlich der Stadt, in Volkach, befindet sich in der Kirche Maria am Weingarten eine Madonna im Rosenkranz, ein Spätwerk von Tilman Riemenschneider.

---

gefüllten Bischofsschatullen, um damit den Bau eines 300 Räume umfassenden Regierungs- und Wohnsitzes zu finanzieren. Johanns Nachfolger ließen die Residenz weiter ausbauen und schmücken. Von hier aus regierten sie ihr Reich, bis es zusammen mit der barocken Residenz Anfang des vorigen Jahrhunderts an die bayerische Krone fiel.

Noch Johanns Vorgänger residierte auf Würzburgs Wahrzeichen, dem befestigten Marienberg. Auf dem Platz der späteren Residenz entstand nach Plänen Antonio

Petrinis zunächst ein Schlößchen. Weil es sich jedoch als zu klein erwies, verzichtete der neue Hausherr auf den Einzug.

Neumanns Konzept sah eine Dreiflügelanlage vor, die einen Ehrenhof und mehrere Binnenhöfe umschloß. Baumeister aus Mainz, Wien und Paris wurden hinzugezogen, von seinem ursprünglichen Schema ließ sich Neumann jedoch nicht mehr abbringen. Er verwendete gelben Sandstein, dessen Goldton durch Ocker noch verstärkt wurde. Die Gliederungen wurden in hellem Grau abgesetzt, auf der Balustrade der schiefergedeckten Dächer erhoben sich weißschimmernde Skulpturen.

Nach Johanns Tod 1724 ließ dessen weniger baufreudiger Nachfolger zunächst den Nordflügel bewohnbar machen. Mit dem Bau des südlichen Flügels, der Stadtfassaden, des Mittelpavillons und der Anlage des weiten Residenzplatzes wurden die Arbeiten 1744 beendet.

Jeder Fürstbischof versuchte bei der künstlerischen Ausgestaltung seinen jeweiligen Vorgänger zu übertreffen. Von allen Malern, Stukkateuren und Bildhauern hinterließ der venezianische Meister Giovanni Battista Tiepolo die wertvollsten Kunstwerke. Die nach schweren Kriegsschäden renovierten Kunstwerke befinden sich im zentralen Kaisersaal, den man über das doppelläufige Treppenhaus, Europas schönstes und größtes dieser Epoche, erreicht.

Beatrix und Barbarossa

Die Deckenfresken zeigen auf einer Fläche von 30 × 20 Metern den Lichtgott Apoll und die damals bekannten vier Erdteile. Bei Europa hat der Künstler den Architekten Neumann, sich selbst mit Sohn sowie Fürstbischof von Greiffenclau – er bezahlte Tiepolos Honorar – verewigt. Meisterhafte Stukkaturen schmücken auch die »Salle des gardes«, den Weißen Saal. Das Deckenfresko im Kaisersaal zeigt Episoden aus der Geschichte Würzburgs, darunter die wolkengerahmte Brautfahrt der Beatrix von Burgund im Sonnenwagen des Apoll und die Trauung mit Friedrich Barbarossa, die 1156 in Würzburg stattfand. Vorbildlich sind die Proportionen auf die Raumverhältnisse abgestimmt.

Putten und Stuckmarmor, der rot, gelb, weiß und golden schimmert, dekorieren die Hofkirche im westlichen Südflügel der Residenz. Während der elegante und reiche Doppelaltar im unteren Teil die Kreuzigung zeigt, ist im oberen ein Marienbildnis zu sehen. Schwere, gedrehte Marmorsäulen rahmen die Seitenaltäre der mit Heiligenfresken ausgemalten Kirche. Die klassizistische Kanzel ist eine Stuckmarmorarbeit Materno Bossis.

Bayerische Geschenke

Der Hofgarten wurde seit 1732 unter Einbeziehung der alten Bastion angelegt und im vorigen Jahrhundert stark verändert. Nördlich wird der Park vom Rosenbachhof flankiert, sein südliches Gegenstück bilden der Gesandtenbau mit Kolonnaden und zwei Freisäulen. Ein Geschenk des Prinzregenten Luitpold ist der Franconia-Brunnen in der Achse des Ehrenhofes. Das Kunstwerk von 1894 zeigt Walther von der Vogelweide, Matthias Grünewald und Tilman Riemenschneider, die drei bekanntesten Söhne der Barockstadt, deren Rebenhänge Rainer Maria Rilke einmal mit sonnenbeschienenen Manualen verglichen hat.

Von den Bomben des Zweiten Weltkriegs zerstört, ist die Würzburger Residenz im alten Glanz neu erstanden.

Die Würzburger Residenz, das Haupt-werk Balthasar Neumanns. Welt-berühmt ist das Treppenhaus.

Das Deckenfresko von Tiepolo zeigt die Trauung der Beatrix von Bur-gund mit Kaiser Friedrich Barbarossa.

Die Altstadt

So wie ein Baum Jahresringe ansetzt, so setzt Bambergs Altstadt Jahrhundertringe an. Sie überliefert alle Stilepochen seit der Romanik, wie man sie nach Dichte und Umfang in Deutschland kein zweites Mal findet. Mehr als 2000 Architekturdenkmäler bilden den historischen Stadtkern, der den Zweiten Weltkrieg trotz Bombenschäden glücklich überstanden hat.

»Die Hauptstadt der Welt«

»Hier ist die Hauptstadt der Welt, die Wiege jeglichen Ruhmes«, pries Abt Gerhard von Seeon im 11. Jahrhundert die Stadt an der Regnitz. Das mochte allzu sehr nach Lobrede klingen, entsprach aber durchaus den Erwartungen Kaiser Heinrichs II. Mit seiner Wahl zum deutschen König rückte Bamberg, im Jahr 902 als castrum Babenberg erstmals urkundlich erwähnt, in den Mittelpunkt des politischen Interesses. Bamberg sollte, wenn auch nicht »Hauptstadt der Welt« im konkreten Sinne, so doch ein wichtiges Zentrum des Reiches werden. Hier fand Heinrich II. sein »Rom«, wie einst Karl der Große in Aachen oder Otto der Große in Magdeburg.

Verkehrsverbindungen
Anfahrt über die Autobahnen A 70 und A 73.

Tips
Historisches Museum, Diözesanmuseum, Neue Residenz, Naturkundemuseum, Karl-May-Museum, Fränkisches Brauereimuseum, E. T. A. Hoffmann-Haus.
Schiffsausflüge auf dem Main.

Eine Entscheidung von großer Tragweite war die Gründung des Bistums Bamberg im Jahr 1007. Heinrich II. stärkte damit nicht nur seine Königsgewalt im Sinne des ottonisch-salischen Reichskirchensystems, sondern förderte auch die Entwicklung der Stadt nachhaltig. Kirchen und Klöster begannen das Stadtbild zu formen, Domstift und Kollegiatsstifte wurden zu Zentren des geistigen Lebens, in denen das Wissen der Zeit niedergeschrieben wurde. Bamberg entwickelte sich zu einer Gelehrtenstadt von europäischem Rang, in deren Domschule viele bedeutende Reichsbischöfe ihre Ausbildung absolvierten.

Auch unter den Nachfolgern Heinrichs II. leuchtete Bambergs goldenes Zeitalter. Bedeutende Reichs- und Hoftage wurden hier abgehalten; Papst Benedikt VIII. ehrte die Stadt mit seiner Visite; Suitger, der Bischof von Bamberg, bestieg 1046 als Klemens II. den Stuhl Petri und fand als einziger Papst nördlich der Alpen seine letzte Ruhe – im Bamberger Dom; dort, wo auch Heinrich II. und Kunigunde, das Kaiserpaar, bestattet sind. Mit der räumlichen Zuordnung der beiden Tumben – die des Papstes aus dem 13. Jahrhundert, die des Kaiserpaares um 1500 von Tilman Riemenschneider geschaffen – wird noch einmal symbolisch auf jenen Dualismus von weltlicher und geistlicher Gewalt verwiesen, dessen Konfliktpotential im Investiturstreit offen ausbrechen sollte. Dieser Dom, in nächster Nähe des castrum, der Burg, errichtet, wurde als Nachfolgebau des im Jahr 1081 niedergebrannten Heinrich-Doms anno 1237 geweiht. Ein Meisterwerk spätromanischer und frühgotischer Baukunst thront als Wahrzeichen über der Stadt.

Die Residenz der Fürstbischöfe

Die Fürstbischöfe wußten die Chance zu nutzen, als das Bistum Bamberg 1220 dem Erzstift Mainz entzogen und dem Schutz Roms unmittelbar unterstellt wurde. Der Territorialzuwachs war beträchtlich, der Zugewinn an Souveränitätsrechten nicht minder – eine Entwicklung, die durch den Niedergang der Staufer nicht unwesentlich gefördert wurde. Freilich erlangten die Fürstbischöfe die unbeschränkte Herrschaft über die Stadt erst 1435 nach einem zähen, langwierigen Kampf mit Bambergs selbstbewußtem Bürgertum, das nicht bereit war, die Ergebnisse seiner wirtschaftlichen Tüchtigkeit in Handel und Handwerk freiwillig auf dem Altar der Fürstbischöfe zu opfern.

Daß es sich im Bamberg des Spätmittelalters gut leben ließ, kam auch in der Architektur zum Ausdruck. Das Bürgerhaus wurde zum Ausweis des Lebensstandards, die Erfolge im Obst- und Gemüseanbau machten die Stadt zu einem blühenden Garten. Straßen und Plätze gewannen jene Struktur, die auch heute noch erkennbar ist. Das Alte Rathaus, im 14. Jahrhundert aus einem Brückenturm hervorgegangen, demonstrierte in seiner architektonischen Gestaltung Bürgerstolz und Selbstbewußtsein, besonders nach seiner barocken Umgestaltung.

Auch wenn in Bambergs Architektur das Mittelalter wesentliche Spuren hinterließ, so wurde die Physiognomie der Stadt doch vor allem durch den Barock geprägt. Es war die Schönbornzeit, die Ära jener Fürstbischöfe von Schönborn, die (wie seit 1609 meist üblich) auch die Bistümer Bamberg und Würzburg in Personalunion regierten.

Es war die Zeit des Absolutismus, in der sich nach den Schrecken und Zerstörungen des Dreißigjährigen Krieges das Bedürfnis nach Ruhm und Glanz in repräsentativen Bauten zur Schau stellte – gleichsam als kategorischer Imperativ herrscherlicher Würde. Und so renovierten die Schönborns ihre Residenz Bamberg gründlich, gaben ihr nach ihrem Verständnis überhaupt erst das architektonische Ambiente einer Residenzstadt. Die großzügige Gestaltung des Domplatzes macht dies ebenso deutlich wie die imposante Neue Residenz. Doch auch die Domdechantei, das Dominikanerkloster und das Kloster St. Michael, das Kapitelhaus, der Ebracher Hof und das Katharinenspital hatten im Rahmen ihrer jeweiligen Funktion diesen Anspruch zu gewährleisten. Damit aber auch die Bürgerhäuser dem Residenzcharakter genügten, gewährte Lothar Franz von Schönborn für dreigeschossige Neubauten aus Stein den Bauherrn zwanzig Jahre Steuerfreiheit, für zweigeschossige Holzhäuser mit barockem Verputz sechs Jahre. Wie ausgiebig die Bürger von diesem Steuerprivileg Gebrauch machten, läßt sich heute noch bei einem Gang durch die Altstadt nachvollziehen.

Auch wenn die Nachfolger der Schönborns diese Tradition fortzusetzen versuchten, die Politik setzte dem bald enge Grenzen. Die Einwirkungen des Siebenjährigen Krieges waren ein erstes Alarmzeichen für jene grundlegenden Veränderungen, die Napoleon als Erbe der Französischen Revolution auslösen sollte. Das Fürstbistum Bamberg wurde säkularisiert und die Stadt als Entschädigung für linksrheinische Verluste an Bayern abgetreten. Damit endete eine achthundertjährige Geschichte, eine neue begann.

Majestätisch thront der Dombau über Bamberg, das sich Heinrich II. einst als sein »Rom« auserkoren hatte.

BAMBERG

Das Alte Rathaus im linken
Regnitzarm, das Berg- und Inselstadt miteinander verklammert.

Das Gnadenbild der Muttergottes
im Hochaltar der Oberen Pfarre
Zu Unserer Lieben Frau um 1330.

Der Dom

Speyer ohne Kaiserdom, ohne dieses zentrale Monument der deutschen Romanik. Wäre das vorstellbar? Als die Franzosen im Pfälzischen Erbfolgekrieg zu Pfingsten 1689 die freie Reichsstadt Speyer in Schutt und Asche legten, wurde auch der Dom ein Raub der Flammen. Daß er seit 1772 wieder aufgebaut wurde, war durchaus keine Selbstverständlichkeit, und als es schließlich doch geschah, redeten nicht wenige einem Barockbau das Wort. Erst das Machtwort des Bischofs entschied über die Rückkehr zum mittelalterlichen Baustil.

Kaum hatte der Kaiserdom, der wegen Geldmangels noch nicht vollendet war, die Verwüstungen der französischen Revolutionstruppen 1793/94 überstanden, schien das Ende unausweichlich. Denn Napoleon, der mit seinen Truppen von Sieg zu Sieg durch Europa eilte, verfügte den Abriß des Bauwerks. Selbst der Versteigerungstermin der Innenausstattung war schon angesetzt. Einzig die Vorhalle sollte von der Vernichtung ausgenommen werden, um sie für den Bau eines Triumphbogens zu nutzen. Daß die Rettung doch noch, gleichsam im letzten Augenblick, gelang, war dem

---

Verkehrsverbindungen
Von Mainz über die Autobahn A 61; von Frankfurt über die Autobahnen A 67 und A 6; von Basel über die Autobahn A 5.

Tips
Besuch des Historischen Museums der Pfalz und des Judenbads.

Bischof Colmar von Mainz zu danken, der die allmächtige Majestät in ihren unergründlichen Ratschlüssen umzustimmen wußte.

Der Dombau Konrads II.

Eine merowingische Domkirche ist für das Jahr 655 bezeugt, ein karolingischer Neubau wird auf die Zeit zwischen 782 und 845 datiert. Doch den Ruhm der Stadt sollte erst jener gewaltige Dombau befördern, zu dem Kaiser Konrad II. um 1030 den Grundstein gelegt hatte. Gewiß, im strengen Sinne des Reisekaisertums konnte Speyer das Prädikat einer metropolis Germaniae – so das schwärmerische Wort eines Chronisten – natürlich nicht beanspruchen, doch wie seine Vorgänger zeichnete auch Konrad eine Stadt seiner Wahl durch einen repräsentativen Kirchenbau aus, der ihr gleichsam Residenzcharakter verlieh. In Speyer entstand das größte

Gotteshaus der Zeit – ein Anspruch, den man nur durch die vollständige Beseitigung des karolingischen Vorgängerbaus glaubte einlösen zu können.

Das Hauptschiff der dreischiffigen Basilika mit ihren zwölf Pfeilerpaaren wurde von einem flachen Dach bedeckt, während die Seitenschiffe bereits eingewölbt waren. Kein anderes Gotteshaus vermittelte zu dieser Zeit einen solch gewaltigen Raumeindruck – nicht nur durch seine Höhe, sondern auch durch seine Länge von fast 134 Metern. Osttürme und Vierungskuppel waren bereits ebenso Teil der Architektur wie das Westwerk, dessen Gestaltungsmerkmale allerdings nicht überliefert sind.

Der feierlichen Domweihe 1061 wohnte Heinrich IV., ein Knabe von elf Jahren, bei. Konrad II. hatte den Bau zur Grablege der salischen Dynastie bestimmt und eine Krypta errichten lassen, deren weiterer Ausbau nach und nach eine Art unterirdischen Dom entstehen ließ. Als Konrad 1039 starb, wurde er quasi in einer Baustelle beigesetzt, denn die Krypta konnte erst zwei Jahre später geweiht werden.

Kein Aufwand wurde gescheut, um die Bedeutung dieses Bauwerks für die Christenheit zu betonen. Heinrich III. ließ für den Hochaltar den berühmten Codex aureus, ein Evangelienbuch in Gold und Purpur, anfertigen. Außerdem brachte er von seiner Romfahrt kostbare Reliquien mit: das Haupt des Märtyrerpapstes Stephanus sowie ein Kreuz mit eingelassenen Splittern vom Kreuz Christi.

Der Umbau Heinrichs IV.

Kaum war das große Werk vollendet, als um 1080 Kaiser Heinrich IV. den Umbau befahl. Mag sein, daß statische Probleme dies notwendig machten. Vor allem aber dürfte der Herrscher versucht haben, ein politisches Zeichen zu setzen, denn es war die Hoch-Zeit des Investiturstreites, der Papst hatte den Kaiser bereits ein zweites Mal mit dem Bann belegt. Der Dom als Demonstration kaiserlicher Macht – das war der symbolische Aspekt. Doch hier wurde auch ganz handfeste Politik betrieben. Von diesem Dom nahm Heinrichs III. Kirchenreform 1046 ihren Ausgang; Philipp von Schwaben und die Mehrzahl der Reichsfürsten verkündeten ihre Erklärung gegen die Intervention Roms im deutschen Thronstreit 1198; und, besonders spektakulär, Bernhard von Clairvaux forderte zu Weihnachten 1146 in einer meisterhaft ins-

zenierten Propagandapredigt Konrad III. zur Teilnahme am Zweiten Kreuzzug auf.

Die Leistung der Baumeister war außergewöhnlich, ja, wenn man es recht bedenkt, knüpfte sie erstmals wieder an die Baukunst der Spätantike an. Um das Mittelschiff und das Querhaus einwölben zu können, mußte der Unterbau massiv verstärkt werden. Erstmals wurden riesige Räume durch gratige Kreuzgewölbe überspannt. Neu waren die Apsis und die Zwerggalerie, der Laufgang unter dem Dachansatz. Die südliche und östliche Querhausmauer machte durch eine attraktive Fassadenarchitektur auf sich aufmerksam. Das Westwerk wurde zur repräsentativen Eingangshalle umgestaltet.

Der Wiederaufbau des Doms nach der Kriegszerstörung von 1689 orientierte sich an den Originalbauplänen des Mittelalters. Als das Gotteshaus nach 1815 in einem zweiten Bauabschnitt vollendet wurde, geschah dies nach dem Geschmack der Zeit, nicht nach den Gesetzen der Denkmalpflege, die damals noch unbekannt waren. Also wurde der Dom beispielsweise mit Gemälden im Stil der Nazarener ausgestaltet. Eine gründliche und umfangreiche Renovierung, die die ursprüngliche Raumgestaltung der Romanik wiederherstellte, blieb erst den Jahren 1957 bis 1966 vorbehalten.

Die Vorhalle des Domes, deren Architektur das Mittelalterverständnis des 19. Jahrhunderts spiegelt.

Die Restaurierungen des Speyerer Domes im Sinne moderner Denkmalpflege lassen kaum mehr erkennen, welchen starken Gefährdungen das romanische Bauwerk im Laufe seiner langen Geschichte ausgesetzt war. Einst befand sich hier die größte Baustelle des Abendlandes.

Auf den Spuren der Zisterziensermönche

Nach einem anstrengenden Tag, der von innigem Gebet und harter Arbeit geprägt war, freute sich Bruder Bernhard auf das gemeinsame Mahl im prächtigen Herrenrefektorium. Bevor der Maulbronner Zisterziensermönch über die »Höllentreppe« ins Dormitorium, den Schlafsaal der Brüder stieg, ging er noch kurz ins Calefactorium, um sich aufzuwärmen. Derweil schreitet Abt Johannes Entenfuß in Gedanken versunken im Kreuzgang von Kloster Maulbronn einher. Nur der besessene Magier Faust, Landsmann des Abtes, sucht hinter dem Gartenturm im Sandstein bis spät in die Nacht ruhelos nach Gold, so wie es sein Herzog von ihm verlangt hat.

Stille Klosterwelt

Fromme Männer im Habit des Zisterzienserordens trifft man zwar heute in keinem der 35 Klostergebäude mehr an; dennoch fühlt sich der Besucher, der in Maulbronn eines der eindrucksvollsten Klöster des Zisterzienserordens betritt, mit einem Schlag um Jahrhunderte zurückversetzt: Maulbronn wirkt nicht museal, sondern wie ein mittelalterliches Kloster, in dem

Verkehrsverbindungen
Maulbronn liegt an der B 35. Ausfahrt Autobahn A 8 Pforzheim-Ost, B 10 bis Mühlacker.

Tips
Im benachbarten Knittlingen befindet sich das Geburtshaus des Dr. Faustus, daneben im Fachwerkbau Faust-Museum und Archiv.

einfach nur die Uhren angehalten wurden. »Mulenbrunnens« Gründung geht der Sage nach auf ein Maultier zurück, das elsässische Patres auf der Suche nach geeignetem Baugrund vor sich hergetrieben hatten. An jener Stelle, an der das Tier eine Wasserquelle entdeckte, beschlossen die Mönche den Bau des Klosters nach dem Vorbild des burgundischen Cîteaux. Weltlicher Stifter war der Adlige Walter von Lomesheim. 1147 gegründet, wurde Maulbronn um 1530 säkularisiert und 1538 in ein evangelisch-theologisches Seminar umgewandelt; die neben der Abtei gelegene Siedlung erhielt 1886 Stadtrecht und nahm das legendäre Maultier in ihr Wappen auf.

Ganz im Sinne der zisterziensischen Reformbewegung sollte die etwas streng und abweisend wirkende Abtei zwischen waldigen Höhen und Rebhügeln die mönchischen Ideale des heiligen Bernhard von Clairvaux – Askese und Arbeit – sinnfällig machen. Die größtenteils romanisch gestaltete Klosteranlage wurde in der Gotik stel-

lenweise erheblich umgestaltet. Im Zentrum der Abtei stand die Klosterkirche, eine niedrige und langgestreckte dreischiffige Basilika, die eigentlich aus zwei Kirchen bestand: Laien- und Mönchskirche waren durch eine Querwand voneinander getrennt. Die heutige Form des im Inneren bemalten Gotteshauses, dessen aufwendig gestaltetes Strebewerk in krassem Gegensatz zum nüchternen Baustil der Zeit seiner Gründung steht, geht auf das Jahr 1424 zurück.

Französische Einflüsse

Aus jener Zeit stammen auch eine Kapellenreihe an der Südwand und der überwiegende Teil der Ausstattung, darunter ein Steinkruzifix am Laienaltar mit der Signatur des Conrad von Sinsheim. Während eine frühgotische Muttergottes auf dem Thron deutlich den französischen Einfluß verrät, zählen das Holzbildwerk des Passionsaltars und eine kleinere Sitzmadonna zu den Meisterwerken Parlerscher Holzplastik in Deutschland.

Der Übergang von der Romanik zur Gotik wird am dreijochigen »Paradies«, wie die der Westfassade vorangestellte Vorhalle mit ihrem burgundisch inspirierten Blattwerk genannt wird, deutlich. Bei einem Rundgang, am besten in Form einer Führung, lohnt sich der Besuch der zahlreichen Klostergebäude, darunter das zweischiffige Laienrefektorium aus dem 13. Jahrhundert, Herrenrefektorium, Kapitelsaal und das achteckige Brunnenhaus. Im Becken des Brunnenhauses, seit 1511 durch einen aufgesetzten Fachwerkbau verziert, nahmen die frommen Männer

ihre rituellen Waschungen vor und ließen sich die vorgeschriebene Tonsur scheren. Wenn sich die Mönche, die innerhalb des Abteibezirkes das Schweigegebot respektieren mußten, unterhalten wollten, blieb ihnen nur der Weg ins Parlatorium (1493), wie der Rederaum genannt wurde.

Fachwerkbauten mit Renaissancegiebel und Barockfassaden säumen den ehemaligen klösterlichen Wirtschaftshof, an dessen wehrhafte Befestigung noch heute Haspel- (oder Hexen)turm, Faustturm und Mühlturm erinnern. Das 1588 erbaute herzogliche Jagdschloß schließt sich im Nordosten der Abtei an.

Mönchsdisziplin und Weißwein

Der unerbittlichen Zisterzienserdisziplin, die sogar der selbstangebaute und spritzige »Eilfinger« von den benachbarten Weinhügeln nicht ins Wanken brachte, mußten sich in späteren Jahrhunderten auch die Schüler des herzoglichen Seminars unterwerfen. Kepler und Hölderlin studierten dort, aber auch der 48er Revolutionär Herwegh sowie der Schriftsteller Hermann Hesse, der in »Narziß und Goldmund« auch weniger angenehme Erlebnisse an seine Schulzeit im Maulbronner Seminar anklingen läßt.

Die Fenster der vier Kreuzflügel waren ursprünglich farbig verglast. Die Scheiben ließ Herzog Carl Eugen herausnehmen und in seine Residenz bringen.

KLOSTER MAULBRONN

Das Brunnenhaus vom Kreuzganggarten aus gesehen. Das Fachwerk-Obergeschoß wurde erst 1511 hinzugefügt.

Der berühmteste Teil des Klosters Maulbronn ist das achteckige Brunnenhaus. Es diente den Mönchen zum Waschen und für die Tonsur-schur. Die großen Spitzbogenfenster entstanden Mitte des 14. Jahrhunderts, das Fundament und die Sockelmauer bereits ein Jahrhundert früher.

Rokokojuwel auf der grünen Wiese

Ganz erfüllt von der Baufreude des Rokoko ließ sich Abt Marianus durch die Sachzwänge des täglichen Lebens wenig beeindrucken. Weil der geistliche Herr des Klosters Steingaden für die geplante Wieskirche allerdings einen Betrag angesetzt hatte, der die tatsächlichen Baukosten um ein Vielfaches überstieg, zwang der bayerische Kurfürst Max III. den leichtfertigen Rechenkünstler kurzerhand zum Rücktritt. Die Arbeiten an der Wallfahrtskirche, die Marianus' Vorgänger Hyazinth Gassner noch vom Sterbebett aus geleitet hatte, ließ der Landesherr aber weiterführen. Nach neunjähriger Bauzeit erstrahlte das oberbayerische Gotteshaus auf einer Waldwiese in seiner ganzen festlichen Vollkommenheit. Dieses Juwel bayerischer Kirchenarchitektur, dessen Prioratshaus, Chor und Langhaus im Stil des Rokoko geschaffen wurden, sucht in seiner Einheitlichkeit seinesgleichen.

In die Landschaft eingepaßt

Ihr Architekt, der damals schon berühmte Dominikus Zimmermann, hatte zusammen mit seinem Bruder, dem Fres-

---

Verkehrsverbindungen
Auf der A 95 bis Murnau, dann zur Echelsbacher Brücke. Über Wildsteig und Steingaden zur Wieskirche, oder A 96, Abfahrt Landsberg, B 17 bis Schongau, dann über Steingaden zur Wieskirche.

Reisezeit
Im Sommer ausgesprochen starker Besucherandrang.

Tip
Haus der Malerin Gabriele Münter in Murnau.

---

zuvor schon in Steinhausen und Günzburg einen Namen gemacht hatte. Der Wessobrunner Meister plante die Wallfahrtskirche als ovalen, weiträumigen Zentralbau auf Freipfeilern mit schlicht gehaltenen Außenfassaden. »Hell wie ein fürstlicher Saal, vor allem aber Raum! Raum!« schrieb später begeistert der Schriftsteller Josef Hofmiller bei einem Besuch. Tatsächlich verwandeln 20 lange Fenster und zahlreiche Fensteröffnungen das Innere in ein helles Lichtermeer, wobei die Farbe Blau dominiert. Als Kunstwerk wurde die Wieskirche erst in den zwanziger Jahren unseres Jahrhunderts entdeckt. Bis dahin war sie ein Wallfahrtsziel der Einheimischen, denen das Gebet wichtiger war als jede Kunstbetrachtung.

Ungehindert geht der Blick im Hauptraum zum langen und schmalen Chor mit dem sakralen Zentrum, dem Gnadenbild und doppeltem Hochaltar, dessen vier Evangelisten von einer in tiefblauen Tönen gehaltenen Stuckdraperie beschirmt werden. Die hölzerne Statue der »Flagellation« wird in einer Nische über dem Altar aufbewahrt. Mit gebündelten Stuckmarmorsäulen ist der zweigeschossige, arkadenumsäumte Chor in die Wandgliederung mit einbezogen worden. Die Stuckarbeiten wie auch die bemerkenswerte Rokoko-Kanzel stammen vermutlich ebenfalls von Dominikus Zimmermann.

Versöhnung mit der Welt

Die von Johann Baptist Zimmermann gestalteten Chorfresken stellen Engel dar, die Gottvater als Sühnezeichen die Passionswerkzeuge zeigen. Wanddurchbrüche, kleine Balkone, Emporenbrüstung, Plastiken, reiche Stukkaturen und Illusionsmalereien, in ihrer Vielfalt geradezu verwir-

rend, scheinen den ganzen Raum dieser »musikalischen Kirche« in Schwingungen zu versetzen. Als Grundmotiv wählte der Maler die Versöhnung Gottvaters mit der sündigen Welt, die durch das Leiden Christi erlöst wurde. Das Langhausfresko zeigt Christus auf einem Regenbogen, wie er den Menschen die göttliche Gnade verheißt.

Noch ist der Thron des Weltenrichters leer, die Türe zum Paradies fest verschlossen. Ohne Brüche verschmelzen die kühnen Stuckphantasien mit den in der farblichen Gestaltung auf die Umgebung abgestimmten Gemälden. Der kurbayerische Hofmaler Johann Baptist Zimmermann wählte für seine Fresken zarte und helle Farben, die Stuckarbeiten schimmern weißgold. Die pathetisch wirkenden Figuren der Kirchenväter schuf indessen der Füssener Bildhauer Anton Sturm.

Zimmermanns Lebenswerk

Im Jahre der Fertigstellung beendete der Baumeister sein Hauptwerk auf der grünen Wiese mit der Signatur »Dominicus Zimmermann Bavmeister v. Landsperg«, die er unter der Orgelempore anbrachte. Nach dem Tode seiner Frau verkaufte er sein Landsberger Haus und ließ sich in der unmittelbaren Nachbarschaft seines architektonischen Lebenswerks nieder. Dort starb er am 16. November 1766 im Alter von 81 Jahren.

---

kenmaler Johann Baptist, ein harmonisch in die hügelige Voralpenlandschaft eingepaßtes Hauptwerk des Rokoko geschaffen. Offiziell »Wallfahrtskirche zum gegeißelten Heiland« genannt, verdankt das Gotteshaus »in der Wies« seine Existenz der Bäuerin Maria Lori. Vor den Augen der erstaunten Frau hatte der Legende nach das ihrem Mann gehörende Holzbildnis des Heilands an der Geißelsäule inmitten weiter und satter Wiesen Tränen vergossen. Immer mehr Menschen pilgerten zu dieser Stelle, an der eine schlichte Feldkapelle an das Wunder erinnerte. Weil sich der Kult schnell ausbreitete, beschloß Abt Hyazinth, die Kapelle durch eine große und würdige Kirche zu ersetzen.

Als Baumeister und Stukkateur gewann er Dominikus Zimmermann, der sich

Die »schönste Wallfahrtskirche« im bayerischen Pfaffenwinkel wird die Wieskirche genannt. Idyllisch im hügeligen Voralpenland gelegen, erscheint das Rokoko-Juwel wie aus einem Guß gestaltet.

WIESKIRCHE

Die schwerelos an-
mutende Malerei des
Deckenfreskos stammt
von Johann Baptist
Zimmermann, dem
Bruder des Kirchen-
baumeisters.

Heitere Lebensfreude empfindet der Besucher,
der die Wieskirche betritt. Das Tageslicht fällt
von allen Seiten ungehindert ein, verfängt sich
in den Pfeilerpaaren und Säulenarkaden und
überflutet das Stuckdekor in Gold und Weiß.

Die Altstadt

Als die tatarischen Horden vor den Stadtmauern auftauchen, ist der Untergang Krakaus bereits besiegelt. Von einem Pfeil in den Hals getroffen, sinkt der Trompetenbläser auf dem Turm der Marienkirche tot zu Boden, sein Warnsignal bricht in der Mitte ab. Während die Stadt im Jahre 1241 von den Eindringlingen dem Erdboden gleichgemacht wird, kann sich die mächtige Burg auf einem Kalkfelsen hoch über der Weichsel gegen den Sturm aus der Steppe behaupten.

Selbst ein Dreivierteljahrtausend nach der tatarischen Eroberung Krakaus, das fast sechs Jahrhunderte Polens Hauptstadt war, hat das blutige Ereignis nichts von seiner Symbolkraft eingebüßt: Stündlich bläst ein Trompeter auf dem Kirchturm das Warnsignal »Hejnal Mariacki«, das um zwölf Uhr mittags landesweit im Rundfunk übertragen wird.

Drachenkämpfe

Polens reichste Stadt des Mittelalters geht der Legende nach auf einen Stammesfürsten namens Krak zurück. Der mutige Recke befreite die Bewohner von einem

---

Verkehrsverbindungen
Krakau liegt an der E 40. Regionalflughafen.

Reisezeit
In den Sommermonaten finden wöchentlich Messen der Volkskunst statt.

Tips
In Wieliczka Führungen durch das älteste Salzbergwerk Polens. Am Wawelkai Ausflugsdampfer zum Besuch der an der Weichsel liegenden Orte, etwa Tynica mit seiner Benediktinerabtei.

---

gefürchteten Drachen, der unterhalb des Wawelberges in der Höhle Smocza Jama sein Unwesen trieb. Im 10. Jahrhundert erbaute das Herrschergeschlecht der Piasten auf dem Hügel einen Palast, der als das Symbol des polnischen Königstums gilt. Nach dem Tatareneinfall ließ Fürst Boleslaw die Stadt neu erstehen, unter seinem Nachfolger Kasimir dem Großen erhielt Krakau einen schachbrettartigen Grundriß sowie das Magdeburger Stadtrecht, die am weitesten verbreitete deutsche Stadtverfassung des Mittelalters.

Krakaus Aufschwung ist eng mit der Jagiellonen-Dynastie verknüpft; 1364 gründeten sie die Alma Mater Cracoviensis, nach Prag Europas älteste Universität; um 1430 trat die Stadt der Könige, Kaufleute und Künstler dem Hansebund bei. Erst Sigmund III. Wasa setzte dem Höhen-

flug ein Ende, indem er seine Residenz 1596 nach Warschau verlegte. »Warschau hat die Regierung, Krakau die Kultur«, trösteten sich die Einwohner damals – ein Slogan, der nach den Teilungen Polens einen zynischen Beiklang erhielt. Immerhin ließen die Österreicher als die neuen Herren im Süden des ehemaligen Polen die Kultur unangetastet, was, gemessen an der Politik der russischen und preußischen Besatzer, keine Selbstverständlichkeit war.

Aufschwung durch Tuchhandel

Im Mittelalter hieß es, Krakau sei »von allen Städten Polens die prächtigste«. Schon im 14. Jahrhundert behauptete die Stadt als Umschlagplatz für Tuche aus der ganzen Welt eine herausragende Stellung. Daran erinnern noch das Tuchhaus und die gedeckten Tuchhallen, die 100 Meter langen »Sukiennice«, die sich neben dem Turm des 1820 abgerissenen Rathauses auf dem Rynek erheben. Im Erdgeschoß der mit Lauben und Attiken verzierten Bauwerke von Giovanni Maria Padovano bieten heute Boutiquen polnische Volkskunst an. In der ersten Etage hat sich die Galerie der polnischen Malerei des 19. Jahrhunderts etabliert.

Adlige und Bürger lebten in den am Marktplatz errichteten Häusern, deren Innenhöfe erhalten blieben. Die guten Beziehungen mit Nürnberg brachten den Bildhauer Veit Stoß nach Krakau mit dem Auftrag, für die Marienkirche einen dreiteiligen Marienaltar mit 200 vergoldeten Lindenholzfiguren zu schaffen. Zudem erhielt das gotische Gotteshaus ein barockes Chorgestühl, das Ratsherren und Schöffen vorbehalten war. Geradezu südländisches Flair, für Polen ungewöhnlich, kann der Besucher in der Geschäftsstraße Ulica Florianska genießen, wo im Czartoryski-Palais die Galerie der abendländischen Malerei eingerichtet wurde. Als Sitz der ehrwürdigen Jagiellonen-Universität diente einst das gotische »Collegium Maius« (Annenstraße 8–10), in dem Nikolaus Kopernikus seine bahnbrechenden astronomischen Studien betrieb.

Krönungs- und Begräbnisort

Über die Ulica Kanonicza erreicht der Besucher den symbolträchtigen Burgberg mit Kathedrale und Renaissance-Schloß. Viele gekrönte Häupter fanden ihre letzte Ruhestätte in den 18 Kapellen, die kranzartig die gotische Kirche umrahmen. In der Krypta wurde Polens Nationaldichter Adam Mickiewicz begraben. Die Schatzkammer mit wertvollen Goldschmiedearbeiten und Krönungsmänteln wurde beim Sigismundturm untergebracht. Dank seiner

umfangreichen Sammlung von Möbeln, Gemälden, Kunstwerken und Gobelins gehört das ebenfalls von Italienern gestaltete Schloß zu den beeindruckendsten Baudenkmälern Europas. Zwar blieb Krakau von Bomben verschont, unwiederbringlich verloren sind jedoch zahlreiche Kunstgegenstände, die während der deutschen Besetzung geraubt wurden.

Bedrohtes Kulturerbe

Die einst große jüdische Gemeinde im Stadtteil Kazimierz wurde durch systematische Deportation fast völlig ausgelöscht; an Krakaus Juden erinnert heute nur noch die Judaica-Sammlung im Historischen Museum. Als führendes mitteleuropäisches Kunst- und Kulturzentrum leidet Krakaus hochkarätige Bausubstanz heute unter den Folgen einer Umweltverschmutzung, die von dem Hüttenkombinat Nowa Huta verursacht wird. Dessen Giftdämpfe lassen den schwefligen Odem des legendären Drachen unter dem Wawel geradezu harmlos erscheinen.

Die Alma Mater Cracoviensis, nach Prag Osteuropas älteste Universität, wurde 1364 gegründet.

KRAKAU

Auf der Wavelanhöhe befinden sich
Residenz und Grablege der Könige.
Auf unserem Bild: die Kathedrale.

Das nach dem Nationaldichter
Juliusz Slowacki benannte Theater.

Berg des Erzengels

Warum der Michaelsberg in der Bretagne über Nacht in den Besitz der Normannen gelangte, lernen Frankreichs Kinder schon in der Schule: Weil der launische Grenzfluß Couesnon seinen Lauf änderte, so eine berühmte Redewendung, fiel die 80 Meter hohe Insel mit ihrer wehrhaften Benediktinerabtei, die Victor Hugo im vorigen Jahrhundert »Pyramide im Ozean« nannte, kampflos in den Schoß der Nachbarn.

Zufluchtsort für Einsiedler

Dichtung und Wahrheit liegen in der langen Geschichte des Felskegels in der Meeresbucht zwischen bretonischer Küste und dem Vorstrandgebiet der Normandie schon immer eng beieinander. So viel aber ist gewiß: Als topographische Rarität eignete sich dieser Felskegel, damals noch von einem dichten Wald umschlossen, vorzüglich zur Kultstätte. Kelten, Römer und christliche Einsiedler wußten das zu nutzen.

Der Legende nach befahl um das Jahr 708 Erzengel Michael dem Bischof Aubert von Avranches im Traum, auf dem damals

---

Verkehrsverbindungen
Überflutungssicherer Parkplatz nach dem Zufahrtsweg. Flughafen Rennes, sonst Jersey, anschließend Fähre. Von Paris aus auf der A 13 nach Caen, dann E 401 nach Pontorson, auf der D 976 nach Mont Saint-Michel.

Reisezeit
Vor- und Nachsaison, Winter.

Übernachtung
Vor allem Landgasthöfe (gîtes) und Gastzimmer (chambres d'hôte).

Tips
Mitte Juni bis Ende September von 22 Uhr bis 1 Uhr Besichtigung des Mont mit musikalischer Untermalung und Laserbeleuchtung. Begleitete Wanderungen um den Berg bei Ebbe von Genêt aus. Im Handwerkerstädtchen Villedieu-les-Poëles: »Fonderie des chloches« (Glockengießerei) und »Atelier du cuivre« (Kupfergegenstände) nach alter Tradition. Ausflug nach Avranches.

»Mont-Tombe« genannten Granitberg eine Wallfahrtskapelle zu errichten. Da der skeptische Bischof seinen Träumen nicht so recht traute, soll der erzürnte Himmelsbote den Zweifelnden ziemlich unsanft mit einem Finger berührt haben. Auberts Haupt, heute als Reliquie in Avranches aufbewahrt, weist tatsächlich in der Schädeldecke eine Delle auf.

An jener Stelle des Berges, an der der Kirchenmann eine Grotte vorfand, ließ er zu Ehren des heiligen Michael eine Basilika erbauen. Bald darauf verschlang eine Sturmflut den umliegenden Wald und schnitt den Berg vom Festland ab.

Ein Zentrum der Gelehrsamkeit

Mitte des 10. Jahrhunderts übernahmen Benediktinermönche aus St. Wandrille das Regiment auf dem Pilgerberg. Ihre Kirche Notre-Dame wurde nach einem Brand erneuert. Schnell entwickelte sich der heilige Berg zu einem Wallfahrtszentrum, dessen Geschichte heute in zwei Museen dokumentiert wird. Im darauffolgenden Jahrhundert mußten die Vorgängerbauten einer romanischen Abteikirche weichen. Lediglich die Krypta, die »Notre-Dame-sous-Terre« genannt wurde, erinnert noch an das alte Gotteshaus.

Die kühnen Pläne, auf dem schroffen und engen Granitplateau eine neue Abtei zu bauen, standen jedoch unter keinem guten Stern: Mehrfach stürzten Wände ein, erst Mitte des 12. Jahrhunderts konnte die Kirche nach der Errichtung der Kreuzgratgewölbe und des Vierungsturmes vollendet werden.

Unter Abt Robert de Torigni entwickelte sich der Mont Saint-Michel zu einem Zentrum der Gelehrsamkeit. Auch der politische Einfluß der frommen Männer wurde zunehmend stärker. Mehrfach abwechselnd durch englische und französische Truppen belagert, erwies sich die Kirchenfestung auf der Insel als uneinnehmbar, allerdings beschädigten die Beschießungen zahlreiche Gebäude.

Der Mont als Baustelle

Nachdem der französische König Philippe-Auguste im 13. Jahrhundert die Normandie erobert hatte, wurde der »Merveille« genannte, meerwärts gerichtete Nordflügel gotisch umgestaltet. Aus dieser Zeit stammen das Refektorium, der Ritter-

---

saal und der Kreuzgang mit seinen 220 zierlichen Säulen. Während des Hundertjährigen Krieges schützte man den Berg durch eine weitere Befestigungsanlage, so daß die Bewohner selbst eine 30 Jahre dauernde Belagerung überstehen konnten. Bis ins 16. Jahrhundert hinein war der Berg eine einzige Baustelle: Die Abteikirche thront auf zahlreichen Vorgängerkirchen und Krypten. Nach den Religionskriegen, die das Kloster noch unbeschadet überstand, setzte der unaufhaltsame Niedergang des Mont Saint-Michel ein. Revolutionstruppen vertrieben 1791 die letzten Mönche und verwandelten den Mont in einen düsteren Kerker, im Volksmund »Bastille de la province« genannt.

Die bis ins Detail authentisch wirkenden Gebäude wurden im vorigen Jahrhundert so umfangreich restauriert, daß man eher von einer Rekonstruktion sprechen muß. In dieser Zeit schuf der Bildhauer Frémiet seine vergoldete Statue des heiligen Michael, der auf dem Turmhelm sein Schwert himmelwärts reckt.

Insel im Krautfeldermeer

Um dem Meer Land abzuringen, konstruierte man in den vergangenen Jahrzehnten neben einem zwei Kilometer langen Zufahrtsweg Dämme und Deiche, wodurch die Bucht zunehmend versandete. Bereits 1980 schnitt nur noch eine von neun Fluten die Insel vom Festland ab; um die einzigartige Lage der Festung zu erhalten, sind zwar inzwischen etliche Befestigungen zerstört worden. Dennoch spricht einiges dafür, daß sich Victor Hugos Prophezeiung, der Mont Saint-Michel werde sich eines Tages »aus einem Meer von Krautfeldern« erheben, in absehbarer Zeit erfüllen könnte.

Der Nordflügel der festungsgleichen Anlage wurde im 13. Jahrhundert gotisch umgestaltet. Aus dieser Zeit stammt der Kreuzgang. Das Ebenmaß der 220 Säulen läßt den Touristenrummel der Umgebung vergessen.

MONT SAINT-MICHEL

Wie ein Traum aus Granit erhebt sich die Silhouette des Mont Saint-Michel an der Küste der Normandie.

Nur eine Straße, aber viele Treppen und übereinander gestaffelte Mauern prägen das Bild von Mont Saint-Michel.

Ein Dörfchen inmitten der Europa-Stadt

Was machen Feuerwehrleute, wenn sie nicht im Einsatz sind? In Straßburg marschieren sie zum Ufer der Ill und angeln. Für dieses Vergnügen an den »Staden« haben sie sich zweifellos den idyllischsten Teil der Münsterstadt ausgesucht: »Petite France« heißt heute das Viertel im Herzen des von zwei Ill-Armen begrenzten Zentrums der Europa-Stadt.

Einblick ins Handwerkerleben

Im Mittelalter, als das aufstrebende Straßburg das bischöfliche Joch abschüttelte und durch kaiserliches Privileg zur Reichsstadt erklärt wurde, lebten in den winzigen Wohnungen des engen und winkeligen Zentrums hauptsächlich Handwerker mit ihren Familien. In den schmalen Fachwerkbauten mit ihren hochaufragenden Dächern im Schatten des beherrschenden Münsters waren, wie seit altersher üblich, auch die Werkstätten eingerichtet: Im Pflanzbad bereiteten die Weber ihren Flachs auf, in den offenen Dachböden der Häuser an der nach ihnen benannten Gasse legten die Gerber die gewaschenen Häute zum Trocknen aus. Wie Fischer und Mül-

---

Verkehrsverbindungen
Zugverbindungen, Autobahn (A 4) und regionaler Flughafen.

Reisezeit
Ganzjährig, Probleme bei der Zimmersuche nicht nur in der Reisesaison.

Übernachtung
Hotels und Pensionen aller Kategorien.

Tip
Die unter Kaiser Wilhelm II. wieder aufgebaute Hochkönigsburg bei Schlettstadt (Sélestat) etwa 45 Kilometer südwestlich von Straßburg.

---

ler benötigten sie für ihre Arbeit Wasser, das ihnen das Flüßchen Ill mit seinen zahlreichen Kanälen lieferte.

Doch bereits zu Zeiten des Mystikers Eckhart und des Dichters Gottfried von Straßburg war das Handwerkerviertel nicht eben gut beleumundet: In den schummrigen Spelunken hatte die käufliche Liebe Hochkonjunktur.

Warum dieser Teil mit seinen Fachwerkhäusern im oberrheinischen Stil »Petite France« getauft wurde, bleibt bis heute rätselhaft. Zumindest böse Zungen behaupten, daß vor allem die Besucher aus Frankreich stets zielstrebig jene Plätze anstrebten, wo man sich außer einem kurzfristigen Vergnügen eben auch die damals volks-

tümlich »Maladie française« genannte Syphilis einhandeln konnte.

Meister Eckhart und Gottfried von Straßburg würden wohl dieses einst geschmähte Quartier kaum noch wiedererkennen. Das alte Pflanzbad heißt heute »Bain aux plantes« und dient in renoviertem Zustand als Wohnhaus. In der »Maison des Tanneurs« wird schon lange kein Fell mehr gegerbt, sondern fürstlich getafelt. Nicht anders verhält es sich mit dem Giebelhaus zum Lohkäs, dessen Öfen früher mit zerstampfter und getrockneter Eichenrinde, die zuvor als Gerbemittel diente, beheizt wurden. Die meisten Fachwerkbauten, die überwiegend aus dem 17. und 18. Jahrhundert stammen, erstrahlen in neuem Glanz, frisch gedeckt mit Biberschwanzziegeln. Wenn in den letzten Jahren Baulücken geschlossen wurden, mußte die Architektur an den mittelalterlichen Fachwerkhäusern orientiert werden.

Tatsächlich ist »Petite France« so malerisch, daß es stellenweise als Fotokulisse ein bißchen unwirklich aussieht. Während der touristischen Saison strömen die Besucher durch das Gewirr der Gassen mit ihren Boutiquen und Weinstuben: Das vollständig renovierte Dörfchen im Herzen Straßburgs strahlt heute eine geschäftige Atmosphäre aus.

Gotik am Oberrhein

Sieht man einmal von den zur Befestigungsanlage gehörenden vier düsteren Türmen aus dem 14. Jahrhundert am Ende der Hauptgasse ab, dann ist dort vom architektonischen Erbe des Mittelalters nur wenig übriggeblieben. Gute Beispiele für

die Gotik des Oberrheins sind hingegen die Kirchen Sankt Thomas mit dem Grabmal des Marschalls Moritz von Sachsen und Alt Sankt Peter mit einer Christuspassion im flämischen Stil des 15. Jahrhunderts. Schon im 18. Jahrhundert wurden die »Ponts couverts« (gedeckte Brücken) über die Ill-Arme durch moderne Konstruktionen ohne Holzdach ersetzt. Um den Zugang zur Stadt vom Wasser zu kontrollieren, ließ Festungsarchitekt Vauban nach der französischen Annexion des Elsaß eine nach ihm benannte Wehr errichten: Die 13 Tore der »Grande Ecluse« konnten im Bedarfsfall mit massiven Gittern gesperrt werden.

Fachwerkbau in rosa Licht

Von seiner bezaubernden Seite präsentiert sich das alte Straßburg auf der Insel in den frühen Morgenstunden. Wenn die Fassaden der Fachwerkhäuser im rosafarbenen Licht der aufgehenden Sonne erstrahlen und sich in den stillen Kanälen spiegeln, läßt es sich in dem malerischen Dorf im Herzen Europas tatsächlich für kurze Zeit trefflich vom Mittelalter träumen.

Das fortschrittlich eingestellte Straßburg hat sich seine malerische Individualität und viele Zeugnisse vergangener Zeiten bewahrt. Der historische Stadtkern wurde großzügig restauriert.

Der von zwei Ill-Armen begrenzte Teil der Europa-Stadt Straßburg gehörte im Mittelalter hauptsächlich den Handwerkern. In den schmalen Häusern hatten sie ihre Werkstätten eingerichtet. Die Fachwerkbauten stammen überwiegend aus dem 17. und 18. Jahrhundert.

Ein Traumschloß auf sumpfigem Untergrund

Sein Traumschloß war noch nicht zur Hälfte fertiggestellt, da lud Frankreichs König Franz I. seinen deutschen Erzrivalen zum pompösen Empfang. Als Kaiser Karl V. die breite Renaissance-Terrasse von Schloß Chambord am Rande der waldreichen Sologne betrat, stand gerade der Mittelbau, der den Monarchen gewiß ebenso verblüffte wie die eigenwillige Begrüßung, die sich Franz ausgedacht hatte: Wald-Nymphen in durchsichtigen Schleiern schwebten dem hohen Gast entgegen und streuten neckisch Wildblumen auf seinen Weg.

Größer und prächtiger

Chambord gilt als bekanntestes und größtes Loire-Schloß, obwohl das als feudaler Jagdsitz geplante Bauwerk abseits des Stromes liegt. Schon die Ortswahl trieb den Baumeistern einen Schauer über den Rücken: Franz, der für seinen Hang zur Selbstüberschätzung berüchtigte König, hatte sich 1519 für ein stark versumpftes Gelände nahe eines wildreichen Waldes entschieden. Er verzichtete bewußt darauf, die im Bau befindlichen Schlösser Amboise

Verkehrsverbindungen
A 10 bis Orléans, N 751 nach Chambord. Parkplatz vor dem Schloß.

Reisezeit
Ganzjährig, im Sommer touristischer Andrang.

Übernachtung
Gute Auswahl an Hotels und Landgasthöfen.

Tip
Zahlreiche Tierbeobachtungsstellen (»aires de vision«) im Staatsforst.

und Blois zu vollenden, da er hier nichts grundlegend Neues schaffen, sondern nur die Architektur seiner Vorgänger ergänzen konnte.

Chambord sollte größer und prächtiger werden als die übrigen Loire-Schlösser und so den Machtanspruch des Monarchen eindrucksvoll symbolisieren.

Damit sich das Meisterwerk später in einer Wasserfläche spiegeln konnte, befahl Franz die Umleitung eines Loire-Armes, der die künstlich geschaffenen Gräben um das Jagdschloß herum füllen sollte. Daß die modrigen Kanäle später einfach wieder mit Erde zugeschüttet wurden, hat der Bauherr nicht mehr erlebt: Er starb 1535, kurz nachdem die Arbeiten am Mitteltrakt abgeschlossen waren. Bis zur völligen Fertigstellung des Schlosses, für das der König

seine Kasse regelrecht geplündert hatte, gingen drei Jahrzehnte ins Land.

Vorbild für Versailles

Seine Nachfolger vermochten der weitläufigen, großartigen Anlage mit ihren 440 Zimmern, 365 Kaminen und 65 Treppen offenbar keine Sympathie abzugewinnen und verzichteten darauf, dort einzuziehen. Lediglich im Jahre 1552 wurde in Chambord ein Kapitel Geschichte geschrieben: König Heinrich II. versprach den deutschen protestantischen Fürsten, eine von Moritz von Sachsen geplante Verschwörung gegen Karl V. zu unterstützen. Im Gegenzug erhielt er das Vikariat über die Reichsstädte Metz, Toul, Verdun und Cambrai.

Erst Ludwig XIV. entdeckte seine Liebe zu Schloß Chambord, das Franz I. auf dem Grundriß einer kompakten mittelalterlichen Festung mit Rundtürmen an jeder Seite geplant hatte. Molière spielte in einem der Räume sein Stück »Der Bürger als Edelmann«, der Sonnenkönig applaudierte.

Bizarre Dachlandschaft

Der auffallendste Teil von Schloß Chambord ist gewiß die bizarre und steile Dachlandschaft, aus der sich eine verwirrende Vielfalt von Türmchen, Kaminen, Laternen und Giebelspitzen himmelwärts emporwindet. Der dicht beieinander stehende Zierat wirkt aus der Ferne wie ein fremdartiger, erstarrter Park. In dem an einen mittelalterlichen Bergfried erinnernden Turm des Mitteltrakts befinden sich zwei ineinandergedrehte Treppen, die dem

Gebäudeteil eine elegante Dynamik verleihen. Dank der raffiniert verschlungenen Treppenläufe war es möglich, Auf- und Abstieg zu trennen, an- und abreisende Gäste des Königs liefen sich daher nie über den Weg.

Weil Chambord trotz aller Verspieltheit ursprünglich an das Vorbild einer mittelalterlichen Trutzburg angelehnt war, ließ Franz rund um das Gebäude eine Festungsmauer in Form eines von Fenstern durchbrochenen Trakts errichten. Nach Ausbruch der Französischen Revolution wurden viele Räume geplündert, Chambord begann zu verfallen. Vom ursprünglichen Mobiliar ist nur wenig übriggeblieben: Die weitläufigen Trakte dieses Meisterwerkes der Renaissance wirken heute ungemütlich.

Der Park von Chambord

Seine einstige Funktion als Jagdschloß hat das 1930 in Staatsbesitz übergegangene Gebäude bis heute nicht verloren: Chambord liegt inmitten eines 5500 Hektar großen Parks. Und damit heutzutage niemand die jagenden Gäste des Staatspräsidenten und der Regierung stören kann, wurde der Park vorsorglich mit einer 32 Kilometer langen Mauer eingefriedet.

Schloß Chambord, das bekannnteste und größte der Schlösser im Tal der Loire, wurde nie bewohnt.

Damit das Traumschloß sich im Wasser spiegeln konnte, wurde ein Arm der Loire umgeleitet.

SCHLOSS CHAMBORD

Die Wendeltreppe, deren Entwurf von
Leonardo da Vinci stammen soll, gibt
dem Treppenhaus eine elegante Dynamik.

Viele der Innenräume wurden
während der Französischen Revolution
geplündert, aber wieder restauriert.

Die Kathedrale

Der Zug läuft. Lange Straßenbänder, gelbe, grüne, schokoladenbraune Felder, alles rollt an unserem Lauf vorbei, unter dem unbeweglichen Himmel. Wir fahren nach Chartres.«

Mit dieser Beschreibung beginnt der Bericht des französischen Bildhauers Auguste Rodin, der im Sommer 1906 die Kathedralen der Ile-de-France besuchte. Das Ziel seiner Reise, die auf einer Anhöhe in der Stadt Chartres thronende Kathedrale Notre-Dame, ist eines der schönsten Baudenkmäler der französischen Gotik. »Frankreichs Akropolis, ein Palast der Stille«, nannte der Bildhauer ehrfürchtig die Kathedrale mit ihren reichverzierten Portalen und den weltberühmten Glasfensterzyklen. Mit diesem Gotteshaus hatte sich Chartres »für alle Ewigkeit seine Lobeshymne geschaffen«.

Ein Fingerzeig der Jungfrau

Mit dem Neubau der Kathedrale von Chartres begann im Jahre 1194 die Epoche gotischer Architektur im königlichen Stammland der Ile-de-France, auf das die Entwicklung dieses Baustils auch noch in

den folgenden Jahrhunderten beschränkt bleiben sollte.

Wo sich heute die Kathedrale von Chartres erhebt, standen mindestens fünf Vorgängerkirchen, die alle niedergebrannt waren. Nach der letzten Feuersbrunst im Jahre 1194, bei der nur die mit herausragenden Skulpturen verzierte Westfassade erhalten blieb, fürchteten die Bewohner, daß auch das legendäre Mariengewand – ein Geschenk Karls des Kahlen aus dem Besitz seines Vaters Karls des Großen – Schaden genommen haben könnte. Als aber die Tunika in unversehrtem Zustand präsentiert wurde, sah das Volk darin einen Fingerzeig der Jungfrau. Hatte sie damit der Stadt nicht eine Chance gegeben, ihr

zu Ehren ein prächtigeres Gotteshaus zu errichten und den Ruf von Chartres als Zentrum der Wallfahrt zur »Virgo paritura« nachhaltig zu stärken?

Bedürfnis nach Ebenmaß

Nur 26 Jahre benötigten die Baumeister für das Gotteshaus, das allerdings erst nach Vollendung der Glasmalereien 1260 in Anwesenheit des französischen Königs Ludwig IX. geweiht wurde. Während der Südturm in gotischem Stil erbaut wurde, erhielt der einst mit einem Holzdach versehene Nordturm seine steinerne Bekrönung nach einem Brand im 16. Jahrhundert.

Dem Grundriß nach ist Chartres eine dreischiffige Pfeilerbasilika (d. h. dreischiffiges Langhaus und dreischiffiges Querhaus). Ein doppelter Umgang, der sich in fünf Kranzkapellen öffnet, schließt die Fassade.

Die Doppelturmfassade der Kathedrale besticht durch die herrliche Maßwerkkrone und die prächtigen Figurenportale. Im Gewände des Mittelportals grüßen den Eintretenden feingliedrige und anmutige Heiligengestalten, über denen Christus als Richter thront. Im Innern lenken die schlanken Bündelpfeiler die Blicke in die fast 37 Meter hohen Rippengewölbe. Der Wandaufbau besteht aus drei Zonen, von den Arkaden über die Triforien bis zum großen Obergadenfenster. Die Hochschiffwände verstärkten die Baumeister durch mächtige, bis zu 16 Meter hohe Strebepfeiler mit Strebebogen. Dieses filigrane Strebewerk verleiht der Kathedrale eine ebenso erhabene wie schlichte Größe, die der französische Architekturhistoriker Marcel Aubert als »Triumph der Gotik« feierte.

Dank der Strebepfeilertechnik wurden die Wände ihrer Stützfunktion enthoben,

wodurch sie mehr und mehr in Glasflächen umgewandelt werden konnten. Die insgesamt 176 prachtvollen und fast völlig erhaltenen Buntglasfenster, die eine Fläche von 2000 Quadratmetern bedecken, gleichen mit ihren biblischen Szenen und der Darstellung der Stifterfiguren aus Königshaus, Adel und Volk einem illuminierten Buch. Je nach Sonnenstand schimmern die Kirchenwände in einem unwirklichen Licht, in dem Rot- und Violett-Töne sowie das berühmte, warme Chartres-Blau vorherrschen.

Die kostbaren Glasmalereien, großartige Bildkompositionen, wurden im vorigen Jahrhundert umfassend renoviert, da die Bleifassungen die zum Teil verwitterten Scheiben kaum noch halten konnten. Nicht immer bewiesen die Architekten der Neuzeit dabei eine glückliche Hand, stellte schon Rodin fest, der angesichts der Bausünden über »fortgesetzte, durchwegs sträfliche Restaurierung« klagte.

Die Kathedrale von Chartres gilt als eines der schönsten Baudenkmäler der französischen Gotik. Die Tympana mit ihrem Figurenschmuck über den Portalen sind Beispiele für die Stilreinheit der Epoche.

CHARTRES

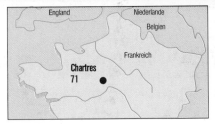

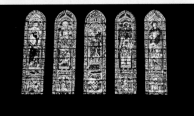

Über den Dächern der Altstadt von
Chartres erheben sich die Türme
der gotischen Kathedrale.

Die Glasfenster, deren Blau vom
Außenlicht verstärkt wird, stammen
von einem unbekannten Meister.

Römisches Theater und Ehrenbogen

Ungestüm drängelt die lärmende Menschenmenge durch die engen Korridore in den halbrunden Zuschauerraum vor der Bühne. Streng nach sozialer Zugehörigkeit getrennt, setzt sich das Theaterpublikum auf die aus mächtigen Steinblöcken gemeißelten Sitzreihen, die in den Stadthügel Sainte-Eutrope hineingebaut wurden. Während die bequemen Sessel den örtlichen Würdenträgern der blühenden römischen Garnison Arausio Secundanorum vorbehalten bleiben, begeben sich direkt dahinter die Ritter auf steinerne Sitze, in die ihr Standesname eingraviert wurde. Eine Stufe höher harren Priester und Kaufleute der kommenden Ereignisse. Bettler und auch Prostituierte müssen mit den billigen Plätzen in den hinteren Rängen des Römischen Theaters der Stadt Orange vorlieb nehmen: Das antike Theater galt auch bei Ovid schließlich als bevorzugter Ort, um auch erotische Kontakte zu knüpfen.

Der kaiserliche Gruß

Selbst der Kaiser weilt an diesem heißen Sommertag symbolisch bei den

▬▬▬▬▬▬▬▬▬▬▬▬▬▬▬

Verkehrsverbindungen
TGV-Verbindung bis Avignon. Orange liegt an der A 7.

Reisezeit
Ganzjährig, in den französischen Schulferien stark frequentiert.

Übernachtung
Große Auswahl an Hotels und Pensionen verschiedener Kategorien.

Tips
Fragmente des alten Arausio und ein einzigartiges Grundbuchregister aus römischer Zeit im Musée municipal von Orange. 35 Kilometer nordwestlich erstreckt sich das Ardèche-Gebiet mit Tropfsteinhöhlen. Bootstouren möglich.

▬▬▬▬▬▬▬▬▬▬▬▬▬▬▬

Untertanen: In der zentralen Nische der großen Theaterwand erhebt sich das marmorne Standbild des Augustus, der mit seiner erhobenen Rechten das Publikum grüßt. Während seiner Regierungszeit, die als »Pax Romana« in die Annalen einging, entstand zu Beginn des ersten Jahrhunderts n. Chr. das Römische Theater. Den Plänen der geschickten Baumeister zufolge sollte es 11 000 Menschen fassen. Zusammen mit dem Pont du Gard und der Maison Carrée in Nîmes zählt es heute zu den am besten erhaltenen antiken Baudenkmälern der Provence.

Lange Zeit würdigten die Bewohner von Orange diese römische Architektur allerdings keines Blickes. Als die Stadt im 16. Jahrhundert an das Fürstenhaus Oranien gefallen war, ließ Fürst Moritz 1622 auf dem Stadthügel eine Festung errichten und bezog die Überreste des Kapitols und die Theaterwand mit ein. Im Jahre 1713, nachdem die französische Krone das Fürstentum übernommen hatte, besuchte der Sonnenkönig die neue Erwerbung: Als Ludwig XIV. die leidlich erhaltene Theaterwand erblickte, nannte er das Bauwerk, das alle übrigen Gebäude von Orange überragte, »schönste Mauer des Königreiches«. Und Frédéric Mistral, Begründer der Félibrige-Bewegung, verlieh der provenzalischen Stadt im vorigen Jahrhundert spontan den Titel Aurenjo la poumpouso – das üppige Orange.

Antike Akustik

Nur wenige der eindrucksvollen Bauwerke römischer Herkunft haben die Stürme der Zeit überstanden. Während an die Thermen nichts mehr erinnert, blieben vom Gymnasium – es erstreckte sich vom Stadthügel über 400 Meter bis zum Boulevard de la Meyne – nur geringe Teile übrig. Gleich den Wohnblocks der antiken Stadt, die schon Titus Livius und Plinius der Ältere in ihren Schriften erwähnten, wies die dreigeschossige Theaterwand mit ihren Schaufassaden eine Länge von 103 Metern auf. Mauervorsprünge verhinderten unerwünschte Halleffekte, die Bühnenplattform wirkte als Resonanzboden, und die übereinander in den Hügel gebauten Sitzreihen gewährten eine vollkommene Tonwiedergabe. Um die Akustik weiter zu verbessern, schufen die Architekten ein Holzdach über der 37 Meter hohen Bühnenrückwand. Dieses Dach ist heute, ebenso wie die Sonnensegel über dem Zuschauerraum verschwunden. Das Amphitheater, in dem heute in den Sommermonaten bis zu 10 000 Menschen Opernaufführungen beiwohnen, besaß früher einen massiven Holzboden, der auf einem Steinsockel ruhte. Noch sichtbar ist der vor der Mauer verlaufende Graben für den Bühnenvorhang.

Ein versunkener Ehrenbogen

Das zweitwichtigste Baudenkmal von Orange ist der zwischen 21 und 26 n. Chr. am nördlichen Stadteingang errichtete Ehrenbogen, der bis 1811 unter Bauschutt begraben war. Dem Architekten Auguste Caristie ist es zu verdanken, daß dieses Monumentaltor zu Ehren der Stadt Arausio und der dort stationierten sogenannten Gallischen Legion freigelegt und renoviert wurde. Reliefs auf dem dreibogigen Bauwerk erinnern unter anderem an die Schlacht von Actium, nach der Rom die Seeherrschaft im ganzen Mittelmeerraum zufiel. Die Reliefs an dem dreibogigen Torbau erinnern an verschiedene Schlachten sowie an den niedergeschlagenen Gallieraufstand 21 n. Chr.

Im Mittelalter übernahm die städtische Zunft der Armbrustschützen den Ehrenbogen und kürte dort jedes Jahr nach Ostern in Form eines Wettbewerbs ihren König. Dieses Brauchtum ist bis zum heutigen Tage erhalten geblieben: Mußte früher ein lebender Vogel abgeschossen werden, begnügt man sich nun allerdings mit einer Nachbildung.

Wie viele andere historische Bauten wurde auch das antike Theater zeitweise als Festung, sogar als Steinbruch genutzt. Heute finden in dem Theater alljährlich Musikfestspiele statt.

ORANGE

Bis ins 19. Jahrhundert war der zwischen 21 und 26 n. Chr. entstandene Ehrenbogen unter mittelalterlichem Bauschutt begraben.

Das Römische Theater von Orange bietet 10.000 Zuschauern Platz. In einer Nische der Bühnenwand befindet sich ein Standbild des Kaisers Augustus, der mit erhobener Hand das Publikum grüßt.

Die schönste Bibliothek

Feine Intarsienarbeiten geben dem Parkett Profil, vergoldetes Schnitzwerk und prächtige Gemälde schmücken die Decke im schönsten Lesesaal der Schweiz. Die großzügige Gestaltung der zweistöckigen Stiftsbibliothek von Sankt Gallen schafft einen würdigen Rahmen für den kostbaren Bestand, den die Mönche der Klosterschule über Jahrhunderte selbst geschrieben und zusammengetragen haben. Neben irischen Handschriften und den um 900 verfertigten Elfenbeintafeln besitzt die Rokoko-Bibliothek den Psalter Notker Labeos (10. Jahrhundert), eine Handschrift des Nibelungenliedes aus dem 13. Jahrhundert und zahlreiche Werke der mittelalterlichen Dichtkunst sowie Übersetzungen lateinischer Schriften ins Alemannische. Die kunstvoll verzierten Bücher stehen seit der Säkularisation des Klosters Sankt Gallen im Jahre 1805 in den intarsienverzierten Wandschränken unter dem stuckierten Tonnengewölbe des Manuskriptsaales der Stiftsbibliothek, die wie die 1755–66 errichtete Stiftskirche mit ihren »welschen Hauben« ein Bauwerk von Weltrang darstellt.

Das kulturelle und wirtschaftliche Zen-

Verkehrsverbindungen
Sankt Gallen liegt an der N 1.

Übernachtung
Weil es an den Wochenenden häufig Kongresse gibt, empfiehlt sich ganzjährig eine Zimmerreservierung.

Tips
Käsereimuseum im Dorf Stein (Kanton Appenzell-Außerrhoden), in der Stadt Appenzell das Volkskundemuseum.

trum der östlichen Schweiz entwickelte sich aus wahrlich bescheidenen Anfängen. Um das Jahr 612 ließ sich der rastlose Missionar Gallus aus Irland in einem von engen Schluchten durchfurchten Hochtal der Voralpen nieder und baute dort eine schlichte Mönchszelle mit Bethaus.

Über ein Jahrhundert später nahm die Mönchsgemeinschaft unter Abt Otmar die Benediktinerregel an. Aus dem Jahr 820 stammt der bis heute erhaltene, einzigartige »Klosterplan«, nach dessen Zeichnungen das Sankt Gallener Kloster angelegt wurde.

Die berühmtesten Gelehrten und Denker der damaligen Zeit, darunter Ekkehart und Notker, verstärken Sankt Gallens geistige Ausstrahlungskraft in ganz Europa maßgeblich. Ihre Hochblüte erlebt die Abtei als Wallfahrtszentrum bis ins 11. Jahrhundert. Zum Leidwesen der Köni-

ge mischten sich die Ostschweizer Äbte immer kühner in die Reichspolitik des hohen Mittelalters ein.

Die Folgen der Reformation

Als sich die Sankt Gallener Bürger mit den aufständischen Appenzellern verbündeten, ging das Verhältnis zwischen Abtei und Stadt in die Brüche. Die Reformation unter dem Arzt und Gelehrten Joachim von Watt erfaßte die ganze Stadt, hinter den Mauern der Abtei hatten die neuen Ideen keine Chance: Die Abtei blieb ihrem katholischen Glauben treu, doch ihre öffentliche Wirkung nahm rapide ab.

Eine neue Phase brach Mitte des 17. Jahrhunderts mit der Neugestaltung der Klosteranlagen an. An Stelle des Gotteshauses aus dem 14. Jahrhundert entstand die barocke Domkirche, deren Ostfassade von zwei zwiebeldachgekrönten Türmen umrahmt wird. Als langgestreckter, symmetrischer Bau mit zentraler Kuppel geplant, erhielt die neue Stiftskirche ein maßvolles Äußeres, das mit der üppigen Innenausstattung im Geschmack der Rokokozeit kontrastiert.

Während der renommierte Baumeister Peter Thumb – er hatte zuvor mit seinem Sohn die Innenausstattung der Bibliothek geschaffen – für Langhaus und Rotunde zuständig war, entwarf Johann Michael Beer den Chor, Josef Anton Feuchtmayer wurde mit der Gestaltung der Ostfassade betraut. Auch das Chorgestühl verfertigte der Wessobrunner Meister, es sollte sein letztes Werk sein. Die Kuppel des Mittelschiffes gestaltete der Freiburger Christian Wenzinger mit Deckengemälden aus, den mit einem mächtigen schmiedeeisernen Chorgitter abgeschlossenen Hochaltar schuf Josef Simon Mosbrugger im Empire-Stil. Kirchenschatz und Altargeräte stammen aus dem 16. bis 18. Jahrhundert.

Die alte Abteianlage

Bei Renovierungen entdeckte man vor Jahren alte, vor dem Umbau angebrachte Deckengemälde, unter dem Westturm befinden sich Teile der im 10. Jahrhundert erbauten Hallenkrypta, letzte Überreste der ehemaligen Otmarskirche. An die alte Abteianlage erinnern heute nur noch Rundturm und Karlstor im Westtrakt des Stiftes, der als vielfältiger mittelalterlicher Komplex vom 17. Jahrhundert an systema-

tisch geordnet und erweitert wurde. Im östlichen Teil entstanden Kapellen, darunter die Galluskapelle von 1666, über der die Hofkapelle errichtet wurde. Im Neorenaissance-Stil entwarf der Architekt Felix Wilhelm Kubly das nördlich erbaute Zeughaus und die benachbarte zweigeschossige Kinderkapelle. In einigen der barocken Gebäude, die den großen Klosterhof auf drei Seiten umschließen, sind heute Kantonsverwaltung, Schulen und das bischöfliche Ordinariat untergebracht.

Städtischer Glanz

Obwohl sich der Ort Sankt Gallen schon früh von der Abtei gelöst hatte, entstanden auch außerhalb des Klosterbezirks Baudenkmäler von Rang. Die erkergeschmückten, zwischen dem 16. und 18. Jahrhundert erbauten Bürgerhäuser in der schalenförmig gewachsenen Altstadt erhielten bunt bemalte Fassaden und wurden häufig mit schmiedeeisernen Aushängeschildern dekoriert. Eine historische Darstellung der Stadt befindet sich in der Stadtbibliothek Vadiana, so benannt nach dem städtischen Reformator.

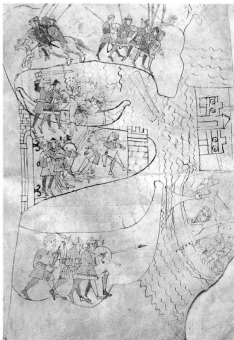

Eine Handschrift, entstanden um das Jahr 1000, die wie andere in der Klosterbibliothek aufbewahrt wird.

KLOSTER SANKT GALLEN

Die Stiftsbibliothek, erbaut von Peter Thumb, ist ein Hauptwerk der Rokoko-Architektur in der Schweiz. Prächtige Decken, mit Bücherregalen umbaute Wandpfeiler, Galerien, Intarsienmuster des Bodens, Stuck und Malerei prägen den Saal.

Ein Kleinod städtischer Baukunst

Drohend schweben Justitias Waagschalen über den Häuptern der mächtigsten Herrscher des Mittelalters: Papst, Kaiser, Sultan und – der Herr Bürgermeister von Bern. Der Figurenschmuck des Gerechtigkeitsbrunnens verdeutlicht, daß falsche Bescheidenheit nie zu den Charaktereigenschaften der stolzen Berner Bürgerschaft gehörte. Seit 1848 Sitz der Bundesbehörden, stand die Zähringerstadt an der Aare nach der Eroberung des Aargaus und der Waadt im 16. Jahrhundert im Zenit ihrer Macht. Berns »Gnädige Herren«, wie sich die Angehörigen des Großen Rates gerne titulieren ließen, herrschten damals über den größten eidgenössischen Stadtstaat nördlich der Alpen, getreu dem Motto »die Welt vergeht, Bern besteht«. An diese glanzvolle Epoche erinnert heute noch die auf einer steilen Bergnase an der Aare erbaute und nahezu völlig geschlossene Altstadt, die Goethe nach einem Spaziergang durch die Lauben begeistert die »sauberste und schönste Stadt der Schweiz« genannt hatte.

Durch den Zähringer Herzog Berthold V. 1191 gegründet, erlangte die Stadt mit dem Pelztier im Wappen 1218 die

Verkehrsverbindungen
Bern liegt an N 2/N 1 Richtung Genf. Regionalflughafen auch mit internationalen Verbindungen.

Übernachtung
In den Sommermonaten ist in der Stadt mit Zimmerengpässen zu rechnen.

Tip
Auf den Berner Hausberg, den Gurten, gelangt man mit der Standseilbahn vom Stadtteil Wabern aus.

Reichsfreiheit und trat 1353 dem Ewigen Bund bei. 1528 bekannten sich ihre Einwohner zur Reformation. Nicht einmal aufständische Bauern konnten die Herren in die Knie zwingen. Erst der Einmarsch französischer Truppen während der Revolution bremste den Berner Höhenflug und brachte die Stadt um Aargau und Waadtland um ihre Vormachtstellung. Die beim Wiener Kongreß beschlossene Entschädigung durch den Gewinn des Berner Jura konnte kaum darüber hinwegtrösten.

Nach jahrzehntelangen, emotionsgeladenen Konflikten trennte sich auch noch der katholische Norden des Jura, bildete 1979 einen eigenen Kanton und träumt seither von der »Wiedervereinigung« mit dem südlichen Teil, der bisher dem Bären die Treue gehalten hat.

Ulmer Baumeister

Berns weithin sichtbares Wahrzeichen ist das spätgotische Münster Sankt Vinzenz, dessen 100 Meter hoher Turm mit durchbrochenem Turmhelm aus dem vorigen Jahrhundert die Silhouette des Häusermeers der Altstadt bestimmt. Prächtige Bildhauerarbeit verziert das Westportal, im Tympanum des Hauptportals wurde figurenreich das Jüngste Gericht verewigt. Geschnitztes Chorgestühl und eine Barockorgel gehören zur Innenausstattung des Gotteshauses, dessen Bau der Ulmer Matthäus Ensinger begonnen hatte.

Gassen, Brunnen, Patrizierhäuser

Den Kernbereich der Aarestadt bilden Gerechtigkeits-, Junkern- und Kramgasse, deren Holzgebäude nach einem Brand 1405 durch Sandsteinhäuser ersetzt wurden. Berns ältestes Bürgerhaus, das 1515 erbaute Maybachhaus, steht in der Münstergasse.

Im Stift, ehemals Deutschordenshaus, residiert heute die Kantonsverwaltung. Vom Münsterplatz, auf dem jährlich im Mai am Mosesbrunnen der Geranienmarkt farbige Tupfer in die Stadtlandschaft setzt, führt die Junkerngasse zum Beatrice-von-Wattenwyl-Haus und zum stattlichen Erlacherhof. Auch die mittelalterliche Architektur der Nydeggbrücke überdauerte die Jahrhunderte.

Um die strenge Einförmigkeit des Stadtbildes aufzulockern, wurden die Gassenräume hie und da mit Brunnen – etwa Vennerbrunnen mit Stadtbanner oder Kindlifresserbrunnen – dekoriert. Typisch für Berns Patriziergebäude – etliche stammen aus der Zeit der Régence – sind die insgesamt sechs Kilometer langen Arkaden, auf gut berndeutsch Lauben, in früheren Zeiten Arbeitsplatz für Händler und Handwerker. Die zahlreichen Gewölbekeller der

Altstadt, die von Ostern bis Oktober nachts beleuchtet wird, werden heute als Geschäfte, Restaurants, Kneipen oder Theater genutzt.

Wuchtig und gedrungen erhebt sich der aus Resten der Stadtmauer erbaute Zytgloggeturm, dessen Spieluhr an der Ostseite den Passanten anzeigt, was die Stunde schlägt. Außer Tageszeit und Wochentagen gibt das Kunstwerk auch den Monat, das Tierkreiszeichen und die Mondphasen an. Gleichfalls an die Stadtmauer erinnert der Käfigturm, der stilistische Formen der Renaissance und des italienischen Manierismus vereint. Weitere Teile der Wallanlage sind die alten Schanzen, auf denen die Parkterrasse sowie das pompös wirkende Bundeshaus, das kuppelbekrönte Parlament, liegen. Als bemerkenswertes Werk der burgundischen Spätgotik präsentiert sich das Berner Rathaus, dessen Außentreppe und Wappenschmuck in ursprünglicher Form wieder hergestellt wurden.

Zufluchtsort für Verfolgte

Zu den bedeutsamsten Sakralbauten der Haupstadt mit ihren zahlreichen Museen zählen die Französische Kirche, die 1623 den Glaubensflüchtlingen aus dem Nachbarland zur Verfügung gestellt wurde, und die Heiliggeist-Kirche. Diese häufig als »schönstes protestantisches Gotteshaus der Schweiz« apostrophierte Kirche nach vorbarockem, römischem Modell besitzt im Innenraum eine schwere, umlaufende Empore, die auf 14 Sandsteinsäulen ruht. Die Stukkatur verfertigte der Wessobrunner Künstler Joseph Anton Feuchtmayer.

Die Altstadt von Bern liegt auf einer 40 Meter hohen Terrasse, von der Aare umflossen. Laubengänge, Brunnen, stattliche Bürger- und Zunfthäuser prägen das Bild der Schweizer Bundeshauptstadt.

Kaspar Brunner schuf mit dem Uhrenwerk im Zeitglockenturm ein Meisterwerk. Beide Turmuhren, der Stundenschläger im Glockentürmchen, Figurenspiel und astronomische Uhr werden von der gleichen Mechanik angetrieben. An der Kalenderuhr kann man Tageszeit, Wochen- und Monatstag, Tierkreis und Mondphasen ablesen.

In der Mitte des 16. Jahrhunderts entstanden in Bern elf Renaissance-Figurenbrunnen. Der Zähringerbrunnen wurde in Erinnerung an Berthold V. von Zähringen errichtet, der 1191 die Stadt gegründet hat. Der Zeitglockenturm stammt aus dem 12. Jahrhundert.

Benediktinerkloster St. Johann

Sorgfältig entfernten die Denkmalschützer Schicht um Schicht der kompakten Farbdecke, hinter der nach einhelliger Meinung ein Kunstwerk von einzigartiger Bedeutung verborgen lag. Ihre Geduld wurde auf eine harte Probe gestellt: Fünf Jahre dauerten die Arbeiten im Innern der festungsartigen Kirche, bis die kostbare karolingische Wandmalerei aus dem 8. Jahrhundert im Jahre 1952 erstmals wieder einer staunenden Öffentlichkeit zugänglich gemacht werden konnte. Nicht zuletzt dank dieses Wandschmucks, Ende des 15. Jahrhunderts großflächig mit weißer Farbe übertüncht und in mühevoller Kleinarbeit glücklicherweise dem Vergessen entrissen, gilt die Kirche Sankt Johannes Baptist in Münster, rätoromanisch Val Müstair, heute als eines der größten Kulturdenkmäler Europas in dieser Epoche: Sie beherbergt den umfangreichsten, noch erhaltenen Bilderzyklus aus der Zeit der Karolinger.

Der Legende nach war die malerische, turmbewehrte Anlage im südöstlichen Winkel Graubündens nahe der Grenze zu Südtirol von Karl dem Großen als Benediktinerkloster gegründet worden. Erstmals

Verkehrsverbindungen
Auf der N 13 nach Chur, dann zum Flüela-Paß Richtung Zernez. Über den Ofenpaß in das Münstertal (Val Müstair).

Tips
Fünf Kilometer östlich befindet sich in Val Chava das Bündtner Museum Chasa Iaura mit historischen Gebrauchsgegenständen. Weiter: Schweizerischer Nationalpark, Wandermöglichkeit auf markierten Wegen und Nationalparkmuseum: Öffnungszeiten Juni bis Oktober.

als »Tuberis« urkundlich erwähnt, ging der Name der Ortschaft später auf das benachbarte Südtiroler Dorf Taufers über. Vier Jahrhunderte später zogen Benediktinerinnen ein. Müstairs Aufschwung zum Wallfahrtszentrum wurde durch das »Wunder der blutenden Hostie« begründet. Von Schwabenkrieg, Reformation und Franzoseneinfall 1799 heftig in Mitleidenschaft gezogen, verlor das Kloster, seit 1819 einfaches Priorat, seine Bedeutung.

Die Klosterkirche Sankt Johann, an der elf Jahrhunderte lang gebaut wurde, zeigt einen Chorschluß mit drei Apsiden nach »churrätischem Schema«. Dieses Bauprinzip, durch ärchäologische Grabungen an etlichen Stellen nachweisbar, hat sich nur in Müstair und in der Ortschaft Mistail erhalten. Während die Klosterkirche im wesentlichen auf die karolingische Zeit

zurückgeht, ist die südlich davon stehende Heiligkreuzkapelle bereits im romanischen Stil erbaut. Das Gotteshaus beeindruckt durch seinen Chor als Dreikonchenanlage und sein Langhaus mit herrlicher Flachschnitzdecke von 1520.

Szenen aus dem Leben Christi

Der ursprünglich flachgedeckte Innenraum der Klosterkirche, die später in eine dreischiffige Hallenkirche umgewandelt wurde, erhielt im ausgehenden 15. Jahrhundert ein Rauten- und Netzgewölbe, von drei Rundpfeilerpaaren getragen. Die in ihrer Qualität unterschiedlichen Gemäldezyklen – die Fresken an der Südwand wurden durch Löschwasser bei einem Brand während des Schwabenkriegs beschädigt – sind vor allem an der Nordwand bemerkenswert gut erhalten geblieben. Dazu gehört auch ein Stuckrelief der Taufe Christi, vermutlich vor 1090 geschaffen. Ursprünglich in 82 rechteckige Felder unterteilt, zeigt die Bilderfolge an den Langhauswänden Szenen aus dem Leben Christi, darunter die Kreuzigung von Petrus oder Andreas. Der Streifen mit Davidsdarstellungen wurde bei der Renovierung abgelöst und befindet sich im Landesmuseum in Zürich.

Monumentalmalerei

Die Darstellung des Jüngsten Gerichts, im Hoch- und Spätmittelalter ein weitverbreitetes Motiv, ist nach Ansicht der Kunsthistoriker die älteste erhaltene Monumentalwandmalerei aus der Karolingerepoche. Während die künstlerisch wertvollen romanischen Fresken in den Apsiden vermutlich im letzten Viertel des 12. Jahrhunderts geschaffen wurden, entstanden die Gewölbemalereien kurz vor dem Umbau im Jahre 1492. Die überlebensgroße Statue von Carolus Magnus muß wohl auf das Jahr 1165 datiert werden. Zu den Ausstattungsstücken der Ursprungszeit zählt ferner eine Marmorplatte, früher möglicherweise Teil einer Altarschranke in der barocken Heiligblutkapelle. Etwa um 1630 entstand die plastische Hochaltargruppe, ein feines Kunstwerk im Stil des frühen Barock. Die nicht zugängliche Doppelkapelle Sankt Ulrich und Sankt Nikolaus besitzt am Westflügel Gewölbestukkaturen, die karolingischen Handwerksmeistern zugeschrieben werden.

Zeugen aus der Burgenzeit

Einen immerhin ungefähren Eindruck des Klosterbezirks von Müstair vermitteln heute noch alte Konventgebäude, die um zwei Innenhöfe gruppiert sind. Einige Originale, darunter karolingische Marmorfragmente, werden im benachbarten Klostermuseum aufbewahrt. Gegenüber dem Kloster befindet sich die »Chasa Chalvaina«, deren ältester Teil aus der Burgenzeit stammt. Das in seiner heutigen Form auf das 15. Jahrhundert zurückgehende Gebäude wurde nach italienischer Manier durch Fassadenbilder verziert. Sie zeigen den heiligen Rochus und die Muttergottes, nach der die katholischen Bewohner des Val Müstair zwischen Rombach und Etsch ihren Hauptort Santa Maria genannt haben.

St. Johann soll von Karl dem Großen als Benediktinerkloster gegründet worden sein. 1163 wird es als Frauenkloster urkundlich erwähnt.

Die Klosterkirche St. Johann gilt mit den um 800 entstandenen Fresken als ein Juwel der bildenden Kunst in der Karolingerzeit.

Die Bilderfolge, mit der das gesamte Kirchenschiff ausgemalt ist, zeigt u. a. die Enthauptung Johannes des Täufers.

Gotik in der Unterwelt

Wenn die letzten Sonnenstrahlen hinter den Karsthügeln verschwunden sind, erwachen die Hüter der Unterwelt zum Leben. Mit lautlosem Flügelschlag segeln sie durch die Finsternis und stoßen kurze und spitze Schreie aus, die zartbesaiteten Besuchern einen Schauer über den Rücken jagen können. Aber jetzt führt kein Weg mehr zurück: Wie ein gähnender Schlund öffnet sich der Eingang zur mysteriösen Höhle des heiligen Kanzian in der rauhen Kalksteinlandschaft im Südwesten Sloweniens.

Ob schon Dante Alighieri den Schutzpatron gegen böse Geister und schwere Stunden angstvoll angerufen hat, als er im 13. Jahrhundert – zumindest der Legende nach – das unterirdische Labyrinth betrat? So wie der italienische Dichter den Eingang zum »Inferno« in seiner »Divina Commedia« beschrieb, liegt dieser Schluß nahe.

Eiszeitliche Formen

Schon am nächsten Morgen jedoch ist der ganze Spuk verflogen: Die unheimlichen Wächter entpuppen sich als harmlose

Verkehrsverbindungen
Autostraße von Postojna nach Koper. Kurz hinter Divača erreicht man Matavun, wo sich die Geschäftsstelle der Höhlen befindet.

Öffnungszeiten
1,5stündige Führungen von Juni bis September, November bis März nur sonn- und feiertags.

Tips
Das renommierte Lipizzanergestüt im benachbarten Lipica. Dort im April und Mai internationale Reitturniere. Trekking in den Karsthöhlen.

Fledermäuse, die sich, am Eingang der Höhlen von Škocjan hängend, von den nächtlichen Strapazen erholen. Die schon im Altertum bekannten Grotten sind zwar weniger berühmt als die Höhlen von Postojna, dafür aber wesentlich größer und weisen eine außergewöhnliche Formenvielfalt auf. Sie entstanden während der Eiszeit vor etwa zwei Millionen Jahren durch dicke Kalksteinschichten, die von Seen abgesetzt wurden. Höhlen, Trichter, Becken, Schlünde und unterirdische Wasserläufe gehören zu den einzigartigen Karsterscheinungen.

Grabungen lassen den Schluß zu, daß sich dort bereits in der Steinzeit Menschen aufhielten. Wo sich über dem Höhlensystem eine römische Festung befand, entstand ein Dorf mit der Sankt-Kanzian-Kirche. Vom ehemaligen Schloß sind nur Ruinen übrig. Daß zwischen dem Grottensystem und der 40 Kilometer entfernten Quelle Timavo nahe der Bucht von Triest eine durchgängige Verbindung existiert, bewies 1599 Pater Ferrante Imperato durch Schwimmobjekte, die nach einer fast 40 Kilometer langen unterirdischen Odyssee wieder auftauchten.

Mutige Höhlenforscher

Im Jahre 1815 brach für Škocjan das Zeitalter der Höhlenforscher an: Der wagemutige Triester Joseph Eggenhöfner schwamm erstmals durch den Untergrundstollen bis zum kleinen Trichter. Später erforschte der Wiener Adolf Schmidl mit Angehörigen des Deutsch-Österreichischen Alpenvereins weitere Teile, nach der Entdeckung der »Stillen Grotte« (Tiha jama) wurde 1904 auf weitere Expeditionen verzichtet.

Škocjans weitläufiges Höhlensystem mit einem stellenweise 90 Meter tiefen Canyon und den bizarren Naturformen, die den slowenischen Schriftsteller Matjaž Kmecl an die Gotik erinnerten, wurde zu einem großen Teil durch den Fluß Reka geschaffen. Er entspringt auf dem Snežnik (Schneeberg) und schneidet sich unterhalb vom Vreme in die Kreideformation ein. Dann erreicht der Fluß bei Škocjan eine steile Schlucht, verschwindet jäh unter dem Dorf, um später in zwei gewaltigen Einsturzdolinen nochmals zutage zu treten. Über eine 160 Meter hohe Wand stürzt der Strom in Schnellen und Wasserfällen in die Tiefe. Höhlenforscher mit Ausrüstung können seinem Verlauf noch auf einer Distanz von fünf Kilometern folgen, bevor er in unzugänglichen Höhlenwegen im Karstgebirge verschwindet, um am Triester Golf als Timavo wieder aufzutauchen.

Orgeln und Giganten

Bei heftigen Regenfällen, etwa im Frühjahr, kann der Abflußsiphon die mächtigen Fluten nicht mehr bewältigen: Dann schwellen die beiden Dolinen in kurzer Zeit zu einem See an.

Der älteste Teil des Labyrinths ist die 70 Meter unter der Erdoberfläche liegende Stille Höhle, deren tropfsteinumrahmter Eingangsbereich »Paradies« getauft wurde. Wenn man die malerischen »Kalvarien« hinter sich läßt, betritt der Besucher den Großen Saal mit seinem bizarren Wald aus Stalagtiten und weißschimmernden Sinterpfannen. Hinter dem größten Gebilde, dem »Giganten«, erheben sich die »Orgeln«. Große Erdpyramiden in den Tominc-Höhlen und im Schmidl-Saal, der durch das Licht der Großen Doline taghell erleuchtet wird, zeigen an, wie hoch der reißende Fluß die Grotten mit Lehm ausgefüllt hatte, bevor die Ablagerungen von Archäologen entfernt wurden. Die bis zu 80 Zentimeter tiefen Kalksinterbecken der benachbarten Brunnenhöhle entstanden durch Wasser, das im Laufe der Jahrmillionen durch die Decke sickerte.

Vorzüge der Neuzeit

Dann drängen die Wassermassen in den Rudolf-Dom und weiter durch den Svetina-Dom, über Wasserfälle rauscht die Reka schließlich in den Müller-Dom, wo der Übergang zum touristischen Teil der Grotten liegt. Erst im »Toten See« beginnt sich der Fluß langsam zu beruhigen, um einige Kilometer weiter bei der Ortschaft Divača in der Schlangengrotte wieder aufzutauchen.

Mit elektrischem Licht ausgerüstet und bequem über einen Aufzug erreichbar, erinnert die märchenhafte Grottenwelt heute kaum noch an die Verwendung früherer Jahrhunderte: Die Einheimischen wußten dieses Geschenk der Natur wohl zu schätzen, konnte man sich dort doch bei Gefahren bestens verstecken.

Schon im Altertum war die Höhle des heiligen Kanzian in der Karstlandschaft bekannt.

HÖHLEN VON ŠKOCJAN

Die Legende berichtet, daß Dante im 13. Jahrhundert das unterirdische Höhlensystem besucht habe. War es das Vorbild zum »Inferno« seiner »Göttlichen Komödie«?

Die Höhlen von Škocjan, die bis zu 70 Meter unter die Erdoberfläche reichen, entstanden während der Eiszeit vor rund zwei Millionen Jahren. Im Innern des riesigen Höhlensystems wachsen hell schimmernde Stalaktiten zu gigantischen Formen.

Das historische Zentrum

Die mittelalterlich-frühneuzeitlichen Strukturen der Salzburger Altstadt sind trotz des Reichtums an barocker Baukunst durchaus noch erkennbar – sei es in der dichten Bebauung mit Bürgerhäusern, die nur durch Arkadeninnenhöfe aufgelockert wird, sei es in der unregelmäßigen Führung der schmalen Gassen. Obwohl eine solide Handelstüchtigkeit die Kaufmannschaft wohlhabend machte und Begehrlichkeiten weckte, entschloß man sich erst 1278 zum Bau einer Stadtmauer (Reste erhalten), vermutlich, weil man sich zuvor im Schatten der Festung Hohensalzburg sicher wähnte. Als Wehrbau 1077 auf dem Mönchsberg errichtet, wurde die Festung laufend erweitert und den jeweils neuen Kriegstechniken angepaßt. Während sich aus der Frühzeit der Palas, von einer zusätzlichen Ringmauer umgeben, in Teilen erhalten hat, sind die anderen Baulichkeiten vornehmlich der Spätgotik zuzurechnen, so auch die Ausstattung des Goldenen Saals und in der Goldenen Stube im Palas.

Salzburg war freilich nicht nur ein günstig gelegener Warenumschlagplatz, sondern seit dem 8. Jahrhundert auch eine

Verkehrsverbindungen
Autobahn E11 von München oder E 14 von Wien

Tips
Besuch des Geburtshauses von W.A. Mozart, des Sebastiansfriedhofs, des Friedhofs von St. Peter, der zu den ältesten in Europa zählt, der Hellbrunner Wasserspiele oder auch des Dommuseums mit der Kunst- und Wunderkammer.

Bischofsstadt, deren hoher Klerus, mit Schenkungen, Stiftungen und Privilegien reich gesegnet, seine weltliche Macht kontinuierlich auszubauen wußte. Dieser zielstrebigen Politik blieb der Erfolg nicht versagt. Im späten 13. Jahrhundert avancierte Salzburg zu einem selbständigen Reichsfürstentum. Zwar versuchten die Kaufleute mehrmals, sich aus den Fesseln des Fürsterzbischofs zu befreien, zumal der Kaiser 1481 Salzburg die Rechte einer Reichsstadt verlieh, doch Erzbischof Leonhard von Keutschbach fand Mittel genug, um die Reichsunmittelbarkeit zu verhindern.

Salzburg blieb eine Stadt der Kirche und der Kirchen, unter denen die Franziskanerkirche trotz mancher späteren Zutaten ihre romanische und gotische Bausubstanz wohl am besten bewahrt hat. Hingegen läßt der Umbau der Michaelskirche ins Spätrokoko kaum jemanden auf den Gedanken kommen, daß dieses Gotteshaus

schon um 800 den Kaufleuten als Pfarrkirche diente. Ähnliches gilt für die Benediktiner-Stiftskirche St. Peter, deren bewegte Baugeschichte schließlich im Spätbarock endete (1754 ff.). Die Abtei gilt als das älteste Männerkloster im deutschsprachigen Raum (um 700). Zu ihren frühesten Bauzeugnissen zählen ein romanischer Westflügel des Kreuzgangs sowie die gotische Marienkapelle. Das Benediktinerinnenstift Nonnberg, das älteste deutsche Frauenkloster (seit 713), konnte immerhin seine dreischiffige Basilika aus dem späten 15. Jahrhundert sowie romanische Wandmalereien von 1150 über die Zeiten retten.

Das »deutsche Rom«

Kein anderer Kunststil hat Salzburg so geprägt wie der Barock. Seine Kraft und Spannung betonende Bewegungsenergie, seine reiche Formphantasie und geradezu ausschweifende Dekorationslust steigern die Architektur in eine gleichsam alltägliche Festlichkeit, wie sie gerade der Absolutismus und der katholische Klerus der Gegenreformation liebte. Eine dynamische Repräsentationsarchitektur mit raffiniertem Perspektivwechsel und effektvoller Stukkatur, die von Rom ausging und die architektonische Physiognomie der Ewigen Stadt nachhaltig veränderte, gerade auch im Kirchenbau. Kein Wunder also, daß die Begeisterung über den barocken Reichtum Salzburgs das Wort vom »deutschen Rom« in Umlauf brachte. Erhart-, Kajetaner-, Johannesspital-, Ursulinen-, Dreifaltigkeits- und Kollegienkirche setzten hier ebenso Maßstäbe wie die Schlösser Hellbrunn, Mirabell, Klessheim und Leopoldskron oder auch der Hofmarstall, der Chiemsee-

hof, das Kapitelhaus und so manche Brunnenanlage. Und bei näherem Hinsehen wird man nicht wenige Baukörper entdecken, die die Handschrift des berühmten Barockarchitekten Fischer von Erlach tragen.

Doch im Zentrum dieses »deutschen Roms« steht der Dom, auch er, wie etliche andere Bauobjekte, ein durch Brand notwendig gewordener Nachfolgebau früherer Kathedralen. Die erste, eine dreischiffige Basilika mit Atrium und gestufter kleeblattartiger Apsis, wurde bereits 774 geweiht; die zweite aus dem späten 12. Jahrhundert, fünfschiffig, mit breitem Querhaus, Vierungskuppel und dreischiffiger Säulenkrypta, galt als größter romanischer Kirchenbau auf deutschem Boden.

Der neue Dom, errichtet nach den Plänen von Santino Solari, wurde 1628 geweiht. Es heißt, Salzburg habe damals das prachtvollste Fest seit Menschengedenken erlebt, und das wundersamerweise mitten im Dreißigjährigen Krieg. Die doppelgeschossige, marmorverkleidete Zweiturmfassade, die durch einen Giebelaufsatz ergänzt wird, die klare Gliederung dieser Fassadenstruktur, der reiche Skulpturenschmuck, die mächtige Tambourkuppel über der Vierung, streng proportionierte Innengestaltung des Lang- und des Querhauses mit seinen Stukkaturen und raffinierten Lichtwirkungen – all dies überträgt mediterranes Flair in den alpenländischen Norden und verleiht dem Salzburger Dom als dem ersten italienischen Kirchenbau im deutschsprachigen Raum das Prädikat, für die Entwicklung des süddeutsch-österreichischen Barocks richtungsweisend gewesen zu sein.

Blick auf die barocke Kollegienkirche, ein Meisterwerk Fischer von Erlachs. Der gewölbte Mittelteil der

Fassade und die Proportionen zwischen Türmen und Kuppel waren neuartig.

SALZBURG

Die Altstadt von der Salzach aus
mit Dom und Festung Hohensalzburg.

Die Getreidegasse mit alten und
auf »alt« hergerichteten Zunft-
schildern.

Schloß Schönbrunn

Als Johann Bernhard Fischer von Erlach, einer der bedeutendsten Barockbaumeister Europas, für den Neubau von Schloß Schönbrunn den ersten Spatenstich setzte, schrieb man das Jahr 1696; als die weitläufige Gesamtanlage mit dem Neptunbecken und Zauners monumentaler Figurengruppe unterhalb der Gloriette weitgehend vollendet war, das Jahr 1781. Die 85 Jahre dazwischen waren ausgefüllt mit Neu-, Aus- und Umbauten, Erweiterungen und aufwendiger Parkgestaltung – von den ständigen Reparaturarbeiten und den sporadisch notwendigen Renovierungen größeren Ausmaßes, die seitdem anfallen, ganz abgesehen. Doch auch im 19. Jahrhundert wurde Neues noch geplant und ausgeführt, beispielsweise das 1882 eröffnete Große Palmenhaus, ein dreigeteilter Glaspalast von 114 Metern Länge, oder 1898 ein kuppelbekrönter Pavillon als Stadtbahnstation, deren Benutzung nur der Hofgesellschaft vorbehalten blieb.

Bewohnbar war das Schloß freilich schon seit 1700, also nur vier Jahre nach Baubeginn, als man den Mittelteil des Haupttrakts fertiggestellt hatte. Kaiserin Amalia Wilhelmina, der Gemahlin Kaiser

Verkehrsverbindungen
Schönbrunn liegt im Wiener Stadtteil Hietzing. Die Straßen, die zum Schloß führen, sind ausgeschildert.

Tips
Wer Schönbrunn besichtigt, sollte auf einen Besuch der Hofburg nicht verzichten. Beide Anlagen sind wichtige Baudenkmäler der Habsburger Geschichte.

Josephs I., diente Schönbrunn zehn Jahre lang als sommerlicher Witwensitz (1712-22) – so wie schon zwei verwitweten Kaiserinnen zuvor, als dieses Schönbrunn noch als eine unspektakuläre Residenz galt, die schon zweimal den kriegerischen Zeitläuften zum Opfer gefallen war: 1605 durch die Ungarn und neuerlich 1683 während der Türkenbelagerung Wiens. Als Katterburg war der Bau im Kataster eingetragen und erst 1642 in Schönbrunn umbenannt worden, wohl deshalb, weil es hier einen schönen Brunnen gab, aus dem die kaiserliche Hofhaltung ihr Quellwasser bezog.

Natürlich hätte Schönbrunns Wiederaufbau in bescheidenem Rahmen erfolgen können. Doch nach Meinung Fischer von Erlachs war dieses Gelände zwischen dem rechten Ufer des Wienflusses und den sanften Ausläufern des Wienerwalds geradezu ideal für eine repräsentative Kaiserresidenz, die, Versailles im Visier, Macht und Ansehen der Habsburger symbolisieren würde. Entsprechend monumental fiel sein erster Entwurf von 1688 aus: ein breitgestreckter, mächtiger Bau mit Terrassen, Kolonnaden, Höfen, Stiegen und Fontänen just auf jener Anhöhe, auf der seit 1775 die Gloriette den architektonischen Kontrapunkt zum heutigen Schloß setzt. Doch der Krieg auf dem Balkan forderte finanzielle Mäßigung. Kaiser Leopold begnügte sich mit dem Bau eines Sommerschlosses für seinen Sohn und Thronfolger Joseph (I.). So entschied sich Fischer von Erlach für eine zweieinhalbgeschossige, flach gedeckte, später durch Walmdächer ersetzte Anlage mit Ehrenhof und großem Vorhof. Eine aufwendig konzipierte Freitreppe sollte vom Park direkt in den Mittelsaal der Nobeletage führen. 1711, nach 15jähriger Bauzeit, war Fischer von Erlachs Schönbrunn vollendet.

Vermutlich wäre es zu keinen wesentlichen Veränderungen mehr gekommen, hätte sich nicht Kaiserin Maria Theresia Schönbrunn als Hauptwohnsitz erwählt. Die Folge: Von 1743 bis 1780, dem Todesjahr der Kaiserin, gab es kaum ein Jahr, in dem nicht aus- und umgebaut, gemalt und dekoriert oder die Gartenanlage neu gestaltet wurde. Was jetzt entstehen sollte, konnte sich in seinem Repräsentationsaufwand mit Fischer von Erlachs erstem Entwurf durchaus messen. 20 Jahre lang, bis 1764, war Nikolaus von Pacassi Chef der Bauleitung, dann folgte ihm 1765 Johann Ferdinand Hetzendorf von Hohenberg.

Pacassi ließ in die Seitenflügel ein Zwischengeschoß einbauen, im Mitteltrakt des Erdgeschosses eine Durchfahrt durchbrechen und die Raumfolge der Gemächer neu ordnen. Es entstanden die Festsäle (Galerien) mit den Freskenallegorien zur Verherrlichung des Herrscherpaares, die chinesischen Lackkabinette und Zimmer mit kostbaren Holzvertäfelungen und Fresken. Heute sind etwa 40 Schau- und Prunkräume den Besuchern zugänglich. Nicht alle sind im Stil des 18. Jahrhunderts gehalten, da bei Renovierungen im 19. Jahrhundert mancherlei »Korrekturen« vorgenommen wurden.

Pacassi war auch für die Architektur vieler Nebengebäude verantwortlich: Kavaliertrakte mit Verbindungsarkaden, Seitenhofgebäude, Cumberlandpalais u.a. Eine Orangerie sollte nicht nur exotische Pflanzen kultivieren, sondern auch als Treffpunkt festlicher Empfänge dienen. Nicht minder festlich ging es im Schloßtheater zu, einem Bau nach Art eines französischen Rangtheaters. Ständig verbessert, erweitert und dekoriert wurden die Gärten, zu deren Attraktionen die Menagerie zählt: eine strahlenförmige Anlage von zwölf Tierhäusern, deren Mittelpunkt ein mit Tierbildern dekorierter Pavillon bildet.

Die grundlegende Neugestaltung des Parks war Hetzendorf zu danken, dessen besondere Aufmerksamkeit dem Gartenparterre galt. Steinskulpturen mit meist mythologischer Thematik, aber auch dekorative Gebäude wurden so ausgerichtet, daß sie auf den breiten Alleen zum Blickfang werden. Nahe dem Schönen Brunnen ließ der Architekt, der Zeitmode entsprechend, eine römische Ruine errichten, an der östlichen Einfriedungsmauer einen Obelisken. Reich ornamentierte Bassins mit Wasserspielen waren ebenso beliebt wie Boskette und Laubengänge oder raffiniert angelegte Labyrinthe. Als Kontrast zur Geometrie der Parkstruktur bezog Hetzendorf auch die angrenzenden Waldgebiete in seine Planungen ein – mit Landschaftsausblicken, Brunnen und Parterres.

Schloß-, Park- und Landschaftsarchitektur formen sich in Schönbrunn zu einer Einheit, die in ihrer proportionalen Zuordnung nichts Zufälliges duldet. Wo und wie die baulichen Akzente gesetzt werden, ist genau kalkuliert. So stehen das Schloß und die Gloriette auf der Anhöhe natürlich in direktem Bezug zueinander, was eine bipolare Spannung ergibt. Die sechs Habsburger Kaiser, die hier (zeitweise) wohnten, waren sich der Symbolik sehr wohl bewußt: Schönbrunn als Ausdruck herrscherlichen Selbstbewußtseins, bekrönt von jener klassizistischen Gloriette mit ihren dorischen Säulengängen und dem triumphbogenartigen Mittelteil als Sinnbild einer europäischen Großmacht. Ob Kaiser Napoleon, der auf seinen Kriegszügen hier 158 Tage residierte, beim Blick auf diesen Ruhmesbau für sich selbst Maß nahm?

Die »Große Galerie«, die über die »Blaue Stiege« erreicht wird, zeigt reiche Stuckarbeiten von Albert Bolla und Deckenfresken von Gregorio Guglielmi. Sie steht symbolisch für das Reich der Habsburger.

Technik und Natur

Eine Eisenbahnverbindung durchs Hochgebirge – das war in der ersten Hälfte des 19. Jahrhunderts eine kühne Idee, und die Realisierung Mitte des Jahrhunderts ist eine herausragende technische Pionierleistung.

Der Gedanke einer Eisenbahnverbindung zwischen der Reichshauptstadt Wien und Triest, also dem Zugang zum Meer, tauchte schon 1829 auf, und über ein Jahrzehnt später baute man dann die Streckenabschnitte Wien – Gloggnitz und Mürzzuschlag – Graz. Das schwierigste Teilstück, die Überwindung des Semmeringpasses wurde jedoch zunächst nicht angegangen. In dieser Frühphase der Dampfeisenbahn konnte man für ein solches Unternehmen auf keinerlei Erfahrungen zurückgreifen, und so ging dem Bau eine lange Planungsphase voraus. Vor allem war die technische Entwicklung des Lokomotivbaus noch nicht weit genug fortgeschritten: Es existierte keine Dampflokomotive, die in der Lage war, solch

---

Verkehrsverbindungen
Von Wien über die E 59, S 6 oder mit der Bahn.

Tips
Die Semmeringbahn ist noch heute in Betrieb. Neben einer Fahrt von Gloggnitz nach Mürzzuschlag ist auch der Bahnwanderweg von der Station Semmering nach Gloggnitz oder Payerbach – mit großartigen Ausblicken auf die Semmeringtrasse – ein unvergeßliches Erlebnis.

---

große Steigungen zu überwinden. Ein Novum der Semmeringstrecke bestand auch darin, daß die Streckenführung nicht richtig vermessen werden konnte; zur Bewältigung dieses Problems mußten neue Vermessungstechniken und -instrumente entwickelt werden.

Ein kühner Plan

Der in Venedig geborene Ingenieur Karl Ghega (1802 – 1860) sollte den kühnen Plan verwirklichen. Nach seinem Studium an der Universität Padua trat Ghega in den Staatsdienst ein. 1842 unternahm er eine mehrmonatige Studienreise in die Vereinigten Staaten, wo er fast 40 Eisenbahntrassen aufsuchte. Er war schließlich davon überzeugt, daß der Semmeringpaß im Lokomotivbetrieb zu überwinden sei, obwohl es noch keine Lokomotiven gab, die die vorgegebenen Steigungen von über 20 Prozent und die engeren Trassenradien bewältigen konnten. Hier mußte Ghega auf die Entwicklung der Technik vertrauen.

Ghegas Entwurf für die Semmeringtrasse war um 1846 fertiggestellt und löste eine

Kontroverse unter den Fachleuten aus. Das Projekt wurde für undurchführbar erklärt und Gegenvorschläge gemacht: die Errichtung von Standseilbahnen (also stationäre Dampfmaschinen), die Beförderung mit Hilfe von Druckluft (»atmosphärischer Betrieb«) oder eine weniger steil angelegte Trassenführung mit Spitzkehren für den Lokomotivbetrieb.

Die Realisierung

Im Revolutionsjahr 1848 traf der Minister für öffentliche Arbeiten, Andreas Baumgartner, innerhalb weniger Tage die Entscheidung für das Bauprojekt von Karl Ghega. Die Notwendigkeit der Schaffung neuer Arbeitsplätze spielte hierbei eine wichtige Rolle. Trotz massiver Proteste in Fachorganen und Tageszeitungen wurde mit dem Bau noch im selben Jahr begonnen. Etwa 20 000 Arbeiter fanden hier in den folgenden Jahren Beschäftigung; während der sechsjährigen Bauzeit starben über 1000 von ihnen infolge von Krankheit oder Unfall.

Sowohl in technischer Hinsicht als auch unter organisatorischen Gesichtspunkten war der Bau der Semmeringbahn für die damalige Zeit eine großartige Leistung. Die Semmeringstrecke überwindet in 41 Kilometern einen Höhenunterschied von 459 Metern. Der minimalste Kurvenradius der Trasse beträgt 190 Meter, und fast zwei Drittel der Strecke weisen Steigungen von 20 bis 25 Prozent auf. Die Notwendigkeit von zahlreichen Kunstbauten ergab sich durch das extrem schwierige Terrain: 16 Tunnel, 16 Viadukte (teilweise zweistöckig) sowie 118 gemauerte Brücken und elf Eisenbrücken waren erforderlich.

Parallel zum Bau der Bahntrasse mußte das technische Problem der Dampflokomotive, die eine solche Strecke bewältigen

konnte, gelöst werden. Ergebnis eines 1850 ausgeschriebenen Wettbewerbs war die Konstruktion der »Semmering-Lokomotive« durch den Ingenieur Wilhelm Engerth. Sie war in der Lage, die extremen Steigungen und Trassenradien zu überwinden. Bei der Firma Cockerill in Belgien und der Maschinenfabrik Kessler im württembergischen Esslingen wurden die Lokomotiven gebaut. Damit war ein weiterer entscheidender Schritt zur Realisation des Projekts von Ghega getan. Im Jahr 1854 nahm die Semmeringbahn den fahrplanmäßigen Personen- und Frachtverkehr auf.

Ein Gesamtkunstwerk

Als erste Eisenbahn, die ein Hochgebirge durchquert, ist die Semmeringbahn ein Meisterwerk europäischer Ingenieursbaukunst. Sie gilt als Prototyp von brücken- und tunnelreichen Eisenbahnstrecken. Durch die massive Bauweise der Kunstbauten und die von Beginn an zweigleisige Ausführung ist der Gesamtcharakter der Semmeringbahn bis heute erhalten geblieben. Ihre große Bedeutung liegt auch in der weltweiten Vorbildfunktion für Eisenbahnbauten in schwierigem Terrain.

Durch den Bau der Semmeringbahn wurde die Semmeringregion touristisch erschlossen. Zahlreiche Hotelbauten und Villen zeugen von diesem Aufschwung, besonders zur Jahrhundertwende. Die Fahrt mit der Semmeringbahn wurde schon damals als ästhetisches Erlebnis empfunden und beeinflußte die Wahrnehmung der alpinen Landschaft. Die harmonische Verbindung von Technik und Natur macht noch heute ihren besonderen Reiz aus. Die Semmeringbahn und die sie umgebende Landschaft bilden ein Gesamtkunstwerk von überregionaler Bedeutung.

Die Trasse der Semmeringbahn fügt sich harmonisch in die sie umgebende Hochgebirgslandschaft ein.

Technik und Natur verbinden sich zu einem einzigartigen Gesamtkunstwerk.

Die von 1848 bis 1854 erbaute Semmeringbahn ist eine herausragende Ingenieursleistung ihrer Zeit.

Die zeitgenössische Lithographie zeigt das Viadukt über die »Kalte Rinne«.

Das historische Zentrum

Graz ist die Hauptstadt des österreichischen Bundeslandes Steiermark und heute zweitgrößte Stadt Österreichs nach Wien. Aufgrund ihrer geographischen Lage war sie über Jahrhunderte hinweg ein kultureller Schmelztiegel. Viele bedeutende Architekten aus Mitteleuropa, vom Balkan und aus dem Mittelmeerraum haben sich hier im Verlauf der Jahrhunderte selbst mit ihren Bauten Denkmäler gesetzt.

Graz verfügt über den größten erhaltenen mittelalterlichen Stadtkern im deutschsprachigen Raum. Das Herz der Stadt ist architektonisch von der Herrschaft der Habsburger geprägt. Die Altstadt spiegelt die verschiedenen aufeinanderfolgenden architektonischen Stilepochen wider und besticht durch ein harmonisches Nebeneinander von Bauten aus Früh- und Hochmittelalter, Renaissance, Barock, Gründerzeit, Jugendstil und Moderne. Sie bilden ein Ensemble, das in Europa einzigartig ist.

Eine Stadt mit langer Tradition

Auf dem Stadtgebiet von Graz ist eine Besiedelung seit der Urnenfelderzeit, also seit etwa 2000 v. Chr., nachgewiesen. Im Jahr

Verkehrsverbindungen
Mit dem Auto über die Autobahnen A 2 oder A 9, mit dem Flugzeug zum Flughafen Graz.

Tips
Highlights des kulturellen Lebens in Graz sind das Musikfestival »Styriarte« und der »Steyrische Herbst«. Die Stadt wird stark durch ihre Universität und den hohen Anteil von Studenten geprägt und verfügt über eine lebhafte alternative Kulturszene. Wer gern ausgeht, sollte sich im Viertel rund um Mehl- und Färberplatz umschauen. Von Einheimischen wird es Bermuda-Dreieick genannt, weil hier schon so mancher Nachtschwärmer zumindest kurzfristig verschollen ist ... Und noch ein Kuriosum: das Arnold Schwarzenegger-Museum am Stadionplatz 1.

1128 wurde die Stadt erstmals in einer Schenkungsurkunde erwähnt. Bereits 1164 wurde Graz als Marktsiedlung bezeichnet, aus der sich die Stadtsiedlung entwickelte.

Ursprünglich dem Geschlecht der Traungauer gehörend, fiel die gesamte Steiermark in der Folge an die Babenberger. Der Böhmenkönig Ottokar machte Graz zum Sitz seiner Statthalter. Im Jahr 1281 bestätigte Rudolf von Habsburg das Stadtrecht für Graz, und 1379 wurde die Stadt Residenz der leopoldischen Linie der Habsburger, als sich Leopold III. von Habsburg hier niederließ. Im Jahr 1440 avancierte Graz gar zur Kaiserresidenz.

Zwischen 1480 und 1497 lagerte das türkische Heer vor den Toren von Graz. Um die Stadt zu schützen, begann man im Jahr 1543 mit dem Bau umfangreicher Festungsanlagen, die allerdings erst im Jahr 1625 fertiggestellt wurden und auch nicht allzulange in Dienst blieben. Bereits im ausgehenden 18. Jahrhundert wurde beschlossen, die historische Stadtbefestigung zu beseitigen. Von den ehemaligen Bastionen ist daher nur noch das Paulustor (1590–1612) erhalten.

Unter der Herrschaft von Erzherzog Karl II. und seinen Nachfolgern wurde Graz von 1564 bis 1749 zur Hauptstadt der innerösterreichischen Erblande, die damals die Steiermark, Krain, Kärnten, Triest und Istrien umfaßten.

Um Kaiser Ferdinand II. ein angemessenes Denkmal zu setzen, begann man im Jahr 1614, für ihn ein Mausoleum zu errichten, doch bereits fünf Jahre später, 1619, zogen Kaiser und Hof nach Wien.

Im 17. Jahrhundert brach ein Unglück ganz anderer Art über die Stadt herein: Die größte Grazer Pestepidemie tötete im Jahr 1680 ein Viertel der Stadtbevölkerung. Im Jahr 1809 belagerten französische Truppen den Grazer Schloßberg, konnten ihn jedoch nicht einnehmen. Trotzdem sollte die Festung aufgrund der Bestimmungen des Schönbrunner Friedens dem Erdboden gleichgemacht werden. Da entschlossen sich die Bürger, den Uhr- und Glockenturm für einen Betrag von 2987 Gulden und 11 Kreuzern freizukaufen, und retteten somit das Wahrzeichen der heutigen Landeshauptstadt Graz. Im Uhrturm schlägt übrigens eine der ältesten Glocken des Landes, die 1382 gegossen wurde.

Die bürgerliche Revolution von 1848 brachte der Stadt Graz 1850 die Selbstverwaltung und 1869 eine regelrechte Gemeindeordnung. Schon in der Gründerzeit überschritt die Einwohnerzahl erstmals die 100000.

Malerische Altstadt

Auch heute beeindruckt der Blick vom 473 Meter hohen Schloßberg über die einzigartige rote Grazer Ziegeldachlandschaft. Der malerische Schloßbergplatz läßt sich auch über die in Stein gehauenen Stufen des Kriegssteiges erreichen.

In der Altstadt befinden sich mehrere bedeutende Kirchenbauten, darunter die Leechkirche, die zwischen 1275 und 1293 im frühgotischen Stil errichtet wurde, und der spätgotische Dom. Sein Bau wurde 1438 begonnen und bereits 1462 vollendet. Im Lauf der Jahrhunderte hatte die Gestaltung des Innenraumes Veränderungen erfahren, doch 1931 begann man mit der Freilegung der Originalausmalung der gotischen Gewölbe.

Zwischen 1888 und 1893 wurde am Grazer Hauptplatz das Rathaus im Stil des Historismus erbaut. In der Mitte des Platzes erinnert der Erzherzog-Johann-Brunnen an den sogenannten steirischen Prinzen, dem die Grazer die Gründung des Landesmuseums Johanneum verdanken, aus dem wiederum die Technische Universität hervorgegangen ist. Im Landeszeughaus in der Herrengasse findet sich die größte Sammlung historischer Waffen aus aller Welt. Schloß Eggenberg beherbergt sehenswerte Prunkräume.

Was wäre Graz ohne seine historischen Stadthäuser und Gassen. Die Sporgasse, wo sich das Haus des deutschen Ritterordens befindet, schlängelt sich den Schloßberg entlang. In der Hofgasse fällt ein geschnitztes und mit Intarsien verziertes Portal ins Auge. Hier befindet sich bereits seit 1569 die Hofbäckerei Edegger-Tax. Durch die Sackgasse, vorbei am barocken Palais Attems, führt der Weg über die Schloßbergstiege und den Herbersteingarten mitten durch die Altstadt, dahin, wo das Herz der Grazer schlägt: zum Uhrturm.

Blick vom Schloßberg über die rote Ziegeldachlandschaft der Altstadt. Das repräsentative historistische Rathaus nimmt die gesamte Südseite des Grazer Hauptplatzes ein.

Die Mariahilfkirche mit ihrer spätbarocken Doppelturmfassade gehört zum Grazer Minoritenkloster,
wird aber auch als Pfarrkirche genutzt. In den
Räumen des Konvents ist das Diözesanmuseum
untergebracht. Die geschwungene Fassade der Dreifaltigkeitskirche ist ebenfalls ein Werk des Barock.

Der Palast von Kaiser Diokletian und die Altstadt

Als die Verwaltung im riesigen Imperium Romanum immer schwieriger wurde, hatte Diokletian die rettende Idee: Er bestimmte den Vertrauten Maximian zum »Mitkaiser« und adoptierte mit ihm zusammen die Gardepräfekten Galerius und Constantius Chlorus als Stellvertreter (Caesares). Während Diokletian, unterstützt von Galerius, über den Osten des römischen Imperiums gebot, regierte im Westen Maximian, assistiert von Constantius Chlorus. Mit dieser Entscheidung legten die beiden »Augusti« Diokletian und Maximian die Grundlage für die römische Tetrarchie (Viererregierung), die das Reich in eine absolute Monarchie verwandelte.

Wie er es selbst verfügt hatte, dankte Gaius Aurelius Valerius Diocletianus nach 20jähriger Regierungszeit im Jahre 305 ab und verbrachte den Lebensabend in seiner adriatischen Heimatstadt Split, wo sich der Soldatenkaiser und Reichsreformer in nur zehnjähriger Bauzeit einen gewaltigen Palast auf 30 000 Quadratmetern Fläche hatte erstellen lassen.

Diokletians auf dem Grundriß eines nicht ganz regelmäßigen Rechtecks angelegter Alterssitz in Split, heute wirtschaftli-

---

Verkehrsverbindungen
Die Stadt liegt an der Adria-Autoroute »Jadranska Magistrala«. Direkte Flugverbindungen von Frankfurt aus. Tägliche Flüge über Zagreb nach Split. Tägliche Fähre von Rijeka nach Split.

Reisezeit
Ganzjährig, am besten im Sommer.

Übernachtung
Hotels, Privatquartiere, Zimmer auf Booten, Camping.

Informationen
Kroatische Zentrale für Tourismus in Frankfurt/Main.

Tips
Bootsausflug auf die südlich vorgelagerte Insel Brač. Wassersportmöglichkeiten.

---

ches und touristisches Zentrum Dalmatiens, ist das größte antike Baudenkmal an der östlichen Adriaküste. Salona, wie die antike Vorgängerstadt Splits von den Römern getauft wurde, entwickelte sich unter Augustus zum politischen Zentrum der römischen Besitzungen in Dalmatien. Nach einem Sturm der Slawen und Awaren blieben von Forum, Theater, Thermen, Tempel und Palästen nur Ruinen übrig. Heute ist Salona unter dem Namen Salin nicht mehr als ein unbedeutender Vorort von Split, dessen moderne Hochhaussiedlungen das historische Erscheinungsbild stellenweise beeinträchtigen.

Der nach dem Achsenkreuzschema eines Militärkastells mit Ecktürmen, Bollwerken, Toren und achteckigen Wehrtürmen angelegte Palast beherbergte im Südtrakt Kaiserresidenz, Mausoleum und Jupitertempel. Wie die römischen Villen hatten auch die im Obergeschoß eingerichteten Loggien Meeresblick. In der Nordhälfte hatte man die Wohnungen für die Hofbediensteten untergebracht. Da die Schiffe an der Mauer des Palastes anlegten, konnte sich der Kaiser durch das Südtor direkt an Bord begeben.

Betritt man Diokletians Palast durch die »Porta Aenea« (Bronzetor), erblickt der Besucher zunächst die überwölbten und fast ganz erhaltenen Kellerräume, in Anordnung und Gestalt ein getreues Abbild der zerstörten kaiserlichen Gemächer im Obergeschoß. Über das ehemals kuppelbekrönte Vestibulum führte eine Treppe zum Peristyl, die einen Hof umgebende Säulenhalle.

Vor den schlanken, kapitellverzierten Granitsäulen des Prothyrons ließ sich der Kaiser von seinen Untertanen huldigen, bevor er sich in die benachbarten Privatgemächer zurückzog.

Sphinx als Totenwächter

Östlich des Peristyls lag das achteckige Kaiser-Mausoleum mit offener Säulenhalle. Friese mit Jagdszenen und der geflügelte Kopf des Hermes Psychopompos, der die Seelen in die Unterwelt geleitete, schmücken die einstige Begräbnisstätte Diokletians. Östlich befinden sich weitere Friese, auf denen Erosgestalten die Medaillons mit den Portraits des kaiserlichen Ehepaars halten, eine ägyptische Sphinx vom Grab Thutmosis III. wachte vor dem Eingang. Johannes von Ravenna, der erste Bischof der mittelalterlichen Hafenstadt Spalato, ließ das Mausoleum mit seiner Kuppel aus fächerartig angeordneten Ziegeln und Mosaiken in eine Kathedrale umwandeln, Diokletians Sarkophag allerdings war schon damals unauffindbar.

Zur Ausstattung des Gotteshauses gehört neben einer steinernen romanischen Kanzel auf sechs Säulen und byzantinischen Kapitellen mit Reliefs die Schnitzarbeit des städtischen Künstlers Andrija Buvina. Aus dem kaiserlichen Jupitertem-

pel wurde ein Baptisterium mit kassettiertem Tonnengewölbe, wobei die harmonischen Proportionen des Tempelraumes mit den üppigen Verzierungen erhalten blieben. Die Steinplatten des Taufbeckens in Form eines griechischen Kreuzes sind im altkroatischen Stil mit dem Portrait König Tomislavs verziert.

Würdige Theaterkulisse

Schon im Mittelalter wußten Splits Einwohner die mächtige Anlage geschickt für sich zu nutzen: Innerhalb der schützenden Palastmauern bauten sie die Altstadt, die später schnell an der Küste und ins Hinterland weiterwuchs. In der Folgezeit entstanden kuppelbekrönte Paläste im Stil der Spätgotik und des Barocks, der heutige Marktplatz befindet sich an der Porta Argentea, die erst 1946 freigelegt wurde.

Nachdem aus dem historischen Zentrum, das die Kroaten wie den Palast »Stari grad« getauft haben, der Autoverkehr verbannt wurde, gehört dieser Teil der geschichtsträchtigen Adriastadt heute ausschließlich den Fußgängern. Und das Peristyl, in dem sich einst der Kaiser den Untertanen zeigte, dient heute als würdige Kulisse für die alljährlichen Sommerfestspiele.

Romanische Kanzel in der Kathedrale von Split, zu der das Mausoleum Diokletians umgebaut wurde.

Der Palast, den sich Kaiser Diokletian
305 als Ruhesitz erbaute, war ein von einer
Verteidigungsmauer umgebener Komplex.

Über das ehemals kuppelbekrönte Vestibulum
führte eine Treppe zum Peristyl, die einen
offenen Hof umgebende Säulenhalle.

213

Burgviertel und Donauufer

Der Kongreßsaal der Budaer Burg ist für geschichtsbewußte Magyaren ein symbolträchtiger Ort: Dort erhoben sich 1795 Ungarns Jakobiner in ihrem Kampf für die Ideale der Französischen Revolution gegen die absolutistische Herrschaft der Habsburger Dynastie. Der Kaiser ließ den Aufstand blutig niederschlagen, die intellektuellen Wegbereiter verschwanden für Jahre hinter Gittern, die Rädelsführer bezahlten mit dem Leben. Den düsteren Ort, an dem der Scharfrichter seines Amtes waltete, nannten die Einheimischen später »Blutwiese«. Sie liegt unterhalb der Bollwerke auf dem 50 Meter hohen Burgberg von Buda, das 1872 mit Pest und Óbuda zur ungarischen Hauptstadt zusammengeschlossen wurde.

Burgpalast über der Donau

Wie eine gewaltige Galeere aus Stein thront Budapests eineinhalb Kilometer langes historisches Zentrum mit dem Burgpalast über den Ufern der Donau. König Sigismund, der später deutscher Kaiser wurde, errichtete im 15. Jahrhundert an Stelle einer schlichten Festung mit Wohnturm einen mauergeschützten Palast, in

Verkehrsverbindungen
Internationaler Flughafen, von dort regelmäßig verkehrende Busse in die Stadt.

Reisezeit
Ganzjährig.

Tips
Postmuseum in der Andrássy ut 3. Freilichtmuseum Burg Vajdahunyad. Ausflüge in die Budaer Berge, Pálvölgy-Tropfsteinhöhle. Donau-Dampferfahrten nach Szentendre. Besuch der Stadtteil-Märkte, Margareteninsel.

den er seine Residenz verlegte. König Matthias Corvinus erweiterte die stattliche Anlage im Stil der Renaissance. Als der Burgberg 1541 kampflos in die Hände der osmanischen Belagerer fiel, zeigten sich die neuen Herren von der Pracht des Königshofes überwältigt: Im »Kisil Elma« (Goldener Apfel) durfte auf Befehl des Sultans keiner seiner Statthalter residieren. Während die türkischen Besatzer mit dem Franziskanerkloster vorliebnehmen mußten, diente ein Teil des Palasts als Pulvermagazin, dessen Explosion 1578 schwere Schäden hinterließ.

Nach fast 150jähriger Osmanenherrschaft eroberte 1686 ein christliches Heer das gut befestigte Buda, und wiederum sanken zahlreiche Bauwerke in Schutt und Asche. Nachdem die Ruinen abgetragen

waren, befahl Kaiserin Maria Theresia den Bau eines ansehnlichen Schlosses, das der Wiener Hofbaumeister Jean-Nicolas Jadot 1770 fertigstellte. Während der Straßenschlachten zwischen Aufständischen und kaiserlichen Truppen 1849 erneut beschädigt, wurde die »Hofburg« Ende des vorigen Jahrhunderts im Stil der Neorenaissance umgestaltet und erweitert. Über dem Hauptportal erhebt sich seither eine mächtige Zentralkuppel in den strengen Formen des Neoklassizismus.

Als im Februar 1945 für die Ungarn der Krieg zu Ende war, blieb von dem im Laufe der Jahrhunderte einunddreißigmal belagerten Buda nur noch ein trauriger Trümmerberg übrig. Fünf Jahre später begann der Wiederaufbau, unterbrochen durch den Volksaufstand 1956, der weitere Spuren hinterlassen hat. Zwischen den nach ursprünglichen Vorbildern rekonstruierten Bauwerken verwirklichten die Architekten in den Baulücken phantasievolle Neuschöpfungen neben Wohnhäusern in schlichter Plattenbauweise.

Beim Wiederaufbau der Hofburg, in der heute Nationalgalerie, Historisches Museum, das Museum der Neuzeit und die Ludwig-Sammlung untergebracht sind, wurden wertvolle Reste der ursprünglichen Burganlage, darunter Albrechtskeller, Stumpfer Turm und der Rittersaal mit seinen burgundischen Kalksteinplastiken, freigelegt und in die Anlage einbezogen.

Auf den Spuren des Totemvogels

Vorbei an der Plastik des legendären Totemvogels Turul, der den Magyaren in grauer Vorzeit den Weg aus den asiatischen Steppen an die Donau gewiesen hatte, führt der Weg in das Schloß durch ein neubarockes Tor zum repräsentativen Mittelportal, vor dem man dem Sieger der Schlacht von Zenta (1697), Prinz Eugen von Savoyen, ein Denkmal gesetzt hat. Den inneren Ehrenhof erreicht der Besucher durch das Löwentor. Am Ostrand des Viertels entstand zu Beginn unseres Jahr-

hunderts die neugotisch und neuromanisch gestaltete Fischerbastei, von wo aus sich ein Rundblick auf die Gründerzeit-Silhouette der denkmalgeschützten Hotels hinter der Kettenbrücke bietet: Budapest, seit 1927 renommierte Bäderstadt, besitzt rund 100 Thermalquellen, die schon den Kelten und Römern zur Entspannung dienten.

Patrizier, Bürger, Handwerker

Das Zentrum des Bürgerviertels beherrscht die im vorigen Jahrhundert erneuerte, mit einem farbigen Ziegeldach verzierte Matthias- oder Liebfrauenkirche am Dreifaltigkeitsplatz mit Pestsäule. Gegenüber der Krönungskirche erhebt sich das alte Budaer Rathaus mit einer Steinfigur der Pallas Athene, Budapests Wappenträgerin.

Der älteste Teil des Quartiers besitzt zahlreiche Barock- und Rokoko-Palais mit gut erhaltenen Innenhöfen und kleinen Gärten, die im Sommer zum Teil als Freiluftlokale genützt werden. Während die »Úri utca«, die von einem zehn Kilometer langen Höhlensystem unterkellerte Herrengasse, im Mittelalter die vornehmste Straße der Stadt war, arbeiteten und lebten Budas Handwerker in der Landhausgasse wo sich die historische Apotheke »Zum Goldenen Adler« befindet.

Budas einziges vollständig erhaltenes historisches Baudenkmal stammt aus der osmanischen Zeit und liegt auf dem Rosenhügel: Die Türbe genannte Begräbnisstätte des Gül Baba erhielt 1962 ihren roten Marmorfußboden und den Kupferüberzug auf der Kuppel zurück. Bezahlt wurden die Kosten von der Türkei, deren Beitrag diesmal gern angenommen wurde.

Im 15. Jahrhundert errichtete König Sigismund, der spätere deutsche Kaiser, über den Ufern der Donau an Stelle einer schlichten Festung den steinernen Burgpalast.

BUDA

Das Zentrum des Burg-
viertels wird beherrscht
von der Matthiaskirche
mit dem farbigen Zie-
geldach.

Am Ostrand des Burgviertels entstand zu
Beginn des 20. Jahrhunderts die neugotisch
und neuromanisch gestaltete Fischerbastei.

Sophienkathedrale und Lawrakloster mit Katakomben

Viele Jahre lebte der angesehene Mönch Antonius in einem Kloster auf dem Heiligen Berg Athos. Als er nach langer Wanderschaft im 11. Jahrhundert endlich in die Heimat zurückkehrte, beschloß der fromme Mann, sein Leben als Einsiedler zu beschließen. Als Wohnsitz wählte der Mönch eine Höhle in einer steilen Felswand, die den Dnjepr-Strom überragte. Bald strömten von überall her Schüler in das Felsenrefugium, um der Weisheit des Meisters, der schon damals im Rufe der Heiligkeit stand, teilhaftig zu werden. Nicht geringer als auf das Seelenheil der Menschen war Antonius' Einfluß auf die Entwicklung der altrussischen Literatur und bildenden Kunst.

Das von Jaroslaw dem Weisen, Sohn des ersten christlichen Großfürsten der Kiewer Rus, auf dem Gebiet des Dorfes Berestowo 1051 gestiftete Höhlenkloster von Kiew entwickelte sich im Laufe der Zeit zur Wiege der ostslawischen Kultur. Während in den Werkstätten Steinmetze, Mosaikleger und Maler ausgebildet wurden, entstand in den Schreibstuben die älteste Chronik der slawischen Welt, die auch Nestor-Chronik genannte »Erzählung

Verkehrsverbindungen
Kiew liegt an den Staatsstraßen 2, 12, 13 und 20. Internationaler Flughafen Borispil.

Reisezeit
Ganzjährig.

Tips
Straßenfeste im Sommer in der Andrejweskaja Spusk (Hangstraße) der Altstadt. Gedenkstätte Babij Jar. Truchanow-Insel am Dnjepr (Buchten, Badestrände). Skansen-Museum der Volksarchitektur und Volkskunde bei Pirogow (Freilichtmuseum).

der vergangenen Jahre«. Um 1615 entwickelten die Lawra-Mönche außerdem eine bedeutende Typographie. In großen Scharen strömten Pilger zu den Kiewer Lawra-Höhlen. Weil die dort in den Kalksteinkatakomben beigesetzten Verstorbenen vor Verwesung geschützt waren, betrachtete man diese Festung gegen Invasoren bald als Wunderstätte.

Nach dem altrussisch-orthodoxen Sprachgebrauch bezeichnete der Begriff »Lawra« die vier Landesklöster ersten Ranges, wozu außer Kiew noch das Sankt-Sergius-Dreifaltigkeitskloster in Sagorsk, Potschajewsk in Wolhynien und das Sankt Petersburger Alexander-Newski-Kloster gehörten. Der älteste Teil der Kiewer Anlage, die »Untere Lawra«, besteht aus Kata-

216

komben, die sich über eine Distanz von 1,5 Kilometer erstrecken. Zellen, Krypten und drei Kirchen in den »Näheren Höhlen des heiligen Antonius« sorgten dafür, daß die frommen Männer ihren verborgenen Aufenthaltsort nicht verlassen mußten. Über ein kompliziertes System von Gängen, deren Wände mit polnischen, altrussischen und armenischen Schriftzeichen verziert waren, gelangten die Bewohner in die »Entfernteren Höhlen des heiligen Feodossij«.

Kloster, Museum, heute wieder Kloster

Um Kiew besser gegen den schwedischen Feind zu schützen, ließ Zar Peter der Große zu Beginn des 18. Jahrhunderts die Altstadt in eine Festung umbauen. Dabei wurde gleichzeitig das alte Kloster im barocken Stil der Zeit verändert. Zum architektonischen Ensemble zählen neben einem alten Glockenturm die barocke Dreifaltigkeitskirche, die mit Pilastern, Stuck und Heiligenfresken verzierten Kirchen zur Kreuzerhöhung, zur Unbefleckten Empfängnis der heiligen Anna, zur Geburt der Gottesmutter und die Maria-Himmelfahrts-Kathedrale, die im Zweiten Weltkrieg gesprengt worden ist. Der Sarkophag von Jurij Dolgoruki, des legendären Gründers von Moskau, befindet sich in der Erlöserkirche. 1934 von den sowjetischen Machthabern in einen Architekturkomplex mit mehreren Museen umgewandelt, erhielt das Kloster 1988 anläßlich der 1000-Jahr-Feier der Christianisierung Rußlands die Besitzrechte für einen Teil der Anlage zurück. Heute werden im Lawra-Kloster, dessen Refektorium aus dem vorigen Jahrhundert stammt, auch wieder Priester ausgebildet.

Die »Mutter aller Kirchen«

Das kunsthistorisch bedeutsamste Gotteshaus der Ukraine und Rußlands ist die 500 Jahre nach dem Bau der Hagia Sophia von Konstantinopel errichtete Sankt-Sophien-Kathedrale in der Kiewer Altstadt, deren Stifter Jaroslaw der Weise in einem Seitenaltar beigesetzt wurde. Nach dem Betreten des im Krieg schwer beschädigten Stadtkerns von Kiew erreicht man über die Wolodimirskaja-Straße die kuppelgekrönte Kathedrale, als Sitz der »autokephalen Metropolitenkirche« jahrhundertelang »Mutter aller Kirchen« und damit Vorbild

für alle Gotteshäuser Rußlands. Ihre jetzige Gestalt erhielt die Sankt-Sophien-Kathedrale während der Regierungszeit Peters des Großen, der das Gotteshaus nach barocken Vorstellungen umbauen ließ. Hinter dem dreistöckigen Glockenturm mit vergoldetem Dach leuchten die einzelnen Kuppeln ebenfalls goldfarben. Im Inneren zeigt ein historisches Modell den Originalbau, der aus einer fünfschiffigen Basilika mit einer Haupt- und zwölf Nebenkuppeln bestand. Während die Apsiden und Wände mit restaurierten Fresken und Gemälden verziert sind, verschließt das Allerheiligste eine Barockikonostase.

Befreiungsmonumente

Vor dem Gotteshaus erhebt sich das 1888 geschaffene Denkmal für den Kosakenführer Bogdan Chemelnizkij, der im Freiheitskampf gegen die Polen, zu deren Reich die Ukraine einige Zeit gehörte, die führende Rolle gespielt hatte. Dort schworen 1654 die Vertreter der Ukraine einer Gesandtschaft aus Rußland die ewige Treue. In Erinnerung an dieses Ereignis ließen die Kommunisten einen Riesenbogen aus Beton errichten, der die Vereinigung der beiden Völker symbolisieren soll. Angesichts der heute in der Stadt aufgezogenen blau-gelben Fahnen der Ukraine erinnert dieses Monument nun auch daran, daß diese Zwangsehe mit der Unabhängigkeitserklärung im Jahre 1991 endgültig in die Brüche gegangen ist.

In der Sophienkathedrale empfingen die Großfürsten die Gesandten ausländischer Herrscher.

Die bedeutendste Kirche der Ukraine ist die zum Höhlenklosterbezirk gehörende Sophienkathedrale in der Altstadt. Ihre heutige Gestalt erhielt sie während der Regierungszeit Peters des Großen. Das Mosaik in der Apsis stellt die Muttergottes dar.

Hieronymitenkloster und Turm von Belém

König Manuel I., durch die Ausdehnung Portugals nach Brasilien, Südafrika und Indien ein gewiß »weltläufiger« Herrscher, wollte eines Tages wissen, welches Tier in seinem überseeischen Reich das stärkste sei. So befahl der Monarch, vor den Toren Lissabons einen ungewöhnlichen Wettkampf auszutragen. Kaum hatten sich die Kontrahenten erblickt, ein wütend schnaubendes Nashorn und ein friedliebender Elefant, war das Kräftemessen auch schon vorüber: Wild trompetend suchte das verschreckte Rüsseltier sein Heil in der Flucht und durchbrach dabei die Palisade der Arena in Belém.

Kräftemessen der Dickhäuter

Das Nashorn hatte sich als überlegene Kreatur erwiesen und wurde deshalb als ein würdiges Geschenk für den Heiligen Vater ausersehen, hatte dieser doch den portugiesischen Seefahrern bei ihren gefahrvollen Reisen über die Weltmeere stets gern den Segen der katholischen Kirche mit auf den ungewissen Weg gegeben. Machtpolitik im Zeichen des Kreuzes.

Weil das Schiff mit dem Dickhäuter im

Verkehrsverbindungen
Internationaler Flughafen. Vom Terreiro do Paço öffentliche Verkehrsmittel nach Belém. Züge der Cascais-Linie bis Station Belém.

Übernachtung
In Pousadas (staatliche Hotels in Schlössern, Klöstern etc.), nahe Lissabon in den Städten Setúbal und Palmela.

Tips
Kutschen- und Volkskundemuseum in Belém. In Lissabon Azulejos-Palast des Marquês da Fronteira. Fahrt mit der Zahnradbahn durch die steilen Gäßchen des Bairro Alto. Badeort Estoril. Königliche Sommerresidenz Sintra. Nordwestlich von Lissabon liegen die berühmten Klöster Mafra (50 km), Alcobaça (ca. 140 km) und Betalha (ca. 160 km).

Tyrrhenischen Meer auf Grund lief, erreichte das Geschenk den Papst nie, Bildhauer errichteten aber der unglücklichen Kreatur ein dauerhaftes Denkmal in Form eines steinernen Nashornkopfes. Dieser diente später keinem Geringeren als Albrecht Dürer als Vorbild für sein bekanntes Rhinozeros-Porträt.

Diese Darstellung befindet sich am legendären Turm von Belém, im Mittelalter Heimathafen für die portugiesischen Seeleute, die waghalsig die Grenzen der damals bekannten Welt überschritten hatten.

An dieses Abenteuer erinnert das 1960 eingeweihte Denkmal in der Nähe des Turms.

Trutziges Bollwerk am Ufer

Der heute an Land stehende »Torre de Belém« war ursprünglich als Festung mit fünf Etagen und als Leuchtturm im Tejo erbaut worden. Nach der Eroberung durch die Spanier sollte die Anlage, die stark vom manuelinischen Stil geprägt war, geschleift werden. Während der Napoleonischen Kriege wurde das Bauwerk, dessen faltkuppelbekrönte Wachtürme an das Koutoubia-Minarett in Marrakesch erinnern, dann zur Hälfte abgerissen, allerdings 1845 umfassend rekonstruiert.

»Unserer Lieben Frau des guten Gelingens« geweiht, wurde das trutzige Bollwerk um eine Darstellung der Heiligen Jungfrau in einer krustigen Seemuschel bereichert. Die Schauseite im Hintergrund mit der elegant gearbeiteten Loggia paßt nicht so recht zum Festungscharakter. Wappen des Christusritterordens schmükken die Balustrade des Wehrganges. Auf dem obersten Stockwerk – dort befindet sich die Kapelle – ist eine Terrasse mit pyramidengekrönten Zinnen angelegt. »Sala regia« (Königssaal), Audienzsaal und der Saal des Gouverneurs zählen zu den prunkvollsten Räumen, in denen eine umfangreiche Sammlung gotischen Mobiliars erhalten blieb.

Phantastischer Schmuckreichtum

Belém (Bethlehem) ging als einer der ältesten Vororte der Hauptstadt aus dem reichen Hafenort Restelo hervor, der in der Geschichte der portugiesischen Seefahrt eine wichtige Rolle spielte. Für den Fall, daß Vasco da Gamas Fahrt nach Indien von Erfolg gekrönt sein sollte, wollte König Manuel I. – so berichtet die Legende – sein Gelübde einlösen und dort ein Kloster gründen. Anfang des 16. Jahrhunderts legte man den Grundstein, von 1517 an wurde gebaut. Als das »Mosteiro dos Jéronimos« an der weiträumigen »Praça do Império« (Reichsplatz) um 1572 geweiht wurde, präsentierte sich die Anlage größer als geplant. Die Klosterkirche weist phantastischen manuelinischen Schmuckreichtum auf.

Den bemerkenswertesten Teil des Langhauses – das Südportal mit vielfach durchbrochenen Ornamenten – schufen die Baumeister Boytac und João de Castilho. Am Mittelpfeiler, an dessen Fuß die steinernen Löwen aus der Hieronymuslegende kauern, erinnert eine Statue an Heinrich den Seefahrer. Der meisterhafte Figurenschmuck des Westportals, von

Nicolas Chanterène geschaffen, stellt im Gewände rechts Maria von Kastilien, die zweite Gemahlin Manuels I., und Johannes den Täufer dar. Auf der linken Seite wurde der Monarch mit seinem Schutzpatron Hieronymus verewigt. Auch die Grabmale von Vasco da Gama und des Dichters Camões, Verfasser des Nationalepos »Lusíades«, befinden sich in jenem Klosterteil, in dem der Übergang von Spätgotik und Manuelismus zur Renaissance deutlich wird.

Das von João de Castilho entworfene, freitragende Netzgewölbe überstand sogar das Erdbeben von 1755, der Turm der Klosterkirche aber wurde zerstört und im 19. Jahrhundert stilwidrig mit einer Kuppel bekrönt.

Hochzeitspaare im Kreuzgang

Von Elefantenstatuen getragen, erheben sich die Grabmale des Königspaares und der leere Sarkophag des legendären Königs Sebastião im Renaissance-Chor, den Jean de Rouen gestaltete.

Wie beliebt das Belémer Hieronymitenkloster bei der Bevölkerung noch heute ist, erlebt man an den Wochenenden: Im Kreuzgang drängeln sich Dutzende von Hochzeitspaaren, um sich in der Klosterkirche das Ja-Wort zu geben.

1516 wurde der Torre de Belém als Festung und Leuchtturm in der Mündung des Tejo errichtet.

Die Klosterkirche Santa Maria zeigt am Südportal Figuren und verschlungene Ornamentformen aus Spätgotik und Renaissance.

Die Legende berichtet, daß König Manuel I. ein Gelübde abgelegt habe: wenn Vasco da Gamas Fahrt nach Indien von Erfolg gekrönt sei, wolle er ein Kloster errichten. Anfang des 16. Jahrhunderts wurde der Grundstein zum Mosteiro dos Jéronimos gelegt.

Galerie der Steinzeit-Kunst

Ein Jahr nachdem Don Marcelino Sanz de Sautuola in einer halbverschütteten Höhle nahe der kantabrischen Kleinstadt Santillana del Mar eine große Zahl überraschend gut erhaltener Wand- und Deckengemälde aus prähistorischer Zeit entdeckt hatte, brach für den spanischen Höhlenforscher die Welt zusammen: Seine ehrenwerten Kollegen, die sich 1880 in Lissabon zum Archäologenkongreß eingefunden hatten, weigerten sich standhaft, de Sautuolas Bericht überhaupt zu diskutieren. Wütend bezichtigten sie den fassungslosen Entdecker der Grotten von Altamira der plumpen Gemäldefälschung. Solch eine Vielzahl von Bildnissen konnte nach einhelliger Meinung der Fachwelt mit Gewißheit nicht von den primitiven Menschen der Altsteinzeit geschaffen worden sein. Erst mit der Entdeckung weiterer Höhlen in Südfrankreich begann die Rehabilitierung des spanischen Gelehrten: Don Marcelinos Erkenntnis, daß die Kultur der Altsteinzeit weiter verbreitet war als ursprünglich angenommen, setzte sich zu Beginn des 20. Jahrhunderts langsam in allen Gelehrtenkreisen durch. Jene Vorstellungen, die sich die Neuzeit von den

Verkehrsverbindungen
Regionalflughafen Santander. Santillana liegt an der E 70/N 611. Altamira in 2 km Entfernung.

Reisezeit
Sommer.

Tips
Das mittelalterliche Dorf Quijas, Ibio (Palast de Guerra), Mazcuerras (Adelshäuser), Santillana del Mar (Adelspaläste). Ausflug nach Santander. Weniger spektakuläre Alternative zu Altamira: Höhlen in Vargas (Richtung Burgos), Romalos (südlich Laredo) und Castro Urdiales. Museum und Stalaktitenmuseum in Altamira (ohne Genehmigung). Badeort Comillas, Bergtouren in den Picos de Europa.

künstlerischen Fähigkeiten ihrer steinzeitlichen Ahnen gemacht hatte, ließen sich nicht mehr aufrechterhalten.

Gemäldegalerie, dann Lagerplatz

Die Höhle von Altamira erstreckt sich über 280 Meter und besteht aus mehreren großen Sälen. Vom Beginn der Jungsteinzeit an diente die weite Eingangshalle als Lagerplatz, wie Ausgrabungen bezeugen. Dort entdeckte Geräte aus Stein und Hirschgeweihen entstammen wie die figürlichen Darstellungen auf Knochenstücken

vor allem Schichten aus dem Solutréen und dem mittleren und jüngeren Magdalénien (13 000 bis 10 000 v. Chr.). Nach Ansicht der Archäologen war zu Beginn des späten Magdalénien die Höhlendecke eingebrochen. Von da an war es offenbar nur noch möglich, in die hinteren Säle zu gelangen, bis auch dort die Decke nachgab und Gesteinsbrocken sämtliche Zugänge verschütteten. Erst de Sautuolas Tochter entdeckte sie um 1879 beim Spielen wieder.

Malkunst der Höhlenmenschen

Der spektakulärste Teil der Höhlenanlage ist die 9 mal 18 Meter große Sala de las Pinturas, die hinter dem Eingangsraum liegt. Darstellungen von Bisons, Stieren, Edelhirschen, Wildpferden und Wildschweinen, manche lebendig, andere tot, lassen einen Teil der prähistorischen Fauna wieder lebendig werden. Die in manchen Fällen bis 2,20 Meter großen Tiere sind mit Ocker, Manganoxyd, Holzkohle und Eisenkarbonat mehrfarbig auf den nackten Fels der Wände und Decken gemalt und teilweise geritzt worden. Körperdetails wurden fein graviert. Um den für die Betrachtung gebührenden Abstand zu erhalten, legt man sich am besten auf den Boden.

Die meisten Figuren sind braun und schwarz gemalt, wobei die Farbtöne überraschende Abstufungen aufweisen. Auf geschickte Weise nutzten die Künstler Unebenheiten der Felsoberfläche, um den Tierdarstellungen einen reliefartigen Charakter zu verleihen. Etliche Figuren sind in Ocker gehalten, nur wenige Partien wurden mit schwarzer Farbe ergänzt. Sehr häufig haben die Schöpfer ihre Bildnisse später übermalt, manchmal mehrfarbig, mitunter auch nur mit einfachen, schwar-

zen Umrißlinien. Daneben finden sich rotbraune Handabdrücke und Zeichen verschiedener Form, deren Bedeutung unklar ist. Auffällig ist die hohe Detailtreue und der freie, lebendige Zeichenstil, mit dem die Künstler ihre Naturbeobachtungen festhielten.

In den weichen Höhlenlehm der Felswand eingerillte Liniengeschlinge, die bisweilen in Tierköpfe und -körper übergehen, finden sich hinter dem Eingangsraum. Im dritten Saal erscheinen Pferde- und Wisentbilder in schwarzen Umrißlinien. Neben den gemalten und in den Fels geritzten Tierfiguren weisen einige Abbildungen Formen auf, die entfernt an einen menschlichen Körper erinnern.

Besichtigung nur nach Voranmeldung

Fast neun Jahrzehnte lang war die berühmte »Cueva de Altamira« für die Öffentlichkeit unbeschränkt zugänglich. Die von den Besuchern durch die Atemluft freigesetzte Kohlensäure und die Körperwärme haben in Verbindung mit dem künstlichen Licht den Gemälden jedoch mittlerweile so stark zugesetzt, daß die Höhle schon vor Jahren geschlossen wurde. Besichtigen kann man die »Cueva de Altamira« heute nur noch mit einer schriftlichen Sondergenehmigung, die sechs bis acht Monate vorher in Santillana beantragt werden muß.

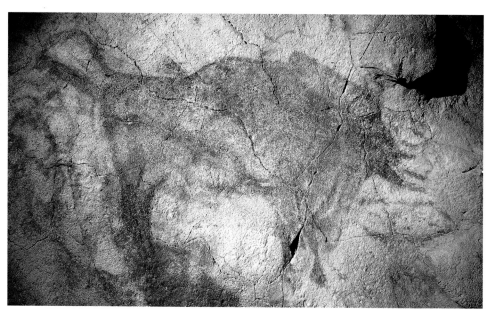

Die meisten Figuren sind nachgedunkelt, so auch der Wisent mit erhobenem Schwanz. Auffallend ist die Detailtreue, mit der die Künstler ihre Beobachtungen festhielten.

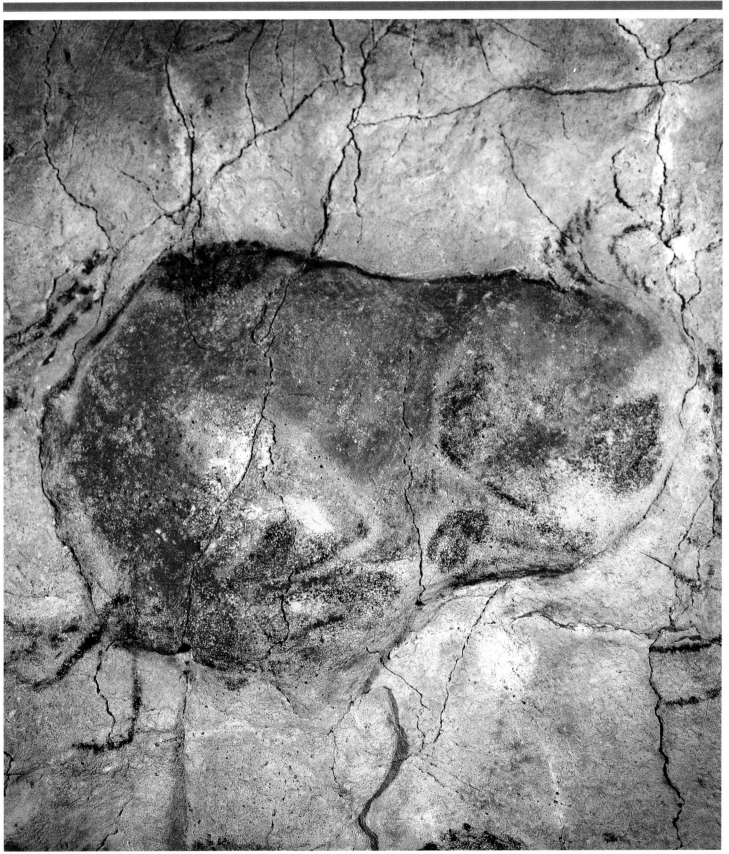

Die Felsmalerein in der Höhle von Altamira gelten als die wichtigsten prähistorischer Kunst. Der hier abgebildete altsteinzeitliche Wisent entstand zwischen 21 000 und 13 000 v. Chr.

Die Altstadt

Müde nimmt der erschöpfte Wanderer die letzte Strecke seines langen Weges in Angriff. Auf dem Hügel angekommen, kann er sich kaum noch auf den Beinen halten. Aber der Anblick, der sich ihm bietet, entlohnt für alle Entbehrungen, die er in der vorangegangenen Zeit auf sich genommen hat: Die letzten Sonnenstrahlen lassen Türme und Kuppel der Jakobus-Kathedrale goldfarben schimmern – endlich ist der Pilger mit seinen Begleitern am Ziel seiner Träume: Vor ihm liegt Santiago de Compostela, die »Stadt der 100 Türme«. Selbst der Regen, der seit Tagen auf die grüne Landschaft Galiziens niedergeht, kann die Wallfahrergruppe auf dem Mons Gaudii – dem Berg der Freude – nicht mehr bremsen.

Rauferei im Gotteshaus

Dieses Ziel vor Augen, eilen die Menschen in Spaniens heiligste Stadt, die seit dem 11. Jahrhundert ganze Scharen von Gläubigen magisch anzieht. Je schneller man vor der herrlichen Westfassade der Kathedrale ankam, desto besser: Der erste Pilger jeder Wallfahrt zum »Licht der

Verkehrsverbindungen
Santiago de Compostela liegt an der A 9/E 1 und N 550. Regionalflughafen.

Reisezeit
Sommer.

Tips
Das einwöchige Jakobus-Fest beginnt am Abend des 24. Juli mit einem Feuerwerk. Ausflüge nach Padrón (das römische Iria Flavia), Fischerorte Cangas und Moaña. Vigo, Lugo (römische Bauwerke), Pontevedra (Seefahrerstadt), La Coruña. Fest der Nuestra Señora de Corpiño in Corpiño. Der Pilgerweg Camino de Santiago führt über Burgos, Logroño und Pamplona über die Pyrenäen ins französische Saint-Jean-Pied-de-Port.

Christenheit« durfte sich stolz König nennen und mit diesem Attribut seinen Familiennamen aufwerten. Durch eine dichte Menschenmenge aus aller Herren Länder kämpft sich die Gruppe in der Calle de Casas Reales an Wechselstuben und Gasthöfen vorbei zur lärmerfüllten Plaza de España, auf der Santiagos Jakobsmarkt abgehalten wird. In der Kirche endlich treten die Wallfahrer vor den Hochaltar, auf dem sich die Statue des Märtyrerapostels Jakobus in einem juwelenbesetzten Mantel erhebt. Gnade und ein ganzes Jahr Sündenerlaß versprach der Papst den Wallfahrern,

wenn sie den Heiligen umarmten und seinen Mantel küßten. Deshalb ging es im Gedränge um die Statue mitunter gar nicht fromm und gesittet zu.

Besonders spektakulär: die Jahresfeier

Santiagos Geschichte beginnt Anfang des 9. Jahrhunderts, als ein Landmann, durch den »Stern der Auffindung« geleitet, auf einem Feld die Grabstätte des Jakobus fand. Die von Alfonso II. von Asturien errichtete Lehmkapelle zu Ehren des Schutzpatrons wurde Ende des 11. Jahrhunderts durch einen steinernen Kirchenbau ersetzt. In der Folgezeit entstanden weitere Kirchen, Klöster und Paläste, die als architektonisches Ensemble der Altstadt einen solchen kulturhistorischen Rang einnehmen, daß sie zum universellen Erbe der Menschheit erklärt wurden.

Kein anderer Wallfahrtsort stärkte nachhaltiger die Einheit des spanischen Christentums, das in der galizischen Randprovinz seine Erneuerung erlebte. Als weißer Ritter mit furchterregendem Schwert verhalf der Apostel den kastilischen Ritterheeren mit dem Schlachtruf »Santiago y cierra España« (Mit Hilfe des heiligen Jakobus, greif an, Spanien) frommen Legenden nach zum Sieg über die Mauren.

Die Arbeiten an der frühromanischen Kathedrale an der Plaza de Obradoiro wurden gegen 1211 abgeschlossen. Seine Blütezeit erlebte der Wallfahrtsort, als Papst Kalixt II. Santiago Ablaßprivilegien verlieh und damit wie Jerusalem und Rom in den Rang einer »Heiligen Stadt« erhob. Fällt der Namenstag des Apostels Jakobus, der 25. Juli, auf einen Sonntag, feiert die Stadt seither das »Heilige Jahr«. Dann dürfen Pilger mit einem speziellen »Jubiläumsablaß« rechnen. Bei dieser Gelegenheit wird auch die Puerta Santa geöffnet.

Im spielerisch-eleganten Barockstil spanischer Prägung gestaltete 1738–50 der Baumeister Fernando Casas y Novoa die Westfront der Kathedrale mit ihren 75 Meter hohen Glockentürmen vollständig um. Hoch oben im Mittelschiffgiebel steht eine Statue des Heiligen. Darunter befindet sich sein Sarkophag, rechts und links die Statuen seiner Begleiter Athanasius und Theodosius. Am Fuße der Doppeltreppe aus dem 17. Jahrhundert steht die kleine Unterkirche mit kapitellverzierten Säulen.

Von den romanischen Portalen der Kathedrale ist lediglich noch die Puerta de las Platerías an der Südseite nahe des Uhrturms übriggeblieben. Ihre Skulpturen und Reliefs – sie zeigen die Versuchung Christi, eine Ehebrecherin mit dem Schädel des Geliebten und die Erschaffung Adams – stammen allerdings von inzwischen nicht mehr vorhandenen Portalen. Die Reliquien

des Schutzpatrons, über deren Echtheit die Fachwelt streitet, wurden in der Krypta in einem modernen Schrein aus Silber beigesetzt.

Ketten, die am Kuppelgewölbe befestigt wurden, dienen dazu, die übermannsgroßen Botafumeiros aufzuhängen, jene Weihrauchgefäße, die bei Gottesdiensten von sieben Männern geschwungen werden. Aus dem 16. Jahrhundert stammt der Kreuzgang, einer der schönsten in Spanien, neben dem sich der bischöfliche Palast Gelmiréz erhebt.

Religion und Wunderglaube

Die kunsthistorisch bedeutendste Vorhalle ist der Pórtico de la Gloria, das Tor der Herrlichkeit, das der Bildhauer Mateo nach zwanzigjähriger Arbeit vollendete. Während Gottvater im Kapitell des dreiteiligen Pórtico den gekreuzigten Sohn im Schoß hält, wurden darunter die Verkündigung und am Säulenfuß König David verewigt. Dort sind in Griffhöhe fünf Gruben zu ertasten: Christus selbst soll sie der Legende nach eingedrückt haben, um das Kirchenschiff eine Spur zu drehen. Legt der Pilger die Finger seiner rechten Hand dort hinein, dann darf er hoffen, daß göttliche Kraft und Heil auch auf ihn übergehen.

Die Skulpturen am Portico de la Gloria zählen zum Großartigsten der spanischen Romanik.

Zu den Meisterwerken der Kathedrale gehört der Portico de la Gloria mit den 24 Ältesten der Apokalypse, die ihre Musikinstrumente spielen. Das Foto zeigt König David mit der Fidel.

Die Kathedrale von Santiago de Compostela ist das Ziel der Pilgerreisen in Spanien. Die von Fernando Casas y Novoa im 18. Jahrhundert errichtete Barockfassade gilt als berühmteste der iberischen Halbinsel.

Die Kathedrale

Rodrigo Ruy Díaz de Vivar zählte zu jenen kastilischen Granden, die mit allen Wassern gewaschen waren. Als dem Adeligen für einen seiner kostspieligen Feldzüge wieder einmal das nötige Kleingeld fehlte, bat er einen jüdischen Geldverleiher um ein Darlehen, wofür er ihm eine mit Gold und Edelsteinen gefüllte Truhe als Sicherheit anbot. Der Geldverleiher gewährte den Kredit. Doch als er den Holzkasten öffnete, entdeckte er nur wertlose Steine. Daß Rodrigo, von den Spaniern »El Campeador« (Kämpfer) und von den Mauren »Cid« (Herr) genannt, die Ehrenschuld nach seinem Sieg unverzüglich beglich, ist vielleicht nicht mehr als eine schöne Legende, die dazu beitrug, den mittelalterlichen Granden später zum idealen Vertreter des spanischen Rittertums zu verklären.

Französische Vorbilder

Seine letzte Ruhestätte fand der Bezwinger der Mauren neben seiner Gemahlin unter der Vierung der berühmten Kathedrale von Burgos, zu Lebzeiten des Cid im 11. Jahrhundert Hauptstadt des

Verkehrsverbindungen
Burgos liegt an A 1/E 5.

Reisezeit
Frühling und Herbst.

Tips
Kloster Las Huelgas mit der Kapelle Asunción. Mittelalterliche Kleinstadt Covarrubias. Nationaldenkmal Santo Domingo de Silos (Kloster). Ausflüge nach Fuentes Blancas. Cartuja de Miraflores (Kartäuserkloster), von dort Fußweg zum Monasterio de San Pedro de Cardeña. Ausflüge nach Santander, Laredo und Valladolid.

Königreiches Kastilien. In diesem mächtigen Gotteshaus, dessen Bau sich von 1221 bis ins 16. Jahrhundert hinzog, steht auch der sagenhafte »cofre del Cid« mit seinen schweren Metallbeschlägen, noch heute bis an den Rand mit Steinen gefüllt.

Den Grundstein für die dreischiffige Basilika mit Zweiturmfassade, Umgangschor und Kapellenkranz legte der berühmte Enrique, der sich bereits als Baumeister der Kathedrale von León hervorgetan hatte. Gegründet wurde das Gotteshaus, das König Philipp II. einmal als »Werk von Engeln« bezeichnet hat, durch den aus England stammenden Bischof Mauricio, an den in der Mitte des Chors ein im französischen Limoges geschaffenes Grabmal erinnert. Als die Steinmetze ihre Arbeit aufnahmen, stützte man sich auf die berühmtesten Vorbilder der französischen Kathedralgotik, wie Coutances, Bourges und Reims.

Durchbrochene Turmhelme

Für die beiden 84 Meter hohen Türme aus dem 15. Jahrhundert, deren Portalzonen einst reichen Figurenschmuck aufwiesen, gewann Burgos den deutschen Baumeister Johannes von Köln, der auch die prachtvolle Fensterrose und eine Art Königsgalerie entwarf. Juan de Colonia, wie man ihn bald auf kastilisch nannte, brachte aus seiner Heimat die Technik des durchbrochenen Turmhelms in die am Río Arlanzón auf einer Hochebene liegende Residenz- und Krönungsstadt, die ihrem Namen den Condestables de Burgos verdankte. An die adeligen Gründer erinnert heute nur noch eine Burgruine.

Kostbare Elfenbeinschnitzerei

Der rheinische Baumeister entschied sich für einen hellen, leicht gelblichen Stein, der den Türmen des stellenweise festungsartig wirkenden Gotteshauses das Aussehen kostbarer und feiner Elfenbeinschnitzereien verlieh. An der Basis wurden die Türme durch zierliche Spitzbogengalerien miteinander verbunden.

Das historische Zentrum von Burgos, heute Garnisonstadt und Sitz eines Priesterseminars, betritt man durch das mit kastilischen Richter- und Heldenstatuen geschmückte Stadttor Arco de Santa María und stößt auf die quadratische Plaza Santa María, die durch ihre geschlossene mittelalterliche Bebauung verblüfft.

Die figurenreiche Puerta del Sarmental dient als eigentlicher Haupteingang zur Kathedrale, deren Vierungsturm ebenfalls durchbrochen ist. Das 50 Meter hohe Oktogon weist eine reiche Ornamentik auf und wird von acht Fialen überragt. Es erhebt sich im Mittelschiff auf vier gewaltigen Kuppeln, unter denen seit 1921 die sterblichen Überreste des Cid und seiner Frau Jimena ruhen. Typisch spanischer Beitrag an der Kathedrale sind die zahlreichen Kapellen, die nach landesüblicher Manier im Laufe der Zeit planlos angebaut wurden. Die herausragende Kapelle ist die Capilla del Santisimo Cristo, dessen altes Kruzifix »El Cristo de Burgos« aus Büffelhaut verfertigt wurde. Die »Relicario« genannte dritte Kapelle beherbergt die vielverehrte »Virgen de Oca«, die vermutlich im 16. Jahrhundert entstanden ist. Die von Churriguera 1736 erbaute Capilla de Santa Tecla im linken Seitenschiff besitzt ein Taufbecken aus dem 12. Jahrhundert, einen großen Hauptaltar und reiche Rokokodekoration. In der Sacristía findet der Besucher ein Bildnis der Magdalena, das der Leonardo-Schüler Gian Petrino geschaffen hat.

An Rodrigo Díaz erinnert in der Capilla de Santa Ana ein spätgotisches Denkmal und ein aus der gleichen Epoche stammender Altaraufsatz mit dem Stammbaum Christi. Links im Querschiff findet sich die zur Puerta de la Coronería führende Freitreppe Escalera Dorada (1519). Die große Doppeltreppe ist mit zahlreichen Reliefs verziert. Östlich schließt sich die um 1516 unter Leitung von Franz von Köln in platereskem Stil erbaute Puerta de la Peletería an.

Humor hinter Kirchenmauern

Während die Capilla Mayor einen Renaissance-Altar erhielt, befinden sich in der von Simon von Köln geschaffenen Capilla del Condestable Grabmäler, die Statue des heiligen Hieronymus und ein Triptychon. Dieser Teil entstand 1494 für den »Connetable« Pedro Hernández de Velasco und beherbergt die Grabmäler des Fürsten und seiner Gemahlin. Außerdem erhebt sich dort der holzgeschnitzte Altar der heiligen Anna, an den Fenstern befinden sich alte Glasmalereien. Skulpturen aus dem 14. und 15. Jahrhundert verzieren die Puerta del Claustro. Sie führt in den Kreuzgang, heute Diözesanmuseum. Aus Nußbaumholz geschnitztes Chorgestühl mit Intarsien aus Buchsbaumholz schmücken zusammen mit Altarreliefs, die in weißem Stein gearbeitet wurden, den Chorraum.

Neben einer umfangreichen Sammlung sakraler Kunst besitzt die Kathedrale von Burgos, abgesehen von der Kiste des Cid, ein weiteres Kuriosum: Die Spaßmacherfigur des »Papamoscas« (Fliegenfresser) schlägt seit Jahrhunderten im Hauptschiff die Stunde an. Diesen Humor schätzen die Einwohner von Burgos, in dem angeblich das reinste Kastilisch gesprochen wird, spätestens, wenn das gefürchtete Wetter Kastiliens zur Sprache kommt: »Neun Monate Winter, drei Monate Hölle«, lautet ein geflügeltes Wort, dessen Bedeutung jeder Besucher bald selbst erkennt.

BURGOS

Spanien

Blick über die Altstadt und die gotische Kathedrale, die 1221 errichtet wurde.

Der gotische Kreuzgang, durch zahlreiche Skulpturen bereichert, stammt aus dem 13. Jahrhundert.

Park und Palais Güell, Casa Milà von Antoni Gaudí

Als die Gerüste nach sechsjähriger Bauzeit entfernt wurden, traf Barcelonas Bürger fast der Schlag: Vor ihren Augen erhob sich mitten in der Neustadt ein riesiges Gebäude, dessen Fassade einer steilen, von Ausbuchtungen durchbrochenen Felswand ähnelte. Der Heiligen Jungfrau vom Rosenkranz gewidmet, sollte jede der fünf Etagen der skurril-verträumten »Casa Milà« ein Geheimnis des Rosenkranzes symbolisieren. Gebirgspflanzen nachgebildete Schmiedeeisengitter, als Dekoration damals noch ungewohnt, schmückten die Balkone. Die Eingänge mit ihren gläsernen Türen wirkten wie Öffnungen zu Wohnhöhlen. Auf dem Dach des befremdenden Bauwerkes thronte neben den phantasievoll dekorierten Kaminen tatsächlich eine mosaikgeschmückte Parkbank.

Für wen der verantwortliche Architekt diese Sitzgelegenheit in luftiger Höhe hatte anlegen lassen, fragte sich in Barcelona um 1910 niemand mehr: Antoni Gaudí y Cornet (1852–1926), der in der Vergangenheit mehrfach durch utopisch anmutende Bauwerke von sich reden gemacht hatte, galt als verschrobener Zeitgenosse, dessen Hang zur Mystik bekannt war. Immerhin

Verkehrsverbindungen
Barcelona liegt an A 2/A 7/A 18/A 19. Internationaler Flughafen.

Reisezeit
Frühjahr und Herbst, der Sommer ist nur Besuchern zu empfehlen, denen hohe Temperaturen nichts ausmachen. Restaurants und Geschäfte haben oft Sommerpause.

Tips
Tanzpalast La Paloma, eine Replik des Versailler Spiegelsaals. Ausflug nach Girona. Kloster von Monserrat. Tagesausflüge nach Andorra. Badeort Sitges an der Costa Brava. Sant Sadurni d'Anoia, Vilafranca del Penedès. Cadaqués: Surrealistenmuseum. Figueres: Museu Salvador Dalí.

gelang es dem wichtigsten Vertreter des katalanischen Jugendstils, mit seiner Casa Milà die Gemüter der Bourgeoisie von Barcelona in Wallung zu versetzen. Der großporigen, natürlichen Strukturen nachempfundenen Fassade wegen spöttisch »Pedrera« (Steinbruch) getauft, wurde das Bauwerk schnell eine beliebte Zielscheibe der Karikaturisten.

Des Bürgerschrecks gewagter Wohnkomplex am Passeig de Gràcia gehört mit dem Güell-Park zu den herausragenden Art-Nouveau-Monumenten des Stadtteils Eixample. Im »Quadrat d'or« von Barcelona befindet sich vermutlich der größte

Bestand an Jugendstilgebäuden in ganz Europa. Nach dem Fall der Stadtmauer 1860 entstand außerhalb des historischen Zentrums, dem »Barrì Gotic«, mit seinen engen und düsteren Gassen ein großzügig angelegtes Wohngebiet auf Schachbrettgrundriß: Die 2000jährige Hafenstadt hatte endlich ihr Korsett gesprengt. Aus Protest gegen den streng-rationalen Geist ihres nüchternen Viertels leisteten sich die Barceloniner schon bald übermütig gestaltete und zum Teil auftrumpfend bürgerliche Wohngebäude im Historismo-Stil. Nirgends hat diese Stilrichtung, die erst Gaudí überwinden sollte, so viele Bauwerke hinterlassen wie in Katalonien, Spaniens »Brücke zu Europa«.

Park und Arbeitersiedlung

Gaudí stieg bald zusammen mit dem Architekten Lluis Domenèch i Montaner, Erbauer des Palau de la Musica, zum gefragtesten Architekten der Stadt am Mittelmeer auf. Um die Jahrhundertwende gab der Bankier Eusebi Güell dem Meister den Auftrag, durch einen Park und eine modellhafte Arbeitersiedlung, die Colonia Güell, dem gesamten oberen Stadtteil eine neue Gestalt zu verleihen. In der Mitte der Anlage konzipierte der Architekt einen überdachten Marktplatz, genannt »Sala de les Cent Columnes«, da die wellige und mit Mosaiken dekorierte Halle auf 100 dorischen Säulen ruht. Vorbei an Sitzbänken, mit phantastischen Mosaiken und Kachelfragmenten verkleidet, windet sich der Fußweg durch die Traumlandschaft serpentinengleich über Brücken bis zum Ausgang bei La Farigola. Bizarre Formen und bunte Dächer prägen das Erscheinungsbild zweier Pavillons am Westeingang.

Nahe den platanengesäumten Flanierzonen, den »Rambles«, schuf Antoni Gaudí schon 1889 den Güell-Palast, dessen Formensprache damals revolutionär war. Im Kampf gegen gerade Linien und rechteckige Formen entwarf der Meister eine plastische Fassade, parabolische Torbögen am Eingang und einen wellenförmigen Torrahmen. Nur die vorragende Tribüne im Piano Nobile der kaum modellierten Hauswand durchbricht die utopisch anmutende Fassadenfläche. Das Dach des heute als Museu de les Arts de l'Espectacle (Theatermuseum) genutzten Gesamtkunstwerkes krönte Gaudí mit einem prächtigen Dachgarten und spitzen Schornsteinen nach der Trencadis-Technik, indem er die Oberfläche mit unterschiedlich geformten Keramikstücken verkleidete.

Ein schlichter, verschrobener Zeitgenosse

Daß Barcelonas Jugendstil-Kulturerbe inzwischen vorbildlich renoviert wurde, ist japanischen Touristen zu verdanken. Denn während die Bevölkerung Barcelonas dem allmählichen Verfall jahrzehntelang ungerührt zusah, entdeckten die Besucher aus Fernost den einzigartigen Reiz dieser Meisterwerke, die 1952 zum historischen Monument erklärt wurden. Der große Meister selbst war bereits im Jahre 1926 durch einen tragischen Verkehrsunfall ums Leben gekommen: Von der Straßenbahn angefahren, brachte man den schlicht gekleideten Mann, den niemand identifizieren konnte, in ein Armenzimmer des Hospitals de Sant Pau i de la Santa Creu, wo er seinen Verletzungen erlag. Seinen Leichnam bestattete man in der Krypta der von ihm 1883 begonnenen Kathedrale Sagrada Familia, die bis heute unvollendet geblieben ist.

1891 wurde Antoni Gaudí mit der Fortsetzung der Arbeiten an der Kirche La Sagrada Familia beauftragt. Er veränderte die ursprünglich neugotischen Baupläne in seinen eigenwilligen Stil.

BARCELONA

Der geniale Architekt Antoni Gaudí baute in seiner Heimatstadt Barcelona einige Wohnhäuser, die sofort hitzige Diskussionen auslösten.

La Casa Milà ist ein Beispiel. Die schmiedeeisernen Balkongitter wurden ebenfalls von Gaudí entworfen.

Die Altstadt

Als die christliche Majestät Alfons VI. im Jahre 1085 die maurischen Stadtherren aus Toledo vertrieben hatte, fiel die Freude der Bewohner über die Befreier erstaunlich mäßig aus. Überrascht mußte der König feststellen, daß die Toledaner Christen nicht ohne Wehmut über die dreihundertjährige Herrschaft der Muslime urteilten. Weil die Mozaraber, wie Spaniens christliche Bewohner während der Maurenzeit genannt wurden, das Arabische weiterhin als prestigeträchtige Sprache schätzten, stieß Kastilisch nur auf wenig Gegenliebe. Zur heiligen Messe begaben sich die Angehörigen der mozarabischen Gemeinde in Kirchen, die Moscheen ähnelten. Da sie auch nach der »Reconquista«, der Wiedereroberung Spaniens, nicht von der maurisch beeinflußten Kultur lassen wollten, war der offene Konflikt mit der katholischen Hierarchie nur eine Frage der Zeit. 1580 wurde der Gebrauch der arabischen Sprache bei Strafe verboten. Schon 1492 mußten die 36 000 Juden Toledos die Stadt für immer verlassen: Das jahrhundertelange, friedliche Zusammenleben von Christen, Arabern und Juden gehörte der Vergangenheit an.

Verkehrsverbindungen
Toledo liegt an der N 401.

Übernachtung
Im Parador von Oropesa, eine zum Hotel umgewandelte Burg.

Reisezeit
Frühling, Sommer und Frühherbst vermeiden.

Tips
Ausflüge nach El Puente del Arzobispo (Keramikdorf), Windmühlendorf Consuegra in der Mancha. Tembleque, Orden und El Toboso (Don Quichote). Westlich davon Feuchtgebiet mit Lagunen. Gartenstadt Aranjuez. Kloster El Escorial und Valle de los Caídos (Tal der Gefallenen). Schloß Granja. Madrid.

Die für ihre religiöse Toleranz gerühmte Stadt, hinter deren Mauern eine der renommiertesten Übersetzerschulen des 13. Jahrhunderts den abendländischen Zeitgenossen das antike Wissen zugänglich gemacht hatte, war nun unwiderruflich eine katholische Stadt geworden. »Toletum«, von Titus Livius als »kleine, befestigte Ortschaft« bezeichnet, war vom Ende des 6. bis zu Beginn des 8. Jahrhunderts Hauptstadt der Westgoten. Die Stadt erhebt sich auf einem gewaltigen Granitsporn, um den sich der Tajo in kühnem Bogen windet. Umgeben von Olivenhainen und »Cigarrales« – weißstrahlende,

klosterartige Landgüter – ragt die Silhouette der Altstadt vor dem glasklaren Himmel Kastiliens auf. Im Hintergrund gehen die roterdigen Hügel langsam in die schroffen Gebirgsketten der Meseta Neukastiliens über.

Moscheen, Kirchen, Synagogen

Während die Römer Circus und Aquädukt erbauten, verschönerten die moslemischen Herrscher »Tolaitola« mit Moscheen, wuchtigen Stadttoren im Stil der Omaijaden und schlugen die Alcántara-Brücke über den Tajo. Auf dem für »Al Andalus« typischen Stadtgrundriß entstanden die Moschee Christo de la Luz, ein kleines quadratisches Gebäude, in das Kapitelle aus westgotischer Zeit mit einbezogen wurden, und die Kirche San Salvador mit Resten einer Moschee. In Anlehnung an das arabische Wort Souk (Markt) nannten die Bewohner den zentralen Platz in der Altstadt Zocodover.

Als zwischen dem 12. und 15. Jahrhundert neue Gotteshäuser gebaut wurden, war eine Verschmelzung christlicher Motive mit der arabischen Ornamentik im Mudéjar-Stil selbstverständlich. Beste Beispiele hierfür sind Santiago del Arrabal, Christo de la Viga, San Vicente und Santo Tomé, in der sich heute El Grecos monumentales Gemälde »Das Begräbnis des Grafen von Orgaz« befindet. Selbst Toledos älteste Synagoge Santa Maria de Blanca im ehemals blühenden Judenviertel weist maurische Hufeisenbögen und Kapitelle im Stil der arabischen Almohaden auf. Das sephardische Museum der Sinagoga del Tránsito vermittelt einen Eindruck der reichen Kultur der jüdischen Gemeinde.

Um 1226 begannen die Arbeiten an der monumentalen Kathedrale San-Juan-de-los-Reyes, deren Turm das ganze Stadtbild beherrscht. Das mit einem Renaissance-Chor geschmückte Gotteshaus, das den Königen von Kastilien als letzte Ruhestätte dienen sollte, birgt in seiner Sakristei eine Gemäldegalerie mit Meisterwerken von El

Greco, Van Dyck und Goya. Über drei Meter groß ist die 1524 gefertigte, 200 Kilogramm schwere Monstranz, die ihr Schöpfer Enrique de Arfe aus Gold, Silber und Edelsteinen schuf. An Fronleichnam wird die »Custodia« durch die gobelingeschmückte Altstadt getragen. Schmiedeeiserne Verzierungen, ein gotischer Kreuzgang und königliche Grabmäler prägen die fünfschiffige Kathedrale von Toledo, das unter Karl V. nochmals glanzvolle Jahre erlebte, bis Philipp II. den Hof nach Madrid verlegte.

Raummangel prägt das Stadtbild

Klingen aus Toledo, Seidenstoffe und Kunsthandwerk begründeten den wirtschaftlichen Aufstieg der Stadt. Toledos Altstadt, deren enge und steile Gassen an Palästen und Armenspitälern aus den verschiedensten Epochen vorbeiführen, gleicht einem Labyrinth mit wappen- und giebelgeschmückten Portalen. Raummangel zwang zu dichter Besiedelung, deutlich abgegrenzte Stadtviertel gibt es im historischen Teil daher nicht.

Inmitten dieses Gewirrs schlug, so Tirso de Molina, »das Herz Spaniens«. Auch der Schriftsteller Cervantes, Schöpfer des Don Quichote, konnte seine Begeisterung kaum zügeln: »Wuchtiger Fels, Ruhm Spaniens und Krone seiner Städte«, nannte er Toledo, das außer Cervantes auch den Maler El Greco magisch anzog.

Schließlich der Alcázar als ein nationales Monument. Hier brach 1520 der Aufstand der Communeros gegen Karl V. aus, hier wurden im Sommer 1936 die Angriffe der Republikaner auf eine faschistische Franco-Garnison zum Symbol für den spanischen Bürgerkrieg im Kampf zwischen Demokratie und Diktatur.

Toledo, eine der ältesten Städte Spaniens, erhebt sich auf einem Granitfelsen, um den sich der Tajo in kühnem Bogen windet. Jahrhunderte lebten hier Juden, Christen und Araber friedlich zusammen.

Die Festung Alcázar stammt aus der Römerzeit, wurde mehrmals zerstört und wieder aufgebaut, letztmals nach dem Bürgerkrieg.

Die heute noch beeindruckenden Stadtmauern von Toledo.

Alhambra und Generalife-Palast

Zypressenalleen, Orangenbäume und Blumenrabatten durchziehen den himmlischen Garten, in dessen Hintergrund sich die schneebedeckten Gipfel der Sierra Nevada vom hellblauen Himmel abheben. Wohin immer der Besucher seinen Schritt in der terrassierten Gartenanlage lenkt, dringt das Plätschern von Wasser an seine Ohren. Es sprudelt zu Kaskaden, perlt in Fontänen, rauscht durch Kanäle und füllt Becken und Teiche um den Generalife-Palast mit seinen wohlriechenden Zederndecken, die um 1250 geschnitzt wurden. Fließendes Wasser gehörte für die arabischen Bewohner Granadas zu den höchsten Genüssen, eine Andeutung des Paradieses auf Erden. Daß die Sultane deshalb häufiger Badefreuden mit ihren Haremsdamen genossen als in den Staatsräumen des Königshofes anzutreffen waren, ist gewiß nur ein Vorurteil der neidischen Christen. Am 2. Januar 1492 fiel das Juwel Andalusiens den christlichen Eroberern kampflos zu.

An den Ufern des Darro zwischen zwei Felsvorsprüngen am Fuße der Sierra Nevada gegründet, geriet die iberische Siedlung zunächst unter römischen Einfluß, dann

Verkehrsverbindungen
Granada liegt an der E 902/N 342. Regionalflughafen.

Reisezeit
Sommerperiode vermeiden.

Tips
Semana Santa (Fronleichnam mit Feria). Mitte Juni bis Mitte Juli Internationales Musik- und Tanzfestival im Generalife-Palast. Zigeunerviertel und Benediktinerkloster Sacro Monte. Ausflüge nach Ronda, Olvera, Jerez de la Frontera, Cadiz, Almería, Málaga. Nationalpark Sierra Nevada, Höhlendorf Guadix.

westgotischen. Im Jahre 711 wurde Granada von den Arabern eingenommen, die in Südspanien 30 Fürstentümer gründeten. Als die Macht des Kalifats von Córdoba zerfiel, stieg in Granada die Nasridendynastie zur Alleinherrschaft auf. Ingenieure ersannen jenes Bewässerungssystem, mit dem die fruchtbare Vega um die Stadt durchzogen wurde.

Im 14. Jahrhundert trieb die christliche Reconquista, die Wiedereroberung, zahllose Moslems in die Stadt. Da die begüterten Emigranten Künstler, Dichter und Handwerker mitbrachten, entwickelte sich Granada zu einem Zentrum der Kunst und Kultur des Morgenlandes. »Karnattah« wurde zum Inbegriff morgenländischer

Gelehrsamkeit und religiöser Toleranz. Unter den Sultanen Jusuf I. und Mohammed V. entstanden Granadas herausragende Bauwerke, die Alhambra und der Generalife-Palast, dessen Verfall erst im vorigen Jahrhundert gestoppt wurde.

In der Mitte eines langgestreckten und bewaldeten Felsovals baute man auf einer Fläche von 14 000 Quadratmetern den Herrscherpalast, die heute nur noch in Umrissen nachweisbare Alcazabá. An der mächtigen Befestigungsmauer, heute bis auf den inneren Ring zerstört, findet sich die in christlichen Zeiten angebrachte Aufforderung: »Gib ihm etwas, Frau, ein Almosen, denn nichts ist im Leben so schmerzlich, wie blind zu sein in Granada«. Selbst Spaniens Könige waren so fasziniert, daß sie die Bauwerke nicht anzutasten wagten.

Die Rote Stadt

Weil die Wände im Schein der Fackeln rötlich schimmerten, taufte man den Königshof »Al Qal'a al-Hambra«, die Rote Stadt. Eine große ausgestreckte Hand über dem Haupteingang sollte die fünf Koran-Forderungen symbolisieren: Gebet, Fasten, Pilgern, Freigebigkeit und den Glauben an einen einzigen Gott. Stein war für den orientalischen Künstler zu schwerfällig, er verlegte sich ganz auf Holz, das in die Lehm- und Ziegelmauern eingepaßt wurde. Selbst Kuppeln verfertigten die Handwerker aus Bohlen, nach unten in Form von Stalaktiten geschnitzt. Prächtig verzierte Holzdecken, wie Spitzenbesatz anmutende Gipsreliefs und ständig wiederkehrende Motive, etwa verschlungene Ornamentbänder, verleihen dem herrscherlichen Wohnsitz, dessen Arkaden auf schlanken Marmorsäulen ruhen, märchenhafte Züge. Weil die horizontale Gliederung der in Höfe und Räume eingeteilten Anlage beibehalten wurde, konnten die Künstler eine verwirrende Vielfalt von raffiniert-verspielten Ornamenten schaffen, ohne die Einheit des maurischen Palasts zu zerstören.

Vorbei an dem Renaissance-Palast, den Karl V. unvollendet hinterließ, führt der Weg in den Kernbereich der Alhambra, die verschiedenen Patios. Während in dem Patio del Mexuar Recht gesprochen wurde, bildete der Patio de los Arrayanes (Myrtillenhof) den Mitteltrakt der offiziellen Residenz. Azulejos schmücken die Sala de los Embajadores, den Thronsaal, in dem die Künstler ein buntes Flechtmuster und Inschriften auf Stuck schufen. Aus Lärchenholz geschnitzt, weist die Kuppel des Saales mit seinen filigranverzierten Fenstern die prachtvollste Ornamentik der Alhambra auf. Ein Dutzend schwarzer

Löwen tragen das Wasserbecken im Patio de los Leones, der ausschließlich der Privatsphäre des Herrschers vorbehalten war. Die fast identischen Tierfiguren, die im Vergleich zur Umgebung unfertig wirken, haben eine rein dekorative Funktion. Kostbarkeiten, wie etwa eine mit blau-goldenem Arabeskenwerk geschmückte Vase der Nasridenzeit und ein Gazellenfries, befinden sich im Palastmuseum.

Seufzer des Mauren

Die elegant verzierte Alhambra, der ein eigentliches Zentrum fehlt, markiert zusammen mit dem fein gearbeiteten Generalife-Palast den Höhepunkt der maurischen Kunst auf der Iberischen Halbinsel. Der Legende nach vertrieb Allah die Mauren aus ihrer Alhambra, weil sie die Stirn hatten, sie dem Paradies zu ähnlich zu gestalten. Der wirkliche Grund für ihren Rückzug liegt allerdings in der politischen Entwicklung. Im Jahr 1492 erfuhr der maurische Herrscher Boabdil, daß Ferdinand von Aragon und Isabella von Kastilien die Erstürmung der Alhambra vorbereiteten. Da bereits das gesamte Umland fest in christlicher Hand war, hielt er eine weitere Verteidigung der belagerten Stadt für aussichtslos. Er verließ den Palast und ritt mit seinem Hofstaat in Richtung Süden. Auf einer Paßhöhe soll der letzte Herrscher der Nasriden tränenerfüllt vom verlorenen Paradies Abschied genommen haben. Diese Stelle heißt noch heute »Seufzer des Mauren«.

Marmorsäulen tragen die Arkaden vor den Haremsgemächern. Dazwischen der Löwenbrunnen.

Blick auf den Partal-Garten und die fünfbogige Arkadenhalle des Torre de las Damas in der Alhambra.

Die Alhambra mit dem großartigen Palast der maurischen Herrscher überragt die Stadt.

Felszeichnungen im Camonica-Tal

Ein dichter Geschoßregen aus Pfeilen und Speeren ergießt sich über eine Gruppe von Hirschen, die ihr Heil in der Flucht sucht. Beharrlich folgen die Jäger mit erhobenen Armen ihren Opfern, die sie später mit einfachen Werkzeugen zerlegen. Der friedlichen Tätigkeit des Pflügens widmet sich ein Bauer, der mit seiner Muskelkraft den schlichten Holzpflug durch den kargen Ackerboden der präalpinen Tallandschaft zieht. Krieger dreschen mit dem Mut der Verzweiflung auf ihre Feinde ein. Über einer Hütte erstrahlt die gewaltige Sonne der Lombardei, die »rosa camuna«, die in der Neuzeit zum Symbol der oberitalienischen Region geworden ist.

Künstler der Frühzeit

Diese in Felsen gravierten Szenen aus dem Leben der ersten Bewohner des Camonica-Tals schmücken den »Großen Stein«, auf dem die prähistorischen Künstler der Eisenzeit mehr als 900 Bilder hinterlassen haben. Er erhebt sich in der Ortschaft Naquane inmitten eines ausgedehnten Naturparks, dessen wilde Bergwelt die Lebensverhältnisse der ersten Camonicasiedler widerspiegelt.

Verkehrsverbindungen
Autobahn A 4 bis Bergamo. Dann Hauptstraße (Strada Regionale) 42 in Richtung Lago d'Iseo bis zum Ort Capo di Ponte.

Übernachtung
Im Sommer auch in den zahlreichen Berghütten.

Reisezeit
Sommer und Herbst.

Tips
Archäologische Ausstellungen im Tal von Camonica und Valtellina. Detaillierte Informationen im Naquane-Park und beim prähistorischen Studienzentrum in Capo di Ponte. Grottenmuseum in Nadro. Lago d'Iseo: bei Sulzano Europas größte Seeinsel, mit dem Dampfer erreichbar. Kurort Boario Terme. Gletscherwanderungen auf den Hängen des Adamello. Besuch der Städte Bergamo und Brescia.

Die östlich von Bergamo liegende, hügelige Weidelandschaft mit ihren dichten Kiefernwäldern erstreckt sich am Ufer des Flusses Oglio zwischen der Adamello-Gruppe und den Brescianer Alpen. Auf 81 Kilometer Länge birgt das Tal vor der eisigen Felsenburg des Adamello (3554 Meter) die größte und wichtigste Ansammlung prähistorischer Felskunst, die bislang in Europa entdeckt wurde. Vor

schätzungsweise 8000 Jahren entstanden die ersten Gravuren, die von den Künstlern mit Hilfe von spitzen Hartsteinen in die durch den Adamello-Gletscher abgeschliffenen Sandsteinbrocken eingeritzt wurden. Rund 170 000 Felszeichnungen sind bislang registriert worden, die meisten davon warten noch auf eine wissenschaftliche Auswertung.

Hirsch und Jäger

Die ältesten Bilder, die man Mitte der fünfziger Jahre rund um Capo di Ponte in Grotten und an Steinbrocken nahe der Siedlung Naquane fand, zeigen naturalistische Darstellungen, wie etwa Hirsch und Jäger. Als die Menschen während des Neolithikums seßhaft wurden, tauchten erste Szenen aus dem bäuerlichen Leben auf. Den menschlichen Figuren, bis dahin nur als abstrakt anmutende und anthropomorphe Strichmännchen auf der glatten Felsoberfläche verewigt, wird größere Aufmerksamkeit zuteil, außerdem ergänzen die Steinkünstler ihr Repertoire um symbolische und religiöse Szenen.

Mit dem Beginn der Bronzezeit lassen sich ganze, bewußt gestaltete Kompositionen nachweisen: In zusammenhängenden Szenen erfährt der Betrachter, wie das tägliche Leben in der Gemeinschaft ablief: Dramatische Kriegerduelle, rituelle Begräbnisfeiern und fröhliche Feste gehören zu den häufig gewählten Motiven.

Plastische Wirkung

Seit etwa 1000 v. Chr. entstanden Darstellungen, die auch Vertreter fremder Völker, mit denen Handelsbeziehungen aufgenommen wurden, in ihren jeweiligen Trachten verewigen. Gebrauchsgegenstände, Behausungen und Werkzeuge, vereinzelt sogar erste topographische Zeichnungen, sind durch einen erstaunlichen Realismus geprägt und vermitteln ein lebhaftes Bild von der kunsthandwerklichen Tätigkeit der damaligen Menschen.

Um kultische Handlungen für Götter und Verstorbene im Bild zu bannen, verbessern die Künstler ihre Technik, indem sie etwa durch Schraffierungen eine plastische Wirkung erzielen. Auf das 5. oder 4. vorchristliche Jahrhundert datieren die Archäologen die gleichfalls in den nackten Fels eingeritzten rätisch-altetruskischen Schriftzeichen, die man inzwischen entschlüsseln konnte.

Bizarre Erdpyramiden

Nicht weniger interessant als die Felszeichnungen sind die bizarren Erdbildungen, jene von einem Steinhut bekrönten Erhebungen, die von französischen Archäologen scherzhaft »demoiselles coiffées« getauft wurden. Sie gehen auf Verschiebungen der Moränen zurück. Wind und Regen verliehen den Erd-Obelisken ihr eigenartiges Aussehen. Die nur im italienischen Alpengebiet an wenigen Stellen vorkommenden Pyramiden befinden sich nahe der Ortschaft Zone am Ende des Iseo-Sees.

Abgesehen von ihren Felsgravuren haben die ersten Bewohner der Tallandschaft fast keine Spuren hinterlassen. Zwar geben zwei zugängliche Felsnischen dem Betrachter Einblick in die Wohnkultur der anonymen Künstler, Überreste von Siedlungen und Nekropolen hat man bislang aber nicht entdeckt.

Als römische Legionäre im Jahre 16 vor der Zeitenwende das Camonica-Tal besetzten, haben die Felszeichner offensichtlich ihre Ritzsteine für immer zur Seite gelegt.

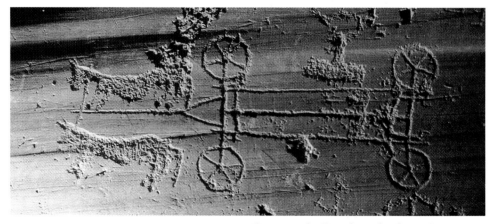

Gravuren der Bewohner des Camonica-Tals. Rund 170 000 solcher Darstellungen hat man bisher registriert.

Während vieler Jahrhunderte ritzten die Bewohner des Val Camonica ihre Erlebnisse in die von Gletschern glattgeschliffenen Felsen: Menschen auf der Jagd, Kriegerduelle, aber auch Alltagsbegebenheiten wie einen Bauern beim Pflügen.

Leonardo da Vinci: Das Abendmahl

Stundenlang irrte das Genie schon frühmorgens durch die Straßen von Mailand, um in den anonymen Menschenmassen charaktervolle Köpfe mit passenden Gesichtszügen für seine Porträts des Christus und des Judas zu entdecken. Als Leonardo da Vinci 1495 die Arbeit zu seinem berühmten Werk – »Das letzte Abendmahl« – im Refektorium des Konvents Santa Maria delle Grazie aufnahm, stellte ihn vor allem das Bildnis des Verräters vor große Schwierigkeiten: Wie er später seinem Auftraggeber, dem Mailänder Herzog Ludovico Sforza anvertraute, erschien es dem Künstler fast unmöglich, für einen hinterhältigen Menschen, der dem Herrn doch so viele Wohltaten verdankte, angemessene Gesichtszüge zu finden. Sollte er nicht fündig werden, dann werde er eben kurzerhand den Kopf des ungeliebten Priors als Vorbild für seinen Judas nehmen, hatte der damals Dreiundvierzigjährige scherzhaft angekündigt. Denn mit seiner Ungeduld hatte der Klostervorsteher die Nerven des Universalgenies arg strapaziert.

Obwohl Leonardo gleichzeitig am Mailänder Corte Vecchia tätig war und manch-

Verkehrsverbindungen
Internationaler Flughafen. Zugverbindungen. Mailand liegt an A 1/A 4/A 7/A 8.

Tips
Zisterzienserabtei von Chiaravalle, bedeutender Bau der Zisterzienser-Gotik in Norditalien. Besuch der Kleinstadt Legnano, etwa 30 km in Richtung Varese: 1176 fand hier die Schlacht statt, in der die Städte des Lombardischen Bundes Kaiser Barbarossa geschlagen haben. Ausflug zum Comersee.

mal tagelang den Gerüsten an der Nordwand des Klosterrefektoriums fernblieb, konnte er seine Arbeit an dem etwa neun Meter langen und 4,5 Meter hohen Wandgemälde schon zwei Jahre später abschließen. Als der eigenwillige Meister, der während seiner Laufbahn nur die wenigsten Werke auch wirklich vollendete, die dramatische Abendmahlszene betrachtete, erlebte er eine böse Überraschung: Weil der zur Erprobung seiner neuen Maltechnik gewählte Wandverputz ungeeignet war, zeigten sich feine Haarrisse, die Leonardo eilig übermalen ließ. Zwei Jahrzehnte darauf überzog ein weißlicher Schleier das ganze Kunstwerk, dessen Farben merklich blasser geworden waren. Als sich die Bemalung in Inseln abzulösen begann, ähnelte die Oberfläche immer mehr einer Ansammlung von Reptilienschuppen.

Ganze Generationen von Restauratoren zerbrachen sich in der Folgezeit den Kopf, wie diese Farbpartikel wieder zu befestigen und die Zwischenräume auszufüllen seien. Einige von ihnen waren zudem vom Ehrgeiz getrieben, Leonardos Figuren nachzumalen, und ließen dabei eigene, bisweilen dilettantische Vorstellungen einfließen: Etliche Gesichter wurden im Laufe der Zeit bis zur Unkenntlichkeit entstellt.

Während Michelangelo Bellotti 1726 sein Glück mit Ölfarben versuchte, setzten die Experten Ende des vorigen Jahrhunderts ihre Hoffnungen auf eine schützende Gummischicht, die jedoch den Zerfall nur für kurze Zeit verzögerte. Es grenzt an ein Wunder, daß Leonardos um ein Haar zu Tode restauriertes Gemälde überhaupt bis heute überdauert hat: Von den französischen Revolutionstruppen als Pferdestall mißbraucht, erlitt das 1466 im Renaissance-Stil begonnene und von Bramante erweiterte Bauwerk 1943 einen Bombentreffer, der allerdings nur die Südwand des »Cenacolo Vinciano« zerstörte.

Rettung mit neuer Technik?

Anfang der achtziger Jahre begann der bisher letzte Versuch, dieses Meisterwerk der abendländischen Kunst – es ist nach Schätzung der Kunsthistoriker noch zu 70 Prozent erhalten – für die Nachwelt vor dem Untergang zu retten. Mit Pinzette und Skalpell bewaffnet, bemüht sich die Kunsthistorikerin Guiseppina Brambilla, bei Kerzenschein sorgfältig den Schleier aus Schmutz und Farben zu entfernen.

Leonardos Komposition zeigt Jesus, rechts und links von je zwei Gruppen mit drei Aposteln flankiert. Durch Gestik und Blicke halten die Dargestellten untereinander enge Verbindung. Der Künstler, der im »Letzten Abendmahl« eine Einheit von Figur und Raum angestrebt hatte, verzichtete im Mailänder Dominikanerkonvent erstmals auf die bewährte Fresko-Methode und griff auf eine Art magerer Tempera zurück.

Überraschende Entdeckungen

Auch die modernen Restauratoren, die gegen Feuchtigkeit, Pilze und Bakterien kämpfen müssen, machten überraschende Entdeckungen. Ihrem mühevollen Einsatz ist es zu verdanken, daß die markanten Apostelprofile wieder sichtbar wurden: so etwa Thaddäus' edle Gesichtszüge oder Thomas' dunkle Lockenpracht. Beim Betrachten der blanken Zinnteller im Widerschein der Gewandfarben und der durchsichtigen Weingläser, deren Inhalt golden schimmert, wird Leonardos besonderer Umgang mit dem Licht deutlich.

»Das Aufregungsmittel, wodurch der Künstler die ruhige heilige Abendtafel erschüttert, sind die Worte des Meisters: Einer ist unter Euch, der mich verrät. Ausgesprochen sind sie, die ganze Gesellschaft kommt darüber in Unruhe, er aber neigt sein Haupt gesenkten Blickes«, schrieb Goethe nach einem Besuch des Dominikanerklosters.

Leonardos weltberühmtes Abendmahl: Die leicht ausgebreiteten Arme stellen Jesus in den Mittelpunkt der Szene, während die Jünger, in Dreiergruppen gegliedert, die Prophezeiung des baldigen Verrats lebhaft diskutieren.

»Als es Abend geworden war, setzte sich Jesus mit den zwölf Jüngern zu Tisch. Während der Mahlzeit sagte er: Ich weiß genau, daß einer von euch mich verraten wird.« Die Gesten der Jünger lassen ihre Reaktion auf diese Ankündigung erkennen.

Rettung dank moderner Technik?

Aqua alta!«, die über Rundfunk eilig verbreitete Hochwasserwarnung, konnte an jenem Novembertag nur wenigen Venezianern den Feierabend vergällen. Zu oft schon hatten die Bewohner der Lagunenstadt nördlich des Po-Deltas erleben müssen, wie die Wassermassen aus der Adria in der kalten Jahreszeit Kanäle und Gassen überfluteten. Daß die 1000jährige Stadt, der schon unzählige Male der Untergang prophezeit worden war, ausgerechnet an jenem Tag ihr Schicksal erleiden sollte, wollte niemand glauben.

Am Abend des 4. November 1966 stand der »Serenissima Repubblica di Venezia« das Wasser allerdings bis zum Hals: Bevor die Morgenflut ablaufen konnte, hatte der Scirocco in den Abendstunden eine fast zwei Meter hohe Flutwelle in die Lagune getrieben. »Venedig lag da wie ein dunkler Sarg, leer bis auf einige geisterhafte Gestalten, die in Booten herumtrieben, in einer Begräbnisstille, die lediglich von den Sirenentönen der Feuerwehr unterbrochen wurde«, erinnerte sich ein Zeitzeuge. Erst knapp 20 Jahre nach der folgenreichen Sturmflut konnten sich die zuständigen Stellen dazu durchringen, ein Rettungspro-

---

Verkehrsverbindungen
Flughafen, Bahnhof Santa Lucia. Per Auto A 4 bis Mestre, dann SS 11.

Übernachtung
Günstigere Hotelpreise außerhalb der Hauptsaison. Sonst in den Nachbarorten, u. a. Mestre.

Reisezeit
Kenner reisen in den Wintermonaten.

Tips
Halbtägige Schiffsfahrten nach Murano (Glasbläsereien), Burano und Torcello. Bei Gondelfahrten Strecke und Zeitraum präzise vereinbaren. Ausflüge zum Lido, nach Padua, Vicenza und Verona.

---

gramm zu verabschieden. Massive, bewegliche Schleusentore an den Laguneneingängen sollen bald Häuser, Paläste und Kirchen dieses Kulturzentrums vor Brandung und verheerenden Sturmfluten schützen.

118 Inseln – 400 Brücken

Im 6. Jahrhundert als kleiner Ort gegründet, stand die auf 118 Inseln erbaute und durch fast 400 Brücken verbundene Stadt lange unter der Vorherrschaft des byzantinischen Exarchen von Ravenna. Als dessen Einfluß schwand, gewann der von Ravenna ernannte »Dux« seit 697 an Be-

deutung. Als »Doge« richtete sich der Statthalter auf der Rialto-Insel ein. In der Folgezeit entwickelte sich die Republik von San Marco, so benannt nach dem dort begrabenen Schutzheiligen, zu einer Handelsstadt, die an der Levante und in Dalmatien Stützpunkte errichtete. Schließlich gelang es dem Dogen, einen Kreuzzug nach Konstantinopel »umzuleiten«: Mit reicher Kunstbeute, darunter die demonstrativ in der Markusdomfassade aufgestellten vier antiken Bronzepferde, kehrten die maßlosen Eroberer 1204 von ihrem Kriegszug zurück.

Durch ihre Expansionspolitik konnten die venezianischen Dogen den Einflußbereich immer mehr ausdehnen. Mit dem Fall Konstantinopels und der Entdeckung des Seewegs nach Indien mußte Venedig empfindliche Machteinbußen hinnehmen. Fortan entwickelte die Seerepublik eine florierende Luxusindustrie – Glas, Email, Filigranschmuck und Seide –, betrieb eine geschickte Politik und glänzte vor allem durch ihr gesellschaftliches Leben, in dem nicht zuletzt die Musiker der Venezianischen Schule Akzente setzten. Von Napoleon besetzt, kam Venedig später an Österreich, nach einer Volksabstimmung vereinigte sich die Inselstadt mit dem Königreich Italien.

Vom Palast ins Gefängnis

Den Mittelpunkt der Serenissima, wie die Venezianer ihre Stadt früher apostrophierten, bildet der Markusplatz, den Napoleon »größter Salon der Welt« genannt hat. Die Basilika, einst Palastkapelle des Dogen, wurde nach byzantinischem Vorbild als Zentralbau über griechischem Kreuz mit fünf Kuppeln und Vorhallen geplant. Während Haupt- und Nebenfassaden mit Skulpturenschmuck verziert wurden, weist das Innere einen mehrfarbigen Marmorfußboden auf. Goldschimmernde Mosaike auf einer Fläche von 4000 Quadratmetern zeigen biblische Szenen, Episoden aus dem Stadtleben und der Markuslegende. Jacopo Sansovinos bronzene Sakristeitür und der »Pala d'oro« genannte goldfunkelnde Altaraufsatz gehören zur Ausstattung der Basilika, in deren Schatzkammer unermeßliche Werte ruhen.

Der den Platz überragende Campanile mit Patrizier-Loggetta war nach seinem spektakulären Einsturz 1902 in unveränderter Form rekonstruiert worden. Im Norden liegen Neue und Alte Prokuratie sowie der Uhrturm (1496), hinter dem die »Mercerie« – eine Kette von Einkaufsstraßen – beginnt. Auf der Piazzetta, dem »Empfangssalon Venedigs«, erheben sich auf Granitsäulen der Markuslöwe und die Statue des heiligen Theodor.

Südlich der Basilika residierte der Doge im Palazzo Ducale, dessen Säle heute eine Fülle von Kunstwerken bergen. Während Mars und Neptun auf der »Scala dei Giganti« im Innenhof Venedigs Land- und Seemacht symbolisieren, schufen Tintoretto und Veronese, Francesco Bassano und Palma d. J. gewaltige Gemälde an Wänden und Decken zur Verherrlichung der Serenissima. Durch die legendäre Seufzerbrücke ist der Palast mit dem Staatsgefängnis verbunden.

Paläste, Brücken, Kirchen

Einige von Venedigs feinsten Palästen, an erster Stelle der spätgotische Ca' d'oro, prägen das Stadtbild am zentralen Canal Grande, der von drei Brücken, darunter der ladengesäumten Ponte di Rialto, überspannt wird. Während sich auf dem Markusplatz Venedigs politische Macht etablierte, lebten im Rialto-Quartier die Kaufleute. Die Geistlichkeit hatte sich auf die Fischerinsel Campo San Pietro zurückgezogen.

Zu den markantesten Gotteshäusern Venedigs zählt außer der dominierenden Kuppelkirche Santa Maria della Salute die gotische Dominikanerkirche Santi Giovanni e Paolo und die aus mehrfarbigem Marmor erbaute Renaissance-Kirche Santa Maria dei Miracoli. Die Pesaro-Madonna und die Himmelfahrt Mariä in der Franziskanerkirche Santa Maria dei Frari schuf Tizian, der dort auch seine letzte Ruhestätte fand.

Dem Verfall preisgegeben

Ob das einzigartige Labyrinth aus Gassen, Inseln und Kanälen langfristig überhaupt gerettet werden kann, ist heute fraglicher denn je.

Venezianische Paläste am Canal Grande.

VENEDIG UND SEINE LAGUNE

Die hölzerne Rialtobrücke wurde im 16. Jahrhundert durch eine formschöne Steinbrücke ersetzt.

Blick vom Campanile über die Lagune.

Der Domplatz

Zwei Jahrhunderte gingen ins Land bis zur endgültigen Fertigstellung des Glockenturms von Pisa. Das haben sich wohl nicht einmal die pessimistischsten Zeitgenossen vorgestellt. Obgleich die Baumeister des legendären Campanile auf einer Wiese am Rand der Altstadt mit Vorbedacht einen trockenen und festen Untergrund gewählt hatten, begann sich der Turm mit seinen sechs Galerien aus weißem Marmor unerbittlich zur Seite zu neigen. Wie am leichten Knick des 1173 begonnenen Glockenturmes erkennbar ist, versuchten die Architekten die Bodensenkung noch während der Bauperiode auszugleichen. Heute hängt der rund 56 Meter hohe Turm, als »Torre Pendente« zum Wahrzeichen der einstigen Seerepublik geworden, 4,50 Meter über. Da selbst Zementinjektionen in Fundamente und Untergrund die mit sieben bis zehn Millimeter pro Jahr fortschreitende Neigung nicht aufzuhalten vermochten, ließ die Verwaltung den Turm mit seinen 294 Stufen 1990 vorsichtshalber sperren.

Außer dem »Torre Pendente« besitzt Galileis Vaterstadt drei weitere schiefe Türme, deren Fundamente im Laufe der

---

Verkehrsverbindungen
Pisa liegt an der A 12/E 80. Größter Flughafen der Toskana.

Tips
Naturpark Migliarino/San Rossore. Reiten in den Monti Pisani. Barockes Kloster Certosa di Pisa bei Calci. Schloß mit romanischer Pfarrkirche in Viscopisano. Badeorte Marina di Pisa und Tirrenia. Ausflüge nach Lucca und Livorno. Historische Regatta der alten Seerepubliken Pisa, Amalfi, Genua, Venedig alle vier Jahre (1995) am ersten Sonntag im Juni. Jährlich am 17. Juni Regatta San Ranieri: Wettrudern der vier Stadtteile Pisas.

Zeit in den Boden eingesunken sind. Immerhin konnte der Mathematiker Galileo Galilei dem geneigten Bauwerk auf der Piazza dei Miracoli positive Aspekte abgewinnen: Der Überlieferung nach ließ der Wissenschaftler verschieden große Bälle von der Aussichtsgalerie hinunterfallen, widerlegte die aristotelischen Theorien über die Fallbeschleunigung und leitete damit seine Fallgesetze ab.

Die Handelsstadt am Arno-Ufer unweit des Ligurischen Meeres, während der Römerzeit als Colonia Julia Pisana wichtiger Flottenstützpunkt, stand im 12. Jahrhundert im Zenit ihrer Macht. Schiffe der kaisertreuen Stadt beherrschten das Tyrrhenische Meer, eroberten Sardinien, Kor-

sika sowie Palermo und drangen bis zu den Balearen vor. Als die Bucht vor Pisa im 15. Jahrhundert versandete, sank der Stern der von Olivenhainen und Weinbergen begrenzten Seerepublik, die ihren Aufstieg nicht zuletzt den Kreuzzügen verdankte. Nach einer vernichtenden Niederlage gegen die Genuesen 1284 bemächtigten sich 1406 die Florentiner der Stadt, die ihren Ruf der Weltoffenheit damit jedoch nicht einbüßte. Pisa entwickelte sich zu Italiens Stadt der Wissenschaften, eng verbunden mit dem Namen Galileis, der mit Hilfe der Kronleuchter in der Kathedrale die Pendelgesetze herleiten konnte.

Der Stil von Pisa

Pisas »Duomo« ist das herausragende Beispiel für den in der Stadt entwickelten Baustil, der später für Dutzende toskanischer Gotteshäuser richtunggebend wurde. Der aus strahlend weißem Marmor errichtete Dom mit grauschwarzen Streifen und rhombenförmigen Dekorationen, 1063 begonnen, war Italiens erste Kirche mit kreuzförmigem Grundriß und Vierungskuppel. Drei Portale werden von Säulen und Blendbogen gerahmt. Im oberen Fassadenteil verlaufen vier Reihen von Zwerggalerien, deren Säulen und Bögen der gesamten Schaufront eine elegante Beschwingtheit verleihen.

Während das Innere mit einer vergoldeten Kassettendecke und einer prachtvollen gotischen Kanzel von Vater und Sohn Pisano ausgestaltet wurde, beherbergt die Apsis eine Kolossalfigur des Erlösers. Nahe der im 12. Jahrhundert geschaffenen bronzenen Porta di San Ranieri erhebt sich das Grabmal Kaiser Heinrichs VII. aus dem Hause Luxemburg. Durch arabische Stilelemente, die Pisas Architekten in den ursprünglich lombardischen Grundstil mit einbezogen, entstand eine eigenwillige romanische Formensprache, deren Feinheit andernorts nie erreicht wurde.

Vor dem fünfschiffigen Dom steht das 1152 romanisch begonnene Baptisterium,

dessen figurenreiche und reliefverzierte Marmorkanzel (um 1260) – ein Meisterwerk von Nicola Pisano – antikes und gotisches Formengut auf einmalige Weise vereint. Nördlich der größten Taufkapelle der Welt erstreckt sich der Campo Santo genannte, ummauerte Friedhof, den die Pisaner während der Kreuzzugszeit mit Erde aus dem Heiligen Land, die in Schiffen herbeigeschafft wurde, auffüllten. Der rechteckig angelegte Campo Santo, in dessen Arkadengängen Grabsteine eingelassen sind, besaß außer römischen und frühchristlichen Grabdenkmälern und Statuen wertvolle Fresken. Die während des Zweiten Weltkriegs schwer beschädigten Kunstwerke konnten nur zum Teil restauriert werden.

Schmucke Paläste

Obgleich Pisa während des Zweiten Weltkrieges in Mitleidenschaft gezogen wurde, blieben zahlreiche Gotteshäuser und Paläste der Nachwelt erhalten. Zu den herausragenden Baudenkmälern zählt auf der Piazza dei Cavalieri der Palazzo dell'Orologio, dessen Renaissancefassade mit Groteskszenen aus dem 16. Jahrhundert stammt, und der graffitiverzierte Palazzo della Carovana (1562) mit den Büsten toskanischer Großherzöge. Als Ordensritterkirche entstand Santo Stefano dei Cavalieri, hinter deren Marmorfassade Trophäen aus den pisanisch-türkischen Kriegen zusammengetragen wurden.

Über die laubengesäumte Hauptgasse Borgo Stretto führt der Weg zur Kirche Santa Maria della Spina, die in französisch-gotischem Stil erbaut wurde. Im Jahre 1871 mußte dieses Gotteshaus, in dem ein Stachel aus der Dornenkrone Christi aufbewahrt wird, vollständig abgetragen und einige Meter höher wieder aufgebaut werden. Nicht weicher Untergrund hatte diesen Schritt erforderlich gemacht, sondern drohende Überschwemmungen.

Der aus weißem Marmor erbaute Dom ist Italiens erste Kirche mit kreuzförmigem Grundriß.

Die gewaltigen Ausmaße des Gotteshauses beeindrucken. Im Hintergrund das Baptisterium.

PISA

Detail des Baptisteriums: Gotischer Wimperg mit Fialen, Kriechblumen und Büste aus der zweiten Hälfte des 13. Jahrhunderts.

Wahrzeichen der Stadt ist der schiefe Glockenturm. Schon während der 200jährigen Bauzeit mehrten sich die Anzeichen, daß der sumpfige Boden unter dem Bauwerk nachgeben würde. Heute hängt der 56 Meter hohe Campanile 4,5 Meter über und neigt sich weiter.

Die Altstadt

Ungeduldig warteten im Sommer 1402 die sieben Bronzebildner, die ihr Proberelief mit der Opferung Isaaks für die zweite Baptisteriumstür in einem öffentlichen Wettbewerb eingereicht hatten, auf die Entscheidung der Jury. Die Siegespalme wurde schließlich einstimmig dem 24jährigen Lorenzo Ghiberti zuerkannt, der damit auch den Gesamtauftrag für die Anfertigung der großen zweiflügeligen Bronzetür erhielt. Sein enormes technisches Können und die hohe Qualität seiner Menschen-, Tier- und Landschaftsgestaltung trugen mit zu der von Florenz ausgehenden Erneuerung der abendländischen Skulptur bei. Begeisterung erregte auch Ghibertis bronzene Osttür des Baptisteriums, die 1452 vollendet war und Michelangelo später zu der Aussage veranlaßt haben soll, sie sei würdig genug, das Tor zum Paradies zu schmücken.

Der im Wettbewerb unterlegene Brunelleschi wandte sich daraufhin fast ausschließlich der Baukunst zu. Aus der Anschauung der römisch-antiken Architektur und unter Anwendung der für die Bauzeichnung wichtigen, mathematisch exakten Perspektive gelang Brunelleschi zwi-

Verkehrsverbindungen
Flughafen. Florenz liegt an A 1/A 11/E 74.

Reisezeit
Im Sommer extremer Besucherandrang.

Übernachtung
Außerhalb der Stadt in Landpensionen.

Tips
Blick auf Florenz vom Piazzale Michelangelo. Ausflüge nach Fiesole (8 km), zur Abtei Cenacolo di San Salvi (4 km) und zum Palast von Poggio a Caiano (18 km) mit den etruskischen Gräbern von Montefortini. Certosa del Galluzzo. Mountainbike- und Fahrradtouren ab San Casciano und durch Florenz. Wandern und Bergsteigen.

schen 1420 und 1436 die schwierige Überkuppelung des Vierungsraums im Florentiner Dom. Bereits 1419 war der Bau des Findelhauses mit epochemachender Säulenvorhalle und Hängekuppeln anstelle der mittelalterlichen Stützpfeiler mit Kreuzrippengewölbe begonnen worden. Brunelleschis Renaissance-Kirchen San Lorenzo (begonnen um 1420) und Santo Spirito (begonnen 1436), beeindrucken durch ihre klar gegliederten, harmonischen Innenräume, während der aus Kubus und Kugel entwickelte Kuppelbau der Alten Sakristei von San Lorenzo neue Akzente in der Zentralraumarchitektur setzt.

Auf dem Gebiet der Renaissanceskulptur schuf Donatello Meisterwerke der Menschendarstellung, darunter die Statuen des Habakuk und Jeremias (Dommuseum) als Synthese aus antikem Kontrapost und gotischer Gewandfigur. In makelloser Schönheit erscheint sein knabenhafter Bronzedavid (um 1435, Bargello-Museum), die erste freistehende und nackte Figur seit der Antike, während die ausgezehrte Gestalt der greisenhaften Maria Magdalena (nach 1453, Dommuseum) von erschütternder Tragik ist.

Auf diesem fruchtbaren Boden erreichte auch die Bildhauerkunst Michelangelos ihre Blüte, dessen Ausdrucksbreite vom Frühwerk mit dem trunkenen Bacchus (1497, Bargello-Museum) und der berühmten Marmorstatue des David (1501–1504, Akademie-Museum) über die unvollendeten Medici-Gräber in der Neuen Sakristei von San Lorenzo mit den allegorischen Sarkophagfiguren des Tages, der Nacht, der Dämmerung und der Morgenröte bis zur tragischen Pietà (Dommuseum) als Spätwerk reicht.

Die abendländische Malerei erhielt revolutionäre Impulse durch Masaccio, der mittels der neu entdeckten Linearperspektive die Figuren, Räume und Landschaften in seinen Fresken und Tafelbildern mit enormer Plastizität und Wirklichkeitstreue wiedergeben konnte. Das Trinitätsfresko in Santa Maria Novella und der Freskenzyklus (1424–1427) zur Lebensgeschichte des Apostels Petrus in der Brancacci-Kapelle von Santa Maria del Carmine legen davon Zeugnis ab. Botticelli malte allegorische Bilder von humanistischem Geist wie die »Geburt der Venus« und »Primavera«, und Ghirlandaio schuf festliche Freskenzyklen zur Heilsgeschichte mit berühmten Zeitgenossen.

Handel, Handwerk und Banken

Voraussetzung für die Kulturblüte im 15. Jahrhundert in Florenz, der Geburtsstätte der Renaissance, war die trotz mancher Krisen starke Wirtschaftskraft der Tuchhandels- und Bankenmetropole, die sich auf solider Handwerkstradition und kaufmännischer Weltoffenheit gründete, gepaart mit Freigebigkeit und einem hohen Kunstverstand der wohlhabenden Oberschicht.

Das politische Zentrum der Stadt bildet die Piazza della Signoria, benannt nach dem neunköpfigen Regierungskollegium aus republikanischer Zeit, wo sich seit Beginn des 14. Jahrhunderts der turm- und zinnenbekrönte Kommunalpalast (Palazzo Vecchio) erhebt, umgeben vom alten Handelsgericht (um 1359) und von der Loggia (1376–1381).

Über den Arno spannt sich seit altersher der Ponte Vecchio mit seinen Läden, die ursprünglich den Metzgern gehörten, die ihre Abfälle gleich in den Fluß warfen, bis sich dort im 16. Jahrhundert die Gold- und Silberschmiede niederließen. An der Piazza del Duomo liegt die 1436 geweihte Kathedrale Santa Maria del Fiore, eine dreischiffige gotische Pfeilerbasilika mit reicher Innenausstattung, flankiert vom relief- und statuengeschmückten Campanile.

Das achteckige romanische Baptisterium San Giovanni (11. Jahrhundert) besticht wie der Dom durch seine vielfarbige Marmorinkrustation und seine im byzantinischen Stil mosaizierte Kuppel.

Bürger, Herzöge und Künstler

Unter den zahlreichen Familienpalästen beeindrucken der fünfgeschossige spätgotische Palazzo Davanzati mit einem Museum zur Florentiner Wohnkultur, der Medici-Palast im Renaissancestil mit Bogenfenstern und Rustikaquaderung sowie Innenhof und prächtig dekorierter Privatkapelle, der Palazzo Rucellai mit Pilasterfassade und als größter florentinischer Stadtpalast der Palazzo Strozzi mit rustizierter Schaufront.

Nahe dem Arnoufer entstand im 14. Jahrhundert die Franziskanerkirche Santa Croce mit offenem Holzdachstuhl und eindrucksvollen Fresken von Giotto und seinem Schüler Gaddi. Die Grabmäler für Ghiberti, Michelangelo, Machiavelli, Galilei und Rossini erheben diese Kirche zur Ruhmeshalle von Florenz.

Als die Stadt seit 1532 von den Medici-Herzögen regiert wurde, erhielt sie ihr fürstliches Gepräge. Cosimo I., als Großherzog (seit 1570) hoch zu Roß auf der Piazza della Signoria von Giambologna verewigt, beauftragte Giorgio Vasari 1560 mit der Umgestaltung des Palazzo Vecchio und dem Bau der Uffizien als Verwaltungsgebäude für das Herzogtum. Hier befindet sich heute eine der bedeutendsten Gemäldegalerien Europas.

Dominierend im Stadtbild von Florenz ist der Dom Santa Maria del Fiore, der 1436 geweiht wurde.

240

Die Fassade des Doms aus dem 19. Jahrhundert zieren Figurenschmuck und Mosaiken. Interessant auch die reiche Inkrustation mit verschiedenfarbigem Marmor.

Der berühmte David von Michelangelo (als Kopie) vor der Fassade des Palazzo Vecchio auf der Piazza della Signorina. Die Figur hat doppelte Lebensgröße. In Michelangelos Jünglingsgestalt ist die gebändigte, gesammelte Kraft des Renaissance-Menschen idealisiert.

241

Das historische Zentrum

Bis auf den Tod verfeindet, ließen die adligen Rivalen im gesamten Stadtgebiet trutzige Türme errichten. Je höher sich der unbezwingbar wirkende Adlerhorst in den toskanischen Himmel reckte, desto günstiger für seine Bewohner, die den Turmeinstieg zur besseren Verteidigung so hoch wie möglich legten. Aus luftiger Höhe ließen die papstfreundlich gesinnten Guelfen auf ihre unversöhnlichen Kontrahenten, die kaisertreuen Ghibellinen, einen Hagel aus Verwünschungen und Geschossen niedergehen. Das Nachsehen hatten dabei jene Herren, die sich aus Geldmangel mit kleineren Türmen bescheiden mußten.

Als San Gimignano den Gipfel seiner Macht erreicht hatte, erhoben sich im Zentrum der mit einem doppelten Mauerring gesicherten Stadt über dem Val d'Elsa 70 Geschlechtertürme, deren Erbauer sich aus Macht- und Prestigegründen zu übertrumpfen versuchten. Erst ein städtischer Erlaß konnte Ende des 13. Jahrhunderts die Bauwut der Streithähne zügeln: Kein Geschlechterturm durfte den 54 Meter hohen Torre Grossa des Palazzo Comunale, Sitz der Stadtverwaltung, überragen.

Verkehrsverbindungen
A 1 oder A 11 bis Florenz, dann Superstrada (SS) Richtung Siena, Ausfahrt Poggibonsi.

Übernachtung
Landhotels. Zimmer im ehemaligen Kloster Sant'Agostino und auf dem Monte Oliveto Maggiore.

Reisezeit
Im Sommer starker Besucherandrang.

Tips
Bester Ausblick auf die Stadt vom Hügel Castel San Gimignano südlich der Stadt. In Céllole (4,5 km) Landkirche, in der Nähe etruskische Totenstadt. Toskanisches Landschaftspanorama mit Blick auf San Gimignano. Franziskanerkloster San Vivaldo (17 km). Exkursion nach Volterra (28 km).

Dank seiner 14 noch erhaltenen Türme gehört das inmitten von hügeligen Olivenhainen liegende San Gimignano zu jenen Städten der Toskana, die ihren mittelalterlichen Charakter bis heute wahren konnten. Zwar hat der Zweite Weltkrieg in der »Città delle belle torri« manche Zerstörung angerichtet, die Silhouette der trutzigen »Wolkenkratzer« und einige erhaltene Adelspaläste verleihen der Kleinstadt jedoch ein Ambiente, das dem Besucher einen Eindruck vom städtischen Leben im 14. Jahrhundert vermittelt.

Wechselvolle Geschichte

Von etruskischen Siedlern gegründet und später nach dem heiligen Bischof von Modena Gimignano benannt, lag der Ort einst an der »Frankenstraße«. Durch einträgliche Handelsgeschäfte und den Anbau von Safran für die Färbung von Seidenstoffen zu Reichtum gelangt, erlebte die unabhängige Kommune zwischen dem 12. und 14. Jahrhundert ihre Blütezeit. Gutbetuchte Auftraggeber ließen Gotteshäuser und Paläste errichten und verpflichteten renommierte Künstler.

Bis 1199 regierten Konsuln die kleine Stadt, dann übernahm ein jährlich gewählter Podestà als höchster Exekutivbeamter die Kommune. Wegen der ständig rivalisierenden Adelscliquen wurde das Amt mit einem Auswärtigen besetzt, der als Schiedsrichter die Konflikte beilegen sollte. Geholfen hat es wenig. 1354 kam San Gimignano unter florentinische Herrschaft. Weil die wichtigen Handelsrouten später an der Stadt vorbeiführten, verarmte der Ort in der Folgezeit rasch. Erste Verordnungen zum Schutz der historischen Stadt wurden zwar bereits zu Beginn des 17. Jahrhunderts erlassen. Aber erst als das Zentrum mit seinen engen Gassen, verwinkelten Plätzen und dunkelrotbraunen Ziegeldächern zum Welterbe erklärt wurde, konnte dem Verfall Einhalt geboten werden.

Palazzo del Popolo

Durch die südliche Porta San Giovanni steigt die Straße sanft zum Kern der autofreien mittelalterlichen Stadt an. Vorbei an der romanischen Kirche San Francesco, in der heute Wein verkauft wird, öffnet sich die Piazza della Cisterna als abfallender, dreieckiger Brunnen-Platz, dessen Pflasterung aus Backsteinen in Fischgrätmuster geschaffen wurde. Im Dante-Saal des von der wuchtigen Torre Grossa überragten Palazzo Comunale, dem ehemaligen Palazzo del Popolo, schuf Lippo Memmi eine »Maestà«, ein Fresko mit thronender Maria.

Ein Gotteshaus wie eine Moschee

Etwa die Hälfte der Türme stehen eng zusammengedrängt auf der Piazza del Duomo. Obwohl die Stadt nie in ihrer Geschichte von einem geistlichen Würdenträger regiert wurde, nennen die Einwohner die äußerlich einfach gestaltete und ein wenig abweisend wirkende »Collegiata Santa Maria Assunta« Dom. Das Gotteshaus mit einer monumentalen Freitreppe besitzt an Wänden und Decken zahlreiche Fresken und Gemäldezyklen.

Die stark restaurierten und zum Teil übermalten alttestamentlichen Szenen im linken Seitenschiff stammen von Bartolo di Fredi. Der Freskenzyklus im rechten Seitenschiff mit Episoden aus dem Leben Christi schuf Barna da Siena, der während der Arbeit 1351 vom Gerüst stürzte und zu Tode kam.

An die Stadtheilige Santa Fina (Serafina) erinnert die gleichnamige Renaissance-Kapelle, die Domenico Ghirlandaio im 15. Jahrhundert mit Szenen aus dem Leben der als Wunderheilerin gerühmten Jungfrau schmückte. Der Überlieferung nach schon im Alter von 15 Jahren gestorben, fand Serafina dort ihre letzte Ruhestätte. Gegenüber der Domfassade entstand 1239 der Palazzo del Podestà mit Portalvorbau und Loggia.

Töpfer und Kunstschmiede

Vom Domplatz aus führt der Weg durch die von ockerfarbenen Palästen und gotischen Turmhäusern gesäumte Via San Matteo in das Nordviertel zur Kirche Sant' Agostino. Das romanisch-gotische Gotteshaus beherbergt Fresken und Gemälde auf Holz, die detailreich Szenen aus dem Leben des heiligen Augustinus und der Gottesmutter schildern, sowie einen Hochaltar mit der Marienkrönung.

Aus Backsteinen und Travertin erbauten die Tempelritter im 13. Jahrhundert San Jacopo dei Templari, dessen Portal mit Rosette im pisanischen Stil gehalten ist.

Als städtischer Aussichtspunkt dient heute die einstige Festung Rocca, die in einen Garten umgewandelt wurde. Dorthin führen im Februar auch die Karnevalszüge. Die Einwohner arbeiten noch heute vielfach als Töpfer, Schmiede und Keramikkünstler.

Von den Etruskern in den Hügeln der Toscana gegründet, erreichte die Stadt im 14. Jahrhundert ihre Blütezeit.

Von den ursprünglich 70 Geschlechtertürmen im kleinen Zentrum der Stadt stehen heute noch 14.

Mittelalterliche Baustrukturen im 20. Jahrhundert: Blick in das enge Häusergewirr.

Das historische Zentrum

S ieben, fünf, drei, kroch Rom aus dem Ei« lernt man im Geschichtsunterricht. Doch das Entstehungsjahr Roms 753 v. Chr. ist ebenso ein Phantasieprodukt wie die Sage vom Stadtgründer Romulus und seinem Zwillingsbruder Remus, die angeblich von einer Wölfin aufgezogen wurden. In Wirklichkeit gab wohl das etruskische Adelsgeschlecht der Rumilier der Siedlung am Tiber ihren Namen. Historisch greifbar wird die »Ewige Stadt« erst im 5. Jahrhundert v. Chr., als die etruskische Königsherrschaft abgeschüttelt und eine Republik gegründet war, die eine Machtkontrolle zwischen den beiden auf ein Jahr gewählten Konsuln, dem Senat und der Volksversammlung vorsah. Nach einem langwierigen Städtekampf zwischen Patriziern und Plebejern wurde schließlich durch gesetzgeberische Maßnahmen eine Gleichstellung erreicht, die im Bau des Concordiatempels von 366 v. Chr. auf staatsreligiöse Weise zum Ausdruck kam.

Bereits zuvor mußten sich die Römer wiederholt gegen die Bedrohungen durch Nachbarstämme und die einfallenden Gallier (387 v. Chr.) zur Wehr setzen. Sie errichteten um die sieben Hügel einen

---

Verkehrsverbindungen
Flughafen Rom-Fiumicino. Zugverbindungen. Rom liegt an der A 1/E 45; A 12/E 80.

Reisezeit
Im Sommer großer Besucherandrang.

Tips
Ruinen von Ostia mit Lido. Palestrina. Etruskische Stadt Tarquinia mit Nekropole. Tivoli. Päpstliche Sommerresidenz Castel Gandolfo.

---

gewaltigen Mauerring und dehnten ihre Herrschaft auf Latium aus. Im 3. Jahrhundert v. Chr. war die römische Republik wirtschaftlich, militärisch und kulturell so weit erstarkt, daß sie den langen Kampf gegen Karthago um die Vorherrschaft im Mittelmeerraum schließlich für sich entscheiden konnte. Der enorme Machtzuwachs fand in zahlreichen öffentlichen Bauten seinen sichtbaren Ausdruck. In der Stadtmitte lagen auf dem Kapitolshügel die Tempel der Hauptgottheiten, des Jupiter Optimus Maximus und der Juno Moneta. Die Via Sacra verband das Kultareal mit dem tiefergelegenen Forum Romanum, dem politischen Zentrum des Römischen Reiches mit Kurie (Senatsgebäude), Rostra (Rednertribüne aus erbeuteten Schiffsschnäbeln) und Volksversammlungsplatz. Daneben gab es Basiliken als Markt- und Gerichtshallen sowie weitere Tempel für den Staatskult, zum Beispiel den Saturntempel, wo der Staatsschatz aufbewahrt wurde, den Vestatempel, wo Jungfrauen das heilige Feuer hüteten, oder den Kastor- und Polluxtempel zur Erinnerung an den Sieg über die Etrusker.

Die Blüte der »res publica« währte jedoch nur kurze Zeit, denn schrankenloses Gewinnstreben zersetzte die alten römischen Tugenden und führte zur Krise der Republik, als die Gracchen seit 133 v. Chr. Landreformen propagierten, der Bundesgenossenkrieg (91–88 v. Chr.) viele Opfer forderte und der Diktator Sulla ab 82 v. Chr. regierte. Auch unter Pompeius und Caesar, der 44 v. Chr. ermordet wurde, setzte sich der Bürgerkrieg fort, den erst sein Adoptivsohn Octavian beenden konnte, seit 31 v. Chr. Alleinherrscher und seit 27 v. Chr. Augustus (der Erhabene).

Strahlender Mittelpunkt des Imperium Romanum

Im augusteischen Zeitalter verwandelte sich Rom zum strahlenden Mittelpunkt des Imperium Romanum mit glanzvollen marmorverkleideten Sakral- und Profanbauten, kostbaren Mosaiken, edlen Skulpturen und herrlichen Wandmalereien. Unter Tiberius wurde mit dem Ausbau des Palatins zur kaiserlichen Residenz begonnen. Nero, der in der selbstentworfenen Domus Aurea residierte, ließ ganze Stadtviertel niederbrennen, um sie großartiger wiederaufzubauen. Zur Zeit der Kaiser Vespasian, Titus und Domitian entstanden das riesige Amphitheater, Kolosseum genannt, der triumphale Titusbogen, der weitläufige Palast der Flavier und das große Stadion, dessen Formen noch heute in der Anlage der Piazza Navona nachvollziehbar sind.

Seine größte Ausdehnung erreichte das Römische Reich unter Trajan, dessen großartige Bauten wie Marktanlage, Forum und Bildsäule noch heute beeindrucken. Hadrian orientierte sich an griechischer Kunst und ließ das Pantheon, einen grandiosen Kuppelbau, errichten sowie sein imposantes Mausoleum, die spätere Engelsburg. Während Caracalla und Diokletian die Millionenstadt um luxuriöse Thermen bereicherten, baute Maxentius seine mächtige Basilika, die Konstantin vollendete, der sich selbst mit einem großen Triumphbogen feierte, aber 330 seine Residenz nach Konstantinopel verlegte. In den Völkerwanderungsstürmen ging das Weströmische Reich mit der Absetzung des letzten Kaisers 476 zugrunde.

Sieg des Christentums

Nach grausamen Verfolgungen hatte das Christentum im Verlauf des 4. Jahrhun-

---

derts staatliche Anerkennung gefunden. Die Päpste residierten im Lateranpalast nahe der Taufkirche Sankt Johannes. Prächtige Basiliken wurden über den Märtyrergräbern errichtet, darunter die Peterskirche und die Pauluskirche.

Im Mittelalter versank Rom, verwüstet und entvölkert, in Bedeutungslosigkeit, trotz des Versuchs, mit der Kaiserkrönung Karls des Großen durch Papst Leo III. im Jahre 800 das römische Imperium zu erneuern.

Im 14. Jahrhundert residierten die Päpste sogar im südfranzösischen Avignon und kehrten nach dem Großen Schisma erst 1417 endgültig nach Rom in den Vatikanpalast nahe Sankt Peter zurück. Fortan wird die Stadt wieder »Caput Mundi«, das Zentrum der christlichen Welt, das mit dem Neubau der Peterskirche Glanz und Macht demonstrierte. Im Auftrag der Päpste schufen berühmte Künstler wie Michelangelo und Raffael, die Baumeister Maderno, Borromini und Bernini, die Maler Caravaggio, Zuccari, Carracci und Reni im 16. und 17. Jahrhundert Kirchen und Paläste, Platzanlagen und Brunnen, Gemälde und Skulpturen.

Barocke Lebensfreude verspürt man noch heute auf der Spanischen Treppe, an der Fontana di Trevi und auf der Piazza Navona.

Daß die Ewige Stadt nicht »an einem Tag« erbaut wurde, wird in den umfangreichen Sammlungen aus zweieinhalb Jahrtausenden deutlich, sei es im Vatikan, im Thermenmuseum, in der Villa Giulia, im Kapitolinischen Museum oder in der Villa Borghese.

Das Forum Romanum wurde erst im 6. Jahrhundert v. Chr. in den Stadtbereich Roms einbezogen.

ROM

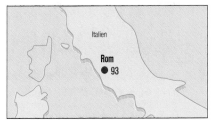

Das Kolosseum, ein ovales Amphitheater, wurde vor allem für Gladiatorenspiele und Wettkämpfe errichtet.

Die heute dreigeschossige Fassade des Kolosseums besteht aus grauem Travertin.

Die Altstadt

Der kürzeste Weg in die bulgarische Vergangenheit führt durch Nesebars altes Westtor mit seinen zwei Fünfecktürmen. Hat der Besucher das mächtige Bauwerk erst einmal hinter sich gelassen, stößt er auf ein Gewirr von Gassen, in denen die Zeit stehengeblieben zu sein scheint: Auf dicken Steinmauern des Untergeschosses, einst als Weinkeller und Lager benützt, erhebt sich der hölzerne Wohntrakt, dessen Balkone, Decken und Erker mit Schnitz- und Reliefarbeiten verziert wurden. Diese gedrungenen Häuser, die allen Stürmen der Zeit getrotzt haben, gehören zusammen mit zehn Kirchen der Schwarzmeerstadt Nesebar zu den ausgezeichneten Kulturdenkmälern des südostslawischen Landes.

Von Mesambria nach Nesebars

Die am Ende des 2. Jahrhunderts v. Chr. von den Thrakern gegründete Siedlung auf einer Halbinsel am Schwarzen Meer wurde 72 v. Chr. von den Römern okkupiert. Unter dem Namen »Mesambria« entwickelte sie sich zu einem bedeutenden Handelsplatz. Im Jahre 680 zum Bistum

---

Verkehrsverbindungen
Charterflüge bis Burgas. Linienbusse verkehren von dort regelmäßig nach Nesebar. Zug Sofia–Burgas.

Reisezeit
Sommer.

Übernachtung
Ferienhäuser, Privatquartiere und Hotels. Auskunft: Bulgarisches Fremdenverkehrsamt Frankfurt/Main.

Tips
Der benachbarte, von einer großen Parkanlage geprägte Kurort Pomorje am Schwarzen Meer.

---

erhoben, geriet die Stadt zwischen die Mühlsteine der Politik. Mehrfach wechselte sie ihre Herrscher, da sowohl der byzantinische Kaiser wie auch die bulgarischen Fürsten ihre Machtansprüche geltend machten.

Schließlich erlebte Nesebars unter den Bulgaren seine Hochblüte. Die Fürsten ließen Gotteshäuser errichten, deren Dimensionen die byzantinischen Vorgänger in den Schatten stellten. 40 Sakralbauten prägten das Stadtbild, ein Viertel davon blieb der Nachwelt meist nur als Ruinen erhalten: Nesebars Kirchen sind eine kraftvolle steinerne Chronik, in der sich die bewegte Geschichte des Landes, das seit

dem Spätmittelalter fünf Jahrhunderte unter osmanischer Fremdherrschaft stehen sollte, noch heute ablesen läßt.

An das älteste Gotteshaus des Schwarzmeerhafens erinnern nur noch Mauerreste. Wenige Trümmer blieben auch von der am Meer errichteten Basilika, einst Hauptkirche des Eleusa-Klosters, im Mittelalter zerstört und später vermutlich nach einem Erdbeben in den Fluten versunken.

Höhepunkte der Sakralkunst

Als größtes Gotteshaus des Mittelalters diente der mit Marmorreliefs ausgeschmückte Kreuzkuppelbau der Johannes-Aliturgetos-Kirche oberhalb von Meer und Hafen, der – wie der Name zum Ausdruck bringt – nach der Weihe nie liturgisch genutzt wurde. Für den Bau der während eines Erdbebens 1913 schwer beschädigten Kirche verwendete man weiße Kalksteinquader und rote Backsteine, die Bogenlaibungen wurden durch Keramikeinlagen verziert. Fast unversehrt blieb dafür die Kirche Johannes des Täufers, Ende des 9. Jahrhunderts gleichfalls als Kuppelbau errichtet und heute Archäologisches Museum mit griechischer Keramik und Plastik sowie Exponaten aus osmanischer Zeit. Zahlreiche wertvolle Kunstwerke aus Nesebars Gotteshäusern sind im Laufe der Zeit in die Nationalgalerie von Sofia ausgelagert worden.

Auf dem Hauptplatz der Altstadt blieb von der Pantokratorkirche (13./14. Jahrhundert) nurmehr das Hauptschiff und ein großer Teil des Turms erhalten. Mit ihren üppigen Verzierungen, etwa die keramischen Rosetten der reichgegliederten Fassaden, markiert die Kreuzkuppelkirche den Höhepunkt der mittelalterlichen Kirchenarchitektur Bulgariens.

Europäischer Anspruch

Schlägt man den Weg in Richtung Hafen ein, stößt man auf den im 14. Jahrhundert entstandenen Nachfolgebau der alten Metropolitenkirche. Das zunächst der Muttergottes und später dem heiligen Stephan geweihte Bauwerk »Sveti Stefan« wurde im 16. Jahrhundert als Bischofskirche durch eine Fachwerk-Vorhalle – Narthex genannt – ergänzt. Die ältesten Fresken der mehrfach ausgemalten neuen Metropolitenkirche, die seit 1599 eine beachtliche Ikonostase besitzt, sind bis auf geringfügige Reste verschwunden. Die Darstellung des Jüngsten Gerichts und der Stifter an der Westfassade stammen aus dem 18. Jahrhundert. Wie ein Wohnhaus wirkt die Erlöserkirche (17. Jahrhundert), von der nur das Schiff erhalten blieb.

Nesebars Reichtum an ungewöhnlichen Kirchen bekräftigt, zumal seit den Restaurierungen im Jahre 1972, einen kulturhistorischen Anspruch, in dem sich diese Museumsstadt als ein bedeutendes Denkmal der europäischen Zivilisation ausweist.

Über dem Hafen erhebt sich die Johannes-Aliturgetos-Kirche, der größte mittelalterliche Bau Nesebars. Die Kirchen der Stadt sind eine steinerne Chronik der bewegten Geschichte.

NESEBAR

Schon im 2. Jahrtausend v. Chr. wurde die Halbinsel besiedelt. Später wurde Nesebar durch eine mächtige, heute noch gut erhaltene Mauer geschützt. Die Stadttore stammen aus römischer Zeit.

Die Altstadt

Die ganze Insel sieht wie eine ungeheure Befestigung aus. Solch' gewaltige, hoch aufgetürmte Massen!« schrieb der romantische Schriftsteller Samuel Taylor Coleridge, als er im Jahre 1803 vom Schiff aus die maltesische Hauptstadt betrachtete. Von massiven Ringmauern und Bastionen umschlossen, thronen die goldschimmernden, in parallelen Straßenzügen angeordneten Sandsteinpaläste, Kirchen und Häuser von Valletta im Schutze eines Forts auf einem 60 Meter hohen Felsen über den blaugrün schillernden Gewässern des Naturhafens. Das wehrhafte Valletta, Mitte des 16. Jahrhunderts gegründet und seit der Eröffnung des Suez-Kanals einer der bedeutendsten Flottenstützpunkte des britischen Imperiums, sollte jeden Angreifer abschrecken, ihm die Sinnlosigkeit seiner Eroberungspläne vor Augen führen.

Der »verfluchte Felsen«

Schon die osmanische Flotte, die Malta handstreichartig in ihren Besitz bringen wollte, mußte sich nach monatelanger Belagerung geschlagen geben. Mit dem Mut der Verzweiflung hatten die Ritter des

---

Verkehrsverbindungen
Regelmäßige Linienflüge, tägliche Flüge über Rom. Fähren von Sizilien nach Malta.

Reisezeit
Mai bis Juni und September bis Oktober.

Tips
Ausflug nach Mdina, der früheren Hauptstadt. Urgeschichtliche Tempelanlagen von Hal Tarxien, Hagar Qim, Ghar Dalam und Hypogäum. Regelmäßige Busverbindungen vom Stadttor (City Gate) aus.

1530 nach Malta verlegten Ordens des heiligen Johannes allen Angriffen einer fünffachen Übermacht getrotzt. »Verfluchter Felsen«, nannte Sultan Suleiman der Prächtige im Jahre 1565 die Mittelmeerinsel, an der die weitere Ausbreitung des Islam scheiterte.

Um das Fort St. Elmo wuchs langsam eine Festungsstadt, die nach dem Johanniter-Großmeister Jean Parisot de la Valette benannt wurde. Was den Muslimen nicht geglückt war, gelang Napoleon Bonaparte. Mit seiner Armee auf dem Weg nach Ägypten, besetzte er 1798 die Insel. Ferdinand von Hompesch, der letzte Großmeister des Ordens, delegierte aus Protest gegen den erzwungenen Rücktritt seinen Titel an Paul I., den Zaren Rußlands. Aus dem »Schild Europas« gegen die Türken

war eine »Polizei des Mittelmeeres« geworden, für die Napoleon keine Verwendung mehr hatte. Im Palazzo Paraiso schien der Glanz des Ritterordens endgültig zu erlöschen. Doch nach der Säkularisation kam es zu einer Erneuerung, wobei sich der Schwerpunkt der Aufgaben von der Politik in den sozialen Bereich verlagerte.

Dunkle Stunden im Tunnel

»Il-Belt Valletta«, so die amtliche Bezeichnung für die Hauptstadt, betritt der Besucher durch das erneuerte Stadttor. Eine Zugbrücke führt über tiefe Festungsgräben, wo auch der Tunnel der schon in den zwanziger Jahren stillgelegten Eisenbahn in den Fels gehauen wurde. Er diente während des deutsch-italienischen Bombenhagels im Zweiten Weltkrieg vielen Maltesern als sicherer Schutzort.

In der Ordonance Street erhebt sich Vallettas ältestes Gotteshaus Our Lady of Victories, gegenüber den Barockfassaden der Kirche Santa Caterina d'Italia, hinter der die mächtige Auberge d'Italie den italienischen Angehörigen des Ordens als Herberge diente. Die Auberge de Castile et de Leon fällt durch ihre reich geschmückte Fassade mit breiter Freitreppe auf: Durch den von Säulenpaaren und zwei Kanonen flankierten Eingang des heutigen Regierungssitzes in der Oberstadt führt der tägliche Weg des maltesischen Premierministers. Staatspräsident und Parlament sind im Großmeisterpalast mit seinen botanischen Gärten untergebracht. Waffenarsenal und die »State Rooms« genannten Repräsentationsräume, vor allem der mit Brokatwänden geschmückte Gelbe Prunksaal und der Gobelinsaal, vermitteln einen Eindruck von der einstigen Macht des Ordens, dessen Angehörige im Johanniterhospital nahe von Fort St. Elmo, unabhängig von ihrem Rang, die Kranken pflegten.

Unweit der Auberge de Provence, heute ein Archäologiemuseum mit Funden aus den maltesischen Tempeln der Mega-

lith-Zeit, strebt die Doppelturmfassade der Johanniterordenskirche (St. John's Co-Cathedral) in die Höhe. Vom Balkon des von zwei mächtigen Vierecktürmen im Renaissancestil flankierten Hauptportals aus verlasen die Großmeister ihre Proklamationen. Über einen Boden mit 375 Grabplatten aus Einlegearbeit in verschiedenfarbigem Marmor erreicht man die nach Landsmannschaften getrennten Kapellen, in denen die Ordensritter ihre letzte Ruhestätte gefunden haben. In unterwürfiger Haltung knien türkische und afrikanische Sklaven-Figuren auf dem Grabdenkmal für den Großmeister Nicholas Cotoner, der in der Aragonischen Kapelle beigesetzt wurde. Nach dem Oratorium, in dem sich Caravaggios »Enthauptung Johannes des Täufers« befindet, erreicht der Besucher die Schatzkammer mit hervorragend erhaltenen Wandteppichen aus dem 17. Jahrhundert.

Vallettas typische, bis zu acht Etagen hohe Häuser mit Holzbalkonen und Erkern sind besonders gut in der Triq Zekka Street (Old Mint Road) erhalten geblieben. Droschkenkutscher (Karrozini), Losverkäufer und Bauersfrauen aus dem Umland bevölkern Vallettas wichtigste Straße, die Republic Street, außerhalb der Siestastunden mit pulsierendem Leben. Obwohl das streng katholische Malta schon seit 1964 unabhängig ist, werden die Traditionen des Mutterlandes Großbritannien gerade in der Hauptstadt hochgehalten. Und das Denkmal für Manwel Dimech, der als einziger Malteser am 7. Juni 1919 den ersten und letzten Volksaufstand anzettelte, muß seinen Standort auf dem Republic Square mit einer Statue von Königin Victoria teilen.

Von Ringmauern umschlossen liegen die Paläste und Kirchen im Schutze eines Forts auf dem 60 Meter hohen Felsen. Die Anlage führte jedem Angreifer die Sinnlosigkeit seiner Eroberungspläne vor Augen.

VALLETTA

Ein Erbe aus arabischer Zeit sind die verspielten Balkone über den Straßen der Innenstadt.

In der Rüstkammer des Großmeisterpalastes stehen lebensgroße Figuren in den Rüstungen von Ordensrittern.

Strenge Regeln auf dem Heiligen Berg

Selbst das Empfehlungsschreiben, das der junge Mann dem ungehaltenen Mönch eilig hinstreckt, verfehlt an diesem Tag die Wirkung: Weil die Shorts und langen Haare des Besuchers der Würde des Heiligen Berges nicht angemessen seien, wird ihm die Einreise in die autonome orthodoxe Klosterrepublik Athos auf der gleichnamigen Halbinsel im Norden Griechenlands verweigert. Alle Überredungsversuche scheitern, der diensthabende Mönch bleibt so abweisend wie die festungsgleichen Fassaden der Bergklöster, hinter deren Mauern seit Jahrhunderten andere Gesetze herrschen.

Zutritt nur für Männer

Wer die 40 Klöster des »Ágion Óros« besichtigen will, muß sich den mönchischen Vorschriften auch heute noch ohne Widerrede beugen: Zugelassen werden ausschließlich Männer über 18 Jahre, die sich zuvor bei ihrer Botschaft oder beim griechischen Außenministerium erfolgreich um eine »Diamonitirio«, wie die Aufenthaltserlaubnis auf griechisch heißt, bemüht haben. Nur zehn nichtorthodoxe

Verkehrsverbindungen
Linien- und Charterflüge nach Thessaloniki. (Charterflüge nach Kavala nur im Sommer.) Mit dem Bus nach Ouranoupolis. Empfang durch die Mönche im Hauptort Karyés.

Reisezeit
Ganzjährig, großer Andrang in der Osterzeit.

Übernachtung
Im Kloster.

Tips
Makedoniens Hauptstadt Thessaloniki. Badeort Stavros. Kappadokische Teppichweberei im Turm von Ouranoupolis.

Besucher werden täglich auf der 45 Kilometer langen Halbinsel geduldet. Nach vier Tagen müssen sie die Klöster, in denen sie wohnen und das Essen mit den frommen Männern teilen, verlassen.

Kaiserliche Gönner

Obschon die traditionsreiche Mönchsrepublik seit 1926 Teil des griechischen Staates ist, ließen die Athener Behörden Verfassung und Verwaltung durch die »Heilige Gemeinschaft« – in ihr sind die Vertreter der 20 noch bewohnten Athos-Klöster zusammengeschlossen – weitgehend unangetastet. Der wald- und

macchiabewachsene, 2033 Meter hohe »Óron Áthos« blieb bis heute eine abgeschiedene Welt mit strengen Regeln, die sich die Mönche im Laufe der Jahrhunderte selbst gegeben haben.

Mitte des 9. Jahrhunderts ließen sich erstmals Siedler am äußersten Ende des dritten östlichen Armes der Halbinsel Chalkidike im Ägäischen Meer nieder. Nach der Gründung des ersten Klosters durch den heiligen Athanasios um 963 entstanden in schneller Folge weitere Klöster, die zusammen mit Siedlungsorten von den byzantinischen Kaisern nach Kräften gefördert wurden. Die rechtliche und geistliche Oberhoheit übernahm der ökumenische Patriarch von Konstantinopel, woran sich bis heute nichts geändert hat.

Georgier, Russen, Bulgaren und Serben zogen auf die Halbinsel, im 15. und 16. Jahrhundert erlebte der Heilige Berg seine Hochblüte: Damals zählte man etwa 35000 Mönche in 40 hochangesehenen Großklöstern, die im Laufe der Zeit beachtlichen Reichtum anhäuften. Davon zeugen heute noch byzantinische Ikonen, makedonische und kretische Mosaiken, Fresken sowie mittelalterliche Handschriften, etwa im Kloster Megisti Lavra, in deren kuppelbekrönter Hauptkirche eine reichgefüllte Schatzkammer untergebracht ist. Als größtes und reichstes Kloster besitzt Vatopédi prächtige Bronzetüren und ein mosaikgeschmücktes Giebelfeld im Katholikonportal sowie eine Bibliothek mit einer umfangreichen Sammlung, darunter kaiserliche Stiftungsurkunden.

Neben den Klöstern, die zum Schutz vor Überfällen häufig als wehrhafte Festungen gebaut wurden, errichteten die frommen Männer kleine Klosterdörfer (Skitae) oder ließen sich nach Art der Einsiedler in Mönchszellen und Höhlen hoch

über den Steilklippen nieder, unermüdlich auf der Suche nach den höchsten Formen des geistlichen Lebens auf Erden.

Koinobitentum und Idiorrhythmie

Während die einen getreu den koinobitischen Ordensregeln eine Gemeinschaft bildeten und auf eigenen Besitz verzichteten, nahmen die anderen die idiorrhythmischen Regeln an: Jeder blieb für sich, nur die Teilnahme am gemeinsamen Gottesdienst war vorgeschrieben. Obwohl die Mönche generell auf Fleisch verzichteten, war das Maß der Askese von Kloster zu Kloster unterschiedlich ausgeprägt.

Weil fast alle Athos-Klöster bis heute unbeirrt am Julianischen Kalender festhalten, liegt der Heilige Berg seit dem Mittelalter um 13 Tage hinter dem gregorianischen Kalender der Außenwelt zurück. Und selbst die Uhren gehen anders: Während die Uhrzeit im Kloster Iviron mit dem Sonnenaufgang beginnt, haben sich die übrigen Klöster für den Zeitpunkt des Sonnenuntergangs entschieden.

Anhaltender Zerfall

Heute zeigt sich die »Heilige Gemeinschaft«, deren Sitz in der Ortschaft Karyés liegt, kaum noch in der Lage, das Kulturerbe auf dem Heiligen Berg ohne fremde Hilfe instand zu halten. Denn an vielen Klöstern lassen sich inzwischen die Spuren der Zeit deutlich ablesen. Felder und Weinberge liegen zunehmend brach. Außerdem ist die Zahl junger Männer, die sich einem entbehrungsreichen Leben in der Abgeschiedenheit der Klosterrepublik verschreiben, in den letzten Jahren ständig gesunken.

Das reizvoll auf einem Felsplateau gelegene Dochiarios-Kloster wurde um 1040 erstmals in Urkunden erwähnt. Die 500 Jahre später errichtete Kirche ist bekannt durch ihre kretischen Fresken.

ATHOS

Moni Xiropotamu, das Kloster am »Trocken-fluß«, soll schon vor der Jahrtausendwende als Mönchsgemeinschaft gegründet worden sein. Der Klosterschatz ent-hält eine Abendmahl-schale, die wohl aus dem 5. Jahrhundert stammt.

Die strengen Regeln des Klosterlebens stellen die Mönchsrepublik heutzutage vor große Nachwuchsschwierigkeiten. Immer weniger junge Männer sind bereit, sich in der Abge-schiedenheit von Athos einer rigorosen geisti-gen und physischen Zucht zu unterwerfen.

Die Wiege der abendländischen Kultur

Als Perikles im Jahre 448 v. Chr. den Baumeister Iktinos und den Bildhauer Phidias mit dem Weiterbau des Parthenon-Tempels beauftragte, dachte der athenische Staatsmann zunächst an einen Beitrag zur antiken »Vollbeschäftigung« für Arbeitskräfte. Zehn Jahre nach Beginn der Arbeiten erhob sich auf dem Kalksteinfelsrücken im Süden Athens einer der größten Tempel der Antike, ein perfekt gelungenes Bauwerk, das den Höhepunkt der griechischen Klassik markiert. Statt sich jedoch an der prächtigen Kultstätte für die Schutzgöttin Athene zu erfreuen, überhäuften die Zeitgenossen Perikles mit harschen Vorwürfen und nannten ihn einen verschwendungssüchtigen Baumeister, der seine Stadt »wie eine Prostituierte« herausputze.

Tempel als Pulverkammer

Trotz dieser Kritik galt der Parthenon-Tempel auf der Akropolis allen nachfolgenden Generationen als Symbol der geistigen, kulturellen und politischen Größe des klassischen Athen. Im Mittelalter wurde der Parthenon in eine Marienkirche umgewandelt, später diente die Akropolis

---

Verkehrsverbindungen
Athen liegt an der E 75. Täglich Flüge, Züge, Schiffsverbindungen.

Übernachtung
In der Hauptsaison auch in den Vororten Kifissia, Politia, Varimbombi und Drossia.

Reisezeit
In der Sommersaison gewaltiger Besucherandrang im historischen Zentrum.

Tips
Fahrt mit der Schmalspur-Peloponnes-Eisenbahn mit Buffet-Wagen von Piräus nach Athen.

Maroussi (12 km im Norden) Keramikhochburg und Keramik-Ausstellungen. Parnes (34 km), höchster Berg Attikas, Bergwandern, Seilschwebebahn. Kasino in Mont Parnes. In Koutouki (23 km) Tropfsteinhöhlen.

---

den fränkischen Kreuzfahrern als Sitz. Nach dem Osmaneneinfall ließ der Sultan im Erechtheion kurzerhand seinen Harem einquartieren. Während der venezianischen Belagerung im Jahre 1687 explodierte ein Pulvermagazin, das die Türken im Parthenon untergebracht hatten. Wann das mit Elfenbein, Gold und Juwelen geschmückte Standbild der Athene verschwand, ist nicht mehr zu klären. Zu Beginn des vorigen Jahrhunderts ließ der kunstsinnige Lord Elgin einen Großteil der weltberühmten Skulpturen des Bildhauers Phidias aus den Giebelfeldern sowie die Metopen entfernen, die 1816 durch Verkauf in das Britische Museum in London gelangten.

Zugang über den Heiligen Weg

Seit einigen Jahrzehnten verwandelt der saure Regen über der griechischen Hauptstadt zusammen mit dem »Néfos« genannten Giftnebel die Marmorblöcke in weichen Mörtel. Die in den zwanziger Jahren eingesetzten Eisenklammern sind so stark verrostet und angeschwollen, daß die Steine der Akropolis an vielen Stellen Risse zeigen.

Nur frühmorgens, wenn man sich der Akropolis über den »Heiligen Weg« (Iera Odos) nähert und in der Ferne noch das blaue Band des Meeres sichtbar ist, läßt die Oberstadt etwas von dem Flair des Altertums ahnen. Die Phantasie macht eine Epoche lebendig, als Athens Einwohner über die gleiche Straße anläßlich des alle vier Jahre stattfindenden Panathenäen-Festes vom Hauptplatz, der Agora, zur Akropolis zogen.

Durch das Beulé-Tor betraten die über den glatten Steinboden eilenden Besucher die geweihte Stätte, in deren Zentrum der einst bemalte Parthenon stand. Während in dem dafür vorgesehenen Kultareal Opfertiere geschlachtet wurden, ertönten von überall her die Schreie von Eulen, den geheiligten Tieren der Athene. Auf dem Ostgiebel des von dorischen Säulen umgebenen Wohnsitzes der Göttin, deren zwölf Meter hohes Standbild der weltberühmte Phidias geschaffen hatte, erblickten die staunenden Besucher die in Stein gehauene Geburt der Athena: Hephaistos spaltet mit einer Axt die Schädeldecke des Zeus, der die rüstungtragende Jungfrau unter den Blicken der versammelten Götter entspringt.

Siegesgöttin ohne Flügel

Trotz seiner gewaltigen Dimension wirkt der Parthenon nicht erdrückend. Durch die Schwellung der Säulenschäfte, die kaum sichtbare Neigung der Säulen nach innen und die leichte Krümmung der Horizontalen verjüngt sich das dorische Gebäude mit ionischen Elementen und attischen Formen nach oben hin auf harmonische Weise.

Der Siegesgöttin geweiht ist der zierliche Tempel der Nike, die hier in Abweichung zu den übrigen Darstellungen als »Nike Apteros« keine Schwingen trägt: Der Sieg sollte nicht aus Athen davonfliegen. Der während der Türkenzeit stark beschädigte Fries zeigt Kampfszenen zwischen Persern und Griechen und ist damit für hellenische Tempel, an denen in der Regel mythologische und nicht etwa historische Szenen verewigt wurden, unüblich.

Göttliche Machtkämpfe

Das der Athena Polias, ihrem Widersacher Poseidon und den mythischen Urkönigen Kekrops sowie Erechtheus geweihte Erechtheion hebt sich durch seinen eleganten Baustil von den übrigen Gebäuden der Akropolis deutlich ab. Als Begräbnisstätte vorgesehen, erhielt das Erechtheion einen Vorbau mit Karyatiden – Tempelsäulen in Mädchengestalt – als Stützen.

Im Inneren befanden sich das Holzstandbild der Athena und der legendäre Ölbaum, den die Göttin aus dem Felsen zauberte, um im Kampf für die Unabhängigkeit Athens ihren Gegner Poseidon zu überflügeln. Von den zwei hintereinanderfolgenden und durch fünf Portale verbundene Hallen der Propyläen blieben nur Außensäulen und Teile einer Kassettendecke übrig.

Schneller als erwartet wird der träumende Besucher wieder in die Gegenwart zurückgeholt: Etliche Gebäude sind seit Jahren eingerüstet, die Restaurierungsarbeiten werden sich noch über Jahre hinziehen. Mit Marmorblöcken aus dem nördlich von Athen gelegenen Penteli-Berg schließen die Steinmetze immer wieder Lücken in der Akropolis, antiker Gegenpol zu »Zementopolis«, wie die Athener die moderne Hauptstadt von Hellas respektlos nennen.

Das Erechtheion mit den anmutigen Karyatiden der Korenhalle.

AKROPOLIS

Zu den berühmtesten Bauten der Akropolis gehört der Nike-Tempel, entstanden unter Perikles.

Auf schroffem Felsen hoch über Athen erhebt sich die Akropolis, der religiöse Mittelpunkt der Stadt im Altertum.

Bodenschätze im »Zentrum der Welt«

Atemlos stürmte der Bauer in die Taverne, um seinen Kollegen von einem unglaublichen Fund zu berichten. Ganz zufällig war er beim Pflügen seines Ackers an einem heißen Herbstnachmittag des Jahres 1961 auf Grundmauern gestoßen, gewiß verbarg sich noch viel mehr unter der steinigen Oberfläche des kargen Feldes in der Nähe der Stadt Paphos an Zyperns Südwestküste. Sowohl bei seinen Freunden als auch später bei der Bezirksverwaltung erweckte die Schilderung des Bauern nur mäßiges Interesse. Denn wo immer man auf den kargen Feldern auch nur leicht grub, stieß man ständig auf Zeugen der fast 9000jährigen Vergangenheit der Insel, an deren Gestade in der Mythologie die schaumgeborene Aphrodite dem Mittelmeer entstiegen war.

Göttin und Priesterkönige

Daher fiel ausländischen Archäologen die Aufgabe zu, Zyperns Baudenkmäler aus römischer Zeit für die Nachwelt zu sichern. In jahrelanger Arbeit legten sie die Reste von mehreren Villen frei und entdeckten dabei jenen prächtigen Mosaik-

---

Verkehrsverbindungen
Regelmäßige Linien- und Charterflüge nach Paphos und Larnaka. Larnaka, Limassol und Paphos besitzen auch Häfen. Keine Einreisemöglichkeit über den türkischen Teil.

Reisezeit
Mai bis Juni, September bis Oktober.

Tips
An der Lara-Bay kümmert sich eine Projektgruppe um den Schutz von Meeresschildkröten, Badebucht Coral Bay. Auf der Halbinsel Akamas »Bad der Aphrodite«, 47 km nördlich von Paphos. Mehrere Klöster in der Umgebung von Paphos. Zahlreiche Wandermöglichkeiten im griechischen Teil.

---

schmuck, der heute zu den kostbarsten Schätzen der Menschheit im östlichen Mittelmeerraum zählt.

Schon im 12. vorchristlichen Jahrhundert bauten mykenische Siedler auf einem Hügel nahe dem Geburtsort der Aphrodite einen dreiräumigen Tempel, den sie der Göttin weihten. Später gründete der Priesterkönig Nicocles 15 Kilometer von der Siedlung Paphos entfernt die Hafenstadt Neu-Paphos. Nach den Griechen eroberten Phönikier, ägyptische Ptolemäer und Römer Paphos, das Ovid zum »Zentrum der Welt« erhob. Unter den Engländern, die 1878 in der heruntergewirtschafteten

Stadt nur noch etliche Minarette vorfanden, entstand das Verwaltungs- und Geschäftszentrum Ktima mit Gebäuden im Kolonialstil. Aufstände gegen die Briten führten schließlich zur Unabhängigkeit Zyperns. Damit bekam der traditionelle Kampf zwischen Griechen und Türken um die Vorherrschaft, von den Mutterländern mehr denn je forciert, eine neue Qualität. Die Insel wurde geteilt.

Lebendiger Aphroditekult

Der Aphroditekult, dessen Heiligtum in Alt-Paphos zahllose Anhänger aus der antiken Welt anzog, ist bis heute unter christlichen Vorzeichen erhalten geblieben: Getreu dem alten Brauch opfern junge Mütter auf einem Stein im Tempel der Milch spendenden Jungfrau Maria Kerzen.

Fast unauffällig liegen zwischen den einzelnen Orten die durch mehrere Erdbeben in Mitleidenschaft gezogenen Schätze der Vergangenheit – Villen, Nekropolen, die Katakombe des heiligen Solomoni und die frühchristliche Basilika »Unserer Lieben Frau des Hafens«. Das hinter den Hafenrestaurants mit seinen legendären Pelikanen liegende Gotteshaus wurde von Sarazenen zum Teil zerstört, den arabischen Inschriften an den Säulen zufolge von den Eroberern jedoch auch als Gebetshaus genützt. Die Paulus-Säule erinnert an den rastlosen Apostel, der mit Barnabas die Einwohner ohne großen Erfolg zum christlichen Glauben bekehren wollte und nach einem heftigen Streit an dieser Säule durch Peitschenhiebe von seinem missionarischen Eifer kuriert werden sollte.

Aus der Ptolemäer-Epoche stammen die Königsgräber. Königliche Leichname wurden dort allerdings nie beigesetzt, da es damals gar keine Priesterkönige mehr gab. Die Eingänge zu den Grabkammern erinnern an pharaonische Bestattungsorte, an den Wänden sind Reste von Gemälden erhalten geblieben. Am Hafenkai erheben sich die Mauern des fränkischen Kastells, das von den Türken zum Fort ausgebaut

wurde. Die »Saranta Kolones« (Vierzig Säulen) genannte Befestigung an der Straße zu den Römervillen diente lange als Steinbruch, ist aber in ihrem quadratischen Grundriß noch heute gut wahrnehmbar.

Die großzügig angelegten Atriumvillen mit ihren phantastischen Mosaiken aus der griechischen Heldensage sind neben Odeon (Theater) und dem Heiligtum für Aeskulap, den Gott der Heilkunst, Ausdruck für das hohe künstlerische Niveau während der Römerzeit. Im Haus des Theseus residierte wohl der Prokonsul, der im Südflügel die Geschichte des Achilles in Mosaikform verewigen ließ. Die wertvollste Wand- und Bodendekoration aus bunten Steinchen schufen die griechischen Künstler im Haus der Aionas, wo sich auch eine Darstellung der Leda mit dem Schwan befindet.

Bacchus im Triumphwagen

Gleich nach der Ausgrabung der Villa des Dionysos wurden die freigelegten Mosaiken in einem modernen Bau in Atriumform geschützt. Sie zeigen das Motiv des Narziß, darunter allegorische Darstellungen der Jahreszeiten und die Begrüßungsworte CHAIRE und KAI SI. Der Gott der Ekstase und der Fruchtbarkeit, von den Römern Bacchus genannt, erscheint in einem von Panthern gezogenen Triumphwagen in Gefolgschaft eines Satyrs mit Weingefäß und weiteren Zechkumpanen.

Eine tragische Szene aus der griechischen Mythologie befand sich einst im Atrium: König Ikaros, dem Dionysos die Kunst des Weinbaus beigebracht hatte, servierte das unbekannte Getränk seinen Hirten, die berauscht zu Boden sinken. Weil die weniger betrunkenen Gefährten glaubten, daß Ikaros sie heimtückisch vergiftet habe, schlugen sie den unglücklichen Winzer tot; gleich daneben thront Dionysos, der – von allem nichts ahnend – fröhlich der Akme zuprostet.

Lange Zeit diente die Saranta Kolones, Vierzig Säulen, genannte Befestigung an der Straße zu den Römervillen als Steinbruch. Der quadratische Grundriß ist aber noch gut erkennbar.

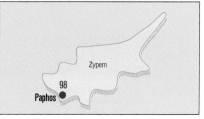

Wuchtige Kirche in gedrungener
Bauform.

Dionysos erscheint in einem von
Panthern gezogenen Triumphwagen,
dargestellt auf einem Mosaik im
Haus des Dionysos.

Die alten Stadtbezirke

Von der staubigen Hitze des lärmerfüllten Basarviertels unberührt, verharrt der Mann in traditioneller Kleidung auf seinem Hocker vor einer messinggeschmückten Truhe. In dem mit rotem Samt ausgeschlagenen Kasten liegt sein Handwerkszeug, das ihn in den nächsten Minuten als souveränen Künstler seines Fachs ausweisen wird: Nachdem die schmutzige Fußbekleidung eines Passanten mit Hilfe zahlreicher Bürsten und dem Inhalt aus 20 Schuhcremeflaschen auf Hochglanz gebracht worden ist, wird klar, daß in Istanbul sogar Schuheputzen ein altes und ehrenwertes Handwerk darstellt.

Während der Besucher das unvermeidliche Spießrutenlaufen durch die Gruppe der allgegenwärtigen, hartnäckigen Straßenhändler hinter sich zu bringen versucht, hoffen die Angler auf der Karaköy-Brücke auf einen dicken Fang. In den einzelnen Stockwerken der Brücke halten Restaurantbesitzer Ausschau nach Kundschaft, der sie eine Hauptmahlzeit aus Riesencrevetten, Muscheln und Schwertfisch, im ungünstigen Fall auch nur eine Tasse Mokka mit Schwatz, schmackhaft machen können.

Istanbul, im Jahre 395 unter dem

Verkehrsverbindungen
Istanbul liegt an der E 80. Internationaler Flughafen, Zugverbindungen, Schiffsverkehr.

Reisezeit
April bis Oktober.

Tips
Bei weniger als drei Tagen Aufenthalt Teilnahme an einer Besichtigungsfahrt. Besuch der verschiedenen Basare, besonders des Ägyptischen Basars. Bosporus. Dampferfahrt zu den Prinzeninseln und zur Festung Rumeli Hisari. Badeorte Kilyos und Şile mit Wasserfällen.

Namen Konstantinopolis offiziell zur Hauptstadt des oströmischen Reiches erhoben und in den letzten Maitagen des Jahres 1453 von den osmanischen Belagerern zu Fall gebracht, wirkt von dieser Brücke aus betrachtet wie eine schimmernde Fata Morgana am Schnittpunkt von Orient und Okzident. Als einzige Stadt der Welt auf zwei Kontinenten erbaut, besitzt Istanbul ein gewaltiges Kulturerbe aus römischen Bauwerken, byzantinischen Kirchen und türkischen Palästen, das Vergangene wird indes immer stärker durch die Gegenwart überlagert. Istanbuls 500 Moscheen kontrastieren mit den Betonburgen der monotonen Vorstädte, die ständig weiterwachsen.

Auf einer Halbinsel zwischen Goldenem Horn und Marmarameer angelegt, war die Stadt in der Spätantike durch massive Landmauern geschützt. Als das byzantinische Konstantinopel unter dem Ansturm der Truppen Sultan Mehmet Fathis (des Eroberers) in Trümmer fiel, fand Konstantin XI. Drageses, der letzte Kaiser, den Tod. Die Überreste des Kaiserpalastes, darunter byzantinische Fußbodenmosaike, Festungswälle, unterirdische Zisternen u.v.a., vermitteln heute noch einen vorzüglichen Eindruck von der einstigen Bedeutung der Anlage. Die antiken Bronzepferde, vermutlich aus der Zeit Kaiser Hadrians, waren schon 1202 nach Venedig geschafft worden.

Kirchen zu Moscheen

Mehmets Eroberung sollte bald den Glanz Bagdads und Kairos in den Schatten stellen. Nach seinem Sieg über das christliche Kreuz ließ er die kuppelbekrönte Hagia Sophia Kaiser Justinians in eine Moschee umwandeln, wobei die prächtigen Mosaiken des Gotteshauses, das seit 1934 als Museum dient, übertüncht wurden. Zu den später wieder freigelegten Werken gehört das Bildnis der Heiligen Jungfrau mit Kind und Engelschören, unter das osmanische Künstler Koranweisheiten geschrieben haben. Das älteste Mosaik, eine Jesusdarstellung aus dem 9. Jahrhundert, ziert den Eingang der einstigen Begräbniskirche der byzantinischen Kaiser.

Als letzte Sultansmoschee errichtete Ahmet I. Anfang des 17. Jahrhunderts die »Blaue Moschee«, die in ihrer Monumentalität der Hagia Sophia in nichts nachsteht. Die mit blauen Fliesen aus Iznik, einem großen Hängeleuchter und prächtigen Teppichen geschmückte Moschee besitzt gewaltige Fenster, die das Tageslicht brechen und es in alle Richtungen lenken. Als einzige Moschee erhielt sie sechs statt normalerweise vier Minarette.

Unter Suleiman I. wurde der von Mehmet dem Eroberer begonnene Stiftungskomplex (Serai) auf der Spitze der Halbinsel in die weitläufige Topkapi-Palaststadt erweitert. Bis zum Ausbruch des Ersten Weltkrieges diente die »Hohe Pforte«, in deren Kern Justinians Irenenkirche steht, als Sitz des türkischen Sultans. Im Inneren befinden sich heute Museen mit Waffen-, Porzellan- und Handschriftensammlungen sowie als bemerkenswerte Reliquien Arm und Kopf von Johannes dem Täufer. Daneben liegen Schwert, Bogen und Mantel des Propheten Mohammed.

Der einst durch einen Obereunuchen bewachte Haremsteil, dessen Wände mit Spiegeln und Azulejos verziert sind, ist tagsüber in bläuliches Licht getaucht. Ein Brunnen hält den Raum angenehm kühl und verhinderte in frühen Zeiten, daß die Damen bei ihren Gesprächen belauscht wurden. Im »Goldenen Käfig« harrten die Prinzen ihrer Volljährigkeit entgegen.

Noch zur Sultanzeit geschaffene Geheimgänge, versteckte Türen und doppelwändige Schränke sollten im Falle ständig befürchteter Komplotte die Flucht von Herrscher und Hofstaat erleichtern. Von der großen Terrasse aus bietet sich zwischen Lusthäusern und Schwimmbassins ein eindrucksvoller Blick auf Istanbul.

Außerhalb des früheren Sultansitzes findet der Besucher im Haseki Hanim Hamami orientalische Baderäume, türkische Teppiche und das Grabmal Abdurahman Samis, der nach der Belagerung der Stadt im 7. Jahrhundert geköpft worden war. Heute gilt der unglückliche Bannerträger der Araber als Schutzpatron für verlorene Gegenstände.

Fayencen aus Iznik schmücken auch den Sokollu Mehmet Paşa Camii. In den Türstock dieses Palasts wurde ein kleiner Splitter des schwarzen Steines der Kaaba, des höchsten islamischen Heiligtums im fernen Mekka, eingelassen.

Wer nach dem Besuch der wohlausgestatteten Basare, durch die alle Wohlgerüche Arabiens wehen, nach den balkongeschmückten und farbenfrohen Holzhäusern des vorigen Jahrhunderts Ausschau hält, lenkt seine Schritte in die kopfsteingepflasterte Gasse Soguk Cesme Sohak. Die meisten alten Häuser Istanbuls mußten in den vergangenen Jahren neuen Quartieren weichen. Vielleicht ist diese Stadt zwischen zwei Welten ein Spiegelbild der alten und der modernen Türkei.

Von vier Pfeilern gestützt, überspannt die Steinkuppel der Blauen Moschee scheinbar schwerelos fast 24 Meter.

Die Blaue Moschee, erbaut in den Jahren 1609 bis 1616, gehört mit den schlanken Minaretten zum Wahrzeichen der Stadt.

Fremdartig, prunkvoll der Thron im Topkapi.

257

Nationalpark und Felsendenkmäler von Kappadokien

Wie gespenstische Finger wachsen nadelartige Felskegel aus dem Vulkangestein, das im Licht der aufgehenden Sonne Anatoliens ockerfarben zu schimmern beginnt. Die bis zu 30 Meter hohen Zuckerhüte, auf deren Spitze ein massiver Stein thront, erheben sich auf steinigen Terrassen neben geröllgefüllten Schluchten, durch die sich hier und da ein Wasserlauf schlängelt. »Feenkamine« tauften die Bewohner Kappadokiens diese bizarren Schöpfungen der Naturkräfte.

Nachdem zwei Vulkane in diesem Teil der Zentraltürkei vor fünf Millionen Jahren ihre feurigen Lavamassen in die Luft geschleudert hatten, formten Wind und Wasser in der Folgezeit eine phantastische Felsenlandschaft. Und auch der Mensch hinterließ dort seine Spuren: Mit primitiven Werkzeugen gruben sich die Bewohner in das weiche Lavagestein hinein und hinterließen der Nachwelt Kammern, Kapellen, Klöster und Ortschaften auf mehreren Stockwerken, durch Gänge und Treppen nach Art eines riesigen Labyrinths miteinander verbunden.

Wenn die Gebilde je nach Sonnenstand gelblich-rosa, rötlich, violett oder kastanien-

---

Verkehrsverbindungen
Flüge nach Ankara. Flugzeug und Zug bis Kayseri. Von Kayseri und Nevşehir aus Busse. Busse auch von Ankara nach Ürgüp. Von Ankara aus Bus-Tagesreisen. Mit dem Pkw nach Kirsehir oder Aksaray.

Übernachtung
Beste Möglichkeiten in Ürgüp.

Reisezeit
April bis Oktober. Im Sommer starker Besucherandrang.

Tips
Töpferdorf Avanos. Mustafapasa: mit Malerei geschmückte Häuser. Unterirdische Städte Derinkuyu und Kaymakli mit Wohnungen auf acht Ebenen. Eigene Besichtigung der Felsdenkmäler nur mit Taschenlampe.

---

braun erstrahlen, geht von der Felsenwelt der einstigen Römerprovinz Cappadocia zeitweise eine unheimliche Stimmung aus: Eine passende Szenerie für die Stämme der Mushki und Tabal, die in der Heiligen Schrift die »rohesten Menschen auf Erden« genannt wurden. Andere Quellen der Antike lobten hingegen überschwenglich die Schönheit der Frauen in diesem Königreich, dessen Größe etwa dem heutigen Kappadokien entsprach.

Ursprünglich von altanatolischen Völkern besiedelt, gründeten die Assyrer dort

Handelskolonien, dann kamen die Hethiter. Sie stürzten im 8. Jahrhundert vor der Zeitwende auch den Tabal-König, mußten jedoch ihrerseits bald den Persern weichen. Nach dem Untergang des oströmischen Reiches ergriffen Seldschuken und schließlich Osmanen Besitz von der Landschaft mit ihren fruchtbaren Ackerböden und reichen Viehbeständen. Schutz vor den Invasoren fand die leidgeprüfte Bevölkerung in den unterirdischen Labyrinthen und Gewölben, deren Eingangspassagen und Taubenschläge bei Gefahr mit wuchtigen Steinen verschlossen wurden.

Zentrum der Frömmigkeit

Vom 4. Jahrhundert an entwickelte sich das 111 Quadratkilometer große Tal von Göreme als griechisch-orthodoxer Wallfahrtsort unter dem Einfluß byzantinischer Mönche zum Zentrum der Askese und Frömmigkeit. Priester, Eremiten und Nonnen gesellten sich im 10. Jahrhundert hinzu und gründeten dort ihre Klöster. Nach dem Osmaneneinfall dienten die Höhlen erneut als Zufluchtsort, diesmal für Christen.

Als Guillaume de Jerphanion 1907 Kappadokien bereiste, staunte der französische Geistliche nicht schlecht: Alleine im Tal von Göreme verzeichnete er 350 Felsenkirchen aus dem 9. bis 13. Jahrhundert, insgesamt gibt es in Kappadokien rund ein halbes Tausend Gotteshäuser, vornehmlich Höhlenkirchen mit Kreuzkuppelgewölbe, Säulen, Altären und zum Teil bedeutsamen Fresken, deren Themen dem Alten und dem Neuen Testament entnommen sind.

Obwohl der Bau der Höhlen die Mönche vor große Probleme stellte, wurden sämtliche Kirchen – das älteste Gotteshaus geht auf den Caesareaer Bischof Basilius im 4. Jahrhundert zurück – auf traditionelle Weise errichtet. Als sich im 7. Jahrhundert die Arabereinfälle häuften, sahen die Bau-

meister von aufwendig gestalteten Fassaden ab, um die Eindringlinge nicht anzulocken. Während des Bilderstreits (726–843) verzichteten die Mönche auf Heiligenporträts und begnügten sich mit farbigen Ornamenten und Symbolen.

Eine der eindrücklichsten Darstellungen des gekreuzigten Christus vor tiefblauem Himmel schmückt die Tokali-Kirche; in der Kirche der Heiligen Jungfrau hinterließen die Künstler das Wandbild eines Schäfers mit Panflöte. Die Legende des heiligen Onofrius, der ursprünglich als Frau auf die Welt kam, seine Sünden büßte und dann zu einem Mann mit weißem Haar und Brüsten wurde, findet sich in der Yilanki-Kirche. An den heiligen Georg, der angeblich aus Kappadokien stammt, erinnern in mehreren Kirchen und Kapellen Darstellungen, auf denen häufig auch Soldaten verewigt wurden.

Auf den Spuren der Vorväter

Eine Sonderstellung behauptet die Sankt-Georgs-Kirche im Ilhara-Tal: Über dem Bildnis des von zwei seldschukisch gekleideten Menschen flankierten Schutzheiligen sind die Namen des Sultans und des oströmischen Kaisers eng nebeneinander in die Wand graviert. Bis zur Ausweisung der griechischen Einwohner Kappadokiens im Jahre 1923 lebten Griechen und Türken in diesem Teil des Landes relativ friedlich zusammen.

Dank seiner fruchtbaren, künstlich bewässerten Vulkanböden zählt Kappadokien zu den wichtigsten Obst- und Getreideanbaugebieten der Türkei. Wenn die Winzer im Herbst ihre Emir-Traubenernte eingebracht haben, steigen sie oft zusammen mit den Hirten und Bauern in die uns rätselhafte Höhlenwelt, in der sie sich mit der traumwandlerischen Sicherheit ihrer Vorväter bewegen.

Weit reicht der Blick über das Tuffgestein von Göreme: Panorama einer »Mondlandschaft«. Archäologen vermuten, daß viele der Kirchen noch unentdeckt sind, da sie von den Bauern als Stall genutzt werden.

GÖREME

Viele der Felsenkirchen sind mit Fresken ausgemalt, hier die Elmali Kilise, die Apfelkirche.

Ein Vulkan hat die bizarre Landschaft im Tal von Göreme entstehen lassen. Menschen haben Hunderte Kirchen und Klöster in den weichen Stein gehauen. Die genaue Zahl ist heute noch unbekannt.

AFRIKA

AÏT-BEN-HADDOU

Schon unterhalb der Sahara gelegen, besteht dieses befestigte Dorf aus fünf Haupt-Kasbahs, befestigten Wohnhäusern und einem Ortsteil auf einem Hügel. Alle Bauwerke wurden mit Ziegelsteinen aus gestampfter Erde errichtet. Die schiefwinkelig angeordneten Steine bilden ein einzigartiges geometrisches Muster, dessen Zickzackform für die ganze Region charakteristisch ist. Im Inneren des mittelalterlichen Dorfes stößt man auf ein Labyrinth von Gängen, Wohn- und Lagerräumen, aus dem Türme aus rostbraunem Lehm emporragen. • 101

KERKUAN

Ein großer Tempel, mehrere Paläste und ein ausgedehntes Kanalisationsnetz, von massiven Stadtmauern umschlossen, sind die archäologischen Zeugnisse dieser punischen Stadtgründung. Nordwestlich der Stadt liegt auf einem felsigen Hügel eine Totenstadt. Dort wurden 200 Gräber unterschiedlicher Bauart entdeckt. Einige von ihnen besitzen Treppen und prächtige Wandmalereien. Wissenschaftler gehen davon aus, daß die Stadt während des Ersten Punischen Krieges um das Jahr 250 v. Chr. aufgegeben wurde. • 103

SOUSSE

Eine turm- und zinnenbewehrte Stadtmauer aus dem 9. Jahrhundert schützt die Altstadt von Sousse, die auf einem Hügel nahe der Küste errichtet wurde. Zu den zentralen Bauwerken zählt die Kasbah (Zitadelle) und die in Form eines Zylinders erbaute Kahwet-el-Kubba (Kuppelcafé). Neben der Großen Moschee besitzt Sousse das Bou Fata'ta-Gebetshaus. Sousse geht zurück auf eine Gründung der Phöniker, die dem Ort im 9. Jahrhundert v. Chr. den Namen Hadrumete gaben. • 105

MEKNES

Die Almoradiden-Dynastie baute zwar das dörfliche Meknes schon Mitte des 11. Jahrhunderts zu einer befestigten Stadt aus, doch aus dem Schatten der Geschichte trat sie erst im späteren 17. Jahrhundert, als der Alawitensultan Mulai Ismail Meknes zu seiner Hauptstadt erkor und eine repräsentative Königsstadt errichten ließ. Die Jahre des Reichtums und des Ruhms waren vorüber, als die Nachfolger sich neue Residenzen wählten. Obwohl die Königsstadt als Steinbruch mißbraucht wurde, blieb die großartige Stadtkultur der Ismail-Zeit substantiell erhalten. • 475

ICHKEUL

Im Mittelpunkt dieses 10 775 Hektar großen Schutzgebiets mit natürlicher Pufferzone liegt ein von sumpfigem Gelände eingegrenzter See. Er gehört zu einer Seenkette, die sich in früheren Zeiten über ganz Nordafrika erstreckte und heute verschwunden ist. Die höchste Erhebung des überwiegend flachen Geländes liegt bei 811 Metern. Vor allem Zugvögel legen an den Wasserläufen und an den Sumpfflächen Zwischenhalt ein. Der Nationalpark beeindruckt durch die natürliche Schönheit der Landschaft und den reichen Bestand an Tieren und Pflanzen. • 102

TUNIS

In der Medina der von Berbern lange vor der Zeitenwende gegründeten Hauptstadt Tunesiens befinden sich 700 historisch relevante Baudenkmäler, darunter 200 Paläste, große Wohnhäuser und zahlreiche Moscheen. Die bekanntesten Bethäuser sind die Große Moschee, 732 gegründet, und die aus dem 12. Jahrhundert stammende Moschee el-Ksar. Auch die Kasbah-Moschee aus dem ersten Drittel des 13. Jahrhunderts, die Stadttore und die Stadtanlage sind hervorzuheben. • 104

KAIROUAN

Kairouan, eine der vier heiligen Städte des Islam, wurde um 671 von Sidi Okba Ibn Nafi als Militärlager und Karawanenstützpunkt angelegt. Im 9. Jahrhundert entwickelte sich die südlich von Tunis liegende Stadt, deren deutsche Übersetzung »Rastplatz« lautet, zur Residenz der Aghlabiden, Fatimiden und Sanhajiden. Hinter den wuchtigen Stadtmauern liegt die von Sidi Okba gegründete Große Moschee. Diese Anlage besteht aus einem arkadengesäumten Hof und einem Betsaal in syrisch-omaijadischer Tradition, dessen Mihrab mit kostbaren Bagdader Lüsterfliesen verziert wurde. • 106

EL-DJEM

Im Gegensatz zu den meisten Anlagen dieser Art, die nahe einem Hügel oder direkt in die Erhebung hinein gebaut sind, wurde dieses Amphitheater südlich von Sousse in die freie Landschaft gestellt. Es präsentiert sich heute in fast perfektem Zustand. Für 35 000 Besucher angelegt, besitzt das Amphitheater von El-Djem drei Bogenreihen im korinthischen Stil. Podium, Arena und unterirdische Galerien sind völlig intakt geblieben. Daher zählt dieses tunesische Monument zu den besterhaltenen Amphitheatern auf dem Gebiet des römischen Imperiums.   • 107

ALGIER

El-Djesaïr, wie Algier auf algerisch heißt, entwickelte sich erst unter osmanischer Besetzung seit 1516 zur Hauptstadt des Landes, zuvor stand das Gebiet unter der Herrschaft der Spanier, die auf der größten Küsteninsel die Zwingburg El Peñón erbaut hatten. Die mittelalterliche Kasbah wird überragt von einer türkischen Zitadelle. Algier besitzt eine große Moschee, die Djama el-Kebir, deren Kern und Minbar (Predigtkanzel) auf das 11. Jahrhundert zurückgehen. Das Minarett wurde 1324 hinzugefügt. Aus dem 14. Jahrhundert stammt die benachbarte Ketchaoua-Moschee.   • 109

BENI HAMMAD

Die Überreste zahlreicher Paläste, Verwaltungsgebäude und Wohnhäuser der Bergfestung Beni Hammad nahe der Hodna-Berge liegen im Schutz eines acht Kilometer langen Mauergürtels. Im Zentrum des Ortes erhebt sich eine von ihrem Ausmaß her gewaltige Moschee. Die ehemalige Hauptstadt der Hammadiden-Dynastie, im 11. Jahrhundert erbaut, war um 1152 von den Almohadenherrschern zerstört worden. Das Gebetshaus, in seiner Art das zweitgrößte des Landes, ist architekturgeschichtlich von großer Bedeutung.   • 111

TAL VON M'ZAB

Nomadisierende Berber und Angehörige der Zanata-Stämme wohnten einst in diesem Tal. Der Begriff M'zab selbst ist vermutlich eine Ableitung aus dem Namen des ersten berberischen Moslems Beni Mesaab. Moslems gründeten dort im Jahre 1014 die erste Stadt, die sie El Atteuf nannten. Die insgesamt fünf Städte, die im Laufe der Zeit entstanden, zeichnen sich alle durch einen ähnlichen Bauplan aus. Stets erhebt sich die Moschee auf einem Hügel und bildet so die Keimzelle für die Wohnquartiere. Außerhalb des »Ksour«, wie die Berber ihre befestigten Orte nannten, erstrecken sich Palmenhaine mit einem ausgeklügelten Bewässerungssystem.   • 113

TIPASA

Das antike Kulturerbe der modernen Stadt Tipasa westlich von Algier liegt auf einem ausgedehnten Ruinengebiet, dessen wichtigstes Monument ein römisches Theater ist. Ferner besitzt Tipasa Reste eines Forums, zwei Tempel, eine Basilika, das »Caesarea-Tor« sowie ein »Villa der Fresken« genanntes Gebäude. Ruinen aus byzantinischer Zeit, darunter Häuser, Kirchen und Friedhöfe, findet man am östlichen Stadtrand. Der ursprünglich phönikische Handelshafen Tipasa, unter Kaiser Claudius römische Kolonie, wurde im 3. Jahrhundert Bischofssitz. Nach der arabischen Eroberung Ende des 7. Jahrhunderts verlor die Stadt schnell an Bedeutung.   • 108

DJEMILA

Die im 1. Jahrhundert v. Chr. gegründete Stadt Djemila besitzt zahlreiche antike Baudenkmäler in ausgesprochen gut erhaltenem Zustand. Auf rechteckigem Grundriß angelegt, verläuft in der Stadtmitte eine breite, säulengesäumte Straße vom nördlichen Stadttor bis zum südlichen Eingang. Im Zentrum Djemilas liegen Forum, Kapitol, Basilika und Marktplatz. Ferner befinden sich im Stadtgebiet ein Familientempel und ein Saturn, dem Gott der Aussaat, geweihtes Heiligtum. Djemila entwickelte sich aus der römischen Militärkolonie Cuicul.   • 110

TIMGAD

Die ursprünglich befestigte Stadt Timgad geht zurück auf eine römische Gründung während der Regierungszeit von Kaiser Trajan um das Jahr 100. Der schnell aufstrebende Ort war im 3. Jahrhundert ein bedeutendes Zentrum des christlichen Glaubens. Nachdem das zwei Jahrhunderte später zerstörte und wiederaufgebaute Timgad im 7. Jahrhundert in arabische Hände gefallen war, verlor die Stadt ihre Bedeutung. Für Archäologen ist der Ort interessant, weil die teils intakten und teils restaurierten Bauwerke teilweise mit Inschriften und damals gültigen Maßangaben versehen wurden.   • 112

SABRATHA

Die Grabungsstätte nahe des Hafenortes Sabratha westlich von Tripolis zeichnet sich durch eine beachtliche Zahl von Baudenkmälern aus römischer und byzantinischer Zeit aus. Das römische Erbe der in der ersten Hälfte des 1. Jahrtausends v. Chr. gegründeten Kolonie besteht aus Heiligtümern, darunter ein Isis- und ein Serapis-Tempel und der Tempel des Antoninus Pius. Als Ruinen erhalten blieben das Forum und ein Amphitheater, wogegen das um 200 v. Chr. erbaute Theater die Zeiten überdauerte. An den punisch-phönikischen Zeitraum erinnern die Überreste eines Mausoleums. • 114

LEPTIS MAGNA

Zwar sind noch gewisse Spuren der phönikisch-punischen Stadt vorhanden, der überwiegende Teil der Bauwerke stammt jedoch aus dem 1. Jahrhundert und geht damit auf die Römer zurück. Zu den Monumenten aus drei Zeitabschnitten zählen ein Theater, zwei Foren, ein Amphitheater, eine Thermenanlage, mehrere Bögen und zwei Kirchen. Der ursprünglich Tripolitana genannte Ort wurde im 1. Jahrtausend v. Chr. sehr stark durch die Phönikier und dann durch ihre Nachfolger, die Karthager, geprägt.
• 115

GHADAMES

Die Araber nannten die wegen ihrer ungewöhnlichen Stadtstruktur einzigartige Siedlung »Perle der Wüste«. Als solche spielte das antike Cydamae eine Schlüsselrolle im Trans-Saharahandel. Das durch Mauern und Türme bestens geschützte Meisterwerk der antiken libyschen Baukunst besteht aus kleinen, unregelmäßigen Häuserreihen in der Nähe einer palmenbestandenen Oase. Dabei bilden die Außenwände der Häuser den Schutzwall, in dessen Tore eine Wächterstube eingebaut worden war. Sämtliche Wohngebäude besitzen drei Stockwerke und sind durch Terrassen miteinander verbunden.
• 117

ABU MENA

Zwei Kirchen, ein Baptisterium, mehrere öffentliche Gebäude, Bäder sowie antike Werkstätten sind das kulturelle Erbe von Abu Mena in der Nähe des Mariut-Sees. Der Begräbnisort des heiligen Menias, der als Söldner in römischen Diensten den Märtyrertod gestorben war, entwickelte sich im 5. und 6. Jahrhundert zu einem gutbesuchten Wallfahrtsort. Er stand unter dem Schutz mehrerer byzantinischer Kaiser und Bischöfe von Alexandria. Nachdem die Fahne des Propheten auch in diesem Teil des heutigen Ägypten aufgepflanzt war, sank Abu Menas Bedeutung schnell.
• 119

DJOUDJ

Rund ein Viertel dieses Vogelschutzgebietes im Mündungsgebiet des Flusses Senegal ist mit Seen überzogen. Es besteht überwiegend aus Sumpfgelände und wird von drei Flußarmen durchzogen. Außer den zahllosen Vogelarten, die, aus Europa und Ostafrika kommend, dort überwintern, sind in den vergangenen Jahren mehrere Tierarten, darunter vor allem Krokodile, erfolgreich angesiedelt worden. Der Park ist für jene Zugvögel, die jährlich die Sahara überfliegen und dabei über 2000 Kilometer zurücklegen, die einzige natürliche Überwinterungsstätte Afrikas. Nirgends findet man eine größere Ansammlung von Reihern.
• 121

KYRENE

Ein Ruinenfeld und mehrere große Nekropolen sind die letzten Überreste der um 630 v. Chr. von den Griechen gegründeten Stadt Kyrene. Kyrene behauptete sich 1200 Jahre lang als eine der wichtigsten Städte im Nordosten des heutigen Libyen. Mit der arabischen Eroberung sank die Bedeutung des Handelsortes. Wie die übrigen Gebäude zerfiel auch der nordöstlich von Kyrene gelegene Zeustempel, größtes griechisches Heiligtum in Nordafrika. Weiterhin zählen zum Kulturerbe das Apolloheiligtum, die Akropolis, die griechische Agora und ein Forum.
• 116

TADRART ACACUS

Etwa 300 Fresken und mehrere tausend Felsmalereien, die schon vor 8000 Jahren geschaffen wurden, machen es möglich, die kontinuierliche Entwicklung der künstlerischen Stilrichtungen und den Motivwandel über einen langen Zeitraum nachvollziehen. Die beeindruckendsten Wandmalereien befinden sich in den Orten Matkendush, Galghien und Tilizzagham. Sie liegen verstreut im Tadrart Acacus-Gebirge, in dessen Tälern mehrere prähistorische Siedlungen gegründet worden waren. Zur Freude der Archäologen ist der überwiegende Teil der Kunstwerke bis heute sehr gut erhalten geblieben.
• 118

KAIRO

Unter der Bezeichnung Misr al-Kahira entstand seit 969 die Fatimidenstadt Kairo auf der östlichen Seite des Nils. Die zahlreichen Bauwerke im historischen Kern bezeugen noch heute die zentrale Stellung, die Kairo nach dem Fall Bagdads seit 1261 in der islamischen Welt einnahm. Von den über 500 Moscheen stammen einige aus dem 9. und 10. Jahrhundert, andere wurden zwischen dem 13. und 15. Jahrhundert vollendet. Die Altstadt El-Khalili ist durch den steigenden Grundwasserspiegel bedroht.
• 120

INSEL GORÉE

Die Insel Gorée nahe des Naturhafens der Halbinsel Cabo Verde ist mit einem dunklen Kapitel der Menschheitsgeschichte verknüpft. Auf dem kahlen und steinigen Eiland befanden sich die »Zwischenlager« der Sklavenhändler, deren unglückliche Opfer von Gorée aus auf Schiffen nach Amerika gebracht wurden. Die Insel war zunächst im Besitz der Niederländer und ging dann kurzfristig an die Engländer. Seit 1677 bis zur Abschaffung der Sklaverei in den Kolonien hielten sich dort die Franzosen. Auf dem größten Teil der Insel befindet sich ein Festungskomplex mit einer Artilleriestellung, Forts und einem Wasserreservoir im Süden.
• 122

NIOKOLO-KOBA

Landwirtschaft und Viehzucht sind auf der Gesamtfläche des 850 000 Hektar großen Nationalparks in der oberen Casamance streng verboten. Der überwiegende Teil des Gebiets ist Grasland und durch ein rauhes Klima geprägt. Niokolo-Koba, Westafrikas größtes Schutzgebiet, besitzt eine Elefantenpopulation von rund 400 Tieren, die mühelos das notwendige Futter finden. Schätzungen zufolge leben insgesamt etwa 100 000 Säugetiere auf dem Gebiet des Nationalparks. Löwen, Leoparden und Wildhunde finden ausreichend Beutetiere. • 123

CHINGUETTI, OUADANE, TICHITT, OUALATA

Die vier mauretanischen Städte Chinguetti (Foto Klosterruine), Ouadane, Tichitt und Oualata sind die einzigen Siedlungen an den Karawanenstraßen der Westsahara, die seit dem 11. Jahrhundert bis heute ohne Unterbrechung bewohnt werden. Ton, Lehm und Holz sind die Materialien einer Architektur, deren typisch islamischer Baustil gerade in der Wüstenzone seine praktische Funktionalität beweist: die gegen direkte Sonneneinstrahlung schmal angelegten Gassen werden von Hausfassaden mit nur wenigen Öffnungen begrenzt. • 476

DJENNÉ

Der Name der Stadt erinnert an das versunkene Dja im Osten des alten Ghana-Reichs. Vom 13. Jahrhundert an wurde das einstige Fischerdorf islamisiert, während des Mali-Reiches entwickelte sich Djenné bis zur marokkanischen Invasion 1591 zur wohlhabenden Handelsstadt für Sklaven, Gold und Elfenbein. Noch heute wird die Stadt von einem bunten Völkergemisch bewohnt. Djennés bedeutendste Sehenswürdigkeiten sind neben der Moschee die alten zweistöckigen Bürgerhäuser, von denen ein Teil aus dem 17. Jahrhundert stammt. • 126

W-NIGER NP

Der 220 000 ha große ›W‹-Nationalpark von Niger besteht großteils aus Strauchsavanne. Die Statistik nennt 454 Pflanzenarten, darunter zwei Arten von Orchideen, die nur hier vorkommen, sowie über 70 Säugetier- und 350 Vogelarten. Dank besonderer Schutzmaßnahmen wurde es möglich, den Bestand an Huftieren nicht nur zu sichern, sondern wesentlich zu vergrößern (Bild: Defassa-Wasserbock). Der Nationalpark leistet als Reservat einen wesentlichen Beitrag zur Erhaltung der Biosphäre. • 477

BANC D'ARGUIN

Dieser ausgedehnte maritime Schutzraum nördlich der Hauptstadt Nouakchott an der nordwestafrikanischen Küste bietet einer Vielzahl von Vögeln, Fischen und Säugetieren, vor allem Robben, einen idealen Lebensraum. Ornithologen zeigen sich von diesem Park ganz besonders begeistert, da an den Wasserflächen über zwei Millionen Flußuferläufer leben. Die gesamte Uferzone ist durchgehend seicht, und selbst 25 Kilometer von der Küste entfernt beträgt die Wassertiefe nur wenige Meter. Ferner gehören zum Schutzgebiet eine Vielzahl von Inseln, auf denen unter anderem Flamingos, Reiher und Kormorane leben. • 124

BANDIAGARA

Jahrhundertealte Gebäude, Kornspeicher, Altäre und Heiligtümer gehören zum reichen Kulturerbe der malischen Dogon, deren religiöse Traditionen mit dem alten Ägypten in Verbindung stehen. Sie leben in der Region Mopti auf einer felsigen Hochebene, die sich über 200 Kilometer von Bandiagara nach Docientza erstreckt. Ihre Siedlungen vermitteln einen hervorragenden Eindruck vom künstlerischen Niveau dieser Menschen, die ihre Häuser aus Lehmziegeln errichten und bei hohen Festen farbenprächtige Gewänder und ausdrucksvolle Gesichtsmasken anlegen. • 125

AÏR UND TÉNÉRÉ

Das über 77 300 Quadratkilometer große Trockengebiet in der Sahara setzt sich zusammen aus der Ténéré-Wüste und dem Aïr-Gebirge, dessen höchste Erhebung bei 2000 Metern liegt. Zur ungewöhnlich reichen Vegetation im Gebirge zählen außer wilden Oliven und Feigen auch verschiedene Getreidesorten, wie etwa eine wildwachsende Hirseart. Auch die Tierwelt ist sehr vielfältig: Neben mehreren Gazellenarten findet man unter anderem Paviane, Füchse, Geparden und westafrikanische Strauße. • 127

COMOÉ

Mitten durch dieses Schutzgebiet im nordöstlichen Teil der Elfenbeinküste fließt der Comoé, an dessen Uferzonen dichte Wälder stehen. Das über eine Million Hektar große Gebiet erstreckt sich überwiegend auf einer durchschnittlich 300 Meter hohen Ebene, wobei einige felsige Erhebungen bis zu 650 Meter ansteigen. Comoé ist von allen westafrikanischen Nationalparks mit Abstand der wichtigste: Dort leben elf Affenarten, drei verschiedene Arten von Krokodilen und vier der insgesamt sechs in diesem Teil Afrikas vorkommenden Storchenarten. • 128

NIMBA-BERGE

Das gebirgige und stark bewaldete Gebiet dieses grenzüberschreitenden Nationalparks gehört zu den Staaten Elfenbeinküste und Guinea. Im Richard-Molard-Berg (1752 Meter) erreicht der Park seinen höchsten Punkt. In hohen Lagen geht die Vegetation in die afroalpine Zone über. Die abgeschiedene Landschaft dieses Reservats ist von menschlichen Eingriffen weitgehend verschont geblieben. Deshalb konnten sich dort zahlreiche Tierarten, die andernorts fast verschwunden sind, bislang halten, darunter sieben verschiedene Fledermaus- und unzählige Käferarten.   • 129

NATIONALPARK TAI

Dieser Nationalpark im Südwesten des Landes besteht überwiegend aus dichtem Regenwald, der eine Fläche von mehr als 300000 Hektar bedeckt. Am Rande des Schutzgebietes schuf man eine gleichfalls aus Wald bestehende Pufferzone, um den eigentlichen Park besser zu schützen. Die tropischen Regenwaldgebiete sind die letzten Reste einer einstmals bewaldeten Fläche, die vor Ankunft der Europäer den überwiegenden Teil Westafrikas überzogen hatte.   • 130

ACCRA UND VOLTA-MÜNDUNG

Diese wuchtigen Festungsanlagen, die von Portugiesen, Briten, Niederländern und Dänen als Schutz für ihre Handelskontore errichtet worden waren, befinden sich heute meist in baufälligem Zustand. Sie erinnern an jene Zeiten, als die Kolonialmächte zunächst am Handel mit Gold interessiert waren. Später entwickelte sich hier und an der Elfenbeinküste der Sklavenhandel zum einträglichsten Geschäft. Einige der bis ins vorige Jahrhundert hinein benützten Forts haben mittlerweile als Hotels, Wohnheime, Gefängnisse, Leuchttürme und Museen neue Verwendung gefunden.   • 131

ABOMEY

Der Volksstamm der Fon, auch bekannt unter den Namen Abomey oder Dahomey, gründete sein erstes Königreich im ersten Viertel des 17. Jahrhunderts. Durch den Sklavenhandel mit den Portugiesen, später den Franzosen und Engländern kamen die mächtigen Fon zu solidem Reichtum, den die erhaltenen Teile der Palastanlagen der zwölf Könige von Dahomey, wie der Staat Bénin früher hieß, heute noch eindrücklich widerspiegeln. Sie liegen auf einer Fläche von 40 Hektar direkt im Zentrum der Stadt Abomey, eingeteilt in zwei Zonen, die von Mauerresten umgeben sind.   • 132

TIERRESERVAT DJA

Das auf einer Hochebene im Süden des Landes eingerichtete Reservat liegt auf mittlerer Höhe von 600 Metern und umfaßt über 520000 Quadratkilometer Fläche. Es erstreckt sich bis in die äquatornahe Regenwaldzone in diesem Teil Afrikas hinein. Als Siedlungsgebiet stand die Region nie hoch im Kurs, daher ist die natürliche Landschaft bis heute von menschlichen Eingriffen weitgehend verschont geblieben. Die Artenvielfalt von Fauna und Flora ist ausgesprochen interessant. Zu finden sind unter anderem der seltene Waldelefant, Büffel und eine kleine Gorilla-Population. Weiterhin halten sich dort zwei Arten von Krokodilen und Schildkröten.   • 133

MANOVO-GOUNDA ST. FLORIS

Der im Norden des Landes gelegene Park wird südlich durch das Bongo-Massiv begrenzt. Die drei Vegetationszonen umfassen grasbewachsene Ebenen im Norden, die zentral liegenden Savannen und ausgeprägte Böschungsgebiete an den Ufern der zahlreichen Flüsse. Bislang registrierte man über 1200 Pflanzenarten. Zu den 55 Säugetierarten zählen Elefant, Nashorn, Flußpferd und Giraffe neben mehreren Raubkatzenarten. Zu den über 300 Vogelarten, die dort leben, gehören auch Geier, Störche und Strauße.   • 134

STELEN VON TIYA

Aufschlüsse über die noch weitgehend unbekannte frühe äthiopische Kultur vermittelt die Fundstätte Tiya in der südlich der Hauptstadt Addis Abeba liegenden Provinz Soddo. Tiya ist der wichtigste der insgesamt 160 Siedlungsorte, die in diesem Teil Äthiopiens gefunden wurden. Bei 32 der 36 Monumente Tiyas handelt es sich um bearbeitete Stelen, deren Verzierung mit unterschiedlichen Symbolen außerordentlich kunstvoll ausgefallen ist.   • 135

AKSUM

Wahrzeichen der altäthiopischen Kaiserresidenz Aksum in der Provinz Tigre sind die über 100 großen, künstlerisch bedeutsamen Stelen, die aus Trachyt geschaffen wurden und Turmhäusern ähneln. Während die größte Stele zerbrochen auf dem Boden des alten Aksum liegt, wurde ein 23 Meter hoher Monolith nach dem Abessinienkrieg von den italienischen Truppen entwendet und in Rom aufgestellt. Weiterhin befinden sich in Aksum Ruinen von Palästen und Grabanlagen.   • 136

SIMIEN

Nahe der Stadt Gondar erstreckt sich der äthiopische Nationalpark Simien als Teil des gleichnamigen Gebirgsmassivs über eine Fläche von 165 Quadratkilometern. Die extrem zerklüftete Gebirgslandschaft aus vulkanischem Gestein fällt an einigen Stellen mehr als 1500 Meter ab. In diesem schwer zugänglichen Gebiet leben zahlreiche Tierarten, darunter auch einige, die in ihrem Bestand stark bedroht sind. Dazu zählt unter anderem der Simien-Fuchs, dessen deutlich zurückgegangener Bestand in der Bergwelt des Nationalparks die Voraussetzungen zum Überleben findet. • 137

FASIL GHEBBI

Die Monumente von Fasil Ghebbi in der Region Gondar zeichnen sich durch einen einheitlichen architektonischen Stil aus und werden der »Gondar-Periode« zugerechnet. Dieser Zeitraum erstreckte sich vom 15. bis ins 19. Jahrhundert hinein. Vermutlich wurden die Bauwerke unter der Leitung eines durch den äthiopischen König Socionios berufenen Jesuiten mit dem Namen Pedro Pacz errichtet. Jesuitenmissionare hatten zuvor die Technik des Kalkbrennens aus Indien nach Äthiopien gebracht. • 138

TAL AM UNTERLAUF DES FLUSSES AWASH

Seit 1973 werden in diesem ostäthiopischen Tal im Herzen der Region Harrar große Mengen an Fossilien ans Tageslicht gebracht. Die Fundstücke, die offenbar in unbegrenzten Mengen unter dem Erdboden ihrer Entdeckung harren, sind überwiegend sehr gut erhalten. Unter anderem legte man dort eines der weltweit am besten erhaltenen menschlichen Skelette mit einem geschätzten Alter von vier Millionen Jahren frei. Auch die Überreste von prähistorischen Elefanten, Nashörnern und verschiedenen Primaten wurden entdeckt. • 139

TAL AM UNTERLAUF DES FLUSSES OMO

Die unter der Aufsicht der äthiopischen Altertumsverwaltung stehende Grabungsstätte im Süden des Landes wurde besonders durch menschliche Knochenfunde berühmt. Die freigelegten Skelette waren in vielen Fällen noch annähernd vollständig erhalten, außerdem sicherten die Archäologen große Mengen an steinernen Gegenständen und prähistorischem Handwerkszeug. Die Funde deuten darauf hin, daß dieser Ort zu den ältesten Siedlungsplätzen Schwarzafrikas zählt. • 140

BWINDI

Impenetrable Kayonza Forest Sanctuary heißt der 295 Quadratkilometer große Nationalpark (Bwindi) Südwest-Ugandas. Vielleicht soll die anspruchsvolle Wortwahl – ein Wald als Heiligtum – den Anspruch der Tiere auf ihren eigenständigen Lebensraum bekräftigen; undurchdringlich ist dieser Wald gewiß, und damit dem modischen »Abenteurertum« von Touristen kaum ausgeliefert. Er ermöglicht ornithologische Artenvielfalt und ist Heimat für Schimpansen, Riesenwaldschweine und Berggorillas – und damit leider auch Beuteziel einheimischer Wilderer. • 410

RUWENZORI

Ugandas Ruwenzori Nationalpark, 1952 auf 2000 Quadratkilometern eingerichtet, ist mit seinen Regenwäldern, Sümpfen, Seen, Euphorbiengrasländern, feuchten und trockenen Savannen ein bedeutendes Reservat der afrikanischen Tierwelt. Im Register dieser Fauna sind – neben 540 Vogelarten – u.a. Elefanten, Büffel, Löwen, Hyänen, Antilopen, Leoparden, Busch- und Wasserböcke, Wald- und Warzenschweine, Flußpferde und Affen verzeichnet. Nicht minder beeindruckend wirkt der landschaftliche Abwechslungsreichtum. • 411

GARAMBA

Im nordöstlichen Teil Zaïres nahe der Grenze zum Sudan kennzeichnen kleinere Waldgebiete und ausgedehnte Sumpfflächen das Landschaftsbild dieses Parks, der von den großen Flüssen Dungu, Aka und Garamba durchflossen wird. Das Gebiet wurde geschaffen, um den bemerkenswert großen Bestand von Säugetieren zu schützen. Der Garamba-Park ist ein idealer Lebensraum vor allem für die größten Säugetiere, wie Elefanten und Flußpferde. Durch bewaffneten Patrouillenschutz wurde der Nationalpark außerdem zum letzten Refugium für den Berggorilla in diesem Teil Afrikas. • 141

OKAPI RESERVAT

Das Okapi-Tierreservat im Nordosten von Zaire bildet das Zentrum des Ituri-Forst. Das Reservat ist für die Artenvielfalt seines Tierbestands bekannt. 15 Prozent der Arten gelten als endemisch, ein Prozentsatz, der zu den höchsten in der Welt zählt. Das Okapi, eine seltene Giraffenart, die dem Reservat den Namen gab, findet nur in diesem Regenwald den Lebensraum für eine dichte Population. Von den 4000 Menschen, die hier verstreut leben, zählen die meisten zu den Mbuti-Pygmäen. • 478

Zaïre

Zaïre
Tansania

Tansania

Tansania
Seychellen

SALONGA

Unzugänglicher Regenwald bedeckt überwiegend diesen Nationalpark, zwischen dessen beiden Teilen ein besiedeltes Gebiet liegt. Das feucht-heiße Klima begünstigt ideale Lebensbedingungen für zahlreiche Pflanzen und Tiere, darunter eine beachtliche Zahl von Großsäugern. Der Salonga-Nationalpark hat zahlreiche tiefe Täler und schnellströmende Flüsse. Von seinem Erscheinungsbild her entspricht der größte Nationalpark von Zaïre im Herzen des tropischen Afrikas dem klassischen Urwald in Äquatornähe.   • 142

KAHUZI-BIEGA

Dieses Schutzgebiet westlich des Kivu-Sees wurde nach den zwei erloschenen Vulkanen Kahuzi und Biega benannt. Verschiedene Vegetationstypen, darunter vornehmlich Bergwälder und bambusbestandene Flächen, charakterisieren das Landschaftsbild. Ferner erstrecken sich in dem gebirgigen Nationalpark präalpine und alpine Wiesen, Sumpfflächen und Torfmoore. Berühmt wurde das Schutzgebiet, weil sich dort eine große Zahl von Berggorillas hält. Die Tiere leben in Zonen zwischen 2100 Metern und 2400 Metern Höhe.   • 144

KILIMANDJARO

Von Tansania und Kenia als natürliches Wahrzeichen beansprucht, erreicht Afrikas höchster Gipfel 5895 Meter. Dieser Berg, dessen Spitze das ganze Jahr über eine leuchtende Schneehaube trägt, verschwindet häufig in dichtem Nebel. Besucher und Bergsteiger finden zahlreiche Schutzhütten. Bis zu einer Höhe von über 2700 Metern wachsen Laubwälder. An den Abhängen des Berges leben Affen, Warzenschweine und Kleinsäuger. Häufig kann man auch Leoparden und Nashörner beobachten. Der Kilimandjaro zählt zu den größten Naturschönheiten der Welt.   • 146

KILWA KISIWANI, SONGO MNARA

Diese Anlagen, die auf zwei Inseln an der ostafrikanischen Küste erbaut wurden, sind die Überreste des bedeutendsten mittelalterlichen Stadtstaates, der jemals in diesem Teil Afrikas gegründet wurde. Die von arabischen Seefahrern geschaffenen Stützpunkte erlebten im 13. und 14. Jahrhundert ihre Blütezeit. Damals kontrollierten Kilwa Kisiwani und Songo Mnara rund 1600 Quadratkilometer Küstengebiet. Als die Portugiesen um das Jahr 1500 auftauchten, sank ihre Bedeutung, die zwei Jahrhunderte später wieder zunahm.   • 148

VIRUNGA

Schon 1925 entstand in diesem Areal ein Schutzgebiet für Berggorillas. Während einige der Vulkane des Virunga-Parks erloschen sind, blieben andere aktiv. Zu den verschiedenen Landschaftsformationen gehören Lavafelder, Berge und Schwemmlandgebiete sowie ausgedehnte Savannen. Vom tiefsten Punkt (798 Meter) aus erreicht das Gebiet mit dem Mount Ruwenzori (5119 Meter) seine höchste Erhebung. Neben Schimpansen, Großkatzen, Antilopen und Elefanten findet man eine große Zahl von Flußpferden.   • 143

NGORONGORO

Der durch Vulkantätigkeit entstandene Lake Empakaai, zwei große Vulkankrater und die Olduvai-Schlucht kennzeichnen das Landschaftsbild dieses Schutzgebiets südöstlich der Serengeti. Die fast 81 000 Quadratkilometer große Fläche besteht vorwiegend aus Savanne. Die Angehörigen der Massai-Stämme führen weitgehend ihr eigenes Leben, ohne daß die natürliche Umwelt dadurch beeinflußt würde. In der Olduvai-Schlucht wurden unter Leitung des Ehepaares Leakey die Reste des bislang ältesten Menschenskeletts ausgegraben.   • 145

SELOUS

In diesem Schutzgebiet, in dem nicht mehr gejagt wird, findet sich eine große Zahl Vegetationsformen: von undurchdringlichem Dickicht bis hin zu offenem, baumbestandenem Grasland. Die Temperaturen in diesem 50 000 Quadratkilometer umfassenden Raum, in dem nur bescheidene Niederschlagsmengen registriert werden, bewegen sich zwischen 13 und 41 Grad. Im grasbewachsenen Osten leben vornehmlich Geparden und Giraffen, in den westlich liegenden Miombo-Wäldern unter anderem Elefanten und Kuhantilopen. Selous ist Afrikas ältestes Wildschutzgebiet.   • 147

ALDABRA-ATOLL

Das klassische Korallen-Atoll Aldabra besteht aus vier durch schmale Wasserstraßen getrennten Inseln und ist umgeben von einer Lagune mit seichtem Wasser. Das offiziell nicht zugängliche Atoll erhebt sich maximal drei Meter über dem Meeresspiegel. Zu den zahlreichen Lebensräumen zählen außer Korallenriffen auch Mangrovenwälder. Vermutlich ist hier der einzige Platz, auf dem die bedrohte Riesenschildkröte alle anderen Tierarten zahlenmäßig überragt.   • 149

Malawi
Simbabwe

Simbabwe
Mosambik

Madagaskar

Kanada/USA

MALAWI-SEE

Der Nationalpark um den Malawi-See besteht aus drei Landabschnitten, der Cape-MacLean-Halbinsel und zwölf Seeinseln. Außer mehreren prähistorischen Fundstätten liegen dort die Reste einer frühen Missionsstation. Das Schutzgebiet ist der einzige See-Nationalpark Schwarzafrikas. Das außergewöhnlich saubere und klare Wasser des Malawi-Sees bietet Hunderten von Fischarten, von denen viele nur dort vorkommen, einen idealen Lebensraum. Teile des Gebiets waren schon in der Steinzeit besiedelt, ferner entdeckte man Reste von Wohnstätten aus der Eisenzeit. Die ersten Missionare tauchten dort um 1873 auf.
• 150

MANA-POOLS-NATIONALPARK

Größere Raubtiere gibt es in diesem von Grasland und Waldgebieten geprägten Schutzgebiet kaum, da weite Teile regelmäßig durch den Sambesi überflutet werden. Die durchziehenden Herden grasfressender Tiere – Zebras, Büffel und Elefanten – leben somit weitgehend in Sicherheit, zumal die Region nicht besiedelt ist. In den letzten Jahren hat sich die Zahl der Nilkrokodile, die an den zahlreichen Flußarmen leben, stark erhöht. Außerdem registrierte man im ganzen Reservat bislang fast 400 Vogelarten.
• 151

KHAMI

Diese heute zerfallenen Anlagen in Matabeleland entstanden vermutlich nach dem Bau von Groß-Zimbabwe. Archäologischen Forschungen zufolge liegen die Ursprünge der Stadt im 15. Jahrhundert, zwei Jahrhunderte darauf wurde Khami allerdings schon wieder aufgegeben. Wie in Groß-Zimbabwe besteht die ganze Anlage aus massiven, mörtellos errichteten Steinmauern. Sie erstrecken sich über eine Fläche von über 100 Hektar. Einzelne Teile wurden am Ufer des gleichnamigen Flusses erbaut.
• 152

INSEL MOSAMBIK

Die vier Kilometer vor dem Festland liegende Koralleninsel, drei Kilometer lang und im Schnitt nur 300 Meter breit, ist vor allem ihrer portugiesischen Kirchen, Klöster und Festungen wegen bekannt. Schon im 10. Jahrhundert diente das Eiland den Arabern als Handelskontor, an diese Zeit erinnert eine Moschee. Mit der Ankunft des Seefahrers Vasco da Gama wendete sich das Blatt gründlich: Die Insel diente als Zwischenstation für den portugiesischen Indienhandel und wurde Stützpunkt für alle Operationen der Portugiesen in Mosambik. Als erstes Fort entstand San Sebastian, dann baute man ein Jesuitenkolleg, 1761 wurde erstmals ein Stadtrat gegründet.
• 153

TSINGY DE BEMARAHA

Dieses an Flora und Fauna unermeßlich reiche Gebiet liegt im Zentrum der »Großen Insel«. Bei den Schluchten von Manambolo entdeckten Archäologen Begräbnisstätten der »Vazimbas« genannten madagassischen Ureinwohner. In den heißen und trockenen Primärwäldern leben eine große Zahl von Lemuren, aber auch Landvögel, wie Couas und Madagaskar-Schleiereulen.
• 154

AMERIKA

KLUANE, WRANGELL-SAINT-ELIAS

In keinem anderen Schutzgebiet Nordamerikas sind mehr Berge von über 4500 Metern zu finden als in diesem grenzüberschreitenden Areal von Yukon und Alaska. Das Landschaftsbild wird bestimmt durch die vier Bergzüge St. Elias, Kluane, Wrangell und Chugach. Es gibt hier die vier Vegetationstypen Küstenwald, Bergwald, präalpine und alpine Tundra. Erst rund 100 der vorhandenen Gletscher tragen bereits einen Namen, etwa die gleiche Zahl wurde bislang noch nicht näher bestimmt.
• 155

NAHANNI

Auf einer Fläche von 4700 Quadratkilometern bietet dieser Nationalpark in den Northwest Territories ein ständig wechselndes Landschaftsbild. In dem an der Grenze zu Yukon liegenden Gebiet befinden sich Schluchten, unterirdische Höhlen und mehrere Heißwasserquellen. Während die oberen Mäanderabschnitte des South Nahanni River durch tundrabedeckte Berglandschaften fließen, erheben sich an den südlichen Abschnitten ausgedehnte Talwälder. Innerhalb des Parks registrierte man über 40 Säugetierarten, darunter Grizzlybär, Schwarzbär, Wolf, Hirsch, Karibu und Elch.   • 156

WOOD BUFFALO

Dieses 1922 auf einer Fläche von 44 800 Quadratkilometern eingerichtete Gebiet liegt im Westen der Northwest Territories und dient vorrangig dem Schutz des Bisonbestands. Wood Buffalo ist Kanadas größter Nationalpark. Außer graswachsenen Prärien gibt es ausgedehnte Salzebenen und ein außergewöhnlich großes Binnenland-Delta, das Peace Athabasca Delta. Der für nördliche Breiten charakteristische Lebensraum ist bis heute in seiner ursprünglichen Form erhalten geblieben. Eine große Rolle spielen die regelmäßig ausbrechenden Waldbrände, die im Schnitt pro Jahr ein Prozent des Waldbestandes vernichten.   • 157

ANTHONY-INSEL

Diese abgelegene und heute völlig unbewohnte Insel gehört British Columbia. Insgesamt gibt es auf der Insel, die in der Nähe der Queen Charlotte Islands liegt, sieben klassifizierte Stellen, darunter zwei Höhlen und das Indianerdorf Ninstints. Die in Ruinen erhaltene Siedlung ist in ganz Kanada die einzige dieser Art. Außer zehn massiven Langhäusern aus Zedernholz findet man dort 32 Totem- und Begräbnispfähle. Die bei Ausgrabungen entdeckten Fundstücke legen den Schluß nahe, daß die Insel mehr als zwei Jahrtausende lang von kanadischen Indianern bewohnt war.   • 158

NATIONALPARKS KANADISCHE ROCKY MOUNTAINS

Dieses Gebiet entstand durch die Zusammenlegung der vier Nationalparks Banff, Jasper, Yoho und Kootenay. Die herausragenden landschaftlichen Fixpunkte sind das gigantische Columbian Icefield, der Maligne Lake und der tief eingeschnittene Maligne Canyon. Dieser Park besitzt eine große Zahl von Gebieten, die noch nie ein Mensch betreten hat. Auch der prähistorische Ort Burgess Shale, in dem wichtige Fossilfunde gemacht wurden, liegt innerhalb seiner Grenzen.   • 159

DINOSAURIER-PROVINZPARK

Ausgedehnte Ödlandflächen, wilde Sandsteinformationen und eine große Zahl von Lebensräumen an den Ufern des mäandernden Flusses Red Deer River prägen die rund 6000 Hektar dieses Provinzparks in der südwestlichen Ecke von Alberta. Der größte Reichtum dieses Gebiets besteht in den guterhaltenen Dinosaurierfossilien, die vornehmlich aus der späten Kreidezeit stammen. Aufschlußreich für die Kultur der nordamerikanischen Ureinwohner sind mehrere Siedlungsplätze, auf denen unter anderem ein in Stein geschnittenes Bildnis und Tipi-Ringe entdeckt wurden.   • 160

»HEAD-SMASHED-IN BUFFALO JUMP«

Das an Gebirgsausläufern nahe der Ebene von Alberta liegende Schutzgebiet besteht vor allem aus Grasland, das in drei Sektoren eingeteilt wurde: Über die 18 Meter hohe Sandsteinklippe »The Kill« trieben jagende Indianer früher Bisonherden, die in die Tiefe stürzten. »Processing campside« nannte man die Stelle unterhalb der Klippe, auf der die erschlagenen Tiere zerlegt wurden. Im »Gathering basin« auf den Klippen waren die Büffel vor ihrem Sturz zusammengetrieben worden. Archäologischen Schätzungen nach wurde der Ort schon vor 5700 Jahren bewohnt.   • 161

»L'ANSE AUX MEADOWS«

Der historische Park in den Provinzen Neufundland und Labrador liegt entlang der Küste. Wichtigstes Kulturgut ist eine im 11. Jahrhundert erbaute skandinavische Siedlung mit den Überresten von acht Gebäuden, in denen drei Unterkünfte, vier Werkstätten und eine Schmiede eingerichtet waren. Diese Wikingergründung auf amerikanischem Boden ist die einzige, die bislang gefunden wurde.   • 162

GROS MORNE

Dieser Park, der in erster Linie für die Erforschung der Erdgeschichte von Bedeutung ist, liegt am höchsten Punkt des Appalachen-Mittelgebirges. Er erstreckt sich an der Westküste Neufundlands. Archäologen entdeckten dort zahlreiche wichtige Siedlungsstätten, die unter anderem von Dorset-Eskimos, skandinavischen Seeleuten und baskischen Walfängern angelegt worden waren. Die beiden voneinander getrennten Areale, in die der Park eingeteilt wird, sind ein alpiner Bereich und ein Küstenabschnitt mit der Bonne Bay, die sich zum Lorenz-Golf hin öffnet. Im gesamten Gebiet findet man zum Teil atemberaubend schöne Landschaftsformen.   • 163

LUNENBURG

Der Stadtplan, der 1753 für Lunenburg in Neu-Schottland vorgelegt wurde, hatte Modellcharakter für die britische Kolonialzeit des 18. Jahrhunderts in Nordamerika: ein geometrisch angelegtes Straßennetz mit entsprechender Architektur in Blockbauweise; genügend Raum für öffentliche Plätze; Abgrenzung zwischen städtischer und landwirtschaftlicher Nutzung; Errichtung von Festungswerken. Die Pionierzeit haben nur die militärischen Anlagen überdauert. • 440

OLYMPIC MOUNTAINS

Von drei Seiten durch Salzwasser umgeben, bildet dieser Nationalpark auf der Olympic-Halbinsel im US-Staat Washington einen isolierten Lebensraum mit einer Fläche von über 362 000 Hektar. Mehrere Flüsse transportieren Wasser und Gletscher-Abräummaterial in den Binnensee. Über 60 Gletscher schieben seit Jahrmillionen ihre Eismassen über die benachbarten Olympic Mountains. Der wichtigste Teil des Nationalparks ist der Olympic-Regenwald, der vor allem aus Sitkafichte, Hemlock- und Douglastanne sowie Rotzeder besteht. • 164

YOSEMITE

Dieses von Gletschern stark geprägte Gebiet mit einer Ausdehnung von über 307 000 Hektar liegt in der Sierra Nevada. Das einzigartige Landschaftsbild wird gekennzeichnet durch breite Flußtäler mit steilen Seitentälern und gewaltigen Wasserfällen. Die wilde Landschaft durchzieht der Yosemite River. Als größter Wasserfall gilt der Yosemite Fall, der aus einer Höhe von 739 Metern in die Tiefe stürzt. • 166

CHARLOTTESVILLE UND MONTICELLO

Der weiße Portikus kontrastiert reizvoll mit dem rötlichen Backsteinbau des auf einem Hügel außerhalb von Charlotteville erbauten Monticello, dem Landsitz Thomas Jeffersons. Der Politiker, Verfasser der Unabhängigkeitserklärung der USA von 1776, befaßte sich während der Zeit als Botschafter seines Landes in Frankreich eingehend mit dem Klassizismus. Jefferson entwarf auch die Pläne zum Bau der Universität von Charlotteville. • 168

GLACIER/WATERTON LAKES NATIONALPARK

Durch Zusammenschluß des Glacier Nationalparks im US-Bundesstaat Montana mit dem Waterton Lakes Nationalpark in der kanadischen Provinz Alberta entstand 1932 das erste grenzüberschreitende Naturschutzgebiet der Erde. Auf einer Gesamtfläche von 462 799 Hektar ist in den Rocky Mountains ein gletscher- und seenreicher Gebirgspark entstanden, der so gut organisiert ist, daß der Schutz von Flora und Fauna mit einem großzügigen Freizeitangebot für Erholungssuchende kombiniert werden kann. • 441

REDWOOD

Dieses Küstengebirge, das eine Fläche von annähernd 42 000 Hektar bedeckt, ist an zahlreichen Stellen von Flüssen und Wasserläufen zerschnitten. Das ganze Gebiet wird in drei Lebensräume eingeteilt: Wald, Küstenlandschaft und buschbewachsene Regionen in Küstennähe. Ferner findet man grasbewachsene Ebenen und Sumpfland. In den Mammutbaumwäldern an der Küste leben zahlreiche vom Aussterben bedrohte Vogelarten, in den Küstengewässern leben seltene Fischarten. • 165

CAHOKIA MOUNDS

Das knapp über 1000 Hektar große Gebiet, scherzhaft als »American Bottom« – Amerikas Hinterteil – bezeichnet, liegt im südwestlichen Teil von Illinois und besteht vornehmlich aus Schwemmland. Es erstreckt sich unterhalb des Zusammenflusses von Missouri und Mississippi. Auf den Schwemmlandterrassen und den niedrigen Vorgebirgen lebte nach Erkenntnissen von Archäologen früher eine große Zahl von Indianern. Die rund 120 Hügel, die das Stadtgebiet von Cahokia abgrenzen, waren zum Teil natürlich, zum Teil von Menschen geschaffen worden. • 167

CHACO

Im Zentrum dieses Parks im Bundesstaat Neu-Mexiko verläuft der 15 Kilometer lange, zwei bis drei Kilometer breite Chaco Canyon. Ferner sind die drei kleineren Gebiete Kin Bineola, Kin Ya'a und Pueblo Pintado geschützt worden. Dort finden sich zahlreiche Felskunstwerke und dörfliche Siedlungen meist in D- oder E-Form mit offenem Zentralplatz und Kivas genannten Kulträumen, umgeben von großräumigen und terrassenartig angelegten, oft mehrstöckigen Wohnbauten. Die Besiedlung ist von etwa 700 bis 1200 n. Chr. nachweisbar, als zeitweilig mehrere Tausen Bewohner im Canyon lebten, dann aber das Siedlungsgebiet aufgaben. • 169

TAOS PUEBLO

Unweit der 1615 gegründeten Stadt Taos, seit 1880 beliebter Wohnsitz von Künstlern, liegt das im 13. Jahrhundert angelegte Indianerdorf Taos Pueblo, in dem die typische Pueblo-Bauweise nahezu unverändert erhalten blieb. Mehrstöckige Häuser aus Lehm und Stroh, im Adobestil erbaut, zwei Kirchen und mehrere Kivas gruppieren sich um die vom Taos Pueblo River durchflossene Plaza. Vor den Häusern erheben sich meist halbtonnenförmig gestaltete Backöfen. Von großer Bedeutung sind die beiden vier- und fünfstöckigen Gemeinschaftshäuser, die man ursprünglich über Leitern betrat.
• 170

MESA VERDE

In der Mesa Verde sind die archäologischen Funde der Anasazikultur konzentriert. Die Blütezeit dieser indianischen Kultur, deren Eigenständigkeit sich durch ein hochentwickeltes Bauwesen, Keramik, Textil- und Korbflechtkunst sowie Wandmalereien in Zeremonialkammern (Kivas) ausweist, wird auf die Zeit von 1100 bis 1300 n. Chr. datiert. Größtes Bauwerk ist der dreistöckige Cliff-Palace mit mehr als 200 Räumen. Wohn- und Kultanlagen sind teilweise restauriert.
• 172

EVERGLADES

Dieses Schutzgebiet auf der Halbinsel Florida liegt in einer Region, in der mehrere Klimazonen zusammentreffen, und weist daher eine breitgefächerte Artenvielfalt auf. Ausgedehnte sumpfige Seegrasflächen wechseln über in mangrovenbestandene Abschnitte, auf die langgestreckte Sandstrände folgen. Neben Eschen und Eichen findet man in höheren Lagen Kakteen und Yucca. In den seichten Küstenabschnitten läßt sich das gegenseitige Abhängigkeitsverhältnis von Pflanzen und Tieren hervorragend untersuchen.
• 174

KARLSBAD-NATIONALPARK

Der Karlsbad-Nationalpark, der durch sein ausgedehntes Höhlensystem bekannt ist, liegt an den Ausläufern des Guadelupe-Gebirges im Südosten des Bundesstaates Neu-Mexiko. Auf einer Fläche von 18 926 Hektar wurden 800 Pflanzen-, 64 Säugetier- und 331 Vogelarten registriert. In den 81 bekannten Höhlen, von denen die Karlsbad-Höhle die größte ist, leben zahlreiche Fledermausarten. Allein die Population der Guano-Fledermaus wird auf eine Million geschätzt. Bedeutung hat das Höhlen-System für die Erforschung der höheren Stufen der Erdgeschichte.
• 442

MAMMUTHÖHLEN

Karstgebiete kennzeichnen das äußere Erscheinungsbild dieses Parks im Bundesstaat Kentucky. Unter dem vornehmlich aus Kalkstein bestehenden Mammoth Cave Plateau verläuft ein weitverzweigtes System aus Grotten, von denen einige beträchtliche Ausmaße erreichen, und Wasserläufen, insgesamt über 320 Kilometer lang. Weitere 480 Kilometer unter Tage wurden bislang nicht erforscht. Manche Durchgänge sind bis zu 30 Meter hoch und an die fünf Kilometer lang. In diesem größten Grottensystem der Welt entdeckten Biologen rund 200 Tierarten.
• 171

GREAT SMOKY MOUNTAINS

Die Urwaldlandschaft dieses nur zum Teil erschlossenen Nationalparks an der Grenze zwischen North Carolina und Tennessee bietet ein weitgehend unverfälschtes Bild des Kontinents, wie er wohl im Pleistozän ausgesehen hat. In den Großwäldern leben Dutzende von Säugetierarten, darunter allein 20 Nagetierarten, sowie einige gefährdete Vogelarten wie der Wanderfalke. Von großem Interesse für die Biologie ist der Waldboden: Dort registrierte man das mit Abstand größte Vorkommen an Pilz-, Moos- und Flechtenarten in ganz Nordamerika.
• 173

SAN JUAN

Die Festunganlagen von San Juan und La Fortaleza wurden als architektonisches Ensemble zum Weltkulturerbe erklärt. La Fortaleza, um 1530 angelegt, als umfassendste Anlage dieser Art in Amerika, dient heute noch dem Gouverneur von Puerto Rico als Wohn- und Amtssitz. Die Kathedrale, 1540 im gotischen Stil erbaut, wurde im 19. Jahrhundert restauriert. Der Kreuzgang des ehemaligen Klosters Santo Domingo hat doppelstöckige Arkaden.
• 175

»VULKANE VON HAWAII«

Zu diesem Nationalpark gehören die aktiven Vulkane Mauna Loa und Kilauea. Die unmittelbar aus den Fluten des Pazifischen Ozeans aufsteigenden Berge sind umgeben von Lavaströmen, die beim Eintritt in das Meereswasser neues Land bilden. Das geschmolzene Gestein im Kilauea-Krater eruptiert in regelmäßigen Abständen und bildet Lavafontänen, die bisweilen mehrere hundert Meter hoch in den Himmel schießen. Durch die ständigen Lavabewegungen verändert sich das Bild der Landschaft, deren Flora sich den neuen Bedingungen anpassen muß.
• 176

SIERRA DE SAN FRANCISCO

Mehrere Höhlen in der düster wirkenden Sierra de San Francisco (Niederkalifornien) wurden in prähistorischen Zeiten von nomadisierenden Jägern aus dem Norden mit phantastischen Wandmalereien verziert. Die am besten erhaltenen Kunstwerke finden sich in den bis zu 50 Meter langen Grotten Cueva Flechas und Cueva Pintada, die beide im Cañon San Pablo liegen. Häufigstes Motiv der farbigen Darstellungen sind überlebensgroße Menschen und flüchtende Tiere.
• 177

ZACATECAS

Die alte Silberminenstadt Zacatecas gehört zwar geographisch zum Norden, in kultureller Hinsicht jedoch zum mexikanischen Hochland. Das reichhaltige Kulturerbe der von trockenen und öden Bergen umgebenen Stadt sind die Bauten aus der Kolonialzeit, darunter die Kathedrale mit ihrer kräftig gehauenen Ornamentik. Grazile Fenstergitter und schmiedeeiserne Balkone charakterisieren das hohe kunsthandwerkliche Niveau der damaligen Zeit. Nahe der Stadt entdeckte man Keramikarbeiten, die in der Zeit zwischen 900 und 1200 hergestellt wurden. • 179

QUERÉTARO

Querétaro zog aus seiner Funktion als Stützpunkt für den Silbertransport von Guanajuato und Zacatecas in die Stadt Mexiko reichen Gewinn. Nur eine Kolonialstadt von Bedeutung war in der Lage, sich ein so aufwendiges Bauwerk wie jenen Aquädukt von fast 9 Kilometer Länge zu leisten, der heute noch genutzt wird (1737). Der historische Stadtkern besteht aus einem 4 km² großen Areal, auf dem zahlreiche Kirchen- und Klosterbauten, aber auch repräsentative Profanarchitektur den spanischen Kolonialstil der Barockzeit zur Geltung bringen.
• 479

UXMAL

Uxmal, ein Zeremonialzentrum der spätklassischen Mayakultur (etwa 790-909), besteht aus einem 60 ha großen Areal mit palastartigen Gebäuden, Pyramiden und Ballspielplatz. Die reiche Fassadenornamentik der um Innenhöfe gruppierten Baukomplexe besteht aus Steinmosaiken, Chacmasken, Schlangen- und geometrischen Motiven im Puucstil. Als einmaliges Dokument der Mayaarchitektur gilt die mehrfach überbaute »Pyramide des Wahrsagers« mit ihrem ovalen Grundriß. Nicht minder eindrucksvoll ist der »Palast des Gouverneurs« mit seinem drei Meter hohen Mosaikfries.   • 480

EL VIZCAINO

Dieses niederkalifornische Biosphärenreservat mit einer Fläche von über 554 000 Hektar setzt sich aus den Lagunen Ojo de Libre und San Ignacio und der Sierra de San Francisco zusammen. In den Küstenabschnitten leben etwa 20 gefährdete Tierarten. Die Landschaft wird stark geprägt durch Sedimentgestein und hat über weite Strecken wüstenhaften Charakter.   • 178

GUANAJUATO UND BERGWERKSANLAGEN

Weil Guanajuato in einer Schlucht und an einem Fluß liegt, wurde die Stadt im Herzen Mexikos immer wieder von Hochwasser heimgesucht. Es gibt in Guanajuato keine einzige gerade Straße, manche von ihnen enden jäh vor einem Abgrund. Bedingt durch die Stadtanlage sind einige Häuser über das Dach zugänglich. Heute verläuft über dem Fluß die malerische Durchgangsstraße Padre Belauzarán, die zum Teil durch Tunnels und sogar durch die Untergeschosse von Häusern führt.   • 180

EL TAJÍN

Die um das Jahr 1100 in Schutt und Asche gelegte Stadt El Tajín besitzt ein Tempelzentrum, dessen Ruinen auf einer Fläche von über 1000 Hektar verteilt liegen. Wichtigstes Monument ist die platzbeherrschende Pyramide der Nischen und der Hof mit behauenen Tafeln. Dieses Bauwerk diente wohl rituellen Zwecken. Von den reichverzierten Steinbauten und einem Ballspielplatz mit herausragenden Flachreliefs blieben nur Trümmer übrig.   • 181

CHICHÉN-ITZÁ

Diese Ruinenstätte auf der Halbinsel Yucatán, zu deutsch »am Brunnen der Itzá«, wurde ursprünglich von den Mayas erbaut und später von den Tolteken erweitert. Seine Blütezeit erlebte der Ort im 11. und 12. Jahrhundert. Die herausragenden Bauwerke sind die dem Gott Kukulkan geweihte Pyramide, der Ballspielplatz und der von Säulen umgebene Kriegertempel. Der Caracól genannte Maya-Rundbau, in dessen Innerem eine spiralförmige Rampe eingebaut wurde, diente wahrscheinlich als Observatorium. Weiterhin fand man Überreste eines Marktplatzes.
• 182

SIAN KA'AN

Dieses Schutzgebiet auf der Halbinsel Yucatán wird östlich von der Karibik, im Südwesten durch Sumpfgebiet und südlich von zwei Städten begrenzt. Auf knapp 530 000 Hektar findet man vornehmlich Sümpfe, Regen-, Mangroven- und Laubwälder. Ferner zählen zum Schutzgebiet Küstendünen, die überwiegend mit Kokospalmen bewachsen sind, sowie ein 110 Kilometer langes Riff. Insgesamt lassen sich etwa 70 seichte Lagunen lokalisieren. An 23 Orten wurden archäologische Grabungen vorgenommen.   • 183

TEOTIHUACÁN

Die auf offenem Gelände ohne Mauerschutz errichtete und schon im 7. Jahrhundert zerstörte Stadt nordöstlich von Mexico-City besitzt einen Kern, in dem mehrere Palastanlagen und Pyramidentempel stehen. Die unbekannten Baumeister entstammten der Teotihuacán-Kultur, die bis zur Zerstörung der Stadt – ihr Name bedeutet »Ort, wo man zum Gott wird« – fast alle Kulturen Mittelamerikas nachhaltig geprägt hatte. In südlicher Richtung verläuft die »Totenstraße«, gesäumt von Bauwerken mit reichem Figurenschmuck an den Mauern. Unter der Stadt, deren Plätze sorgfältig gepflastert waren, befand sich ein Entwässerungssystem.   • 185

OAXACA UND MONTE ALBAN

Ausgrabungen auf diesem Gebiet haben bewiesen, daß um die Stadt Oaxaca schon im 6. Jahrhundert v. Chr. erste Siedlungen angelegt worden waren. Diese Stätten dienten als Wohnort und gleichzeitig als religiöse Zentren. Später gewann die Region als Nekropole eine zentrale Stellung. Die bisher geborgenen Fundstücke deuten darauf hin, daß die Bewohner bereits ein Schrift- und Zahlensystem kannten. Oaxaca liegt in einem Gebirgstal nahe der präkolumbischen Grabungsstätte Monte Alban.   • 186

BELIZE-RIFF

Mit 250 Kilometern Länge gilt das Belize-Riff als das zweitlängste der Welt und das längste in der Karibik. Drei weitläufige Atolle ergänzen diese maritime Naturlandschaft, die von mehr als 500 Fisch-, 65 Korallen- und 350 Weichtierarten bevölkert wird; Schwämme, Würmer und Krebstiere sind in allen Varianten anzutreffen. See- und Wasservögel nutzen die Atolle ebenso als Brutplätze wie Krokodile und Schildkröten. Die Unterwasserflora zählt 278 Arten, auf den Atollen kennt man 178. So bietet das Belize-Riff eine Zufluchtsstätte für Tiere und Pflanzen, die anderswo bereits vom Aussterben bedroht sind.   • 481

MORELIA

Über die malerische Straße Mil Cumbres gelangt man von Mexico-Stadt ins nordöstlich gelegene Morelia, das alte Valladolid. Die aus der Kolonialzeit stammende Stadt besitzt neben hellrosa gestrichenen Steinhäusern und 20 Gotteshäusern eine großartige zweitürmige Kathedrale im mexikanischen Barockstil. Daneben erstreckt sich der Zócalo-Platz, auf dem der ebenfalls barocke Regierungspalast steht. Morelias eleganteste Häuser liegen an der Calle Madero. Der Palacio Clavijero wurde nach kastilischem Vorbild um 1660 gebaut. Im Frauenkloster Santa Rosa befand sich früher Amerikas erste Musikschule.   • 184

POPOCATEPETL

14 Klöster des frühen 16. Jahrhunderts, verteilt auf den weiten Abhängen des Popocatepetl, erinnern an die Christianisierung Mexikos im Gefolge der spanischen Konquistadoren. Die Anlagen, von Dominikanern, Franziskanern und Augustinern errichtet, zeichnen sich durch ein sorgfältig austariertes Gleichgewicht zwischen bebauten und freien Flächen aus.   • 412

PALENQUE

Im Herzen des über 1700 Hektar umfassenden Nationalparks liegt in einem Tal die Ruinenstadt Palenque, in der zahlreiche Monumente der klassischen Maya-Kultur gesichert und ein Teil von ihnen restauriert wurden. Dazu gehören der Palast sowie mehrere Pyramiden und Tempel. Vor allem auf dem Tempel der Inschriften befinden sich zahlreiche steinerne Hieroglyphen, deren Entschlüsselung neue Einblicke in die Maya-Epoche ermöglicht. Geradezu sensationell aber wirkte die Meldung, daß hier das unversehrte Grab eines Maya-Fürsten gefunden wurde.   • 187

TRINIDAD

Der historische Bereich der Stadt Trinidad erstreckt sich über eine Fläche von 37 Hektar, auf denen über 1200 Gebäude im kolonialen Baustil als schützenswert eingestuft wurden. Trinidad, eine der ältesten Städte der Insel, lag einst an der Küste. Als sich Piratenübergriffe häuften, verlegte man sie ins Landesinnere. Dank der Zuckerproduktion wurde Trinidad im 18. Jahrhundert Kubas fünftgrößte Stadt. Im benachbarten Tal der Zuckerfabriken stehen 58 Industrie-Monumente unter Denkmalschutz.   • 188

HISTOR. NATIONALPARK RAMIERS

Dieser Park, dessen höchste Erhebung bei 875 Metern über dem Meeresspiegel liegt, besteht aus drei Teilen, die in der Geschichte Haitis eine zentrale Rolle spielen. Sie stammen aus dem vorigen Jahrhundert und erinnern an den Kampf um die Unabhängigkeit. Die Zitadelle und die Wohngebäude von Ramiers gehen zurück auf den ersten haitianischen Kaiser Jacques I. Unter König Christophe, bisweilen König Henri I. genannt, entstand der Palast Sans Souci, der nach dem Selbstmord des Königs 1820 aufgegeben wurde. • 189

TIKAL

Auf dem Gebiet dieser ehemaligen Maya-Stadt legten Archäologen die Überreste von mehr als 3000 präkolumbischen Monumenten frei. Dazu gehören Paläste, Tempel, Zeremonialbezirke, Wohnhäuser, Ballspielplätze, Terrassen, Plätze und Straßen. Außerdem entdeckte man Gräber und Mausoleen mit Schätzen und Opfergaben sowie mehrere unterirdisch angelegte, ausgedehnte Lagergebäude. In einem Museum sind bislang über 10 000 Fundstücke zusammengetragen worden. Der von 600 bis 900 bewohnte Ort im Departement El Peten ist einer der wichtigsten Ausgrabungsorte der Welt. • 191

ANTIGUA GUATEMALA

Am Fuße hoch aufragender Vulkane liegt dieser Ort, der aus Ruinen aus der spanischen Kolonialzeit und modernen Hotelgebäuden besteht. Das Trümmerfeld erstreckt sich auf einer Fläche von etwa fünf Hektar, dabei ist die ehemalige Stadtanlage noch sehr gut wahrnehmbar. Im Zentrum liegt die Plaza Mayor, östlich befinden sich unter anderem die alten Verwaltungsgebäude. Antigua Guatemala war von 1527 bis 1883 die Hauptstadt des Landes. Nur wenige Gebäude überstanden das große Erdbeben 1776. • 193

RIO PLÁTANO

Diese Schutzfläche besteht im wesentlichen aus dem 1300 Quadratkilometer umfassenden Stromgebiet des Flusses Plátano. In den dichten Wäldern des Biosphären-Reservats läßt sich landesweit die größte Artenvielfalt von Flora und Fauna nachweisen. Etwa zehn Prozent der Gesamtfläche des Reservats, dessen höchste Erhebung bei 1300 Metern liegt, besteht aus küstennahem Flachland. Insgesamt gibt es fünf verschiedene Lebensräume: Mündungsbecken mit Mangrovensümpfen, seenahe Bereiche, Savannen, Galeriewälder und ausgewiesene Sekundärwälder, die überwiegend unberührt sind. • 195

SANTO DOMINGO

Mit seinen kolonialzeitlichen Baudenkmälern ist die Hauptstadt des Landes eines der besten Beispiele für eine spanische Stadt des 16. Jahrhunderts in der Neuen Welt. Zu den bedeutendsten Monumenten dieser ältesten europäischen Gründung zählen die Kathedrale Santo Domingo, die im 15. Jahrhundert geschaffenen Königsresidenzen, Gotteshäuser, die Festung Alcázar de Colón, Plaza Mayor und etliche Klöster. Weiterhin erhalten blieben die Befestigungsanlagen und die ersten Verwaltungsgebäude. • 190

QUIRIGUÁ

Bis heute ist es nicht gelungen, die in Stein geschnittenen Schriftzeichen an den Gebäuden der alten Maya-Stadt vollständig zu entziffern. Erst wenn dies möglich wäre, könnte die Wissenschaft neue Einblicke in die politischen, wirtschaftlichen und sozialen Zusammenhänge der Maya-Zeit gewinnen. Zu den bedeutsamsten Monumenten der zwischen 600 und 900 erbauten Stadt zählen außer zahlreichen Bauwerken 13 monumentale Stelen, die maximal 10,5 Meter hoch sind. • 192

JOYA DE CEREN

Bei einem Aufklärungsflug entdeckte ein US-Pilot 1990 auf seinen Infrarotphotos die unter der Erde liegenden Reste von Joya de Ceren. Bei Grabungen stieß man auf die Fundamente einer vollständigen Maya-Siedlung, die vermutlich um 600 durch den Ausbruch des Vulkans Loma Caldera verschüttet wurde. Häuser und Hütten lagen unter einer fünf bis sieben Meter hohen Ascheschicht, aus der Archäologen, neben den Überresten von 17 Lehmziegelgebäuden, eine große Zahl von Werkzeugen, Hausgeräten und organischen Substanzen bargen. Ein Teil von Joya, das in der Nähe einer Lagune liegt, kann heute besichtigt werden. • 194

PORTOBELO UND SAN LORENZO

Portobelo, auf deutsch »schöner Hafen«, nannte der Entdecker Christoph Kolumbus diesen Ort, an dem er 1502 vor Anker ging. Knapp ein Jahrhundert später entstand die gleichnamige Stadt, die im Warenhandel zwischen Südamerika und dem Mutterland eine wichtige Rolle spielte. Der wohlhabende Hafenort wurde mehrfach von Piraten heimgesucht. Der prominenteste Seeräuber aller Zeiten – Sir Francis Drake – fand dort seine letzte Ruhestätte. • 196

Panama
Kolumbien

Kolumbien

Kolumbien
Venezuela

Venezuela
Ecuador

Darien

Der 575 000 Hektar große Nationalpark an der Grenze zu Kolumbien ist zum Teil bewohnt und wird an einigen Stellen landwirtschaftlich genutzt. Landschaftsbild und Vegetationsformen des von zahlreichen Flüssen durchzogenen Gebietes sind sehr vielfältig. In den tieferen Lagen findet man Mangrovenwälder, die in tropischen Regenwald übergehen. In höheren Lagen existieren umfassende Primärwälder. Da viele Teile unzugänglich sind, halten sich zahlreiche Pflanzen. Einige der Tierarten, darunter auch der Jaguar, sind indessen in ihrem Bestand bedroht. • 197

Santa Cruz de Mompox

In keiner anderen Stadt Kolumbiens hat sich die Architektur der spanischen Kolonialzeit so unverwechselbar erhalten wie in Santa Cruz de Mompox, dem einstigen Handelszentrum am Rio Magdalena. Kenner Andalusiens werden entdecken, daß der Baustil, so wie er dort aus dem 17. und 18. Jahrhundert überliefert ist, ins tropische Mompox »exportiert« wurde. Die Bewahrung dieses kolonialen Ensembles in seiner Geschlossenheit war nur deshalb möglich, weil Mompox nach der Unabhängigkeit Kolumbiens den Anschluß an die Neuzeit verlor. • 443

San Augustín

Der archäologische Park San Augustín, ein 500 km² großes Gelände im Quellgebiet des Rio Magdalena, besteht aus Steinskulpturen, Zeremonialzentren und Nekropolen aus der Zeit zwischen 500 v. Chr. und 1300 n. Chr. Auf reliefverzierten Tafeln und Felsreliefs, auf Statuen und Stelen sind Mischwesen zu entdecken, meist in der Kombination von Mensch und Jaguar, in den Nekropolen monumentale Wächterskulpturen bis zu vier Metern Höhe. Doch die Träger dieser Kultur sind bis heute unbekannt. • 445

Canaima

Der Nationalpark Canaima in Venezuela (3 Millionen Hektar) besteht in seinen westlichen Teilen aus riesigen Urwäldern, die sich nach Osten hin zur Gran Sabana lichten. Tafelberge, ein Labyrinth von Flüssen und zahllose Wasserfälle bestimmen die Physiognomie dieser Landschaft, die der kubanische Schriftsteller Carpentier einmal als »das Stein, Wasser und Himmel gewordene Phantastische« bezeichnet hat. Bedrohte Tierarten wie Jaguar, Ozelot und der Riesen-Ameisenbär sind hier heimisch. Etwa 5000 Indianer (Indígenas), denen dieser Nationalpark als Siedlungsgebiet zugesprochen wurde, leben hier. • 414

Nationalpark Los Katios

Los Katios, der Nationalpark im Nordwesten Kolumbiens, bildet zusammen mit dem angrenzenden panamaischen Darien (Nr. 197) als Schutzgebiet eine natürliche geographische Einheit. Nach einem Beschluß der beiden Regierungen sollen die Parks gemeinsam verwaltet werden. Los Katios (72 000 Hektar Fläche) besteht aus zwei etwa gleichgroßen Regionen: dem Bergland der Serrania del Darien mit seinen tropischen Regenwäldern und den Sumpfwäldern in der Ebene des Rio Atrato. Beide Parks zusammen weisen einen Bestand von 450 Vogel- und 550 Wirbeltierarten auf – ein Lebensraum auch für jene, die anderswo vom Aussterben bedroht sind. • 413

Tierradentro

Die Grabanlagen, die heute im archäologischen Nationalpark Tierradentro in der Berglandschaft zwischen Rio Magdalena und Rio Cauca zu besichtigen sind, wurden zwischen 500 v. Chr. und 500 n. Chr. aus dem weichen Gestein natürlicher Hügel herausgehauen. Es handelt sich um runde oder ovale Kammern mit kuppelartigen Decken, Wendeltreppen, Nischen und Bänken sowie üppigem Dekor an Wänden und Stützpfeilern. Vermutlich wurden diese Grabkammern, in deren Boden man die Urnen der Verstorbenen beisetzte, auch als Versammlungsort benutzt. • 444

Coro

Die geschichtsträchtige Stadt Coro, 1527 durch den Gouverneur Juan de Ampiés gegründet, gehört zu den ältesten spanischen Siedlungen Südamerikas. Sie war einst Hauptstadt der Provinz Venezuela und Wohnort der deutschen Welser, die Coro als Dank für einen großzügigen Kredit an den spanischen König erhalten hatten. Coros Sehenswürdigkeiten befinden sich im historischen Kern, dem Centro Colonial. Die schlicht gehaltene Kathedrale, 1583 fertiggestellt, gehört zu den ältesten Gotteshäusern des Landes. In der Calle Zamora erhebt sich Coros eindrucksvollstes Kolonial-Barockhaus aus dem 18. Jahrhundert. • 198

Quito

Im Herzen der auf den unteren Abhängen des Berges Pichincha erbauten Stadt begrenzen die wichtigsten Gebäude den Hauptplatz: die Kathedrale, der Palast des Präsidenten und des Erzbischofs sowie das Rathaus. Die zwei steil abfallenden Schluchten, die Quito durchziehen, werden von zwei alten Steinbrücken überspannt. Kirchturmspitzen, Häuser mit Balkonen, Plätze, Brunnen und versteckt liegende Gärten, mit Eisentoren abgeschlossen, prägen das Bild der malerischen Altstadt. • 199

SANGAY

Das Schutzgebiet in Zentralecuador reicht von den baumlosen Ebenen bis zu den tropischen Regenwäldern des Tieflandes. Der zwischen 1000 und 5000 Meter über der Meeresoberfläche liegende Park ist weitgehend unzugänglich. Unterhalb schneebedeckter Gipfel liegt das grüne Dach der Regenwälder, in deren Nähe zwei aktive Vulkane zu finden sind. Der Waldbestand des äquatornahen Schutzgebiets reicht bis zu einer Höhe von 4000 Metern. Zum vielfältigen Tierbestand zählen Brillenbären, Bergtapire, Jaguare und Kondore.   • 200

NATIONALPARK RIO ABISEO

In diesem Schutzgebiet, das bis zu 4100 Meter ansteigt, lassen sich insgesamt fünf Lebensräume nachweisen. Außer einer abwechslungsreichen Landschaft befinden sich dort zahlreiche archäologische Grabungsstätten. Der Park zeichnet sich durch eine hohe Zahl an nur dort anzutreffenden Tier- und Pflanzenarten aus. Hierzu gehören auch Arten, die man bereits für ausgestorben hielt. Allein im nordwestlichsten Abschnitt des Parks registrierten Biologen über 1000 Pflanzensorten.   • 202

CHAVÍN

Diese Grabungsstätte in den nordperuanischen Anden erinnert an einen alten Zeremonialbezirk der hochentwickelten Chavín-Kultur. Das von seinen Abmessungen her monumentale Hauptgebäude besitzt eine pyramidenähnliche Form und hat drei Stockwerke, die sorgsam gemauert wurden. Im Inneren befinden sich Treppen, Belüftungsschächte und ein Etagen-Entwässerungssystem.   • 204

MANÚ

Manú ist ein Teil des Biosphärenreservats gleichen Namens, das auf einer Gesamtfläche von 1,5 Millionen Hektar unter anderem ein Schutzgebiet und eine Kulturzone einschließt. Zum Nationalpark gehören das gesamte Becken des Flusses Manú und ein Teil des Rio-Alto-Madre-de-Dios-Beckens. Die bis zu 4000 Meter ansteigende Landschaft besteht im tieferliegenden Teil aus Schwemmland, die Berge sind waldreich. Weil die Landschaft weitgehend unzugänglich ist, entwickelte sich dort ungestört eine große Flora- und Fauna-Artenvielfalt.   • 206

CHAN CHAN

Auf diesem archäologischen Grabungsgebiet in der Provinz Trujillo an der nordwestlichen Küste befinden sich die Trümmer der präkolumbischen Stadt Chan Chan, die sich auf sechs Quadratkilometern erstreckt. Dank des trockenen Klimas sind die meisten der aus Lehmziegeln gemauerten Gebäudereste gut erhalten geblieben. Im Zentrum der Stadt stehen zehn Paläste, die von 14 Meter hohen Mauern umgeben sind. In der Nähe befindet sich auf einem Begräbnisareal ein Hauptgrab, umgeben von mehreren kleineren Grabstätten. Um diesen Bezirk herum waren vier Wohnquartiere errichtet worden.   • 201

HUASCARÁN

Die höchstgelegene Schneeregion im Tropengürtel ist die Blanca Cordillera, Wahrzeichen des Nationalparks Huascarán, in dessen Tälern und Hügeln sich gigantische Gletscher befinden. Die Gebirgszüge sind für professionelle Bergsteiger ein wahres Eldorado. Außer rund 120 Gletscher-Lagunen findet man in diesem Gebiet drei Großquellen. In den Regenwäldern der Gebirgszone zählten Biologen bislang mehr als 120 Flora- und 100 Faunaarten, und Archäologen entdeckten Siedlungsplätze, die vor dem Beginn der Inka-Periode angelegt worden waren.   • 203

LIMA

Limas historisches Zentrum liegt beiderseits des Flusses Rio Rimac. Es wird als herausragendes Beispiel für eine spanische Stadtgründung in Peru eingestuft, zumal die auf Schachbrettgrundriß angelegte Stadt gut erhalten geblieben ist. Macht und Reichtum des alten Lima lassen sich an den zahlreichen Monumenten der Hauptstadt auch heute noch gut ablesen. Außer dem Bezirk des Klosters San Francisco gibt es in der von Pizarro als »Ciudad de los Reyes« 1535 gegründeten Stadt mehrere beeindruckende Monumente aus der Kolonialzeit.   • 205

CUZCO

Die Hauptstadt des gleichnamigen Departements, 3416 Meter über dem Meeresspiegel in den südperuanischen Anden gelegen, besitzt Monumente aus der Zeit der Inka, der spanischen Eroberung und der Gegenwart. Reste von Bauwerken der präkolumbischen Epoche erinnern an Bäder, einen Thron, ein Theater und an die Festung Sacsayhuaman. Die 1533 von Pizarro eroberte Stadt wurde 1536 bei einem Aufstand und 1650 durch ein Erdbeben schwer beschädigt. Die spanischen Herren bauten Cuzco im 16. und 17. Jahrhundert auf dem Grundriß der Inka-Stadt wieder auf.   • 207

Peru
Bolivien

Bolivien
Brasilien

Brasilien

Brasilien
Paraguay/Brasilien

NAZCA

Die indianische Nazca-Kultur in Südperu, die ihre Blütezeit im 7. und 8. Jahrhundert hatte, gibt mit ihren riesigen Bodenzeichnungen immer noch Rätsel auf. Das Figurationswerk aus Menschen, Tieren und geometrischen Darstellungen, auf 1000 Quadratkilometern verstreut, ist vermutlich eine Art historisches und astronomisches »Lesebuch«. Es gibt Mond- und Sternenlinien, die als Orientierungshilfen zur Zeitbestimmung gedeutet werden. Der Schnabel eines Vogels zeigt z. B. auf die aufgehende Sonne am 21. Dezember. Vermutlich waren die Figuren auch Ausdruck totemistischer Vorstellungen.   • 415

JESUITENMISSION VON CHIQUITOS

Die bolivianischen Jesuitenmissionen, deren Bau 1669 begann, waren modellhaft: Nur Einheimischen wurde erlaubt, in diesen Reduktionen zu wohnen. Sie gingen dort unter dem Schutz der Jesuitenpatres, die sich für ihre Dörfer erhebliche politische und wirtschaftliche Freiheiten erkämpft hatten, vorwiegend dem Ackerbau nach. Die nach dem Prinzip der Selbstverwaltung organisierte Mission von Chiquitos besteht aus fünf Städten.   • 209

SERRA DA CAPIVARA

Dieses 1979 gegründete Schutzgebiet wird topographisch geprägt von dem geologisch bedeutsamen Maranhão-Piaui-Becken und einer Landsenke mit dem Rio São Fráncisco. Man entdeckte dort eine Reihe prähistorischer Behausungen, die in den Fels geschlagen und deren Wände mit Gemälden verziert sind. In diesem Nationalpark befinden sich die ältesten Felsenkunstwerke, die bislang in Südamerika gesichert wurden.   • 211

WALLFAHRTSKIRCHE CONGONHAS

Nur wenige Kilometer von Ouro Prêto befindet sich diese Anlage, zu der außer der eigentlichen Kirche zum Guten Jesus auch Gärten und kleine Kapellen zählen. Das große Gotteshaus wurde 1757 fertiggestellt und im Stil des Barock verziert. Der beeindruckendste Teil ist das mächtige Treppenhaus des Eingangs, das mit den zwölf lebensgroßen Statuen der Apostel, die Aleijadinho geschaffen hat, dekoriert wurde. • 213

SUCRE

Der Freiheitskämpfer Antonio José de Sucre y de Alcalá verhalf der 2800 Meter hoch liegenden Hauptstadt im vorigen Jahrhundert zu ihrem Namen, die Regierung des Andenstaates sitzt hingegen jetzt in La Paz. Bis heute konnte Sucre seinen kolonialzeitlichen Charakter gut bewahren. Die herausragenden Bauwerke dieser Zeit sind Kirchen, darunter San Miguel mit einer bemerkenswerten Innenausstattung. Der Ort entwickelte sich seit 1538 an auf dem Gebiet eines früheren Indianerdorfes. Die später Chuquisaca genannte Universitätsstadt gewann dank der benachbarten Silberförderung bald eine wichtige Stellung.   • 208

OLINDA

Das historische Olinda, heute zentraler Teil einer modernen Stadt nahe Recife, besitzt insgesamt zwölf geschützte Hauptgebäude. Hierzu zählen vier Kirchen, das zum Museum umgewandelte Gefängnis, ein Bischofssitz, eine Abtei und vier Nonnenklöster. Die ursprüngliche Stadtanlage ist bis heute fast unversehrt erhalten geblieben. 1630 fiel Olinda in die Hände der Niederländer, die den Ort ein Jahr lang besetzt hielten und ihn dann bis auf die Grundmauern niederbrannten.   • 210

OURO PRÊTO

Schon im Jahre 1933 wurde die alte Bergwerksstadt Ouro Prêto — auf deutsch »schwarzes Gold« — 300 Kilometer nördlich von Rio de Janeiro in ihrer Gesamtheit zum nationalen Monument erklärt. Das von einer hügeligen Landschaft umgebene »Mekka des brasilianischen Tourismus« zeichnet sich durch eine Vielzahl von Gebäuden aus, die im Stil des Barock und des Rokoko verziert wurden. Vila Rica, wie die 1712 mit den Stadtrechten versehene Ortschaft bis 1823 hieß, war das Zentrum der an Goldminen reichen Provinz Minas Gerais. Vor allem religiöse Bruderschaften hinterließen in Ouro Prêto zahlreiche Bauwerke.   • 212

JESUITENMISSIONEN

Kirchenruinen, indianische Häuser und eine Skulptur der Heiligen Dreifaltigkeit, in deren hohlem Inneren Jesuitenpriester mit widerhallender Stimme das Wort Gottes verkünden konnten, erinnern an die Jesuitenmission von La Trinidad. Nahe des ehemaligen Missionsstützpunktes San Ignacio liegt die 1760 gegründete Jesuitenortschaft San Cosmé y Damian, an die gleichfalls nur noch Ruinen erinnern. Daß sich dort einst ein sehr angesehenes Astronomiezentrum befand, bezeugt die Sonnenuhr.   • 214

OSTERINSEL

Die monumentalen Tuffsteinfiguren (Moai) auf der Osterinsel (polyn.: Rapa Nui) sind kultische Zeugnisse polynesischer Kultur, die nicht weniger eindrucksvoll auch in zahlreichen Holzskulpturen überliefert ist. Das Wissen um die Bedeutung dieser Kunstwerke ist im 19. Jahrhundert verloren gegangen, als die Polynesier zum Einsatz beim Guano-Abbau an die peruanische Küste verschleppt und fast vollständig ausgerottet wurden. 1888 wurde die Osterinsel von Chile annektiert.

• 446

LOS GLACIARES

Kaum ein Ort ist feuchter und kälter als das Gebiet um die neun Gletscher, deren Eismassen — die größten auf der südlichen Halbkugel außerhalb der Antarktis — den Nationalpark Los Glaciares bedecken. Wochenlang toben in diesem Teil der südlichen Anden Stürme und eisige Winde mit Geschwindigkeiten bis zu 200 Stundenkilometern. Bisweilen walzen die Gletscher von Kondoren, Chinchillas und Hirschen bewohnte Buchenwälder nieder. Obgleich die meisten Gletscher weltweit schrumpfen, weitet sich der Moreno-Gletscher auch heute ständig aus.

• 216

ASIEN

ANJAR

Die Relikte dieser alten Omaijaden-Stadt liegen in der Bekaa-Ebene, rund 40 Kilometer südwestlich von Baalbek. Die Festung besteht aus vier großen Bauwerken mit Eingangstor und Türmen. Die Tore dieses Kalifenpalasts sind verbunden durch 20 Meter breite Straßen, die Anjar in allen Himmelsrichtungen durchziehen und die im 8. Jahrhundert erbaute Stadt in vier Bezirke teilen.

• 218

JESUITENMISSIONEN DER GUARANÍ

Die fünf Jesuitenreduktionen, von denen eine auf brasilianischem Territorium liegt, entstanden zwischen 1609 und 1632. In ihrer Konzeption stellten sie eine revolutionäre Erneuerung der Missionsarbeit in Lateinamerika dar. Um Korruption und Ausbeutung zu bekämpfen, wurden die Reduktionen, in denen die Guaraní-Indianer unter der weltlichen und geistlichen Führung von ein bis zwei Priestern lebten, mit dem Selbstverwaltungsrecht ausgestattet. Banditenüberfälle zwangen die Gründer, sich nach neuen Siedlungsplätzen umzusehen. Dabei entstanden in Argentinien 15 neue Indianerdörfer.

• 215

SACRAMENTO

Seit seiner Gründung 1678 war Sacramento am Rio de la Plata mit schöner Regelmäßigkeit Belagerungen und Besetzungen ausgeliefert – bis es den Spaniern nach 100 Jahren gelang, die portugiesische Siedlung ihrem Kolonialreich einzugliedern. Erstaunlicherweise wurde Sacramentos politischer und ökonomischer Aufstieg von diesen militärischen Verwicklungen wenig beeinflußt. Das Stadtbild des historischen Viertels erinnert daran, daß seine Architektur auch den Kolonialstil des konkurrierenden Buenos Aires jenseits des Stroms prägte.

• 447

BYBLOS

Das phönikisch-hebräische Gebal unterhielt im 3. Jahrtausend v. Chr. enge Beziehungen mit Ägypten, das von dort Libanonzedern bezog. Später wurde die Hafen- und Handelsstadt ein wichtiger Umschlagplatz für Papyrus. Daher der griechische Name der Stadt. Heute erinnern die Umfassungsmauern mit zwei Eingangstoren, mehrere Tempel und Königsgräber an die einstige Größe von Byblos. Man geht davon aus, daß in Byblos das phönikische Alphabet entstand. Bronzetafeln mit einem vereinfachten Schriftsystem, die dort entdeckt wurden, legen diesen Schluß nahe.

• 217

TYROS

Das antike Tyros heißt auf phönikisch Sor und wird heute Sur genannt. Die neben Sidon wichtigste Handelsstadt Phönikiens liegt an der Südküste. Sie entstand ursprünglich auf einer küstennahen Felsinsel und besaß zwei gutgeschützte Häfen. Unter König Hiram I. erlebte der Ort seine Hochblüte, von dort aus wurden zahlreiche Kolonien gegründet. Nebukadnezar zerstörte die Stadt um 572 v. Chr., 240 Jahre später fiel sie nach langer Belagerung in die Hand Alexanders des Großen. Moslemische Truppen legten Tyros im 13. Jahrhundert in Schutt und Asche. Während des Bürgerkriegs der letzten Jahre wurde Sur (Tyros) stark in Mitleidenschaft gezogen.

• 219

Syrien

Syrien
Jordanien

Irak
Jemen

Jemen
Iran

ALEPPO

Haleb, wie die Hauptstadt der Provinz Aleppo im Norden Syriens auf arabisch heißt, ist eine der ältesten und wichtigsten Städte des Orients. Als wichtigstes Monument gilt die durch Wälle geschützte mittelalterliche Zitadelle, die sich über einer syrisch-hethitischen Akropolis erhebt. Die von den Omaijaden gegründete Freitagsmoschee wurde Ende des 12. Jahrhunderts von den Seldschuken erneuert. Viele der Medressen, Souks und Hane (Herbergen) stammen ebenfalls aus dieser Zeit. Aleppos Holzhäuser entstanden im 17. und 18. Jahrhundert.   • 220

BOSRA

Die Trümmer der antiken Stadt Bosra befinden sich auf einem Untergrund aus Vulkanfels im fruchtbaren Tal des Flusses Nukru. Von den Nabatäern gegründet, erhob Kaiser Trajan Bosra nach der römischen Eroberung im Jahre 106 zur Hauptstadt der Provinz Arabia. Ein halbes Jahrtausend später fiel die Stadt in die Hände der Araber. Kurz darauf erschütterte eine Reihe von Erdbeben Bosra, dessen Niedergang damit besiegelt war.
                    • 222

HATRA

Die Ruinenstadt südwestlich von Mossul liegt auf einem Gebiet von annähernd 320 Hektar und ist von einer Lehmziegelmauer und einem Graben umgeben. Das historische Erbe besteht aus einer Reihe von Tempeln mit einem zentralen Heiligtum und vier Stadttoren. Es wurden mehrere hundert Statuen aus Kalkstein, Marmor und Bronze gefunden.   • 224

ZABID

Bereits im frühen 9. Jahrhundert entstand in Zabid unter der Herrschaft des Ibn-Ziyad die Stadtbefestigung sowie ein ausgeklügeltes Bewässerungssystem mit einem Kanalnetz. Die Stadtstruktur und das Erscheinungsbild der Bauwerke sind bis heute fast perfekt erhalten geblieben. Die ornamentalen Stuckverzierungen der Wohnhausfassaden, die Große Moschee, die Asa'ir Moschee und die auf ovalem Grundriß angelegte Medina (Altstadt) mit ihren verwinkelten Gäßchen, lassen auf die einstige Bedeutung dieser ersten Universitätsstadt der Welt schließen. Sie war im 13. und 14. Jahrhundert wichtiger als die damalige Hauptstadt Sana.   • 226

PALMYRA

Ein doppelter, prächtig verzierter Säulengang mit dreitorigem Durchgangsbogen prägt das Bild der Hauptstraße in der archäologischen Grabungsstätte Palmyra, 240 Kilometer nordöstlich von Damaskus in der wüstenartigen Landschaft Palmyrene. Im Süden des Ruinengebiets, das sich über eine Fläche von 50 Hektar erstreckt, liegt das Senatshaus und das im 3. Jahrhundert vollendete Theater der Oasenstadt, die auf arabisch Tudmur heißt. In der Säulenhalle der Agora befindet sich eine Inschrift, die über den damaligen Preistarif Aufschluß gibt.   • 221

WÜSTENSCHLOSS Q'USEIR AMRA

Das in der Nähe von Amman liegende Fort entstand während des Kalifats von Al-Walid I., der zu Beginn des 8. Jahrhunderts regierte. Die Palastanlage besitzt einige der ältesten erhaltenen Bäder der islamischen Welt. Sie befinden sich in drei Räumen, daneben liegt das Pumpenhaus und ein Zuschauerraum. Vor allem die Innendekoration der Anlage verdient Aufmerksamkeit: Zahlreichen Wandfresken dekorieren die Baderäume, und an der Decke des Zuschauerraums wurden Tierkreiszeichen dargestellt.   • 223

SHIBAM, WADI HADRAMAUT

Hans Helfritz, einer der ersten europäischen Jemenreisenden, nannte Shibam wegen seiner acht- bis zehngeschossigen Hochhäuser das »Chikago der Wüste«. Das Alter dieser vollständig aus Lehm erbauten Stadt ist nicht genau bekannt. Man weiß aber, daß die hohen Wohntürme schon im Altertum typisch waren für das Bild der wohlhabenden Städte am Ursprung der Weihrauchstraße. Das noch unversehrt erhaltene Shibam, dessen eng aneinandergelehnte Lehmtürme als einzigen Schmuck wundervoll geschnitzte Haustüren und Fenster besitzen, ist ein Schaufenster in das alte vorislamische Südarabien.   • 225

TSCHOGA ZANBIL

In dieser durch drei aus Lehmziegel-Mauerringen geschützten Ruinenstadt liegen Paläste und Tempel sowie im Zentrum ein abgestufter Tempelturm (Zikkurat). Die verschiedenen Gebäude sind durch ziegelsteingepflasterte Wege miteinander verbunden. Tschoga Zanbil wurde im 13. Jahrhundert v. Chr. während der Herrschaft König Untash Napirishas gegründet. Die Stadt war geplant als religiöser Mittelpunkt des elamitischen Reiches, allerdings fanden die Bauarbeiten mit dem Ableben des Königs ein jähes Ende.   • 227

BAT, FESTUNG MIT AL-KHUTM, AL-AYN

Nördlich von Bat erstreckt sich das Ruinenfeld einer Siedlung und einer Nekropole. Westlich von Bat erhebt sich auf der zweiten Grabungsstätte der Turm von Al-Khutm, eine Gruppe von bienenstockartigen Grabmälern findet man auf dem Gelände von Al-Ayn. Sie gehen zurück auf das 3. Jahrtausend v. Chr.   • 228

ARABIAN ORYX

Der arabische Spießbock, die Oryx-Antilope, durch Jagd in freier Wildbahn ausgerottet und nur noch in Zoos überlebend, wurde seit 1980 im Sultanat Oman wieder angesiedelt, und zwar in der Wüstenregion Jiddat al Harasis. Eine Herde von 150 Tieren, in Gefangenschaft gezüchtet, machte den Anfang. Falls sich jedoch die Vermutung bestätigt, daß in dieser Landschaft Bodenschätze vorkommen, vor allem Öl, wird die Ausbeutung die Existenz des arabischen Spießbocks aufs neue gefährden.   • 416

GELATI UND BAGRATI-KATHEDRALE

Im Zentrum des einstigen königlichen Hofklosters und der wissenschaftlichen Akademie Gelati, 1106 gegründet, steht die der Gottesmutter geweihte Kathedrale (1106–1125), die Grablege der Könige von Westgeorgien. Das Gotteshaus entspricht dem Typ der byzantinischen Kreuzkuppelkirche, deren Tambour auf den Enden der Apsiswände und auf Freipfeilern liegt. Die Kathedrale Bagrats III. (Bild) stammt aus der Zeit der Wende zwischen 10. und 11. Jahrhundert.   • 417

SVANETIEN

In den abgelegenen Dörfern an den Gebirgshängen von Svanetien haben sogenannte Turmhäuser die Zeiten überdauert, eine Spezialität georgischer Architektur unverkennbar mittelalterlichen Wehrcharakters. Dabei handelt es sich um zweigeschossige Wohnungen, deren Parterre Mensch und Vieh vorbehalten blieb, während das Obergeschoß als Geräte- und Vorratsraum diente. Über beide Stockwerke erreichte man einen schlanken Turm mit Ausguck und Brustwehr. Hier wurden die Wurfgeschosse gelagert, mit denen man Angreifer zu vertreiben hoffte.   • 483

FESTUNG BAHLA

Eine zwölf Kilometer lange Steinmauer umschließt sowohl die verschiedenen Wohnquartiere als auch den überwiegenden Teil des Kulturlandes. Der im Zentrum liegende Festungskomplex besteht aus einer Burg mit 50 Meter hohen Türmen. Als Baumaterial fanden überwiegend Lehm und Stroh Verwendung. Das Fort von Bahla mit seinem ausgedehnten Schloß diente mehrfach in der Geschichte des Sultanats als Hauptstadt. Teile des Forts stammen noch aus vorislamischer Zeit und gehen vermutlich auf persische Baumeister zurück.   • 229

KLOSTER HAGHPAT

Haghpat gilt seit tausend Jahren als ein Kloster von starker spiritueller Anziehungskraft. Seine Architektur, in der sich byzantinische und kaukasische Stilelemente mischen, zählt zu den bedeutendsten Zeugnissen Armeniens zwischen dem 10. und 13. Jahrhundert. Um die 991 dem heiligen Kreuz geweihte Hauptkirche mit ihrer charakteristischen Zentralkuppel gruppieren sich u.a. Bibliothekstrakt und Glockenturm, Refektorium und mehrere Kapellen. Die stark befestigte Anlage wurde durch Erdbeben und Krieg mehrfach beschädigt.   • 482

MZCHETA

Seine erste Hochblüte erlebte Mzcheta zur Zeit Alexanders des Großen als Machtzentrum Ostgeorgiens. Umfangreiche Ausgrabungen geben eine Vorstellung von den einstigen Festungsanlagen. Die archäologischen Funde, die bis in die Bronzezeit zurückreichen, sind mittlerweile in einem Museum zugänglich. Die Swetizchoweli-Kathedrale (1010–1029), gleichsam die »Hagia Sophia« Georgiens, war die Hauskirche des Patriarchen, zudem die Krönungs- und Grabkirche der ostgeorgischen Könige – eine monumentale Kuppelbasilika des Baumeisters Arsukidse, deren Architektur durch Kriege und Erdbeben mehrfach verändert wurde.   • 418

BAIKALSEE

Der Baikalsee, einer der ältesten Seen der Welt, entstand vor 25 bis 30 Millionen Jahren. 336 größere und kleinere Flüsse speisen das größte Süßwasserbecken dieses Planeten, das ein Fünftel aller Trinkwasservorräte weltweit enthält. 636 km lang und bis zu 80 km breit, übertrifft der See, den man auch das sibirische Meer nennt, mit 31 500 km² die Fläche Belgiens. Von den ca. 600 Pflanzen- und Tierarten, die hier registriert wurden, sind 70 Prozent endemisch. Das ökologische Gleichgewicht ist durch die Abwässer von Industrieanlagen und 2,5 Millionen Menschen gefährdet.   • 484

Rußland
Usbekistan

Usbekistan
Pakistan

Pakistan

Pakistan
Indien

VULKANE VON KAMTSCHATKA

Die 1200 km lange und bis zu 450 km breite Halbinsel Kamtschatka zwischen Beringsee- und Ochotkischem Meer gliedert sich in zwei parallel verlaufende Gebirgsketten, die durch das bis zu 80 km breite Kamtschatka-Tal voneinander getrennt sind. Das nordasiatische Kamtschatka gehört zu einem ausgedehnten Vulkangürtel an der Nahtstelle zwischen der Pazifischen und der Eurasiatischen Platte. Von den etwa 160 Vulkanen sind 29 noch tätig. 19 Vulkane bilden die nunmehr zum Weltnaturerbe erklärte Vulkanzone von Kamtschatka. Darunter befindet sich auch die 4750 m hohe Kljutschewskaja Sopka. • 485

BUCHARA

Dank seiner Zahl von Moscheen, Koranschulen und Grabmälern gleicht das Zentrum einem Freilichtmuseum, das die architektonische Entwicklung von zweieinhalb Jahrtausenden eindrucksvoll widerspiegelt. Bevor die Stadt von den Arabern erobert und eines der wichtigsten Kulturzentren des Kalifats von Bagdad wurde, war Buchara eine der ausgedehntesten Städte Zentralasiens. Im 12. Jahrhundert zum unabhängigen Stadtstaat aufgestiegen, wurde Buchara 1220 von Dschingis Khan zerstört. Um 1500 nahmen die Usbeken die Stadt ein. Die backsteinverzierte Poi-Kalian-Moschee und die Magoki-Attori-Moscheen zählen zu Bucharas schönsten Gebetshäusern. • 439

TAXILA

Das nordwestlich von Rawalpindi liegende Taxila ist eine der bedeutendsten Grabungsstätten Asiens. Nach einer langen Blütezeit vom 1. bis zum 5. Jahrhundert unter den Kushana-Königen häuften sich Hunnenüberfälle, die den Niedergang der Stadt vorwegnahmen. Außer einigen Moscheen aus dem Mittelalter und den Ruinen von vier Siedlungen gibt es auf diesem Gebiet eine Vielzahl buddhistischer Klöster, Stupas und Tempel. Ausgrabungen am Bhir-Hügel führten zur Entdeckung der auf schachbrettartigem Grundriß angelegten Stadt Sirkap mit Palast. Ferner legte man eine sogenannte Akropolis und eine Vorstadt nach griechischem Vorbild frei. • 232

THATTA

Moderne Gebäude verdrängen in der altehrwürdigen Stadt Thatta allmählich das Bild der zwischen Berghängen und lilafarbenen Sanddünen liegenden Altstadt, die mehr und mehr verfällt. Thatta erlebte seine Blütezeit im 17. und 18. Jahrhundert, dann fielen persische Heere ein und plünderten die Stadt, die bald ihre zentrale Stellung einbüßte. Prächtigstes Monument ist die Jamia Masjid. Im Westen erheben sich die Makli-Hügel, eine Nekropole mit aufwendig gestalteten Grabmonumenten aus drei Epochen. • 234

KHIVA/ITCHAN-KALA

Seit altersher zählt Khiva neben Buchara und Samarkand zu den bedeutenden Zentren des Islam in Usbekistan. Die Altstadt Itchan-Kala, die von einer fast vollständig erhaltenen Stadtmauer des 16. Jahrhunderts umgrenzt wird, bietet zahlreiche Beispiele für einen Baustil, der sich durch eine besonders reiche Ornamentik auszeichnet. Marmor, Kacheln und Holz werden als Dekorationsmaterialen geradezu virtuos verarbeitet; Architektur formt sich zu einem einzigartigen stilistischen Ensemble. • 230

TAKHT-I-BAHI

Pakistans schönstes Kloster thront hoch auf einem felsigen Hügel und umfaßt mehrere Höfe mit Stupas und Buddhastatuen. Mönchszellen, Versammlungsräume, Meditationsorte und weitere Klosterbauten sind auf einem weiträumigen Areal verteilt. In der Nähe fand man die Trümmer der alten Stadt Sahr-i-Bahlol, die einst mit einem noch zum Teil erhaltenen Mauerring umgeben war. Sowohl Kloster als auch Stadt gehen vermutlich auf das 1. Jahrhundert zurück. Von den Hunnenstürmen unbeschadet, blieb die religiöse Gemeinschaft bis ins 7. Jahrhundert bestehen. • 231

MOENJODARO

Moenjodaro besteht aus einer Erdkuppe mit Zitadelle und der Unterstadt. Der künstlich angelegte Hügel, auf dem der Herrscher residierte, war einst schwer befestigt. Zu den bislang freigelegten Gebäuden zählen der Kornspeicher, von dem Ziegelsteinfundamente übrigblieben, und ein großes Bad mit einem Becken, dessen sauber gearbeitete Böden und Wände mit gebrannten Ziegeln verkleidet wurden. Überreste einer Treppe lassen den Schluß zu, daß das Gebäude ursprünglich zweistöckig war. • 233

KEOLADEO

Die Fläche des nordindischen Keoladeo-Ghana-Nationalparks ist zwar nur knapp 30 Quadratkilometer groß, dafür läßt sich dort eine unvergleichliche Artenvielfalt nachweisen. Rund 350 Vogelarten leben in diesem Gebiet mit seinen seichten Seen und Waldgebieten, etwa ein Drittel davon sind Zugvögel. Im Park selbst nisten rund 120 Vogelarten, wobei die Reiherpopulationen weltweit zu den größten zählen. Zwischen Oktober und März lohnt sich ein Besuch ganz besonders. Dann treffen die meisten Zugvögel zum Überwintern ein und bevölkern zu Tausenden die Seen und Jheels des Parks, der einst von einem Maharadscha als fürstliches Jagdrevier eingerichtet worden war. • 235

NANDA DEVI

Der 1980 eingerichtete Nationalpark mit einer Gesamtfläche von 630 Quadratkilometern befindet sich nahe des zweithöchsten indischen Berges Devi Peak (7816 Meter). Bis diese Landschaft seit den fünziger Jahren zu einem El Dorado für Bergsteiger wurde, war sie weitgehend unberührt. Als der britische Bergsteiger Eric Shipton Anfang der dreißiger Jahre das Gebiet erstmals betrat, beobachtete er große Herden von Bharals und Gorals (Ziegenantilopen), deren Bestand allerdings zurückgegangen ist. Weiterhin findet man Moschushirsch, Serau und mit ein bißchen Glück Schneeleoparden.   • 236

KAZIRANGA

Zu Beginn unseres Jahrhunderts zum Waldreservat erklärt, wurde Kaziranga 1926 Wildschutzgebiet; seit 1974 ist diese Landschaft im Bundesstaat Assam Nationalpark. Berühmt ist der Park für seine Nashörner, Wildbüffel sowie die Sumpf- und Schweinehirsche. Ferner existieren dort einige Tiger, Wildschweine, schwanzlose Gibbons – sogenannte Hu-locks –, Honigdachse und Schopflanguren und das Rhinozeros. Mihimukh dient für Tierbeobachter als guter Ausgangspunkt.   • 238

DELHI, HUMAYUN-GRABMAL

Diese Grabstätte, erbaut im 16. Jahrhundert durch Haji Begum, Frau des Humayun, ist ein gutes Beispiel für die Bauweise der frühen Mogulzeit. Das Gebäude mit Bogengalerien wird von einer gewaltigen Kuppel bekrönt und ist mit streng gestalteten Ziergärten umgeben. Es diente als Vorbild für den Bau des wesentlich reicher ausgestatteten Taj Mahal in Agra. Auch Humayuns Witwe wurde in diesem aus rotem und weißem, schwarzem und gelbem Marmor erbauten Grabmal zur letzten Ruhe gebettet.   • 240

AGRA, ROTES FORT

Das während der Regierungszeit Akbars um 1565 begonnene Fort wurde unter seinem Enkel Shah Jahan in einen Palast umgewandelt. Hinter den Mauern der Festung am Yamuna-River hielt Jahans Sohn später den Vater gefangen. Er starb in einem Zimmer, von wo aus er täglich auf sein strahlendes Meisterwerk, den Taj Mahal, blicken konnte. Hinter den wuchtigen Mauern befindet sich die bedeutende Marmormoschee Jahans Moti Masjid. Der Thronsaal mit Intarsienarbeiten liegt in der Halle der öffentlichen Audienzen, neben der die Juwelen-Moschee sowie der Basar für die kaiserlichen Hofdamen erbaut wurden.   • 242

MANAS

Vom kleinen Schutzgebiet entwickelte sich der Manas Sanctuary mit der Tiger-Reserve im Laufe der Jahre zu einem Reservat von über 2800 Quadratkilometern Fläche, die Kernzone umfaßt knapp 400 Quadratkilometer. Auf der indischen Seite dominieren Lichtungen mit Laubmischwäldern das Erscheinungsbild. Die Elefantenherden zählen in manchen Fällen bis zu 2000 Tiere. Außerdem findet man Tiger, Nashorn, Wildbüffel und viele Vogelarten.   • 237

MOGULSTADT FATEHPUR SIKRI

Neun Stadttore und ein über sechs Kilometer langer Mauergürtel schützen die Festungsstadt im Staat Uttar Pradesh. Die einzelnen Straßen des Ortes schneiden sich im rechten Winkel. Die Gebäude für die Verwaltung des Herrschaftsbezirks des Fürsten und der geheiligte Bezirk um die Jami- (oder Dargah-)Moschee liegen deutlich voneinander getrennt. Der aus rotem Sandstein erbaute Ort westlich Agras ist eine gut erhaltene Mogulstadt, die einen Eindruck aus der Blütezeit der Mogulherrscher im 16. Jahrhundert vermittelt.   • 239

QUTAB-MINAR

Dieser Gebäudekomplex stammt aus der Anfangszeit der moslemischen Herrschaft und liegt 15 Kilometer von Delhi entfernt. Der im unteren Teil 15 Meter dicke und 73 Meter hohe Turm verjüngt sich an der Spitze auf 2,50 Meter. Jedes der fünf Stockwerke, die bis zur dritten Etage aus Sandstein und dann aus Marmor und Sandstein aufgetürmt wurden, ist durch eine Galerie verziert. Im 14. Jahrhundert wurde die Säule von einem Kuppeldach bekrönt.   • 241

KHAJURAHO

Der geheiligte Bezirk in Madhya Pradesh besteht aus drei Gruppen von Tempeln, die allesamt nach dem gleichen Grundmuster errichtet wurden. Die in Ost-West-Richtung angelegten Bauwerke zeichnen sich jeweils durch Eingangsportal, Vestibül und Allerheiligstes aus. Die mit einer Vielzahl Skulpturen – darunter vor allem die erstaunlich freizügigen Himmelstänzerinnen (Apsaras) – dekorierten Monumente der Hindu-Baukunst entstanden zwischen dem 9. und dem 12. Jahrhundert während der Chandella-Dynastie.
• 243

BUDDHIST. HEILIGTUM SANCHI

Nördlich der Stadt Bhopal erhebt sich aus der Ebene ein Hügel, auf dem die ältesten buddhistischen Baudenkmäler des Subkontinents zu finden sind. Ein direkter Bezug zu dem Religionsstifter ist im Falle Sanchis allerdings nicht gegeben. Gegründet wurde die Anlage durch den legendären Ashoka, der schon im 3. Jahrhundert v. Chr. zahlreiche Stupas bauen ließ, die später durch weitere Gebäude ergänzt wurden. Als der Buddhismus hier seine Bedeutung einbüßte, war der Ort zum Untergang verurteilt.   • 244

ELEPHANTA

Bekannt wurde diese Insel in der Nähe von Bombay durch vier Tempel, die vermutlich zwischen 450 und 750 aus dem Felsen geschlagen wurden. Damals hieß die Insel Gharapuri, zu deutsch Festungsstadt. Von den Portugiesen wurde der Ort später Elephanta genannt, weil sie nahe ihres Landungsplatzes einen riesigen Elefanten aus Stein erblickt hatten. Diese Standfigur war 1814 zusammengebrochen, einzelne Stücke wurden in den Victoria Garden von Bombay gebracht und zusammengesetzt. In den allesamt Shiva geweihten Tempeln befinden sich mehrere Paneele, darunter die des Trimurti, des dreiköpfigen Shiva.   • 246

AJANTA

Die zwei Teile dieser umfassenden buddhistischen Tempelanlage bestehen aus einer Abfolge von Höhlen, die zwischen 200 und 650 in den Felsen geschlagen und durch einen Fußpfad verbunden wurden. Die 1819 zufällig wiederentdeckten Heiligtümer sind vor allem für ihre meisterhaften Malereien und weniger ihrer Skulpturen wegen bekannt geworden. Seit der umfassenden Renovierung in den zwanziger Jahren sind die Gemälde in den dunklen Grotten recht gut geschützt. In insgesamt fünf Höhlen befinden sich Chaityas (Tempel), in den übrigen 24 wurden Viharas (Klöster) eingerichtet.   • 248

PATTADAKAL

Die meisten Tempel entstanden im 7. und 8. Jahrhundert, als Pattadakal unter den Chalukyan-Herrschern von Badami zweite Hauptstadt und Krönungsort war. Herausragendes Monument ist der Lokeshwari- oder Virupaksha-Tempel, dessen Skulpturen Episoden aus Ramayana und Mahabharata schildern und an einigen Stellen das soziale Leben während der Epoche dieser Herrscher lebendig werden lassen.   • 250

SUNDARBANS

Zwischen den Flüssen Hooghly (Westen) und Tetulia im Osten liegt dieses Reservat mit einer Gesamtfläche von mehr als 2500 Quadratkilometern. Fast die Hälfte dieses Gebietes bildet die Kernzone und den eigentlichen Nationalpark. Sumpfige Flächen und Mangrovenwälder bestimmen das Landschaftsbild, zu dem auch bewaldete Inseln und kleinere Flußläufe gehören. In diesem Schutzgebiet in Westbengalen existiert die größte Tigerpopulation des Subkontinents. Mitte der achtziger Jahre schätzte man auf einer Fläche, die dem Staat Bangladesch entspricht, die Zahl der dort lebenden Tiger auf 400.   • 245

ELLORA

Dieses Ensemble im Staat Maharashtra besteht aus 34 Höhlen, wobei zwölf Höhlen nach buddhistischen Vorgaben gestaltet wurden und der Rest bis auf zwei jainistische Heiligtümer der hinduistischen Stilrichtung zuzurechnen ist. Zum buddhistischen Teil, der im 7. Jahrhundert vollendet wurde, zählt ferner ein großes Heiligtum, in dessen Zentrum eine beeindruckende Buddha-Statue und eine Stupa stehen.   • 247

KONARAK

Die Ruine dieses Sonnentempels im Staate Orissa nahe der Küste erinnert an die Regierungszeit Narasimha Devas I., der das Heiligtum im 13. Jahrhundert zu Ehren des Sonnengottes Surya errichten ließ. Das in Form eines Triumphwagens erbaute phantastische Monument besaß einen nahezu 60 Meter hohen Turm und ein Portal, das mit Löwen-, Elefanten-, Menschen- und Pflanzenskulpturen überreich verziert war.   • 249

HAMPI

Diese Tempelanlage in Karnataka entstand zwischen 1377 und 1576 während der Herrschaftszeit der Vijayanagar-Dynastie. In den Heiligtümern stehen Schreine mit fein gearbeiteten Flachreliefs und Steinskulpturen. Das herausragende Monument ist der Vittala-Tempel mit seinem berühmten Triumphwagen aus Stein und erstaunlich schönen Skulpturen. Ein weiteres wichtiges Monument ist der Tempel am Fluß, zu dem eine verfallene Steinbrücke führt. Die weltlichen Zwecken dienenden Gebäude liegen innerhalb einer befestigten Zitadelle.   • 251

Indien

Sri Lanka

Sri Lanka

Sri Lanka

Sri Lanka

Nepal

THANJAVUR, TEMPEL VON BRIHADISVARA

Zahlreiche Gemälde und Skulpturen dekorieren die Gebäude dieses Tempelbezirks, der zwischen 985 und 1012 im heutigen Tamil Nadu erbaut wurde. Das zentrale Heiligtum befindet sich in einem breiten, offenen Hof, umgeben von einer Reihe kleinerer Schreine. Die gesamte Anlage liegt im Schutz von inneren doppelstöckigen Schutzmauern, die ihrerseits durch äußere Mauerwälle ergänzt werden.   • 252

POLONNARUVA

Die um 368 zur Königsresidenz erhobene Stadt besitzt mehrere bedeutende buddhistische Baudenkmäler, darunter mittelalterliche Tempel in einem für die Stadt typischen Baustil. Wichtige Monumente sind die aus Backstein erbauten Tempel Lankatilaka, Thuparama und das Kiri-Kloster (12. Jahrhundert) sowie die monumentalen Buddha-Felsenbilder im Gal-Vihara, zu deutsch Felsenkloster. Wahrzeichen der Stadt ist die 25 Meter lange Granitfigur des liegenden Religionsstifters. Zeitweise wurde auch hier Buddhas Zahn als Reliquie verehrt.   • 254

KANDY

Die von Bergen umrahmte Heilige Stadt im Herzen des »Landes ohne Sorgen«, wie die Chinesen Ceylon einst nannten, besitzt eine beeindruckende Zahl von Monumenten, darunter ein buddhistischer Tempelkomplex, die hölzerne Audienzhalle, das Kloster Malwatte Vihara und König Sri Wikramas Palast. Das im Hochland liegende Kandy, im 14. Jahrhundert gegründet, war bis 1815 ceylonesische Hauptstadt. Hier befindet sich heute der »Tempel des Zahns«.
            • 256

SINHARAJA FOREST

Dieser Nationalpark in den tiefliegenden Feuchtgebieten des Südwestens erstreckt sich auf einer Fläche von 8000 Hektar überwiegend leicht hügeligen Geländes, dessen höchste Erhebung bei knapp über 1110 Metern liegt. Vorherrschende Vegetationsformen sind die typischen Regenwälder Asiens. Hier finden sich die letzten Reste des srilankischen Regenwaldes. Fast 70 Prozent der Pflanzenarten sind auf das bislang weitgehend unberührt gebliebene Gebiet beschränkt, so daß für die insulare Vogelwelt ideale Bedingungen gegeben sind.   • 258

ANURADHAPURA

Ceylons »Heilige Stadt«, die seit Ende des vorigen Jahrhunderts restauriert wird, besitzt einen Palast, 13 Klöster, fünf große Wasserspeicher, dazugehörende Wohnviertel, vier alte Stadttore und Reste der Stadtbefestigung mit Graben. Je nach Beruf und sozialem Status wurden die Einwohner in einem der vier planmäßig angelegten Wohngebiete untergebracht. In der Stupa Abhayagiri wurde ursprünglich als heilige Reliquie ein Zahn Buddhas aufbewahrt, die dann aber bei jedem Hauptstadtwechsel in ein neues zentrales Heiligtum gebracht wurde.   • 253

DAMBULLA

Diese buddhistische Höhlentempelanlage wurde aus dem 122 Meter hohen Dambulla-Felsen in der Central Province herausgeschlagen und bedeckt eine Fläche von 25 Hektar. Insgesamt sind acht Höhlen und die Reste von 25 Felsunterkünften erhalten geblieben. Der Haupttempel dieses größten und am besten erhaltenen buddhistischen Heiligtums auf der Insel ist über 600 Meter lang und 33 Meter breit. In den einzelnen Höhlen befinden sich 157 Statuen und Wandmalereien auf einer Fläche von fast 2000 Quadratmetern.• 255

GALLÉ

Diese befestigte und heute noch bewohnte Stadt im Süden der Insel fällt durch ihren außergewöhnlich gut erhaltenen Zustand auf. Auf einer Fläche von 40 Hektar angelegt, war die Stadt ursprünglich durch mittlerweile aufgefüllte Gräben geschützt. Gallé besitzt vier alte Stadttore und ein neueres Tor, das die Briten 1873 erbaut haben. Von den Portugiesen als Stützpunkt gegründet, erhielt Gallé seine Bollwerke erst nach der niederländischen Eroberung im Jahre 1663. Zahlreiche Bauwerke erinnern an die einstigen Kolonialherren, die Gallé zur bestgeschützten Hafenstadt in ganz Südostasien ausbauten.   • 257

CHITWAN

Dieser 932 Quadratkilometer große Nationalpark, im nepalesischen Tiefland nahe der indischen Grenze gelegen, besteht vornehmlich aus Wäldern und grasbewachsenen Flächen. Bedingt durch die reichlichen Regenfälle während der Monsunzeit ändern die Flüsse regelmäßig ihre Laufrichtung und modifizieren damit das Landschaftsbild. Der Park ist ein Refugium für etliche seltene und vom Aussterben bedrohte Tierarten. Bislang registrierte man 35 Arten von Großsäugern, darunter 400 indische Nashörner, deren Bestand unter Militärschutz steht. Ferner streifen bengalische Tiger und Leoparden durch die bewaldeten Täler des königlichen Parks.   • 259

Nepal
Bangladesch

Bangladesch
China

China

China

SAGARMATHA

Weil der Touristenboom das kulturelle und ökologische Gleichgewicht in diesem seit frühesten Zeiten mythologisch verklärten Teil des Himalaja-Königreichs empfindlich gestört hat, wurde 1976 der Sagarmatha-Nationalpark gegründet. Unkontrolliertes Abholzen der Gebirgswälder hatte die Erosion der Weiden vorangetrieben und die Flüsse zunehmend verunreinigt. Niemand kümmerte sich mehr um die buddhistischen Klöster und Gebetsmühlen. Der auch in geologischer Hinsicht bedeutsame Park dient als Lebensraum unter anderem dem Schneeleoparden und dem Himalaja-Schwarzbären.   • 260

BAGERHAT

Noch heute bezeugen die Überreste der historischen Moscheenstadt den sagenhaften Reichtum, den die unabhängigen Sultane von Bengalen im Mittelalter in diesem heute völlig verarmten asiatischen Land angehäuft hatten. Mehr als 50 Monumente liegen verstreut auf dem Gebiet von 6,5 Quadratkilometern, in dessen Zentrum die Herrscher früher Münzen schlagen ließen. Wichtigstes Gebetshaus ist die beeindruckende Shait-Gumbad-Moschee, ein riesiges Gebäude aus Backstein.   • 262

FUNDSTÄTTE DES PEKING-MENSCHEN

Das Gelände südwestlich von Peking ist von herausragender archäologischer Bedeutung für das Verständnis der Evolution des Menschen. Seit 1921 finden hier Grabungen statt. Zu den bisherigen Funden zählen Steinwerkzeuge, versteinertes Korn und Asche – sie bezeugen die Verwendung von Feuer –, vor allem aber Knochen des sinanthropus pekinensis, der hier vor 700 000 bis 200 000 Jahren in einer Höhle lebte. In einer zweiten wurden 18 000 bis 11 000 Jahre alte Spuren des Jetztzeitmenschen entdeckt.   • 264

TAISHAN

Der 1545 m hohe Ostberg Taishan gilt in China seit über 2000 Jahren als heiligster der Fünf heiligen Berge und als Herr über Leben und Tod. Er ist Chinas populärstes Wallfahrtsziel. Den Weg zum Gipfel säumen Tempel, Inschriften, Ehrentore und landschaftliche Sehenswürdigkeiten. Seit früher Zeit brachten die Kaiser dem Berg Opfer dar. Als bedeutendstes Zeugnis dieser Tradition blieb der große Taishan-Tempel erhalten, dessen mächtige Haupthalle mit einem 62 m langen Wandbild ausgemalt ist.   • 266

PAHARPUR

Das bekannteste Herrschergeschlecht des ehemaligen pakistanischen Ostens waren die Pala, die sich über drei Jahrhunderte lang an der Macht halten konnten. Dharmapala, der zweite Pala-Herrscher, gründete Ende des 8. Jahrhunderts das buddhistische Kloster von Paharpur. Etwa ein Jahrhundert später wurden die Pala von den Gurjara-Pratiharas entmachtet, im 12. Jahrhundert folgten ihnen die hinduistischen Senas, die das Kloster zerfallen ließen. Erst im 19. Jahrhundert wurde die Anlage wieder entdeckt. Die Trümmer des Backsteinklosters sind über eine Fläche von gut neun Hektar verteilt. Mehr als 60 Steinplastiken befinden sich im unterirdischen Teil der Anlage.   • 261

MOGAO-HÖHLEN

Mit über 2400 bemalten Statuen – die größte ist 33 m hoch – und 45 000 qm Wandmalereien bergen diese 492 Grotten außerhalb der Oase von Dunhuang den weltweit größten Schatz buddhistischer Bildwerke. Entstanden im 4. bis 14. Jh., bezeugen sie den Kulturaustausch entlang der Seidenstraße. Dank des Wüstenklimas blieben die Farben gut erhalten. Im Jahr 1900 wurde in einer vermauerten Höhle eine Bibliothek aus 45 000 Manuskripten und einigen der ältesten Druckwerken der Welt entdeckt.   • 263

HUANGLONG

Das weitgehend unberührte, bis in die Region ewigen Schnees ansteigende, dicht bewaldete Bergland in Nord-Sichuan verdankt seine außergewöhnliche Schönheit den Travertin-Teichen und anderen Kalkformationen sowie der artenreichen Vegetation. Von Algen und Bakterien gefärbt, schimmert das Wasser in einem breiten Farbspektrum von orange und gelb bis grün und blau. Das Huanglong-Bergland ist ein Rückzugsgebiet für bedeutende, vom Aussterben bedrohte Tierarten, darunter der Riesenpanda.   • 265

QUFU, TEMPEL DES KONFUZIUS

Die Kleinstadt in Shandong gilt als Heimat- und Sterbeort des Konfuzius (551–479 v. Chr.). Seit dem Beginn des staatlichen Konfuziuskults um 100 v. Chr. wurde sein Tempel immer mehr erweitert. Mit 690 m Länge ist er der größte Konfuziustempel in ganz China. Die Durchführung der Opferzeremonien war Aufgabe seiner Nachkommen, deren stattliche Residenz an den Tempel angrenzt. Konfuzius und sämtliche Nachkommen wurden (und werden) nördlich von Qufu auf einem riesigen Waldfriedhof, dem »Hain der Familie Kong« bestattet. • 419

KAISERLICHE SOMMERRESIDENZ CHENGDE

250 km nordöstlich von Peking errichteten sich die Mandschu-Herrscher im 18. Jahrhundert eine Sommerresidenz, von der außer einigen durch ihre Intimheit und Schlichtheit bestechenden Thronhallen vor allem der weitläufige Landschaftsgarten mit malerischen Seen erhalten blieb. Um den buddhafrommen Gesandtschaften der unterworfenen Völker ihres Riesenreichs ein Heimatgefühl zu vermitteln, ließen die Kaiser zudem acht große Klöster erbauen, darunter eine Replik des Potala-Palastes.

• 420

WUDANG SHAN

Der bewaldete Gebirgszug in der Provinz Hubei ist das bedeutende Zentrum des Taoismus. Der Bau der meisten Heiligtümer erfolgte in den Jahren 1412–1418 auf kaiserliches Geheiß. 300 000 abkommandierte Arbeiter errichteten damals 46 Tempelklöster sowie zahlreiche Brücken, Pavillons und Grotten. Viele davon blieben bis heute erhalten. Als kostbarstes Bauwerk ziert die aus vergoldeter Bronze bestehende »Goldhalle« den 1612 m hohen Gipfel. Zur Schönheit des Wudang Shan tragen seine vielen Quellen, Bäche, Seen und Grotten bei.

• 421

JIUZHAIGOU

Ähnlich wie Huanglong, ist Jiuzhaigou (»Neun-Dörfer-Tal«) ein bis in schneebedeckte Höhen steil ansteigendes, bewaldetes, weitgehend unberührtes Bergland von großartiger Schönheit. Die durch Kalkterrassen getrennten, zahllosen Seen im Talgrund gehen mit Wasserfällen ineinander über, deren größter über drei Stufen 78 m tief hinabstürzt. Auch hier sind die kristallklaren Seen unterschiedlich gefärbt, manche blau, andere grün, wieder andere purpurn. Die Wälder sind ebenfalls ein Rückzugsgebiet des Riesenpanda.   • 267

LHASA, POTALA-PALAST

Die über Tibets Hauptstadt aufragende mächtige Burgfestung war über Jahrhunderte Residenz des Dalai Lama und bleibt auch nach dessen Vertreibung im Jahr 1959 ein Symbol seiner politisch-religiösen Herrschaft. Ein Königssitz bestand hier schon im 7. Jh. Die heutige Form des Palastes stammt aus dem 17. Jh., als 7000 Sklaven in 50 Jahren den zentralen »Roten Palast« erbauten. Seine von Yakbutterlampen in mystisches Licht getauchten Hallen sind überreich mit religiösen Bildwerken geschmückt.   • 422

WULINGYUAN

Im Nordwesten der Provinz Hunan erstreckt sich auf über 26 000 Hektar eine der landschaftlich abwechslungsreichsten und faszinierendsten Welterbestätten Chinas. Viele der rund 3000 steilen Sandsteinklippen und Felsspitzen, die aus den subtropischen Wäldern in die Höhe ragen, sind über 200 Meter, mache sogar bis zu 400 Meter hoch. Dazwischen verlaufen tiefe Schluchten mit Wasserläufen, Becken und Katarakten. Außer zwei natürlichen Gesteinsbrücken besitzt Wulingyuan, Rückzugsgebiet für zahlreiche gefährdete Pflanzen- und Tierarten (Bild: Kragenbär).   • 268

HUANGSHAN

Das in Süd-Anhui aufragende »Gelbe Gebirge« mit seinen steilen, phantastisch geformten und von skurrilen Kiefern bewachsenen Granitfelsen, in Wolken verschwindenden Abgründen und Felsnadeln prägte die Landschaftsästhetik des alten China wie kein zweites. Hier fanden zahllose Meister der klassischen Tuschmalerei das Vorbild für ihre Ideallandschaften. Die Schönheit des Huangshan wird unterstrichen durch Wasserfälle, Seen, Höhlen und heiße Quellen. Einige der Bäume sind über 1000 Jahre alt.   • 269

MOUNT LUSHAN

Die überwältigende Schönheit der Landschaft um den Mount Lushan hat viele chinesiche Künstler, Schriftsteller, Philosophen und Wissenschaftler seit je inspiriert – dies um so mehr, da die Imaginationskraft dieses abwechslungsreichen Naturerlebnisses den individuellen Schönheitsbegriff ständig variiert. Der Mount Lushan zählt zu jenen seltenen Naturlandschaften, die die Zeugnisse menschlicher Kultur nicht nur aufnahmen, sondern harmonisch integrierten. Archäologische Ausgrabungen und Felseninschriften werden von architektonischen Zeugnissen aus den unterschiedlichsten Epochen ergänzt.

• 486

MOUNT EMEI

Emei Shan, einer der vier heiligen Berge des Buddhismus in China, war schon vor 10 000 Jahren besiedelt. Von den zahlreichen Klöstern, die hier, am Südwestrand des Sichunanbeckens, errichtet wurden, haben sich 70 erhalten. Emei Shan ist berühmt für seine »drei Sichten« aus 3099 Metern Höhe. Diese »Sichten« gelten dem Licht der Morgensonne auf dem Bergrücken, der Wolkendecke in den Niederungen sowie dem »magischen Licht« eines Spektralrings, das man nachmittags häufig beobachten kann.

• 487

BAN CHIANG

Thailands früheste Keramikfunde stammen aus der nordöstlichen Ortschaft Ban Chiang auf der Khorat-Hochebene, die schon im 4. Jahrtausend v. Chr. besiedelt wurde. Die im Bangkoker Nationalmuseum ausgestellten Keramiken werden in drei Zeitabschnitte eingeteilt: In der frühen Periode wurden die mit Schnurdekor verzierten Gefäße als Begräbnisurnen für Kinder verwendet. Während der mittleren Periode erhielten sie wulstige, rote Ränder und gravierte Muster in die weißen Oberflächen. Spiralförmig dekorierte und mit anderen geometrischen Mustern verzierte Keramiken kennzeichnen die späte Periode.　　• 270

THUNYAI-HUAI KHA KHAENG

Alles in allem bedecken die Wildschutzgebiete Thun-gyai und Huai Kha Khaeng eine Fläche von 320000 Hektar nahe der Grenze zu Burma. Das Bild der Landschaft wird geprägt durch kleine Hügel, Täler und Ebenen, die unter dem Einfluß der Wasserläufe regelmäßig neu geformt werden. Ferner findet man zahlreiche kleine Seen, Teiche und Sumpfflächen. Während in höheren Lagen immergrüne Wälder vorherrschen, wachsen in tieferen Gebieten Laubbäume und Bambus. Innerhalb des Gebietes leben heute noch 4000 Angehörige verschiedener Stämme.　　• 272

LUANG PRABANG

In Luang Prabang, der ehemaligen Königsresidenz in Nord-Laos, konzentriert sich das reiche architektonische und künstlerische Erbe eines Gemeinwesens, das sich aus städtischen und ländlichen, monarchischen und religiösen Elementen zusammensetzt (Bild: Wat Xing Thong). Im Gegensatz zu vielen anderen Metropolen Südostasiens ist es in diesem alten Kulturzentrum gelungen, die vorkolonialen Strukturen des Stadtbildes zu bewahren und nicht mit dem europäischen Kolonialstil zu vermischen, der abgesondert eigene Akzente setzt.
　　• 451

HA-LONG-BAY

In der Ha-Long-Bay vor der vietnamesischen Stadt Hong-Gai hat die Natur eine der ungewöhnlichsten Karstlandschaften komponiert. Der Schriftsteller J. Auvray notierte begeistert: »Stellen wir uns eine Gebirgskette vor, die durch eine Naturkatastrophe plötzlich im Meer versunken ist. Nur die höchsten Spitzen, riesige Felsnadeln, Zinnen und Gipfelfluren ragen noch aus dem ruhigen Wasser. Mit dem Boot fährt man bald zwischen glatten, bald zwischen bogenförmig ausgehöhlten, senkrechten Felsen hindurch… Dann wieder sieht man Höhlen mit bedrohlich wirkenden Tropfsteinen.«　　• 424

SUKHOTHAI

Dieses archäologische Grabungsgebiet besteht aus den drei Städten Sukhothai, Si Satchanalai und Kamphaeng Phet, die alle durch Stadtmauern und Gräben geschützt waren. Man geht davon aus, daß die einstigen Königspaläste aus Holz bestanden und daher keine Reste mehr vorhanden sind. Im Falle von Sukhothai läßt sich heute noch das hochentwickelte System aus Kanälen, Wasserspeichern und Teichen nach Art der Khmer erkennen. Die Gründung der drei Städte geht zurück auf chinesische Siedler, die sich dort im 12. Jahrhundert niederließen.
　　• 271

AYUTTHAYA

Die Reste der ehemaligen siamesischen Hauptstadt liegen auf einer Insel am Zusammenfluß von Lopburi und Pasak. Die auf ovalem Grundriß angelegte Siedlung war einst mit einer zwölf Kilometer langen, in Teilen noch erhaltenen Mauer umschlossen. Im Zentrum der Insel befindet sich ein historischer Park, mit den Ruinen des alten Königspalasts. Der weitgehend intakte Kronprinzenpalast, heute ein Museum, liegt im Norden.　　• 273

ANGKOR

Um die militärischen Glanzleistungen und den künstlerischen Ruhm des Khmer-Reiches zu verewigen, schufen Handwerker mitten im dichten Dschungel ein Kunstwerk, das man heute den Tempel von Angkor Wat nennt. Vom 9. bis zum 13. Jahrhundert bauten dort über ein Dutzend Khmer-Könige ihre Paläste, auf die hinduistischen Tempel folgten die buddhistischen Heiligtümer. Im 12. Jahrhundet ließ Suryavarman in Angkor Wat sein Observatorium einrichten. Außerdem bestimmte er den Tempel zu seiner Begräbnisstätte. Angkors Abstieg begann mit der Niederlage der Khmer gegen die Siamesen im 15. Jahrhundert.　　• 274

HUE

Die alte Kaiserresidenz nahe der Küste entstand zu Beginn des 17. Jahrhunderts mit dem Bau der unversehrt erhaltenen Zitadelle Phu Xuan. Auch die Kaisergräber und die Thien-Mu-Pagode auf dem linken Ufer des Parfümflusses, ein Bauwerk aus sieben übereinanderliegenden Oktogonen, Buddha-Figuren und einer über 200 Kilogramm schweren Glocke, überstanden alle Stürme der Zeit. Die Dai Noi genannte Kaiserstadt besteht aus drei Rechtecken, die ineinander verschachtelt wurden. Tu Camh Tanh, die verbotene Purpurstadt, war dem Herrscher vorbehalten. Hue war während des Vietnamkrieges stark umkämpft.
　　• 275

HINDUTEMPEL VON PRAMBANAN

Dieser archäologische Park besteht aus der hinduistischen Loro-Jonggrang-Tempelanlage, dem buddhistischen Sewu-Tempelkomplex und drei weiteren Heiligtümern, die freilich stark beschädigt sind. Auch unter den Hunderten von kleinen Tempeln, auf drei Höfe verteilt, sind viele bereits zerstört. Im buddhistischen Teil findet man einen Haupttempel und 240 kleinere Schreine auf einer Fläche von über 30000 Quadratmetern. • 276

KOMODO-INSELN

Zu diesem Schutzgebiet, das vor allem dank seiner urzeitlichen Warane bekannt wurde, gehören außer der Komodo-Insel die westlichen Küstenabschnitte von Flores, Padar, Rinca und Gili Motong. Alle Inseln sind sehr felsig, Sandflächen findet man nur selten. Etwa 70 Prozent der Vegetation besteht aus offenem Grasland und bewaldeten Savannenflächen. Während sich in den geschützten Buchten Mangrovenwälder ausbreiten, wachsen in den Tälern tropische Regenwälder. Neben den rund 70 Vogelarten, die im Park leben, kommen dort zahlreiche Primaten, Huftiere und gewisse wildlebende Haustiere vor.
• 278

PHILIPPINISCHE BAROCKKIRCHEN

Die barocken Kirchenbauten der Spanier, die 250 Jahre lang über die Philippinen herrschten, haben die Architektur so nachhaltig geprägt, daß das Land früher España nera genannt wurde. Da der Archipel von Mexiko aus verwaltet wurde, fanden Stilformen aus Mittelamerika Eingang in die Sakralbauweise. Nach dem Vorbild des kastilischen Mutterlandes geplant, mußten die Gotteshäuser wegen der tropischen Witterung und der häufigen Naturkatastrophen stabil konstruiert werden. • 279

PHILIPPINISCHE REISTERRASSEN

Die vier Reisterrassen im Nordosten der philippinischen Hauptinsel Luzon gehören zu den Beispielen eines harmonischen Zusammenspiels zwischen der Gestaltungskraft der Natur und der des Menschen. Hier orientiert sich die Bodenbearbeitung bis heute an den uralten Traditionen. Jede dieser Terrassen wird ergänzt durch ein Dorf, einen heiligen Hain und Wälder, die das Anbaugebiet schützen. Für die Bewässerung sorgt ein seit altersher bewährtes Leitungssystem. • 452

UJUNG KULON

Zu dem über 76000 Hektar umfassenden Territorium im äußersten Südwesten Javas zählen außer dem Festlandteil auch die Ujung-Kulon-Halbinsel und mehrere kleinere Eilande. In keinem Meeresabschnitt Indonesiens gibt es einen größeren Fischreichtum als dort. Der Küstenverlauf im Norden ist geprägt durch Korallenriffe, im Westen erheben sich mehrere Inselvulkane, die der Krakatau Nature Reserve ein großartiges Landschaftsbild verleihen. Zur Tierwelt des Parks gehört das extrem gefährdete Java-Nashorn.
• 277

SANGIRAN

Das ostjavanische Sangiran zählt zu jenen Fundstätten, die den Anthropologen Aufschluß über die Urgeschichte der Menschheit geben. Neben zahlreichen Tier- und Pflanzenfossilien sowie etwa 800 000 Jahre alten Werkzeugen fand man in Sangiran 1941 ein menschliches Unterkieferfragment mit drei Zähnen. 1952 wurde ein weiteres Fragment entdeckt. Bei der Zuordnung der Funde, deren Alter man auf etwa 1,5 Millionen Jahre schätzt, werden sowohl der Australopithecus robustus als auch der Homo erectus genannt. • 488

TUBBATAHA-RIFF

Dieses Riff, auf das in den vergangenen Jahren der Großteil der Vogelpopulationen des benachbarten Ursula Island abgewandert sind, liegt an der Südostküste der Insel Palawan. Die 425 Kilometer lange Insel besitzt vornehmlich schmale, von Mangrovenwäldern und Korallenriffen gesäumte Küstenstreifen. Da das ökologische Gefüge Palawans sehr sensibel ist, empfiehlt sich dringend der systematische Aufbau von Naturschutzgebieten, die von der weitgehend unkontrollierten Expansion der Landwirtschaft ausgenommen bleiben. Diese Schutzmaßnahmen sehen vor allem die Reinhaltung der Küstengewässer und die Erhaltung der Biodiversität vor. • 280

CHONGMYO-SCHREIN

1395, nach nur zehnmonatiger Bauzeit, war der Chongmyo-Schrein vollendet. Er diente als Heiligtum dem Gedenken der verstorbenen Mitglieder der Königsfamilie. Die Anlage brannte 1592 nieder, wurde wieder aufgebaut und inzwischen immer wieder umgestaltet. Chongmyo besteht aus dem Hauptschrein Chong-jon, dessen besondere optische Wirkung durch den reizvollen Wechsel zwischen Symmetrie und Asymmetrie erzielt wird, und einem kleineren Heiligtum, Yongnyongjon genannt. • 448

SOKKURAM-HÖHLE

Zur Zeit des koreanischen Silla-Königreichs wurde im Jahr 774 auf dem Berg Toham der buddhistische Sokkuram vollendet, ein künstlicher Höhlentempel aus Granitblöcken, den der Baumeister mit einem Erdhügel bedecken ließ. Die Anlage besteht aus einem rechteckigen Vorraum, der durch einen Korridor mit einem Rundbau verbunden ist, in dessen Zentrum sich auf einem Lotossockel die Statue des Buddha Shakyamuni befindet. Im Hintergrund ist ein Relief des elfköpfigen Avalokiteshvara zu sehen.   • 449

HAEINSA TEMPEL

Der Haeinsa Tempel auf dem nur schwer zugänglichen Kaya-Berg wurde im Jahr 802 errichtet. In der mehrmals restaurierten und erweiterten Anlage wird eine Fassung des Tripitaka aufbewahrt, jener Sammlung heiliger Schriften des Theravada-Buddhismus, die, 1496 Bände umfassend, wegen ihrer Genauigkeit und Vollständigkeit als bedeutendste aller Tripitaka-Texte gilt. Die 80 000 Schriftzeichen aus Holz, mit denen das Tripitaka Koreana seit 1237 gedruckt wurde, sind im Changgyong P'ango, vier Depotgebäuden, gelagert.   • 450

SHIRAKAMI-SANCHI

Auf den Granit-Höhenzügen dieser Naturerbestätte wachsen Japans letzte geschlossene Buchenwälder, die früher die Hügel und Bergabhänge im gesamten Norden Nippons bedeckten. Außer dem Schwarzbär und dem zu den Waldziegenantilopen gehörenden Japanischen Serau leben in den dichten Wäldern mit etlichen Wasserfällen und tiefeingeschnittenen Schluchten schätzungsweise 87 Vogelarten. Weiterhin registrierte man über 2000 Insektenarten.   • 281

BURG HIMEJI-JO

Ihrer strahlend weiß glänzenden Fassaden wegen Silberreiherschloß genannt, liegt die Burg auf einer kleinen Anhöhe und stammt in ihrer gegenwärtigen Form aus dem 17. Jahrhundert. Ihre Geschichte beginnt im 14. Jahrhundert mit dem Bau einer ersten Burg mit einem Bergfried. Die heutige Anlage besitzt sechs Stockwerke, zahlreiche Türmchen, Korridore, Tore und Befestigungswälle und stellt in ihrem Umfang einen Höhepunkt der damaligen Schloßbaukunst dar.   • 282

YAKUSHIMA-WALD

Auf der 60 Kilometer südlich der Halbinsel Osumi liegenden, felsigen Insel Yaku regnet es landesweit am häufigsten. Dennoch ist das Klima auf dieser Insel, die im 1935 Meter hohen Miyanouradake ihre höchste Erhebung hat, verhältnismäßig warm. Oft »Alpen im Ozean« genannt, besitzt Yaku rund 40 Granitberge, die meist über 1000 Meter hoch sind. Die Klimazonen erstrecken sich vom subtropischen über gemäßigte Zonen bis hin zu subalpinen Abschnitten. Zum Weltnaturerbe wurde der Wald ernannt, da dort mehrere tausend Jahre alte, inzwischen streng geschützte Japanzedern wachsen.   • 283

KYOTO

Kyoto gilt als Schatzhaus altjapanischer Kultur. Mehr als 1500 buddhistische Tempel und 200 Shinto-Schreine (im Bild der Heian-Schrein) bezeugen eine geistige Existenz, die auch heute noch in sich selbst zu ruhen scheint. Diesen Eindruck gewinnt man auch in der Tempelanlage Byodoin bei Uji mit ihrer berühmten Phönix-Halle »Hoo-do« (1053), einem Beispiel für die Architektur der Heianzeit, oder im Ishiyamadera bei Otsu, einer buddhistischen Tempelgründung des 8. Jahrhunderts.   • 423

HIROSHIMA, MAHNMAL

Mit dem Abwurf der ersten Atombombe auf die Hafenstadt Hiroshima am 6.8.1945 begann das nukleare Zeitalter. Zwischen 90 000 und 200 000 Menschen brachte ein US-Bomber den Tod, 80 Prozent der Millionenstadt wurden zerstört. Die Ruine der Handelskammer, ein dreistöckiges Kuppelgebäude, über dem die Bombe explodierte, symbolisiert als Gedenkstätte die tiefe Zäsur, die das atomare Zeitalter von der Vergangenheit trennnt. Ein Mahnmal, das aber auch die Hoffnung auf Frieden beschwört.   • 490

BUDDHIST. DENK-MÄLER VON HORYU-JI

Das Heiligtum, gegründet im Jahre 607, birgt Nippons umfassendste Sammlung architektonischer, plastischer und malerischer Kunstwerke. Der Tempel besteht aus zwei Teilen, dem To-in genannten Osttrakt und dem westlich gelegenen Sai-in. Zur Anlage zählen 40 Gebäude, darunter einige der ältesten Holzhäuser der Welt. Man betritt Horyu-ji über das große Südtor (Nandaimon).   • 284

SHIRAKAWA-GO/ GOKAYAMA

In den durch Bergketten nur schwer zugänglichen Dörfern Shirakawa-go und Gokayama hat sich eine Rarität japanischer Bauernhaus-Architektur erhalten, das Ghasso-Haus. Mit seinem spitzen Giebel, der eine besondere Statik verlangt, und seinem relativ großen Raumangebot unterscheidet sich dieser Typus merklich von der üblichen Architektur auf dem Lande. Er repräsentiert eine Kultur, deren Sonderentwicklung sich aus der geographischen Isolierung dieser Dorfgemeinschaften ergab.   • 453

ITSUKUSHIMA-SCHREIN

Der im 6. Jahrhundert errichtete Itsukushima-Schrein, ein shintoistischer Familien-Schrein des Taira-Clans, mußte nach mehreren Bränden im 13. Jahrhundert neu erbaut werden. Auch die folgenden Jahrhunderte überstand der Schrein nicht ohne Beschädigungen, so daß der heutige Zustand weitgehend auf der Rekonstruktion von 1556 basiert. Die weitläufige Anlage, die sich harmonisch in die Landschaft einfügt, entspricht architektonisch den Adelspalästen der Fujiwara-Zeit (1219/26-52), doch sind auch chinesische Einflüsse erkennbar.   • 489

AUSTRALIEN

KAKADU

Die fremde und ehrfurchtgebietende Schönheit dieser uralten Landschaft am westlichen Rand des Arnhem Land Plateau war einer der ersten Siedlungsplätze der Aborigines. Vor etwa 18 000 Jahren entstanden Wandgemälde im »Mimi«- und »X-Ray«-Stil, vergleichbar mit den Kunstwerken des europäischen Paläolithikums. Sie sind in den Höhlen des Kakadu Nationalparks bei Obiri und Nourlangie Rock zu finden. Flora und Fauna weisen eine verblüffende Vielfalt auf: Man zählte dort über 40 Arten von Säugetieren, 250 Vogel-, 75 Reptilien-, 45 Fisch- und 10 000 Insektenarten. Über ein Viertel der australischen Vogelarten leben in diesem Nationalpark.   • 285

WET TROPICS

Im Einzugsbereich dieses Nationalparks zwischen Cooktown und Townsville liegt 90 Prozent des Regenwaldes, der den Kontinent heute nur noch auf 0,2 Prozent der Gesamtfläche bedeckt. In der Frühzeit war Australien mit dichter Vegetation tropischer Wälder überzogen. Besonders in Queensland findet man fast alle Regenwaldformen. Ferner registrierte man 90 Orchideenarten, die weltweit größte und auch die kleinste Zikadenart und die für Australien höchste Zahl an Farngewächsen.   • 286

HAIFISCH-BAY

Dieses Schutzgebiet, fast 2,2 Millionen Hektar groß, liegt am westlichsten Punkt der Küste von Westaustralien. Außer einer Zone mit seichtem Wasser und Inseln zählen Teile des angrenzenden Festlands dazu. Da der Salzgehalt in den einzelnen Meeresabschnitten verschieden ist, wird der Park in drei Zonen eingeteilt. Die maritime Flora zeichnet sich durch einen großen Artenreichtum aus. Ferner stellte man fest, daß sich dort viele Kleinstlebewesen aus den Anfängen der Erdgeschichte gehalten haben. Fünf der insgesamt 26 australischen Säugetierarten, die auf der Roten Liste stehen, leben in diesem Schutzgebiet, dessen Gewässer sehr fischreich sind.   • 287

FRASER-INSEL

Die über 120 Kilometer lange Fraser-Insel ist die größte Sandinsel der Welt. Inzwischen wurden Pläne zur Ausbeutung des reichen Mineralienvorkommens aufgegeben. Auf dem Eiland am Südende des Großen Barriere-Riffs befinden sich ein tiefer Süßwassersee und ausgedehnte Regenwälder, in denen rund 200 verschiedene Vogelarten leben. Die Insel bietet zudem zahlreichen Beuteltier- und Reptilienarten sowie wilden Pferden Schutz. Felsnasen vulkanischen Ursprungs findet man an der Ostküste, wo sich der von der Meeresströmung angeschwemmte Sand festsetzt.   • 288

WILLANDRA

In diesem Gebiet befinden sich einige der wichtigsten prähistorischen Grabungsstätten des fünften Kontinents. Unter anderem entdeckte man dort eine 30 000 Jahre alte Begräbnisstätte, einen Verbrennungsplatz und Schleifsteine, die mindestens 18 000 Jahre alt sind. Spuren der ersten Besiedlung durch den Menschen lassen vermuten, daß die Region im Südwesten von New South Wales schon vor 40 000 Jahren bewohnt war. Von Vergletscherung und Veränderungen des Meeresspiegels verschont, hat die halbwüstenartige Landschaft ihr ursprüngliches Bild bis heute bewahren können.   • 289

REGENWALDPARKS AN DER OSTKÜSTE

Die aus sieben voneinander getrennten Regenwaldgebieten bestehende Schutzfläche liegt an den östlichen Küstenabschnitten von New South Wales. Im vorwiegend trockenen Australien spielen Regenwälder zwar nur eine Randrolle, sie sind jedoch für die Artenvielfalt von großer Bedeutung. Alleine in den Regenwäldern von New South Wales halten sich an die 350 Baum- und Straucharten. Ferner gibt es mehrere Beuteltierarten, Reptilien und zahllose Fisch- und Froscharten sowie Wirbellose.
• 290

NARACOORTE

Elf Kilometer entfernt von Naracoorte, um 1840 gegründet und damit eine der ältesten Städte Südaustraliens, liegen die Naracoorte-Höhlen, in denen Fossilien aus der Eiszeit entdeckt wurden. Als besondere Attraktion gelten die Skelettfunde jener Tiere, deren Größe sich im Laufe ihrer Entwicklungsgeschichte stark reduziert hat: ein Riesenkänguruh, ein Wombat (Beuteltier) in den Ausmaßen eines Nashorns sowie ein Beutel-»Löwe«.
• 425

TONGARIRO

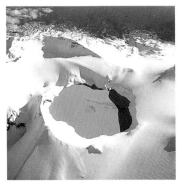

Der Name dieses Schutzgebiets auf der Nordinsel leitet sich ab von den Maori-Begriffen »Tonga« (Feuer) und »riro« (weggetragen). Dieses ausgedehnte Gebiet liegt im Zentrum des ältesten neuseeländischen Nationalparks und ist in ökologischer Hinsicht von großer Bedeutung. Einige der Vulkane des Parks, die von den Maoris als heilig betrachtet werden, sind noch heute aktiv. Im Laufe der Jahrmillionen entstanden zahlreiche unterschiedliche Lebensräume, die durch ihre natürliche Schönheit bestechen. Die am häufigsten anzutreffenden Vegetationstypen sind Grasflächen und Laubwälder.   • 293

EUROPA

LORD-HOWE-INSELGRUPPE

Lord Howe Island, Ball's Pyramid und die Admirality-Inseln, allesamt verwitterte Überreste eines erloschenen Vulkans, liegen im Zentrum des maritimen Schutzgebiets nordöstlich von Sydney. Als modellhaftes Beispiel für Inseln vulkanischen Ursprungs besticht der Archipel durch seine grandiose Landschaft, in der sich zahlreiche seltene und nur dort vorkommende Arten halten. Beachtet sei auch das vorgelagerte Riff, das südlichste Korallenriff der Welt.   • 291

NATIONALPARKS VON WEST-TASMANIEN

Die wilde und rauhe Oberfläche dieses Schutzgebiets spricht dafür, daß dort die Gletschertätigkeit stark ausgeprägt war. Dadurch entstand eine Vielzahl von kleinen Seen, darunter Australiens tiefster See, Lake St. Clair. Neben Resten ursprünglicher Regenwälder findet man alpine Vegetationstypen, Eukalyptuswälder und verschiedene Wiesenformen. Spuren menschlicher Besiedlung wurden bislang in 37 Höhlen entdeckt. Die Grotte Judd's Cavern, eine der größten Flußhöhlen des Kontinents, wurde in der Eiszeit mit Felszeichnungen ausgeschmückt.   • 292

TE WAHIPOUNAMU

Dieses riesige Schutzgebiet mit einer Fläche von 2,6 Millionen Hektar entstand durch die Zusammenlegung mehrerer Nationalparks und weist eine große Zahl unterschiedlicher Landschafsbilder auf. Es bedeckt rund zehn Prozent der neuseeländischen Inselwelt. Das Erscheinungsbild wird geprägt durch die von Gletschern geformten Fjordland-Berge, unberührtes Küstengebiet und 28 der insgesamt 29 neuseeländischen Berge mit einer Höhe von mehr als 3000 Metern. Weiterhin gehören drei Großgletscher, Sanddünen und felsige Flußmündungsgebiete zum Park. Zur Fauna zählen vor allem Vogelarten und Wirbellose. • 294

FELSZEICHNUNGEN VON ALTA

Altas älteste Felszeichnungen und Ritzarbeiten sind nach Schätzungen der Archäologen vor mindestens 6000 Jahren entstanden. Bei Grabungen in der näheren Umgebung entdeckte man prähistorische Siedlungsplätze. Dort wurden Reste von Handwerkszeug freigelegt, das auf die Künstler von Alta hinweist. Die meisten Kunstwerke befinden sich auf einem in fünf Abschnitte eingeteilten Gebiet. Dabei zeigen die Arbeiten, die zum Teil bis zu 40 Zentimeter tief in den Fels eingeritzt wurden, vor allem Rentiere und Elche, aber auch Menschen, Vögel, Boote und Verzierungen.   • 295

RØROS

Kupfervorkommen begründeten den Aufstieg der zentralnorwegischen Stadt Røros, die in Kriegszeiten mehrfach eingenommen und dreimal vollständig niedergebrannt wurde. Gruben, Seilbahnen und Schmelzhütten, seit 1977 außer Betrieb und heute Teil eines Freilichtmuseums, verleihen dem Ort im Østerdal ein unverwechselbares Gepräge. Die 1784 fertiggestellte Kirche mit achtkantigem Grundriß besitzt einen ausgesprochen schön gestalteten Innenraum.
• 296

GAMMELSTAD

Gammelstad war eine jener Kirchenstädte Nordschwedens, wo sich die in der Weite des Landes verstreut lebenden Gemeindemitglieder des Pfarrbezirks – reisende Händler, nomadisierende Lappländer und Bauern einsam gelegener Gehöfte – zum Kirchgang, zu Kirchen- und weltlichen Festen und Geschäften aller Art versammelten. Entsprechend zweckgerichtet war der Stadtplan angelegt: im Zentrum die Kirche, von hölzernen Gästehäusern für die Kirchgänger und Ställen für ihre Tiere umschlossen; später kamen Verwaltungsgebäude und Wohnhäuser für die Bediensteten hinzu.
• 492

SKOGSKYRKOGÅRDEN

Skogskyrkogården, im Süden Stockholms gelegen, gilt als überzeugendes Beispiel für eine Friedhofsanlage, die sich harmonisch in eine Waldlandschaft mit Hügeln, Ebenen und Lichtungen integriert. Ein Wald als Totenhain, in dem die Gräber zu einem Teil der Natur werden. Dieses Konzept bestimmt auch die Architektur der Baumeister Asplund und Lewerentz, die in den zwanziger und dreißiger Jahren Kapellen und Krematorium errichteten.
• 438

BIRKA

Die etwa 40 Kilometer von Stockholm entfernt im Mälarsee liegende Birkeninsel war im 9. und 10. Jahrhundert ein wichtiger Handelsplatz der Wikinger. Auf dem kleinen Eiland, das im 8. Jahrhundert bereits der Missionar Ansgar — der »Apostel des Nordens« — aufgesucht hatte, lag die Stadt Birka mit rund 1000 Einwohnern. Reste der Mauern und Wehranlagen, mit denen der Wohnort umgeben war, befinden sich heute unter einer Wiese. Im vorigen Jahrhundert wieder entdeckt, wurde ein Teil der historischen Siedlung ausgegraben.
• 298

LAPPLAND

Das schwedische Siedlungsgebiet der Lappen oder, wie sie sich selbst nennen, Sami, liegt zum größeren Teil nördlich des Polarkreises, wo die langen, extremen Winter nur durch eine kurze Sommerzeit unterbrochen werden. Im Dreieck der Städte Gällivare, Jokkmokk und Arjeplog haben die Lappen ihre kulturelle Identität als Nomadenvolk weitgehend bewahren können. Im Sommer ziehen etwa 250 Familienverbände mit ihren Rentierherden in die Berge der Skanden, wo sie kleine Hütten bewohnen, während sie im Winter in den Wäldern Schutz suchen.
• 491

TANUM

Die Felszeichnungen von Tanum in Schwedens historischer Provinz Bohuslän am Skagerrak sind bekannt für ihre vorzügliche künstlerische Qualität. In Hunderten von Szenen dokumentieren sie den Alltag und das religiöse Leben in der skandinavischen Bronzezeit (1800–800 v. Chr.). Auch wenn sich der Symbolgehalt der Darstellungen nicht immer erschließen läßt, dürfte der Fruchtbarkeitszauber vermutlich eine wesentliche Rolle gespielt haben. Farbreste lassen darauf schließen, daß die Zeichnungen koloriert worden sind.
• 426

ÄNGELSBERG BRUK

Das »Rückgrat Schwedens« hieß in früheren Zeiten das Bergwerksgebiet Högbyn in der schwedischen Region Västmanland. Auch heute noch befindet sich in der Stadt Fagersta das größte Stahlwerk des nordischen Königreiches. In der Nähe liegt Ängelsberg, früher wichtigster Bergwerksort des Landes. Bereits die Wikinger hatten dort vom 6. Jahrhundert an Sumpfeisenerz verarbeitet, im 17. Jahrhundert verlegte man sich auf die Herstellung von Stangeneisen, das auf dem Svartan (schwarzer Fluß) transportiert wurde. 1795 entstand der Strömholmkanal, Schwedens zweitlängster Transportkanal für die Produkte des Eisenerzabbaus.
• 297

SCHLOSS DROTTNINGHOLM

Schloß Drottningholm liegt auf der Königininsel im Mälarsee. Dazu gehören ein Palast, ein Landschaftsgarten, ein Englischer Park, ein chinesischer Pavillon und ein gotischer Turm. Das auch heute noch benutzte Theatergebäude und der Pavillon aus dem 18. Jahrhundert sind zwei besonders gute Beispiele für die in dieser Epoche typische Vermischung verschiedener Stilformen. Der Vorgängerbau des heutigen Schlosses entstand Ende des 16. Jahrhunderts. Ein Jahrhundert später legte man den Grundstein für ein neues Schloß, dessen Bauzeit sich über 100 Jahre hinzog.
• 299

Visby

Im 12. und 13. Jahrhundert gehörte Visby zu den führenden Städten der Hanse. Das mittelalterliche Straßennetz, mehr als 200 Gebäude und eine gut erhaltene Stadtmauer geben diesem Stadtbild Profil. Daß der Verfall der Bauwerke aufgehalten werden konnte, ist einem Gesetz des 19. Jahrhunderts zu danken. Bauherren, die mittelalterliche Häuser restaurierten oder wieder errichteten, wurde Steuerfreiheit gewährt.   • 454

Petäjävesi

In dem Dorf Petäjävesi ist eine der schönsten Holzkirchen Finnlands zu entdecken. Das inzwischen aufgelassene Gotteshaus wurde 1763/64 von dem Baumeister Leppänen errichtet; dessen Enkel ergänzte den Bau 1821 durch einen Glockenturm mit abgesetztem Glockengeschoß und achteckiger Laterne. Ein Walmdach aus Schindeln, geschnitzte Giebel und eine achteckige, flache Pendentifkuppel geben dieser Holzkirche ein charakteristisches Profil. Der Innenraum ist noch im Originalzustand erhalten.
• 427

Verla

Ein Industriedenkmal der besonderen Art steht im finnischen Verla: eine erst 1964 geschlossene Mühle zur Holzverarbeitung aus dem Jahr 1882. Zur Anlage gehören Werkshalle, Lagerhäuser, Feuerwehrhaus, Unterkünfte für unverheiratete Arbeiter, kleine Holzhäuser für das verheiratete Personal und nicht zuletzt die Residenz des Mühlenbesitzers. Nach einem Brand 1892 entschied man sich beim Wiederaufbau für ornamentierten Ziegelbau. In nächster Nähe haben sich prähistorische Felszeichnungen erhalten.   • 493

Kishi Pogost

Während der eisfreien Zeit erreicht man die Insel Kishi im Onegasee mit dem Boot von Petrosawodsk aus. Die Holzkirchen dieses insularen Freilichtmuseums vermitteln den besten Einblick in die traditionelle Holzbauweise des alten Rußland. Herausragendes Bauwerk ist die 1714 fertiggestellte, 35 Meter hohe Kathedrale der Verklärung, die von 22 Kuppeln bekrönt wird. Auch der Glockenturm wurde mit einfachsten Werkzeugen zusammengesetzt.   • 303

Suomenlinna

Auf Anordnung des schwedischen Parlaments begann im 18. Jahrhundert der Bau von Sveaborg, der mächtigsten Festungsanlage des nordischen Königreichs. Das zum Schutz der Einfahrt in den Hafen von Helsinki angelegte Fort wurde nach der finnischen Unabhängigkeit 1918 in Suomenlinna – Festung von Finnland – umgetauft. Suomenlinna besteht aus einzelnen Abschnitten, die auf sechs küstennahen Inseln erbaut wurden. Vier der Inseln bilden eine geschlossene Verteidigungslinie, in deren Mitte das ehemalige Verwaltungszentrum liegt.   • 300

Rauma

Obwohl ein Großfeuer im frühen 17. Jahrhundert im historischen Kern von Rauma am Bottnischen Meerbusen große Schäden angerichtet hat, blieb das Zentrum der alten finnischen Stadt bis heute bemerkenswert gut erhalten. Die herausragenden Gebäude Alt-Raumas sind die Franziskaner-Kirche und das Rathaus. Dank seiner Holzgebäude zählt Rauma zu den schönsten Städten in diesem Teil Skandinaviens. Es entwickelte sich aus einem Kloster, von dem lediglich das Gotteshaus übriggeblieben ist.   • 301

Solowetzky-Inseln

Obwohl die Solowetzky-Inseln auf dem 65. Breitengrad nur 160 Kilometer vom Polarkreis entfernt liegen, scheint die Sonne so warm, daß Wassermelonen gedeihen. Im Jahre 1429 gründeten dort die Einsiedler German, Zosima und Sawwatij ein Kloster, das sich bald rege am Handel beteiligte. An diese Zeit erinnern die monumentale Verklärungs-Kathedrale und das Refektorium im Kreml. Bis heute sind die aus Granit errichteten Mauern und Türme des Wehrklosters erhalten geblieben.   • 302

Nowgorod

Die Mitte des 9. Jahrhunderts gegründete »Neue Stadt« Nowgorod am Ilmensee war vom 12. bis 17. Jahrhundert Zentrum eines unabhängigen Reichs und rivalisierte mit Kiew und Moskau um die Vormachtstellung. Im Vergleich zum Baustil mittelrussischer Städte weisen Nowgorod und die umgebenden Ortschaften deutliche Unterschiede auf.   • 304

SERGIEV POSAD

Das seiner Architektur wegen einzigarige Dreifaltigkeitskloster Sergius Lawra, seit Jahrhunderten Sitz der orthodoxen Kirche, besitzt zahlreiche Gemälde und Kunstwerke, darunter viele Arbeiten aus Edelmetallen. In der Kathedrale befindet sich das Grab des Sergius von Radonesch, der im 15. Jahrhundert als Beschützer Rußlands berühmt wurde. Die Lawra, schon vor langer Zeit festungsartig ausgebaut, blieb ein wichtiges religiöses Zentrum mit Priesterseminar. • 305

WLADIMIR, SUSDAL, KIDEKSHA

Eine Perle der Kultur des alten Rußland ist die von Fürst Wladimir Monomach 1108 gegründete Stadt Wladimir. Lange Zeit sträflich vernachlässigt, wurde die nördlich Moskaus liegende Stadt Susdal von Fürst Jurij Dolgorukij in den sechziger und siebziger Jahren des 12. Jahrhunderts umfassend renoviert. Auf einer Fläche von zwölf Quadratkilometern liegen 50 Kirchen und 20 Klöster. • 306

KOLOMENSKOJE

Auf einem Hügel am Ufer der Moskwa liegt Kolomenskoje, die besterhaltene aller Sommerresidenzen, die sich die russischen Zaren seit dem 16. Jahrhundert im Umkreis von Moskau erbauen ließen. Die Himmelfahrtskathedrale von 1532 (1880 restauriert), der architektonische Mittelpunkt der Residenz, gilt als eine der frühesten Zeltdachkirchen, die den Typ der älteren Kreuzkuppelkirche ablösten. Der relativ enge Innenraum ist – wie die Gesamtanlage von Kolomenskoje – als Museum eingerichtet. • 428

KOMI-FORST

Der Komi-Forst in der Komi-Republik der Russischen Föderation umfaßt 3,28 Millionen Hektar. Das Tiefland im Westen besteht aus Sumpfgebieten, die in Waldtundra und Tundra übergehen und nach Osten hin an die Abhänge des nördlichen Uralgebirges reichen. In der europäisch und asiatisch gleichermaßen geprägten Tierwelt wurden 43 Säugetier-, 204 Vogel- und 16 Fischarten gezählt. Vom Aussterben bedroht sind Wolf, Otter, Biber, Zobel und Luchs. Zudem bietet der Forst wertvolle Hinweise für die erdgeschichtliche Evolution. • 455

BEND OF THE BOYNE

Bei diesem Monument, gälisch »Brugh na Bóinne«, handelt es sich um Irlands bemerkenswerteste vorchristliche Siedlungs- und Begräbnisstätte, die eine Fläche von 780 Hektar umfaßt. Die wichtigsten Gräber liegen in Knowth, Dowth und Newgrange. Die Begräbnishügel wurden mit zum Teil verzierten Steinen eingefriedet. Über eine Leiter gelangt man in die zwei erhaltenen Gräber von Dowth, datiert auf die Zeit um 2500 bis 2000 v. Chr. Ein Korridor führt in einen Rundraum, wo sich ein großes Becken für rituelle Zwecke befindet. An mehreren Stellen wurden in den Wänden Grabnischen geschaffen. • 307

SKELLIG MICHAEL

Die Klostersiedlung auf der Felseninsel Skellig Michael vor der südwestirischen Küste wird in den Quellen erstmals gegen Ende des 8. Jahrhunderts erwähnt. Im späten 12. Jahrhundert zwang ein Klimawechsel die Mönche, ihre Abtei sowie eine terrassenförmig angelegte Einsiedelei aufzugeben. Heute sind auf Skellig Michael sechs bienenkorbartige Mönchszellen zu besichtigen, die im 9. Jahrhundert mit Trockenmauerwerk angelegt worden sind; außerdem zwei bootsförmig konstruierte Betzellen. Die Reste der Kirche aus dem 12. Jahrhundert lassen zwei Bauphasen erkennen. • 494

INSELGRUPPE ST. KILDA

Außer einer bewachten Radarstation gibt es auf der nur acht Quadratkilometer großen Insel St. Kilda nahe den Äußeren Hebriden seit 1930 keine Spuren menschlichen Lebens mehr. Von der ehemaligen dörflichen Ansiedlung im Südosten des auch Hirta genannten Eilandes blieben nur Ruinen übrig. Die schroff aus dem Meer aufragende Felseninsel ist die größte der nach ihr genannten Inselgruppe, zu der auch Boreray, Dun und Soay gehören. Die steilsten und höchsten Klippen Großbritanniens findet man im Küstenabschnitt bei Conanchair. • 308

EDINBURGH

Blickfang der mittelalterlichen Altstadt Edinburghs ist die Burg aus dem späten 11. Jahrhundert, deren heutiges Aussehen auf das 16. Jahrhundert zurückgeht. Östlich des Siedlungsgebietes wurde 1128 die Augustinerabtei Holyrood gegründet, deren beeindruckende Westfassade die Zeiten überdauerte. Nicht weniger beeindruckend ist die Kathedrale Saint Giles, die im 14. und 15. Jahrhundert als spätgotische Basilika mit Fächergewölben umgebaut wurde. Den architektonischen Kontrapunkt setzt die georgianische Neustadt mit exakt kalkuliertem Straßennetz und klassizistischen Häusern. • 456

STRASSE DER RIESEN

Der Sage nach hatte ein schottischer Riese seinen irischen Gegenspieler Finn MacCool zur Kraftprobe herausgefordert. Der baute daraufhin aus Feldsteinen einen Weg über das Meer. Die Reste befinden sich als vorspringende fünf Kilometer lange Landzunge an der Küste Nordirlands. In Wirklichkeit handelt es sich bei diesem Steinweg um eine natürliche Formation, die durch einen Vulkanausbruch vor etwa 60 Millionen Jahren entstanden ist. • 309

IRONBRIDGE

Um seine Waren transportieren zu können, suchte der Eisenwerkbesitzer Abraham Darby III. per Zeitungsinserat einen Architekten, der ihm über das fünf Kilometer breite Tal des Severn eine stabile Brücke »aus Stein, Ziegeln oder Holz« baute. Thomas Pritchard nahm die Herausforderung an, er entwarf allerdings eine Stahlbrücke, mit deren Fertigstellung 1778 die neue »Eisenzeit« begann. 1795 bestand die Konstruktion aus miteinander verbundenen Parallelrippen ihre Bewährungsprobe: Sie trotzte dem Anprall von Bäumen und Häusern, die ein Hochwasser weggerissen hatte. • 311

SCHLOSS BLENHEIM

Als Dank für seinen Sieg bei Blindheim an der Donau schenkte Königin Anne dem ersten Herzog von Marlborough Schloß Blenheim, das der englische Architekt John Vanbrugh 1722 fertiggestellt hatte. Dank seiner 1,2 Hektar Wohnfläche ist das mit barockem Prunk sowie dorischen und korinthischen Säulen verzierte Bauwerk nördlich von Oxford Großbritanniens größtes Privathaus. Nach der Eindämmung des Flusses Glyme schuf der Landschaftsarchitekt Lancelot Brown einen 1010 Hektar großen Park. Berühmtester Bewohner von Blenheim Castle war der britische Staatsmann Winston Churchill, der dort 1874 das Licht der Welt erblickte. • 313

BATH

Schon die römischen Legionäre schätzten die Heilwirkung der bis zu 49 Grad heißen Thermalquellen von Bath im südwestenglischen County Avon. Zahlreiche Zeugnisse aus der Römerzeit, darunter die antiken Thermen, erinnern an die Ursprünge der Stadt, die im 17. Jahrhundert zum beliebtesten Badeort der Insel aufstieg. Mit dem Dandy Beau Nash als Zeremonienmeister wurde Bath im darauffolgenden Jahrhundert für seine rauschenden Ballnächte und Glücksspiele berühmt. • 315

HADRIANSWALL

Um den nördlichsten Teil seines Imperiums vor den kriegerischen Schotten zu schützen, ließ Kaiser Hadrian um 122 n. Chr. zwischen Solwaybush und Tynemündung einen 80 Meilen langen Wall errichten. Bis in das Elisabethanische Zeitalter hinein behielt der fünf Meter hohe und 2,5 Meter dicke Mauergürtel als Schutz gegen die unberechenbaren Nachbarn einen hohen strategischen Wert. In der nahe gelegenen Ortschaft South Fields wurden vor Jahren die Reste der römischen Festung Arbeia ausgegraben. Der Hadrianswall besaß eine doppelte Mauer, 80 Tore und 320 Wachtürme. • 310

STUDLEY MIT FOUNTAINS ABBEY

»Ein Ort, der eher für wilde Tiere als zur menschlichen Wohnung geeignet ist«, entnimmt man einer zeitgenössischen Chronik über das Gebiet, auf dem im Jahre 1132 Zisterziensermönche aus York Fountains Abbey gründeten. Zuvor war die Bevölkerung durch die normannischen Eroberer umgebracht oder vertrieben worden. In kürzester Zeit verwandelten die frommen Männer das Gebiet in eine blühende Landschaft, betrieben dort Pferdezucht und erfanden nebenbei den Wensleydale-Käse. • 312

WESTMINSTER UND MARGARETENKIRCHE

Auf ödem Sumpfland in der Nähe der Themse erbaute Edward der Bekenner im 11. Jahrhundert außer einem Kloster den später Westminster genannten Königspalast. In dem schon während der normannischen Zeit und der Gotik umgestalteten Gotteshaus südöstlich des St.-James-Parks wurden sämtliche Könige Englands gekrönt. • 314

SÜDSEEINSEL HENDERSON ISLAND

Nach ihrer Entdeckung durch den Spanier de Quiros im Januar 1606 geriet Henderson Island über zwei Jahrhunderte lang in Vergessenheit. Abgesehen von nördlichen Abschnitten mit Korallenriffen, Sandstränden und dichtem Strauchwerk fällt die steile Küste überall jäh ab. Im Zentrum von Henderson Island erstreckt sich eine aus Korallenkalk bestehende Ebene mit Bodenöffnungen und Becken. In den Kavernen der Kliffe hat man Ende der vierziger Jahre Spuren menschlicher Besiedlung entdeckt. • 316

GOUGH INSEL

Anfang des 16. Jahrhunderts wurde die Gough Insel im Südatlantik von Portugiesen entdeckt. Das 55 Quadratkilometer große britische Eiland vulkanischen Ursprungs ist unbewohnt, wenn man von der Besatzung einer meteorologischen Station absieht. Ein imposantes Naturschauspiel bieten die gewaltigen Wasserfälle, die vor allem an den Küstencliffs anzutreffen sind und aus einer Höhe von bis zu 910 Metern herabstürzen. Besondere Bedeutung im Sinne des Naturerbes gewinnt die Gough Insel als Brutplatz für Hochseevögel, See-Elefanten und Pelzrobben.   • 457

ROSKILDE, KATHEDRALE

Dänemarks Königen diente Roskilde vom 11. bis 15. Jahrhundert als Residenzstadt und deren Dom als Grablege. Das romanisch-gotische Backsteinbauwerk, mit dessen Errichtung im späten 12. Jahrhundert begonnen wurde, gilt als bedeutendstes Zeugnis dänischer Kirchenarchitektur.   • 458

LUXEMBURG

Luxemburgs beschauliche Urbanität gewinnt ihre Kraft aus der Verbindung von europäischer Moderne und historischem Selbstbewußtsein, das alle Wechselfälle dynastischer und imperialer Ansprüche glücklich überstand. Die Altstadt, begrenzt von tiefen Taleinschnitten und breiten Parkanlagen auf Teilen der ehemaligen Befestigungsanlagen, liegt auf einem Felsplateau, das topographisch die besten Voraussetzungen für ein imposantes Panorama bietet. Luxemburgs Altstadt steht als Beispiel für eine architektonische Homogenität, die sich aus der Summe stilistischer Vielfalt ergibt.   • 431

KUTNÁ HORA

Vom 14. bis 16. Jahrhundert war Kutná Hora (Kuttenberg) dank seiner Silberminen nach Prag die bedeutendste Stadt im Königreich Böhmen. Reichtum und politische Bedeutung spiegeln sich noch heute in der historischen Architektur, die Gotik, Renaissance und Barock zu einem charakteristischen Ensemble zusammenfügt. Das Stadtbild wird beherrscht von dem einstigen Jesuitenkolleg (1667-1700), vor allem aber von der spätgotischen St. Barbara-Kirche.   • 461

JELLING

Die imposanteste Grablege der dänischen Könige des 10. Jahrhunderts ist im ostjütländischen Jelling zu entdecken. Die Anlage besteht aus zwei Grabhügeln, einer Kirche und zwei Runensteinen. Im nördlichen Hügel wurden der heidnische König Gorm der Alte und seine Gemahlin Tyra Danebod beigesetzt, dann aber von deren Sohn, dem christlichen König Harald Blauzahn, in die neu errichtete Kirche umgebettet. Die Ornamentik der Grabbeigaben wurde namengebend für den »Jellingstil« der Wikingerzeit. Auf dem größeren Runenstein aus der Zeit um 980 befindet sich die älteste Christusdarstellung Nordeuropas.   • 429

VILNIUS

In den Bauwerken der Altstadt von Vilnius (Wilna) spiegelt sich die wechselvolle Geschichte Litauens wider – eines kleinen Landes, das nur zu oft dem imperialen Zugriff mächtiger Nachbarn ausgeliefert war. Kathedrale und Kirchen, Universität, ehemalige Bischofsresidenz und ein Adelspalast setzen die Akzente dieser Altstadt-Architektur – Bauwerke, die, durch Feuersbrunst und Krieg oft beschädigt, zerstört oder durch Okkupation zweckentfremdet, dem jeweiligen »Zeitgeist« unterworfen waren. Neu-, An- oder Umbau im Wechselspiel der Jahrhunderte erzeugten eine Stilvielfalt, die auf ihre Art Geschichte erzählt.   • 430

PRAG

Die an historischen Bauten reiche Hauptstadt Böhmens wird durch ein unvergleichlich geschlossenes Stadtbild aus Gotik und Barock charakterisiert. Schmuckstück des Altstädter Rings mit seinen Laubengängen ist die Teynskirche (14./15. Jahrhundert) und das Rathaus. In der Neustadt bilden der großzügig gestaltete Wenzelplatz und der Karlsplatz das Zentrum. Das alte Ghetto liegt in der Josefstadt: Die im 13. Jahrhundert erbaute Neualtsynagoge ist Europas ältester noch erhaltener jüdischer Tempel. Prags bedeutendste Brücke ist die Karlsbrücke. Dahinter thront der Hradschin.   • 323

LEDNICE-VALTICE

Unter den europäischen Kulturlandschaften nimmt das südmährische Lednice-Valtice nahe dem niederösterreichischen Weinviertel eine hervorragende Stellung ein. In Jahrhunderten haben hier die Herzöge und Fürsten von Liechtenstein (mährische Linie) dafür gesorgt, daß sich Schloß- und Landschaftsarchitektur zu einer organischen Einheit verbinden. Seine endgültige Form erhielt Lednice-Valtice im 19. Jahrhundert. Der Einfluß der englischen Romantik ist unverkennbar.   • 496

Tschechien

Tschechien
Slowakei

Slowakei

Ungarn/Slowakei
Polen/Belarus

ZELENÁ HORA

Auf dem Grünen Berg bei Zelená Hora steht die Wallfahrtskirche des Johannes von Nepomuk, der in Tschechien als böhmischer Landespatron verehrt wird. Giovanni Santini, der heimische Barockbaumeister italienischer Herkunft, hat 1722 das Gotteshaus auf dem Grundriß eines zehnzackigen Sterns vollendet. Sein Hauptaltar mit dem heiligen Johannes von Nepomuk im Paradies und die vier Seitenaltäre mit den vier Evangelisten sind wie der größte Teil der anderen Innenausstattung im Originalzustand erhalten. • 434

ČESKÝ KRUMLOV

Am Rande des Plansker Waldes steht auf beiden Seiten der Moldau das mittelalterliche Krumau, links auf einer felsigen Anhöhe erhebt sich Böhmens zweitgrößtes Schloß, 1253 erstmals urkundlich erwähnt. Für die drei Adelsgeschlechter der Rosenbergs, der Eggenbergs und der Schwarzenbergs war die an einer Flußkrümmung gegründete Stadt ihre Zentrale für den böhmischen Wirtschaftsraum. Über eine Moldaubrücke führt der Weg aus dem alten Stadtteil Latron in die Altstadt, deren Schmuckstück der von Renaissancehäusern umgebene Ringplatz ist. • 324

TELTSCH

Das südmährische Teltsch geht auf Siedler zurück, die im 12. Jahrhundert große Sumpfflächen trockenlegten. Zwischen drei Teichen errichteten sie ihre Wohnhäuser. Seit Mitte des 14. Jahrhunderts durch Stadtrecht privilegiert, erhielt Teltsch kurze Zeit später einen Adelssitz, um den sich der langgestreckte Marktplatz mit Häuserreihen entwickelte. Neben mehreren Laubenhäusern besitzt Teltsch die Heiliggeistkirche, deren spätromanischer Turm einst der Bergfried der landesfürstlichen Burg war. • 325

HOLZHÄUSER VON VLKOLÍNEC

Die für die mittlere Slowakei charakteristischen Blockhäuser von Vlkolínec in der Hohen Tatra stehen seit 1977 unter Denkmalschutz. 1376 erstmals erwähnt, zählte der Ort – sein Name leitet sich vom slowakischen Wort »vlk«, Wolf, ab – 45 Häuser. Als Vergeltungsaktion verbrannte die Besatzungsmacht nach dem slowakischen Aufstand gegen Ende des letzten Weltkrieges einen Teil der Häuser. • 326

SPIŠSKÝ HRAD

Die Zipser Burg, eine der größten Wehranlagen der Slowakei, entstand aus einer frühslawischen Burgstätte und diente im 12. Jahrhundert als Verwaltungssitz für das königliche Komitat Zips. Nach dem Mongolensturm, den die Anlage wie durch ein Wunder überlebt hatte, erhielt der Sitz eine Vorburg mit dem Palas des Kapitelpropstes und eine romanische Burgkapelle. Im 15. Jahrhundert wurde Spišský Hrad ausgebaut und neu befestigt. Dabei entstand die »Untere Burg«, deren Tor von mächtigen Türmen geschützt wird. • 327

BANSKÁ ŠTIAVNICA

Das alte Schemnitz im slowakischen Erzgebirge war vom 14. bis 16. Jahrhundert dank des Bergbaus die wichtigste Gold- und Silberquelle der ungarischen Könige und der Augsburger Fugger. Mit 20000 Einwohnern rückte die Stadt im 18. Jahrhundert zur drittgrößten Stadt des ausgedehnten Magyarenreiches auf. Das Wahrzeichen von Schemnitz ist die Alte Burg, ursprünglich ein mittelalterliches Gotteshaus. Hauptplatz des Stadtkerns ist der Dreifaltigkeitsplatz. • 328

AGGTELEK-HÖHLEN/ SLOWAKISCHER KARST

Das Kalkplateau Slowakischer Karst im Südosten des Slowakischen Erzgebirges bildet zusammen mit dem Höhlensystem des Aggteleker Gebirges in Ungarn eine topographische Einheit. Allein die Baradlahöhle (Bild) hat eine Länge von 22 Kilometern, die Eishöhle von Dobschau (8 Kilometer) beeindruckt durch einen 13 Meter hohen Eisfall, die Tropfsteinhöhle von Domica (5 Kilometer) durchzieht ein unterirdischer Fluß. Stalaktiten hängen aus 13 Metern Höhe von der Decke herab, Stalagmiten wachsen bis zu 32 Meter empor. • 463

BIALOWIEŻA

Auf der Suche nach Eicheln pflügen die Wisente mit ihren kleinen, aber starken Hörnern den Waldboden systematisch auf. Die mächtigen Tiere lebten schon vor Jahrtausenden in Europa, auch im Wald von Białowieża, wie die Abbildungen steinzeitlicher Künstler in vielen Höhlen beweisen. Zu Beginn unseres Jahrhunderts war der Bestand der Urtiere praktisch ausgerottet. Erst 1929 begann die Regierung, dort planmäßig Wisente auszusetzen. Heute leben auf einer Fläche von über 5000 Hektar neben Wisenten und Wildpferden über 50 Säugetier- und mehr als 200 Vogelarten. Ferner wurde ein botanischer Park eingerichtet. • 329

WARSCHAU

Als die Einwohner Warschaus nach der sowjetischen Rückeroberung in ihre Heimatstadt zurückkehrten, war Polens Hauptstadt nur noch ein Trümmermeer. Hitlers Versprechen, daß Warschau nur noch ein Name auf der Landkarte sein werde, schien sich erfüllt zu haben. Das 1611 zur Hauptstadt erkorene Warschau, »Mutterstadt« aller Polen und Symbol des unbeugsamen Nationalgeistes, wurde seit dem Frühjahr 1945 planmäßig wieder aufgebaut.
● 330

AUSCHWITZ

Als der Geschützdonner der näherrückenden Front nicht mehr zu überhören war, faßten die Menschenverächter einen teuflischen Plan. Um die Spuren des Massenmordes zu tilgen, befahlen sie den Häftlingen, das Konzentrationslager Auschwitz niederzubrennen. Baracken gingen in Flammen auf, die meisten Gebäude wurden gesprengt. »Arbeit macht frei«, lautete die Losung, die in eisernen Lettern über dem Eingangstor den menschenvernichtenden Zynismus der Herren über Leben und Tod sinnfällig macht.
● 332

AMIENS

Die Kathedrale der picardischen Hauptstadt Amiens ist räumlich gesehen Frankreichs größtes Gotteshaus. Die an der Stelle eines romanischen Vorgängerbaus seit 1220 errichtete dreischiffige Basilika mit ihrem umfangreichen Skulpturenschmuck ist ein Beispiel für den Kathedralbaustil der Ile de France. An der Westseite befinden sich zwei breite Türme, eine Fensterrosette und eine beeindruckende Anordnung von Steinskulpturen.
● 334

VERSAILLES

Das 1624 ursprünglich als Jagdsitz für Ludwig XIII. angelegte Schloß westlich von Paris wurde während der 72jährigen Regierungszeit des Sonnenkönigs Ludwig XIV. erweitert und diente mit seinen 700 Zimmern bald als Regierungssitz des Herrschers. Der berühmteste Teil des Schlosses ist der Spiegelsaal mit 17 großen Fenstern und der selben Anzahl von Spiegeln auf der gegenüberliegenden Seite.
● 336

ZAMOŚĆ

Das östlich von Lublin liegende Zamość ist ein seltenes Beispiel für eine fast völlig erhaltene Stadt der Renaissance des ausgehenden 16. Jahrhunderts. Sie wurde im Auftrag des Kanzlers Jan Zamoyski von dem venezianischen Architekten Morando geplant. Beherrschendes Gebäude ist das Rathaus mit Freitreppe und Uhrturm. Neben dem Schloß der Familie Zamoyski stehen Zeughaus und Kollegiatskirche, letzte Ruhestätte der Stadtgründer. Mehrere Kirchenbauten, darunter auch die Synagoge, sind nach dem Vorbild der italienischen Renaissance gestaltet worden.
● 331

WIELICZKA

Polens bedeutendste Salzbergwerke liegen unter der Stadt Wieliczka, östlich von Krakau. Ihre 2000 Stollen, die seit dem 11. Jahrhundert gegraben wurden, erstrecken sich über eine Länge von 288 Kilometern auf insgesamt neun Förderebenen. Seit dem 17. Jahrhundert formten Bergleute aus den Salzstöcken mit großer Sorgfalt Altäre, Heiligen- und Heldenstatuen sowie Kanzeln. Ende des 17. Jahrhunderts baute ein unbekannter Künstler eine rund 60 Meter lange Kapelle, die Sankt Antonius, dem Schutzheiligen der Minenarbeiter, geweiht wurde. Ein Museum mit dem Arbeitsgerät der Bergarbeiter dokumentiert die Entwicklung dieses Bergwerks. ● 333

REIMS

Mit dem heiligen Öl aus einer Phiole, die der Legende nach eine von Gott gesandte Taube nach Reims gebracht hatte, wurden alle Könige Frankreichs vor der Thronbesteigung feierlich gesalbt. Aufbewahrt wurde das Gefäß in der Abtei von Reims, so benannt nach dem berühmten Bischof Sankt Remigius, der dort Chlodwig zum König der Franken gesalbt hatte. Die gotische Kathedrale Notre-Dame, im Ersten Weltkrieg schwer beschädigt, entstand im 13. Jahrhundert anstelle einer niedergebrannten Kirche aus der Karolingerzeit.
● 335

PARIS, SEINEUFER

Keine europäische Großstadt kann eine vergleichbare Dichte an architektonischen Meisterwerken verschiedener Epochen aufweisen, wie sie am linken Seineufer in Paris zwischen Pont de Sully und Pont d'Iéna anzutreffen ist. Das bekannteste Bauwerk ist die gotische Kathedrale Notre-Dame. Im Herzen des einst aristokratischen Stadtteiles liegen der Louvre, die Tuilerien, die Place de la Concorde, das Hôtel des Invalides, Grand und Petit Palais, die Prachtstraße Champs-Elysées und die Ecole Militaire.
● 337

NANCY

Um die alten und die neuen Stadtteile von Nancy miteinander zu verbinden, ließ der lothringische Herzog Stanislaw Leszczynski, König von Polen, 1751 eine aus zwei Plätzen bestehende Esplanade anlegen. Das bauliche Ensemble dieser Plätze zählt zu den bewundernswertesten Leistungen aus der Zeit des Barocks und der Klassik. Die wichtigsten Bauwerke sind das breit angelegte Rathaus, der Triumphbogen, das Café de Foy, eine ehemalige Medizinschule und das Palais de l'Intendance, das heute von der französischen Armee benutzt wird. • 338

VÉZELAY

Weil in der Kirche von Vézelay am Nordrand der burgundischen Landschaft Morvan angeblich die Gebeine der reuigen Sünderin Maria Magdalena begraben waren, entwickelte sich das befestigte Dorf im Mittelalter schnell zu einer vielbesuchten Pilgerstätte. Im historischen Kern erhebt sich auf einem Hügel die Magdalenenkirche, die vorwiegend im romanischen Stil erbaut worden ist. Im schlicht gehaltenen Inneren fallen vor allem die fein gearbeiteten Säulenkapitelle auf. Das zwischen 1125 und 1130 geschaffene Portal ist ein gutes Beispiel für den hochromanischen Stil. • 340

FONTENAY

Die um 1118 gegründete Abtei von Fontenay im burgundischen Departement Côte d'Or erreichte auf der Liste der wohlhabenden Klöster des Landes bald einen der obersten Plätze. Im 14. Jahrhundert zur königlichen Abtei erhoben, beherbergte das Kloster damals 300 Zisterzienserbrüder. Mit dem Ausbruch des Hundertjährigen Kriegs sank auch die Bedeutung dieses wichtigen religiösen Zentrums in Frankreich. Die im Tal von Egraves erbaute Anlage besteht aus dem Laienareal sowie der Klausur mit Kirche, Kreuzgang und Schlafsaal, die allein den Mönchen vorbehalten blieb. • 342

HÖHLENMALEREI IM TAL DER VÉZÈRE

Von den insgesamt 16 prähistorisch wertvollen Stätten liegen die wichtigsten Fundorte nahe der Stadt Les Eyzies in der historischen Landschaft Dordogne. Es handelt sich dabei um vier Grotten, drei felsige Unterstände und sechs Plätze, auf denen neben Felsmalereien Versteinerungen entdeckt worden sind. Unweit der Stadt befinden sich drei weitere Höhlen. In den nach Schätzung der Archäologen schon vor 100 000 Jahren bewohnten Unterkünften am Flußlauf der Vézère wurden Überreste des Cromagnon-Menschen entdeckt. • 344

FONTAINEBLEAU

Von König Ludwig IX. im Jahre 1137 als einfacher Jagdsitz im Herzen der Ile de France erbaut, wurde Schloß Fontainebleau schon im 15. Jahrhundert aufgegeben. Dann entdeckte Franz I. seine Liebe zu Fontainebleau und erhob das Schloß zur Residenz. Heinrich IV. ließ die Anlage zwischen 1594 und 1609 ausbauen. Aber erst unter Napoleon I. wurde das Bauwerk als erste kaiserliche Residenz umfassend restauriert. Bedingt durch die zahlreichen Baumeister besitzt das weitläufige Schloß einen komplizierten Grundriß. Zu seinen bekanntesten Teilen zählen der massive Eingangsbereich, den man »Cour des Adieux« taufte, und das in Form eines Hufeisens angelegte Treppenhaus. • 339

BOURGES

Wahrzeichen der zentralfranzösischen Stadt ist die fünfschiffige Kathedrale des heiligen Stephan, eine der großartigsten Kirchen des Landes, deren Bauarbeiten 1195 begannen. Die durch fünf Portale gegliederte Westfassade besitzt einen reichen Skulpturenschmuck, der das Jüngste Gericht und Szenen aus dem Leben und Martyrium des heiligen Stephanus und des heiligen Ursinus, Apostel des Berry, zeigt. • 341

SAINT-SAVIN-SUR-GARTEMPE

Das von Karl dem Großen um 811 gestiftete Kloster Saint-Savin-sur-Gartempe in der Region Poitou-Charentes wurde zwei Jahrhunderte später in eine Abtei umgewandelt. Benediktinermönche aus Saint-Maur bauten im Jahre 1640 die im Laufe der Zeit mehrfach zerstörte Anlage wieder auf. Zahlreiche Wandgemälde, etliche aus dem 11. Jahrhundert, zeigen Szenen aus dem Ersten und Zweiten Buch Mose. • 343

ARC-ET-SENANS

Nach einem Plan des Architekten Ledoux entstand 1776 die königliche Salinensiedlung Arc-et-Senans. Im Zentrum der Ortschaft stand das Wohnhaus des Direktors, um das die Fabrikgebäude in Form eines Halbkreises angeordnet wurden. Auf beiden Seiten des Wohnhauses entstanden zwei große Werkstätten, in denen man die Sole in gewaltigen Bottichen verarbeitete. Über ein Netz aus Holzröhren wurde das Rohmaterial über große Entfernungen in diese Werkstätten gepumpt. • 345

PONT DU GARD

Der Pont du Gard war wichtigster Teil einer Wasserleitung, die über eine Strecke von 50 Kilometern Nîmes mit Frischwasser versorgte. Die das Tal des Gardon in einer Länge von 275 Metern kühn überspannende und perfekt erhaltene Konstruktion ist in drei versetzt angelegte Bogenreihen gegliedert. Die 49 Meter hohe Anlage wurde im Jahre 19 v. Chr. auf Befehl von Agrippa, einem Schwiegersohn des Augustus, erbaut. Als Baumaterial dienten schwere Steinblöcke, die mit Kränen und Flaschenzügen mörtellos aufgetürmt wurden.   • 346

ARLES

Die ältesten Bauwerke der Stadt Arles stammen aus dem 1. Jahrhundert v. Chr. Damals stand die Römergründung im Zenit ihrer Macht, ein halbes Jahrtausend später entwickelte sich die einst zweitgrößte Stadt des römischen Imperiums zu einem wichtigen religiösen Zentrum. Die herausragenden Bauwerke der antiken Epoche sind das Amphitheater, im Mittelalter als Steinbruch benutzt und dann in ein befestigtes Stadtviertel umgewandelt, die unterirdisch angelegten Gänge des Crypto-Porticus und die Thermen des Konstantin.   • 347

KAP GIROLATA

Das an der westlichen Küste Korsikas liegende Schutzgebiet umfaßt eine Fläche von 30 000 Hektar Freigelände und Küstenlandschaft. Das Reservat setzt sich zusammen aus der mit Wildwuchs überzogenen Halbinsel Elbo, der Insel Gargalo sowie den Buchten von Girolata und Porto. Architektonisch bedeutsame Ruinen der Römer und Genuesen, die vor allem Befestigungsanlagen hinterließen, erinnern an die erste Besiedelung Korsikas. Für Biologen sind die Meeresabschnitte des Schutzgebietes von besonderem Interesse, weil dort zahlreiche Fischarten, die in großen Tiefen leben, vorkommen.   • 348

DUBROVNIK

Mächtige Wehrmauern mit wuchtigen Türmen garantierten dem im 7. Jahrhundert gegründeten Dubrovnik Schutz gegen Rivalen und Feinde, die zudem durch Forts und tiefe Gräben außerhalb der Stadt abgehalten werden sollten. Das zwischen Balkan und Westeuropa gelegene Ragusa, wie die Handels- und Hafenstadt Dubrovnik früher hieß, erlebte seine Blütezeit im Mittelalter. Eine große Feuersbrunst, die auf das Erdbeben von 1667 folgte, tötete Tausende von Einwohnern und zerstörte einen großen Teil der Bauwerke der Romanik, der Gotik und der Renaissance.   • 350

AVIGNON

In der langen, wechselreichen Geschichte Avignons spielen die Exiljahre der Päpste (1309-76) eine herausragende Rolle. Die Stadt entwickelte sich zu einem europäischen Kunstzentrum, das bald aus allen Nähten platzte. Noch heute bildet der Papstpalast den Mittelpunkt der Stadt, die durch eine hohe Mauer mit mehr als 80 Türmen umschlossen wird. Der Historiker Jean Froissart (1337-1410) war von dem Palast so beeindruckt, daß er ihn das »schönste und gewaltigste Haus in der Welt« nannte.   • 462

CANAL DU MIDI

Von 1666 bis 1681 wurde auf 239 Kilometer Länge der Canal du Midi als Verbindung zwischen der Garonne und dem Mittelmeer ausgebaut. Eine technische Meisterleistung der frühen Neuzeit, die als das bedeutendste Beispiel ziviler Ingenieurskunst seit den Tagen des römischen Imperiums gerühmt wird. Um auf der langen Strecke den Höhenunterschied auszugleichen, ließ Pierre-Paul Riquet, der Erbauer des Kanals, zahlreiche Aquädukte, Dämme, Brücken und Tunnel sowie 65 Schleusen und Staubecken errichten. Heute ist der Kanal nur noch beschränkt nutzbar.   • 495

NATIONALPARK DER SEEN VON PLITVICE

Eine Königin betete um Regen, worauf bald wahre Wasserfälle vom Himmel stürzten und der Legende nach die etwa 20 Seen von Plitvice bildeten. Baumeister der von Höhlen durchzogenen Landschaft sind Mikroorganismen. Moose, Bakterien und Algen, von wassergelösten Mineralien überkrustet, bildeten allmählich Schichten von Travertin, die Barrieren entstehen ließen. Vor diesem Hintergrund rauschen zahllose Wasserfälle und bilden azurblaue und smaragdgrüne Teiche.   • 349

HOLLÓKÖ

Selbst Feuersbrünste und die touristische Erschließung konnten das ursprüngliche Erscheinungsbild von Hollókö, zu deutsch Rabenstein, bisher nicht verändern. Der historische Kern des Dorfes im nördlichen Mittelgebirge stammt aus dem 17. Jahrhundert. An den Hang gebaute, unterkellerte Häuser mit abgeschopftem Walmdach und geschnitzten Holzlauben nach Art der Paloczen-Künstler charakterisieren die Bauweise des Dorfes. Am Rand eines schroffen Felsens thront die als Ruine erhaltene Festung, hinter deren Mauern im 15. Jahrhundert der Hussitenführer Giskra mit den Ungarn verhandelte.   • 351

ABTEI PANNONHALMA

Als ein Brückenkopf der Christianisierung Südosteuropas spielt die über tausendjährige Benediktinerabtei Pannonhalma in der Geschichte Ungarns eine hervorragende Rolle. Ein Zentrum der Evangelisierung und kultureller Gestaltungskraft, das in ihrer Architektur die Epochen der Geschichte spiegelt – wobei sich entdecken läßt, daß Pannonhalma einiges von ihrer ursprünglichen Bausubstanz bewahren konnte. So enthält beispielsweise die dritte Klosterkirche von 1224 wertvolle Stilelemente der Vorgängerbauten.　　　　• 497

BIERTAN

Die ehemalige Bischofsstadt Birthälm besitzt eine der großartigsten Wehrkirchen des Landes. Das 1522 vollendete Gotteshaus, geschützt durch einen dreifachen Mauerring, erhebt sich auf einem Hügel. Intarsien und Beschläge mit gotischen Mustern zieren die Türe der Sakristei. Der berühmte Hochaltar, in dessen Mittelfeld eine Kreuzigung zu sehen ist, füllt die gesamte Chorwand. Einige guterhaltene Fresken schmücken die Kapelle im Turm der Westfassade. Wehrkirchen befinden sich auch in den Nachbarorten.　• 353

DONAUDELTA

Das über 4300 Quadratkilometer große Deltareservat, das man von der Stadt Tulcea nach der sogenannten Donauporte erreicht, besteht aus Wasser, Sumpfflächen und baumbestandenen Landstücken. Fortwährend herbeigeschwemmtes Geröll, das die Schilfinseln allmählich wachsen läßt, verändert ständig das geographische Bild des Donaudeltas, in dem Tausende von Vögeln, darunter Wintergänse, Polar-, Schopf- und Löffelenten, Reiher, Ibisse, Flamingos und Pelikane leben. Auf dem Chilia-Arm erreicht man den dschungelartigen Letea-Wald. Wählt man den Sfintul-Gheorghe-Arm, stößt man auf das Urwaldreservat Caraorman.　　• 355

KLOSTER BATALHA

Zum Gedenken an seinen wundersamen Sieg über den mehrfach überlegenen Feind aus Kastilien ließ der portugiesische König João I. ab 1388 das Kloster der heiligen Maria vom Siege erbauen. Das »Kloster der Schlacht«, wie es im Volksmund auch heute noch heißt, besitzt eine ausgesprochen reich verzierte Fassade und ein Portal, dessen Skulpturenschmuck außergewöhnlich verschwenderisch ausgefallen ist. Das sehr fein gegliederte Fenster der sonst schlicht und feierlich wirkenden Kirche stammt aus spätgotischer Zeit. In der Gründerkapelle ruhen die Gebeine von König João I. und seiner englischen Gemahlin Filipa.　　　• 356

BYZANT. KIRCHEN NORDMOLDAVIENS

In sanften, von Bergwäldern umrahmten Tälern liegen die berühmten Klosterkirchen Humor, Voronet, Moldovita, Sucevita und Arbore, deren Fassaden im 16. Jahrhundert bemalt wurden. Themen der Darstellungen sind das Jüngste Gericht, die Prozession der himmlischen und der irdischen Heerscharen, der Lobgesang zu Ehren der Gottesmutter, der Madonnen-Stammbaum, die Wurzel Jesse und die Himmelsleiter des Johannes Klimax.　　　　　　• 352

HOREZU

Die Ende des 17. Jahrhunderts erbaute weiße Stadt Hurez (Horezu) besitzt ein Kloster, das durch dicke Festungsmauern geschützt ist. Steinerne Dekorationen — Blüten, Blätter, Früchte und Tiere — schmücken die doppelten Säulengänge, in die Veranden, Loggien und Treppen eingefügt wurden. Die Kirche betritt man durch eine aus Birnbaumholz geschnitzte Türe. Die vielfarbigen Fresken, die der Grieche Konstantinos geschaffen hat, zeigen unter anderem die Ahnenreihe seines Auftraggebers.　　　　　　• 354

PORTO

In der teilweise noch von Festungswällen zusammengeschlossenen, terrassenförmig steil aufsteigenden Altstadt bewahrt die Hafenstadt Porto ihre Architekturgeschichte. Kathedrale, Kirchen, Bischofspalast und Klöster setzen ebenso wie zahlreiche repräsentative Profanbauten ordnende Schwerpunkte in einem Stadtbild, dessen in Jahrhunderten gewachsene Strukturen sich eigentlich jeder planenden Ordnung entziehen. So präsentiert sich die Altstadt als eine Art architektonisches »Stilmuseum«, dessen Spektrum vom Mittelalter bis ins frühe 20. Jahrhundert reicht. • 498

KLOSTER ALCOBAÇA

Nur wenige Teile des Klosters von Alcobaça erinnern an seine Erbauer, burgundische Zisterziensermönche, die 1178 den Grundstein des Mosteiro de Santa Maria legten. Die Anlage, die heute vorwiegend als Schule und Behördensitz genutzt wird, wurde im 17. und 18. Jahrhundert barock umgestaltet, erhalten blieben an der Fassade lediglich das gotische Portal und die Fensterrose. Dank ihrer Schmucklosigkeit und der Klarheit der Linien ist die Klosterkirche ein typisches Beispiel für den zisterziensischen Baugeist.　• 357

KLOSTER TOMAR

Portugals größte Klosteranlage, das Mosteiro de Cristo in Tomar, wird im Volksmund gewöhnlich nur »O Convento« genannt. Der älteste Teil des zwischen dem 12. und 17. Jahrhundert erbauten Monuments ist die auf die Templerzeit zurückgehende »Charola«, die Rotunde. Während der Zeit Heinrichs des Seefahrers entstanden der Kreuzgang der Waschungen und der Friedhofskreuzgang, in der Renaissance-Zeit wurde der Große Kreuzgang angelegt. ● 358

SINTRA

Zwischen Lissabon und der Meeresküste hat sich vor Urzeiten, an den Hängen des Granit-Syenit-Berglands Serra de Sintra ein idealer Landschaftsgarten gebildet, in dem sich die mediterrane Pflanzenwelt mit der der nördlichen Zonen harmonisch verbindet. Kein Wunder also, daß die portugiesischen Könige im 19. Jahrhundert in der Stadt Sintra (Bild: Palacio da Pena) ihre Sommerresidenz errichten ließen. Dabei wurden Teile eines gotischen Hieronymiten-Bergklosters in den Bau einbezogen. ● 464

JAKOBSWEG

Die traditionsreiche Pilgerstraße, bisweilen auch »französischer Weg« genannt, führt nach den Pyrenäenübergängen Roncesvalles und Somport durch mehrere Städte und Dörfer bis nach Santiago de Compostela. Dieser Weg, von der UNESCO zum schützenswerten Kulturgut erklärt, führt unter anderem durch Logrono, Santo Domingo de la Calzada, Burgos, Frómista, León, Astorga und Villafranca del Bierzo. ● 361

POBLET

Nach seiner Plünderung und Zerstörung im Jahre 1835 wurde Kloster Poblet 1940 restauriert. In einigen Teilen wohnen heute wieder Zisterziensermönche. Die im 12. Jahrhundert gegründete Anlage, die einst mit dem Kloster Santas Creus erfolglos um die Vormachtstellung rivalisierte, ist mit einem dreifachen Mauerwall umgeben. Bauern und Handwerker lebten zwischen dem ersten und zweiten Ring, wo nahe der Puerta Dorada (1493) die gotische Kapelle San Jorge erhalten blieb. Zwischen dem zweiten und dritten Ring befanden sich eine Herberge und ein Spital. Das eigentliche Kloster liegt an der befestigten Plaza Mayor. ● 363

ANGRA DO HEROÍSMO

Angra do Heroísmo ist die Hauptstadt der Azoreninsel Terceira, so benannt, weil sie wegen ihrer geographischen Lage die dritte Insel war, die entdeckt wurde. Der auf dem Grundriß eines Schachbretts angelegte Stadtkern wurde im wesentlichen im 17. und 18. Jahrhundert erbaut. Die älteren Häuser besitzen als typische Merkmale ausnahmslos Veranden und siebartige Fenstergitter. Zu den bemerkenswerten Gebäuden dieser Zeit zählen das Rathaus am Alten Platz, die im insularen Barockstil gehaltene Kirche Conceição und die barocke Jesuitenkirche. Aus dem Jahre 1568 stammt die mit weißen und blauen Azulejos geschmückte Kathedrale Sé. ● 359

EVORA

Die ursprünglich römische Gründung Evora fiel im Mittelalter in maurische Hände und wurde durch Ritter Geraldo, dem man später den Übernamen »Sempavor« – der Furchtlose -- gab, wieder zurückerobert. Bald entwickelte sich der Markt- und Handelsplatz auf einem Hügel in der historischen Landschaft des Alentejo zum portugiesischen Zentrum des Humanismus und diente zeitweise als Königsresidenz. ● 360

KIRCHEN IN ASTURIEN

Nach der maurischen Eroberung behauptete sich im nordwestlichen Spanien das christliche Königreich Asturien, auf dessen Gebiet drei Gotteshäuser im regionaltypischen Stil erhalten blieben. Es handelt sich um Santa Maria del Naranco und San Miguel de Lillo auf dem besonders geschützten Naranco-Hügel und die Kirche Santa Cristina de Lena. ● 362

SALAMANCA

Salamanca, die Stadt der Klöster, Kirchen und Adelspaläste, liegt am Nordufer des Flusses Tormes, über den sich eine römische Brücke spannt. Zu den herausragenden Monumenten der wegen ihrer Universität berühmten Stadt zählen eine Kathedrale aus dem 12. Jahrhundert, eine benachbarte Kathedrale, die 500 Jahre später vollendet wurde, sowie die barock gestalteten Bauwerke rund um die Plaza Mayor. Salamancas Alma Mater, deren Fassade im platteresken Stil der spanischen Renaissance verziert wurde, ist die älteste Hochschule des Landes. ● 364

SEGOVIA MIT AQUÄDUKT

Hoch auf einem Bergkamm erhebt sich Segovias Altstadt, die mit ihrem reichen Architekturerbe aus romanischer und gotischer Zeit zu den besterhaltenen Orten Europas zählt. Im Kern der Altstadt liegt die Plaza Mayor mit der Hauptkathedrale Segovias. Die »El Puente« genannte und einwandfrei erhaltene Wasserleitung, die von den Römern aus dunklem Granit ohne Mörtel errichtet worden war, erreicht eine maximale Höhe von 27 Metern und wird noch benutzt. Die bedeutendsten Gotteshäuser aus romanischer Zeit sind San Lorenzo, Vera Cruz und San Esteban.   • 365

ESCORIAL

Über zwei Jahrzehnte lang dauerten die Bauarbeiten an dem nördlich von Madrid liegenden Klosterkomplex, für den der Jerusalemer Himmelstempel Vorbild war. Während die vier wuchtigen Ecktürme der ausgedehnten Anlage, die als klösterliche Residenz und königliche Grabstätte dienen sollte, und das große Kuppelgebäude nach dem Modell des Petersdomes deutlich die Spuren der spanischen Architektur des 16. Jahrhunderts tragen, verraten die schiefergedeckten Dächer mitteleuropäische Einflüsse.   • 367

CÁCERES

Einst schützten 30 Wehrtürme an der über einen Kilometer langen Stadtmauer von Cáceres den Zugang zum Handelsort, der dank seiner Küstennähe im Zeitalter der Entdeckungen zu großem Wohlstand kam. An diese Zeit erinnern heute drei Eingangstore und die Silhouette des beherrschenden Turmes der gotischen Kathedrale San Mateo im Zentrum der Stadt, die von den Römern als Norba Caesarina gegründet worden war.   • 369

MÉRIDA

Das frühere Emeritus Augustus am Guadiana birgt ein schier unerschöpfliches Vorkommen an antiken Ruinen, die vermutlich größtenteils unter der Ortschaft begraben liegen. Außer einem Theater und einem Amphitheater gehörten zum römischen Erbe Méridas ein Hippodrom und die Casa Romana, auf deren Fußböden Mosaike erhalten geblieben sind. Vom Archäologischen Museum aus erreicht man den römischen Dianatempel und den Triumphbogen Arco de Trajano. Die römische Wasserleitung, die noch bis in die jüngste Zeit benutzt wurde, führt zum Stausee La Proserpina.   • 371

AVILA

Um ihre Eroberung Avila so gut wie möglich vor neuen Zugriffen zu schützen, ließen die kastilischen Könige die Stadt mit einer drei Meter dicken, zwölf Meter hohen und 2,5 Kilometer langen Mauer befestigen. Im historischen Zentrum, das außerdem durch 82 Bollwerke und neun Stadttore gesichert war, liegen die Bauwerke an engen Gassen. Zu den bemerkenswertesten Leistungen zählen die Kathedrale des Erlösers, die Kirche Santo Tomé und das Kloster der heiligen Theresa.   • 366

MUDÉJAR-STIL IN TERUEL

Weil nach der Wiedereroberung Spaniens eine große Zahl von Mauren in Teruel in Aragonien zurückgeblieben war, entwickelte sich der Ort am linken Ufer des Río Turia in besonderem Maße zur Mudéjar-Stadt. Berühmt wurde Teruel durch seine Kathedrale und die Türme der Kirchen San Salvador und San Martín. Der bekannteste Mudéjar-Turm ist der Torre del Salvador.   • 368

SANTA MARÍA DE GUADELOUPE

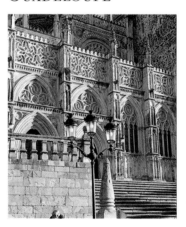

Am Eingang zur Estremadura gelegen, entwickelte sich das Kloster zur Heiligen Jungfrau von Guadeloupe im 13. Jahrhundert zu einem wichtigen religiösen Zentrum. Schäfer hatten dort ein in der Erde vergrabenes Marienbild entdeckt, das angeblich der heilige Lukas geschnitzt hatte. Von der arabischen Tradition stark beeinflußt, galt die Medizinschule im »Vatikan Spaniens«, wie das Kloster genannt wurde, damals als richtungweisend.   • 370

CÓRDOBA

Als Vorbild für die an maurischen Kunstschätzen reiche Moschee von Córdoba diente vermutlich die Moschee von Damaskus. Das im Laufe der Zeit durch Anbauten erweiterte Gebetshaus auf rechteckiger Grundfläche ist von einer mit quadratischen Türmen verstärkten Schutzmauer umgeben. Der nördlich gelegene, mit Orangenbäumen bepflanzte Hof ist ebenfalls durch eine Mauer, in die überwölbte Torwege eingebaut wurden, geschützt.   • 372

DOÑANA-NATIONALPARK

Spaniens größter Nationalpark, der Coto de Doñana, liegt mit seinen 75 765 Hektar Marsch- und Trockenland im Mündungsgebiet des Guadalquivir. Charakteristisch für den 1969 gegründeten Park sind seine Korkeichen- und Pinienwälder sowie eine üppige Buschvegetation. Den Besucher erwartet ein reicher Tierbestand, z.B. Flamingos, Reiher, Störche, Löffler, Falken und Gänse. Zugvögel benutzen den Coto de Doñana als Zwischenstation auf der westlichen Route von Europa nach Afrika; zudem gilt der Park als Schutzgebiet für seltene Tierarten wie Mangusten, Schlangen- und Kaiseradler.   • 435

CUENCA

Bereits in den 20er Jahren begann man im kastilischen Cuenca mit einer umfassenden Sicherung der Bausubstanz, die Mittelalter, Renaissance und Barock hinterlassen hatten. Das betraf nicht nur die repräsentative Kirchen- und Profanarchitektur, Festung und Stadtmauer, sondern auch die »hängenden Häuser« des 14. Jahrhunderts über der Schlucht des Flusses Huécar. Cuenca erzielt seine architektonische Attraktivität weniger aus Einzelobjekten als aus der Gesamtwirkung seines mittelalterlich-frühneuzeitlichen Stadtbilds.   • 499

GARAJONAY

Mit einer Gesamtfläche von fast 4000 Hektar nimmt der Nationalpark im Zentrum der Insel Gomera rund ein Zehntel des kreisrunden Inselgebiets ein. Die majestätischen Wälder, die das bergige Parkgelände überwiegend bedecken, sind die letzten Überreste der ausgedehnten subtropischen Vegetation Südeuropas, die im Gefolge eines abrupten Klimawechsels verschwand. Zu der großen Artenvielfalt zählen alleine 450 Pflanzenarten, wobei 34 davon ausschließlich auf Gomera zu finden sind.   • 374

VICENZA

Es gibt wohl keine zweite Region Italiens, deren Architektur so nachhaltig durch den Stil eines einzigen Baumeisters geprägt wurde wie der Veneto Andrea Palladios. 24 Palladio-Villen benennt die Liste des Weltkulturerbes und damit einen schöpferischen Gestaltungsreichtum, der in seiner »heiter-festlichen Würde« eine Ästhetik kultiviert, die den Schönheitsbegriff der Antike ins Ideale transponiert. Dabei erweist sich Palladio, ganz im Sinne seiner aristokratisch-großbürgerlichen Auftraggeber, als ein Virtuose theatralischer Effekte, deren schöner Schein die Funktionalität überdeckt.   • 436

SEVILLA

Mit seinen zahllosen schmalen Straßen und Plätzen ähnelt das historische Zentrum der am linken Ufer des Guadalquivir erbauten andalusischen Stadt Sevilla einem regelrechten Irrgarten. Großzügiger angelegte Plätze finden sich hingegen vor der städtischen Ziegelstein-Festung Alcázar, 1181 von den Mauren erbaut, und vor der Kathedrale Santa Maria de la Sede. Sevillas bedeutendstes Gotteshaus ist vorwiegend im gotischen Stil gehalten.   • 373

VALENCIA, SEIDENBÖRSE

In dem spätgotischen Monumentalstil der Lonja de la Seda, der Seidenbörse von Valencia, spiegelt sich das Repräsentationsbedürfnis einer mächtigen Handelsstadt im späten 15. Jahrhundert. Das Gebäude, das Pedro Compte nach 15jähriger Bauzeit 1498 vorstellte, läßt unschwer die arabische Alcázar-Architektur des Vorgängerbaus noch erkennen. Das Zentrum der Anlage bildet auf einer Fläche von 765 m² der dreischiffige Große Saal, die Sala de Contratación, deren 24 schlanke Spiralsäulen ein Sternengewölbe tragen.   • 500

CRESPI D'ADDA

Zu den Novitäten der industriellen Revolution des 19. Jahrhunderts gehörte die Gründung von Arbeitersiedlungen als Keimzelle städtischer Entwicklung. In der Lombardei bei Bergamo hat sich eine solche Keimzelle erhalten: Crespi d'Adda. Sie entstand 1875 auf Initiative des Textilfabrikanten Cristoforo Benigno Crespi, der in der Nähe seiner neuen Baumwollspinnerei am Ufer der Adda dreigeschossige Häuser für jeweils mehrere Arbeiterfamilien errichten ließ. Die Siedlung repräsentiert eine Frühform sozialen Engagements im Sinne eines paternalistischen Kapitalismus.   • 465

FERRARA

Ferrara erlebte seine politische und kulturelle Blütezeit unter der Herrschaft der d'Este, deren Hof als ein Zentrum des Humanismus galt. Im Mittelpunkt der Altstadt steht das Castello Estense – eine von vier Ecktürmen und Wassergräben geschützte, um einen Innenhof gegliederte Burganlage von 1385 (mehrmals umgebaut). Kirchen und Profanbauten der Renaissance geben der Stadt ihr unverwechselbares Profil. Unser Bild zeigt ein Fassadendetail des Doms.   • 466

RAVENNA

Ravennas Blütezeit beginnt im 5. und 6. Jahrhundert, d.h. an jener Schnittstelle zwischen Antike und Mittelalter, als der Untergang des Römischen Reichs die politische Landkarte radikal veränderte. Als Residenz des spätrömischen Kaisers Honorius, des Germanenfürsten Odoaker und der Ostgotenkönige überliefert Ravenna einmalige Zeugnisse des frühchristlichen Kirchenbaus, dessen kraftvolle Architektur meist durch herrliche Mosaiken ergänzt wird, beispielsweise in San Vitale.   • 501

PIENZA

Die ideale Stadt, die Stadt aus einem Guß war ein zentrales Thema der Renaissancearchitektur. Enea Silvio Piccolomini, der einflußreiche Sekretär der kaiserlichen Kanzlei und nachmalige Papst Pius II. (seit 1458), machte die Probe aufs Exempel, als er seit etwa 1450 das Zentrum seines Geburtsorts Corsignano bei Siena von dem Architekten Bernardo Rossellino ausbauen ließ. So entstand nach Idee und Ausführung um die heutige Piazza Pio II. ein städtebaulich einheitliches Ensemble. 1462 ließ der Papst seine Heimatstadt in Pienza umbenennen.   • 502

NEAPEL

Von Rom abgesehen war keine andere europäische Stadt von Rang den Wechselfällen der Geschichte so extrem ausgesetzt wie Neapel. Erneuerung und Verfall liegen hier enger beieinander als anderswo, denn 2500 Jahre Stadtentwicklung wollen verkraftet sein. Der historische Stadtkern, dessen Straßennetz aus dem 5. Jahrhundert v. Chr. heute noch in seiner Grundstruktur erkennbar ist, wird nicht von einer bestimmten Epoche dominiert, sondern bietet eine architektonische Mixtur aus dem Angebot der Jahrhunderte, die durch wichtige archäologische Entdeckungen bereichert wird.   • 468

SASSI DI MATERA

Aus byzantinischer Zeit stammen die aus dem Felsen herausgehauenen Behausungen Materas, Sassi genannt und ursprünglich als Kirchen genutzt. Obwohl diese Unterkünfte ausgesprochen feucht sind, hielten sich dort zahlreiche Fresken an den Wänden. Wichtigstes Baudenkmal in Ortskern ist die Kirche Santa Lucia. Unweit des Gotteshauses mit seinem Rosettenfenster ist die Felsenkirche Madonna delle Tre Porte in einem von Thymian überwucherten Berghang eingebettet.   • 376

SIENA

Der von einer Stadtmauer eingegrenzte historische Stadtkern Sienas präsentiert sich dem Besucher als ein Kunstwerk mittelalterlicher Architektur, dessen Mittelpunkt die Piazza del Campo bildet. Kirchen und Paläste zeugen von Reichtum und Macht einer Stadt, die durch die Ausbeute der Silberminen von Montieri Mittel genug besaß, um Florenz seinen politischen und kulturellen Rang streitig zu machen. Für viele Kommunen des Mittelalters war Sienas Stadtarchitektur beispielgebend.   • 467

VATIKANSTADT

Die fünfschiffige Basilika San Paolo fuori le mura wurde unter Kaiser Konstantin begonnen, um 386 erweitert und nach einem Brand im Jahre 1823 wieder aufgebaut. Als einziger nachkonstantinischer Bau vermittelt San Paolo auch heute noch eine gute Vorstellung der Lateran- und Vatikanbasiliken Konstantins. Zur Vatikanstadt zählen außer der exterritorial liegenden Kirche San Paolo und weiteren Gotteshäusern die Peterskirche, der Vatikan und die päpstlichen Gärten mit der Casina di Pio IV., die Sagrestia und der Petersplatz, der allerdings in Abwesenheit des Oberhirten unter italienischer Polizeihoheit steht.   • 375

CASTEL DEL MONTE

Kaiser Friedrich II. ließ Castel del Monte zwischen 1240 und 1250 auf einem weithin sichtbaren Hügel errichten. Diese bedeutendste Stauferburg Apuliens beeindruckt nicht nur durch ihre herbe Monumentalität, sondern auch durch ihre strenge Regelmäßigkeit. Das Bauwerk hat die Form eines Oktogons, das an den Ecken durch acht oktogonale Türme flankiert wird. Auch der Innenhof ist oktogonal angelegt. Über die beiden Geschosse verteilen sich jeweils acht Räume. Zurecht sprach ein Kunsthistoriker von »steingewordener Mathematik«.   • 503

ALBEROBELLO

Trulli nennt man jene einräumigen, runden Wohnhäuser aus Stein, die von einem kuppelförmigen Kraggewölbe bekrönt werden. Oft sind diese eigentümlichen Bauten, die man auch als Kegelhäuser bezeichnet, in Gruppen zusammengefaßt. Sie gelten als eine Spezialität apulischer Architektur. Einige Exemplare lassen sich im Itria-Tal entdecken, doch in massierter Form findet man sie in dem Städtchen Alberobello bei Bari, wo sie, architektonisch durchaus variantenreich, das Straßenbild der Ortsteile Monti und Aja Piccola beherrschen. • 504

KLOSTER STUDENICA

Dank der harmonischen Verbindung von byzantinischen mit romanischen Stilelementen markiert das weitläufige Kloster Studenica den Höhepunkt der altserbischen Baukunst. Jahrhundertelang haben Meister aus dem Osten von Byzanz und von der dalmatinischen Küste an der Vollendung dieses Klosters zusammengearbeitet. Studenica besteht aus der im 12. Jahrhundert vollendeten Nikolauskirche, der aus weißem Marmor erbauten, reichverzierten und mit Fresken geschmückten großen Marienkirche und der 1314 von König Milutin hinzugefügten Königskirche.   • 377

KOTOR

Römer, Byzantiner, Serben, Türken und Venezianer bauten an Kotors umfassenden Befestigungsanlagen, die sich von der Bucht aus über steile Felsen bis zum Fort des heiligen Johannes hinziehen. Kotor, die Stadt der Seefahrer, hat wie die übrigen Kleinstädte an der Küste eine lange Tradition, die auf das Jahr 809 zurückgeht. Damals bildete sich die Seemannsbruderschaft »Mornarica«, die ihre Bräuche und Trachten bis heute bewahrt hat. Man betritt Kotor durch das 1555 erbaute Seetor.   • 379

SREBARNA

Srebarna ist das Eldorado der Wasservögel. An den schilfbestandenen Uferzonen des naturgeschützten Sees nisten seit Jahrhunderten ungestört seltene Wasservögel, darunter der geschützte Krauskopfpelikan, dessen Niststellen in Europa selten geworden sind. Insgesamt leben in diesem Naturreservat nahe der Stadt Silistra über 160 Vogelarten. Viele von ihnen überwintern hier, andere ziehen ihre Brut groß. Ornithologen können vom Museum des Naturreservats aus mit Ferngläsern das Treiben der Seebewohner beobachten. Der See Srebarna ist eine Zwischenstation jeder Bootswanderung auf der Donau.   • 381

SWESCHTARI

Nördlich von Rasgrad entdeckten Archäologen 1982 ein einzigartiges Monument thrakisch-hellenischer Kultur, das Grabmal von Sweschtari. Es wurde vermutlich in der ersten Hälfte des 3. Jahrhunderts vor der Zeitwende für einen thrakischen Herrscher und seine Gemahlin errichtet. Der Mittelpunkt des bemerkenswerten Grabschmucks ist ein symmetrisch angelegter Fries mit zehn Frauenfiguren, von denen je drei auf der westlichen und östlichen Seite und vier auf der nördlichen Seite stehen.   • 383

DURMITOR

Auch heute noch leben in den riesigen und dichten Nadelwäldern des montenegrinischen Berglandes Bären und Wölfe. Das Durmitorgebirge, höchste Erhebung des dinarischen Gebirgsstocks, liegt mit seinen Kalksteinbarrieren, zwischen denen sich glaziale Gebirgsseen erstrecken, im Zentrum eines Nationalparks für Wanderer, Jäger und Fischer. Landschaftlich besonders reizvoll ist die Gegend um den Schwarzen See, umgeben von wildreichen Wäldern. Von Titograd aus erreicht man den Park durch das Tal der Zeta nach dem Erholungsort Zablja, heute ein Stützpunkt für Bergsteiger und Skifahrer.   • 378

STARI RAS, KLOSTER SOPOCÁNI

Das 1260 von König Uroš I. gegründete Kloster, das einige Ähnlichkeit mit Studenica aufweist, liegt in einem abgeschiedenen Tal und ist bei jeder Klostertour fester Programmpunkt. Die mit Goldgrundmosaiken nach byzantinischem Vorbild dekorierte Anlage liegt im alten serbischen Kernland, der Raška, so benannt nach der alten Stadt Ras. Dort entdeckte man im Rundbau der Peterskirche aus dem 9./10. Jahrhundert die Reste eines illyrischen Fürstengrabes aus dem 5. Jahrhundert.   • 380

IVANOVO

Realistisch gehaltene Wandmalereien aus der Tarnovo-Schule kennzeichnen das Felsenkloster von Ivanovo. Stellenweise erinnern die zwischen dem 12. und 15. Jahrhundert entstandenen Kunstwerke in ihrer freizügigen Darstellung nackter menschlicher Körper an Malereien der Frührenaissance. Die in weichen Pastellfarben gehaltenen zarten Figuren und Gesichtsporträts wirken auch heute noch lebensecht und natürlich.   • 382

REITER VON MADARA

Bulgariens berühmteste Sehenswürdigkeit ist der steinerne Reiter von Madara, Europas einziges Monumentalrelief des Frühmittelalters. Die 23 Meter hohe und gut erhaltene Darstellung zeigt einen bulgarischen Khan bei der Löwenjagd. Aus dem 8. und 9. Jahrhundert stammen die Inschriften auf dem Relief, das auch aus großer Entfernung wahrnehmbar ist. Beim Aufstieg fällt der Blick auf ein mächtiges Felsplateau, auf dem vor einem Jahrtausend eine Festung erbaut worden war.   • 384

SOFIA

Die Kirche von Bojana liegt in einem Vorort von Sofia, der sich in das Vitoscha-Vorgebirge hinein erstreckt. Berühmt wurde das im 11. Jahrhundert fertiggestellte Gotteshaus durch seine 1259 geschaffenen Wandgemälde in beiden Stockwerken des Anbaus. Die in insgesamt 89 Szenen dargestellten Figuren zeichnen sich durch einen ungewöhnlich hohen Grad an Individualisierung aus und markieren einen Höhepunkt in der mittelalterlichen Malerei Bulgariens. Eine Reihe von Porträts am Sockel der Kirche zeigen die Gestalten der »Kriegerheiligen« und Szenen des Abendmahls.   • 385

KLOSTER RILA

Einen engen und waldreichen Talkessel im Rila-Gebirge hatte der Eremit Ivan Rilski ausgesucht, um dort im 10. Jahrhundert das Koster Rila zu erbauen. Während der Epoche der bulgarischen Wiedergeburt im 18./19. Jahrhundert entwickelte sich das im Laufe der Geschichte mehrfach zerstörte Kloster zu einem wichtigen Zentrum der Malerei und der Literatur. In dieser Zeit erhielt die Anlage im wesentlichen ihr heutiges Aussehen. Da die Mönche stets in engem Kontakt zur Bevölkerung standen, spielte Rila eine wichtige Rolle bei der Entwicklung des bulgarischen Nationalbewußtseins.   • 387

GIGANTIJA

Die beeindruckende Tempelanlage aus der Jungsteinzeit nahe Xaghra besteht aus zwei erhaltenen Tempeln mit fünf und vier Apsiden und einem großen Vorhof, der mit einer Umfassungsmauer eingefriedet wurde. Schätzungen nach sind die Bauwerke 6000 Jahre alt und damit schon vor den ägyptischen Pyramiden entstanden. Das architektonische Können der Erbauer dokumentieren die beiden freistehenden Steinblock-Platten, die nicht im Boden verankert und auf ihrer kleinsten Fläche aufgestellt wurden.   • 389

STADT UND SEE VON OHRID

Der ovale Ohrid-See, der an einigen Stellen eine Tiefe von 286 Metern erreicht und von hügeligen Uferzonen umgeben ist, liegt vorwiegend in Makedonien, ein Teil der kristallklaren Wasserfläche reicht in das benachbarte Albanien hinein. Er entstand vor etwa fünf Millionen Jahren, als eine gewaltige Erdplatte zwischen zwei parallellaufenden Verwerfungen rutschte. Mit der Ankunft des heiligen Kliment im 9. Jahrhundert entwickelte sich ein reiches Kulturleben, an das unter anderem eine Vielzahl von Kirchen im Umland erinnert.   • 392

KAZANLAK

Kazanlak, seit dem Altertum ein wichtiger Kreuzungspunkt von Handelsstraßen, ist der größte Ort im Rosental. Dort entdeckte man 1944 ein Thrakergrab in ungewöhnlich gut erhaltenem Zustand. Die aus drei Räumen bestehende, überkuppelte Grabstätte aus dem 4. Jahrhundert v. Chr. enthält bedeutende Fresken, darunter die Szene eines abschiednehmenden Ehepaares, die deutlich die Spuren der griechischen Malerei zeigt. Wahrscheinlich wurde ein hoher thrakischer Stammesfürst dort zur letzten Ruhe gebettet.   • 386

PIRIN

Auf das Rila-Gebirge folgt als zweithöchste Erhebung Bulgariens das Pirin-Gebirge mit dem 2915 Meter hohen Vihren und 160 Seen. Dieses Gebiet wurde zum Nationalpark erklärt. In seinem Zentrum erstreckt sich über 1500 Hektar das Schutzgebiet Parangaliza, das zu einem Drittel dicht mit Fichten bewachsen ist. Außer einem großen Bestand an 200 bis 300 Jahre alten Bäumen findet man dort in einer Höhe von 1500 bis 2500 Metern Enzian, Glockenblumen und Vergißmeinnicht.   • 388

HAL SAFLIENI

Das unterirdische Heiligtum von Hal Saflieni, das vor etwa 5000 Jahren angelegt wurde, entdeckten Archäologen 1902 beim Bau eines Hauses nahe der Stadt Tarxien. Rund zehn Meter unter der Erde erstreckt sich ein mysteriöses Labyrinth von Gängen, Nischen, Grabkammern und Hallen. Dem Ergebnis bisheriger Ausgrabungen zufolge dienten die auf drei Ebenen angelegten Räume als Begräbnisstätte für annähernd 7000 Menschen. Im Mittelpunkt der Anlage befindet sich die Große Halle, deren glatte Wände mit spiralförmigen Mustern verziert sind.   • 390

BUTRINTI

Der Sage nach war die alte Stadt Butrinti zwischen dem Ionischen Meer und dem gleichnamigen See eine Gründung des Sehers Helenos, Sohn des Priamos. Das bereits im 1. Jahrtausend v. Chr. als befestigter Ort erwähnte Butrinti wurde später griechische Kolonie, fiel dann an die Molosser und an König Pyrrhus, bevor es dem römischen Weltreich einverleibt wurde. Seit 1928 finden auf dem Gelände umfangreiche Grabungen statt. Außer einem guterhaltenen Theater, das in den Felshang der Akropolis geschlagen wurde, besitzt die Stadt ein Äskulap-Heiligtum sowie einen Brunnen und öffentliche Bäder.   • 391

VERGINA

Die Ausgrabungen in dem schlichten 1200-Seelen-Dorf Vergina brachten es an den Tag: Hier befand sich einst das antike Aigai, die Hauptstadt Makedoniens, von der aus Alexander d. Gr. die Welt eroberte. Königspalast, Theater, Artemistempel und eine Nekropole wurden freigelegt. Sensationell war die Entdeckung der Königsgräber, drei wundersamerweise von Grabräubern unberührte Anlagen mit Grabbeigaben von großer künstlerischer Gestaltungskraft. Vermutlich wurde hier Philipp II., der Vater Alexanders d. Gr., beigesetzt. • *505*

METEORA-KLÖSTER

Wenn die Ebene im Dunst liegt, scheinen die Meteora-Klöster vom Boden losgelöst in der Luft zu schweben. Der von »meteorízo« – in der Luft schwebend – abgeleitete Begriff bezieht sich auf ursprünglich 24 Klosteranlagen, deren Baumaterial auf mühevolle Weise per Strickleiter und Korb in die Höhe geschafft worden war. Das bekannteste, noch bewohnte Kloster Agios Stefanos entstand im 14. Jahrhundert. • *394*

BASSAE

Der Apollontempel von Bassae, eine der besterhaltenen Tempelanlagen der klassischen Epoche, liegt im westlichen Teil des Peloponnes im Herzen Arkadiens. Er wurde Ende des 5. Jahrhunderts vor der Zeitwende vermutlich von Iktinos erbaut. Entgegen den damaligen Gepflogenheiten ist er nicht nach Osten, sondern nach Norden ausgerichtet. Sein zweiteiliger Innenraum weist eine stark variierte Säulenstellung auf. Der kunstgeschichtlich wertvolle Cella-Fries befindet sich im Britischen Museum.
• *396*

OLYMPIA

Wenn in den heiligen Stadien Olympias alle vier Jahre im August oder September die antiken Athleten zum sportlichen Kräftemessen antraten, mußten im ganzen Land die Waffen schweigen. Bei Verstoß drohten den Schuldigen empfindliche Geldstrafen. Der von Pinien, Pappeln und Platanen umgebene Ort strapaziert die Phantasie des Besuchers, denn mehr als Grundmauern und eine einsame Säule sind in dem vielgerühmten Olympia nicht mehr zu entdecken.• *398*

SALONIKI

Auf dem Gebiet von Saloniki, dem heutigen Thessaloniki, zwischen Ionischem Meer und dem Fluß Evros am Eingang zur Halbinsel Chalkidiki begann Alexander der Große seine Eroberung des Ostens, die Römer legten dort später die Via Egnatia von der Adria bis zu den Dardanellen an. Zu den besterhaltenen Monumenten der byzantinischen Epoche zählt die Kirche Ossios David, deren einzigartige Mosaike aus dem 5. Jahrhundert stammen. In dieser Zeit entstand auch die Ahinopiitos-Kirche.
• *393*

DELPHI

Kaum eine Kultstätte der Welt faszinierte die Menschen der Antike so sehr wie das Heiligtum des Apollo am Fuße des Parnaß. Es war zugleich Wirkungsstätte der Pythia, die in ihrem Tempel, von Erddämpfen inspiriert, die Zukunft prophezeite. Wegen seiner kunstvollen Sprachform fiel das Orakel aber selten eindeutig aus. • *395*

INSEL CHIOS

Die Insel Chios, die in der Antike als Homers Heimat galt, gehörte im Mittelalter zu Byzanz, dann zu Genua, seit 1566 zum Osmanischen Reich. 1912 wurde sie griechisch. Als ein kulturhistorisches Denkmal gilt der Klosterbezirk Nea Moni, der um die Mitte des 11. Jahrhunderts von byzantinischen Baumeistern errichtet wurde. Die einräumige Kirche enthält Mosaiken und Fresken von herber Ausdruckskraft. Vergleiche mit den Mosaiken der Klöster Osios Loukas in Phokida und Daphni in Attika sind naheliegend. • *397*

EPIDAUROS

Wichtigstes Bauwerk der antiken Stadt Epidauros hinter den Arachneon-Bergen im Osten der Argolischen Halbinsel ist der Tempel. Das dem Äskulap, Sohn des Apollon, geweihte Heiligtum mit zahlreichen Inschriften über wundersame Heilungen liegt in einem Pinienhain. Das im 3. Jahrhundert v. Chr. gegründete und später erweiterte Theater zählt zu den besterhaltenen in Griechenland. Vor dieser Kulisse finden jährlich Theaterfestivals statt. Die Palamidi genannte Zitadelle über der Stadt wurde der Legende nach von Nauplius' Sohn Palamidis gegründet. Den unteren Teil der Stadt erbauten im 18. Jahrhundert die Venezianer. • *399*

SAMOS

Schon Lord Byron schwärmte von der dicht bewaldeten und mit Weinbergen reich gesegneten Insel Samos vor der Westküste der heutigen Türkei. An der Stelle des antiken Hauptortes Samos liegt heute Pythagoreion, dessen Tempel, das Heraion, auch heute noch eine Vorstellung von der einstigen Ausdehnung des im 10. Jahrhundert v. Chr. gegründeten heiligen Bezirks vermittelt. Vom Hera-Tempel blieb außer den Fundamenten nur eine ungewöhnlich große Säule erhalten.   • 400

INSEL DELOS

Weil auf Delos der Legende nach Apollon, der Gott des Lichts, der Weisheit und der Dichtkunst, geboren wurde, gilt die heute unbewohnte Insel als heilig. Delos, das vom 9. Jahrhundert v. Chr. an ein Jahrtausend lang ein Ort der Verehrung war, ist heute eine riesige Ausgrabungsstätte. Erkennbar sind noch Teile von vier Apollon-Tempeln. Das östlichste Bauwerk ist das langgestreckte »Stierheiligtum«, auf das die Antigonos-Stoa folgt. Im Nordwesten lag ein ionischer Artemis-Tempel mit dem Grab der zwei »hyperboreischen Jungfrauen«.   • 402

KIRCHEN NAHE TRÓODOS

Die älteste der neun Kirchen im Tróodos-Gebirgsmassiv stammt aus dem 11. Jahrhundert und ist so gut erhalten wie die übrigen Gotteshäuser, die sich in der Gestaltung deutlich voneinander unterscheiden. Um Kirchen und Klöster (Bild: Kykko-Kloster) vor Seeräubern zu schützen, legte man sie versteckt in den Bergen an. Vollständig ausgemalt ist die Kirche des »Heiligen Nikolaus vom Dach« in Kakopetria. Ihre Fresken aus dem 11. bis 17. Jahrhundert zählen zu den bemerkenswerten Gemälden im byzantinischen Stil.   • 404

HATTUSA

Die Reste Hattusas, das 1300 – 1200 v. Chr. seine Blütezeit erlebte, erheben sich auf Erdhügeln, Felsspitzen und Hochebenen, die sich auf einem Gebiet von etwa drei Quadratkilometern erstrecken. Der Ort war umgeben mit einer Stadtmauer, deren Türme zerfallen sind. Zu den bislang ausgegrabenen Monumenten der alten Hethiterstadt zählen eine königliche Zitadelle, das Tor der Sphinx sowie Teile der Palastanlage, vor allem aber das berühmte Löwentor. Außerdem wurde auf dem Gelände der Akropolis ein für die Altertumswissenschaft bedeutsames Tontafel-Archiv gefunden.   • 405

MYSTRAS

Das fünf Kilometer nordwestlich von Sparta liegende Mystras ist ein charakteristisches Beispiel für eine byzantinische Stadt des 14./15. Jahrhunderts. Ihre Geschichte beginnt mit dem Bau eines fränkischen Hügel-Kastells durch den Kreuzfahrer Guillaume de Villehardouin im Jahre 1249. Unter- und Oberstadt wurden durch Monemvassia- und Nauplia-Tor miteinander verbunden. Über dem oberen Teil thront der byzantinisch gestaltete Despoten-Palast. Nördlich davon erheben sich die Fassaden der Kirche der Agia Sophia. In der Unterstadt liegen die meisten Klöster und Kirchen. • 401

RHODOS

Wie es heißt, sollen einst durch die geöffneten Beine des Kolosses von Rhodos – er gilt als eines der Sieben Weltwunder – Schiffe in den Hafen eingefahren sein; das beeindruckende Bauwerk, das im Jahr 226 v. Chr. einstürzte, diente als Leuchtturm.   Neben einem antiken Apollon-Tempel und einem kleinen Odeon-Theater besitzt die ehemalige Hochburg des Johanniterordens in der Altstadt eine völlig erhaltene Ritterstraße aus dem 15. Jahrhundert. Der Großmeisterpalast, neben dem Ritterhospital 200 Jahre lang wichtigstes Bauwerk der befestigten Insel, wurde später von Italienern nach alten Stichen neu aufgebaut.
• 403

SAFRANBOLU

Das türkische Safranbolu, ein Städtchen in der Nähe des Kohlezentrums Karabük gelegen, repräsentiert mit seinen Fachwerkhäusern im osmanischen Baustil eine Tradition, die in dieser Geschlossenheit nicht häufig anzutreffen ist. Die Häuser, interessant in ihren verschiedenen Farbschattierungen, gruppieren sich um eine Moschee und ein altes Bad; sie werden von einer Palastruine europäischen Zuschnitts aus dem späten 19. Jahrhundert überlagert.   • 437

DIVRIGI

Der einfache kubische Baukomplex aus großer Moschee und Heilanstalt für Geisteskranke entstand in den Jahren 1228/29 unter den Mengücekiden-Emiren, Vasallen der Rum-Seldschuken von Kleinasien. Die sehr üppige Reliefplastik vor allem der drei großen Portale wurde von Handwerkern aus Georgien und Armenien gestaltet und ist für islamische Bauwerke eher ungewöhnlich.   • 406

NEMRUT DAG

Nach seinem Tode wollte Antiochos I. von Kommagene im Hierotheseion der antiken Stadt Arsameia begraben werden. Aber obgleich auf dem heute Nemrut Dag genannten Berg Antiochos' letzter Wunsch auf griechisch in Stein gemeißelt wurde, fanden sich bislang keine Beweise. Nemrut Dag bleibt weiterhin ein geheimnisvoller Ort inmitten einer öden und feindlich wirkenden Berglandschaft. Die von Königs- und zarathustrischen Götterstatuen umgebene Begräbnisstätte ist 50 Meter hoch und weist einen Durchmesser von 150 Metern auf.   • 407

XANTHOS

Die Ruinen der Stadt Xanthos und des geheiligten Bezirkes Latona erinnern an das kleinasiatische Volk der Lykier, deren Baumeister aus dem Fels zahlreiche Gräber, Tempel und Wohnräume herausgeschlagen haben. Weiterhin gehören zum Kulturerbe der lykischen Stadt ein römisches Theater sowie frühchristliche und byzantinische Kirchen. Noch nicht freigelegt wurde der Bischofspalast von Xanthos. In Latona entdeckten Archäologen griechische Tempel und öffentliche Gebäude, die während der Römerzeit angelegt worden waren. • 409

HIERAPOLIS-PAMUKKALE

Das antike Hierapolis im Tal des Flusses Curuksu erlaubt einen hervorragenden Einblick in eine römische Thermalstadt des 2./3. Jahrhunderts. Um 190 v. Chr. durch Eumenes II. von Pergamon gegründet, wurde das heute Pamukkale genannte Hierapolis um 133 Teil der römischen Provinz Asia. Pamukkale liegt auf mehreren Terrassen am Fuße der Cokelez-Berge. Im Laufe der Zeit gruben die heißen Kalziumquellen in den Abhängen zahlreiche Becken, die im Sonnenlicht fantastisch weiß glänzen.   • 408

Marokko

AFRIKA

TÉTOUAN, MEDINA

Obwohl bereits 1307 als Festungsstadt gegründet, erlebte Tétouan seine Blütezeit erst nach 1609, als die Morisken aus Spanien ausgewiesen wurden und sich viele reiche Kaufleute hier ansiedelten. Sieben Tore gewähren durch die zinnenbekrönte Stadtmauer Einlaß in die von Minaretten überragte Medina, deren orientalisches Flair man in den engen Ladenstraßen ausgiebig genießen kann. • 507

LAKE TURKANA, SIBILOI

Der 300 Kilometer lange und bis zu 60 Kilometer breite abflußlose Lake Turkana liegt im Ostafrikanischen Graben, wo die ältesten und vollständigsten Zeugnisse der Hominidenevolution entdeckt wurden. Das von der Zivilisation unberührte Gebiet wirkt wie ein Laboratorium zum Studium von Flora und Fauna. - Der Sibiloi Nationalpark grenzt an den Lake Turkana und damit an die Brutplätze von etwa 12 000 Nilkrokodilen, der größte zusammenhängende Lebensraum für diese Art Reptilien. Zebras, Spießböcke, Straußenvögel und eine Unterart von Topi-Antilopen leben hier. • 509

AMERIKA

VOLUBILIS

Die archäologischen Ausgrabungen von Volubilis bezeugen die Bedeutung dieser einst blühenden Handelsmetropole in der römischen Provinz Mauretania. Die früher durch vierzig Bastionen verstärkte Wehrmauer (teilweise erhalten) umschloß ein 40 Hektar großes Stadtgebiet, auf dem Wohnviertel, Gewerbebetriebe, Ladenstraßen, Villen, Thermen, Forum mit Kapitolstempel und Gerichtsbasilika, kaiserliche Triumphbögen und Stadttore (zum Teil rekonstruiert) freigelegt wurden. Besonders beeindruckend sind etliche Bodenmosaiken. • 506

DOUGGA

An seine Frühzeit als numidische Stadtfestung erinnert in Dougga ein 21 Meter hohes Mausoleum. Als die Stadt aus dem Schatten Karthagos heraustrat, entwickelte sie sich zu einem blühenden Handelszentrum. Kapitol mit Juno-, Jupiter- und Minervatempel, weitere Tempelanlagen mit teilweise punischer Bautradition, Forum, Platz der Windrose sowie ein Theater für 2500 Zuschauer, ein Triumpbogen des Severus Alexander, Thermen und Aquädukte dokumentieren Douggas römische Jahrhunderte. Mehrere Herrschaftsvillen machen vor allem mit ihren Mosaiken auf sich aufmerksam. • 508

MOUNT KENYA

Der Mount Kenya, ein vor über zwei Millionen Jahren erloschener Vulkan, ist mit 5194 Metern Afrikas zweithöchster Berg. Das gewaltige Gebirgsmassiv teilt sich in drei Zonen: die weit auslaufenden Abhänge mit immergrünem Nebelwald und hohem Anteil an Bambusbeständen; die alpine Zone mit ihrer charakteristischen Vegetation; sowie der felsige Gipfelbereich mit Gletschern und Schneefeldern. In dieser Höhenzone oberhalb 3300 Metern liegt auf einer Fläche von 584 Quadratkilometern der Mount Kenya Nationalpark. Der Tierbestand in den Wäldern unterhalb des Parks ist reichhaltig, vor allem an Waldelefanten. • 510

GUADALAJARA, HOSPIZ CABAÑAS

Bis aus dem Plan des Bischofs Juan Ruiz de Cabañas, ein Hospiz für Alte, Kranke, Invalide, Waisen und Pilger zu errichten, 1829 Realität geworden war, mußten 26 Jahre vergehen. Der Grundriß des Baukomplexes ist auf einer Fläche von 164 x 145 Metern rechteckig angelegt, die Anlage einheitlich bei 7,5 Metern Höhe einstöckig konstruiert. Ausgenommen von dieser Fluchtlinie sind der von einer Kuppel mit kleinen Laternen überhöhte Küchentrakt sowie die mit einer mächtigen Kuppel bekrönte Kapelle, die das Bauwerk auf 32,5 Meter hochragen läßt. 23 Innenhöfe unterschiedlicher Größe sorgen für Licht und Luft in den Räumlichkeiten. • 511

SAN PEDRO DE LA ROCA

Obwohl Krieg und Erdbeben die zum Schutz der Bay von Santiago errichtete Festung San Pedro de la Roca seit dem 17. Jahrhundert gleichsam regelmäßig beschädigten oder zerstörten, erstand die Anlage, stets erweitert und auf den neuesten Stand der Festungstechnik gebracht, immer wieder. Die Architektur paßt sich mit zahlreichen Plattformen und Terrassen den topographischen Gegebenheiten harmonisch an. •512

MORNE TROIS PITONS

Der Nationalpark Morne Trois Pitons bezieht seinen Namen von einem erloschenen Vulkan, der mit 1342 Metern die Landschaft überragt. Auch die vier anderen Vulkane des 7000 Hektar großen Parks haben ihre Tätigkeit eingestellt, scheinen aber mit 50 Fumarolen und heißen Quellen sowie einem »kochenden See« durchaus noch letzte »Lebenszeichen« erkennen zu lassen. Ein üppiger Tropenwald bietet Flora und Fauna reiche Lebensvielfalt. •513

COCOS ISLAND

Der Cocos Island Nationalpark liegt 550 km vor der Küste Costa Ricas. Er besteht aus 24 km² zu Lande und 977 km² zu Wasser. Die waldreiche Insel vulkanischen Ursprungs erhebt sich bis auf eine Höhe von 634 Metern und bietet Lebensraum für 235 Pflanzenarten, von denen über 70 endemisch sind. Auch zwei Arten von Süßwasserfischen gelten als endemisch. Zugvögel nisten vor allem auf vorgelagerten Eilanden. In den Gewässern ringsum leben 300 Fischarten, darunter auch Haie, Delphine und Thunfische sowie drei Schildkrötenarten. Von den 32 Korallenarten sind viele durch die Witterung vernichtet worden. •514

PANAMA-STADT

Die auf einer kleinen Halbinsel gelegene Altstadt von Panama-Stadt bildet auf einer 2,4 Hektar großen Fläche ein unregelmäßiges Polygon. 17 Gebäude sind als besonders wertvolle Denkmäler der Baugeschichte des 17. bis 19. Jahrhunderts ausgewiesen - unter anderem die fünfschiffige Kathedrale, das Rathaus, das Postgebäude und mehrere Klöster wie z. B. das Franziskanerkloster, dessen frühere Kapelle als Salón Bolívar bekannt ist. An Beispielen für den Übergang vom Kolonialstil der Oberschicht zu den Mietshäusern der arbeitenden Bevölkerung besteht kein Mangel. Dabei sind französische und frühamerikanische Einflüsse häufiger anzutreffen als spanische. •515

SÃO LUIS

São Luis, Hauptstadt und wichtigster Hafen des Bundesstaates Maranhão, wurde 1612 von einer französischen Expedition gegründet, zeitweise von den Holländern besetzt und schließlich unter portugiesische Herrschaft gestellt. Daß in der Altstadt wertvolle Bausubstanz des portugiesischen Kolonialstils bewahrt wurde, ist der wirtschaftlichen Stagnation im frühen 20. Jahrhundert zu danken, was Abriß und Neubauten verhinderte. So blieb der Stadtkern mit seiner rechteckigen Struktur der Straßenzüge erhalten. •516

ASIEN

ROHTAS FORT

Rohtas Fort, 1543 vollendet und bis heute unbeschädigt, gilt als frühes Zeugnis islamischer Festungsarchitektur im heutigen Pakistan. Eine gewaltige Ringmauer, bis zu 12,5 Meter breit und 18 Meter hoch, umschließt eine Fläche von 70 Hektar. Besondere architektonische Akzente setzen die zwölf Doppel- bzw. Einzeltore sowie die 68 halbkreisförmigen Bastionen. Die Zitadelle wird durch eine 533 Meter lange Mauer zusätzlich gesichert. Unter den wenigen Gebäuden innerhalb des Areals befindet sich eine kleine Moschee mit Ornamentierungen, deren hinduistische Einflüsse unverkennbar sind. •517

Nepal
Bangladesh

Korea (Republik)

China

China

LUMBINI

Prinz Siddharta Gautama aus dem Fürstengeschlecht der Shakyas, der historische Buddha, wurde in Kapilavastu, einer Stadt im heutigen Nepal, um 560 v. Chr. geboren. Das Lumbini-Haus, in dem seine Mutter Mayadevi niederkam, war bis ins 15. Jahrhundert eine zentrale Pilgerstätte des Buddhismus. Als Ashoka, der König des nordindischen Maurya-Reiches, 249 v. Chr. Lumbini besuchte, ließ er eine Säule mit einer Inschrift in Sanskrit errichten. Diese Säule ist Teil jener archäologischen Funde, zu denen auch Stupas (3. Jh. v. bis 15. Jh. n. Chr.), Ausgrabungen von Klostergrundmauern (3. Jh. v. bis 5. Jh. n. Chr.) zählen. • 518

HWASONG, FESTUNG

Die Festung Hwasong, die Kaiser Chongjo 1796 errichten ließ, wurde während der japanischen Besetzung und im Koreakrieg zwar stark beschädigt, konnte aber mittlerweile originalgetreu restauriert werden. Die fast sechs Kilometer lange und vier bis sechs Meter hohe Festungsmauer umschließt eine Fläche von 130 Hektar. Vier Haupttore, Schleusen, Beobachtungs-, Katapult-, Eck- und Signaltürme, Kommandozentralen, Geheimgänge und -tore, Bastionen und Bunker entsprechen dem neuesten Stand der Festungstechnik im ausgehenden 18. Jahrhundert. Kräne und Flaschenzüge wurden speziell für dieses Projekt konstruiert. • 520

LIJIANG

Lijiang ist bekannt für sein jahrhundertealtes Wasserversorgungssystem. Ein riesiges Becken sammelt das Wasser aus den Bergen und leitet es mit Aquädukten, Verteilern und verzweigten Kanälen in jedes Haus der Stadt. 354 Brücken aller Formen und Materialien geben Lijiang seinen Namen: Stadt der Brücken. In deren Architektur bündeln sich die Kulturen vieler Jahrhunderte, was besonders in den Dekorationselementen zum Ausdruck kommt. Da Lijiang regelmäßig von Erdbeben heimgesucht wird, hat man zur Stabilisierung der im Holzbau errichteten Wohnhäuser eine spezielle Technik entwickelt. • 522

SUZHOU, KLASS. GÄRTEN

Suzhou, Chinas schönste Gartenstadt, nennt man wegen der vielen Kanäle und Brücken auch das »chinesische Venedig«. Von den ehemals 200 Gärten haben gut ein Dutzend die Zeiten überdauert. Die ältesten, im 18. Jahrhundert restaurierten Gärten reichen zurück bis ins 10., 12. und 13. Jahrhundert, weitere Anlagen entstanden in der Ming-Zeit. Vier Gärten wurden zum Weltkulturerbe erklärt. • 524

SUNDARBANS

Der Mangroven-Urwald von Sundarbans liegt im Delta des Ganges, Brahmaputra und Meghna. Das bereits in Indien bestehende Schutzgebiet wurde jetzt auf Bangladesch ausgeweitet und in drei Zonen mit insgesamt 139 700 Hektar Fläche gegliedert. Ein komplexes Netzwerk von Wasserläufen, Inseln und Sümpfen, dessen Formation durch Ebbe und Flut ständig wechselt, verwehrt dem Menschen dauerhaften Zugang. Sicher sind die Wälder für 40 Säugetier-, 260 Vogel- und 35 Reptilienarten. • 519

CH'ANGDOKKUNG

Die Hauptgebäude des Palasts - Thronsaal, Saal der Regierung, Königsresidenz - waren 1405 vollendet, sieben Jahre später die gesamte Anlage, die sich auf 57,9 Hektar der hügeligen Topographie elegant anzupassen vermag. Seit dem 16. Jahrhundert begleitete der Wechsel zwischen Kriegs- bzw. Brandzerstörung und Wiederaufbau Ch'angdokkungs weitere Baugeschichte. Die Herrscher des 19. Jahrhunderts fügten der Anlage neue Gebäude hinzu, doch blieb die Grundstruktur mit ihren drei Toren und drei Höfen sowie die Unterteilung in Palast- und Gartenbereich erhalten. • 521

PING YAO

Ping Yao, das seine alten Strukturen zu bewahren vermochte, wird von einer sechs Kilometer langen Stadtmauer des späten 14. Jahrhunderts umschlossen. Sechs befestigte Tore und 72 massive Bastionen vervollständigen die Anlage. Über hundert Straßen und Gassen unterteilen symmetrisch das Stadtgebiet, wobei die Hauptstraßen von Geschäftshäusern des 17. bis 19. Jahrhunderts gesäumt werden. Sechs große Tempelkomplexe, Verwaltungsgebäude der - Bezirkshauptstadt und der Kommunalbehörden werden ebenso als Kulturdenkmäler ausgezeichnet wie jene Bankgebäude, die an Ping Yaos große Zeit als Finanzzentrum Chinas erinnern. • 523

AUSTRALIEN

MACQUARIE

Die 1810 entdeckten Macquarie-Inseln im Südpolarmeer wurden einst von Walfängern als Basislager genutzt. Heute befindet sich auf der 123 Quadratkilometer großen Hauptinsel vulkanischen Ursprungs eine Wetter- und Forschungsstation (Port Mawson). Tundrenvegetation bestimmt das seit 1933 bestehende Naturschutzgebiet. Macquarie ist der einzige Ort auf der Welt, dessen über den Meeresspiegel ragende Felsen unter dem Meeresgrund bis in sechs Kilometer Tiefe im Erdmantel verankert sind. Die Basaltformationen sind von einzigartiger Schönheit.   • 526

EUROPA

KINDERDIJK, MÜHLEN

Kein anderes Volk hat im Kampf um die landwirtschaftliche Kultivierung seiner Küstenlandschaft seit dem Mittelalter solch ausgeklügelte Entwässerungstechniken entwickelt wie die Holländer. Ein Beispiel für diese Technik geben die neunzehn Windmühlen bei Kinderdijk in der Provinz Südholland, die zugleich das romantische Bild vom wildmühlenbeflügelten Holland bestätigen.   • 528

HEARD, McDONALD

Die Felseninseln Heard und McDonald im Südpolarmeer, über 4000 Kilometer vom australischen Kontinent entfernt, zählen zu jenen seltenen urtümlichen Insellandschaften dieser Erde, in deren Ökosystem allein endemische Pflanzen und Tiere vorkommen, der Mensch als Siedler aber ausgeschlossen bleibt. Auf Heard öffnet als einziger noch aktiver Vulkan Australiens der 2745 m hohe Mawson Peak das Fenster ins Erdinnere, während die reichen Gletscherfelder Gelegenheit zum Studium geomorphologischer Prozesse bieten. Die Küste der eisfreien und baumlosen McDonald-Inseln wird von Robben und Pinguinen bevölkert; im Innern lassen sich Bültgras, Kraut- und Polsterpflanzen entdecken.   • 525

GREENWICH

Das Gebäudeensemble in der Parklandschaft des Londoner Stadtteils Greenwich gilt als Symbol für englische Kunst und Wissenschaft im 17. und 18. Jahrhundert. Es umfaßt die Königliche Marineakademie, das Queen's House, das King William Building sowie Flamstead House, das Königliche Observatorium. Durch das einstige Observatorium verläuft der Nullmeridian, der die Erde in eine westliche und eine östlichen Hälfte teilt.   • 527

WILLEMSTAD

Willemstad, die Hauptstadt der Niederländischen Antillen, wurde an der Südwestküste von Curaçao als Kolonialsiedlung gegründet. Sie entstand seit 1635 im Umfeld des späteren Forts Amsterdam. Die geschlossenen Straßenzüge der Innenstadt erinnern an den altniederländischen Stil der Kolonialherren, doch sind auch spanische und portugiesische Architekturelemente auszumachen, was auf einen intensiven Handelsverkehr mit den Iberern schließen läßt. Das ehemalige Fort Amsterdam mit einer Kirche von 1769 hat sich ebenso erhalten wie die Mikve-Israel-Synagoge, die als älteste Synagoge der Neuen Welt gilt.   • 529

TALLINN

Tallinns (Revals) Altstadt zu Füßen des Dombergs präsentiert sich als ein getreuer Spiegel mittelalterlicher Baukunst, in dem gelegentlich auch Stilelemente der Renaissance und des Barock sichtbar werden. Daß trotz der starken Zerstörungen des Zweiten Weltkriegs ganze Straßenzüge nach einer Bauaufnahme des 18. Jahrhunderts rekonstruiert werden konnten, zählt zu den Wundern architektonischer Restaurierungstechnik. • 530

RIGA

Einen guten Überblick über die unterschiedlichsten Stilepochen der Rigaer Altstadt kann man sich vom Turm der Petrikirche aus verschaffen. Das Ensemble der Kirchen, unter denen der Dom als größtes Gotteshaus des Baltikums einen hervorragenden Platz einnimmt, das Schloß des Deutschen Ordens, die Bürger- und Gildehäuser der Hansezeit, die engen mittelalterlichen Gassen, Höfe und Tore, das barocke Rathaus, aber auch die Jugendstilbauwerke, die zu einem Drittel die Fläche des Stadtzentrums einnehmen - all diese restaurierten Architekturzeugnisse tragen dazu bei, Riga nach den Zerstörungen des Zweiten Weltkriegs seine historisch geprägte Identität zurückzugeben. • 531

MARIENBURG

Die Marienburg, seit 1280 Konventssitz des Deutschen Ordens, von 1308 bis 1457 Residenz des Hochmeisters, gilt als die größte mittelalterliche Anlage ihrer Art. Seit dem Bau des Hochschlosses auf dem ältesten Teil der Anlage wurde sie ständig erweitert und umgebaut und den Erfordernissen einer repräsentativen Residenz angepaßt. Sicherheit vor Angriffen boten Wehrmauern und Basteien. Das Baukonzept hatte großen Einfluß auf die Backsteinarchitektur der Ostseeländer. Bei Instandsetzungen im 19. und 20. Jahrhundert konnte originale Bausubstanz freigelegt werden. Neue Restaurierungen wurden durch die Zerstörungen von 1945 erforderlich. • 532

THORN

Trotz des Ausbaus im 19. Jahrhundert vermochte Thorn sein altes Stadtbild zu bewahren. Wehrmauer, Ordensburg und die Altstädtische Pfarrkirche St. Johann entstammen dem 13. Jahrhundert, die bedeutendsten Bauwerke indes dem 14. und 15. Jahrhundert, so z. B. die Neustädter Pfarrkirche St. Jakob, das Dominikaner- und das Minoritenkloster (mit Marienkirche), die beiden Rathäuser sowie jene Bürgerhäuser, mit denen die Kaufherren ihre Handelstüchtigkeit ausweisen. • 533

CARCASSONNE

Die Cité, die Altstadt von Carcassonne, verdankt ihre mittelalterliche Architektur den frühen Restaurierungstechniken des 19. Jahrhunderts, nachdem die Anlage über Jahrhunderte dem Verfall preisgegeben worden war. Eine doppelte Ringmauer mit 25 Türmen innen und 17 außen macht aus der Cité eine Festungsstadt mit massiven Wehranlagen, die einst zum Schutz vor den Angriffen des benachbarten Aragón errichtet wurden. Eine leichte Anhöhe hebt die Altstadt aus der Küstenebene des Languedoc heraus, so daß im Gesamteindruck ein Bild von imposanter Wirkung entsteht, das seine Kraft aus der architektonischen Geschlossenheit bezieht. • 534

MONTE PERDIDO

Die auf einer Fläche von 30 639 Hektar geschützte Gebirgslandschaft liegt in den mittleren Pyrenäen am Nordrand des spanischen Nationalparks von Ordesa. Das gewaltige Kalksteinmassiv des Monte Perdido erreicht eine Höhe von 3355 Metern. Die Kar-Wälle zählen zu den klassischen Beispielen dieser Art geologischer Formation, die Felsschluchten zu den längsten und tiefsten in Europa. Seit altersher wird diese Landschaft an der französisch-spanischen Grenze als Weideland genutzt. Ihre Abgeschiedenheit hat unter den Hirten gesellschaftliche Strukturen und Traditionen bewahren helfen, die andernorts in Europa durch die Zivilisation längst verdrängt worden sind. • 535

HALLSTATT-DACHSTEIN

Es ist nicht zuletzt das direkte Nebeneinander von Natur- und Kulturlandschaft, wofür im Salzkammergut Dachsteingebirge und Hallstatt ein Beispiel geben. Hier das verkarstete Kalkhochplateau des Dachstein mit einer Rieseneishöhle und einer 20 Kilometer langen Mammuthöhle; dort die einstige Salzarbeitersiedlung Hallstatt. Ein oberhalb der Stadt gelegenes Gräberfeld aus der frühen Eisenzeit gab der Hallstein-Kultur (800-450 v. Chr.) ihren Namen. • 536

POREC

Man wird aus der Frühzeit des Christentums nur wenige derart weitläufige und guterhaltene Kirchenzentren finden wie im kroatischen Porec. Dieses Zentrum besteht aus der byzantinischen Basilika Euphrasiana von 540, einem achteckigen Baptisterium, Memorialkapelle, Atrium und einem Bischofspalast, der im Mittelalter aus einem dreischiffigen Sakralbau hervorging. Nach einem Erdbeben 1440 wurde die Basilika umgebaut, Sakristei und Glockenturm wurden hinzugefügt. Der im byzantinischen Stil komponierte Innenraum beeindruckt durch die Pracht seiner Goldmosaiken und Intarsien. • 537

Kroatien
Spanien

Spanien

Italien

Italien

Anhang 1998

Trogir

Trogirs Stadtkern liegt auf einer Halbinsel an der dalmatinischen Küste. Zwei Kastelle sowie zahlreiche Kirchen und Palais bestimmen das architektonische Bild der Altstadt, das bis zum 15. Jahrhundert im wesentlichen ausgeformt war. Als ältester erhaltener Bau gilt die Kirche der Heiligen Barbara aus vorromanischer Zeit, als eines der bedeutendsten mittelalterlichen Denkmäler Kroatiens das Münster St. Laurentius, das Anfang des 13. Jahrhunderts als flachgedeckte romanische Basilika begonnen und später durch gotische Kreuzrippengewölbe sowie etliche Renaissanceelemente ergänzt wurde. Einige Profanbauten reichen bis in die Barockzeit.   • 538

San Millán de Suso, de Yuso

Von den beiden Klöstern Yuso und Suso gingen maßgebliche Impulse für die spanische Zivilisation aus. Suso ist bekannt durch seine zahlreichen Eremitenhöhlen. Die Kirche stammt aus dem 11. Jahrhundert. Gleichwohl sind Bauelemente aus den Anfängen des Klosters im 6. Jahrhundert noch erkennbar. Ausgrabungen haben die Grundmauern früherer Klostergebäude zutage gefördert. Die Kirche des Klosters Yuso (unterhalb von Suso) basiert auf einem rechteckigen Grundriß.   • 540

Turin

Das Königsschloß der Savoyer, der Palazzo Reale, wurde seit 1645 nach den Plänen von Amadeo di Castellamonte in knapp hundertjähriger Bauzeit errichtet. Die streng konstruierte, monumentale Vierflügelanlage, die durch breite, turmartige Eckpavillons begrenzt wird, fasziniert vor allem durch die Herrschaftsräume mit ihren intarsierten Prunkgemächern, weitläufigen Spiegelgalerien und vergoldeten Sälen. Die reichhaltig-verschwenderische Ausstattungskunst der Räumlichkeiten, in denen sich auch das Meublement erhalten hat, umfaßt alle Stilelemente vom Frühbarock bis zum Klassizismus.   • 542

Modena

In Modenas Zentrum, der Piazza Grande, setzen der Palazzo Communale, das erzbischöfliche Palais und die Kathedrale San Geminiano die architektonischen Schwerpunkte. Der Glockenturm der 1184 geweihten Bischofskirche, die 102 Meter hohe Torre Ghirlandina, gilt als erster seiner Art, der nicht direkt in den Baukörper des Gotteshauses integriert ist.   • 544

Las Médulas

Spanien zählte zu jenen Provinzen, die den Goldbedarf des Römischen Reiches deckten. Die Vorkommen, die seit dem 1. Jahrhundert n. Chr. ausgebeutet wurden, lagen im Nordwesten des Landes. Um das begehrte Metall zu gewinnen, bediente man sich einer Technik, die die Wasserkraft nutzte. Als die Lager im 4. Jahrhundert n. Chr. erschöpft waren, blieb eine zerstörte Landschaft zurück, die sich über die Jahrhunderte kaum wesentlich veränderte. Das 2000 Hektar große Gelände umfaßt die Minen und Abfallager, die Wasserkanäle zu den Minen und die Dämme für jene Wasserbecken, die für die Goldgewinnung notwendig waren.   • 539

Barcelona

Die beiden Hauptwerke des Architekten Lluis Domènech i Montaner, der Palau de la Música Catalana und das Hospital de Saint Pau, werden als architektonische Gesamtkunstwerke des Art Nouveau gerühmt, in denen sich Funktionalität und künstlerische Gestaltungskraft harmonisch miteinander verbinden. Das Stahlskelett des Musikpalasts, der von einer Kuppel aus farbigem Glas bekrönt wird, wirkt wie ein riesiger Vorhang.   • 541

Padua

Der botanische Garten von Padua aus dem Jahre 1545, einer der ersten seiner Art in Europa, hat bis heute seine ursprüngliche Form bewahren können. Dem von einem Wasserkanal eingeschlossenen Zentrum liegt eine ringförmige Anlage zugrunde, in der sich die Welt symbolisieren sollte. Ornamentierte Zugänge und Balustraden sowie Pumpstationen und Gewächshäuser setzen architektonische Akzente in einem Areal, dessen Entstehung eine Tradition fortsetzt, deren Anfänge im Jahre 1222 liegen, als in Padua eine der frühesten Universitäten der Welt gegründet wurde.   • 543

Portovenere/ Cinque Terre

Die ligurische Steilküste zwischen Portovenere und Cinque Terre (Riomaggiore, Manarola, Corniglia, Vernazza [Bild] und Monterosso al Mare zählt zu jenen Kulturlandschaften, deren Siedlungsstruktur sich den geographischen Bedingungen eines gebirgigen Terrains harmonisch anpaßt. Die Verbindung zwischen den fünf Ortschaften der Cinque Terre ist nur durch Eisenbahn oder über Bergpfade möglich. Streckenweise begrenzt die Wanderwege zum Meer hin eine üppige Macchia. Knappe Felsterrassen wechseln mit breiten Taleinschnitten, Gemüsegärten mit Weinbergen. Naturschönheit, die bezaubert.   • 545

CASERTA

Das 1774 von Luigi Vanvitelli vollendete Schloß von Caserta gehört zusammen mit Versailles und dem Escorial zu den großen, repräsentativen Schloßbauten des europäischen Absolutismus. Die durch vier Innenhöfe symmetrisch unterteilte Anlage besteht aus 1217 Räumen. Besondere Beachtung verdienen die königlichen Gemächer, das obere Vestibül, die Palastkapelle, das Hoftheater und nicht zuletzt Italiens monumentalstes Treppenhaus. Der 83 Hektar große Park, der in der Längsachse nach drei Kilometern von einer großen Kaskade begrenzt wird, stellt mit allem Raffinement noch einmal das ganze Repertoire barocker Gartenarchitektur vor.   • 546

AMALFIKÜSTE

Wo sich die Natur als Kunstwerk darbietet, ist immer auch von der Amalfiküste die Rede. Zwischen Sorrent und Salerno windet sich die Küstenstraße an den Berghängen entlang. Das Panorama, das nach jeder Kurve neue Details freilegt, läßt die Symbiose von Meeresblick und Küstenlandschaft zu einem einzigartigen Erlebnis werden. Orte wie Positano, Praiano, Conca, Amalfi, aber auch das abseits gelegene Ravello bieten eine in vielen Jahrhunderten gewachsene Siedlungsstruktur, deren architektonische Stilvielfalt der Betrachter als historisch gewachsene Einheit begreift.   • 548

AGRIGENT

Die Ruinen der zehn dorischen Tempel von Agrigent, dem alten Akragas der Magna Graecia, beeindrucken den Besucher nicht zuletzt wegen ihres ungewöhnlich guten Erhaltungszustands. Juno-, Concordia-, Heraklestempel und das unvollendete Olympeion des Zeus, das als größter dorischer Tempel überhaupt gilt, setzen die architektonischen Schwerpunkte in einer Anlage, die durch ein Heiligtum der chthonischen Gottheiten, einen Tempel der Dioskuren und des Asklepios sowie einen Demetertempel bereichert wird. Von der Stadtmauer sind große Teile erhalten, ebenso antike Wohnviertel und mehrere Nekropolen.   • 550

POMPEJI, HERCULANEUM, TORRE ANNUNZIATA

Pompeji, Herculaneum und Torre Annunziata - diese Namen stehen für drei unterschiedliche Formen römischer Lebensweise. Die Ausgrabungen in Pompeji (Bild) lassen eine städtische Struktur erkennen, die auf 20 000 Einwohner unterschiedlicher sozialer Schichtung zugeschnitten war; die archäologischen Funde Herculaneums verweisen auf einen vornehmen Villenort, den als Pensionopolis reiche Römer bevorzugten; die Villa imperiale di Oplonti in Torre Annunziata stellt sich als weitläufige Luxusresidenz vor, die vermutlich Kaiserin Poppaea, Neros Gemahlin, gelegentlich bewohnte.   • 547

SU NURAXI/ BARÚMINI

Als Nuraghen bezeichnet man auf Sardinien jene runden Steinbauten der Bronze- und frühen Eisenzeit, die, wie Kegelstümpfe aussehend, den Menschen als mehrstöckige Behausungen, aber auch als bis zu 20 Meter hohe Wehrtürme dienten. Das Dorf Su Nuraxi überliefert zahlreiche Bauten im nuraghischen Stil. Die Wände, zwischen zwei und fünf Metern stark, wurden ohne Mörtelbindung aus regelmäßigen Basaltblöcken errichtet. Das konische Dach war aus Balken und lehmverschmierten Zweigen konstruiert. Herdstellen, Getreidemühlen, Schleifsteine und zahlreiche Keramikfunde geben Hinweise auf eine Kultur, die mit der römischen Eroberung unterging.   • 549

VILLA ROMANA DEL CASALE

Vielleicht nutzte Kaiser Maximianus die sizilianische Villa Romana del Casale, die zu den größten spätantiken Anlagen dieser Art gerechnet wird, als Residenz. Seit 1950 wurden in den um ein Peristyl gruppierten Sälen über 40 farbige und schwarzweiße Fußbodenmosaike aus dem frühen 4. Jahrhundert freigelegt, deren außergewöhnliche Qualität auf ein kunsthistorisches Ereignis ersten Ranges verweist. Auf einer Fläche von über 3000 Quadratmetern entdeckt der Betrachter mythologische und Alltagsszenen, Jagden und Wagenrennen. Bekannt wurde jenes Mosaik, das sechs junge Damen im »Bikini« darstellt.   • 551

BILDQUELLEN

1 Fes
Braunger, Silvestris/Janicek,
Interfoto;
2 Marrakesch
Interfoto, Silvestris/Janicek,
-/Heidt;
3 Karthago
Kiedrowski, Kiedrowski,
Firo-Foto;
4 Tassili-n'Ajjer
Silvestris/Telegraph Colour
Library, -/Spaeth, Bavaria;
5 Memphis
Bavaria, Coleman;
6 Theben
Silvestris/Hingst, Bavaria,
Silvestris/Stadler;
7 Abu Simbel
Silvestris/Rauch, -/Wagen-
knecht, Coleman;
8 Timbuktu
Silvestris/HOA-QUI, Panse-
grau, HOA-QUI;
9 Aschanti
Mauritius, Mauritius, Braunger,
AKG;
10 Lalibela
Braunger, Braunger, Christoph;
11 Serengeti
Silvestris/Hosking, -/
Meyers, -/Pölking;
12 Seychellen
Coleman, Keller, Coleman;
13 Victoria-Fälle
HOA QUI, Coleman;
14 Alt-Zimbabwe
Mauritius, IFA, IFA;
15 Quebec
Mauritius, IFA, Neumeister;
16 Nationalpark Yellowstone
Silvestris/Walz, -/Ramstetter,
-/Franz;
17 Freiheitsstatue
Silvestris/Riepl, Bavaria;
18 Philadelphia
Coleman, ZEFA;
19 Nationalpark Grand Canyon
Silvestris/Pfrogner, -/Franz;
20 Mexiko und Xochimilco
Siepmann, Silvestris/Franz,
Kiedrowski;
21 Puebla
Franz, Firo-Foto, Kiedrowski;
22 Havanna
Firo-Foto, Silvestris/Sevcik,
-/Wellhäuser;
23 Copán
Silvestris/Franz, Coleman,
Bavaria;
24 Talamanca
Silvestris/Wothe, -/Wendler,
-/Wendler;
25 Cartagena
Silvestris/Franz, Firo-Foto,
Firo-Foto;
26 Galápagos-Inseln
Wothe, Wothe, Wothe;
27 Machu Picchu
Neumeister, Coleman,
Neumeister;
28 Potosí
Franz, Franz, Franz;
29 Salvador de Bahia
Eisele, Eisele, Eisele;
30 Brasilia
Silvestris/Heine, -/Rekos;

31 Nationalpark Iguazú
Silvestris/Wendler, -/
Wothe;
32 Baalbek
Comet, Interfoto, Comet;
33 Jerusalem
Silvestris/Hofmann, AKG,
Neumeister;
34 Damaskus
ZEFA, IFA;
35 Petra
Thiele, Thiele, Silvestris/
TH-Fotowerbung;
36 Sana
Coleman, Coleman, Braunger;
37 Isfahan
Silvestris/Friedrich, -/Friedrich;
38 Persepolis
IFA, ZEFA, ZEFA;
39 Lahore
Coleman, Silvestris/Linden-
burger, -/Harding;
40 Taj Mahal
Silvestris/Kozeny, Bavaria;
41 Goa
Scharf, Silvestris/Lughofer,
Scharf;
42 Mahabalipuram
Kiedrowski, Kiedrowski,
Interfoto;
43 Sigiriya
Bavaria, Bavaria;
44 Kathmandu
Silvestris/Kozeny, -/Kozeny,
Photo Press;
45 Große Mauer
Bavaria, Pansegrau, Silvestris/
Harding;
46 Kaiserpalast in Beijing
Silvestris/Neuhaus, -/Neuhaus;
47 Grabmal des ersten Kaisers
Coleman, Bavaria;
48 Borobudur
Bavaria, Bavaria, Bavaria;
49 Großes Barriere Riff
Silvestris/Aitken, -/Keller,
-/Aitken;
50 Uluru
Silvestris/A.N.T., -/A.N.T.,
-/A.N.T.;
51 Urnes
Nordis, Knudsen, Nordis;
52 Bergen
Silvestris/Lochstampfer,
Knudsen, Nordis;
53 St. Petersburg
Silvestris/Heuwieser, Bavaria,
AKG;
54 Moskau
Coleman, AKG;
55 Durham
Bott, Bavaria, Bott;
56 Gwynedd
Janet & Colin Bord, Neumei-
ster, Janet & Colin Bord;
57 Der Tower
Silvestris/Telegraph Colour
Library, Bavaria,
Silvestris/Wagner;
58 Stonehenge
Silvestris/Wurm, Huber;
59 Canterbury
Schäfer, Neumeister,
Ancient Art;
60 Hildesheim
Silvestris/Heine, Kiedrowski,
Stadtarchiv Hildesheim;
61 Sanssouci
Silvestris/Stadler, AKG,

Kiedrowski;
62 Aachen
Silvestris/Schilgen, -/Schilgen,
Kiedrowski;
63 Trier
AKG, AKG, Kiedrowski;
64 Würzburg
Silvestris/Hilpert, Hahn,
Interfoto;
65 Maulbronn
Kiedrowski, Kiedrowski,
Bavaria;
66 Wieskirche
Silvestris/Stadler, -/Stadler,
-/Stadler;
67 Krakau
Silvestris/Lindenburger, Truöl,
Ancient Art;
68 Mont Saint-Michel
Interfoto, Bavaria, Braunger;
69 Straßburg
Silvestris/HOA-QUI, Bavaria,
Silvestris/Rauch;
70 Schloß Chambord
Bavaria, Silvestris/Siepmann,
-/Siepmann;
71 Chartres
Bavaria, Bavaria, Bavaria;
72 Orange
Wallis, Silvestris/Ramstetter,
Kiedrowski;
73 St. Gallen
Neumeister, Comet;
74 Bern
Comet, Neumeister, Neuwirth;
75 Val Müstair
Eisele, Fibbi-Aeppli;
76 Skocjan
Photo Press, Photo Press,
Photo Press;
77 Split
Neumeister, Klammet;
78 Buda
Bavaria, Bavaria,
Silvestris/Stadler;
79 Kiew
Neumeister/AKG;
80 Lissabon
Silvestris/TH-Foto-Werbung,
Photo Press, Photo Press;
81 Altamira
AKG, AKG, Ancient Art;
82 Santiago de Compostela
Thiele, Ancient Art, AKG;
83 Burgos
Firo-Foto, Thiele;
84 Barcelona
Silvestris/HOA-QUI,
-/HOA-QUI, Firo-Foto;
85 Toledo
Ancient Art, Bavaria,
Ancient Art;
86 Granada
Wurm, Bavaria, Thiele;
87 Val Camonia
Silvestris/Pfirrmann,
-/Pfirrmann,
-/Pfirrmann;
88 Mailand
Scala, Scala;
89 Venedig
Ancient Art, Interfoto, Wallis;
90 Pisa
Bavaria, Bavaria, Bavaria,
Silvestris/Bertrand;
91 Florenz
Coleman, Silvestris/Teegeber,
-/Stadler;
92 San Gimignano

Bavaria, Bavaria, Photo Press;
93 Rom
Silvestris/Dietrich, -/Berger,
Photo Press;
94 Nesebar
Klammet, Klammet, Klammet;
95 Valetta
Silvestris/Lochstampfer, Thiele,
Silvestris/Cramm;
96 Athos
Neuwirth, Bavaria, Neuwirth;
97 Akropolis
Bavaria, AKG, Bavaria;
98 Paphos
Coleman, Ancient Art,
Interfoto;
99 Istanbul
Wallis, Interfoto,
Silvestris/Cramm;
100 Göreme
Coleman, Firo-Foto, Silvestris/
Janicek;
101 Coleman;
102 Kiedrowski;
103 Harding;
104 Neumeister;
105 Silvestris/Rudolph;
106 Kiedrowski;
107 Silvestris/Breig;
108 Bavaria;
109 Explorer;
110 Bavaria;
111 UNESCO Paris;
112 Siepmann;
113 Silvestris/HOA-QUI;
114 Harding;
115 Interfoto;
116 Bavaria;
117 Hutchison;
118 UNESCO Paris;
119 The Image Bank;
120 Bavaria;
121 Coleman;
122 Bavaria;
123 Silvestris/Bauer;
124 WWF-Photolibrary;
125 Pansegrau;
126 Harding;
127 Pansegrau;
128 Focus;
129 UNESCO Paris;
130 WWF-Photolibrary;
131 Mörath;
132 UNESCO;
133 Silvestris/Hosking;
134 Silvestris/Lane;
135 Aisa;
136 Interfoto;
137 Braunger;
138 Coleman;
139 WWF-Photolibrary;
140 Hutchison;
141 Silvestris/Sunset;
142 Silvestris/HOA-QUI;
143 Interfoto;
144 Silvestris/Lane;
145 Silvestris/Riepl;
146 Harding;
147 Silvestris/Hoffmeister;
148 AKG;
149 Silvestris/HOA-QUI;
150 Harding;
151 Silvestris/Rosing;
152 Coleman;
153 Bavaria;
154 Silvestris/Wothe;
155 Coleman;
156 Bavaria;
157 Archivo Iconografico;

158 Aisa;
159 Bavaria;
160 The Image Bank;
161 UNESCO Paris;
162 Bavaria;
163 Coleman;
164 Coleman;
165 Bavaria;
166 Photo Press;
167 National Photo Service,
Chicago;
168 Photo Press;
169 Silvestris/Franz;
170 Interfoto;
171 FVA-USTTA Frankfurt;
172 Silvestris/Cramm;
173 Silvestris/Blecher;
174 Kiedrowski
175 Photo Press;
176 Eisele;
177 Archivo Iconografico;
178 Archivo Iconografico;
179 Silvestris/Siepmann;
180 Silvestris/Franz;
181 Silvestris/Dani Jeske;
182 Silvestris/Franz;
183 Silvestris/Dani Jeske;
184 Bavaria;
185 Harding;
186 Silvestris/Siepmann;
187 Bavaria;
188 IFA;
189 Bavaria;
190 Harding;
191 Coleman;
192 Thiele;
193 Thiele;
194 UNESCO Paris;
195 Pazelt;
196 Hutchison;
197 Pazelt;
198 Wurm;
199 Neumeister;
200 Coleman;
201 Harding;
202 Pazelt;
203 Harding;
204 Franz;
205 ZEFA;
206 Pazelt;
207 Bavaria;
208 Photo Press;
209 Gohier-Explorer;
210 Photo Press;
211 Bilderberg;
212 Harding;
213 Harding;
214 Gerhardy;
215 Bott;
216 Bavaria;
217 Coleman;
218 Silvestris/Hingst;
219 Silvestris/Hingst;
220 Interfoto;
221 Interfoto;
222 Bavaria;
223 Silvestris/
TH-Fotowerbung;
224 Coleman;
225 Coleman;
226 Photo Press;
227 Harding;
228 Foto-Agentur Rheinland;
229 Bavaria;
230 Harding;
231 Harding;
232 Harding;
233 Harding;
234 Coleman;

ORTSREGISTER